Dorothee Liehr

Skandal und Nation

Dorothee Liehr

Skandal und Nation

Politische Deutungskämpfe
in der Schweiz 1988–1991

Tectum Verlag

Dorothee Liehr

Skandal und Nation.
Politische Deutungskämpfe in der Schweiz 1988–1991

© Tectum Verlag Marburg, 2014

Zugl. Diss. Univ. Zürich 2012

Die vorliegende Arbeit wurde von der Philosophischen Fakultät der Universität Zürich im Sommersemester 2012 auf Antrag von Prof. Dr. Jakob Tanner und Prof. Dr. Ingrid Gilcher-Holtey als Dissertation angenommen.

ISBN: 978-3-8288-3352-4

Umschlagabbildung: © Liehr, Bildschirmfoto aus der Sendung „Kultur aktuell", ausgestrahlt von SF DRS am 4. März 1990

Druck und Bindung: CPI buchbücher.de, Birkach
Printed in Germany

Besuchen Sie uns im Internet
www.tectum-verlag.de

Bibliografische Informationen der Deutschen Nationalbibliothek
Die Deutsche Nationalbibliothek verzeichnet diese Publikation in der Deutschen Nationalbibliografie; detaillierte bibliografische Angaben sind im Internet über http://dnb.ddb.de abrufbar.

Dank

Bei der vorliegenden Abhandlung handelt es sich um die überarbeitete Version meiner geschichtswissenschaftlichen Dissertation, die ohne die Unterstützung zahlreicher Personen und Institutionen so nicht zustande gekommen wäre.

Mein spezieller Dank gilt Prof. Dr. Jakob Tanner (Universität Zürich) und Prof. Dr. Ingrid Gilcher-Holtey (Universität Bielefeld). Beide haben mich jahrelang intellektuell inspiriert sowie mein Projekt mit zahlreichen konstruktiven Stellungnahmen und Hinweisen entscheidend vorangebracht.

Des Weiteren bin ich der Universität Zürich sehr dankbar für den meinem Projekt gewährten, grosszügigen Forschungskredit, der es mir 2008 ermöglichte, ein Jahr von der Assistenz zurückzutreten, um mich dem umfangreichen Quellenstudium zu widmen. In diesen Monaten hat mein wissenschaftliches Fortkommen massgeblich an Dynamik gewonnen.

Zudem hatte ich das Privileg, mit einigen zeitgenössischen Akteurinnen und Akteuren – teils schriftlich, teils mündlich – in Kontakt zu treten, um Hintergrundinformationen zu erlangen. Diesen Personen gilt mein expliziter Dank dafür, dass sie sich die Zeit genommen haben, mir vertrauensvoll Rede und Antwort zu stehen. Insbesondere Catherine Weber, ehemals Sekretärin vom Komitee „Schluss mit dem Schnüffelstaat", Fredi Lerch, ehemaliger Kulturredaktor der WochenZeitung, sowie Heinz Looser, Archivar bei SF DRS, haben mich durch die Bereitstellung wichtigen Materials wesentlich unterstützt. Zudem danke ich der Grafikerin Tessa Gerster für ihre Mithilfe bei der Beschaffung der Druckrechte für die „Jeanne-Hersch"-Briefmarke. Dafür, dass mir diese von der Schweizer Post AG gewährt wurden bin ich ebenso dankbar wie für die entsprechende Unterstützung aller anderen Illustratoren, deren Werke im Folgenden abgebildet sind.

Regula Argast, Peter-Paul Bänziger, Monja Schottstädt und Annika Wellmann haben Teile der Arbeit aufmerksam gegengelesen und mir wertvolle Denkanstösse gegeben. Carmen Richard hat mich mit ihrer Hilfsbereitschaft im Vorfeld der Publikation beständig motiviert. Ihnen allen gilt mein besonderer Dank.

Das fachkundige und freundliche Personal der Zentralbibliothek Zürich, des Sozialarchivs Zürich und anderer von mir aufgesuchter Archive und Bibliotheken hat mir stets effektiv Hilfe geleistet. Darüber hinaus wurde mir durch die kompetenten Mitarbeiterinnen und Mitarbeiter der Universität Zürich insgesamt und der Forschungsstelle für Schweizerische Sozial- und Wirtschaftsgeschichte im Speziellen sowohl organisatorisch als auch intellektuell ein optimales Arbeitsumfeld bereitet. Für all die erwiesenen Dienste möchte ich meinen Dank bekunden.

Darüber hinaus bedanke ich mich sehr für die fachkundige Unterstützung der Mitarbeiterinnen und Mitarbeiter des Tectum-Verlags, die mich stets zuverlässig und freundlich beraten und mein Projekt erfolgreich auf den Weg gebracht haben.

Unermüdlichen Rückhalt in dieser anstrengenden Lebensphase erfuhr ich von Ruth Meili ebenso wie von Julia Stegmann und Peter-Paul Bänziger. Ihre anregenden Impulse und warmherzige Anteilnahme waren für mich essenziell. Ich bin ihnen zutiefst dankbar. Kerstin Albers, Sibylle Bossart, Madlaina Bundi, Lia Herz, Karin Mächler, Simone Piller, Silvia Rodriguez Castellano und Kristina Schulz haben mir viel Gutes getan, vor allem indem sie mir Logis gewährten und zuhörten, mich auf andere Gedanken und zum Lachen brachten. Ich danke ihnen dafür, mein Leben in Zürich facettenreich stimuliert und verschönt zu haben.

Einen aussergewöhnlichen Beitrag zum Gelingen dieser Abhandlung haben meine Eltern durch ihr Vertrauen und ihre Grosszügigkeit geleistet. In grösster Dankbarkeit widme ich ihnen dieses Buch.

Oststeinbek im August 2013

Inhaltsverzeichnis

I. Krisenstimmung in der Schweiz am Ende des Ost-West-Konfliktes. Einleitung

1. Die Schweiz im Zeichen der weltpolitischen Wende. Geschichtlicher Kontext

Es waren turbulente Zeiten des Umbruchs, Monate, in denen die Weltöffentlichkeit gespannt verfolgte, was sich, für viele so unerwartet und spektakulär, auf den Strassen und Plätzen zahlreicher Länder des europäischen Ostblocks abspielte. Ein mutiger, unter der Ägide des reformistischen Präsidenten der Sowjetunion Michail Gorbatschow möglich gewordener friedlich-revolutionärer Aufbruch, damals noch mit offenem Ende. Just zu der Zeit, in welcher der Drang nach Freiheit und Demokratie, etwa in der Tschechoslowakei, in Polen, Ungarn, Bulgarien oder der DDR, so stark wurde, dass die sozialistisch geführten Staatssysteme dabei waren zu kollabieren, entbrannten auch in der Schweiz, dem republikanisch konstituierten Bundesstaat westlicher Provenienz, heftige Auseinandersetzungen um politische Partizipation und Rechtsstaatlichkeit. Während sich die Bürgerinnen und Bürger der diktatorisch geführten Länder des „real existierenden Sozialismus" Rechte wie Meinungs-, Informations- und Pressefreiheit oder staatsbürgerlicher Mitbestimmung grundsätzlich zu erkämpfen hatten, waren diese Prinzipien für den direkt-demokratischen Verfassungsstaat Schweiz konstitutiv. Indes, die innenpolitischen Grabenkämpfe, welche die Schweiz ab Dezember 1988 bis Ende 1990 erschütterten, offenbaren, dass auch in einem politischen System, das sich durch zahlreiche Optionen staatsbürgerlicher Partizipation auszeichnet, die Umsetzung der entsprechenden Rechte in der staatlich-administrativen Praxis steter Kontrolle bedürfen. In jenem historischen Moment, in dem der Ost-West-Konflikt, der bereits an Nachhaltigkeit verloren hatte, vor dem Ende stand, manifestierte sich der Schweizer Bevölkerung, obschon nicht von ungefähr, inwiefern seine ideologische Prägekraft jahrzehntelang die Bedingungen staatsbürgerlichen

Engagements in ihrem Land nicht unerheblich beeinträchtigt hatte.

Die weltanschaulich bipolare Block-Konfrontation zwischen den sozialistisch und den kapitalistisch orientierten Wirtschafts- und Gesellschaftssystemen, die sich im Anschluss an den Zweiten Weltkrieg zwischen den „Supermächten" UdSSR und USA sowie zwischen den jeweiligen Verbündeten entwickelt hatte, nährte insbesondere während der Hochphase des gemeinhin als „Kalter Krieg" bezeichneten Ost-West-Konfliktes auch in der Schweiz Befürchtungen kommunistischer Übergriffe. Sicherheitspolitisch wurde in den 1950er-Jahren mithin nicht nur die militärische Landesverteidigung ausgebaut.[1] Darüber hinaus wurde die so genannte „Geistige Landesverteidigung",[2] verstanden als wertideeller Komplex schweizspezifischer Abwehrhaltungen gegenüber sozialistischen Weltanschauungen, über bestimmte Institutionen gezielt ersonnen und verbreitet.[3]

Dieser „offizielle patriotische Nationalismus" vermittelte Sinnge-halte, die verschiedene Formen von „Ausgrenzungsmechanismen unterstützten",[4] so dass das entsprechend konstruierte „Feindbild Moskau" samt den dadurch evozierten imaginativen Bedro-hungsszenarien dazu führte, dass bis in die 1980er-Jahre hinein vom gesellschaftspolitischen Konsens abweichendes Gedan-kengut als „nonkonformistisch" gebrandmarkt und vielfach als staatsgefährdend betrachtet wurde.[5] Dementsprechend wurden

---

1   Vgl. etwa: Tanner 1987; Wenger 2006[4]; Flury-Dasen 2008.

2   Ideen des Faschismus und Nationalsozialismus bekämpfend, waren verschiedene Spielarten der „Geistigen Landesverteidigung" in den 1930er-Jahren zum Zweck eines verstärkten nationalen Zusammenhalts entwickelt und verbreitet worden. Vgl. etwa: Jorio 2006; Mooser 1997; Imhof/Jost 1998; Perrig 1993; Kaestli 2005.

3   Vgl. etwa: Imhof 1996, Studer 2009.

4   Jost 1998, S. 69.

5   Brigitte Studer spricht in diesem Zusammenhang von einer „Praxis der Amalgamierung aller oppositionellen Haltungen", die „quasi präventiv kriminalisiert" worden seien. Studer 2009. Vgl. die

etwa zahlreiche links-liberale Kulturschaffende, die versuchten, die geistige „Erstarrung zu lösen" und Tabus zu brechen, als „Nestbeschmutzer", „schlechte Patrioten" oder „Kryptokommunisten" beschimpft.[6] Nicht nur ihnen wurde unterstellt, von der UdSSR gelenkt, „Subversion" im eigenen Land zu betreiben. Denn auch in der Alpenrepublik formierten sich, seitdem die „Schweizerische Bewegung gegen die Atomare Aufrüstung" 1958 den Anfang gemacht hatte, vor allem ab Mitte der 1960er-Jahre verschiedenartige „Abgrenzungsbewegungen gegenüber dem bürgerlichen Staat".[7] Während der 1970/80er-Jahre bestimmten vermehrt zahlreiche "Soziale Bewegungen", Bürgerinitiativen und Protestereignisse im ganzen Land das politische Geschehen mit.[8] Die Zürcher „Jugendbewegung" von Anfang der 1980er-Jahre ist ein ebensolches Beispiel dafür, wie auch die jahrelange Kampagnenarbeit der „Gruppe für eine Schweiz ohne Armee" (GSoA), die eine Volksinitiative zur Abschaffung der Schweizer Armee eingereicht hatte.[9]

Die vielschichtige linkspolitische ausserparlamentarische Opposition erregte andauerndes Misstrauen im rechtsbürgerlichen Lager, in dem bis in die 1980er-Jahre eine Mehrheit an Denkhaltungen

---

entsprechende Kritik, die Rudolf von Salis bereits 1961 zur „Schweiz im Kalten Krieg" artikuliert hat. Salis 1961, besonders S. 199.

6 Engeler 1990, S. 153–155. Vgl. etwa: Burckhardt/Frisch/Kutter 1955; Imboden 1964; Nizon 1970.

7 Birrer et al. 2000, S. 16. Vgl. etwa: Tanner 1986a; Altermatt 1994; König et al. 1998.

8 Vgl. etwa: Altermatt 1994. Bezüglich sich in den 1970/80er-Jahren entwickelnden rechten und linken „Fundamentaloppositionen" beschreibt der Autor in seinem Artikel einen vielschichtigen „Paradigmenwechsel", der im Kontext des soziopolitischen Wandels zu begreifen sei: „Seit den späten sechziger Jahren verbreitete sich als Folge der raschen Modernisierung ein Unbehagen, das grundlegende Wertvorstellungen der Wachstumsgesellschaft in Frage stellt", weswegen das politische System der Konkordanz nicht mehr „alle Interessen gleichzeitig" habe berücksichtigen können und eine „schleichende Politikkrise" eingesetzt habe.

9 Vgl. etwa: Kriesi 1984; Nigg 2001; Gross et al. 1989.

der „Geistigen Landesverteidigung" festhielt, bisweilen gar mit brisanten Folgen. So flog beispielsweise 1976 das privat organisierte Archiv des Werbegrafikers und FDP-Nationalrats Ernst Cincera auf, der eigeninitiativ mit Hilfe eines Netzwerks von Helferinnen und Helfern die „Informationsgruppe Schweiz" aufgebaut und damit systematisch die Bespitzelung Oppositioneller betrieben hatte.[10] Doch auch auf staatlicher Ebene, das offenbarten im November 1989 die Ermittlungsresultate der Parlamentarischen Untersuchungskommission im Eidgenössischen Justiz- und Polizeidepartement (PUK-EJPD), waren durch die politische Polizei in den besagten Jahrzehnten des Ost-West-Konfliktes hunderttausendfach Karteien von politisch Aktiven angelegt worden.[11] Damit war belegt, was lange vermutet worden war: der schweizerische Staatsschutz hatte das staatsbürgerliche Engagement vornehmlich links-alternativ gesinnter Bevölkerungsteile als staatsfeindlich wahrgenommen. Benannt nach der französischen Bezeichnung entsprechender Karteikarten, „des fiches", wurden die staatsschützerischen Überwachungsmethoden der politischen Polizei in der Öffentlichkeit als „Fichen-Skandal" gebrandmarkt.[12]

Diese stark komprimierten Zusammenhänge stellen den Kontext für das Verständnis derjenigen eklatanten innenpolitischen Auseinandersetzungen dar, die im Untersuchungszeitraum der vorliegenden historischen Abhandlung, das heisst ab dem Spätsommer 1988 bis ins Frühjahr 1991 hinein, die eidgenössische Öffentlichkeit aufwirbelten und die politische Streitkultur signifikant verschärften. Während der eindrucksvollen weltpolitischen

---

10   Vgl.: Cincera 1977; Arbeitsgemeinschaft Demokratisches Manifest 1976[3]; Frischknecht/Haffner/Haldimann/Niggli 1979[4], S. 251–277; Schmid 1976; Uhlmann/Vital 2008; Guttmann 2013.

11   Hierzu und zum Folgenden vgl. etwa: Büschi 1998; Tanner 1990.

12   Gemäss der Erinnerung der ehemaligen Sekretärin des Komitees „Schluss mit dem Schnüffelstaat", Catherine Weber, hat sich das Verb „fichieren" beziehungsweise auch das Substantiv „Fiche" erst im Anschluss an den Staatsschutzskandal als gängige Bezeichnung für Karteikarten der politischen Polizei in der Deutschschweiz „durchgesetzt". Weber im Gespräch mit Liehr, 18. März 2008, Transkript, S. 2.

Umbruchsphase, in welcher der Ostblock nahezu gewaltlos implodierte, gerieten in der Schweiz „fest gefügte Werte und politische Orientierungen rasant ins Rutschen", wobei der „frische Wind aus Osteuropa" direkt darauf einwirkte und das Land quasi sein „eigenes ‚1989' durchleben" liess.[13]

Dementsprechend manifestierten sich die weltanschaulichen Divergenzen zwischen dem links-alternativen und dem rechtsbürgerlichen politischen Lager drastisch im Umgang mit konkreten politischen Gegenstandsbereichen, in denen auch Elemente nationaler Sinnstiftung zum Tragen kamen: 1. Der so genannte „Fall Kopp", der zum Sturz der ersten Schweizer Bundesrätin, Elisabeth Kopp, führte und eine staatlich-institutionelle Vertrauenskrise aufgrund vermuteter wirtschaftskrimineller Verstrickungen des von ihr geleiteten Justizministeriums mit der internationalen Drogenmafia hervorrief (1988–91); 2. Die monatelangen landesweiten Auseinandersetzungen über die historische und politische Bedeutung der Schweizer Armee im Vorfeld der Abstimmung über deren Abschaffung (GSoA-Initiative), nachdem der Bundesrat Erinnerungsfeiern zum 50. Jahrestag der Generalmobilmachung von 1939 beschlossen hatte (1989); 3. Der Staatsschutzskandal, während dem die hunderttausendfache politische Überwachung vornehmlich links-alternativer Oppositioneller sowie von Ausländerinnen und Ausländern aufgedeckt und angeprangert wurde (1989–90); 4. Die Kritik an der staatlich organisierten „700-Jahr-Feier der Eidgenossenschaft", der zahlreiche Schweizer Kulturschaffende ihre Mitarbeit verweigerten (1990).[14]

Aufgefasst als Wendepunkt, an dem bestimmte für das Gemeinwohl zentrale Regeln neu auszuhandeln sind, nutzten zahlreiche Akteurinnen und Akteure aus der rot-grünen Politszene die allgemein konstatierte Krisenstimmung konstruktiv. Ausgehend vom Fichen-Skandal und ausgerichtet auf die für 1991 vorgesehene Nationalfeier, formierte sich 1990 eine Protestbewegung gegen-

---

13   Niggli/Frischknecht 1998, S. 19.

14   Vgl. hierzu: Niggli/Frischknecht 1998, S. 20–32.

über den Repräsentanten der offiziellen Schweiz, ihren Vorhaben und ihres Geschichtsbildes, in der verschiedene Forderungen und Problemlösungsentwürfe zugunsten eines umfassenden soziokulturellen Wandels proklamiert wurden.

2. Politische Deutungskämpfe als historisches Problem. Erkenntnisinteresse

Den Vorgaben einer theoriegeleiteten, systematischen Geschichtswissenschaft folgend, werden in der vorliegenden historischen Untersuchung zwei Konstellationsanalysen erstellt. Im Zentrum stehen die oben erwähnten politischen Eklats – der „Fall Kopp" sowie der Fichen-Skandal, die, über den Einsatz der PUK-EJPD direkt miteinander verknüpft, nicht nur die staatliche Vertrauens- und nationale Orientierungskrise forcierten, sondern auch die Protestbewegung auslösten.

Das Erkenntnisinteresse ist angesiedelt im Rahmen einer kulturwissenschaftlich orientierten Politikgeschichte, die anhand der Betrachtung symbolischer Ordnungssysteme kommunikative Konstruktionsmechanismen von (politischen) „Realitäten" in der Vergangenheit ergründet. Orientiert an den in Frankreich entfalteten Entwürfen für eine „Soziologie der Kritik",[15] werden beide Skandale nicht nur auf die darin eingeklagten Wertideen, sondern zudem auf ihren jeweiligen Verlauf, ihre konkrete kommunikative Ausgestaltung und öffentliche Resonanz hin befragt, um Rückschlüsse über ihre spezielle gesellschaftspolitische Bedeutung im zeitgenössischen Kontext zu gewinnen.

Die analytischen Erkenntnisperspektiven sowie die ihnen inhärenten vielschichtigen Fragestellungen wurden angeregt durch skandaltheoretische Ansätze von Karl Otto Hondrich und Hans Mathias Kepplinger ebenso wie durch die Soziale-Bewegungsforschung nach Joachim Raschke und Dieter Rucht, die deutsche Kultursoziologie im Sinne Max Webers und die Intellektuellensoziologie nach Mario Rainer Lepsius und Pierre

---

15   Vgl.: Boltanski, Claverie, Offenstadt, Van Damme 2007.

Bourdieu, darüber hinaus vom Begriffskonzept der politischen Kultur nach Karl Rohe sowie von dem Entwurf einer emotiven Politikforschung nach Murray Edelman.[16] Die daraus resultierenden analytischen Programme und Terminologien werden an den jeweiligen Stellen der empirischen Untersuchung entfaltet.

Aufgefasst als vehemente öffentliche Aushandlungsprozesse soziopolitischer Themenkomplexe, stellen Deutungskämpfe kommunikative Phänomene dar, in denen Akteursgruppen verschiedener wertideeller Lager um die kulturelle Hegemonie ihrer gesellschaftspolitischen Anschauungen ringen. Verstanden als Gegenstände öffentlicher Entrüstung bilden Skandale dabei eine spezielle Form der Auseinandersetzung. Dabei geht es um den Erhalt von in der Gemeinschaft allgemein anerkannter Normen, deren Geltung durch die angeprangerte Verfehlung einer zumeist der politisch-administrativen, ökonomischen oder religiösen Führungschicht angehörenden Person oder Gruppe gefährdet erscheint.[17] Idealtypisch entwickelt sich ein Skandal in vier Etappen: 1. jene des Fehltritts, 2. jene der Enthüllung, 3. jene der Entrüstung sowie 4. jene der Genugtuung,[18] wobei in den letzten drei Etappen unterschiedliche Akteure und Akteursgruppen konkrete Funktionen übernehmen.

Davon ausgehend, dass politische Kommunikation nicht nur massenmedial vermittelt, sondern immer auch medial konstruiert wird, gilt es bei der Analyse von Skandalen, bezüglich der Schaffung öffentlicher Wahrnehmungs-, Vorstellungs- und Deutungsmuster, die komplex strukturierten massenmedialen Produktionsroutinen ebenso zu reflektieren wie die „spezifische Formsprache" einzelner Massenmedien und die programmatischen Anliegen der darin Tätigen.[19] So gesehen sind

---

16   Vgl. Hondrich 2002; Kepplinger 2001; Raschke 1988; Rucht 2001a; Rucht 2003; Lepsius 1990a; Lepsius 1990d; Bourdieu 1991; Rohe 1990; Edelman 2005[3].

17   Kepplinger 2002[2].

18   Hondrich 2002, S. 15–17.

19   Hierzu und zum Folgenden: Frevert 2004, S. 13; vgl.: Liehr 2007.

Medienschaffende im weiteren Sinne politische Akteure,[20] denn ihre öffentlichen Erzeugnisse sind massgeblich dafür, was als politische „Wirklichkeit" imaginiert und angenommen wird. Von historischem Interesse ist damit, inwiefern Medienakteure in der betrachteten Skandalkonstellation jeweils politische Kommunikation gesteuert und welchen Einfluss sie auf Inhalte und Praktiken der Auseinandersetzung ausgeübt haben.

Die gesellschaftspolitische Bedeutung von Skandalen wird in der Forschung ambivalent beurteilt. Zum einen geht es darum, sie funktionalistisch als „Selbstreinigungskräfte der Gesellschaft" zu verstehen, dadurch dass sie genuin akzeptierte Normen in Erinnerung rufen und deren Geltung bekräftigen. Zum anderen jedoch besteht durch sie die Gefahr, das Vertrauen in die politischen Institutionen und ihre Repräsentantinnen und Repräsentanten unverhältnismässig stark zu destabilisieren und „Nebenwirkungen" zu evozieren, die soziopolitisch nicht minder schwerwiegend ausfallen können, als die im Skandal angeprangerten Missstände selbst.[21] Wie zu zeigen sein wird, offenbart die Gegenüberstellung der beiden betrachteten Skandalkonstellationen und ihre spezifischen Ausgestaltungen als zeitgenössische kommunikative Phänomene diese Zusammenhänge augenfällig.

Verstanden als weithin geteilte Annahme einer grundsätzlichen Rechtschaffenheit staatspolitischer Akteure, stellt öffentliches Vertrauen in staatliche Institutionen die Voraussetzung für die Funktionstüchtigkeit eines demokratischen Gemeinwesens dar.

20　Als politische Akteure im engeren Sinne werden im Folgenden am öffentlichen tagespolitischen Geschäft beteiligte Angehörende diverser Parteien (parlamentarisch und ausserparlamentarisch Tätige sowie Regierungsmitglieder) bezeichnet.

21　Vgl.: Kepplinger 2001, S. 151, 155. Skandalforscher Hans Mathias Kepplinger bilanzierend: „Ob die Skandalierung von Missständen gerechtfertigt ist, hängt letztlich davon ab, ob der Missstand in der behaupteten Weise existiert, ob das Ausmaß der Skandalierung in einem vertretbaren Verhältnis zur Größe des Missstandes steht, und ob die positiven Folgen der Skandalierung ihre negativen Nebenfolgen rechtfertigen."

Die Relevanz von Vertrauen besteht darin, dass es unabdingbar für die generelle Akzeptanz politischer Entscheidungen und dementsprechend für die gesellschaftliche Gestaltung ist.[22] Der allgemeine Glaube an die Korrektheit administrativer Abläufe sowie an die Redlichkeit der daran Beteiligten wird den politischen Akteuren von den Mitgliedern der Gemeinschaft entlang zukunftsgerichteter Erwartungen einerseits und vergangener Erfahrungen andererseits zugeschrieben. Damit wird öffentliches Vertrauen permanent medienvermittelt konstituiert. Sein wechselhafter Status hängt nicht nur vom Wertewandel ab, sondern vor allem vom Verhalten staatspolitischer Akteure sowie von der Art und Weise massenmedialer Berichterstattung. Inwiefern diese Faktoren während des Untersuchungszeitraums einen Verlust beziehungsweise eine Krise öffentlichen Vertrauens in staatliche Institutionen der Eidgenossenschaft evozierten, wird im Folgenden zu entfalten sein.

In den betrachteten Deutungskämpfen ringen die Akteure darüber hinaus um normative Grundsätze und Leitkonzepte, die jeweils zentral für die Schaffung nationaler Schweizbilder sind. Entlang dem dieser Untersuchung zugrunde gelegten konstruktivistischen Ansatz, stellen „Nationen" als gesellschaftliche Entwicklungsformen keine primordialen Entitäten oder beständige, unveränderliche, quasi-natürliche Gegebenheiten dar. Vielmehr handelt es sich um kulturelle Produkte im Sinne vielschichtiger Vorstellungswelten über vermeintliche Identitätsmerkmale einer in bestimmten Staatsgrenzen vereinten und institutionell verankerten politischen Gemeinschaft.[23] Das Zusammengehörigkeitsbewusstsein bis hin zu einem kameradschaftlichen Solidaritätsgefühl zwischen Mitgliedern eines an sich heterogenen anonymen Massenkollektivs von mehreren Millionen Angehörenden entsteht vornehmlich nicht infolge persönlicher Kontakte oder tatsächlicher Gemeinschaftserfahrungen. Es entwickelt sich vielmehr „im Kopf eines jeden" auf Basis von Imaginationen, die sich Beteiligte von angenommenen Eigenarten des betreffenden

---

22   Hierzu und zum Folgenden vgl.: Bentele 2002[2].

23   Hierzu und zum Folgenden vgl.: Anderson 2005[2], 14–17, hier: S. 15f.

Kollektivs, etwa über dessen historische Ursprünge oder über einen überlieferten Wertekanon, machen. So gesehen obliegt nationale Sinnstiftung keineswegs nur Eliten aus Politik, Journalismus, Wissenschaft oder Kultur, in deren geistigen Erzeugnissen nationale „Ideensysteme" entworfen und der Allgemeinheit über breitenwirksame Medien zugänglich gemacht werden.[24] Aufgrund ebenso subjektiver wie alltagsprägender Vorstellungen über die „Nation" wird vielmehr jedes der Gemeinschaft als zugehörig betrachtete Individuum selbst zum Produzenten eines entsprechenden „Wir"-Bewusstseins. Die „emotionale Kohäsionskraft" nationaler Stereotype, wie mythologische Erzählungen, Hymnen, Denkmäler, Uniformen, Embleme, Fahnen, Orte, Gebäude oder Landschaften, entsteht, indem „alle mit dem symbolischen Angebot etwas anzufangen wissen" und die betreffenden „semiotischen Netzwerke" zu dechiffrieren vermögen.[25] Dementsprechend werden abstrakte Ideen durch „Objekte und Symbole des Nationalen" kommunizierbar und im Verlauf damit vollzogener zeremonieller Praktiken, wie Militärdefilees, Feierlichkeiten oder Sportveranstaltungen, erfahrbar gemacht.[26] Dabei gerät ihr „konstruierter Charakter durch Ritualisierung und Routine immer stärker in den Hintergrund", so dass sie vermehrt tatsächlich vorhanden oder „real" erscheinen. Idealtypischerweise schliesst sich ein „Identifikationsprozeß" an, infolge dessen es gelingt, trotz immenser kultureller, sozialer, ökonomischer und politischer Ungleichheiten zwischen den Individuen des besagten Massenkollektivs, Eindrücke übergeordneter Gemeinsamkeiten zu internalisieren.

---

24 Hierzu und zum Folgenden vgl.: Frevert 2003², S. 269–271; Mergel 2005, S. 287.

25 Tanner 2001, S. 60f. Zur Genese nationaler Symbolik in der Schweiz seit Mitte des 19. Jahrhunderts vgl. komprimiert: Jost 1998, S. 66–68, 72–77. Zur Konstruktion nationaler Schweizbilder zwischen 1848–1998 vgl. anschaulich: Schweizerisches Landesmuseum 1998; zur Schaffung nationaler Geschichtsbilder und Mythenbildung vgl. umfassend: Marchal 2007².

26 Hierzu und zum Folgenden: Jureit 2001, S. 12–14.

Zusammenhalt stiftend ist die Schaffung von Nationalbewusst-sein staatspolitisch bedeutsam, weswegen der Staat, repräsentiert durch zahlreiche seiner Institutionen (von Amtssprachen über Sozialisierungs- und Fürsorgeeinrichtungen bis hin zu Rechts- und Verwaltungsorganisationen) als „mächtiger Homogenisator" auftritt.[27] Der andauernde nationale Integrationsprozess geschieht über einen „Gleichheitsappell nach innen" ebenso wie über einen „Abgrenzungsimpuls nach außen". Insbesondere während au-ssenpolitischer Umbruchs- und Konfliktphasen beziehungsweise infolge jedweder staatlicher Krisenwahrnehmung entsteht, das offenbart auch die Schweizer Geschichte des 20. Jahrhunderts, ein nationaler „Homogenisierungsdruck". Dieser bedingt nicht nur die Akzentuierung anscheinender nationaler Besonderheiten,[28] sondern begünstigt darüber hinaus die Konstruktion von Feind-bildern. Jene auf Vorurteilen basierenden Negativstereotype werden zugunsten einer rigorosen Erzeugung nationaler Ge-schlossenheit nicht nur auf das Ausland projiziert, sondern dem nationalen „Gleichheitsversprechen" zuwider, auch auf innere Minderheiten, wie religiöse, ethnische oder politische Gruppen. Der Fichen-Skandal von 1989/90 offenbarte solche nationalen Exklusionsmechanismen augenfällig. Denn die Inhalte der Fichen und Akten manifestierten, inwiefern politisch und sozial Aktive aus links-alternativen Kreisen während des jahrzehntelangen Ost-West-Konflikts von den staatsschützerischen Beamten der politischen Polizei als „innere Feinde" beziehungsweise ihr Enga-gement, obwohl es generell verfassungskonform verlief, als „un-schweizerisch" oder staatsgefährdend betrachtet und überwacht worden war.[29] Von allgemein vorherrschenden Einstellungen ab-

---

27   Hierzu und zum Folgenden vgl.: Frevert 2003[2.], S. 274, 276.

28   Zur Debatte um den „Sonderfall Schweiz" vgl. etwa: Eberle/Imhof 2007.

29   Zum Zusammenhang von „Nationalismus und Ausgrenzung" in der Schweiz vgl. komprimiert: Jost 1998, S. 68–71, 75. Wie Jost exemplifiziert, seien im Verlauf des 20. Jahrhunderts nicht nur Juden, Sozialisten und in der Schweiz lebende Ausländer von der „Nation" ausgeschlossen worden, sondern durch die jahrzehntelange Verweigerung des Stimmrechts auch die Frauen, mithin die Hälfte der

weichende Ansichten zu unterschiedlichsten soziopolitischen Themenbereichen, etwa Energiepolitik, Geschlechtergleichstellung,
Aussenwirtschaftsbeziehungen, Asylpolitik, das Bankgeheimnis
oder die Landesverteidigung, hatten bis in die 1980er-Jahre hinein
einen weit verbreiteten Argwohn hervorgerufen. Implizierten
sie doch neue Problemlösungsentwürfe, welche althergebrachte
Strukturen und institutionalisierte Abläufe in Frage stellten, die –
wie beispielsweise das aussenpolitische Prinzip der Neutralität,
das Bankgeheimnis oder die Milizarmee – im Prozess nationaler
Sinnstiftung der offiziellen Schweiz seit jeher als charakteristisch
für das Staats- und Gesellschaftssystem der Eidgenossenschaft
galten.

Feststeht, dass das spektakuläre Ende der weltpolitischen
Blockkonfrontation 1989/90 auch der offiziellen Schweiz den
Resonanzboden für zentrale Elemente und Feindbilder nationaler Sinnstiftung entzog, und der Untersuchungszeitraum
damit eine Phase nationaler Orientierungssuche darstellt. Das
„Skandalisierungs-Crescendo",[30] das ausgehend vom „Fall
Kopp" im Fichen-Skandal kulminierte, welcher wiederum jenen
über die "Geheimen Dienste" im Eidgenössischen Militärdepartement (EMD) auslöste, war, so die Prämisse, aufgrund der
internationalen Umbruchskonstellation überhaupt erst möglich
geworden. Denn in jenem historischen Moment einer relativ

Bevölkerung. Hinsichtlich der hegemonialen Definition dessen, wer zur
„Nation" gehört und was diese kennzeichnet, pointiert der Schweizer
Historiker an anderer Stelle kritisch, der Terminus „nationale Identität"
verschleiere symbolisch und ideologisch „geschickt die sozialen und
politischen Machtbeziehungen" sowie die vielschichtig-ungleichen
gesellschaftlichen Lebensbedingungen, indem vorgetäuscht werde, es
gäbe „allgemein verbindliche Interessen". Das Konzept „Nation" biete
eine „handliche ideologische Figur", die „Rechtfertigungsdiskurse
von Machteliten" produziere, denen es allein um die „Erringung
oder Bewahrung von Privilegien" gehe. Von der Bevölkerung
werde nationale Loyalität erwartet und damit, die entsprechenden
„Machtarrangements" nicht zu hinterfragen, sondern vielmehr, sich
ihnen unterzuordnen. Jost 2001, S. 39–42.

30   Imhof 2000, S. 67.

unvermittelt verringerten internationalen Bedrohungslage, vermochten die für den republikanischen Verfassungsstaat Schweiz
grundlegenden nationalen Maximen der Direkten Demokratie
und der Rechtsstaatlichkeit, die gemäss den Skandalierenden
durch die Aufdeckung der staatsschützerischen Praxis als Mythos
entlarvt worden waren, in der politischen Prinzipienhierarchie
breiter Bevölkerungsteile einen höheren Stellenwert als jene des
Staatsschutzes zu erlangen.

Doch nicht nur in den öffentlichen Auseinandersetzungen über
den Staatsschutz-Eklat wurde um nationale Grundsätze gerungen. Auch in den Deutungskämpfen um den Rücktritt des ersten
weiblichen Mitglieds der Schweizer Landesregierung, Elisabeth
Kopp, wurden typische Elemente nationaler Sinnstiftung verhandelt. So findet sich in den Skandalnarrativen Kritik zu politischen und ökonomischen Komponenten der eidgenössischen
Gesellschaftsordnung wie dem Milizsystem, dem Bankgeheimnis
oder dem damals fehlenden Geldwäschereigesetz, während die
Verteidigenden Kopps hinsichtlich deren Skandalisierung die
Missachtung nationaler Werte anprangerten, die für die Schweiz
als demokratische, rechtsstaatliche und humanistische Gesellschaft konstitutiv waren und sind.

Inwiefern nationale „Vergemeinschaftungsprozesse als Kon-
fliktphänomene"[31] zu betrachten sind, manifest sich während
des Untersuchungszeitraums, abgesehen von den wertideellen
Deutungskämpfen in den besagten Skandalkontexten, geradezu
mustergültig in den monatelangen Auseinandersetzungen um die
(historische) Bedeutung des Nationalsymbols Schweizer Armee
im Vorfeld der GSoA-Abstimmung vom November 1989 sowie
um die Frage einer zeitgemässen Nationalgeschichtsschreibung
im Zusammenhang mit der so genannten 700-Jahr-Feier der Eidgenossenschaft 1990/91. Stehen auch beide Gegenstandsbereiche
nicht im Fokus der vorliegenden Untersuchung, so wird darauf
insbesondere am Ende des dritten Kapitels explizit Bezug genommen. Offenbart sich doch in den entsprechenden öffentlichen

---

31   Jureit 2001, S. 17.

Fehden einmal mehr die wertideelle Diskrepanz und politische Konfrontation zwischen den links-alternativen und den rechts-bürgerlichen Lagern.

Die Darstellung der innenpolitischen Deutungskämpfe des Untersuchungszeitraums folgt einem systematisch-chronologischen Aufbau. Gewissermassen als Triebfedern einer verschärften öffentlichen Konfliktkultur strukturieren die beiden grossen Skandalkonstellationen und ihre spezifische Ausgestaltung als kommunikative Phänomene die zwei umfassenden Kapitel des Hauptteils. Ausgehend vom „Fall Kopp" (Kapitel II) kulminiert die Skandalisierungswelle im Fichen-Skandal, aus dem wiederum die Entdeckung der geheimen Dienste im EMD und die Protestbewegung mit samt dem Kulturboykott sowie der Entmythologisierung von Ursprungslegenden im Hinblick auf die Nationalfeier resultiert (Kapitel III). Am Ende beider Hauptteile werden die Untersuchungsresultate entlang der jeweiligen erkenntnisleitenden Fragestellungen thesenartig zusammengefasst. Im Schlussteil der Abhandlung (Kapitel IV) werden beide Skandalkonstellationen bezüglich ihrer gesellschaftspolitischen und nationalen Bedeutung in Relation zueinander gesetzt. Nachstehend gilt es, thematisch in die beiden Hauptkapitel einzuführen.

Bereits von Zeitgenossen als Beginn einer Geschichte aufgefasst, die sich „wie eine Zwiebel" schälen lasse, bei der man „Schicht um Schicht" zum Herzen vorstosse, habe der Rücktritt Elisabeth Kopps „die Oberfläche einer Staatsaffäre mit weitreichenden Folgen" dargestellt.[32] Die so genannten „Vorkommnisse im Eidgenössischen Justiz- und Polizeidepartement", in den Massenmedien so drastisch skandalisiert, dass die Departementvorsteherin schliesslich stürzte, führten zu einem Vertrauensverlust in das Ministerium, der nur, so die Annahme vieler, durch eine umfangreiche Aufklärungsbereitschaft staatlicher Mandatsträger wieder rückgängig zu machen war. Drei verschiedene Ermittlungsinstanzen kamen zum Einsatz: eine administrative, eine strafrechtliche und eine parlamentarische Untersuchung

---

32   Hierzu und zum Folgenden: Auchlin/Garbely 1990, S. 13.

wurden durchgeführt, wobei letztere grundlegende Mängel im Kompetenzbereich der Bundesanwaltschaft feststellte. Insbesondere die Registraturen der politischen Polizei beziehungsweise die „Fichen-Funde" boten neues Skandalisierungspotential. Aus dem „Fall-Kopp" resultierte mithin der Fichen-Skandal, in dessen Folge wiederum am Ende, durch monatelange Proteste ertrutzt, im EMD die geheime Kaderorganisation Projekt 26 (P-26) sowie der geheime Nachrichtendienst Projekt 27 (P-27) öffentlich enttarnt und als weiterer Eklat angeprangert wurden.

Deutungskämpfe um die Demission von Elisabeth Kopp beschäftigten die schweizerische Öffentlichkeit konkret vom 9. Dezember 1988 bis Anfang November 1991 immer wieder. Der relativ lange Thematisierungszeitraum und auch die Vehemenz der Skandalisierung zeugen vom gesellschaftspolitischen Gewicht der Angelegenheit. Das problematische Verhalten der ersten eidgenössischen Bundesrätin bestand darin, weder die Bundesratskollegen noch das Parlament noch die Öffentlichkeit direkt über ein vielfach als brisant eingestuftes Telefonat informiert zu haben, in dem sie ihren Gatten gebeten hatte, umgehend aus dem Verwaltungsrat eines Finanzinstituts auszutreten, wegen dem bezüglich des Vorwurfs der Geldwäscherei ermittelt wurde. Dadurch selber in Verdacht geraten, eine Amtsgeheimnisverletzung begangen zu haben, trat Elisabeth Kopp als Justizministerin aus der Landesregierung zurück.

Bei ihrer Demission handelte es sich insgesamt um einen Sturz „aus enormer Fallhöhe", in dessen Folge „sich immer wieder auch die persönliche Tragik für das Ehepaar" Kopp offenbarte.[33] Die Schweizer Philosophin Jeanne Hersch und einige Mitstreitende erkannten dies bereits im zeitgenössischen Kontext. Doch abgesehen vom menschlichen Leid liess die Skandalisierung des umstrittenen Verhaltens der ersten Schweizer Bundesrätin für deren Verteidigerinnen und Verteidiger auch eine staatstragende Dimension offenbar werden. Hersch übte in zwei intellektuellen Interventionen sowohl an der ihrer Ansicht nach manipulativen

---

33   Hon., Facetten, Neue Zürcher Zeitung, 29. Januar 2009.

Berichterstattung durch die Massenmedien als auch am PUK-EJPD-Bericht fundamental Kritik und klagte die von ihr dabei als missachtet angesehenen Menschen- und Bürgerrechte, die für das offiziell vertretene nationale Schweizbild auch damals konstitutiv waren, für den loyalen Umgang in der politischen Praxis ein. Historisch betrachtet gaben sie und ihre Mitstreitenden somit dem „Kopp-Skandal" eine neue wertideelle Wendung, indem sie alternative Deutungsangebote der Vorkommnisse um den Kopp'schen Rücktritt lancierten, die Verletzung rechtsstaatlicher Prinzipien brandmarkten und die Bundesrätin als unschuldig deklarierten.[34] Die Hypothese lautet mithin, dass sich der zeitgenössische Deutungskampf um die Reputation Elisabeth Kopps insbesondere durch die politischen Eingriffe der Intellektuellen Jeanne Hersch, analytisch gefasst, zu einer „Affäre" ausgestaltete.[35]

Am Anfang der im Folgenden zu entfaltenden Protestgeschichte steht somit zunächst die zeitgenössische Konstruktion des „Kopp-Skandals" samt der kommunikativen Dynamik, durch welche versucht wurde, die Auseinandersetzung in der Öffentlichkeit in eine Affäre zu überführen. Dementsprechend lautet das erkenntnisleitende Ziel des zweiten Kapitels einerseits, zentrale Mechanismen der Skandalisierung zu ergründen, welche zum Sturz der ersten Schweizer Bundesministerin führten. Andererseits gilt es, einen differenzierten Blick auf die Deutungskontroverse um den „Fall Kopp" zu werfen. In der damaligen Ereigniskonstellation kaum öffentliche Breitenwirkung erfahren, finden jene Argumente, mit denen bereits damals versucht worden war, die Alt Bundesrätin zu rehabilitieren, ausführlich Beachtung. Denn aufzuzeigen ist, dass sich die historische Sachlage komplizierter darstellte, als jene in der massenmedialen Berichterstattung relativ einhellig

---

34 Insbesondere das von der renommierten Hersch 1991 herausgegebene Werk „Rechtsstaat im Zwielicht", aber auch das Buch des Publizisten Werner Furrer, das im zeitgenössischen Kontext keine Beachtung fand, beschreiben den „Fall Kopp" perspektivisch konträr als eine andere Version der Geschichte.

35 Zur analytischen Kategorie „Affäre" vgl. die definitorischen Ausführungen unter II.4.a.

vermittelte, bis heute nachwirkende Interpretation erscheinen lässt, durch die das Ehepaar Kopp in verheerenden Misskredit gefallen war.

Insofern stehen folgende erkenntnisleitende Fragestellungen im Vordergrund der Analyse: Worum ging es im so genannten „Kopp-Skandal"? Welche Sachverhalte wurden in den Narrativen der Skandalisierer miteinander zu einem logischen Plot verknüpft? Inwiefern wurden die entsprechenden Inhalte in imaginativ wirkenden Denk- und Abbildern der Presseberichterstattung inszeniert beziehungsweise zu spezifischen Medientexten transformiert? Inwiefern wurde schliesslich versucht, den Skandal in eine Affäre zu überführen? Welche Argumente entfaltete die Gegenseite in dieser Kontroverse? Wie verliehen die Verteidigerinnen und Verteidiger Kopps ihren Beiträgen gestalterisch Wirkungsmacht und mit welchem Erfolg in der öffentlichen Wahrnehmung? Auf welche Weise wurden im Verlauf dieses Deutungskampfes Elemente des nationalen Schweizbildes ausgehandelt?

Im zweiten Kapitel heisst es somit erstens, den gesellschaftlichen Status der Eheleute Kopp vor deren „Absturz" sowie die Verleumdungskampagne im Vorfeld der Bundesratskandidatur von Elisabeth Kopp zu skizzieren, weil ohne diese Zusammenhänge, so die These, die vehemente Skandalisierung des umstrittenen Verhaltens der ehemaligen Justizministerin nicht zu verstehen ist. Zweitens sind die Umstände ihrer Demission und deren massive Skandalisierung darzulegen. Im dritten Abschnitt wird zunächst Jeanne Herschs erste intellektuelle Intervention entfaltet, mit der sie aufgrund des bevorstehenden Strafprozesses in die Öffentlichkeit eingegriffen hat, dessen Urteil dann erneut erheblich skandalisiert wurde, worauf die Intellektuelle und einige Mitstreitende wiederum in Form von Buchpublikationen reagierten.[36] Schliesslich veröffentlichte Elisabeth Kopp unter dem Titel „Briefe" ihre eigene Sicht auf die Vorgänge, die zu ihrer Demission führten. Doch alle Versuche, die Skandalisierung

---

36   Vgl.: Hersch 1991; Furrer 1991.

des umstrittenen Verhaltens der Justizministerin zu hinterfragen und sie als rechtsstaatlich zweifelhaft zu brandmarken, stiessen entweder auf keine Resonanz oder wurden diskreditiert.

Zu explosiv erschien der Verdacht, der den elementaren Kern des Eklats um den ministeriellen Rücktritt darstellte und ein enormes Empörungspotenzial implizierte: der ohnehin als berüchtigt beargwöhnte Ehemann der Bundesrätin stehe in Kontakt mit mutmasslichen Geldwäschern der internationalen Drogenmafia. War diese Befürchtung bereits brisant genug, kam hinzu, dass der Bericht der PUK-EJPD Ende November 1989 manifestierte, was aufgrund der damals unzulänglichen Gesetzeslage zur Wirtschaftskriminalität lange vermutet worden war. Die Bundesanwaltschaft hatte es über Jahre versäumt, vermutliche Delikte im Bereich des Betäubungsmittel- oder Waffenhandels inklusive der damit einhergehenden Geldwäscherei durch staatsschützerische Überwachungsmassnahmen oder gerichtspolizeiliche Ermittlungen zu bekämpfen. Stattdessen jedoch hatte sie, einem unzeitgemässen Bedrohungsbild folgend, das verfassungskonforme staatsbürgerliche Engagement hunderttausender politisch und sozial Aktiver vornehmlich aus dem links-alternativen Spektrum sowie hunderttausender Ausländerinnen und Ausländer durch die politische Polizei observieren und registrieren lassen. Sogesehen ist der „Fall Kopp" substanziell über die damals gebrandmarkten funktionalen Defizite der Bundesanwaltschaft mit dem Fichen-Skandal verknüpft.

Dieser offenbarte sich auf der Bundespressekonferenz vom 24. November 1989, auf der die Leitung der PUK-EJPD ihre Ermittlungsresultate präsentierte. Die Deutungskontroverse um den „Fall Kopp" war noch nicht beendet, der Strafprozess stand im Februar 1990 noch bevor, da gelang es verschiedenen politischen Akteurinnen und Akteuren, die weitreichende öffentliche Empörung über einen im Justizministerium vermuteten Machtmissbrauch in Protest zu überführen, der sich zunächst vor allem gegen die jahrelang von der politischen Polizei vollzogenen Praktiken im Bereich des inneren Staatsschutzes richtete.

Auch in den Wortgefechten über die umstrittenen Registraturen in der Bundesanwaltschaft wurde um Prinzipien gestritten, die für das damalige schweizerische Staatswesen konstitutionell und damit sowohl für das Selbst- als auch für das Fremdbild der Eidgenossenschaft als Nation konstitutiv waren. Vor allem jene Stimmen, welche Verständnis für die jahrelange Überwachungspraxis der politischen Polizei artikulierten, verwiesen auf die Bedrohungsbilder, die im Zuge des Ost-West-Konfliktes vorgeherrscht hatten. Derentwegen, so die Schlussfolgerung, hätten Grundsätze wie Staatsschutz oder innere Sicherheit auf einer das Gemeinwesen betreffenden Werteskala generell Vorrang vor demokratischen Maximen wie Meinungsfreiheit oder staatsbürgerlichem Engagement gehabt. Geht man von einer weit verbreiteten Wirkungsmächtigkeit dieser Logik samt der durch sie evozierten Sicherheitsbedürfnisse aus, erscheint folgende der Untersuchung zugrunde gelegte Prämisse plausibel: Erst durch den Niedergang des Ostblocks beziehungsweise durch das Ende des Ost-West-Konfliktes wurde die Voraussetzung für eine Skandalisierung der Staatsschutzpraktiken, zuvor bereits mehrfach öffentlich ohne nennenswerte Resonanz thematisiert, geschaffen.[37]

---

37 Vgl. dazu etwa: Engeler 1990, S. 213: Durch die Demokratiebewegungen in den Diktaturen des Ostens sei die „in vielen Belangen erstarrte Eidgenossenschaft" ins Schlingern geraten: „Mit dem Zusammenbruch der kommunistischen Regimes verdorrte auch der Antikommunismus als Nähr- und Stützwurzel des helvetischen Staatsverständnisses." Entgegen der obigen Prämisse vermutet Georg Kreis am Ende seiner umfangreichen Untersuchung zur Geschichte des schweizerischen Staatsschutzes hypothetisch, dass die veränderte Beurteilung desselben am Ende des Kalten Krieges weniger aus der damals abgeschwächten Bedrohungslage resultiert sei, als vielmehr daraus, dass „die Grundeinstellung zu Fragen des Staatsschutzes und des Persönlichkeitsschutzes und das gesellschaftliche Klima eben anders waren". Seiner Annahme nach sei somit „die Revision des Staatsschutzes nicht die Folge der Veränderungen im ‚Osten', sondern das Produkt der gleichen Ursache, das heisst einer breiter angelegten Umbruchsituation gewesen". Kreis 1998, S. 651.

Vermutungen über umfassende Registraturen in der Bundesanwaltschaft und einem damit einhergehenden zweifelhaften
Umgang mit verfassungsmässig garantierten Bürgerrechten
kursierten bereits seit Jahrzehnten. Sie wurden in den parlamentarischen Kammern immer wieder zur Sprache gebracht, was
dann auch öffentlichen Niederschlag fand, allerdings weit davon
entfernt, skandalisiert zu werden.[38] Darüber hinaus gestaltete sich
die Einsicht in die Registraturen der politischen Polizei selbst für
die parlamentarische Geschäftsprüfungskommission (GPK) als
schwierig, galt doch das Diktum, die Akten seien geheim und
somit nicht offen zu legen. Als parlamentarische Instanz, dem
die andauernde Oberaufsicht über die Exekutive und Verwaltung
obliegt, hat die GPK, im Gegensatz zu einer Parlamentarischen
Untersuchungskommission, eingeschränkte Befugnisse bezüglich
Akteneinsicht und Personenbefragung.[39] Gemäss der wissenschaftlichen Studie „Staatsschutz in der Schweiz" habe die GPK
des Nationalrates zwei Jahre vor dem Fichen-Skandal begonnen,
sich näher mit den Staatsschutzpraktiken auseinander zu setzen.[40]
Als die Sektion, der die Aufsicht über das EJPD oblag, im Mai
1987 Erkundungen über die Akten der Bundesanwaltschaft
einholte, bekam sie allgemeine Informationen über die Existenz
von rund 900 000 Karteikarten, die alphabetisch über Personen
und Organisationen in der Hauptregistratur abgelegt worden
waren. Doch trotz immer mehr eingeholter Zusatzauskünfte,

---

38 Vgl. dazu: Kreis 1993, S. 613–651.

39 Die GPK gehört in der Schweiz zu den ständigen aus 10–
20 Parlamentsmitgliedern aller Parteien zusammengesetzten
Kommissionen, die auf Bundesebene, in den Kantonen oder
Gemeinden Lösungsentwürfe bestimmter Sachzusammenhänge zu
erarbeiten haben. Präsidium und Mitglieder werden vom jeweiligen
Parlament zumeist für eine Legislaturperiode gewählt. Die GPK hat
als politische Aufsichtsinstanz durch Inspektionen die verfassungs-
und gesetzmässige Ausübung der Verwaltung zu prüfen und
regelmässig Rechenschaftsberichte vorzulegen. Vgl.: Parlamentarische
Kommissionen, online; Kreis 1993, S. 625, Anm. 20; Linder 2005²,
S. 206f.

40 Hierzu und zum Folgenden: Kreis 1993, S. 628–630.

wuchs offenbar das Misstrauen, weswegen sich der Präsident der GPK-EJPD-Sektion, Nationalrat Moritz Leuenberger, am 22. Juni 1988 zwecks einer Überprüfung der Registraturen in die Bundesanwaltschaft aufgemacht hatte. Laut Georg Kreis seien ihm von Bundesanwalt Rudolf Gerber zwei Dossiers mit ausgewählten, teilweise abgedeckten Fichen vorgelegt worden, wobei es letzterer abgelehnt habe, der GPK weitere Einblicke in die Registraturen und Akten zu gewähren. In einem Brief an die damalige EJPD-Chefin, Bundesrätin Elisabeth Kopp, habe er geltend gemacht, eine Offenlegung verstiesse gegen zentrale Grundsätze wie etwa das Amtsgeheimnis oder Datenschutzrichtlinien. Würde die GPK dennoch auf eine weitergehende Überprüfung bestehen, sei dies, gemäss Gerber, „als Ausdruck eines tief verwurzelten Misstrauens"[41] zu verstehen. Wie Kreis darlegt, habe Leuenberger „in Einschätzung der Stimmung in der Sektion EJPD" darauf verzichtet, die Inspektion auszuweiten.[42] Im Rechenschaftsbericht der GPK vom 14. November 1988 wurde insofern auf die immense Anzahl Karteikarten von unterschiedlicher Dichte, Qualität und Zufälligkeit der Information verwiesen. Auch betonte die GPK die Relevanz des Datenschutzes sowie der parlamentarischen Aufsicht. Von einer bundespolizeilichen Auftragskonzeption ausgehend, brachte sie zum Ausdruck, „im vorliegenden Zusammenhang" keine Möglichkeit zu haben, weitere Nachforschungen anstellen zu können.[43] Diese Zusammenhänge erscheinen für die knapp ein Jahr später beginnende Skandalisierung der Staatsschutzpraktiken relevant.

Denn bereits kurz nachdem Justizministerin Kopp am 12. Dezember 1988 ihren Rücktritt erklärt hatte, dachten einzelne linke Abgeordnete über die Option einer parlamentarischen Kommission zwecks einer Untersuchung des Eidgenössischen Justiz- und Polizeidepartements nach, doch ging es ihnen dabei offensichtlich um mehr, als nur Recherchen bezüglich der Um-

---

41 Bundesanwalt Rudolf Gerber, zit. n. Kreis 1993, S. 630.

42 Hierzu und zum Folgenden: Kreis 1993, S. 630f.

43 Schlussbericht der GPK vom 14. November 1988 zit. n.: Kreis 1993, S. 631.

stände des ministeriellen Rücktritts vorzunehmen. Barg doch eine mögliche Inspektion des EJPDs, unter dessen Oberaufsicht auch die Bundesanwaltschaft fiel, die einmalige Chance, durch ein mit weit reichenden Kontrollkompetenzen ausgestattetes politisches Organ, jene brisanten Registraturen aufzuspüren, die in linken Aktivistenkreisen, insbesondere nach der Einsichtsnahme des GPK-Mitglieds Leuenberger, an diesem Ort vermutet worden waren. Der spätere Parteipräsident der SP, Peter Bodenmann, als Aktivist eine zentrale Rolle in der Protestbewegung einnehmend, bilanziert dementsprechend: „Wenngleich bei Skandalisierungen immer auch der Zufall einen wichtigen Faktor darstellt, stand in jenen Wochen und Monaten relativ viel Überlegung dahinter".[44]

Das der Konstellationsanalyse zugrunde gelegte vielschichtige Material dokumentiert die Konstruktion des Fichen-Skandals, dessen verschiedene Phasen zwischen Januar 1989 und Ende 1990 jeweils von bestimmten Akteuren getragen wurden, ebenso eindrucksvoll wie die daraus hervorgegangene Protestbewegung. Folgende Fragestellungen stehen im Zentrum des III. Kapitels: Wie verlief die Skandalisierung der Staatsschutzpraktiken? Inwiefern entwickelte sich daraus eine Protestbewegung? Welche Elemente nationaler Sinnstiftung wurden in den besagten Auseinandersetzungen ausgehandelt?

Was die Vorgehensweise anbelangt, wird, ähnlich wie im vorangegangenen Kapitel, nicht nur auf die Inhalte der öffentlichen Auseinandersetzungen, das heisst auf die jeweils artikulierte Kritik, eingeklagte Wertideen oder vertretene Argumentationen fokussiert. Denn auch bezüglich der öffentlichen Auseinandersetzungen um die Staatsschutzpraktiken waren gestalterische Selbst- und Fremdinszenierungslogiken zentral für die Schaffung emotionenschürender Wahrnehmungs- und Deutungsschemata innerhalb der Skandal- und Protestkommunikation.

---

44 Bodenmann im Gespräch mit Liehr, 16. Mai 2008, Transkript, S. 1. Vgl. hierzu: Büschi 1998, S. 324. Gemäss Büschi zeige die Vorgeschichte des Fichen-Eklats, „dass ein politischer Skandal nicht ‚ist', sondern ‚gemacht' wird, mithin ohne spezifische Dynamik nicht entstehen kann".

Zur Ergründung jener Protestdynamik, über die der Fichen-Skandal mit der Skandalisierung der geheimen Kadergruppe P-26 und des geheimen Nachrichtendienstes P-27 in Relation stand, wird eine dreiteilige Verlaufsanalyse gewählt. Im ersten Abschnitt sind verschiedene Faktoren zu beschreiben, die für die Genese des Eklats kennzeichnend waren: Von der Konstituierung der PUK-EJPD und der Formulierung ihres Auftrages, über die Kommissionstätigkeit bis zur Pressekonferenz samt der öffentlichen Resonanz auf den Ermittlungsbericht. Sodann werden im zweiten Abschnitt Mobilisierungsimpulse entfaltet, durch die es verschiedenen Akteuren gelang, die Ende November 1989 aufgeflammte Empörung über die Registraturen der politischen Polizei in eine Protestbewegung zu überführen. Ausgehend von der Kritik an den aufgedeckten Staatsschutzmethoden und im Hinblick auf die 1991 anberaumte offizielle 700-Jahr-Feier der Eidgenossenschaft, weitete sich die Programmatik der Proteste auf weitere nationale Problemfelder aus, das heisst auf die gesellschaftspolitische Rolle von Kulturschaffenden und auf das Geschichtsbild der Schweiz. Das Erkenntnisinteresse richtet sich nicht nur auf konzeptionelle Ziele der Aktivistinnen und Aktivisten, sondern auch auf weitere grundlegende Fragen der Sozialen-Bewegungsforschung, etwa im Hinblick auf zentrale Protestakteure und Netzwerke, programmatische Strategien und Aktionsformen sowie einmal mehr auf die Rolle von Massenmedien. Der dritte Abschnitt entfaltet den Skandalisierungs- und Protestverlauf nach der grossen Demonstration Anfang März 1990. Darüber hinaus fokussiert er auf das Ausklingen der Protestbewegung im letzten Drittel jenes Jahres und damit nicht nur auf die Aufsehen erregende Schweizkritische Rede des Intellektuellen Friedrich Dürrenmatt oder auf die Forderungen, das offizielle mythologische Geschichtsbild der Schweiz einer grundlegenden Prüfung zu unterziehen. Insbesondere aufgrund der eklatanten Ergebnisse der zweiten Parlamentarischen Untersuchungskommission, der so genannten PUK-EMD, durch die die Existenz der geheimen Dienste offenbar geworden war, flammte während einiger Wochen nochmals öffentliche Empörung auf. Diese verebbte allerdings, trotz weiterer jahrelanger Aktivierungsversuche des Komitees „Schluss mit dem

Schnüffelstaat", gegen Ende 1990, als die Staatsschutzkritik in der massenmedialen Berichterstattung nur noch eine untergeordnete Rolle spielte.[45]

3. Forschungsstand und Materialbasis

Bezüglich des Forschungsstandes zum vorliegenden historischen Themenkomplex bleibt zu konstatieren, dass die betrachteten politischen Deutungskämpfe, die 1988–91 die schweizerische Öffentlichkeit innenpolitisch wesentlich bestimmt haben, bisher in ihrem nationalen Zusammenhang noch nicht differenziert analysiert worden sind. Auch eine kulturwissenschaftlich orientierte Verlaufsstudie der damaligen Protestbewegung entlang von Kriterien der Sozialen-Bewegungsforschung steht noch aus.

Abgesehen von deskriptiven Artikeln in Sammelbänden beziehungsweise anekdotischen oder publizistischen Texten von Zeitgenossen,[46] liegen zu einzelnen der betrachteten Sujets

---

45   Vgl.: Messerli 2001; Grundrechte.ch 2010.

46   Einzelne zeitgenössische Abhandlungen lassen sich nicht eindeutig den Kategorien „Literatur" oder „Quelle" zuordnen. Diese bieten zwar einerseits informative Darstellungen bestimmter für die Untersuchung relevanter Zusammenhänge, sie sind jedoch andererseits teilweise tendenziöse zeitgenössische Beiträge des Deutungskampfes. Im Materialverzeichnis sind sie als „Quellen" aufgeführt, wenn ihr Anteil an der Auseinandersetzung entlang erkenntnisleitenden Fragestellungen diskutiert wurde, und als „Literatur" vermerkt, wenn sie vornehmlich der Preisgabe von Hintergrundinformationen dienten. Als Quellen dienten etwa: Furrer 1991, Hersch 1991, Kopp 1991 und Oberson/Petit 1990; als Literatur kritische Verwendung fanden: Auchlin/Garbely 1990, Braunschweig 1990, Duttweiler 1990, Engeler 1990, Fischer/Baier 1991. Vgl. auch: Röthlisberger 1995, Sonderegger/Dütschler 1995, Wettstein 1995. Drei universitäre Abhandlungen, die bereits im Zeitkontext zum "Fall Kopp" erarbeitet worden sind, fanden bedauerlicherweise keine Berücksichtigung, da die Verfasserin erst zu spät auf sie aufmerksam geworden ist. Es handelt sich um: Reichlin 1991 (medienethische Diplomarbeit, Journalismuswissenschaften Fribourg); Bumbacher/Künzi/Rauch 1990

Lizentiatsarbeiten vor.[47] So ergründen etwa beide zum „Fall Kopp" eingereichte wissenschaftliche Abhandlungen zwar auch die „Konstruktion" des Skandals in ausgewählten deutschschweizerischen Printmedien, jedoch unterscheiden sich ihre erkenntnisleitenden Fragestellungen inklusive der damit einhergehenden Betrachtungszeiträume und Vorgehensweisen von der vorliegenden Untersuchung.

In ihrer knapp 400 Seiten umfassenden sozialwissenschaftlichen Abhandlung betrachten Alex Ulbricht und Dani Wintsch als Autorenpaar den „Fall Kopp" perspektivisch geleitet von Theorien zur kommunikativen Konstruktion von „Wirklichkeit".[48] Sie interessiert, inwiefern die Zusammenhänge um den Rücktritt der ersten Schweizer Bundesrätin skandalisiert und zu einem „Medienereignis" gemacht worden sind. Verstanden als „Leitmedien" der deutschschweizerischen Presselandschaft, bilden die Neue Zürcher Zeitung, der Tages-Anzeiger und der Blick die Materialbasis zur formalen, inhaltlich-thematischen sowie stilistischen Analyse der Entwicklung der entsprechenden Berichterstattung im Zeitraum vom 26. August 1988 bis zum 24. Februar 1990.[49] Ulbricht/Wintsch bündeln ihre detaillierten

---

(116-seitige Seminararbeit, Politikwissenschaften Bern); Birrer et al. 1990 (109-seitige Seminararbeit, Medienwissenschaften Bern).

47 Die Verfasserin ist während ihrer Recherche auf insgesamt fünf Lizentiatsarbeiten gestossen, die allerdings allesamt an Deutschschweizer Universitäten eingereicht worden sind und sich auf Deutschschweizer Material beziehen.

48 Es handelt sich um Fragmente aus der wissenssoziologischen Theorie „Die gesellschaftliche Konstruktion der Wirklichkeit" von Peter L. Berger und Thomas Luckmann, aus der Theorie kommunikativen Handelns von Jürgen Habermas sowie aus Skandal- und Krisentheorien. Vgl.: Ulbricht/Wintsch 1998, S. 9–65, 76–87.

49 Ulbricht/Wintsch 1998, S. 67–69, 87–90. Am 27. August 1988 thematisiert der Beobachter den an Hans Werner Kopp gerichteten Vorwurf der Steuerhinterziehung, am 24. Februar 1990 reagieren die Massenmedien auf den Freispruch Elisabeth Kopps durch das Bundesgericht in Lausanne. Zur Methode der Zeitungsanalyse vgl.: Ulbricht/Wintsch 1998, S. 91–102.

Untersuchungsergebnisse der drei Analyseebenen tabellarisch, grafisch und in komprimiert-deskriptiven sowie interpretativen Textteilen. Es entsteht ein komplexer sowohl synchroner als auch diachroner Überblick zu verschiedenen aussagekräftigen journalistischen Variablen – von Artikelgrössen über Textgenre und Stilmerkmalen bis hin zu einer Segmentierung thematischer Aspekte (als „Diskurse" bezeichnet). Am Ende deuten die Autoren ihre Ergebnisse entlang ihrer zuvor ausführlich entfalteten theoretischen Modelle.[50]

Aus medienwissenschaftlicher Perspektive betrachtet Lucie Hauser den „Kopp-Skandal", wobei sie ihn mit den Fällen „Mirage" von 1964 und „Nef/Schmid" von 2008 komparativ in Relation setzt.[51] Empirisch auf die drei in ihrer Zeit eklatanten Fallbeispiele fokussierend, in deren Folge jeweils Mitglieder des Bundesrates zurücktreten mussten, fragt Hauser nach dem Wandel der Skandalberichterstattung ausgewählter Deutschschweizer Presseorgane in vier Jahrzehnten. Anhand eines umfangreichen medienwissenschaftlichen Kriterienkatalogs zeichnet sie für jeden der drei Fälle eine „Profil-Entwicklung", um zu ergründen, wie die Skandale jeweils medial aufbereitet worden sind. Im „Fall Kopp", den sie im Zeitraum vom 27. August 1988 bis 15. März 1989 betrachtet,[52] konzentriert sich ihre Studie ebenfalls auf den

---

50 Ulbricht/Wintsch 1998, S. 103–114 (formale Analyse), 114–186 (inhaltliche, thematische Analyse), 203–232 (Auflistung und Interpretation thematischer Aspekte), 232–275 (stilistische Analyse), 276–355 (Synthesen); es folgen ein Schluss sowie ein Anhang.

51 Hierzu und zum Folgenden: Hauser 2010.

52 Hauser 2010, S. 84, Text Abb. 6. Hauser begründet die von ihr vollzogene Begrenzung des Skandalzeitraums wie folgt: Am 27. August 1988 habe der Tages-Anzeiger erstmals über Steuervergehen Hans Werner Kopps berichtet, womit die für die Bundesrätin schliesslich fatale Gerüchtewelle über ihren Gatten ihren Anfang nahm. Zum 15. März 1989 schreibt sie: „Der Erhebungszeitraum endet mit der Information, dass sich Elisabeth Kopp vor Gericht zu verantworten haben wird", wonach die Artikelanzahl (zunächst) sank. Hauser 2010, S. 68f. Das Abschlussdatum irritiert indes, weil erst am 13. April 1989 vom ausserordentlichen Bundesanwalt Jean-Daniel

Tages-Anzeiger, die Neue Zürcher Zeitung sowie den Blick. Auch Hauser setzt zur Veranschaulichung ihrer Erhebungen Balkendiagramme und Tabellen ein.[53]

Beide Lizentiatsarbeiten zum „Fall Kopp" bieten aufschlussreiche Einzelheiten über die printmediale Konstruktion des Skandals; doch befassen sie sich nicht mit der damals zwar kaum beachteten, aber dennoch explizierten alternierenden Auslegung des Sachverhalts um den Rücktritt der Justizministerin, wie sie von Jeanne Hersch und anderen vertreten worden ist. Damit unterscheidet sich das Erkenntnisinteresse der vorliegenden Untersuchung grundsätzlich von den oben beschriebenen, intendiert es doch, den historischen Gegenstand qualitativ zu ergründen und als komplexe Deutungskontroverse zu betrachten, die über den Skandal hinausgeht und, analytisch gefasst, in dem Versuch mündete, ihn in eine „Affäre" zu überführen. Dementsprechend leitet sich die Erkenntnisperspektive aus einem andersartig gelagerten theoretischem Bezugsrahmen ab, demgemäss die Termini „Skandal" und „Affäre" konzeptionell von einander abgrenzt werden, um die historische Genese des Deutungskampfes anhand idealtypischer Kategorien veranschaulichen und seine empirische

---

Piller der Untersuchungsrichter Walter Koeferli zur Einleitung einer Voruntersuchung beauftragt worden war und es im Anschluss daran wiederum erst am 20. September 1989 zu einer Anklageerhebung wegen Verletzung des Amtsgeheimnisses gekommen ist. Vgl. die ausführliche Chronologie bei: Furrer 1991, S. 183, ebenso bei: Ulbricht/ Winsch 1998, S. 7–76, hier: S. 75.

53 Wenngleich Hauser aufgrund der empirischen Dreiteilung ihres Themas die Ereigniskonstellation des „Falls Kopp" lediglich komprimiert wiedergeben kann, fällt auf, dass sie in ihrer Darstellung teilweise quellenimmanente, von den Skandalierenden lancierte Begriffe und Unterstellungen unkommentiert übernimmt, die das Verhalten Elisabeth Kopps verurteilen und kriminalisieren. Solch wertende Worte aber erhalten, insbesondere in einer wissenschaftlichen Abhandlung, einen sachlichen Anschein. Vgl.: S. 87, hier schreibt Hauser (Kursivsetzung laut Dorothee Liehr): „Tatsächlich war es die Ehegattin selbst, die zum Hörer griff und Hans W. Kopp *gewarnt* hatte." Oder (S. 91): „Die öffentliche Enthüllung der *Lüge* ist das eigentlich Empörende in der Kopp Affäre," (ebenso S. 139).

Eigenheit herausstellen zu können. Wird auch im Folgenden von einem konstruktivistischen Denkansatz ausgegangen, demnach „Realitäten" durch menschliche Sinnstiftung erzeugt werden, geschieht die Betrachtung der Skandalisierung nicht, wie oben beschrieben, entlang medienwissenschaftlicher Kriterien. Von der Wirkungsmacht imaginativ erzeugter Feindbilder ausgehend, wird das zugrunde gelegte Material der Skandalisierung vielmehr danach befragt, wie diese darin geschaffen und symbolisch durch die Evozierung von negativen Gefühlen wie Angst oder Entrüstung handlungsleitend geworden zu sein scheinen. Angesichts des so skizzierten Forschungsgegenstandes vergrössert sich auch der Untersuchungszeitraum im Verhältnis zu denjenigen beider Lizentiatsarbeiten. Er setzt bereits im September 1984 ein, hat dann jedoch entsprechend bestimmter Ereignisse Schwerpunkte zwischen August 1988 und Herbst 1991. Zuletzt variiert auch die entsprechend der Problemorientierung zugrunde gelegte Materialbasis nicht nur dahingehend, dass entgegen der systematischen Auswertung dreier Deutschschweizer Presseorgane (Ulbricht/Wintsch, Hauser) im Folgenden auf Zeitungsausschnittssammlungen zurückgegriffen worden ist, die zwar keine lückenlose Erfassung jeglicher Artikel einer Zeitung, dafür jedoch Druckerzeugnisse mehrerer verschiedener Printmedien offerieren. Hinzu kommt die Auswertung zeitgenössischer Bücher von Verteidigenden der alternierenden Interpretation des „Falls Kopp".

Über den Fichen-Skandal liegen drei perspektivisch verschiedene Lizentiatsarbeiten vor, die einander thematisch ergänzen und für diese Untersuchung insbesondere hinsichtlich der Skandalisierung durch die Printmedien informativ sind. Der Historiker Philippe Messerli fragt grundsätzlich danach, wie „die Tagespresse auf den Fichenskandal von 1989/90 reagiert und diesen publizistisch verarbeitet" hat.[54] Er analysiert den Verlauf des Eklats in einem Sample sechs ausgewählter Schweizer Zeitungen, indem er deren Berichterstattung über die angeprangerten Staatsschutzpraktiken sowohl quantitativ als auch qualitativ im Zeitraum vom 25. November 1989 bis 31. Dezember 1990 auswertet. Ebenfalls angelehnt an medienwissenschaftliche Kriterien, ermittelt er zunächst die „unterschiedliche Intensität in der medialen Berichterstattung" im Zeitverlauf, um dann anhand der entsprechenden Höhepunkte vier Phasen festzulegen, die er anschliessend in ihrer Ereignishaltigkeit beschreibt.[55] In den empirischen Kapiteln des Hauptteils, gegliedert entlang besagter Skandalzäsuren, ergründet der Autor jeweils quantitativ die prozentuale Auflistung der Artikelanzahl pro betrachteten Presseorgan und qualitativ die Berichterstattung jeweils zentraler Sachverhalte, dazu jeweils artikulierte „Grundpositionen" bis hin zu Reformvorschlägen.

Die Historikerin Susanne Brügger untersucht die Auseinandersetzungen um die Staatsschutzpraktiken auf Bundesebene im gleichen Zeitraum wie Messerli (Ende November 1989 bis Ende Dezember 1990), doch richtet sie ihren Erkenntnisfokus entlang soziologischer Skandaltheorien aus. Ebenfalls auf printmediale Erzeugnisse zurückgreifend, fragt Brügger konkret nach der Entwicklung der jeweiligen Rolle unterschiedlicher Akteursgruppen (Skandalierende, Skandalierte, Skandalpublikum, Massenmedien) und ihren „Motivations-, Sinn- und Argumentationsstrukturen", bevor sie den Skandal am Ende hinsichtlich

---

54 Hierzu und zum Folgenden: Messerli 2001, S. 12, 14. Es handelt sich um den Tages-Anzeiger, die Berner Tagwacht, den Blick, die Neue Zürcher Zeitung, das Vaterland und das Journal de Genève. Zur Begründung des Samples vgl.: Messerli 2001, S. 15–21. Nach eingehender Betrachtung kommt Messerli zum Schluss, dass „die intensivste und interessanteste Phase" der öffentlichen Auseinandersetzung um die brisanten Registraturen in den Zeitraum zwischen der Veröffentlichung des PUK-EJPD-Berichtes am 24. November 1989 bis Ende Dezember 1990 fällt, weil der Staatsschutz schon im Januar 1991 „längst kein zentrales Thema mehr" gewesen ist.

55 Hierzu und zum Folgenden: Messerli 2001, S. 21–30.

seiner gesellschaftlichen Funktion beurteilt.[56] Den empirischen Teil ihrer Abhandlung strukturiert die Historikerin, indem sie zehn für die Deutungskontroverse zentrale „Ereignisse" entlang ihrem Erkenntnisinteresse, das heisst hinsichtlich der Reaktionen verschiedener für den Skandal relevanter Akteursgruppen auswertet.

Die Historikerin Michaela Friemel schliesslich beschäftigt sich mit dem „politischen Verarbeitungsprozess" des Skandals durch die schweizerische Bundesversammlung im Zeitraum von Ende 1989 (erste parlamentarische Fragestunde am 4. Dezember 1989) bis Mitte 1998 (Ablehnung der Volksinitiative „SOS – Schweiz ohne Schnüffelpolizei" am 7. Juni 1998).[57] Das Amtliche Bulletin des National- und Ständerates bietet ihr diesbezüglich eine profunde Materialbasis, wobei sie die parlamentarischen Wortprotokolle zu den „präventiven Überwachungsmassnahmen der Bundespolizei" sowohl argumentativ als auch entlang „sprachlicher Muster" ergründet.[58] So entfaltet Friemel in ihrer „Argumentationsana-

---

56 Hierzu und zum Folgenden: Brügger 2006, S. 2 5. Brügger greift auf die Zeitungsausschnittssammlung und das Dossier zum Fichenskandal des Schweizerischen Sozialarchivs in Zürich zurück.

57 Hierzu und zum Folgenden: Friemel 2007, S. 6, 8–10.

58 Entgegen der in der vorliegenden Abhandlung vorgenommenen analytischen Differenzierung zwischen den Begriffen „Skandal" und „Affäre" betont Friemel, beide Worte in quellenimmanter Manier synonym zu verwenden. Dann jedoch unterscheidet sie wie folgt: Wurde der Begriff „Skandal" vornehmlich „von linker Seite benutzt", weswegen er, so Friemels Logik, eine „stärkere Wertung" enthalte, ziehe sie persönlich das Wort „Affäre" vor, „das von allen Seiten gebraucht" worden sei. Vollends unpräzise ist die anschliessende Explizierung der Autorin: „Eine ähnliche Überlegung führt dazu, dass ich von ‚Staatsschutzaffäre' spreche, womit ich die gängigeren und häufig unreflektiert benutzten Begriffe ‚Fichenaffäre' und ‚Fichenskandal' meiden kann". Vgl.: Friemel 2007, S. 8. Weil sich der Begriff „Fichen", aus dem Französischem stammend, als Deutschschweizerischer Ausdruck für „Karteikarte" etabliert hat und damit das „Korpus-Delikti" der Auseinandersetzung kennzeichnet, wird nicht er in der vorliegenden Abhandlung problematisiert, sondern vielmehr die Worte „Affäre" und „Skandal". Sie stellen, wie zu zeigen sein

lyse" (Kapitel 3) die parlamentarische Auseinandersetzung zu grösstenteils im PUK-EJPD-Bericht geforderten Massnahmen zugunsten einer institutionellen Veränderung des präventiven Staatsschutzes, um anschliessend den „politischen Diskurs" (Kapitel 4) hinsichtlich „rhetorischer Auffälligkeiten", „Schlüsselbegriffen" sowie „diskursiven Regelmässigkeiten" zu betrachten.[59]

In Abgrenzung zu den oben skizzierten Arbeiten wird die Ergründung des Fichen-Skandals in der vorliegenden Untersuchung in mehrfacher Hinsicht erweitert. Zum einen geht es darum, die Eklatgenese hinsichtlich des Handelns bestimmter Akteure nachzuvollziehen. So wird nicht nur das intentionale Zustandekommen der PUK-EJPD sowie deren Vorgehen thematisiert, sondern auch Mobilisierungstätigkeiten des Komitees „Schluss mit dem Schnüffelstaat" entfaltet. Darüber hinaus steht, abgesehen von Parlamentsmitgliedern oder Medienschaffenden, auch die Akteursgruppe kritischer Intellektueller im Zentrum des Interesses, die zugunsten der Verteidigung konkreter, das schweizerische Gemeinwesen betreffende Wertideen intervenierten. Des Weiteren wird thematisiert, inwiefern damals im Streit um die Praktiken der politischen Polizei die nationale „Identität" der Eidgenossenschaft zur Diskussion stand.

In Folge der Skandalisierung der Staatsschutzpraktiken waren bereits am 1. Mai 1990 die Schweizer Wissenschaftler Georg Kreis, Otto K. Kaufmann und Jean-Daniel Delley vom Bundesrat beauftragt worden, „aus historischer, politologischer und juristischer Sicht die Entwicklung des Staatsschutzes von 1935 bis zur Gegenwart zu analysieren und die Ergebnisse in einem Bericht festzuhalten".[60] Es handelt sich um ein 671 Seiten umfassendes

---

wird, unterschiedliche Sachverhalte eines Deutungskampfes dar. Zur Verwendung und metaphorischen Umschreibung der Begriffe in den Parlamentsprotokollen siehe: Friemel 2007, S. 81–85.

59   Friemel 2007, S. 24–72 (Argumentationsanalyse), S. 73–93 (Sprachanalyse).

60   Kreis 1993, S. 15. Bei der der Verfasserin vorliegenden Abhandlung handelt es sich um eine überarbeitete Fassung. Der Bundesrat hatte bezüglich der ersten, im Oktober 1991 vorgelegten Version moniert, die

Grundlagenwerk zum Thema, das umfangreiche Auskünfte zu den Karteien und Fichen, zur Konzeption und zu den Rechtsgrundlagen sowie zu verschiedenen historischen Entwicklungsschwerpunkten des schweizerischen Staatsschutzes bietet. Im letzten Kapitel geht der Historiker Georg Kreis schliesslich dem Wandel des Staatsschutzverständnisses auf parlamentarischer, massenmedialer und bundespolizeilicher Ebene nach und kommt auf Basis seiner Erkenntnisse zum Schluss:

> „Die Reaktionen vom Spätherbst 1989 könnten erstaunen: Plötzlich wurde etwas wahrgenommen, von dem man seit langem wusste oder hätte wissen können, dass es existierte. Allein die verschiedenen, [...] parlamentarischen Vorstösse hätten immer wieder Anlass zur Auseinandersetzung mit der Staatsschutztätigkeit der Polizeidienste sein können; desgleichen die von Zeit zu Zeit dazu veröffentlichten Beiträge in Medien. So stellt sich die Frage, warum 1989 plötzlich etwas ‚entdeckt' und teils sogar als Skandal empfunden wurde, was vorher im Prinzip bereits bekannt und als nicht speziell anstössig gewertet worden war."

Zur Beantwortung dieser Problemstellung soll die folgende Betrachtung des Fichen-Skandals aus der zeitgenössischen Ereigniskonstellation heraus einen Beitrag leisten.[61]

Phase des Zweiten Weltkrieges sowie die Terror- und Spionageabwehr seien dort nicht ausreichend behandelt worden. Vgl. dazu: Kreis im Interview mit Knechtli, Polizeidienste, Luzerner Neuste Nachrichten 12. Juni 1993; A.C., Fichenaffäre, Neue Zürcher Zeitung, 12./13. Juni 1993.

61 Kreis selbst verweist diesbezüglich hypothetisch auf den Wertewandel seit den 1960/70er-Jahren, durch den es zur Aufwertung des Individuellen und Privaten sowie von Subkulturen kam, während etwa „die Kategorie der nationalen Gemeinschaft" abgewertet worden sei; „der Staat ist den Bürgern und Bürgerinnen nicht nur wegen der ‚Fichenaffäre', sondern im allgemeinen etwas fremd geworden". Dementsprechend sei es folgerichtig, dass sich „diese Gewichtsverschiebung auch auf das Staatsschutzverständnis auswirkte". Zudem müssten die damalig als skandalös beurteilten Staatsschutzpraktiken „im Kontext des breiter angelegten Krisengefühls" verstanden werden, das zu einer Steigerung

Im Hinblick auf die Erläuterung der Materialbasis bedarf es zuvor einiger Hinweise zur Entstehungsgeschichte des Dissertationsprojekts. Die zeithistorische Untersuchung war zunächst allein auf den Fichen-Skandal und die dadurch evozierte Protestbewegung hin ausgerichtet. Durch den Erhalt des Forschungskredits der Universität Zürich war es der Verfasserin im Jahr 2008 möglich, eine vielschichtige, zeitaufwendige und arbeitsintensive Quellenrecherche zu diesem facettenreichen Themenkomplex vorzunehmen. Als es dann ans Schreiben ging, weckte die Beschäftigung mit dem „Fall Kopp", den es ursprünglich lediglich kurz zu rekapitulieren galt, weil daraus der Staatsschutzskandal hervorgegangen war, eine persönliche Neugierde, die so gross wurde, dass sie 2009 in eine geschichtswissenschaftliche Fragestellung transformiert wurde. Die Lektüre des von Jeanne Hersch herausgegebenen Werks „Rechtsstaat im Zwielicht" war diesbezüglich ausschlaggebend. Enthält es doch zahlreiche schlüssige Argumente zugunsten einer Rehabilitierung Elisabeth Kopps, die bei der Verfasserin eine Irritation evozierten im Bezug auf den Grad der Erbitterung und Unbeirrbarkeit in der Skandalisierung des umstrittenen Verhaltens der Bundesrätin. In der Retrospektive von zwanzig Jahren und darüber hinaus mit dem Blick einer Ausländerin war spontan schwerlich nachvollziehbar, wieso die alternierende Version zur Erklärung der Umstände, die zur erzwungenen Demission der Justizministerin geführt hatten, im zeitgenössischen Kontext kaum Beachtung und erstrecht keine Geltung zu finden vermocht hatte. Fortan ergab sich ein forschungspraktisches Dilemma: Einerseits erschien eine fundierte Ergründung des „Falls Kopp" überaus komplex, so dass ihr eigentlich ein separates Dissertationsprojekt gewidmet werden müsste. Andererseits jedoch verlangte das der Verfasserin fraglich erscheinende Problem nach einer potenziellen Lösung. Die besagte Neugierde obsiegte und das Doktoratskonzept wurde unverzüglich entsprechend modifiziert. Folglich konnten einzelne thematische Aspekte des ursprünglichen Vorhabens –

---

von Infragestellungen zuvor akzeptierter Zustände geführt habe. Kreis 1993, S. 648–651.

Fichen-Skandal und Protestbewegung – nicht mehr so ausführlich entfaltet werden wie geplant, während es zugleich galt, die Erkenntnisperspektive hinsichtlich des „Falls Kopp" nicht nur inhaltlich, sondern auch vom Umfang her in Relation zum Gesamtforschungsprojekt zu entwickeln.

In dieser Vorgeschichte begründet liegt der Umstand, dass die Untersuchung beider Skandalkonstellationen entlang eines je verschieden dimensionierten Quellenkorpus erfolgt. Zur Ergründung des Deutungskampfes um den „Fall Kopp" wird allein auf gedrucktes Material zurückgegriffen, das heisst auf diverse Zeitungsartikel inklusive der darin enthaltenen Fotos und Karikaturen, den PUK-EJPD-Bericht sowie auf jene im Untersuchungszeitraum zum Thema erschienene Buchpublikationen. Die im besagten Kapitel II verwendeten Presseerzeugnisse sind hauptsächlich der Zeitungsausschnittssammlung des Schweizerischen Sozialarchivs in Zürich entnommen.[62] Die Artikelauswahl erfolgte qualitativ entlang den erkenntnisleitenden Fragestellungen. Im Quellenverzeichnis erscheinen die Texte in alphabetischer Reihenfolge der Autorennamen, sodann unter Angabe der Artikelüberschriften, des Publikationsorgans und -datums. Aufgrund ihres Ausschnittscharakters können die entsprechenden Presseberichte lediglich eingeschränkt auf ihr Layout hin befragt werden. Zudem ist bei Zeitungsausschnittssammlungen zumeist kaum zu rekapitulieren, nach welchen Kriterien sie ursprünglich zusammengestellt worden sind. Sie haben jedoch den Vorteil, Beiträge zahlreicher disparater Printmedien zu enthalten und

---

62 Diese ist indexiert unter „Schweizerische Bundesräte", (1988—1991), 31.2., ZA. Es handelt sich um knapp sechs Schachteln, die jeweils vier chronologisch geklebte Artikelbroschüren enthalten. Zudem wurden folgende Textzusammenstellungen hinzugezogen: Müller 1989; Dokumentdienst 1989 (jeweils bis Februar 1989). Einzelne Artikel fanden sich schliesslich im Archiv für Zeitgeschichte der Eidgenössisch Technischen Hochschule Zürich (Jeanne Hersch-Dossier). Im PUK-EJPD-Bericht sind die Abschnitte II-IV für die Ergründung des vorliegenden Untersuchungsgegenstandes relevant gewesen. Bei den als Quellen verwendeten Buchpublikationen handelt es sich um: Furrer 1991, Hersch 1991, Kopp 1991 und Oberson/Petit 1990.

damit ein breites Spektrum an Presseorganen zumindest stichprobenweise abzudecken.

Da die beiden intellektuellen Interventionen Jeanne Herschs in den „Fall Kopp" kennzeichnend für den Verlauf des Deutungskampfes um die Reputation der zurückgetretenen Bundesrätin waren, wurde der Nachlass der Philosophin in der Zentralbibliothek Zürich aufgesucht. Hinsichtlich des betreffenden Themas jedoch manifestiert sich eine bedauernswerte Lückenhaftigkeit. Jedwede Korrespondenz, aber auch von Hersch womöglich gesammelte Stellungnahmen zu dem von ihr herausgegebenen Buch „Rechtsstaat im Zwielicht" fehlen. Sie stehen der Wissenschaft damit nicht zur Verfügung.[63] Einzig ein bemerkenswertes Fotoalbum, das die am Ende freundschaftlich anmutende Verbindung zwischen Hersch und Elisabeth Kopp visuell belegt, ist dort einsehbar.

Das Ziel verfolgend, die Auseinandersetzung um den Koppschen Rücktritt in ihren Grundzügen zu entfalten, wurde in Kapitel II auf die Nutzung des kosten- und arbeitsintensiven Rundfunk- und Fernsehmaterials ebenso verzichtet, wie auf die Erhebung von Hintergrundinformationen durch Interviews mit zeitgenössischen Akteurinnen und Akteuren. Gemäss der Einschätzung der Verfasserin steht der entsprechende finanzielle und methodische Aufwand in keinem angemessenen Verhältnis zum Erkenntnisertrag; nicht zuletzt deshalb, weil die erkenntnisleitenden Fragestellungen anhand dem überlieferten Druckmaterial ausreichend zu ergründen sind.

Eine andere Forschungssituation ergibt sich bezüglich der Analyse des Fichen-Skandals. Dieser vermochte damals eine im

---

63 Vgl. dazu: Linsmayer 2010, S. 155 inklusive der dortigen Fussnoten 3, 4. Linsmayer: „Wer nun allerdings hofft, nach Jeanne Herschs Tod im Jahre 2000 Rätseln […] anhand des umfangreichen, 28 Laufmeter umfassenden Nachlasses auf die Spur zu kommen, […] sieht sich bald eines Besseren belehrt." Herschs Mitarbeiterin Elsbeth Wetzel hatte, davon ausgehend, die Philosophin habe es so gewollt, nahezu sämtliche persönliche Korrespondenz verbrannt, bevor der Nachlass 2003 zur Zentralbibliothek nach Zürich gelangt ist.

politischen Spektrum vielschichtigere Empörung zu evozieren, vor allem weil zahlreiche Bürgerinnen und Bürger inklusive prominenter Persönlichkeiten zunächst annahmen, von den staatlichen Verfehlungen selbst betroffen gewesen zu sein. Wie gezeigt wird, gelang es sogar, die Skandalisierung der Staatsschutzpraktiken im Hinblick auf die Nationalfeier in eine thematisch facettenreiche Protestbewegung zu überführen. Nonverbale, szenisch-dynamische und akustische Kommunikation überliefernd, dokumentieren Rundfunk- und Fernsehbeiträge, etwa über den umstrittenen Verlauf der Grossdemonstration, spezielle atmosphärische Eindrücke von der zeitgenössischen Protestkultur. Zahlreiche Hintergrundgespräche mit Akteurinnen und Akteuren wurden geführt, um den Vorgang der sensationellen Offenlegung der geheimen Registraturen in der Bundesanwaltschaft durch die PUK-EJPD nachzuvollziehen sowie konkretere Einblicke in Mobilisierungstätigkeiten zu erlangen.

Bezüglich der Untersuchung des Staatsschutzskandals gestaltet sich das Quellenkorpus dementsprechend verschiedenartig und methodisch anspruchsvoll. Die verwendeten printmedialen Erzeugnisse wurden der Zeitungsausschnittssammlung des Schweizerischen Sozialarchivs Zürich entnommen.[64] Die audiovisuellen Beiträge des deutschschweizerischen Fernsehens wurden kostspielig visioniert und kopiert. Hinzu kamen zahlreiche Rundfunkquellen von Radio DRS sowie vom linken Radio Lora, ebenfalls jeweils in Zürich ansässig.[65] Um die verwendeten elektronischen Medienprodukte entlang medienästhetischer Parameter auf ihre Konstruktivität hin zu analysieren, wurden über

---

64 Diese ist indexiert unter „Staatsschutz, Verfassungsschutz: Schweiz: Allg." (1989—90), 23.1*2., ZA (ca. vier Schachteln, zum Zeitpunkt der Recherche gefüllt mit losen, ungeordneten Artikeln). Vgl. auch: Schweizerisches Sozialarchiv Zürich, „Staatsschutz, Verfassungsschutz; Berufsverbote: Schweiz: Allg." (1989—90), 23.1., QS (Broschüren und Flugblätter); Dokumentationsdienst der Bundesversammlung 1989.

65 Weil sich das Protestgeschehen hauptsächlich in der Deutschschweiz abspielte, wurde hinsichtlich des audiovisuellen Materials nur auf Quellen deutscher Sprache zurückgegriffen. Vgl. dazu die entsprechenden Ausführungen unter III.3.a.

die Fernsehquellen Sequenzprotokolle und über das auditive Material Texttranskripte angefertigt.

Darüber hinaus sind siebzehn Hintergrundgespräche mit damaligen Aktivistinnen und Aktivisten, Kulturschaffenden sowie mit Mitgliedern der PUK-EJPD an unterschiedlichen Orten der Schweiz geführt und transkribiert worden. Materialien zur Untersuchung der zeitgenössischen Protestmobilisierung waren zum Zeitpunkt der Recherche noch in keinem Deutschschweizer Archiv vorhanden, so dass während der Quellensuche bei damals politisch aktiven Personen nachgefragt werden musste. In den Berner Büros von Catherine Weber, ehemalige Sekretärin des Komitees „Schluss mit dem Schnüffelstaat", und von Fredi Lerch, ehemaliger Berner WoZ-Kulturredakteur und Aktivist im „Kulturboykott700", befanden sich schliesslich aufschlussreiche Dokumentsammlungen (Sitzungsprotokolle, Pressekommuniqués, Schriftverkehr etc.).[66] Wichtige Quellen stellten zudem die PUK-Berichte (Ermittlungsresultate der PUK-EJPD inklusive deren Ergänzungen vom 29. Mai 1990 sowie diejenigen der PUK-EMD) dar. Hinzu kamen Ausgaben der Bewegungszeitungen („Fichen-Fritz", „Gägechrütli"), Karikaturen, Pressefotos, aber auch zeitgenössische Bücher sowie edierte und kommentierte Quellensammlungen und Broschüren zu den besagten Themen, die teilweise im Schweizerischen Sozialarchiv zu finden sind.[67] Darüber hinaus fanden sich Materialien des Schauspielhauses Zürich (etwa zum „Kultursymposium 90") im Stadtarchiv Zürich.

---

66 Während sich die Materialien des Komitees „Schluss mit dem Schnüffelstaat" noch im Berner Büro Catherine Webers, die im Verein Grundrechte.ch tätig ist, befinden, hat Fredi Lerch seine Sammlung zum „Kulturboykott700" mittlerweile an das Schweizerische Sozialarchiv in Zürich weitergeleitet, wo es indexiert wurde unter „Kulturboykott/ CH91" (1984—1991), AR 475.

67 Von zeitgenössischen Aktivisten zusammengestellte, kommentierte und damals herausgegebene Text- und Quellensammlungen sind: Komitee Schluss mit dem Schnüffelstaat 1990; Lerch/Simmen 1991.

II. Skandal oder Affäre?
Der „Fall Kopp" 1988–91

1. Folgenschwere Zweifel.
Die beargwöhnte Bundesratskandidatin

a) Ein ansehnliches Paar.
Zum Aufstieg der Eheleute Kopp

„Am liebsten Frau Kopp" – dieser Aufmacher fasste im Oktober 1988 die Ergebnisse einer Erhebung zusammen, in der Bürgerinnen und Bürger aus der Deutsch- und aus der Welschschweiz über die Popularität der Schweizerischen Bundesräte befragt worden sind.[68] Bis kurz vor ihrem Rücktritt erntete die Justizministerin von weiten Teilen der Bevölkerung und von zahlreichen Medienschaffenden für ihre Amtstätigkeit generell Lob und Anerkennung, in den Kommentaren zu ihren ersten hundert Amtstagen auch aus diversen politischen Lagern.[69] Der Vorsitz des Eidgenössischen Justiz- und Polizeidepartements war thematisch anspruchsvoll. Als Leiterin des EJPDs hatte sie sich mit einem ausdifferenzierten Spektrum gesellschaftsrelevanter Fachbereiche auseinander zu setzen.[70] Allein hinsichtlich gesetzlicher Massnahmen im Umweltschutz standen während der Amtszeit von Elisabeth Kopp einige

---

68 Parma, Am liebsten, Bilanz, Oktober 1988.

69 Duttweiler 1990, S. 146.

70 Hierzu und zum Folgenden vgl.: Duttweiler 1990, S. 140f; Altermatt 1991a, S. 596f, 599. Auseinanderzusetzen hatte sie sich etwa mit dem Aktienrecht, dem Arbeitsvertragsrecht oder dem Mieterschutz, mit der internationalen Rechtshilfe, der Wirtschaftskriminalität, der Revision der Bundesverfassung, dem Zivilschutz, der Bundesanwaltschaft, dem Patent- oder dem Messwesen, den Privatversicherungen, aber auch mit dem Bodenrecht, dem Asyl- und Flüchtlingswesen, dem Datenschutz und Urheberrecht, der Ehe-Gesetzgebung und dem Sexualstrafrecht bis hin zur Regelung der Gentechnologie usf. Eine Übersicht wichtiger soziopolitischer Sachverhalte, die Elisabeth Kopp als Bundesrätin beschäftigten, siehe bei: Altermatt 1991a, S. 596f.

Neuerungen an, denn das „Waldsterben" (1985), Katastrophen wie Tschernobyl (1986) oder der Sandoz-Brand von Schweizer-halle (1986) sowie Unwetter in der Innerschweiz (1987) sensibi-lisierten Öffentlichkeit und Behörden bezüglich zivilisatorischer Gefahren für den natürlichen Lebensraum. Mit bemerkenswerter Disziplin, so der allgemeine Eindruck, bewältigte sie das enorme Tätigkeits- und Terminpensum, das ihrem Departement, in dem täglich mehrere Dutzend Geschäfte parallel laufen, eigen ist.

Als damals einzige und erste Frau in der 136-jährigen Geschichte des Schweizer Bundesrates lastete darüber hinaus ein besonde-rer Erwartungsdruck auf ihr. Von vielen als „Symbolfigur der politischen Frauenemanzipation" angesehen,[71] hatten zahlreiche Menschen ihr gegenüber in Briefen die Hoffnung artikuliert, mit einer Frau im Bundesrat „werde alles besser".[72] Entsprechend werteten die meisten Medienschaffenden ihre am 2. Oktober 1984 vollzogene Wahl als „historische[n] Schritt in die Gegenwart" beziehungsweise als „Sternstunde unserer Demokratie".[73] Einen Ausdruck der Erleichterung gleich, brachen nach der Verkündi-gung des Wahlergebnisses in der Vereinigten Bundesversamm-lung „von den Tribünen Beifallsovationen und Freudengeschrei wie ein Donnerknall" herab,[74] war das Parlament doch endlich

---

71 Altermatt 1991a, S. 599.

72 So Elisabeth Kopp im Interview in: Lukesch, Mannequin, Gelbes Heft, 17. Juni 1985.

73 Beide Zitate sind Artikelüberschriften: Schoch, Gegenwart, Tages-Anzeiger, 3. Oktober 1984; Gut, Sternstunde, Zürichsee-Zeitung, 3. Oktober 1984. Die Bedeutung dieser Wahl wiegt umso mehr, wenn man bedenkt, dass das politische Frauenwahl- und -stimmrecht durch eine eidgenössische Abstimmung erst am 7. Februar 1971 eingeführt worden war. Noch weitere 20 Jahre vergingen, bis Frauen in allen Kantonen der Schweiz die vollen Bürgerrechte zugestanden wurden. In Appenzell Innerrhoden mussten sie das Stimmrecht gar einklagen. Nach einem Entscheid des Bundesgerichtes vom 27. November 1990 wurde es den Frauen dort ebenfalls schliesslich zugestanden. Zum Frauenstimmrecht: Voegeli 2011.

74 U.M., Landesregierung, Neue Züricher Zeitung, 3. Oktober 1984.

von dem Druck befreit, eine Frau in die Landesregierung zu wählen.[75]

Für Elisabeth Kopp bedeutete die historische Dimension ihrer Wahl als Frau und den damit einhergehenden Erwartungen jedoch zugleich, dass sie sich in einer „Männerdisziplin, mit entsprechenden Regeln, mit einer spezifischen Sprache, mit Ritualen, die tief in der Tradition wurzeln",[76] zu behaupten hatte. Das jedoch habe man ihr zugetraut, denn, so Daniel Cornu, „si Elisabeth Kopp a été élue au Conseil fédéral, c'est parce que tout le monde lui a reconnu des qualités d'homme: ténacité, courage, maîtrise de soi [...] Plus exactement: des qualités ordinairement requises des hommes qui nous gouvernent."[77] Solchermassen in den Medien problematisiert, war sich die damalige Justizministerin der Bedeutung der den sozialen Geschlechtern jeweils zugeschriebenen Wesenszüge, wie sie mehrfach offenbarte, durchaus bewusst: „Frauen in der Exekutive müssen, um erfolgreich zu sein, Eigenschaften besitzen wie Durchsetzungsvermögen und Führungsstärke, Attribute, die nach wie vor als ‚männlich' gelten".[78] Entsprechend habe sie einen „nüchternen und schnörkellosen Arbeitsstil" gepflegt, der von einigen als Distanziertheit aufgefasst wurde,[79] während andere ihre Volksnähe hervorhoben, indem sie betonten: „Mit ihrem gewinnenden Auftreten in der Öffentlichkeit bucht Elisabeth Kopp neuerdings einen Sympathiepunkt nach dem anderen."[80] Von Beginn an den Ruf innehabend, ihre facettenreichen Aufgaben sachkundig zu bewerkstelligen sowie ihr grosses Departement „engagiert und entschlusskräftig, kompetent und umsichtig" zu leiten, wurde sie von vielen Schweizerinnen und Schweizern

---

75 Vgl.: Sda., Reaktionen, Neue Zürcher Zeitung, 3. Oktober 1984; Volken, Durchbruch, Vaterland, 3. Oktober 1984.

76 Meyer, Frauenqualitäten, Luzerner Neuste Nachrichten, 3. Oktober 1984.

77 Cornu, Femme, Tribune de Genève, 3. Oktober 1984.

78 Elisabeth Kopp im Interview in: Girsberger 2004, S. 25.

79 Altermatt 1991a, S. 599.

80 Ernst, Stunde, Schweizer Illustrierte, 15. Dezember 1986.

geschätzt.[81] Dass sie bei der Bestätigungswahl der Bundesräte im Dezember 1987 relativ schlecht abgeschnitten hatte, schrieb man „ihrer harten Linie in der Asylpolitik" zu,[82] ihre fachlichen Qualitäten und Leistungen jedoch wurden nicht infrage gestellt.

Die ausgebildete Juristin Elisabeth Kopp hatte ihre politische Karriere im Frühjahr 1970 begonnen, als sie sich in den Gemeinderat von Zumikon, dem Wohnort ihrer Familie, wählen liess.[83] Bereits 1957 war sie, noch vor ihrem Lizentiatsabschluss 1960, der Frauengruppe der Freisinnig-Demokratischen Partei (FDP) der Stadt Zürich beigetreten. 1972 in den Erziehungsrat des Kantons Zürich ernannt, leitete sie bis 1980 die Aufsichtskommission von vier Mittelschulen und engagierte sich in der Hochschulkommission. 1974 stieg sie zur Gemeindepräsidentin von Zumikon auf, ein Amt, in dem sie zweimal bestätigt wurde. Der Sprung in den Nationalrat gelang ihr 1979, wo sie ihre thematischen Schwerpunkte in den Bereichen Naturschutz, Familienpolitik, Eherecht, geschlechtliche Gleichstellung, Menschenrechte, Wissenschaftsentwicklung und Verkehrspolitik setzte. Bei ihrer Wiederwahl 1983 erreichte sie ein sehr gutes Ergebnis.

Als Anna Elisabeth Iklé am 16. Dezember 1936 in Zürich geboren, war Kopp in gut situierten Verhältnissen mit zwei Schwestern in Bern aufgewachsen. Die Eltern, Mutter Beatrix Heberlein (1906–1988) und Vater Max Iklé (1903–1999), entstammten beide

---

81   Altermatt 1991a, S. 599.

82   Munzinger Archiv, Kopp, S. 1; vgl. auch: Duttweiler 1990, S. 143–146, hier: S. 145.

83   Hierzu und zum Folgenden: Munzinger-Archiv, Kopp, S. 1; Altermatt 1991a, S. 595. Bereits 1956 hatte sich Elisabeth Iklé infolge des niedergeschlagenen antisowjetischen Ungarn-Aufstandes zwei Jahre lang zugunsten von ungarischen Flüchtlingen in der Schweiz engagiert und humanitäre Lieferungen nach Ungarn mitorganisiert. 1957 war sie dem militärischen Frauenhilfsdienst beigetreten. 1960 hatte sie ihr Studium schliesslich als erste Frau der Rechtsfakultät an der Universität Zürich mit der Auszeichnung „summa con laude" abgeschlossen. Vgl.: Duttweiler 1990, S. 40–48, 51. Zur Zeit der Gemeindepolitik Elisabeth Kopps vgl.: Duttweiler 1990, S. 70–78.

Textilindustriellen-Familien, die im 19. Jahrhundert aus Deutschland ins St. Gallische emigriert waren.[84] Politisch sozialisiert wurde Kopp nicht nur aufgrund des grossbürgerlichen Lebensumfelds, in dem sie aufwuchs, sondern offenbar auch wegen eines familiär tradierten politischen Bewusstseins, demgemäss „man aus der eigenen privilegierten Situation heraus Verantwortung für andere übernehmen" sollte.[85] Auch ihr Vater, ebenfalls FDP-Mitglied, hatte die Beamtenlaufbahn eingeschlagen. Er war 1948 zum Direktor der Eidgenössischen Finanzverwaltung und 1956 ins Direktorium der schweizerischen Nationalbank berufen worden.

Ihre eigene Familie gründete sie im Sommer 1960, als sie ihren Mann Hans Werner Kopp (1931–2009) heiratete, mit dem sie 1963 Tochter Brigitt bekam. Bis sie 1970 aktiv in die Gemeindepolitik einstieg, widmete sie sich, abgesehen von einzelnen soziopolitischen Verpflichtungen in Verbänden, denen sie angehörte, vornehmlich ihrem Kind. Darüber hinaus luden die Kopps jahrelang in ihr Zumikoner Heim zu grosszügigen Festen, deren Gästelisten eine illustre Schar arrivierter Persönlichkeiten aus allen Bereichen des gesellschaftlichen Lebens umfassten. Es handelte sich um Repräsentationsanlässe, bei denen sie sich von bürgerlicher Gastfreundschaft und Lebensart zeigten und die gleichzeitig ihre gesellschaftliche Einbindung in einflussreiche

---

84 Hierzu und zum Folgenden: Munzinger-Archiv, Kopp, S. 1; Altermatt 1991a, S. 595. Zudem: Duttweiler 1990, S. 14–39. In unverhohlen pejorativer Darstellung offenbart die Autorin ihr Misstrauen gegenüber dem Ehepaar Kopp, so dass das Buch als zeitgenössische Streitschrift zu verstehen ist, die die Skandalisierungsnarrative aufgriff und ergänzte, dementsprechend wurde der Text einer quellenkritischen Lektüre unterworfen. In diesem Sinne vgl. zur Familiengeschichte von Elisabeth Kopp, S. 20–25 (die mütterliche Heberlein-Linie) sowie S. 25–39 (die väterliche Iklé-Linie).

85 Wie Duttweiler entfaltet, war Elisabeth Kopps Grossvater mütterlicherseits, Georges Heberlein, beispielsweise ein „auf dem progressiven Flügel des Freisinns beheimateter Politiker" und 1921–27 Mitglied des St. Galler Grossen Rates. Ein Ururahne väterlicherseits, Wilhelm Matthias Naeff, war Mitglied des ersten Schweizer Bundesrates 1848, beziehungsweise dessen Präsident 1853. Duttweiler 1990, S. 22, 27.

Netzwerke offenbar werden liessen.[86] Ihre harmonische Ehe, als „grösste Liebesgeschichte der Schweiz" tituliert,[87] stand insbesondere seit Elisabeth Kopps Bundesratskandidatur immer wieder im Zentrum des öffentlichen Interesses. Bot sie am Ende doch eine ebenso schillernde wie verheissungsvolle Projektionsfläche für vermeintliche Erklärungen ihres politischen Scheiterns. Um darzustellen, inwiefern dies der Fall war, gilt es an dieser Stelle kurz den zunächst erfolgreichen beruflichen Werdegang Hans W. Kopps ins Auge zu fassen.

Hans Werner Kopp, den Elisabeth Iklé im Alter von 23 Jahren kennen lernte, war der Sohn des Sekundarlehrers Paul Kopp und dessen Ehefrau Finy. Er hatte einen Bruder. Sein Vater schaffte den Aufstieg aus einfachen Verhältnissen zum freisinnigen Luzerner Stadtpräsidenten und habe, schildert Catherine Duttweiler, seinen ehrgeizigen Sohn Hans entsprechend geprägt.[88] Folgt man den zahlreichen Beschreibungen Hans W. Kopps, so war er ein facettenreich begabter Mensch, hochintelligent und bereits als Student äusserst belesen. Seine Statur sei „sowohl in körperlicher als auch in intellektueller Hinsicht imposant [gewesen], sein schnelles und oft brillantes Denken [habe] ihn zu einem anregenden Gesprächspartner [gemacht], der den Widerspruch auch suchte".[89] Im Laufe seines Lebens engagierte sich Hans W. Kopp vielfältig und nahm auf unterschiedlichen Gebieten einflussreiche Rollen wahr.[90] Nachdem er 1957 zum Dr. jur. promoviert worden war, etablierte er als erfolgreicher Wirtschaftsanwalt eine international agierende Rechtskanzlei, seit 1973 angesiedelt am edlen Zürichberg mit teilweise mehreren Dutzend Beschäftigten. Bestens

---

86 Hierzu und zum Folgenden vgl.: Duttweiler 1990, S. 86–90. Kennen-
    und lieben gelernt hatte Elisabeth Iklé ihren Ehemann im Februar 1959
    auf einer Studienreise Zürcher Antikommunisten nach Westberlin.
    Vgl.: Duttweiler 1990, S. 48ff.

87 Rba., Wind, Tages-Anzeiger, 20. Januar 2009.

88 Zur Herkunft Hans Werner Kopps vgl.: Duttweiler 1990, S. 56–65.

89 Hon., Facetten, Neue Zürcher Zeitung, 29. Januar 2009.

90 Hierzu und zum Folgenden vgl.: Scherrer 2009; Duttweiler 1990, S. 66f.,
    74, 82–84; Frischknecht et al. 1979[4], S. 92f.

vernetzt im Zürcher Wirtschaftsleben, sass er im Laufe der Jahre in den Verwaltungsräten zahlreicher Firmen. Abgesehen davon, dass er als Referent für Medienfragen auftrat und diesbezüglich an der Universität Zürich einzelne Lehraufträge wahrnahm, moderierte er von 1974-1980 die medienpolitische TV-Sendung „Fernsehstrasse 1-4", durch die er nationale Bekanntheit erlangte. 1976 hatte er eine Abhandlung mit dem Titel „Information in der Demokratie – Bausteine einer Medienpolitik" publiziert, die ihn als einen der ersten schweizerischen Medienexperten auswies, so dass er von 1978-1984 mit dem Präsidium der „Eidgenössischen Expertenkommission für eine Mediengesamtkonzeption" betraut wurde. Zudem avancierte er im Militär zum Oberst im Generalstab und leitete bis zu seiner altersbedingten Ausmusterung Ende 1988 die psychologische Abwehr im Armeestab.

Im Kontext der vorliegenden Untersuchung erscheint darüber hinaus relevant, dass Hans W. Kopp, nachdem er sich bereits während des Studiums in antikommunistischen Gruppierungen engagiert hatte,[91] von 1963 bis 1973 Präsident des Schweizerischen Aufklärungsdienstes (SAD) gewesen ist.[92] Dies bedeutete, dass er der leitende Kopf einer der zentralen Produktions- und Verbreitungsstätten staatsbürgerlicher Gesinnung war, die entscheidend zur ideellen Diffusion im Sinne der nach dem Zweiten Weltkrieg antikommunistisch ausgerichteten so genannten „Geistigen Landesverteidigung" beitrug.[93] In einer Phase, in der der Kalte

---

91 Auf dem Höhepunkt des Kalten Krieges, schildert Peter Studer, hat Kopp „einen vertraulichen Thinktank junger Demokraten zur geistigen Abwehr in gefährlicher Zeit" gegründet. Studer, Grenzgänger, Tages-Anzeiger, 29. Januar 2009. Wie Duttweiler ausführt, sollte der Name des 1953 gegründeten Geheimbundes, „14/39", das „zeitliche Bewusstsein schärfen" für kriegerische Bedrohungen der Schweiz. Nicht nur Peter Studer, sondern auch Publizist und Historiker Niklaus Meienberg waren einstige Mitglieder des geheimen Kreises. Vgl.: Duttweiler 1990, S. 54f.

92 Hierzu und zum Folgenden: Frischknecht et al. 1979[4], S. 92f.

93 Zur Nachkriegsentwicklung der „Geistigen Landesverteidigung" vgl. etwa: Imhof 1996. Als mentale Abwehrhaltung gegen den Kommunismus sei die „Geistige Landesverteidigung", idealisiert und

Krieg nach Mauerbau und Kubakrise seinen Höhepunkt überschritten zu haben schien,[94] wurde für den SAD eine Leitungs-
persönlichkeit gesucht, die im ideologischen Kampf gegen den
Kommunismus zu einer Überwindung der bis dato praktizierten
„primitive[n] Abwehrhaltung" beitragen und eine zeitgemässe
Reform des zivilen Staatsschutzorgans einleiten sollte. Hatten
zuvor „ein glühendes Herz und etwas Beredsamkeit" genügt, um
die Rezipienten und Rezipientinnen der antikommunistischen
Aufklärungsveranstaltungen „immer wieder zu Wachsamkeit
und Widerstand aufzurütteln", sollte die Führungstätigkeit
des SAD Anfang der 1960er-Jahre professionalisiert werden.
Ein akademisch ausgebildeter Staatsrechtler wie Hans Werner
Kopp, so die Erwartung, vermochte zugunsten der Bewältigung
innenpolitischer und zukunftsorientierter Problemstellungen der
schweizerischen Gesellschaft „seriöse Forschungsarbeit" zu leisten.[95] Entsprechend diesen Ansprüchen führte seine Ägide zu einer Neuorientierung und Öffnung des SAD. 1966 schrieb Kopp in
den Mitteilungen der Organisation, „der Antikommunismus der

---

mythologisiert „als überragendes Bewusstsein einer Mehrheit der
Bevölkerung im Widerstand" gegen Nazideutschland, in den 1950er-
Jahren als „staatspolitisches Argument im Kalten Krieg eingesetzt"
worden, so Hans-Ulrich Jost im Streitgespräch mit Kurt Imhof. Darin
setzen sich beide Wissenschaftler mit der Genese des ideologischen
Konstruktes in den 1930er-Jahren, aber auch mit seinem Wandel
während des 20. Jahrhunderts auseinander. Es manifestiert sich die
Schwierigkeit, die „Geistige Landesverteidigung" als facettenreiches
historisches Phänomen überhaupt zu fassen beziehungsweise
zu untersuchen. Imhof/Jost 1998, hier: S. 375. Zum Vortrags-,
Dokumentations- und Filmdienst des SAD vgl.: Perrig 1993, S. 71.

94   Vgl.: Perrig 1993, S. 25. Hier skizziert Igor Perrig seine Einteilung des
      Kalten Krieges, der bei ihm als eine besonders brisante Periode des
      Ost-West-Konflikts von 1945–1962/63 dauerte, in vier Zeitabschnitte.
      Die letzte Zäsur des von ihm vertretenen Vier-Phasenmodells, 1961–
      63, begründet er wie folgt: „Trotz Krisen in Berlin (Mauer) und Kuba
      (Raketen) gibt es keinen ‚heissen Krieg' zwischen den Supermächten.
      Die Fronten scheinen endgültig bezogen."

95   Der ehemalige SAD-Präsident Hans Huber zit. n.: Frischknecht et al.
      1979⁴, S. 92.

Zukunft" müsse auf Basis profunder Sachkenntnis rationalisiert werden, während zugleich eine soziokulturell vielschichtigere Diffusion seiner Botschaften zu erfolgen habe. Kopps Begründung: „Die Totalität der Bedrohung verlangt eine Totalität der Abwehr. Alle Lebensbereiche gehören zusammen, keiner lässt sich einfach abtrennen."[96] Komprimiert offenbart dieses kurze Zitat wesentliche Kennzeichen der SAD-Programmatik unter der Koppschen Führung: Der als real betrachteten Bedrohung der so genannten „revolutionären Kriegsführung" durch die Kommunisten,[97] als deren Ziel eine gesamtgesellschaftliche Zersetzung von Institutionen und Strukturen angenommen wurde („Totalität der Bedrohung"), galt es mit fundierter zukunftsorientierter Wissensakquirierung sowie anhand komplexer gesellschaftlicher Analyseprofile („Totalität der Abwehr") zu begegnen.[98] Doch, wie Frischknecht et al. kommentieren, habe auch der unter Kopp konzeptualisierte SAD, obwohl er „auf einen aufgeklärten Antikommunismus setzte", nicht auf die Bespitzelung Linker zu verzichten vermocht.[99] Um die Schweizer Bevölkerung von der im „revolutionären Krieg" erwarteten feindlichen Untergrabung der staatsbürgerlichen Moral zu schützen, habe sich der SAD deshalb auch in den 1960er-Jahren mit der so genannten „psychologischen Kriegsführung" befasst. Dabei ging es um den Einsatz einer psychologisch wirksamen Informationspolitik samt der Verbreitung emotionalisierender Begriffskonzepte wie beispielsweise dem der „linken Subversion", verstanden als akute Unterwanderungsgefahr für die schweizerische Staatsgemeinschaft.

---

96 Hans Werner Kopp zit. n.: Frischknecht et al. 1979[4], S. 93.

97 Zum „revolutionären Krieg" vgl.: Perrig 1993, S. 30–32.

98 Die damals innovative Futurologie fand im Vorhaben des SAD ein Anwendungsgebiet. Wie Perrig darlegt, wurde im SAD während der 1960er-Jahre zwar wieder vermehrt über den Kommunismus und den „revolutionären Krieg" gesprochen, darüber hinaus tauchten jedoch „gänzlich neue Themen wie Europafrage und Probleme der Dritten Welt auf". Perrig 1993, S. 70.

99 Hierzu und zum Folgenden: Frischknecht et al. 1979[4], S. 102–105.

Festzuhalten bleibt damit: Hans W. Kopps Engagement im SAD, mag es auch noch so „aufgeklärt" gewesen sein, stellt einen Baustein seines biografischen Mosaiks dar, der das später über ihn konstruierte und schliesslich gesellschaftlich weit verbreitete Feindbild zu komplettieren schien. Denn, dies gilt es im kommenden Abschnitt aufzuzeigen, „so raketenhaft der Aufstieg des hochbegabten Hans Werner Kopp gewesen war, so gnadenlos rasch war sein Abstieg".[100] Im Sog seiner Diskreditierung wurde seine Frau schliesslich, trotz ihrer hohen Popularität als Bundesrätin, mitgerissen. Ebenso wie ihr Gatte wurde Elisabeth Kopp öffentlich zur persona non grata degradiert und viele Jahre lang ins gesellschaftliche Abseits gedrängt.

b) September 1984. Die zur „Schlammschlacht" geratene Bundesratskandidatur

Die Geschichte dieses Absturzes begann bereits während Elisabeth Kopps Bundesratskandidatur Ende September 1984. Nachdem Bundesrat Rudolf Friedrich, seit dem 7. Dezember 1982 im siebenköpfigen Regierungsgremium der Schweiz mit der Leitung des EJPDs betraut, aus Rücksicht auf seine angeschlagene Gesundheit bereits Ende August 1984 seinen Rücktritt bekannt gegeben hatte, stellte seine Partei, die FDP, für den ihr zustehenden Bundesratssitz zwei Personen für die Wahl seiner Nachfolge auf. Zum einen den Aargauer Nationalrat und Bundespräsidenten der Partei, Rechtsanwalt Bruno Hunziker, der in Wirtschaftskreisen grosses Ansehen genoss, zum anderen Elisabeth Kopp, die seit April 1984 als Bundesvizepräsidentin der FDP amtierte. War man sich in den Parteien „einig, dass die freisinnig-demokratische Fraktion zwei fachlich und persönlich *gleichermassen qualifizierte Kandidaten* präsentiert hatte",[101] verzeichnete Elisabeth Kopp in jener zeitgenössischen Konstellation, in der die Wahl eines weiblichen Regierungsmitglieds generell als drängendes politisches

---

100 Studer, Grenzgänger, Tages-Anzeiger, 29. Januar 2009.

101 Kursivsetzung laut Quelle: Lts., Bundesrätin, Neue Zürcher Zeitung, 3. Oktober 1984.

Anliegen betrachtet wurde, als Frau eine Art Trumpf gegenüber Bruno Hunziger.[102]

Schliesslich hatte die Sozialdemokratische Partei bereits ein Jahr zuvor erstmals offiziell eine weibliche Nachfolge für ihren durch den Rücktritt von Willi Ritschard frei gewordenen Bundesratssitz aufgestellt. Obgleich die als Kandidatin von der Fraktion nominierte Lilian Uchtenhagen-Brunner für das besagte Amt der Bundesfinanzministerin fachlich qualifiziert war, wurde sie jedoch am 7. Dezember 1983 von der bürgerlichen Mehrheit in der Vereinigten Bundesversammlung nicht gewählt.[103] Diese Nichtwahl der ersten von einer Fraktion aufgestellten Frau für

---

102 Darüber hinaus war Nationalrätin Kopp bereits Anfang der 1980er-Jahre zu einer „gemässigten Umweltpolitikerin" avanciert, was gemäss Duttweiler von FDP-Strategen angesichts des auf der politischen Agenda relevanter werdenden Sujets parteitaktisch goutiert worden sei. Kopp wurde mithin zur Präsidentin der Umwelt- und Heimatschutzkommission ihrer Partei berufen, eine Position, in der sie sich rasch und gewissenhaft „in die technisch äusserst komplexen Sachfragen" eingearbeitet habe. Duttweiler 1990, S. 95, 97. Zur Umweltpolitikerin und zu Problemen, die sich diesbezüglich für Elisabeth Kopp bei Wirtschaftslobbyisten ergeben haben, vgl.: Duttweiler 1990, S. 93–99, 107. Die beiden FDP-Kandidierenden Hunziger und Kopp werden knapp gegenübergestellt in: Knöpfli, hellgrün, Volksrecht, 21. September 1984.

103 Die am 7. September 1928 in Olten geborene Lilian Brunner studierte Staatswissenschaften in Basel und an der London School of Economics and Political Science, 1954 wurde sie an der Universität Basel über das Thema „Grenzen der Staatsverschuldung" zum Dr. rer. pol. promoviert. Seit 1956 ist sie verheiratet mit dem Suchtspezialisten und Professor für Sozialpsychiatrie an der Universität Zürich, Ambros Uchtenhagen. Das Ehepaar adoptierte 1966 drei madagassische Waisengeschwister. Die Sozialdemokratin Lilian Uchtenhagen-Brunner war 1970–74 Gemeinderätin der Stadt Zürich und 1971–91 Schweizer Nationalrätin. Jahrzehnte lang engagierte sie sich zugunsten der Frauenförderung. Zur Zeit ihrer Bundesratskandidatur war sie Präsidentin des Verwaltungsrats von Coop Zürich (1981–97) und dozierte Volkswirtschaft und Politik an der Schule für Soziale Arbeit in Zürich (1966–86). Vgl.: Baertschi 2011; Sda, Uchtenhagen, Berner Zeitung, 14. November 1983.

ein auf Bundesebene frei gewordenes Ministeramt gehört zum Interpretationskontext der Geschichte über den Aufstieg und den Fall von Bundesrätin Elisabeth Kopp, so dass darauf kurz einzugehen ist.

Obgleich vom verstorbenen Willi Richard zur Bundesratskandidatur animiert, von der SP-Fraktion offiziell nominiert und vom SP-Präsidenten Helmut Hubacher protegiert, war Uchtenhagen im Vorfeld der parlamentarischen Wahl dennoch von schlechter Presse gegen ihre Bewerbung um das Staatsamt nicht verschont geblieben.[104] In zahlreichen Interviews hatte sich die Kandidatin bezüglich über sie kursierender Gerüchte zu verteidigen, wobei die Angriffe keineswegs ihre fachlichen Qualifikationen betrafen. Abgesehen davon, dass ihre politischen Haltungen in bürgerlichen Kreisen teilweise offenbar als zu links für einen Sitz in der Landesregierung angesehen wurden, tauchten in der Deutschschweizer Presse vor allem Unterstellungen über vermeintliche persönliche Verhaltensweisen und Charaktereigenschaften der Politikerin auf, die als mit dem Amt nicht vereinbar proklamiert wurden. Nicht nur musste Uchtenhagen etwa über sich lesen, gefühlskalt, arrogant, hochnäsig, eingebildet oder streitlustig zu sein, auch wurde ihr vorgeworfen, häufig den Anschein „geschäftiger Zielstrebigkeit" zu hinterlassen, oft ungehalten zu sein, gar wütend „mit Aschenbechern um sich" zu werfen. Selbst „Weinkrämpfe" wurden kolportiert, die den suggestiven Eindruck einer den Anforderungen des Amtes nervlich nicht gewachsenen Kandidatin komplettierten.

Unterstellungen wie diese wirkten doppelt diskreditierend. Unverhohlen diffamierten sie die Sozialdemokratin persönlich. Hinzu kam der perfide Effekt, dass sie klassische weibliche Geschlechtsstereotype reproduzierten, wonach Frauen angeblich psychisch weniger belastbar seien als Männer und deswegen für einflussreiche gesellschaftliche Ämter nicht geeignet erschienen.

---

104 Hierzu und zum Folgenden vgl. etwa: Naef, Uchtenhagen, Sonntagsblick, 13. November 1983; Ap, Rosen, Ostschweizer AZ, 14. November 1983; Roggen, Stress, Berner Zeitung, 14. November 1983; Masüger, Uchtenhagen, Bündner Zeitung, 6. Dezember 1983.

Die gegenüber Uchtenhagen gestreuten Gerüchte waren damit generell frauendiskriminierend, und sie konterminierten zugleich das laut Umfragen in der Bevölkerung weit geteilte Anliegen einer vermehrten geschlechtlichen Gleichstellung im politischen Betrieb der Schweiz.

Die erste Bundesratskandidatin äusserte sich jenen Parlamentsangehörenden gegenüber, die „ganz generell etwas Mühe haben, eine Frau in einem solchen Amt zu sehen", trotz alledem verständnisvoll, wenngleich sie betonte, es falle auf, „wie negativ Eigenschaften beurteilt werden, sobald man sie einer Frau zuschreibt. Was heisst das: zielstrebig und geschäftig sein? Von einem Mann sagt man dann: ‚Der ist aber tüchtig!'"[105] Hatten „Geschichten auf derart kärglichem Niveau" zwar bewiesen, dass „Geschichten auf höherem Niveau, also ernstzunehmende Einwände" gegen Uchtenhagen nicht vorlagen,[106] wurde sie am Ende dennoch nicht von der Vereinigten Bundesversammlung gewählt, sondern ihr Parteikollege, SP-Nationalrat Otto Stich.[107] Ihm wurde die Annahme der Wahl von seiner Fraktion zwar freigestellt, von ihr nominiert gewesen war er jedoch nicht.

Zur Erklärung von Uchtenhagens Nichtwahl zirkulierten vielseitige Motive. Sie selber betonte, man habe nicht damit rechnen dürfen, dass es beim ersten Anlauf gelinge, eine Frau in die Landesregierung zu wählen. Bei dem „Fehlentscheid" handele es sich jedoch gesamt gesehen um „eine kleine Niederlage in einem grossen Kampf". Sie vermute zudem, dass zahlreiche Parlamentsangehörende auch davor zurückgeschreckt seien, einer „profilierten Sozialdemokratin" ihre Stimme zu geben.[108]

---

105 Lilian Uchtenhagen in: Naef, Uchtenhagen, Sonntagsblick, 13. November 1983.

106 Masüger, Uchtenhagen, Bündner Zeitung, 6. Dezember 1983.

107 Auf Lilian Uchtenhagen entfielen 96 der abgegebenen Stimmen der Vereinigten Bundesversammlung, auf Otto Stich entfielen 124 Stimmen. Volken, Männergremium, Vaterland, 9. Dezember 1983.

108 Lilian Uchtenhagen, wiedergegeben in: Mm, Frau, Bund, 8. Dezember 1983.

Aus bürgerlichen Kreisen verlautete, das Wahlergebnis sei weder ein Votum gegen Frauen in der Landesregierung noch gegen Frau Uchtenhagen persönlich gewesen. Es habe sich vielmehr um eine Reaktion auf das Verhalten des SP-Präsidenten Helmut Hubacher gehandelt, dem unterstellt wurde, in den Tagen vor der Wahl durch Interviewäusserungen auf die Abstimmenden Druck ausgeübt zu haben.[109] Für Hubacher schien damit eingetreten zu sein, was er durch seine Stellungnahmen vor der Wahl offenbar hatte vermeiden wollen: „Die bürgerlichen Fraktionen haben uns jetzt den Kandidaten zu hundert Prozent aufgezwungen" und damit den Sozialdemokraten gezeigt, „wer in dieser Koalition Chef ist". Auf einem ausserordentlichen Parteitag müsse nun entschieden werden, ob die SP „zu diesen Bedingungen die Regierungsbeteiligung aufrechterhalten" wolle.[110] Wie Hubacher in seiner „Chronik einer Bundesrats(nicht)wahl" als weiteres potenzielles Motiv, Uchtenhagen abzulehnen, darlegt, sei am Vorwahltag sowohl in CVP- als auch in FDP-Kreisen verlautet worden, es gelte zu vermeiden, dass für die SP nach dem allgemein geschätzten Willi Ritschard einmal mehr eine mögliche „Wahllokomotive"

---

109 Mm, Frau, Bund, 8. Dezember 1983. Nachdem Hubacher sowohl hinter den Kulissen als auch in der Presse entnommen hatte, dass Lilian Uchtenhagen im Anschluss an ihre Parteinominierung als Bundesratskandidatin im politisch rechten Lager auf Ablehnung stiess und in der Öffentlichkeit vermehrt schlecht geredet wurde, machte der SP-Präsident vor der Wahl jene umstrittene Äusserung. Er betonte, die SP werde sich vom bürgerlichen Lager keinen Kandidaten vorschreiben lassen, ansonsten wäre die demokratische Regierungsbeteiligung seiner Partei beziehungsweise die Regierungszusammenarbeit nicht mehr gewährleistet. Vgl. etwa: Schoch/Aschinger, Zauberformel, Tages-Anzeiger, 8. Dezember 1983 sowie SP-Dokumentation, Sozialarchiv Zürich, „Chronik einer Bundesrats(nicht)wahl" vom 17. Dezember 1983, wo Helmut Hubacher seine Perspektive auf den Sachverhalt anhand öffentlich getätigter Zitate diverser Personen niedergelegt hat. Vgl. auch: SP-Dokumentation, Sozialarchiv Zürich, Helmut Hubacher, Nach der Wahl, 10. Dezember 1983.

110 Helmut Hubacher in: Schoch/Aschinger, Zauberformel, Tages-Anzeiger, 8. Dezember 1983.

Einsitz in den Bundesrat erhalte.[111] Zudem sei gemäss Hubacher durchaus nahe liegend, dass man der SP das geschichtsträchtige Ereignis, als erste Fraktion von einer Frau in der Landesregierung vertreten zu werden, nicht zugestanden habe.

Was auch immer die Motive jener Abgeordneten gewesen waren, Lilian Uchtenhagen nicht in die Landesregierung zu wählen, diverse Frauenorganisationen reagierten enttäuscht und wütend. Der Schweizerische Verband für Frauenrechte etwa hob hervor, besagte Parlamentsangehörende hätten „leider die Zeichen der Zeit nicht erkannt", so habe sich die Mehrheit der Abgeordneten „trotz besten Qualifikationen, trotz breiter Volksunterstützung, trotz stimmender Zauberformel [...] nicht zur Wahl einer Bundesrätin durchringen können".[112] Und die sozialdemokratische Frauengruppe der Stadt Zürich entrüstete sich

> „über die infame Hetzkampagne, welche den Wahlen vorausgegangen ist. Der Entscheid der Bundesversammlung ist ein Armutszeugnis für unsere Demokratie. Das unwürdige Schauspiel im Bundeshaus zeigte, dass wir von der Gleichberechtigung der Geschlechter noch weit entfernt" seien.[113]

Wie bereits erwähnt, sollte es FDP-Nationalrätin Elisabeth Kopp knapp ein Jahr später gelingen, als erste Frau Einzug in den Bundesrat zu erhalten. Indes, obgleich SP-Präsident Hubacher und der Fraktionschef seiner Partei, Dario Robbiani, nach Kopps letztlich erfolgreicher Wahl betonten, es sei Lilian Uchtenhagen gewesen, die im Dezember 1983 den Weg für Frauen in den Bundesrat freigekämpft habe,[114] – auch die Bewerbung der FDP-Politikerin um das Ministerialamt auf Bundesebene

---

111 Hierzu und zum Folgenden: SP-Dokumentation, Sozialarchiv Zürich, „Chronik einer Bundesrats(nicht)wahl" vom 17. Dezember 1983 sowie Helmut Hubacher, Nach der Wahl, 10. Dezember 1983.

112 Schweizerischer Verband für Frauenrechte zit. n.: Mm, Frau, Der Bund, 8. Dezember 1983.

113 Sozialdemokratische Frauengruppe der Stadt Zürich, Erklärung vom 8. Dezember 1983, SP-Dokumentation, Sozialarchiv Zürich.

114 Sda., Reaktionen, Neue Zürcher Zeitung, 3. Oktober 1984.

verlief „nicht ohne Nebengeräusche".[115] Vielmehr gleichen sich beide Kandidaturen darin, dass die Amtsanwärterinnen jeweils öffentlichen Diffamierungen ausgesetzt waren, die ganz konkret ihr Frausein beziehungsweise geschlechtsspezifische Rollenschemata betrafen. Nicht nur im „Fall Uchtenhagen", auch im „Fall Kopp" wurde mithin versucht, die Wahl der Kandidatin anhand der Lancierung von Geschlechterstereotypen und deren imaginativer Wirkungsmacht zu verhindern. Wie dargelegt, zielten entsprechende, vermeintlich weibliche Zuschreibungen (beispielsweise emotionale Unbeherrschtheit) in der Kampagne gegen Lilian Uchtenhagen darauf ab, in den Vorstellungen der Leute normative Rollenerwartungen zu aktivieren, denen gemäss die Bundesratsanwärterin dem Stress des Ministeramtes voraussichtlich nicht gewachsen wäre. Wie aber gestaltete sich eine solche frauendiskreminierende Kommunikationspraxis während der Bundesratskandidatur von Elisabeth Kopp aus?

Auch die FDP-Nationalrätin hatte sich in ihrer bis dato knapp vierzehnjährigen Politlaufbahn in der Gemeindepolitik und im Nationalrat zweifellos für einen Bundesratssitz qualifiziert. Doch bereits kurz nach der Bekanntgabe ihrer Kandidatur kursierten Gerüchte über ihren als Wirtschaftsanwalt und Medienexperten erfolgreichen Ehemann, die dessen Reputation erheblich beschädigten. Dementsprechend sei, wie Peter Röthlisberger betont, ein „Skandal um Lügen oder Halbwahrheiten" losgetreten worden.[116] Bereits wenige Tage nach Bekanntgabe einer möglichen Kandidatur Elisabeth Kopps verlautete in der Presse, Hans Werner Kopp habe sich Ende der 1960er-, Anfang der 1970er-Jahre gegenüber Angestellten sexuell übergriffig verhalten, weswegen ihm vorübergehend sowohl das Anwaltspatent als auch ein militärisches Kommando entzogen worden sei. Zudem wurde ihm die Verantwortung hinsichtlich des 1982 erfolgten Ruins der so genannten Trans KB AG, einer von Kopp damals im Verwaltungsrat präsidierten Risikokapitalgesellschaft zur Last gelegt, bei der zahlreiche Anleger hohe Finanzsummen verloren hatten.

---

115 Studer, Grenzgänger, Tages-Anzeiger, 29. Januar 2009.

116 Röthlisberger 1995, S. 197.

Aufgrund seiner diesbezüglichen Verantwortung wurde Kopp allerdings erst 1991 wegen Betrugs und Urkundenfälschung zu einem Jahr Haft mit drei Jahren Bewährung verurteilt.[117]

Wie in den Luzerner Neuesten Nachrichten (LNN) zu lesen war, hätten „namentlich unbekannte Gegner der Kandidatur Elisabeth Kopps" behauptet, wegen des Lebens- und Berufsstils Hans W. Kopps könne „das bisher moralisch intakte Bundesratsamt geschädigt" werden.[118] Aufgrund vermeintlicher „charakterlicher Schwächen ihres Mannes", so die Kritiker weiter, werde Elisabeth Kopp „ihr Amt nie richtig wahrnehmen können, sondern [...] geradezu zu einem Sicherheitsrisiko und laufe Gefahr, erpresst zu werden". In einem Interview der LNN direkt danach befragt, ob sie ein solches „Sicherheitsrisiko" darstellen würde, indem sie „aufgrund privater Vorkommnisse im Leben ihres Mannes" erpressbar sei, verneinte sie dies entschieden.[119] Es handele sich um skandalöse perfide Vorwürfe, und weiter: „Ich muss ja eine sagenhaft gute Politikerin sein, wenn meine Gegner nichts an mir entdecken, sondern auf meinen Mann zielen". Kreise, denen sie „angeblich zu grün oder zu liberal" sei, würden die sich neu ergebende Situation einer Frauenkandidatur ausnutzen, durch die die Rolle des entsprechenden Gatten automatisch ins Visier der Öffentlichkeit gerate. Weil sie „keine handfesten Gründe" gegen ihre Bundesratsbewerbung fänden, folgerte Kopp, „stürzen sie sich auf meinen Mann. Ich erlebe eine Schlammschlacht". In diesem Zusammenhang betonte sie auf die Frage, ob ihr Gatte weiterhin als Wirtschaftsanwalt tätig sein dürfe, sofern sie Bundesrätin werde, er müsse sich in Bereichen potenzieller Interessenskollisionen „eine gewisse Zurückhaltung auferlegen". Ein Berufsverbot könne einem Bundesratsgatten jedoch nicht abverlangt werden. Ihr Ehemann werde „das Fingerspitzengefühl haben, das in einem solchen Fall nötig" sei. Auf die Frage, ob sich ihr Mann

---

117 Vgl.: Munzinger-Archiv, Kopp, S. 2.

118 Hierzu und zum Folgenden: Ich erlebe…, Luzerner Neueste Nachrichten, 20. September 1984.

119 Hierzu und zum Folgenden: Elisabeth Kopp im Interview in: Hartmeier, Ruf, Luzerner Neueste Nachrichten, 20. September 1984.

„in zweifelhaftem Milieu" bewege, antwortete sie: „Das ist 100 Prozent ausgeschlossen". Auch sei ihm das Bataillonskommando keineswegs entzogen worden. Wie in den Akten nachzulesen, habe er aus gesundheitlichen Gründen darum gebeten, entlassen zu werden, und sei vielmehr „unter Verdankung der geleisteten Dienste" aus jenem Amt verabschiedet worden. Schliesslich habe man ihn nicht, wie später geschehen, zum Oberst im Generalstab und zum Chef der Information ernennen können, „wenn auch nur ein Schatten auf ihn gefallen wäre". Darüber hinaus stellte Elisabeth Kopp in dem Interview klar, dass ihrem Gatten damals keineswegs, wie häufig behauptet, das Anwaltspatent entzogen worden sei. Korrekt sei lediglich, „dass ihm die Aufsichtskommission vor zwölf Jahren wegen angeblicher Vorfälle in seinem Büro untersagte, sechs Monate vor Gericht aufzutreten". Dies sei infolge einer Intrige in seiner Anwaltsgemeinschaftspraxis vor 15 Jahren geschehen. Ihr Gatte habe „durch seine Dynamik den Rahmen gesprengt", weswegen „die unmöglichsten Gerüchte in die Welt gesetzt worden" seien. Kopp pointierend: „Erstens ist mein Mann menschlich unanfechtbar, zweitens ist er militärisch hervorragend; er ist höchstens etwas gescheiter als die anderen." Es handele sich um „nichts anderes als blanke[n] Neid". Hinsichtlich einer drohenden „Verantwortlichkeitsanklage" aufgrund des Ruins der Trans KB AG argumentierte Elisabeth Kopp, alle im Finanz- und Wirtschaftsrecht Beschäftigten könnten mit Mandanten „einmal Pech haben"; ihr Gatte jedoch „hatte in diesen ganzen 25 Jahren seiner Tätigkeit nie einen solchen Fall", was für seine professionelle Befähigung spreche.

Einen Tag später dementierte auch Hans Werner Kopp die sein Privatleben betreffenden Gerüchte. Laut Blick bezeichnete er die Hetzkampagne gegen seine Frau und ihn ebenfalls als „unfaire, widerliche und unsachliche Schlammschlacht".[120] Bezüglich des Abtritts seines Infanterie-Bataillons wertete er das Gerede als „völlig aus der Luft gegriffen" ab. Aus gesundheitlichen Gründen habe er um eine Versetzung gebeten, worüber beweiskräftiger

---

120 Hierzu und zum Folgenden: Hans Werner Kopp zit. n.: Zbinden, Kopp-Gatte, Blick, 21. September 1984.

Schriftverkehr vorliege. Da er nicht in guter körperlicher Verfassung gewesen sei, habe er sich hinsichtlich der gegen ihn damals zirkulierenden Vorwürfe der sexuellen Übergriffe „zu wenig konsequent – so scheint es heute", verteidigt. Bei seinem Wechsel in ein anderes Anwaltsbüro sei es zum „hinterlistige[n] Intrigenspiel" gekommen, wobei es damals „Aussage gegen Aussage" gestanden habe. Aufgrund seiner schlechten gesundheitlichen Verfasstheit sowie „aus menschlicher Rücksicht gegenüber den Beteiligten" habe er kein Gerichtsverfahren angestrengt, was er mittlerweile, zwölf Jahre später, bereue. Kopp weiter: „Als man mir mitteilte, man könne gerade einen prominenten Anwalt nicht einfach so davonkommen lassen, das sähe nach Korruption aus, da sagte ich, macht doch, was ihr wollt." Bereits damals nicht mehr vor Gericht auftretend, habe ihn der halbjährige Entzug seiner Prozessführungsbefugnis nicht weiter tangiert. Schliesslich noch auf Gerüchte angesprochen, er habe die Zürcher Edelprostituierte Mireille bei einem Immobiliengeschäft unterstützt und deren Etablissement selber aufgesucht, entgegnete Kopp, diese Geschichte sei schlicht „zum Kotzen". Er habe niemals irgendwelche Kontakte zu dieser Frau unterhalten, was, gemäss Blick-Journalist Zbinden, Mireille ebenfalls bestätigt habe.

War bis dato noch nicht öffentlich bekannt, wer hinter dieser Kampagne stand, vermeldete am 22. September 1984 beispielsweise Richard Aschinger im Tages-Anzeiger, dass „vor allem bürgerliche ‚Hinterbänkler', die im Bundeshaus trübe Geschichten" streuten, weder Beweise für ihre Behauptungen erbracht noch eine Intention ihrer Gerüchteverbreitung offenbart hätten.[121] Feststehe lediglich, dass Frau Kopp „ein eigenständiger Mensch [sei]: mit eigenen Ansichten, mit eigenen Urteilen, mit einer eigenen Lebensgeschichte". Darüber hinaus betonte die Leitung der Zürcher FDP, in der Woche zuvor „ausführlich abgeklärt [zu haben], ob im Leben von Hans W. Kopp etwas vorliege, das seiner Ehefrau den Weg in die Landesregierung verbauen müsste". Ständerat Ricardo Jagmetti, Vizepräsident der Zürcher

---

121 Hierzu und zum Folgenden: Aschinger, „Hinterbänkler", Tages-Anzeiger, 22. September 1984.

FDP, hatte zuvor kundgetan, es gebe „keine für Elisabeth Kopp belastenden Tatsachen". Gemäss Aschinger werde es „vollends schmierig [...], wenn just solche Politiker mit besonderem Genuss Gerüchte über Hans W. Kopp verbreiten, über deren Privatleben in der Bundeshauptstadt man ebenfalls Geschichten erzählen könnte". Namen jedoch nannte er in diesem Artikel nicht. Wie Peter Hartmeier von den LNN ausführte, sei es vor allem Alt Nationalrat Hans Rudolf Meyer, der ehemalige Luzerner Stadtpräsident gewesen, der „jetzt mit offenem Visier gegen die Zürcherin" kämpfe.[122] Allerdings verstehe sich dieser keineswegs als ein bis dahin hintenherum agitierender „Heckenschütze". Wie Meyer selbst hervorhob, habe er lediglich, „wie viele andere besorgte Politiker, den schweizerischen und zürcherischen FDP-Instanzen [seine] Bedenken mitgeteilt".[123] Sein Vorwurf an Frau Kopp lautete, dass ihre im Interview gemachten Aussagen, „wenigsten in einem Punkt [...] nicht den Tatsachen entsprechen". So habe ihr Mann keineswegs aus gesundheitlichen Gründen das Bataillonskommando abgeben müssen. Es sei vielmehr einer Intervention seiner Gattin zu verdanken gewesen, dass er sein Entlassungsgesuch habe selber schreiben dürfen. Meyer wisse, „wie viele andere auch, dass es noch weit mehr Ereignisse im Leben von Herrn Kopp geben soll, die seine Frau als Bundesrätin erpressbar" machen würden. Konkrete Informationen zu den entsprechenden Fällen zu geben, sei jedoch „Sache jener, [...] die damals gegen Herrn Kopp Massnahmen" hätten ergreifen müssen. Auch handele es sich bei Meyers Handlungsmotiven keineswegs, wie in der Öffentlichkeit verlautet, um Sippenhaftung. Doch müsse es „bleiben, wie es bisher zwischen den Bundesräten und ihren Gattinnen gewesen ist: Alle sollten sich kommentarlos an den gleichen Tisch setzen können", wobei es ebenfalls auf den Ehepartner ankomme, „ob das nun eine Frau oder ein Mann ist, spielt keine Rolle". Somit läge es „sicher im Interesse aller

---

122 Hartmeier, untragbar, Luzerner Neueste Nachrichten, 22. September 1984.

123 Hierzu und zum Folgenden: Hans Rudolf Meyer zit. n.: Hartmeier, untragbar, Luzerner Neueste Nachrichten, 22. September 1984.

und besonders von Frau Kopp und ihrer Familie, dass sie nicht kandidiert". Gemäss Hartmeier habe Meyer geradezu empört auf den Einwand reagiert, bei seinem Vorgehen gegen Elisabeth Kopps Kandidatur handele es sich um die Folge einer Clan-Fehde und damit um einen Racheakt. Hatte Hans Werner Kopps Vater, der ehemalige Luzerner Stadtpräsident Paul Kopp, 1971 doch gegen Hans Rudolf Meyer als seinen Nachfolger interveniert.[124] Die damaligen Verwicklungen seien, wie Meyer beteuerte, längst bereinigt. Als ehemaliger Nationalrat wünsche er lediglich, dass „im Bundesrat nur unbelastete Leute sitzen".[125] Auch politische Gründe, denen gemäss „die liberale Umweltschutzpolitikerin durch den FDP-konservativen Meyer abgeschossen" werden solle,[126] müsse er von sich weisen. Letztlich bestehe aber für ihn kein Zweifel, dass Frau Kopp „einfach nicht jenen Leistungsausweis wie Bruno Hunziker" vorzuweisen habe.[127] Nicht tragbar sei sie indes zum einen wegen ihres Mannes, zum anderen, „weil sie im LNN-Interview nicht bei den Tatsachen blieb".

Inzwischen hatte sich Gegenkandidat Hunziker „mit aller Deutlichkeit gegen die Gerüchtemacherei um das Ehepaar Kopp verwahrt".[128] Letztlich zum Nachteil seiner Wahlchancen sei er, wie Frank A. Meyer im SonntagsBlick kommentierte, durch die von Kopp-Gegnern betriebene „Pöbelei im Flüsterton […] in eine unverschuldete Defensive" geraten. Bei vielen habe nämlich zum damaligen Zeitpunkt die Parole gegolten: „,Jetzt erst recht für Elisabeth'". Die Neue Zürcher Zeitung publizierte am 24. September 1984 eine Erklärung der FDP des Kantons Zürich, in der nochmals dezidiert die Vorwürfe gegenüber Hans W. Kopp entkräftet wur-

---

124 Vgl.: Duttweiler 1990, S. 65, 116.

125 Hierzu und zum Folgenden: Hans Rudolf Meyer zit. n.: Hartmeier, untragbar, Luzerner Neueste Nachrichten, 22. September 1984.

126 Hartmeier, untragbar, Luzerner Neueste Nachrichten, 22. September 1984.

127 Hierzu und zum Folgenden: Hans Rudolf Meyer zit. n.: Hartmeier, untragbar, Luzerner Neueste Nachrichten, 22. September 1984.

128 Hierzu und zum Folgenden: Meyer, Komplott, SonntagsBlick, 23. September 1984.

den.[129] Hervorgehoben wurde zudem, dass der FDP-Vorstand des Kantons Zürich sich „vor der mit Zweidrittelmehrheit erfolgten Nomination" offen mit der besagten Angelegenheit auseinander gesetzt und „*Elisabeth Kopp im Bewusstsein ihrer persönlichen Integrität und Qualifikationen das Vertrauen geschenkt*" habe. Die Nationalrätin habe sich „seit vielen Jahren als eigenständige Persönlichkeit in hervorragender Weise für die Allgemeinheit" eingesetzt und als Bundesratskandidatin generell entsprechende Anerkennung erfahren.

Im Anschluss an die Erklärung verwies die NZZ allerdings darauf, dass sich auch der Schweizer Freiheitsbund (SFB) zur Wahrung bürgerlicher Rechte, in einem Pressecommuniqué gegen die Kandidatur Kopps ausgesprochen habe. Man wolle sich nicht an der „Schlammschlacht" beteiligen, jedoch zu bedenken geben, dass „die politisch, wirtschaftlich und militärisch ‚höchst einflussreichen Positionen'" Hans W. Kopps „unbestreitbar Anlass zu Befürchtungen" gäben, mit dessen Gattin als Bundesrätin würden in der Landesregierung „übermächtige Konstellationen jener Grösse möglich werden, wie sie der Eidgenossenschaft bisher völlig fremd seien".[130]

Obwohl er angeblich noch „offene Rechnungen" mit Hans W. Kopp zu begleichen habe,[131] schloss Karl Lüönd in der Züri Woche vom 27. September 1984, „nach reichlich recherchiertem Für und Wider", gebe es „in keinem der vier geschilderten ‚Fälle' (oder eben ‚Nicht-Fälle')" Anzeichen dafür, die Bundesratskandidatin hätte „unehrenhaft gehandelt oder unehrenhafte Handlungen gedeckt". Zu ihrem Mann zu halten, könne man ihr nicht vorwerfen. Allerdings stehe ebenfalls fest, sie habe in der Woche zuvor „nicht immer die Wahrheit gesagt". Der Frage, inwiefern politische Mandatstragende „auch bei den Handlungen des Ehegatten zwar nicht juristisch, aber politisch und moralisch behaftet

---

129 Hierzu und zum Folgenden: FDP des Kantons Zürich, Vertrauen, Neue Zürcher Zeitung, 24 September 1984; Kursivsetzung laut Artikel.

130 Ap., Urheber, Neue Zürcher Zeitung, 24. September 1984.

131 Vgl. dazu: Usb., Kopp, Der Bund, 26. September 1984.

werden" müssten, sei künftig bei Bundesratswahlen nicht mehr auszuweichen.[132]

Gemäss SonntagsBlick nehme die „Schlammschlacht" gegen Hans W. Kopp eine Dimension an, die „für die Schweizer Politszene einmalig" sei.[133] Das bisherige Leben des umstrittenen Gatten werde „mit aller Härte" inspiziert, doch würden „in diesem Sumpf von Gerüchten und Anschuldigungen" die Beweise fehlen. Sicher sei lediglich, dass in dieser Angelegenheit gelogen werde.

Abgesehen von der militaristischen Metaphorik diverser Artikel, durch welche die Sachverhalte, in kriegerische Denkbilder transformiert, dramatisiert wurden, war es vor allem die anstössig-schlüpfrige Dimension eines viel beachteten Beitrags des kritischen Publizisten Niklaus Meienberg in der WochenZeitung (WoZ), die dem Ansehen der Bundesratskandidatin schaden sollte.

c) **Beständig. Zur Konstruktion eines Deutungsmusters**

Zweifellos stellte der am 28. September 1984 in der WoZ veröffentlichte Artikel Meienbergs den Höhepunkt der entsprechenden Diskreditierung der Bundesratskandidatin Elisabeth Kopp dar. Inhaltlich und stilistisch einprägsam konzipiert, hat er im kollektiven Gedächtnis zahlreicher Zeitgenossen offenbar Spuren hinterlassen. An ihm wird manifest, was gemäss dem Skandalforscher Hans Mathias Kepplinger für den konstruktiven Stil von Skandalierenden kennzeichnend sei. Die Skandalisierung von Missständen als Kunst bezeichnend, beschreibt Kepplinger Skandalierer als „Geschichtenerzähler, die einem disparaten Geschehen subjektiven Sinn" verliehen. Sie bewegten sich mithin „weniger im Grenzbereich zwischen Journalismus und Wissenschaft oder zwischen Journalismus und Recht als im Grenzbereich

---

132 Lüönd, Klartext, Züri Woche, 27. September 1984.

133 Hierzu und zum Folgenden: Büren et al., Bundesratswahl, SonntagsBlick, 23. September 1984.

zwischen Journalismus und Literatur".[134] So gesehen fungierte die von Meienberg im besagten Text kunstvoll betriebene Sinnkonstruktion für den Fortgang des „Falls Kopp" als eine Art mentale Weiche, weil darin diffus kursierende Gerüchte in einer wohl durchdachten Logik zu einem hartnäckigen Deutungsmuster arrangiert, akzentuiert und plausibilisiert wurden. Es gilt darum, dieser Quelle genauere Beachtung zu schenken.

Im besagten WoZ-Artikel verknüpft Meienberg die Hans Werner Kopp unterstellten sexualisierten Umgangsformen, die dieser einst in der gemeinschaftlichen Anwaltspraxis an den Tag gelegt haben soll, mit dem aktuellen Verhalten von dessen Ehefrau, konkret mit ihrer Interviewaussage zur entsprechenden Thematik.[135] Genauer gesagt entlarvt er die diesbezügliche Äusserung der Bundesratskandidatin mit der ihm eigenen darstellerischen Raffinesse als augenscheinliche Lüge. Dementsprechend lassen sich bei ihm zunächst drei zentrale Thesen herausarbeiten: 1. „aus Hans W. Kopps Geschichte wurde, durch Koppelung, *Elisabeth Kopps Story*"; 2. „vermutlich lügt [Frau Kopp] eben doch ein birebitzeli" und 3. die absonderlichen Vorfälle im Zürcher Anwaltsbüro können als real, Hans Werner Kopp folgerichtig als dubios erachtet werden.

Diese These findet sich, literarisch geformt im Aphorismus des Artikeltitels „Das Unwahrscheinliche ist das Wahre", der, angenommen er stamme aus Meienbergs eigener Feder, in Kombination mit der Dachzeile „Anmerkungen zum Flagellantenbüro Kopp" beispielhaft die rhetorische Meisterhaftigkeit des Autoren unter Beweis stellt. Denn als Hauptüberschrift einen aphoristischen Denkspruch zu wählen, zeugt medienanalytisch bezüglich der Aufmerksamkeitssteuerung von künstlerischem Scharfsinn: geht es doch bei dieser literarischen Kurzform darum, etwa über Aussparung, Verrätselung und die Stilfigur des Paradoxons („Das Unwahrscheinliche ist das Wahre"), einen Effekt der Konfusion

---

134 Kepplinger 2001, S. 142f.

135 Hierzu und zum Folgenden: Meienberg, Flagellantenbüro, WoZ, 28. September 1984; Kursivsetzung laut Artikel.

zu erzeugen. Im vorliegenden Fall löst sich das Denkspiel bei der Lektüre der Dachzeile auf, die den Sinnbezug durch eine ebenso prägnante wie spöttische Metapher („Flagellantenbüro") entstehen lässt.

Bezogen auf die Untermauerung seiner Thesen erreicht Meienberg Plausibilität durch eine logische Gedankenführung sowie durch den abwechselungsreich gestalteten Textaufbau, indem er Passagen mit plastischen Aussagen ehemaliger Mitarbeitenden solchen seiner jeweiligen Quintessenz folgen lässt.[136] Seine kritische Haltung und sein entmythologisierender Anspruch erhalten durch eine mokante Metaphorik eine süffisant-zynische Prägung. Die Eindringlichkeit des Textes erreicht Meienberg jedoch, eine potenzielle Sensationsgier seiner Leserschaft voraussetzend, vornehmlich über assoziative Einblicke, die er anhand anschaulicher Schilderungen ehemaliger Kanzleiangestellter in die zu beanstandende Szenerie der Kasteiung gewährt.

Schliesslich, so das Unglaubliche, habe Hans Werner Kopp sowohl weibliche als auch männliche Untergebene teilweise, sofern sie sich selbst eines Arbeitspatzers bezichtigt hätten, nicht jedoch ohne zuvor ein Vertrauensverhältnis aufgebaut zu haben, den entblössten Hintern mit einem „Bambusstöckli" versohlt.

> „Jeweils am Abend nach den Fehlern", schildert Meienberg, seien sie „ganz sanft und väterlich (streng, aber gütig!) zur Einsicht in ihre Fehler, dann zur Reue getrieben worden und hätten [...] dann nach einem längeren Gespräch die Pfitzung sozusagen als organisch-logische Folge ihrer Sünden und fast als Befreiung von ihrer Schuld empfunden: Tätige Reue. Dieses doch etwas schmerzhafte Ritual habe nicht ohne ihr Einverständnis stattgefunden und nicht mit brutalem Zwang".

Auch habe Kopp, wie der Autor weiter ausführt, „die kleine Zeremonie, bevor sie erfolgte, immer als ein Privileg der Gepeitschten

---

136 Meienberg nennt zugunsten der Glaubwürdigkeit des Dargestellten die Namen der ehemaligen Angestellten.

geschildert". Zudem seien alle Angestellten von ihm geduzt worden, während er jedoch „partout gesiezt werden wollte", was die meisten akzeptiert hätten. Dennoch sei die Büroatmosphäre „exzellent" gewesen.

Schliesslich aber, schildert eine vorübergehende Mitarbeiterin, habe Kopp die Untergebenen durch seine suggestive Ausstrahlung in ein psychisches Abhängigkeitsverhältnis gebracht. Wie Meienberg betont, hätten sich die etwa sechs „Gegeisselten" bisher weder gerichtlich noch öffentlich zur Wehr setzen können, da es sich bei den besagten Umgangsformen bis dato nicht um einen Straftatbestand gehandelt habe und die Betroffenen aufgrund der Erniedrigung um ihre sozialen Stellungen gebangt hätten. Dass Kopp sein militärisches Kommando als Folge dieser Geschichte nur zeitweise habe abgeben müssen, sei für einen ehemaligen Mitarbeiter besonders erschütternd gewesen. Für ihn habe sich deshalb die Frage gestellt, „was das eigentlich für eine Armee sei". Hinsichtlich Kopps damaliger Position als Präsident des SAD sei, illustriert der vom Autor zitierte Mitarbeiter weiter, im Büro häufig – rekurrierend auf den Marquis de Sade – über „den Sad" gewitzelt worden.

Hatten diese Ausführungen Hans Werner Kopp bereits als suggestiven, perversen Herrscher über seine Angestellten in Misskredit gebracht, komplettierte die Schlusspassage des Artikels dieses Negativimage vollends. Wie von Meienberg dargelegt, habe der von ihm Bezichtigte in einem mit dem Autoren geführten Telefonat zugegeben, dass „so etwas ähnliches [...] eventuell vielleicht einmal ausnahmsweise passiert" sein solle, indes „nie ohne Einwilligung der Betroffenen". Damit erschien der anrüchig-berüchtigte Ruf des Staranwalts durch dessen eigene Aussage erhärtet und „das Unwahrscheinliche [als] das Wahre" belegt.

Bereits zwölf Jahre zuvor habe Meienberg die „Kasteiungs-Geschichte" von einer ihm zuverlässig erscheinenden Quelle vernommen, doch sei sie ihm „zu privat" vorgekommen, um darüber zu berichten. Nach dem LNN-Interview der Bundesratskandidatin aber, in dem sie sich in allen kritischen Fragen vorbehaltlos hinter ihren Mann gestellt habe, strahle der Sachverhalt, wie Meienberg bildhaft ausschmückt,

> „nach allen Seiten aus wie ein entzündeter Nerv. Alle anderen aktuellen Verwicklungen der Kopps, ausser *Trans-KB*, gehen auf diese kuriose Story zurück.[137] Sie hat Metastasen gebildet. Die schwarze Pädagogik, die der begabte Jurist in seinem Büro ab ca. 1965 bis 1971 praktizierte, verdunkelt die Zukunft seiner Frau, weil sie sich mit ihm solidarisiert".

Die Geisselung werde damit zum Politikum und die Geschichte Hans Werner Kopps zu *„Elisabeth Kopps Story".*[138] Dementsprechend sei es, wie vielerorts behauptet, keineswegs die Presse, die Elisabeth Kopp wegen der diesbezüglichen Normübertretung ihres Mannes in „Sippenhaftung" nehme, das habe die Bundesratskandidatin vielmehr selber getan. Schliesslich müsse sie sich wegen der „Aktivitäten und Lügen ihres Mannes" deswegen behaften lassen, weil sie diese „komplett deckt", [139] denn letztlich

---

137 Hierzu und zum Folgenden: Meienberg, Flagellantenbüro, WochenZeitung, 28. September 1984; Kursivsetzung laut Artikel.

138 Zugunsten der „Wahrheitsliebe", so Meienberg weiter, dürfe man den Sachverhalt aus drei weiteren Gründen nicht „im Schummrigen lassen": So sei nicht nachzuvollziehen, warum der Untersuchungsbericht in Sachen Kopp von 1973 von den um Aufklärung angeblich besorgten FDP-Funktionären nicht nochmals konsultiert werde. Für Meienberg stelle sich deshalb die Frage, ob gewisse Leute „Frau Kopp ins Messer laufen lassen" würden. Zudem weise die Geschichte über die Person Hans W. Kopps hinaus, indem sich in ihrem Verlauf „ein Zürcher Filz" offenbare, sie repräsentiere geradezu eine „Portion Büro-Sozialgeschichte". Schliesslich könne damit die ungleiche Behandlung von Skandalierten aus dem linken beziehungsweise rechten politischen Lager aufgezeigt werden. Bei dem in Verruf geratenen linken Anwalt Rambert sei damals in der Presse nicht so „samtpfotig um den Brei herumgeredet" worden wie dies bei Kopp der Fall gewesen sei. Vgl.: Auchlin/Garbely 1990, S. 302. Gemäss den Autoren sei der „Füdlitätsch"-Skandal von „Parteibonzen der FDP, den mächtigen Zürchern, vertuscht [worden], die um jeden Preis" gewollt hätten, dass Elisabeth Kopp-Iklé zur Bundesrätin werde.

139 Unter den von Meienberg zum Vorwurf erhobenen „Aktivitäten und Lügen" versteht der Autor folgendes: die Behauptung der Kopps, die

habe sie sich auch – etwa durch explizite Nicht-Billigung oder persönliche Abgrenzung – vom Verhalten ihres Mannes distanzieren können.

Davon überzeugt, dass Elisabeth Kopp die Unwahrheit gesagt habe, spekuliert Meienberg in Form rhetorischer Fragen über mögliche Motive dafür:

> „Lügt Frau Kopp? Oder ist sie Weltmeisterin im Verdrängen? Oder ist sie in guten Treuen der Meinung, die Büro-Geschichte und ihre Folgen [...] seien ein reines Gerücht? Glaubt sie so blindlings und felsenfest an ihren Mann, dass sie ihm die unglaublichsten Versionen abnimmt? [...] Ist es Solidarität, wenn man zum Schutz des Partners in die Offensive geht und die Ankläger disqualifiziert und verleumdet?"

Dergestalt gefragt, kann es nur eine negative Antwort geben: Weder die so beschriebene Form ehelicher Solidarität noch die Manier einer arglos-treuherzigen Liebe noch eine mögliche Verdrängung der besagten Angelegenheit käme dem Ruf einer potenziellen Bundesrätin gut zu stehen.

Am ruinösesten jedoch war letztlich der Vorwurf der Lüge, dessen Legitimität Meienberg damit begründet, dass während der von Hans Werner Kopp 1972 „auf eigenes Betreiben hin" durchgeführten psychiatrischen Begutachtung „mit grosser Wahrscheinlichkeit [...] auch ihre Ansicht über den mentalen Gesundheitszustand" des Gatten eingeholt worden sei.

Aus all seinen Überlegungen zieht der Autor eine für das Ansehen Elisabeth Kopps verheerende Konklusion: Bei ihm hinterlasse die Bundesratskandidatin „nicht den Eindruck einer selbstständigen Frau", sie wirke vielmehr als eine „Verlängerung ihres suggestiven Mannes", die zu seinen Gunsten gegebenenfalls auch vor der Lüge nicht zurückschrecke. Für diese unmittelbar vor der Bundesratswahl proklamierte radikale These erntete Meienberg

---

Büroaffäre sei das Resultat einer Intrige; die Kommando-Enthebung sei 1972 aus gesundheitlichen Gründen erfolgt sowie der Standpunkt, bei der Trans-KB-Affäre sei „alles mit rechten Dingen zugegangen".

nicht nur von feministischer Seite her Kritik, gegen die er sich wiederum engagiert zu Wehr setzte.[140] In einem WoZ-Artikel eine Woche später etwa verteidigte er sich, indem er nachzeichnete, inwiefern es während der Kandidatur Elisabeth Kopps zur öffentlichen Thematisierung der „Züchtigungs-Affäre" ihres Mannes gekommen war, wobei er seiner journalistischen Kollegenschaft eine Bagatellisierung der Angelegenheit ebenso vorhielt wie diesbezüglich defizitäre Recherchetätigkeiten.[141] Weder „Hexerei" noch „Wallraff-Methoden" seien nötig gewesen, um auf die von ihm dargelegten „Tatbestände" zu stossen. Er habe bei seiner zweieinhalbtägigen Recherche „etwas telefonischen Fleiss" sowie das „journalistische Einmaleins", bestehend aus „Quellenkritik, Aussage-Vergleich, Prüfung der Interessenlage der Befragten, Bündelung der Indizien etc.", angewendet, sei weder von „politisch-freundschaftlichen Rücksichten" noch von „Angst und falschem Respekt vor Autoritäten blockiert" gewesen.

Zu konstatieren bleibt: Jenes von Meienberg Ende September 1984 entworfene umstrittene Bild von Elisabeth Kopp prägte sich offenbar in die Köpfe zahlreicher Menschen ein. Auch wenn es während der Amtszeit der Bundesrätin aufgrund des arbeitsamen, versierten Eindrucks, den sie als Justiz- und Polizeiministerin hinterliess, zunächst überdeckt werden konnte, erwies es sich im Nachhinein über viele Jahre als latent verankert in einer Art kollektiven Vorstellungswelt. Die Wirkungsmächtigkeit der in Meienbergs Artikel zugespitzt entfalteten Imaginationen über die Eheleute Kopp, konkret über deren vermeintliches partnerschaftlich-psychisches Interdependenzverhältnis zeigte

---

140　Fehr 1999³, S. 339. Die Autorin zitiert Meienberg, der nach dem Rücktritt Elisabeth Kopps im Januar 1989 im Radio beklagte, damals „durch den Dreck gezogen" und als „antifeministischer Lümmel" gebrandmarkt worden zu sein, der es der Kandidatin nicht gönne, Bundesrätin zu werden.

141　Hierzu und zum Folgenden: Meienberg, Lüge, WoZ, 5. Oktober 1984. Der Artikel samt einem Vorwort von 1989 ist abgedruckt in: Meienberg 1989, S. 181–192.

sich, das bestätigt der Fortgang des „Falls Kopp" drastisch, als beständig und reaktivierbar.

Zunächst jedoch wurde Elisabeth Kopp am 2. Oktober 1984 zur Bundesrätin gewählt und in den Jahren ihrer Amtszeit für ihre Arbeit als Vorsteherin des EJPDs regelmässig mit Spitzennoten auf medialen Beliebtheitsskalen belohnt. Für Niklaus Meienberg aber befand sich mit Elisabeth Kopps Ernennung in die Landesregierung „der Deckel wieder auf dem Dampfkochtopf".[142]

2. „Abschied im Zwielicht"?
Die Skandalisierung Elisabeth Kopps

a) Spätsommer 1988. Erneute Gerüchte über ihren Gatten belasten die Bundesrätin

Als der Deckel dann vier Jahre später, unter enormen Druck stehend, tatsächlich vom Topf geflogen war, wurde Meienberg in einer Radiosendung gefragt, ob er sich nun bezüglich seiner im Vorfeld der Bundesratswahl so vehement geäusserten Kopp-Skepsis bestätigt fühle.[143] Es sei, antwortete er, „schon eine Genugtuung" gewesen, als im Spätherbst 1988 hinsichtlich der Manier, in der Frau Kopp ihren Mann „immer schon gedeckt und begünstigt" habe, schliesslich zu „allgemeinem Wissen" geworden sei, was zuvor „partikulares Spezialwissen" gewesen wäre, welches er damals in der WoZ öffentlich zu bedenken gegeben habe.

Damit sprach Meienberg indirekt einen Etablierungsprozess der von ihm über das Ehepaar Kopp konstruierten Deutungsmuster in eine Art kollektiven Kognitionsschatz an, der, versucht man retrospektiv die Vehemenz der folgenden Diskreditierung Elisabeth Kopps zu verstehen, dafür eine potenzielle Erklärung bietet.

---

142 Meienberg, Lüge, WoZ, 5. Oktober 1984.

143 Hierzu und zum Folgendem: Meienberg, Focus, SR DRS 3, 3. Juni 1989; gemäss zusammenfassendem Teiltranskript von Dorothee Liehr.

Denn fasst man soziale Deutungsmuster als im Unterbewusstsein verankerte Sinnschemata, die, indem sie tiefenstrukturell wirken, von enormer Stabilität erscheinen und lediglich durch neue Erfahrungen zu revidieren sind, werden sie andererseits gestärkt, „je mehr Fakten ihre Sichtweise zu bestätigen scheinen"[144]. Dann, hebt Kepplinger hervor, „gleichen sich ihnen die Sichtweisen anderer Menschen an. [Die den entsprechenden Deutungsmustern inhärente] Sichtweise wird zu einer allgemein verbindlichen Norm". Erst einmal etabliert, würden jegliche „Fakten und Interpretationen, die ihnen widersprechen, als falsch oder irreführend" erscheinen, während „alles, was die Schemata zu bestätigen scheint, bereitwillig akzeptiert und notfalls stimmig gemacht" werde. Subjektive Einstellungen würden schliesslich „als objektive Einsicht in die Natur der Sache" aufgefasst, wobei Andersdenkenden in der besagten Angelegenheit ein Verlust an „Realität" unterstellt werde. Diese Zusammenhänge lassen sich empirisch an der Skandalisierungslogik, die zum Sturz der Justizministerin führte, aufzeigen. Um jedoch die skandalisierte Handlungsdynamik nachzuvollziehen, in die die Bundesrätin schliesslich geriet, heisst es zuvor die Umstände zu skizzieren, in die ihr umstrittenes Verhalten konstellativ eingebettet war und ohne die es nicht zu verstehen ist.

Etwa ein viertel Jahr vor der Wahl, durch die Elisabeth Kopp im Dezember 1988 zur Vizepräsidentin des Bundesrates ernannt werden sollte, kursierten in der Presse einmal mehr Gerüchte über unseriöse Machenschaften ihres Gatten. Ab Ende August wurde öffentlich problematisiert, dass Hans Werner Kopp im Zusammenhang mit seinen Anwaltsgeschäften laut Behauptungen seines ehemaligen Buchhalters jahrelang Steuern in Millionenhöhe hinterzogen habe. Nicht nur der Zürcher Steuerbehörde wurde Mittäterschaft unterstellt, im Laufe der Wochen kursierten zudem Gerüchte, der vom Zürcher Regierungsrat eingesetzte Sachverständige, der St. Galler Verwaltungsgerichtspräsident und Steuerrechtsexperte Professor Francis Cagianut, habe dem Zürcher Steueramt ein „Gefälligkeitsgutachten" beziehungsweise

---

144 Hierzu und zum Folgenden: Kepplinger 2001, S. 17, 19.

einen „Persilschein" ausgestellt.[145] Von „Kabinettsjustiz" war ebenso die Rede wie von „Protektion von oben",[146] eine Denkfigur, die im Beobachter durch eine markante Illustration (Abb. 1) vergegenständlicht worden ist.

Der dem Zürcher Finanzsystem inhärente Streitpunkt der Steuerhinterziehung wird in einer das Bankgeheimnis illustrierenden Bildmetaphorik, der Glasglocke, dargestellt. An einem schweren leeren Schreibtisch, dessen Gestalt an ein Bündel Geldnoten erinnert, sitzt integer wirkend, arglosen Blickes, mit unschuldig gefalteten Händen, seriös gekleidet mit Anzug und Krawatte an einem aufgeräumten Arbeitsplatz Hans Werner Kopp unter einer Glasglocke. Diese wird von der prankenähnlichen Hand einer bedrohlich grossen, schwarzen, mysteriösen Gestalt im Hintergrund schützend gehalten, welche die umstrittene Praxis des Zürcher Finanzsystems als aus der Bildtiefe herausgreifendes suspektes Ungetüm personifiziert. Darstellerisch unter die Glasglocke gesetzt, wird der Staranwalt, dessen Schuld zu jenem Zeitpunkt unbewiesen ist, bereits der kriminellen Tat beziehungsweise der Begünstigung bezichtigt.[147]

Die obigen Beispiele aus der Presseberichterstattung über die vermutete Steuerhinterziehung des Bundesratsgatten zeigen, inwiefern sowohl sprachlich als auch illustrativ evozierte Negativgefühle gegenüber herrschaftspolitischen Verstrickungen und Machtmissbrauch, mithin ein in wirtschaftlichen und politischen Institutionen vermuteter bürgerlicher Filz in Feindbildern vergegenwärtigt wurden. Diese aber verstärkten den Verdacht, dem nicht nur Hans Werner Kopp, sondern auch die zuständigen Zürcher Behörden unterworfen wurden.[148]

---

145 Hierzu und zum Folgenden: Utz, „Gefälligkeitsgutachten", Tages-Anzeiger, 26. Oktober 1988.

146 Go., Fragwürdigkeiten, Volksrecht, 1. November 1988.

147 BA et al., Schützende Hände, Beobachter, 18. November 1988; vgl. Abbildung.

148 Vgl.: Duttweiler 1990, S. 156f. Wie Duttweiler dort ausführt, habe Hans Werner Kopp selber „eine willentliche Defraudation stets

Abb. 1: Monströse Vetternwirtschaft: Der imaginierte Feind – Filz und Begünstigung unter bürgerlichen Eliten – konkretisiert mit dem Abbild einer Glasglocke als Sinnbild für Steuerhinterziehung beziehungsweise das Bankgeheimnis. (Illustration von Christophe Vorlet in: BA et al., Schützende Hände, Beobachter, 18. November 1988.)

Die Bundesrätin geriet diesbezüglich wochenlang in Bedrängnis. So bat sie den Zürcher Finanzdirektor in einem von ihr veröffentlichten Brief, die Anschuldigungen „korrekt, umfassend und rasch" zu untersuchen, während sie zugleich betonte, dass die Vorwürfe das Anwaltsbüro des Ehemannes, nicht aber ihre Funktion als Justizministerin beträfen.[149] Der Blick titelte dann

---

bestritten", indes eingeräumt, entsprechende Angaben oblägen einem Ermessensspielraum. Letztlich habe er eine Verjährung der Steuerschulden von 1978 erreicht.

149 Elisabeth Kopp zit. n.: Duttweiler 1990, S. 156f. Duttweiler merkt aber an, Elisabeth Kopp habe sich dennoch vorwerfen lassen müssen, „sie

auch am 23. September 1988: „Wie wird Bundesrätin Kopp damit fertig?"[150] Aus der „einst so fröhlich-strahlenden" Elisabeth Kopp sei in den Wochen zuvor eine verhärmte, teilnahmslos wirkende Frau geworden. In Bern frage man sich deshalb, wie lange „die beliebte Bundesrätin dem Druck der Steueraffäre um ihren Mann noch standhalten" könne. Viele hätten Mitleid, doch käme es keinem Parlamentarier „derzeit in den Sinn, ernsthaft den Rücktritt der Bundesrätin zu fordern". Wenngleich Frau Kopp noch mit „Samthandschuhen angefasst" werde, würden sich allerdings einige fragen, ob sie von den umstrittenen Steuererklärungen Kenntnis gehabt habe. Und, so der Blick weiter, falls es zu einer Verurteilung ihres Mannes in dieser Sache kommen sollte, müsse es die Bundesrätin, gemäss dem aargauischen SP-Nationalrat Silvio Bircher, „mit ihrem Gewissen vereinbaren, ob sie ihr Amt noch ausüben könnte", wobei etwa in den USA dann ein Rücktritt unvermeintlich wäre.[151] Damit wurde im auflagenstarken Blick bereits am 23. September 1988 ein potenzieller Rücktritt der Ministerin thematisiert, während andererseits in der gleichen Ausgabe in einem Kurzkommentar gefordert wurde, vor einer rechtskräftigen Verurteilung des Gatten, das rechtsstaatliche Prinzip der Unschuldsvermutung gelten zu lassen.[152] Schliesslich sei es „politisch billig und voreilig", wegen der Steueraffäre ihres Ehemanns auf die Ministerin Druck ausüben zu wollen. Einen Monat später am 25. Oktober 1988 resümierte auch die NZZ, dass den Schlagzeilen über die „Steuerangelegenheiten" ihres Ehemannes vermehrt Stimmen zu vernehmen seien, „die über einen Rücktritt von Bundesrätin Elisabeth Kopp spekulieren oder einen

---

habe von den Mauscheleien ebenfalls profitiert, da der Lohn für ihre Privatsekretärin und andere Positionen über die Buchhaltung der Anwaltskanzlei liefen".

150 Hierzu und zum Folgenden: Minder/Suremann, Bundesrätin, Blick, 23. September 1988.

151 Silvio Bircher zit. n.: Minder/Suremann, Bundesrätin, Blick, 23. September 1988.

152 Hierzu und zum Folgenden: H.P., Steueraffäre, Blick, 23. September 1988.

solchen kaum verhüllt gar fordern".[153] Da dies „vorzugsweise
unter Berufung auf die Glaubwürdigkeit der Bundesrätin und auf
die politische Moral" geschehe, dürfe es jedoch, wenn schon die
politische Ethik bemüht werde, keine öffentliche Vorverurteilung
geben.

Inzwischen jedoch war eine neue Lawine von Verdächtigungen
losgetreten worden, die letztlich eine Wucht entwickeln sollte, der
die Bundesrätin nicht mehr Stand zu halten vermochte. Bereits
am 1. September 1988 hatte die Westschweizer Zeitung 24 Heu-
res, Bezug nehmend auf eine türkische Fernsehsendung, auf
Geldwäsche-Aktivitäten in der Schweiz hingewiesen, mit deren
Akteuren Mohamed Shakarchi, Chef der Devisenhandelsfirma
Shakarchi Trading AG, in Verbindung gestanden haben soll.[154]
Das Problem für die Justizministerin: Ihr Ehemann war damals
Vizepräsident des Verwaltungsrates der Shakarchi Trading.
Während die türkischen Redakteure in deren Darstellung, so
24 Heures-Autor Olivier Grivat, den Anstand besessen hätten, die
Verbindung des Bundesratsgatten zu den Verdächtigten nicht zu
erwähnen, begann er selbst seinen Artikel, indem er die Bezüge
explizit herstellte:

> „Pas de chance pour Hans Kopp, le mari de la conseillère
> fédérale: une semaine après la mise en cause de son intégrité
> fiscale par un périodique alémanique, c'est au tour de la
> TV nationale turque de prétendre qu'une des sociétés du
> groupe financier qu'il chaperonne à Zurich – la société
> Shakarco, en mains libanaises – est impliquée dans un gros
> trafic d'or entre la Suisse et la Turquie."

---

153   TH, Vorverurteilung, Neue Zürcher Zeitung, 25. Oktober 1988.

154   Hierzu und zum Folgenden: Grivat, Turquie, 24 Heures, 1. September
      1988. Über die im Artikel erwähnte Firma Shakarco, ebenfalls eine
      Gesellschaft der Familie Shakarchi, sagte Hans Werner Kopp, er habe
      damit „nie etwas zu tun" gehabt. Sie sei „seit etwa 1984 nicht mehr
      aktiv und seit 1987 in Liquidation". Vgl. etwa: Zumstein, Kopp, Berner
      Zeitung, 18. November 1988.

Am folgenden Tag war dann auch in verschiedenen Zeitungen zu lesen, dass Hans W. Kopp Vizepräsident des Verwaltungsrats von Shakarchi Trading sei. Doch ein diesbezüglich motivierter Sturm im Blätterwald blieb vorerst aus. Laut Ereignischronologie des PUK-EJPD-Berichtes griff die Presse das Thema erst knapp zwei Monate später wieder auf. Im Justiz- und Polizeiministerium allerdings rumorte es inzwischen heftig.

„Geldwäscherei", verstanden als Einschleusung illegal erwirtschafteten Geldes beziehungsweise anderer Vermögenswerte in den legalen Finanz- und Wirtschaftskreislauf eines Landes,[155] war bis in die 1980er-Jahre hinein in den Ländern Europas kein Straftatbestand.[156] In der Schweiz wurde noch unter der Ägide von Bundesrätin Elisabeth Kopp mit der gesetzlichen Erfassung der Geldwäsche als Straftatbestand begonnen.[157] Die Bekämpfung

---

155 Der Schweizer Rechts- und Wirtschaftsexperte Paolo Bernasconi beschreibt in seinem Buch „Finanzunterwelt" Formen und Abläufe der Geldwäscherei im Kontext der organisierten Kriminalität. Bernasconi 1989[3], S. 25–37.

156 Wie Nadja Capus ausführt, gehe es bei der „Geldwäscherei" (so die schweizerische Bezeichnung für „Geldwäsche") darum, die Herkunft der aus Verbrechen (wie etwa dem Drogenhandel, Waffenschiebereien, Entführungen oder Auftragsmorden) stammenden Wertbeträge zu kaschieren, damit den Tätern das Delikt aufgrund des Geldverkehrs nicht nachgewiesen werden könne. Capus befasst sich in ihrem Aufsatz mit dem Problem „grenzüberschreitender Kriminalität" und zeigt am Beispiel der Geldwäschebekämpfung den historischen Wandel internationaler Zusammenarbeit auf. Capus 2006, S. 214ff. Vgl. dazu unter anderem: Müller 2006[3]; Siska 2007[2]. Zur damaligen schweizerischen Rechtslage hinsichtlich der Geldwäscherei vgl.: PUK-EJPD-Bericht, S. 108–110.

157 Vgl. dazu: Chronologie zur Entwicklung des Geldwäscheartikels in: PUK-EJPD-Bericht, S. 82–84. Demnach legte der vom EJPD beauftragte Rechtsanwalt Paolo Bernasconi Ende 1986 den Entwurf einer Strafbestimmung über die Geldwäscherei vor. Doch mahlten die Mühlen der Politik langsam, so dass der Bundesrat erst am 2. März 1988 beschloss, die Revision der Vermögensdelikte mit der Strafbestimmung über die Geldwäscherei auf Ende 1989 zu verabschieden. Aufgrund der ab November 1988 zu diesem Thema kursierenden Gerüchte wurde die Vorlage zur Geldwäscherei jedoch beschleunigt. Am

der Geldwäsche stellt ein zentrales Element im Kampf gegen das organisierte Verbrechen dar,[158] das, etwa mit illegalen Waffenschiebereien oder dem unerlaubten Betäubungsmittelhandel, besonders brisante Bereiche international operierender Kriminalität umfasst. In der Eidgenossenschaft aber, führen Auchlin/ Garbely aus, habe sich die Geldwäscherei als „Lebensnerv des organisierten Verbrechens" in besonderer Weise entwickeln können, da die damaligen „Vorzüge der Schweiz" – 1. das hoch entwickelte Bankwesen und 2. die Straffreiheit für fiskalische Delikte – geradezu ein „Treibhausklima" dafür erzeugt hätten. Schliesslich entpuppten sich häufig „Steueroasen auch als Strafoasen, da einschränkende Bestimmungen und Kontrollen weitgehend fehlen".[159]

Durch die sukzessive Verbreitung der Gerüchte um Geldwäschereien sickerte ein für die Schweiz staatspolitisch besonders brisantes Thema in den kommenden Wochen an die Öffentlichkeit. Dementsprechend bargen allein die Vorstellungen, es gebe mögliche personelle Verbindungen zwischen solcher Art krimineller Milieus und dem eidgenössischen Justizministerium, einem Politthriller gleich, enorme Sprengkraft: Könnte das nicht schlimmstenfalls ein von der Mafia unterwandertes EJPD bedeuten? Mutmassungen über das Vorhandensein solcher Bedrohungsszenarien mochten nicht nur gemeinhin Gefühle der Beklemmung evoziert haben, sondern, infolge der in der Öffentlichkeit über das Ehepaar Kopp kursierenden Vorstellung,

---

12. Juni 1989 verabschiedete dann der Bundesrat „zuhanden des Parlaments die Botschaft über die Aenderung des Schweizerischen Strafgesetzbuches (Gesetzgebung über Geldwäscherei und mangelnde Sorgfalt bei Geldgeschäften)". Zur Entstehung des „Bundesgesetzes vom 10. Oktober 1997 über die Bekämpfung der Geldwäscherei und der Terrorismusfinanzierung im Finanzsektor (Geldwäschereigesetz, GwG)" siehe: Chronologie Geldwäschereigesetz, online.

158 Vgl. die Definition des „Organized Crime", wie sie in einem Rechtshilfeabkommen zwischen der Schweiz und den USA am 25. Mai 1973 festgelegt wurde, in: Bernasconi 1989³, S. 45.

159 Auchlin/Garbely 1990, S. 188–196, hier: S. 189, 191. Vgl.: Bernasconi 1989³, S. 37–47.

dergemäss er zu unseriösen Machenschaften neige, während sie angeblich seiner scheinbar suggestiven Art verfallen sei, auch Empörung. Insofern trat die erste Bundesrätin der Schweiz „in einem Klima gravierender Verdächtigungen zurück".[160] Worum jedoch ging es dabei konkret?

b) Wirbel um brisante Notizen und das problematische Verhalten der Bundesrätin

Am Anfang stand ein gerichtspolizeiliches Ermittlungsverfahren, das der damalige Bundesanwalt Rudolf Gerber Ende Oktober 1987 gegen den Libanesen Barkev Magharian „wegen Verdachts der Widerhandlung gegen das Betäubungsmittelgesetz" eröffnet hatte. Im Januar 1988 jedoch wurde es vorläufig unterbrochen.[161] Für die weiteren Ermittlungen waren an diesem Fall bereits seit längerem recherchierende Tessiner Strafverfolgungsbehörden zuständig, die im Sommer 1988 in Zürich nicht nur Barkev, sondern auch seinem Bruder Jean Magharian auf die Spur gekommen waren. Den in der Schweiz lebenden libanesischen Brüdern wurde von den Tessiner Beamten Geldwäsche von Drogengeldern in Milliardenhöhe zur Last gelegt.[162] Wie im PUK-EJPD-Bericht dargelegt, seien während dieses Verfahrens „mannigfache Erkenntnisse über Personen und Firmen gewonnen" worden, die „des Waschens von Geldern illegaler Herkunft verdächtigt" worden seien, worunter sich auch die Firma Shakarchi Trading AG befunden habe.[163]

---

160 Leutwyler, Kopp, Tages-Anzeiger, 26. Juli 2008.

161 Vgl.: Chronologie des PUK-EJPD-Berichtes, S. 22.

162 Vgl. dazu umfänglich: Auchlin/Garbely 1990, S. 38f, 46–56.

163 Hierzu und zum Folgenden: PUK-EJPD-Bericht, S. 32. Wie Auchlin/ Garbely schildern, sind die Magharians und die Shakarchis, beides einflussreiche Kaufmannsfamilien aus dem Nahen Osten, seit Anfang der 1940er-Jahre befreundet und mithin auch geschäftlich verbunden gewesen. Mitglieder beider Familien hätten im Laufe der Jahrzehnte teilweise unseriöse, über die Schweiz abgewickelte Geschäfte betrieben,

Ein Drogenfahnder der Bundesanwaltschaft, genauer von der "Zentralstelle für die Bekämpfung des illegalen Betäubungsmittelhandels", Jacques-André Kaeslin, arbeitete mit den Tessiner Ermittlern zusammen und stellte am 15. September 1988 bei der Bundesanwaltschaft den Antrag, ein Ermittlungsverfahren gegen Shakarchi und andere Finanzinstitute zu eröffnen, was am 11. Oktober 1988 von Bundesanwalt Gerber mit dem Argument abgelehnt wurde, die dafür zuständigen kantonalen Behörden seien mit der Angelegenheit bereits befasst.[164] Es war, akzentuieren Auchlin/Garbely, „dies der Moment, wo das Leben von Hans W. Kopp und das seiner Gattin eine Wende" genommen habe.[165] Die Eheleute gerieten unter Druck, denn von Kaeslin verfasste Dokumente „schlugen wie eine Bombe ein", machten sie doch „die Runde in der Bundesanwaltschaft – aus Gründen der beruflichen Notwendigkeit ebenso wie der Panik". Im Folgenden gilt es mithin zu entfalten, welche Handlungen der Bundesrätin im Prozess ihrer Skandalisierung interpretatorisch zu „Fakten" deklariert wurden, die das über sie in der Deutung Meienbergs kursierende Denkschema zur „Gruppennorm" (Kepplinger) stilisierten, dergemäss sie als „Verlängerung ihres suggestiven Mannes" aufzufassen sei, stets bereit, seinetwegen „ein birebitzeli" zu lügen.

---

die später als „Libanon Connection" tituliert worden seien. Auchlin/ Garbely 1990, S. 43–46.

164 Vgl. dazu: PUK-EJPD-Bericht, S. 86f. Die Berichte, welche Kaeslin verfasst hatte, seien, so der Chef des Zentralpolizeibüros Rudolf Wyss später vor Gericht, zu „dünn" gewesen. Entsprechende Ermittlungen inklusive der Konsequenzen von Verhaftungen, Kontensperrungen oder Beschlagnahmungen seien nur bei dringendem Tatverdacht möglich. Rudolf Gerber, der ehemalige Bundesanwalt, äusserte vor Gericht, dass alle drei zuständigen Beamten auf Basis der Rapportlektüre damals zum gleichen Schluss wie er gekommen seien, die Einleitung eines von der Bundesanwaltschaft motivierten Verfahrens erscheine nicht opportun. Vgl.: Heller, Humor, Weltwoche, 22. Februar 1990. Die PUK-EJPD artikuliert diesbezüglich in ihrem Bericht eine andere Einstellung. PUK-EJPD-Bericht, S. 92–97. Ihre Haltung wird weiter unten ausgeführt.

165 Hierzu und zum Folgenden: Auchlin/Garbely 1990, S. 41.

Verunsichert über den ablehnenden Bescheid seiner Vorgesetzten, wandte sich Kaeslin schliesslich, ohne seinen direkten Chef zu kontaktieren, am 17. Oktober 1988 zur Klärung der Voraussetzungen für eine Strafverfolgung bei Geldwäscherei an die Juristin Renate Schwob, die mit den Vorarbeiten zum Geldwäschereiartikel befasst war.[166] Sie erhielt von ihm samt der Bitte um Vertraulichkeit einen zusammenfassenden Rapport sowie Notizen, aus denen auch die damalige Position Hans W. Kopps bei Shakarchi Trading hervorging. Schwob benachrichtigte daraufhin am 24. Oktober 1988 ihre Bekannte, die persönliche Mitarbeiterin von Elisabeth Kopp, Katharina Schoop, die sich infolgedessen von den Kaeslin-Unterlagen handschriftliche Notizen machte.[167] Laut PUK habe der damalige Bundesanwalt zwar keine rechtlichen Einwände formuliert, Elisabeth Kopp über die Sachlage zu unterrichten, es aber dennoch abgelehnt, da er sie nicht in eine Konfliktsituation habe bringen wollen. Generalsekretär Samuel Burkhardt und Katharina Schoop jedoch seien anderer Meinung gewesen, so dass die Bundesrätin am Morgen des 27. Oktober 1988 von ihrer persönlichen Mitarbeiterin über die Angelegenheit informiert worden ist.

Wie die PUK darlegt, hätten beide Frauen später auf den ihnen wegen ihrer nachfolgenden Handlungen gemachten Vorwurf einer potenziellen Amtsgeheimnisverletzung geantwortet, die Herkunft der Information sei nicht Thema der Unterredung gewe-

---

166 Hierzu und zum Folgenden: PUK-EJPD-Bericht, S. 32f.

167 Laut PUK-EJPD-Bericht habe sich Katharina Schoop daraufhin mit dem Generalsekretär des EJPDs, Samuel Burkhardt, besprochen, den sie darum gebeten habe, die Informationen beim Bundesanwalt Rudolf Gerber zu verifizieren, worauf Burkhardt gemeint habe, dazu eine „zweite Quelle" zu benötigen, die nicht departementsintern sei. Schoop habe ihm diese beschafft, indem sie sich mit Andreas Hubschmid, dem Sekretär der schweizerischen Bankiersvereinigung in Verbindung gesetzt und ihn gebeten habe, Burkhardt telefonisch danach zu fragen, ob er von den Gerüchten um Geldwäscherei wisse. Vgl. hierzu die unterschiedlichen Stellungnahmen von Schoop und Burkhardt, wie sie von der PUK wiedergegeben worden sind. PUK-EJPD-Bericht, S. 34f.

sen.[168] Allerdings habe man bezüglich der Shakarchi betreffenden Informationen „allfällige Konsequenzen" besprochen. Diese aber sollten es in sich haben! Denn das Verhalten, das Elisabeth Kopp während der kommenden Wochen an den Tag legte, wurde in der Öffentlichkeit so ausgelegt, dass es die über das Ehepaar Kopp kursierende Vorstellung beziehungsweise das dieser inhärente Deutungsmuster einmal mehr bestätigte. Weder Elisabeth Kopp noch andere Akteure vermochten die Geltungshoheit der allgemein vorherrschenden Interpretation über vermeintliche Motive ihres Handelns zu brechen; mit verhängnisvollen Auswirkungen nicht nur für die Glaubwürdigkeit der Bundesrätin, sondern generell für ihr persönliches Ansehen. Was tat die Ministerin Bedenkliches? Worin bestanden die massiven Anschuldigungen, die zunächst in der Öffentlichkeit artikuliert und schliesslich, Ende November 1989, durch die PUK in ihrem Bericht legitimiert wurden?

Nachdem sich die beiden Frauen geeinigt hatten, telefonierte Elisabeth Kopp noch am 27. Oktober 1988 kurz mit ihrem Ehemann, um diesen auf die „Sachlage aufmerksam" zu machen und ihn aufzufordern, unverzüglich aus dem Verwaltungsrat der Shakarchi Trading AG auszusteigen, während er sich an Katharina Schoop wenden sollte, um „weitere Auskünfte" zu erhalten.[169] Hans W. Kopp meldete sich unmittelbar nach dem Telefonat mit seiner Frau bei deren persönlicher Mitarbeiterin, die ihm „gemäss Weisung ihrer Chefin die besagten Informationen" erteilte

---

168 Während Schoop gemäss PUK ausgesagt habe, sie habe die Quelle der Information keineswegs absichtlich verschwiegen, sondern diese genannt, wenn ihre Chefin sich danach erkundigt hätte, habe Elisabeth Kopp angegeben, man erkundige sich nicht nach der Herkunft jeder Information, und für sie sei klar gewesen, dass die Hinweise von auswärts gekommen seien. Hätte sie von deren departementsinternem Ursprung gewusst, wären bei ihr, so ihre Ausdrucksweise gegenüber der PUK, „sämtliche Ampeln auf Rot" gesprungen. Erst Anfang November habe sie vom internen Informationsfluss erfahren, dann aber angenommen, es habe zwei Quellen, eine interne und eine externe gegeben. PUK-EJPD-Bericht, S. 36f.

169 Hierzu und zum Folgenden: PUK-EJPD-Bericht, S. 37–39.

und ihm ebenfalls nahe legte, unverzüglich aus dem besagten Verwaltungsrat auszuscheiden. Auch Hans Werner Kopp hat vor der PUK angegeben, er sei davon ausgegangen, die Informationen wären „nicht amtlicher Herkunft" gewesen. Nachdem ihm Mohamed Shakarchi bereits auf der Jahres-Generalversammlung der Firma am 21. Oktober 1988 angeboten hätte, aufgrund des Falls „Magharian" und den in der Öffentlichkeit hergestellten Verknüpfungen zu Shakarchi mit sofortiger Wirkung aus dem Verwaltungsrat zurückzutreten,[170] er dies zu jenem Zeitpunkt jedoch abgelehnt habe, trat Hans W. Kopp sechs Tage später, unmittelbar nach den beiden besagten Telefonaten von seiner Position bei Shakarchi zurück.

In der Zeit zwischen dem ereignisreichen 27. Oktober und dem 4. November 1988, an dem die Presse das Thema wieder aufgegriffen hat, wurden einzelne Verantwortungsträger innerhalb des EJPDs über die Telefonate von den drei betroffenen Frauen in Kenntnis gesetzt. Wie im PUK-Bericht ausgeführt, seien diese Personen in jener Phase davon ausgegangen, „die weitergegebenen Informationen stammten aus Bankkreisen".[171] Die PUK legt in ihrem Bericht dar, es sei letztlich aufgrund der grossen Zahl Eingeweihter unmöglich gewesen, zu eruieren, wie Pressevertreter erfahren hätten, dass Hans W. Kopps Rücktritt aus dem Verwaltungsrat „durch einen Hinweis aus dem Departement" ausgelöst worden sei. Fest steht jedoch, dass der 4. November schliesslich jener Tag war, an dem der Tages-Anzeiger das Thema der Geldwäscherei durch die „Libanon-Connection" umfangreich wieder aufgegriffen und in dem Zusammenhang auch auf den

---

170 Wie Auchlin/Garbely ausführen, habe sich Mohamed Shakarchi, nachdem er bereits im Dezember 1986 realisiert hätte, „in welcher Gefahr er sich [durch den Kontakt zu den Magharian-Brüdern] befand", clever zu schützen gewusst, indem er sowohl der Schweizerischen Kreditanstalt als auch der Tessiner Justizbehörde von deren Geldwäscherei in Kenntnis gesetzt habe. Auchlin/Garbely 1990, S. 57f.

171 Hierzu und zum Folgenden: PUK-EJPD-Bericht, S. 40f.

Rücktritt des Bundesratsgatten hingewiesen hat.[172] Während der Blick am 7. November 1988 einmal mehr im Titel einen potenziellen Rücktritt der Ministerin thematisiert hatte, erkundigten sich am 8./9. November 1988 misstrauisch gewordene Redakteure der Weltwoche und von Radio DRS beim EJPD, ob Hans Werner Kopp einen „Tip" aus dem Departement erhalten habe.[173] In der Zwischenzeit, so legt später der PUK-EJPD-Bericht dar, hätten amtintern einige Sitzungen, teilweise in Anwesenheit der Amtschefin, stattgefunden, in denen das weitere Vorgehen vor allem in Bezug auf die Informationspolitik nach Aussen besprochen beziehungsweise versucht worden sei, eine „Sprachregelung" zu finden.[174] In diesem Zusammenhang sei Elisabeth Kopp von einzelnen Mitarbeitenden mehrfach dazu aufgefordert worden, „mit der Wahrheit an die Oeffentlichkeit zu treten", was diese allerdings vor der PUK abgestritten habe. Laut ihrer Aussage hätten sie und ihr Stab erst ab dem 9. Dezember 1988 eine entsprechende Erklärung ausgearbeitet, wobei sie sich „an frühere diesbezügliche Gespräche" nicht mehr erinnern könne. Bis zu jenem Datum, so Katharina Schoop mit Bestätigung anderer Kollegen, habe ihre Chefin darüber hinaus einige Male die Idee artikuliert, ob nicht publik gemacht werden könne, dass ihre persönliche Mitarbeiterin „von sich aus und ohne ihr Wissen" Hans W. Kopp informiert habe. Das jedoch wurde von der PUK als Versuch gewertet, „die Verantwortung auf Katharina Schoop abzuwälzen". Die Bundesrätin selbst hatte jedoch vor der PUK abgestritten, jemals erwogen zu haben, ihre Angestellte irgendwie zu belasten. Laut Bericht habe sie sich schliesslich wie folgt ausgedrückt: „Ich kann mich daran nicht erinnern. Wenn es mehrere Leute gesagt haben, wird es wohl zutreffen".

Für die Bundesratssitzung am 9. November 1988 hatte Elisabeth Kopp vom Bundesanwalt einen Bericht über das Strafverfahren

---

172 Allenbach/Utz/Wespe, Drogenmilliarden, Tages-Anzeiger, 4. November 1988.

173 Mettler/Graenicher, Rücktritt, Blick, 7. November 1988. PUK-EJPD-Bericht, S. 27.

174 Hierzu und zum Folgenden: PUK-EJPD-Bericht, S. 41–43.

gegen die Brüder Magharian erstellen lassen. Daraus ging hervor, dass weder gegen Shakarchi noch gegen ihren Gatten ein Verfahren anberaumt worden war. Während sie das Regierungskollegium mündlich über die Ermittlungen informierte, verschwieg sie an jenem Treffen sowohl die beiden Telefonate mit ihrem Mann, als auch, dass sie seit dem 7. November 1988 von der amtinternen Quelle der nach aussen gelangten Informationen wusste.[175] Im EJPD wurde einen Tag später eine „Krisensitzung" leitender Mandatstragender ohne die Departementchefin anberaumt, bei der, gemäss Samuel Burkhardt, erstens habe abgeklärt werden sollen, „wer was weiss" und zweitens dazu aufgefordert worden sei, „keine unkontrollierten und ungefilterten Fragen aus dem Departement nach aussen" zu leiten.[176] Bundesanwalt Gerber klärte derweil inoffiziell die Indiskretion in der Bundesanwaltschaft, das heisst, die Weitergabe der Unterlagen von Kaeslin an Renate Schwob und von dort an Katharina Schoop.[177]

Während über die Telefonate, durch die Hans Werner Kopp informiert worden war, zu jenem Zeitpunkt noch nichts nach aussen gesickert war, wurde zwischenzeitlich in der Öffentlichkeit weiter über die negativen Auswirkungen der Gerüchte über ihren Mann auf die Glaubwürdigkeit der Bundesrätin spekuliert.[178] Am 14. November 1988 wurde die Leserschaft der Schweizer Illustrierten über den von der Bundesanwaltschaft abgefassten Bericht informiert, der auf Wunsch der Justizministerin über die „Geldwäscher-Affäre" erstellt worden war.[179] Roland Hauenstein,

---

175 Vgl.: PUK-EJPD-Bericht, S. 44.

176 Samuel Burkhardt zit. n.: PUK-EJPD-Bericht, S. 45. Die PUK führt hier aus, dass die Sitzungsteilnehmenden am Ende des Treffens unterschiedliche Angaben über ihren Wissenstand gemacht hätten. Ein Protokoll sei nicht erstellt worden, so dass nicht klar sei, wer über die beiden Telefonate damals Bescheid gewusst habe.

177 PUK-EJPD-Bericht, S. 48.

178 Vgl. dazu diverse abgedruckte Presseartikel in: Müller 1989, S. 175–179, 193–200.

179 Hierzu und zum Folgenden: Bundesanwaltschaft, Schweizer Illustrierte, 14. November 1988. Über das Zustandekommen des

der Sprecher der Bundesanwaltschaft, wird dort wie folgt wiedergegeben: Man habe keine Anhaltspunkte dafür gefunden, dass
Hans W. Kopp „auch nur Mitwisser hätte sein können in dieser
illegalen Drogen-Geldwäscherei-Geschichte, die im Tessin hängig
ist". Ebenso sei dem Bericht zu entnehmen, gegen Hans W. Kopp
werde nicht ermittelt.[180]

In fett gedruckten Lettern titelte darüber hinaus ein gross aufge-
machter Artikel von Jürg Zbinden und Eduard Nacht mit dem
Zitat „Ich fühle mich verleumdet".[181] Darin betont Hans Werner
Kopp, er sehe sich selbst weder als Beschuldigter noch als Schul-
diger, sondern als Opfer der Machenschaften von Neidern und
politischen Intriganten, die mit ihren Attacken – verstanden als
„Abwehrreflex einer Männerwelt" – nicht ihn, sondern seine Frau
meinen würden. Er sei sich durchaus bewusst, ein „Draufgänger,
ein Haudegen" zu sein, doch werde von Medienschaffenden, die
sich gegenseitig in Aufruhr versetzen würden, ein „Zerrbild"
von ihm konstruiert: „Da wird, habe ich oft den Eindruck, nicht
über mich geschrieben, sondern über einen Fremden. Das ist oft
sehr unangenehm, mehr noch: fast unerträglich."[182] Kopp klagt,
obgleich viele Leute ihn mit Durchhalteparolen unterstützten,
fielen die Medien „ungebremst" über ihn her. Es sei ihm schwer
begreiflich, „dass ich vielen Menschen, eben auch Journalisten,
[...] offensichtlich irgendwie unheimlich bin". Auf den Einwand,
eine mögliche Ursache für die schlechte Presse liege in der Be-
zichtigung, das Ehepaar Kopp vereine „Machtballung [und] Filz",

---

Hans Werner Kopp entlastenden Artikels vgl. die entsprechenden
Ausführungen im PUK-EJPD-Bericht, S. 49–51. Dort wird auch
problematisiert, inwiefern Elisabeth Kopp forciert haben soll, dass
die Schweizer Illustrierte die ihren Mann entlastenden Phrasen des
vertraulichen bundesanwaltschaftlichen Berichts wiedergibt.

180   Roland Haustein zit. n.: Bundesanwaltschaft, Schweizer Illustrierte,
      14. November 1988.

181   Hierzu und zum Folgenden: Zbinden/Nacht, verleumdet, Schweizer
      Illustrierte, 14. November 1988.

182   Hierzu und zum Folgenden: Hans Werner Kopp zit. n.: Zbinden/Nacht,
      verleumdet, Schweizer Illustrierte, 14. November 1988.

entgegnet der Anwalt, er wisse um diese Unterstellungen, doch seien sie unberechtigt, da er nach der Bundesratswahl nicht nur als Präsident der Medienkommission zurückgetreten sei, sondern auch diverse ihm angebotene Mandate ausgeschlagen habe. Er habe vielmehr seine „Interessen voll und ganz hinter jene meiner Frau zurückgestellt, im Interesse meiner Frau, aber auch im Interesse der Demokratie".

Das Interview, das Jürg Zbinden mit Kopp über seine Stellung, seine Aufgaben und seinen Wissensstand bei Shakarchi Trading führte, enthält schliesslich eine für die Skandalisierung des Paares besonders delikate Aussage. Zunächst jedoch macht der Bundesratsgatte in diesem Gespräch geltend, dass es für ihn „völlig ausgeschlossen" sei, wegen seines Mandats bei Shakarchi vor Gericht gestellt zu werden.[183] Er sei schliesslich jahrelang „der festen Überzeugung" gewesen, dass „bei der Firma alles in Ordnung" sei. Er habe „nie etwas anderes erlebt oder ein Dokument gesehen oder visiert, das auch nur entfernt einen Verdacht erregt hätte". Auch habe er, entgegen den Beschuldigungen in der Presse, den ebenfalls verdächtigten saudiarabischen Ölminister Yamani nie kennen gelernt, entsprechende Unterstellungen seien „aus der Luft gegriffen". Als brisant wurde schliesslich angesehen, dass Kopp auch die heikle Frage verneinte, ob er vor seinem Austritt aus dem Verwaltungsrat einen „Tip" bekommen habe. Zbinden hakt nach, es gehe um einen „Tip" aus dem EJPD, worauf Kopp mit Nachdruck ausruft: „Um Gottes willen, nein!", um dann zu explizieren, inwiefern er nach den ersten öffentlichen Gerüchten über Shakarchis Verbindungen zu Geldwäschern „intern eine Kontrolle sämtlicher Dossiers" angefordert habe. Es sei alles „200 Prozent sauber" gewesen. Auch Shakarchi habe ihm mitgeteilt: „Alles klar, alles bestens".

---

183 Hierzu und zum Folgenden: Hans Werner Kopp zit. n.: Zbinden, Überzeugung, Schweizer Illustrierte, 14. November 1988.

Sein entschiedenes Dementi bezüglich der Frage nach einem „Tip" aus dem EJPD aber wurde später allgemein als Lüge verstanden, die noch schlimmer wog, als herauskam, dass Elisabeth Kopp diese Aussage nicht korrigiert hatte, währenddem der vollständige Interviewtext vor der Drucklegung am 12. November 1988 in ihrer Gegenwart besprochen worden war. Vor der PUK blieb sie bei ihrer damaligen Ansicht, die diesbezügliche Zurückweisung ihres Mannes sei korrekt gewesen, da er während des Telefonats mit Katharina Schoop nicht habe wissen können, dass die ihm übermittelten Informationen aus amtlichen Ermittlungen stammten.[184]

Die Beliebtheit der Bundesrätin blieb in jenen Wochen ungebrochen, sie erhielt zahlreiche Briefe und Blumensträusse, die ihr, wie sie in einem Interview mit dem Bund eingestand, Kraft spendeten.[185] Sie glaube, dass die Bevölkerung „ein Sensorium dafür hat, ob es einem Politiker ernst ist bei seiner Aufgabe, ob er vertrauenswürdig ist, ob er wirklich ehrlich bestrebt ist, ein Problem zu lösen oder nicht". Auf die Frage, wie das alles bei ihren täglichen Amtsverpflichtungen „psychisch und physisch" zu verkraften sei, antwortet sie, hilfreich sei das ihr vom Bundesrat und aus der Bevölkerung gewährte Vertrauen. Implizit auf ihre Disziplin verweisend, hebt sie hervor:

> „Wenn sie meine Aktivitäten in den letzten Wochen betrachten, können Sie auf jeden Fall nicht behaupten, dass irgendetwas darunter gelitten hätte. Es kann mir niemand den Vorwurf machen, meine amtliche Tätigkeit werde irgendwie betroffen. Aber dass es hart ist, stimmt schon."[186]

Noch am 3. Dezember 1988 publizierte die NZZ eine Stellungnahme von Nationalrat und FDP-Fraktionspräsident der Bundesversammlung Ulrich Bremi anlässlich der Wahlsitzung,

---

184 PUK-EJPD-Bericht, S. 49.

185 Hierzu und zum Folgenden: Elisabeth Kopp in: Bei Interessenskollision, Bund, 26. November 1988.

186 Elisabeth Kopp in: Bei Interessenskollision, Bund, 26. November 1988.

in der die Justizministerin zur Vize-Präsidentin des Bundesrates ernannt werden sollte.[187] Darin betont er, dass die Chefin des EJPDs abgesehen von der Bewältigung ihrer Amtsgeschäfte „ihre grosse Belastbarkeit und Standfestigkeit" demonstriert habe. Mit tadellosem Pflichtgefühl habe sie auch in den letzten Wochen und Monaten „völlig unbeirrt und souverän in Regierung, Parlament und Öffentlichkeit gewirkt". Somit habe die freisinnige Fraktion der Bundesversammlung der Bundesrätin „in Kenntnis ihrer persönlichen Integrität und Qualifikation mit ihrer einstimmigen Nomination zur Vizepräsidentin der Landesregierung ihr Vertrauen" ausgesprochen. Elisabeth Kopps facettenreiches Engagement für das Gemeinwesen stiesse, wie das „eindrückliche Echo in jüngster Zeit bestätigt", öffentlich auf „lebhafte Anerkennung", so dass sie „auch das Vertrauen der Vereinigten Bundesversammlung" verdiene. Die Justizministerin wurde dann auch am 7. Dezember 1988 zur Vize-Präsidentin des Bundesrates gewählt, womit sie für 1990 als Vorsitzende des Gremiums, mithin als erste Frau für dieses respektable Amt designiert war.[188]

Indes, nachdem bereits am 5. Dezember 1988 die westschweizerische Zeitung Le Matin bei der Bundesanwaltschaft angefragt hatte, ob es zutreffe, dass Hans Werner Kopp einen „Tip" aus dem EJPD erhalten habe und wegen einer entsprechenden Indiskretion aus dem Departement amtsintern ermittelt werde, erschien der entsprechende Artikel, ohne dass Redakteur Victor Fingal eine Antwort bekommen hatte, am 9. Dezember 1988.[189] Gemäss PUK habe sich die Bundesrätin auch infolge der Anfrage von Fingal ab dem 5. Dezember auf inzwischen mehrfaches Anraten ihrer Mitarbeitenden nicht zu einem öffentlichen Zugeständnis entschliessen können, demgemäss sie ihren Mann telefonisch informiert habe, dies, so der Vorschlag, keineswegs, um ihn vor

---

187   Hierzu und zum Folgenden: Bremi, Vertrauen, Neue Zürcher Zeitung, 3. Dezember 1988.

188   Vgl. hierzu die entsprechenden Artikel, abgedruckt in: Müller 1990, S. 208f.

189   Hierzu und zum Folgenden: PUK-EJPD-Bericht, S. 53–57.

strafrechtlichen Konsequenzen zu schützen, sondern damit er aus einem für ihr Amt schädlichen Umfeld zurücktrete.

Nach Erscheinen des Le Martin-Artikels,[190] der keine Andeutung über einen Telefonanruf Elisabeth Kopps an ihren Mann enthielt, fanden mehrere Krisensitzungen statt, unter anderem die von der Departementchefin verlangte ausserordentliche Bundesratssitzung. Gemäss Aussage des damaligen Bundespräsidenten Otto Stich hätten sich bei diesem Treffen alle Regierungskollegen „gleich wenig informiert" gezeigt.[191] Alle seien überrascht gewesen und hätten Schwierigkeiten gehabt, sich über die „Tragweite des Ganzen eine Meinung zu bilden". Einzig entschieden wurde, heisst es im PUK-Bericht weiter, „dass es allein Sache von Bundesrätin Kopp sei, vor der Oeffentlichkeit Stellung zu nehmen". Unter den Mitgliedern der Landesregierung habe bis dahin ein angenehmes Arbeitsklima geherrscht, weswegen das zu lange Schweigen der EJPD-Chefin, als Vertrauensmissbrauch bezeichnet, für alle hart gewesen sei. Hätte Elisabeth Kopp ihre Bundesratskollegen unmittelbar am 27. Oktober über die Sachlage informiert, ergänzt Stich, wäre ihr das Vertrauen der anderen Bundesräte garantiert gewesen. So jedoch habe sie, „insbesondere aus staatspolitischen Gründen",[192] nicht mehr mit einem Communiqué des Gremiums, in dem der Bundesrat sich hinter sie gestellt hätte, rechnen können.

Als Konsequenz hatte Kopp in der Öffentlichkeit eine persönliche Erklärung abzugeben, was sie noch am selben Abend in einem Interview der Tagesschau und über die folgende Verlautbarung in der Presse tat:

> „Am 27. Oktober 1988 wurde mir aus dem Departement inoffiziell zugetragen, dass die Shakarchi AG in die Libanon-Connection verwickelt sein könnte. Ich empfahl daraufhin meinem Mann, unverzüglich aus dem Verwaltungsrat dieser

---

190 Fingal, Palais, Le Martin, 9. Dezember 1988.

191 Hierzu und zum Folgenden: Otto Stich zit. n.: PUK-EJPD-Bericht, S. 56.

192 Zitat aus der Vernehmlassung des Bundesrates zuhanden der PUK in: PUK-EJPD-Bericht, S. 55.

Firma zurückzutreten. Zu jenem Zeitpunkt verfügte ich über keinerlei amtliche Information aus der Bundesanwaltschaft. Der Bundesanwalt hat mich erstmals am 8. November 1988 zuhanden des Bundesrates über die Angelegenheit in Kenntnis gesetzt."[193]

Als offizielles „Eingeständnis" aufgefasst, löste diese Erklärung einen öffentlichen Eklat aus.

c) Die Kriminalisierung Elisabeth Kopps durch die Massenmedien

„Frau Kopp, jetzt müssen Sie zurücktreten!", „Elisabeth Kopp, das Mass ist voll!", „Kredit verspielt", „Arroganz der Macht" oder „Missbrauchtes Vertrauen"[194] – die scharfen Titel pointieren, inwiefern das durch die Erklärung publik gewordene Verhalten der Bundesrätin generell gedeutet wurde. Ebenso gnadenlos wie einträchtig waren die Anschuldigungen, die Elisabeth Kopp in den folgenden Wochen inkriminierten. Mustergültig titelte der Blick in seiner Dachzeile: „Libanon-Connection – Bundesrätin gestand: Ich warnte meinen Mann", worin sich einmal mehr die realitätskonstituierende Gestaltungsmacht von Sprache offenbart. So wurde die Bitte an ihren Gatten, aus dem Verwaltungsrat der umstrittenen Firma zurückzutreten, grundsätzlich nur aus einer Perspektive gedeutet, nämlich als Warnung, durch die die Departementchefin ihre Position missbraucht habe, um „ihren Ehemann

---

193 Presseerklärung Elisabeth Kopps, abgedruckt in: Diethelm/Wespe, Bundesrätin, Tages-Anzeiger, 10. Dezember 1988. Vgl. auch: PUK-EJPD-Bericht, S. 55. Über den Weg der Information Kaeslin – Schwob – Schoop sei die Bundesrätin laut PUK bereits am 7. November 1988 inoffiziell von Generalsekretär Samuel Burkhardt in Kenntnis gesetzt worden; vgl.: PUK-EJPD-Bericht, S. 41.

194 Minder/Suremann, zurücktreten, Blick, 10. Dezember 1988; Amstutz, Mass, Basler Zeitung, 10. Dezember 1988; Schlumpf, Kredit, Tages-Anzeiger, 10. Dezember 1988; Meyer, Arroganz, SonntagsBlick, 11. Dezember 1988; TH, Vertrauen, Neue Zürcher Zeitung, 12. Dezember. 1988.

rechtzeitig mit Insiderwissen zu versorgen".[195] Aufgefasst als Komplizin ihres vermeintlich schuldigen Mannes, den es für sie zu schützen galt, unterstellten die ihr Verhalten anprangernden Medienschaffenden der Bundesrätin, „sie habe aus berechnendem Eigennutz gehandelt und aus persönlichen Motiven die vielen Leute, die in schwerer Stunde zu ihr standen, ins Leere laufen lassen".[196] Einer Art Super-Gau gleich, habe Elisabeth Kopp „jetzt die Kopp-Connection zwischen der Anwaltskanzlei ihres Mannes und dem Justizministerium platzen lassen", sie sei, indem sie ganz offenbar Amts- und Privatinteressen vermengt habe, unter „Kollusionsverdacht" geraten, was soviel bedeute wie, die Eheleute hätten eine geheime, betrügerische Verabredung getroffen.[197] Selbst die Neue Zürcher Zeitung, die sich während der wochenlangen Gerüchte um Hans W. Kopp in diversen Artikeln nachsichtig gezeigt und immer wieder die Leistungen der Bundesrätin herausgestellt hatte, vermeldete eine grosse Enttäuschung.[198] Diese wiege umso schwerer, weil die Glaubwürdigkeit und Vertrauenswürdigkeit der EJPD-Chefin in den letzten Wochen auf der Annahme beruht habe, sie verstehe es, „zwischen persönlichen Angelegenheiten und amtlichen Funktionen zu unterscheiden". Besonders gravierend sei jedoch, dass die Ministerin das Parlament und die Bürger so lange *im unklaren liess"* und selbst den „lügnerischen Äusserungen ihres Mannes" nicht widersprochen habe. Noch zwei Tage bevor sie in Bedrängnis geraten sei und die kurze Erklärung habe abgeben müssen, hätte sie sich von den eidgenössischen Räten zugunsten ihrer Wahl zur

---

195 Minder/Suremann, zurücktreten, Blick, 10. Dezember 1988.

196 Schlumpf, Kredit, Tages-Anzeiger, 10. Dezember 1988.

197 Amstutz, Mass, Basler Zeitung, 10. Dezember 1988. Zu diesen Vorwürfen konstatierte Elisabeth Kopp an ihren Gatten gerichtet: „Kein Mensch hat mir je erklären können, welch angeblicher Vorteil Dir aus Deinem Rücktritt erwachsen sein soll. Und trotzdem schrieben die Zeitungen landauf, landab und wiederholte es zu allem Überfluss auch der PUK-Bericht, wir hätten unsere Sphären vermischt, private Interessen den öffentlichen vorgezogen." Kopp 1991, S. 105.

198 Hierzu und zum Folgenden: TH, Vertrauen, Neue Zürcher Zeitung, 12. Dezember 1988; Kursivsetzung laut Artikel.

Bundesratsvizepräsidentin grosses Vertrauen entgegenbringen lassen. Da jedoch „Vertrauen und Glaubwürdigkeit in unserer Demokratie ganz wesentliche Voraussetzungen sind für eine erfolgreiche Politik, die von Parlament und Volk mitverantwortet und mitgetragen werden muss", bleibe zu konstatieren, dass ein solches Fundament im Hinblick auf „Bundesrätin Kopp nicht mehr gegeben" sei. Weil die Ministerin bei all dem gravierenden Fehlverhalten nicht zur „Einsicht in die politische Erschütterung, die ihr Handeln ausgelöst hat", bereit sei, fragt Frank A. Meyer in seinem Kommentar: „Wie lange noch müssen wir uns in der Affäre Kopp/Kopp Lügen und Ausflüchte und Starrsinn und Uneinsichtigkeit gefallen lassen? Wie lange noch triumphiert die Arroganz der Macht über die staatspolitische Verantwortung?"[199]

Inwiefern wurde Elisabeth Kopps Verhalten skandalisiert und welche Konsequenzen resultierten daraus? Zunächst einmal lassen sich aus den oben genannten Auszügen die für Skandalisierungen typischen „Verbrechens-Assoziationen"[200] herausarbeiten, in diesem Fall Amtsmissbrauch, Amtsgeheimnisverletzung, Komplizenschaft sowie weitere gegen ethische Grundsätze verstossende Bezichtigungen, etwa der Vermengung von Amts- und Privatinteressen sowie dem Handeln aus Eigennutz.[201] Keine dieser gemachten Vorwürfe wurden jemals rechtmässig bewiesen, schon gar nicht unmittelbar nach Elisabeth Kopps öffentlicher Stellungnahme, womit sie – teilweise über sprachlich einprägsame Benennungen wie „Kollusionsverdacht", „Kopp-Connection"

---

199 Meyer, Arroganz, SonntagsBlick, 11. Dezember 1988.

200 Kepplinger 2001, S. 36.

201 In der Schweiz werde auf die Einhaltung dieser Prinzipien durch die Funktionseliten besonders Wert gelegt, führt Politologe Wolf Linder aus, weil die „Intransparenz von Leistung und Gegenleistung", die dem Milizsystem inhärent ist, „die Kollusion von ‚privatem' und ‚öffentlichem' Interesse" mit sich bringe. Es werde den Amtsinhabenden somit „eine moralische Standfestigkeit, sich nur jene Vorteile zu verschaffen, die auch öffentlich vertretbar sind", abverlangt. Linder 2005², S. 76.

oder „Arroganz der Macht" – Übertreibungen darstellten und den Sachverhalt entsprechend dramatisierten.

Darüber hinaus liess kaum jemand der in den Massenmedien Sprechenden die Argumente gelten, die Elisabeth Kopp in den kommenden Wochen und Monaten als Motive für ihr gebrandmarktes Verhalten anführte, warum sie ihren Ehemann informiert und dies sowohl dem Bundesrat als auch der Öffentlichkeit so lange verschwiegen hatte.[202] Die Deutungshoheit hatten jene, deren Sichtweise auf das Ehepaar Kopp sich durch die aufgedeckten Missstände zu bestätigen schien. Dass die Ministerin sowohl von ihrer moralischen als auch juristischen Unschuld aufrichtig überzeugt war, galt gar nicht erst als ein ernst zu nehmender optionaler Standpunkt, so dass eine entsprechende Sicht auf die Geschehnisse damals nicht die geringste Chance auf sachliche Akzeptanz hatte.

Das etablierte Deutungsschema – unseriöser Gatte, devote Ehefrau – schien zu festgefahren zu sein. Folgt man Kepplinger, dann lieferte es „eine ‚passende', weil überzeugende Interpretation von Vorgängen [‚Vorkommnisse im EJPD'], die mit dem Auslöseereignis [‚Schlammschlacht'] sachlich wenig oder nichts zu tun hatten".[203] Eine solche für Skandalisierungen typische „Verengung der Sichtweisen" gewinne insofern an gesellschaftlicher Breitenwirkung, weil insbesondere bei spektakulären Ereignissen eine „generell starke Koorientierung im Journalismus" festzustellen sei. Redaktionen bedienten sich dann „zur Justierung ihrer eigenen Beiträge" verstärkt anderer Medienerzeugnisse, weswegen die Normbildung in der Skandalberichterstattung innerhalb von zwei bis drei Wochen abgeschlossen sei. Dabei würden Kollegen „zu Quellen, zu Bezugspunkten und zu Kronzeugen der Kollegen", womit sie der Skandalierung Glaubwürdigkeit und Gewicht verliehen.

---

202 Die Argumente, mit denen Elisabeth Kopp sich zu erklären suchte, werden im kommenden Unterabschnitt entfaltet, in dem unter anderem auf die Publikation ihrer Rechtfertigungsschrift, als „Briefe" tituliert, eingegangen wird.

203 Hierzu und zum Folgenden: Kepplinger 2001, S. 41, 46, 49f, 76f.

Über einen solchen Mechanismus massenmedialer Selbstreferentialität und den darüber transportierten Dramatisierungen wurde, so die These, auch im „Kopp-Skandal" „die Darstellung ungesicherter Fakten und Vorwürfe als bewiesenermaßen schuldhaftes Verhalten" konstruiert und bezüglich dem so erzeugten Ansehensverlust Elisabeth Kopps ein breiter Konsens geschaffen. Sogar in Presseerzeugnissen, in denen der „Fall Kopp" weniger überspitzt beschrieben wurde, wie beispielsweise in der Neuen Zürcher Zeitung, kam man zum Schluss, die Ministerin habe mit ihrem Verhalten, insbesondere weil sie das Telefonat mit ihrem Mann nicht unumwunden öffentlich preisgegeben hatte, entscheidend an Vertrauen und Glaubwürdigkeit eingebüsst. Das bedeutete jedoch, sie habe sich um jene ihr noch kurz zuvor von der höchsten politischen Instanz der Schweiz zugesprochenen Qualifikationen gebracht, die allein ihr, innerhalb einer demokratischen Staatsform, die notwendige Legitimität zur Ausübung des Bundesratsamtes verleihen. Ein verheerendes Urteil für die Politikerin – doch damit nicht genug!

Die Annahme, es gebe personelle Bezüge zwischen kriminellen Gruppierungen des organisierten Verbrechens und dem EJPD,[204] verstärkte den vor allem in linken Kreisen kursierenden Argwohn gegenüber bestimmten wirtschaftlichen und politischen Strukturen der Schweiz. Insbesondere die damals mangelhafte Gesetzeslage zur Geldwäscherei,[205] aber auch das Bankgeheimnis boten Raum für Spekulationen.[206] Schliesslich begünstigten diese Umstände Bedingungen verbrecherischer Tätigkeiten auch auf internationaler Ebene, weil, so die PUK-EJPD,

> „die Attraktivität des Finanzplatzes Schweiz für Geldwäscher [...] nicht zuletzt auf der Erwartung [beruhe], im Schutz der Anonymität deliktische Vermögenswerte mit

---

204 PUK-EJPD-Bericht, S. 105–107.

205 PUK-EJPD-Bericht, S. 108f. Vgl.: Bernasconi 1989³, S. 37–44.

206 Zu rechtlichen Bedingungen des schweizerischen Bankgeheimnisses im Kontext internationaler Steuerdelikte vgl. differenziert: Bernasconi 1989³, S. 113–142.

tolerierten Graumarktgeldern und legal erworbenen Mitteln vermischen zu können".[207]

Die Diskrepanz zwischen den diesbezüglich kaum vorhandenen beziehungsweise schwer umzusetzenden juristischen Sanktionsoptionen einerseits und den besagten milliardenschweren Vergehen, die nicht selten Menschenrechtsverletzungen im Ausland implizierten, andererseits, war bereits seit Jahren von einer sensibilisierten Öffentlichkeit als unhaltbar angeprangert worden.[208]

Auch das Konkordanz- und Milizsystem der Schweiz forcierte Misstrauen hinsichtlich verfilzter Machtstrukturen in bedeutenden gesellschaftlichen Institutionen.[209] Das Ehepaar Kopp nährte

---

207 PUK-EJPD-Bericht, S. 110.

208 Vgl.: Chronologie zum Geldwäschereiartikel in: PUK-EJPD-Bericht, S. 82–84. Siehe auch: Eidgenössische Volksinitiative „gegen den Missbrauch des Bankgeheimnisses und der Bankenmacht", online. Am 8. Oktober 1979 von SP und Gewerkschaften eingereicht, kam diese am 20. Mai 1984 zur Abstimmung und wurde mit 73% Nein-Stimmen abgelehnt. Als ein weiteres Beispiel für das Engagement gegen menschenrechtswidrige polit-ökonomische Strukturphänomene der Schweiz lässt sich die (internationale) Kampagne „Kein Geld für Apartheid" (1988/89) anführen, die sich gegen die Unterstützung des südafrikanischen Apartheid-Regimes durch Schweizer Bankiers und Unternehmer richtete. Sie steht im Kontext der Mouvement Anti-Apartheid Suisse (MAAS, seit 1965) beziehungsweise der deutschschweizerischen Anti-Apartheidbewegung (AAB, seit 1974/75). Vgl. den diesbezüglichen Bestand im Sozialarchiv Zürich, indexiert unter Ar. 38 (1973–2003).

209 Zur Kritik am Konkordanzsystem der Schweiz vgl.: Linder 2005², S. 323–327: Hier skizziert Linder die Probleme, die sich für Sozialdemokraten Mitte und Ende der 1980er-Jahre mit der Konkordanz ergaben. Zudem entfaltet er das Phänomen ungleicher Einflussnahmen durch unterschiedlich privilegierte Akteure in Gruppen und Verbänden („Pluralismusdiskussion", „Vermachtung" des Verbandsstaates etc.). Zur Kritik am Milizsystem S. 75f. Gemäss Linder finde im Milizsystem eine sozial ungerechte Selektion zur Besetzung höherer Ämter statt, da die benötigten „Funktionseliten" vor allem aus höheren Bildungs- und Einkommensschichten rekrutiert würden. Darüber hinaus erschwere

offenbar die Vorstellung, solche missbilligten wirtschaftlich-politischen Verflechtungen zu verkörpern.[210] Diese Unterstellungen jedoch waren ganz offenbar ebenso ungerechtfertigt wie Vermutungen, denen gemäss die EJPD-Chefin nichts zur Sanktionierung wirtschaftskrimineller Aktivitäten unternommen hätte. Wie die PUK explizit betont, habe Bundesrätin Elisabeth Kopp „auf eine beschleunigte Behandlung des Geldwäschereiartikels Wert gelegt".[211]

Doch das politische Klima war stark emotionalisiert. Es manifestierte sich für viele eine Krise der Funktionstüchtigkeit zentraler politischer Institutionen. Gemäss Altermatt etwa hätten in den entscheidenden Wochen Kontrollmechanismen des politischen Systems versagt, dies in Ermangelung „einer Führungspersönlichkeit, die mit politischem Instinkt und Zivilcourage ein

---

die Unentgeltlichkeit der Ämter Personen aus unteren Schichten, die kein privates Einkommen hätten, mithin auf einen Lohn für ihre Tätigkeiten angewiesen seien, den Zugang dazu. Schliesslich provoziere das Milizsystem durch die ihm eigene „Intransparenz von Leistung und Gegenleistung" Interessenskollisionen. Anstandsregeln und Unvereinbarkeiten könnten von Amtspersonen schwer eingeklagt werden, die bloss nebenberuflich politisch tätig seien. Vgl. auch: Linder, Betriebsunfall, Weltwoche, 19. Januar 1989. Zur Thematisierung des Sujets „Verfilzung" in der Skandalberichterstattung von Neuer Zürcher Zeitung, Tages-Anzeiger und Blick, siehe Ulbricht/Wintsch 1998, S. 320–324.

210 Demgegenüber hebt Yvonne-Denise Köchli hervor, Elisabeth Kopp habe tatsächlich „nie zum Filz" gehört. Sie sei „keine Exponentin des verhassten Zürcher Freisinns, sondern eine grüne Hausfrau, Lokalpolitikerin und Juristin aus Zumikon" gewesen. Sie und ihr Gatte seien weder Mitglieder in einem Golf- oder Rotarie-Klub noch in einer der Zürcher Zünfte gewesen. Das Ehepaar sei „nie urzürcherischen Konformisten und damit der verschwiegenen Solidarität der Top-Klasse teilhaftig" geworden. Vielmehr habe die Bundesrätin in der FDP „weitgehend ohne Netzwerk" agiert. Köchli, War da was? Weltwoche, 27/2003. Vgl.: Baur, Wind, Weltwoche, 04/2007. Im Hinblick auf Hans Werner Kopp betont Baur: „Allerdings gehörte der Aufsteiger aus einer Luzerner Lehrerfamilie, der weder in einer Zunft noch in einem Herrenklub hockte, nie wirklich zur Zürcher Hautevolee."

211 PUK-EJPD-Bericht, S. 84f.

wirkliches Krisenmanagement betrieben hätte".[212] Schliesslich
sei der Rücktritt der „physisch und psychisch erschöpften
Justizministerin", die sich, statt für „lückenlose Transparenz"
zu sorgen, zu lange in Schweigen gehüllt habe, durch den so
entstandenen Vertrauens- und Glaubwürdigkeitsverlust unausweichlich geworden. Es bleibe der „Eindruck bestehen, dass
die Regulierungsmechanismen erst dann richtig funktionierten,
als der Kulminationspunkt" des Skandals mit der öffentlichen
Erklärung Elisabeth Kopps überschritten gewesen sei.

d) Eine Demission in zwei Akten

Nachdem FDP-Fraktionspräsident Ulrich Bremi die EJPD-Chefin
lange unterstützt hatte, war er am Samstag, den 10. Dezember
1988 vormittags im Radio öffentlich auf Distanz zu ihr gegangen.[213] Während eines am Nachmittag anberaumten Krisenstabs
der FDP-Führung, so die Schilderung Kopps, hätten alle gebannt
auf die Zeitungskommentare gestarrt. Die Partei sei ihr „handlungsunfähig" erschienen. Von da an habe sich ihr die fehlende
Unterstützung ihres eigenen politischen Lagers offenbart. Für die
Öffentlichkeit war bereits der SonntagsZeitung vom 11. Dezember 1988 zu entnehmen, dass die Bundesrätin über einen Rücktritt
nachdenke. Dort legt sie dar, sie sei „erstaunt und erschrocken
über die Reaktionen", die ihr Communiqué ausgelöst habe.[214] Sie
habe angenommen, ihre Stellungnahme „sei ein Akt von offener
Informationspolitik", schliesslich habe es sich für sie bereits in
der besagten Situation am 27. Oktober 1988 bei der telefonischen
Weitergabe „dieser Gerüchte" an ihren Mann um „die normalste
Sache der Welt" gehandelt; wenn sie über die Herkunft der Information im Bilde gewesen wäre, hätte sie „dies niemals getan".
Es sei ein grauenhaftes Wochenende gewesen. In zahlreichen
Anrufen und Telegrammen sei sie beschworen worden, „dem

---

212 Hierzu und zum Folgenden: Altermatt 1991a, S. 599f.

213 Hierzu und zum Folgenden: Kopp 1991, S. 61f.

214 Hierzu und zum Folgenden: Elisabeth Kopp zit. n.: Wigdorovits,
Rücktritt, SonntagsZeitung, 11. Dezember 1988.

Druck nicht nachzugeben und im Amt zu bleiben". Als sie nach draussen getreten sei, um ihre Gedanken und Gefühle im Wald zu ordnen, hätten Journalisten und Fotografen Haus und Garten umlagert. Ihr in dieser Situation gefällter Demissionsentscheid sei ihr schwer gefallen, weil sie im Hinblick auf ihre Amtstätigkeit noch eine Menge „Zukunftsideen" gehabt habe.

Am Montagmorgen des 12. Dezember 1988 schliesslich trat die „von den Ereignissen der letzten Tage schwer gezeichnete 52jährige Magistratin vor die Bundeshauspresse", wo sie „mit bewegter Stimme" eine Erklärung vorlas. Das Rücktrittsdatum war nach Absprache mit der Führung ihrer Partei auf Ende Februar festgelegt worden, damit die Departementübergabe geregelt werden konnte. Sie blicke, verlautete Kopp, dankbar und mit Befriedigung auf ihre Amtstätigkeit zurück, die sie gefordert, erfüllt und beglückt habe. Auf die so genannten „Vorkommnisse im EJPD" bezogen, sprach sie am Ende einen Satz aus, der ihre Sicht der Dinge wiedergab und ihr, angesichts des politischen Klimas immer wieder zum Vorwurf gemacht werden sollte: „Mich trifft weder rechtlich noch moralisch irgendeine eine Schuld".

Es war die Schuldfrage, die in den kommenden vier Wochen die Öffentlichkeit beschäftigte und noch einmal zu einer Steigerung der Dramatik führte: War Hans Werner Kopp für den Amtsverlust seiner Gattin verantwortlich? Wurde der Rücktritt der Bundesrätin durch die massenmediale Berichterstattung forciert? Vor allem aber: Hatte Elisabeth Kopp Amtsmissbrauch begangen und das ihr anvertraute Departement nicht vor kriminellen Gefahren zu schützen gewusst?

Zahlreiche Stimmen aus Politik und Medien würdigten die Leistungen, die Elisabeth Kopp als Bundesrätin erbracht hatte. Dennoch wurde ihr Rücktritt, so tragisch er auch anmutete, gemäss des weit verbreiteten Tenors aufgrund der Geschehnisse in den vergangenen Wochen als unausweichlich angesehen. Die Glaubwürdigkeit der pflichtbewussten Politikerin sei „zwischen ihrer hohen Loyalität zum Amt in der Landesregierung und der

Loyalität als Ehefrau [...] zerrieben" worden.[215] Ihr Gatte, so etwa Roger Blum im Tages-Anzeiger, „der keine Rücksicht auf sie nahm und sie in all das hineinritt, was ihr jetzt zum Verhängnis wurde", habe sie in die missliche Lage gebracht, aus der sie sich nun „mit ihrer – staatspolitisch notwendigen und logischen – Rücktrittserklärung befreite".[216] Die Wirklichkeiten erzeugende Gestaltungs- und Deutungsmacht massenmedialer Berichterstattung ausser Acht lassend,[217] fährt Blum fort: Anders als vielerorts zu vernehmen, seien die Medien „bloss die Boten" der schlechten Nachrichten gewesen. Verursacht habe diese „ein anderer: Hans W. Kopp". Somit sei er „in erster Linie schuld am jähen Sturz der ersten Bundesrätin". Auch in der Neuen Zürcher Zeitung wurde auf das *„problematische Verhalten ihres Ehemannes"*, das „fast seit dem Beginn von Elisabeth Kopps politischer Laufbahn" eine heikle Rolle gespielt habe, hingewiesen.[218] Der Skandalisierungsbeitrag, den Medienschaffende an der Dramatisierung der Sachlage bis dahin geleistet hatten, wird im NZZ-Artikel allerdings stärker akzentuiert. Ihr Anteil am Sturz der Bundesrätin wird als gross angesehen, seien doch einige bezüglich der Gerüchte um den Ministergatten monatelang ihren *„fatalen* Neigungen zur anmassenden ‚*Medienjustiz'"* erlegen gewesen, indem sie durch Vorverurteilungen „Nervosität und Hysterie" geschürt hätten, wo differenzierendes und „behutsames Offenlassen" geboten gewesen wären.

Die öffentlichen Spekulationen hinsichtlich möglicher von der Bundesrätin begangener Rechtsbrüche waren auch mit ihrer Demission keineswegs beendet – im Gegenteil. Betonend, dass es sich bei seiner Art Berichterstattung keineswegs, wie von Alt Bundesrat Rudolf Friedrich unterstellt, um „Kloakenjournalismus" handele, sondern vielmehr um demokratieförderliche

---

215 Bü., Konsequenz, Neue Zürcher Zeitung, 13. Dezember 1988.

216 Hierzu und zum Folgenden: Blum, Sturz, Tages-Anzeiger, 13. Dezember 1988.

217 Vgl.: Liehr 2007, S. 23f, 25–28.

218 Hierzu und zum Folgenden: Bü., Rücktritt, Neue Zürcher Zeitung, 17. Dezember 1988; Kursivsetzung laut Quelle.

Aufklärungsarbeit, pries beispielsweise der Blick Mitte Dezember 1988 in fetten Lettern „Neue Enthüllungen in der Affäre Kopp" an.[219] Unter Parlamentariern kursiere der Verdacht, „Angehörige der internationalen Drogen-Mafia hätten sich im Justiz- und Polizeidepartement von Bundesrätin Elisabeth Kopp besonderer Protektion erfreuen dürfen". Am Tag darauf lautete die spektakuläre Dachzeile: „Geldwäscherei gedeckt? Verfilzung? Untersuchungen verschleppt?", weswegen von SP und Grünen nicht nur die Einsetzung eines ausserordentlichen Bundesanwaltes, sondern auch eine Parlamentarische Untersuchungskommission gefordert werde.

Tatsächlich wurden in den kommenden Wochen gleich drei verschiedene einflussreiche Untersuchungsgremien berufen. Die generelle Krisenstimmung war so aufgeheizt, dass die Akteure der staatspolitischen Institutionen zugunsten erneuter Vertrauensbildung eine fundierte Aufklärungsbereitschaft signalisieren mussten. Nachdem Bundesanwalt Rudolf Gerber in den Ausstand getreten war, hatte der Bundesrat den Basler Staatsanwalt Hans Hungerbühler zu dessen besonderer Vertreter ernannt, der noch vor Weihnachten ein gerichtspolizeiliches Ermittlungsverfahren eröffnete.[220] Dabei ging es bezüglich der Indiskretionen im EJPD vor allem um die Abklärung der möglichen Straftatbestände einer Verletzung des Amtsgeheimnisses sowie der Begünstigung. Als Hungerbühler am 11. Januar 1989 vor die Massenmedien trat, präsentierte er für Elisabeth Kopp verheerende Ergebnisse seiner strafrechtlichen Voruntersuchungen, die noch schwerer

---

219 Minder, Enthüllungen, Blick, 16. Dezember 1988; Mettler/Minder, Departement, Blick, 17. Dezember 1988.

220 Darüber hinaus beschloss der Bundesrat Mitte Januar 1989 eine Administrativuntersuchung im EJPD unter der Leitung von Alt Bundesgerichtspräsident Arthur Haefliger, die das Verfahren jener Dienststellen überprüfen sollte, welche in die berüchtigte Angelegenheit um Drogenhandel- und Geldwäscherei verwickelt waren. Ende Januar 1989 wurde die Parlamentarische Untersuchungskommission (PUK-EJPD) mit dem Ziel berufen, die Hintergründe der Demission von Elisabeth Kopp, das heisst die damit zusammenhängenden Vorgänge im EJPD zu ergründen. Dazu weiter unten mehr.

wogen, weil die FDP-Führung darauf verzichtet hatte, der zurückgetretenen Bundesrätin vor der Veröffentlichung Einsicht in die entsprechenden Beschuldigungen zu gewähren.[221] Elisabeth Kopp musste die strafrechtlich schweren Vorwürfe gegen sie den Nachrichten entnehmen. Auch auf der Pressekonferenz hatte sie keine Gelegenheit gehabt, zu den Anschuldigungen Stellung zu beziehen, so dass, klagt Kopp, die Verurteilung ausgesprochen worden sei, bevor Anklage erhoben worden wäre. Welche spektakulären Ermittlungsergebnisse gab Hungerbühler preis?

Weil die Bundesrätin es zuvor versäumt hatte, die Öffentlichkeit über die gesamten Vorgänge des 27. Oktober 1988, das heisst über beide Telefonate und wie es dazu gekommen war, in Kenntnis zu setzen, bot sich ihr nun keine Chance mehr, sich diesbezüglich zu erklären und damit der Angelegenheit für den Deutungskampf einen anderen Impuls zu verleihen. Erst durch die Pressekonferenz Hungerbühlers publik gemacht, wirkte das Telefonat zwischen Katharina Schoop und Hans W. Kopp, das die Bundesrätin einst, wie sie selbst darlegte, unbedarft initiiert hatte, als etwas von ihr Verheimlichtes. Nun vom besonderen Vertreter des Bundesanwalts öffentlich gemacht, schien der Vorwurf der Kollusion einmal mehr bestätigt. Durch Hans Hungerbühler in seiner Funktion als offizielle staatspolitische Rechtsinstanz artikuliert, erhielten die Bezichtigungen ein besonderes symbolisches Gewicht. Aufgrund der strafrechtlichen Voruntersuchungen waren mithin „aus den Gerüchten, die sie ihrem Mann weitergegeben zu haben eingestand, [...] amtliche Unterlagen" geworden.[222]

---

221 Hierzu und zum Folgenden: Kopp 1991, S. 66f. Die Distanznahme der FDP-Mitglieder war für die Ministerin schliesslich besonders fatal. Wie Kepplinger darlegt, hängt „die Zukunft der Skandalierten in erheblichem Maße vom Verhalten ihrer Parteifreunde und Koalitionspartner ab. Ist die parteiinterne Kritik gross, sind die Chancen der Skandalierten gering". Kepplinger 2001, S. 120.

222 Hagmann, gelogen, Vaterland, 12. Januar 1989.

Hungerbühler, der die Sach- und Rechtslage der Indiskretionen im EJPD zu klären hatte, kam zu dem Schluss, dass gegen Bundesrätin Elisabeth Kopp sowie gegen deren persönliche Mitarbeiterin Katharina Schoop und die Beamtin des Bundesamtes für Justiz, Renate Schwob, „in objektiver Weise der hinreichende, dringende Verdacht der vorsätzlichen oder eventualvorsätzlichen Verletzung des Amtsgeheimnisses" bestehe. Während die Einvernommenen subjektiv vorsätzliche Handlungen bestritten hätten, sei eine Geheimnisverletzung von ihnen zumindest in Kauf genommen worden, weswegen für Hungerbühler keine Einstellung des Verfahrens in Frage komme.[223] Die Straftatbestände Amtsmissbrauch und Begünstigung schloss er allerdings aus, weil Elisabeth Kopp ihre hoheitlichen Befugnisse nicht missbraucht habe, und es „keine schlüssigen Anhaltspunkte, die auf einen Begünstigungsvorsatz hinweisen", gebe.[224] Da weder Hans W. Kopp noch die Firma Shakarchi Trading AG bis dato in ein Strafverfahren verwickelt waren und auch keine Indizien für eine Beweisvernichtung vorlägen, sei zudem fraglich, ob die Bundesrätin überhaupt jemanden der Strafverfolgung entzogen habe. Hungerbühler bleibe allerdings an das Legalitätsprinzip gebunden, das weitere Abklärungen durch den eidgenössischen Untersuchungsrichter verlange. Weil jedoch Magistratspersonen ohne Ermächtigung des Bundesrates nicht strafrechtlich verfolgt werden können, fordert Hungerbühler den stellvertretenden EJPD-Vorsitzenden, Bundesrat Arnold Koller, in seinem Pressecommuniqué auf, eine diesbezügliche Ermächtigung zu erteilen. Darüber hinaus habe die Bundesversammlung die Immunität der Bundesrätin in der kommenden Märzsession des Parlaments aufzuheben. Am Ende seiner Ausführungen betonte Hungerbühler schliesslich, solange eine Schuld nicht nachgewiesen sei, dürften gegenüber keiner der drei Betroffenen Vorverurteilungen vorgenommen werden, vielmehr habe das Prinzip der Unschuldsvermutung zu gelten.

---

223 U.M., Immunität, Neue Zürcher Zeitung, 12. Januar 1989.

224 Hans Hungerbühler zit. n.: Utz, Verdacht, Tages-Anzeiger, 12. Januar 1989.

Zahlreiche Pressevertreter jedoch setzten ihren Skandalisierungs-
kurs ungebremst fort. Für Hansjörg Utz vom Tages-Anzeiger etwa
enthalte, was der ausserordentliche Vertreter des Bundesanwalts
aufgedeckt habe, "Sprengstoff". Ob jedoch die Ermittlungen
„die ganze Wahrheit enthalten", stehe noch nicht fest.[225] In der
NZZ wurde das Ergebnis der Voruntersuchung unter dem Titel
„Schwere Anschuldigungen" als „schockierend" bewertet. Der
Sachverhalt zeige sich „weit gravierender als bisher angenommen", immerhin könne der Straftatbestand einer Amtsgeheimnisverletzung mit drei Jahren Gefängnis geahndet werden.[226]
Und weiter: Wenngleich Elisabeth Kopp schon im Dezember mit
ihrem Rücktritt politisch die Konsequenzen gezogen habe, irri-
tiere einiges am Verhalten der Bundesrätin. Sie habe als fachlich
fähige Juristin entsprechend der Grundsätze in der Rechtspflege
sofort in den Ausstand treten müssen, als der „Konflikt zwischen
Amt und den Interessen ihres Mannes" offenbar geworden sei.
Zudem „muss man heute leider feststellen", dass sie „nur die
halbe Wahrheit sagte" und dass sie schliesslich „nicht zu sehen vermag, wie problematisch ihr Vorgehen war". Andere drückten es
drastischer aus. Für Ruedi Hagmann vom Vaterland etwa handle
es sich keineswegs um eine Vorverurteilung, wenn in der Verschwiegenheit der Bundesrätin „schlicht und einfach eine Lüge"
gesehen werde, die zwar anders als eine Amtsgeheimnisverletzung, offiziell nicht strafbar sei, aber dafür die Glaubwürdigkeit
der Politikerin „endgültig" zerstört habe.[227] Abgesehen davon,
dass auch Peter Schibli die EJPD-Chefin in der Basler Zeitung als
„Lügnerin" verurteilte, kritisierte er ihre Unschuldsbekräftigun-
gen angesichts der schweren Verdächtigungen als „hilflos" und
„peinlich".[228] Selbst von Nichtjuristen könnten sie „nicht mehr als
Schutzbehauptungen akzeptiert" werden, weil „die starrsinnigen

---

225 Utz, Verdacht, Tages-Anzeiger, 12. Januar 989.

226 Hierzu und zum Folgenden: Th., Anschuldigungen, Neue Zürcher
Zeitung, 12. Januar 1989.

227 Hagmann, gelogen, Vaterland, 12. Januar 1989.

228 Hierzu und zum Folgenden: Schibli, Wahrheit, Basler Zeitung, 12. Januar 1989.

Beteuerungen den in den letzten Wochen gewachsenen Eindruck einer unglaubwürdigen, ja arroganten Departementchefin" noch verstärken würden. Liessen sie doch augenfällig werden, „dass die oberste Juristin dieses Landes nach allem, was an den Tag gekommen ist, nach wie vor kein Unrechtsbewusstsein, keine Einsicht in die Tat, besitzt". Schibli fortfahrend: Kopp scheine nicht zu realisieren, dass sie dadurch die „menschliche Tragik ihres Falls noch vergrössert und den politischen Schaden für die FDP vollends irreparabel" werden lasse. Je mehr die „Unglaubwürdigkeit der scheidenden EJPD-Chefin" wachse, umso geringer werde das öffentliche Vertrauen in deren Partei, die ihre „politische Handlungsfähigkeit vorübergehend eingebüsst" habe. Walter Schnieper forderte die Ministerin in den LNN gar zum sofortigen Rücktritt auf.[229] Sie müsse „jetzt in einigermassen nachvollziehbaren moralisch-politischen Kategorien" denken, ihre persönlichen Sachen im Bundeshaus zusammenpacken und einen Neuanfang abseits der eidgenössischen Politik im Familienanwesen am Gardasee starten. Ansonsten drohe ihr der Verlust jeglichen Kredites bei ihren Bundesratskollegen in Bern, denen sie „mit dem Ausharren bis Ende Februar keinen Dienst mehr" erweise. Am Ende gelte es noch anzumerken, dass das politische Urteil sowieso gefällt sei, wobei sich „definitiv erwiesen" habe, dass die „Schuldzuweisung an die Medien fehl am Platze war".

Mit dieser letzten Aussage aber war es einmal mehr ein Journalist, der der massenmedialen Berichterstattung im „Fall Kopp" die ihr eigene realitätskonstituierende Dynamik abgesprochen hat. Halten Laien die Produkte des medienindustriellen Fertigungsprozesses nicht selten irrtümlicherweise für authentische Abbildungen aussermedialer Geschehnisse, da die von vielschichtigen Einflussfaktoren determinierte Konstruktivität der Medienerzeugnisse von ihnen im alltäglichen Weltaneignungsprozess zumeist unbedacht bleibt,[230] sind sich Medienschaffende der von ihnen erzeugten Sinnstiftung durchaus bewusst. Dennoch über-

---

229 Hierzu und zum Folgenden: Schnieper, Ausgespielt, Luzerner Neueste Nachrichten, 12. Januar 1989.

230 Vgl.: Liehr 2007, S. 25f.

nahmen zahlreiche unter ihnen, durch jeweilige Benennungen mehr oder weniger drastisch, das einmal konstruierte Bild von Elisabeth Kopp als einer privilegierten, arroganten, starrsinnigen Lügnerin, die durch ihr Verhalten nicht nur ihre persönliche Glaubwürdigkeit eingebüsst, sondern auch die ihrer Partei beschädigt habe und sowohl für deren Handlungsunfähigkeit als auch für deren Reputationsverlust die Verantwortung trage. Schien dies doch allzu plausibel, nachdem der renommierte Sonderermittler seinen amtlichen Bericht vorgelegt hatte.

Hungerbühlers Verweis auf die Geltung des rechtsstaatlichen Prinzips der juristischen Unschuldsvermutung konnte gegen die emotionale Wucht der durch seine Pressemitteilung forcierten kollektiven Vorstellungen nichts ausrichten. In zahlreichen Köpfen schien sich ein geradezu thrillerähnliches Imaginationsszenario aufgetan zu haben, mit einer

> „Bundesrätin, die ihrem dubiosen, in eine Geldwaschaffäre verstrickten Ehemann bewusst geheime, brisante Informationen liefert, um ihn zu begünstigen, in deren Departement Drogenhändler und Geldwäscher Protektion geniessen, die belastende Akten vernichtet und deren Mann ins Departement hineinregiert".[231]

Dementsprechend, resümiert Elisabeth Kopp, sei die Staatskrise „perfekt" gewesen. Das öffentliche Urteil über eine vermeintliche Magistratin, „die zunächst ertappt wurde und sich nachher mit Notlügen über die Runden zu retten versuchte", sei gefällt gewesen, und es fiel desaströs aus, insbesondere was die menschliche Dimension des Falls anbelangt. Insgesamt, folgert Kopp, hätten Hungerbühlers Ausführungen den Eindruck erweckt, sie habe „mit Wissen und Willen ein Amtsgeheimnis offenbart und dann gegenüber der Öffentlichkeit falsche Erklärungen abgegeben". Die Aussagen des Staatsanwaltes hätten ihre eigenen als „faule Ausreden" erscheinen lassen. Kaum jemand habe ihr geglaubt,

---

231 Hierzu und zum Folgenden: Kopp 1991, S. 67, 74, 76.

was die deprimierendste Erfahrung ihres Lebens gewesen sei. Kopp:

> „Meine Verzweifelung war unbeschreiblich. Meinen Rücktritt hätte ich verkraftet, aber diese moralische Vernichtung war unerträglich. Ich weiss nicht, was ich getan hätte, hätten mich nicht meine Familie und einige Freunde rund um die Uhr begleitet".

Nachdem der Druck der öffentlichen Angriffe sich durch die Medienerzeugnisse vom 11./12. Januar 1989 nochmals intensiviert hatte, sah Elisabeth Kopp keine andere Möglichkeit, als umgehend zurückzutreten. In ihrer Pressemitteilung verlautete die scheidende Departementchefin dementsprechend: „Auf Grund der jüngsten Ereignisse betrachte ich ein weiteres Verbleiben im Bundesrat als menschlich und politisch nicht mehr zumutbar".[232] Zudem gab sie an, sie erwarte, die „schwerwiegenden Beschuldigungen" sollten „zuhanden der gesamten schweizerischen Öffentlichkeit" weiter abgeklärt werden, weswegen sie „den Präsidenten des Nationalrates zuhanden der Vereinigten Bundesversammlung" gebeten habe, ihre Immunität aufzuheben. Darüber hinaus verwies sie nochmals darauf, dass ihr „die Herkunft der Hinweise, die zum Telefongespräch mit meinem Mann führten" zum damaligen Zeitpunkt unbekannt gewesen seien, auch wenn der Anruf „aus heutiger Sicht betrachtet [...] ein Fehler [war], den ich bedaure und aus dem ich die politischen Konsequenzen bereits im vergangenen Dezember gezogen habe".

In überdimensionalen fetten schwarzen Grossbuchstaben proklamierte der Blick am 13. Januar 1989: „AUS". Nachdem Hungerbühler „Frau Kopps Lügen und Ausflüchte um diese Indiskretionen enttarnt" habe, informiert Edgar Minder seine Leserschaft, beende die Ministerin das „Trauerspiel" mit ihrem sofortigen Rücktritt.[233] Auch innerhalb der FDP habe es gemäss dem Zitat eines anonym gebliebenen Parteikollegen geheissen,

---

232 Hierzu und zum Folgenden: Rücktrittserklärung von Elisabeth Kopp, abgedruckt in: Lts., Amt, Neue Zürcher Zeitung, 13. Januar 1989.

233 Minder, Aus, Blick, 13. Januar 1989.

dass „sie jetzt von ihrer Tortur sofort" zu erlösen sei. „Abschied im Zwielicht", „Le dos au mur", „Qui soutient la mafia?" oder „Bisweilen hiess der Departementschef Hans W. Kopp" – die Skandalisierungen hörten noch immer nicht auf. Roger Blum bekundete zwar, es falle schwer, „ungerührt über die Bundesrätin Elisabeth Kopp zu schreiben", und es sei „leicht vorstellbar, wie niedergeschlagen sie jetzt sein muss, gerade im Wissen darum, dass die Sache noch lange nicht ausgestanden sein wird". Doch sei ihr auch „vieles selbst zuzuschreiben". Letztlich aber handele es sich keineswegs nur um eine Krise der Institutionen, sondern auch um eine der FDP, weil die Partei Elisabeth Kopp als Bundesratskandidatin vorgeschlagen habe. Dementsprechend sei sie „mitverantwortlich für die Magistratin nicht nur in guten, sondern auch in schlimmen Tagen".[234] Für Peter Amstutz sei „das bittere Ende [...] die selbstausgestellte Quittung für konsequente Einsichtslosigkeit". Das „jämmerliche Bild" der ersten Schweizer Bundesrätin nach vierjähriger Amtszeit stelle vor allem „Halbwahrheiten statt Haltung" dar. In ihrer Erklärung habe sie die „Tatsachen" verdreht, stelle es doch vor allem für die übrigen sechs Bundesräte eine Zumutung dar, weiter mit einer schwerwiegender Straftaten verdächtigten Kollegin zusammenzuarbeiten.[235]

Theatralisch inszenierte die Schweizer Illustrierte Elisabeth Kopp in Grossaufnahme, wie diese, den Tränen nahe, als „geschlagene Frau, die mit fahrigen Bewegungen nach der Tür der wartenden Limousine tastete", um das letzte Mal ihren Weg vom Berner Bundeshaus nach Zumikon anzutreten. Der Fall der Bundesrätin „geriet zum Sturz ins Bodenlose. Als Figur des öffentlichen Lebens ist sie wohl für alle Zeit erledigt". Es stelle sich die Frage, ob die wirtschaftlich abgesicherte Multimillionärin „wohl die Grösse" haben werde, auf ihr Ruhegehalt von jährlich 143 150 Franken zu verzichten, nachdem sie „das Vertrauen eines ganzen Volkes so schmählich missbraucht hat?"[236] Einen besonderen inszena-

---

234 Blum, Reaktionen, Tages-Anzeiger, 13. Januar 1989.

235 Amstutz, Einsichtslos, Basler Zeitung, 13. Januar 1989.

236 Zbinden, Abschied, Schweizer Illustrierte, 16. Januar 1989.

torischen Einfall hatten Medienschaffende der Westschweizer Zeitung L'Hebdo.[237] Der unter der reisserischen Überschrift „Noyautage du pouvoir: Qui soutient la mafia?" befindliche Artikel wird abgesehen von undeutlichen Briefauszügen sowie von einem Foto, das die Edelprostituierte Mireille Rüegg als angebliche Bekannte von Hans W. Kopp im verruchten Domina-Outfit zeigt, von acht Zeichnungen illustriert, die Assoziationen an das Drehbuch eines Polit-Thrillers wecken. Die Abbildungen stellen Ausschnitte einzelner Handlungsszenarien dar, die den Chroniken der Geldwäscherei-Ermittlungen sowie der Vorgänge im EJPD selektiv entnommen sind. Als „Le film des événements" tituliert, konstruiert die Bildergeschichte – wie ein Filmstreifen unter dem Artikel und über die Breite von drei Seiten verlaufend – durch die Abfolge der ausgewählten Ereignisse einen eindeutigen Handlungsplot zwischen den Figuren und Szenarien. Suggeriert wird damit, es bestünde zwischen den Personen, die real existierten, und deren Handlungen, die tatsächlich vollzogen worden sind, die evidente Logik, nach der das Ehepaar Kopp in die Angelegenheit um Drogenhandel und Geldwäscherei verwickelt wäre.

---

237 Hierzu und zum Folgenden: Lassueur/Auchlin, mafia, l'Hebdo, 19. Januar 1989.

1986/87. Une taupe, «Sam le Blond», infiltre le milieu de la drogue aux USA

21. 2. 87. Un camion bourré de drogue, venu d'Istanbul, est arrêté à Chiasso

Eté 1988. Arrestation des frères Magharian à Zurich. L'enquête s'étend à Shakarchi

Enquête approfondie de Dick Marty au Tessin, suivie d'une conférence de presse

27. 10. 88. Téléphone de Mme à son mari pour le prévenir de cette enquête

27. 10. 88. Démission de Hans Kopp de la Shakarchi

12. 12. 88. Démission d'Elisabeth Kopp, suivie le 12.1.89 de son départ précipité

Les soupçons s'accumulent sur le ministère public et sur le procureur Rudolf Gerber

Abb. 2: „Le film des événements". Generierung eines Handlungszusammenhangs durch die Komposition einer Bildergeschichte. (Illustration von: Julian Willis, in: Lassueur/Auchlin, mafia, L'Hebdo, 19. Januar 1989.)

Daran anknüpfend setzte Urs Paul Engeler in einem langen
Weltwoche-Artikel noch eins darauf.[238] Gemäss Insideraussagen
habe die ehemalige Bundesrätin, „in Endzeitstimmung, des
Verstecksspiels offenbar müde geworden", intern zugegeben,
ihr Gatte habe das Datenschutzgesetz „‚persönlich umgestaltet'".
Damit aber sei manifest geworden, dass „ein Mann konkreten
Einfluss auf die schweizerische Gesetzgebung nehmen konnte,
der unter Verdacht steht, Anlaufstelle für Wirtschaftskriminelle
zu sein". Denke man „die Geschichte bis an ihr Ende", offenbare
sich, „dass der Departementchef bisweilen Hans W. und nicht
Elisabeth Kopp geheissen" habe. Engeler führt weiter aus, die
ehemalige Bundesrätin habe teilweise wichtige Entscheide, denen
gegenüber sie zuvor ratlos erschienen sei, über das Wochenende
gefällt, wenngleich sich auch nicht belegen lasse, wer „all die
nach Zumikon geschleppten Aktenbündel und Berichte durch-
gearbeitet" habe.

In einem Essay über den Zusammenhang von Wahrheit, Moral
und Macht verknüpfte der politische Philosoph Arnold Künzli
psychoanalytisches Gedankengut mit der von Meienberg einst so
illustrativ entfalteten „Füdlitätsch"-Geschichte.[239] Irritierend mutet dabei an, dass der renommierte Professor Emeritus eine letztendlich doch auf Gerüchten basierende, sensationserheischende
Story aufgriff, um damit, in zweierlei Weise spekulativ, Elisabeth
Kopps vermeintlich durch Verlogenheit offenbarten Machtdrang
anhand ihres angeblich masochistischen Verhältnisses zu ihrem
Gatten zu erklären, indem er schrieb:

> „Da auch Staatsmänner und –frauen nur Menschen mit ihren
> Komplexen sind, könnte es sein, dass in ihrem Verhältnis
> zur Macht gelegentlich ebenfalls solche sado-masochistische
> Neigungen eine nicht unerhebliche Rolle spielen. So kann
> man etwa eine Neigung zur Hörigkeit durch einen beson-
> ders skrupellosen Willen zur Machtbehauptung zu kom-

---

238 Hierzu und zum Folgenden: Engeler, Departementchef, Weltwoche,
19. Januar 1989. Vgl.: Suremann, 8. Bundesrat, Blick, 18. Januar 1989.

239 Künzli, Wahrheit, Luzerner Neueste Nachrichten, 14. Januar 1989.

pensieren suchen. Dass der Ehemann von Frau Kopp sich in sado-masochistischen Spielen mit seinen Sekretärinnen erging, gibt zu denken. Als die Medien damals ‚Skandal' riefen, hat Frau Kopp in der LNN erklärt, das seien ‚die unmöglichsten Gerüchte', ‚eine furchtbare Intrige', und: ‚Ich halte diese Gerüchte für einen riesigen Skandal…Mein Mann ist menschlich unanfechtbar.' Der Skandal war also, einen Skandal einen Skandal zu nennen".

Wurde bereits seit Wochen beklagt, die aufgedeckten Umstände hätten eine Vertrauenskrise gegenüber staatstragenden Institutionen ausgelöst, sprachen nun immer mehr Stimmen gar von einer „Staatskrise", wenngleich nicht ohne Widerhall. Einer ihrer Kontrahenten vertrat etwa die Ansicht, dass von einer Staatskrise lediglich dann zu sprechen sei, wenn „sowohl *institutionell* wie *personell* das Staatswesen im Rahmen und auf der Grundlage unserer Bundesverfassung *nicht mehr richtig funktionierte*", mithin „die Grundfesten der Eidgenossenschaft derart ins Wanken geraten [seien], dass das Schweizerhaus einzustürzen droht", was aber durch die aufgetretenen Schwierigkeiten keineswegs der Fall sei.[240] Schliesslich nähmen auf drei verschiedenen Ebenen Kontrollinstanzen ihre Aufklärungsarbeit auf. Auch sei es „das Verdienst der verantwortungsbewussten Medien", hartnäckig auf die Problematik aufmerksam gemacht zu haben, was zeige, dass der Staatsapparat verfassungsgemäss funktioniere. Diese Meinung teilten andere nicht, sie erachteten die aktuelle Lage als riskant für das Schweizer Staatswesen. Altermatt etwa führte aus, ihn entsetze insbesondere der Umstand, dass „höchste Beamte" im Justizdepartement über die inkriminierten Telefonate Bescheid gewusst, diese Information jedoch für sich behalten hätten.[241] Obwohl „von gravierenden Fehlern und Delikten Kenntnis" gehabt, hätten sie, so sein Vorwurf, in den Wochen, in denen

---

240 Hierzu und zum Folgenden: Mk., Uebertreibungen, Badener Tagblatt, 28. Januar 1989; Kursivsetzungen gemäss Quelle. Vgl. auch: K.A., Jahr, Neue Zürcher Zeitung, 16. Dezember 1989.

241 Hierzu und zum Folgenden: Urs Altermann im Interview in: Schenker, Staatskrise, Berner Zeitung, 21. Januar 1989.

„die Schweiz über den Fall Kopp rätselte, die Öffentlichkeit, das Parlament, die Parteien und sogar den Bundesrat im ungewissen" gelassen. Dies habe Altermatts „Vertrauen in die politischen Institutionen erschüttert". Schliesslich müssten Beamte „nicht nur dem Vorsteher eines Departements, sondern auch dem Staat und damit dem Volk gegenüber loyal sein", wobei die „Loyalität gegenüber dem Staat über der persönlichen Loyalität zu einem Departementchef" stehe. Die höchsten Beamten des Departements wären verpflichtet gewesen, den Bundesrat zu informieren. Altermatt stelle sich mithin die Fragen: „Wird hier etwas vertuscht? Gibt es Pressionen, die diese Leute zum Schweigen bringen? Regiert die Angst in unserem Land?" Sein Fazit: Vor allem die „Mitwisserschaft der EJPD-Beamten" mache den „Fall Kopp" zur „eigentlichen Staatskrise". Denn abgesehen von der Skandalthematik im engeren Sinne hätten sich „Schwächen unseres schweizerischen politischen Systems" aufgezeigt, die im Milizsystem mit seinen Verflechtungen zwischen den Bereichen Politik, Wirtschaft, Militär und Gesellschaft, in der Konsensdemokratie, der Frauenproblematik sowie in einer fehlenden starken Opposition zu finden seien.

Letztlich verstärkte auch die immer lauter werdende Kritik an Bundesanwalt Rudolf Gerber den Eindruck einer Staatskrise. Ihm wurde vor allem vorgeworfen, „internationale Drogen- und Waffenschieber [hätten] seit rund zehn Jahren ungestört von der Schweiz aus operieren" können, während die von ihm befehligte „oberste Polizeibehörde trotz Kenntnis" nicht eingegriffen habe.[242] Nachdem Gerber am 11. Dezember 1988 in den Ausstand getreten war, wurde gegen ihn eine Disziplinaruntersuchung eingeleitet.[243]

---

242 Garbely, Druck, SonntagsZeitung, 15. Januar 1989. Vgl. dazu etwa: Suremann, Bundesanwalt, Blick, 16. Januar 1989; Bloch, Gerber, Tribune de Genève, 19. Januar 1989; Sda., Bundesanwaltschaft, Bund, 19. Januar 1989; Utz, Supermänner, Tages-Anzeiger, 25. Januar 1989; Wespe, Gerber, Tages-Anzeiger, 25. Januar 1989. Die Kritik der PUK-EJPD an diesbezüglichen Missständen in der von Gerber geführten Bundesanwaltschaft folgt im kommenden Abschnitt.

243 Am 6. März 1989 wurde Gerber „mit sofortiger Wirkung bis zum 1. September 1989 beurlaubt", danach kam es zur Auflösung seines

e) Im Visier zweier Untersuchungsinstanzen

Dieser Krisenstimmung war nur durch eine unumwundene Aufklärungsbereitschaft der staatspolitischen Mandatstragenden beziehungsweise durch den Einsatz demokratischer Kontrollmechanismen entgegenzutreten. Am 11. Januar 1989 hatte der Bundesrat Alt Bundesgerichtspräsident Arthur Haefliger mit der Durchführung einer Administrativuntersuchung betraut, die zum Ziel hatte,

> „den Sachverhalt in den von Parlament und Medien erwähnten Drogenfällen, mit denen sich verschiedene Dienststellen im Bundesamt für Polizeiwesen (BAP), im Bundesamt für Ausländerfragen (BfA) und in der Bundesanwaltschaft (BA) zu befassen hatten, zu erheben und das Vorgehen dieser Dienststellen zu überprüfen",

wobei eine Ausdehnung der Untersuchung auf weitere Bundesstellen jederzeit möglich sein sollte. Haefliger wurde beauftragt, einen ersten Zwischenbericht möglichst bald zu unterbreiten, damit die entsprechenden Ermittlungsergebnisse der Parlamentarischen Untersuchungskommission, deren Einsatz National- und Ständerat am 31. Januar 1989 beschlossen hatten, aus Effektivitätsgründen zur Verfügung gestellt werden könnten.[244]

Nachdem National- und Ständerat die Immunität der ehemaligen Bundesrätin aufgehoben hatten, wurde das Gerichtsverfahren gegen Elisabeth Kopp, Renate Schwob und Katharina Schoop auf

---

Dienstverhältnisses. Vgl. die Chronik in: PUK-EJPD, S. 31.

244   Lts., Administrativuntersuchung, Neue Zürcher Zeitung, 19. Januar 1989. Haefliger lieferte seinen Zwischenbericht am 28. Februar 1989 ab, der der PUK ab dem 6. März 1989 zugestellt werden konnte. Aufgrund etwaiger thematischer Überschneidungen der Ermittlungen, hatte der Bundesrat beschlossen, die Administrativuntersuchung zu sistieren; vgl. die Chronik in: PUK-EJPD-Bericht, S. 31. Die PUK-EJPD, ihre Zusammensetzung, ihr Auftrag, ihre Arbeit, ihre Untersuchungsergebnisse, das Zustandekommen des PUK-EJPD-Berichtes sowie die öffentliche Resonanz darauf werden umfänglich in Kapitel III. behandelt.

Ende Februar 1990 angesetzt. Zuvor jedoch, am 24. November 1989, wurde, unter enormen öffentlichem Interesse, der PUK-EJPD-Bericht publiziert. Die Kommission hatte umfangreich die Hintergründe bezüglich des umstrittenen Verhaltens der zurückgetretenen EJPD-Chefin zu klären. Zu welchen Untersuchungsresultaten war die PUK in dieser Angelegenheit gelangt?

In ihrem Bericht beklagt die Kommission zunächst, es sei von Elisabeth Kopp falsch gewesen, sich „bei der Brisanz der Informationen nicht nach der Quelle" erkundigt zu haben anstatt einfach anzunehmen, sie hätten nicht aus dem Departement gestammt.[245] Weil sie letzteres nicht habe ausschliessen können, „hätte sie ihren Mann nicht orientieren dürfen". Auch sei die von ihr angeführte „Konstruktion […], wonach Katharina Schoop als persönliche Mitarbeiterin nicht zum Departement gehöre und daher Informationen von ihr nicht dem Amtsgeheimnis unterlägen, […] unhaltbar". So zu argumentieren, expliziert die PUK, führe die Öffentlichkeit in die Irre, da persönliche Mitarbeitende von Bundesräten hinsichtlich der Wahrung des Amtsgeheimnisses Bundesbeamten gleichgestellt seien. Mit der Anweisung, ihren Mann anzurufen und ihn zu informieren, habe sie Katharina Schoop darüber hinaus „in ein Dilemma zwischen allfälligem pflichtwidrigem Handeln und Loyalität zur Departementvorsteherin" gebracht. Zudem habe die Amtschefin Bundesanwalt Gerber nicht darum bitten dürfen, einem Journalisten die Information mitteilen zu lassen, gegenüber ihrem Ehemann laufe kein Strafverfahren, da die Aussage einem als vertraulich gekennzeichneten Bericht entnommen gewesen sei.

In der Gesamtwürdigung wurde allerdings die Leistung, die Elisabeth Kopp als Bundesrätin erbracht hatte, grundsätzlich anerkannt.[246] Sie habe, so die PUK, „unserem Lande nach bestem Wissen gedient und ihr Amt kompetent, umsichtig und mit

---

245 Hierzu und zum Folgenden: PUK-EJPD-Bericht, S. 57–59. Vgl. auch die „Würdigung des Verhaltens" anderer Beteiligter: PUK-EJPD, S. 60–70.

246 Hierzu und zum Folgenden: PUK-EJPD-Bericht, S. 217–219.

Engagement geführt". Für die von ihr begangenen Fehler, die zu ihrer Demission geführt hatten, habe sie „die politische und rechtliche Verantwortung zu übernehmen". Zugunsten einer fairen Beurteilung dürften diese jedoch „nicht nur für sich allein betrachtet werden, sondern sind auch in ein Verhältnis zum geleisteten Einsatz zum Wohle unseres Landes zu setzen". Während das Telefonat zwischen den Eheleuten Kopp zwar den Ausgangspunkt für die Demission gebildet habe, bewertete die PUK aber das Verhalten, welches die Bundesrätin danach aufgezeigt hatte, als „gravierender", da sie 1. „den Bundesrat nicht [orientierte], auch nicht zu einem Zeitpunkt, zu dem sie mit Sicherheit wusste, dass die weitergegebene Information aus der Bundesanwaltschaft stammte". Auch habe sie 2. die Öffentlichkeit nicht über die „Wahrheit" in Kenntnis gesetzt, obgleich ihre Mitarbeitenden sie dazu aufgefordert hätten. 3. habe Kopp versucht, „ihre persönliche Mitarbeiterin zu überreden, die Verantwortung auf sich zu nehmen und den Sachverhalt gegen aussen wahrheitswidrig darzustellen". 4. habe sie „unwahre öffentliche Aeusserungen ihres Ehemannes nicht richtig [gestellt], obwohl sie dazu in der Lage gewesen wäre", womit sie die Öffentlichkeit, das Parlament und die Regierung zu lange „im falschem Glauben" gelassen habe. Damit habe sie 5. „dem Ansehen aller politischen Institutionen [geschadet] und auch die Handlungsfähigkeit des Bundesrates" gefährdet. Dadurch wiederum sei das „Vertrauensverhältnis zu ihr [...] derart nachhaltig gestört [worden], dass ihr Rücktritt unvermeidlich" gewesen sei. Nicht so sehr „der Fehler des Telefongesprächs als solcher, sondern vor allem das Unvermögen, ihn einzugestehen", vertrügen sich nicht „mit den Anforderungen an eine Bundesrätin". Darüber hinaus sei es ihr 6. „in einem entscheidenden Moment nicht gelungen" zwischen ihrer Funktion als Bundesrätin und den Geschäftsinteressen ihres Mannes zu unterscheiden, wobei letzterer „wesentliche Mitverantwortung" trage, weil er auf die Amtstätigkeit seiner Gattin keine Rücksicht genommen habe.

Wie dargelegt, ist der „Fall Kopp" ausgelöst worden, nachdem die Leitung der Bundesanwaltschaft ein Ermittlungsverfahren gegen Finanzinstitute unterlassen hatte, die im Kontext des Drogenhandels verdächtigt wurden, in grossem Umfang Geldwäscherei betrieben zu haben. Unter dem Titel „Die Bekämpfung des Betäubungsmittelhandels und der Geldwäscherei" setzte sich die PUK somit auf 38 Seiten mit dem in der Öffentlichkeit kursierenden Verdacht auseinander, die Bundesanwaltschaft habe die in den Jahren zuvor verstärkt aufgetretenen Gefahren des organisierten Verbrechens in verantwortungsloser Weise vernachlässigt.

Die Kommission konstatiert dann auch:

> „Die Erlöse aus dem Betäubungsmittelhandel, dem Waffenhandel, aus Entführungen und anderen kriminellen Handlungen stiegen ins Unermessliche; sie flossen mit Geldern aus dem Waren- und Devisenschmuggel zusammen, wurden aufbereitet und fanden Zugang zum legalen Finanzkreislauf."[247]

Bereits Anfang der 1980er-Jahre habe es Hinweise gegeben, die hinsichtlich der Finanzplätze Zürich und Genf „auf enge Beziehungen zwischen Exponenten international operierender Gruppen des organisierten Verbrechens und gewissen in der Schweiz ansässigen Finanzinstituten" sowie auf entsprechende Geldwäschereiaktivitäten schliessen liessen. Wenige Jahre später seien in ersten Rapporten von Jacques-André Kaeslin solche Verbindungen bereits angedeutet worden. Hinzu seien vermehrt ausländische Rechtshilfegesuche gekommen. Dennoch, beklagt die PUK, seien weder vom Bund noch von den Kantonen zugunsten diesbezüglicher Strafverfolgungen „taugliche Massnahmen ergriffen" worden, obwohl dies juristisch möglich gewesen wäre.[248]

---

247 Hierzu und zum Folgenden: PUK-EJPD-Bericht, S. 89f. Vgl. dazu: „Schätzungen über die jährlichen Gewinne des ,organized crime' in verschiedenen Ländern" in: Bernasconi 1989³, S. 45f.

248 Gemeinhin jedoch, anerkennt Fachmann Bernasconi, seien von Behörden der vier wichtigsten Finanzplätze der Schweiz in den Jahren zuvor Geldwäscherei-Beträge ans Licht gebracht und beschlagnahmt worden, die „bei weitem den Betrag von 100 Millionen Franken" überstiegen, was belege, dass die internationale Zusammenarbeit „stark verbessert" worden sei und die eidgenössische Strafverfolgung versierter mit „den technischen Gegebenheiten dieses Phänomens"

Wenngleich, erläutert die Kommission weiter, „die Strafverfolgung bei Widerhandlungen gegen das Betäubungsmittelgesetz [...] grundsätzlich Sache der Kantone" sei und dem Bund lediglich „subsidiäre Kompetenzen" zuständen, stelle die Bundesanwaltschaft gemäss Artikel 29 des Betäubungsmittelgesetzes „die schweizerische Zentralstelle für die Bekämpfung des unerlaubten Betäubungsmittelverkehrs" dar.[249] Damit habe sie die Aufgabe, „Unterlagen und Informationen [zu sammeln], die geeignet sind, Widerhandlungen gegen das Betäubungsmittelgesetz zu verhindern und die Verfolgung Fehlbarer zu erleichtern". Auch wirke sie im Rahmen diesbezüglich bestehender Rechtshilfevorschriften bei entsprechenden Ermittlungen des Auslandes mit. Demgemäss habe die Bundesanwaltschaft mit involvierten anderen Ämtern der Bundesverwaltung, mit kantonalen und ausländischen Polizeidienststellen sowie Interpol einen gegenseitigen Informationsaustausch zu pflegen. Laut Gesetz habe sie somit, betont die PUK, ein „besonderes Oberaufsichtsrecht", weshalb sie bei entsprechenden gesetzeswidrigen Verdachtsmomenten Ermittlungen anordnen und durchführen könne.

Solche in Absprache mit den kantonalen Strafverfolgungsorganen zu veranlassen, habe die Bundesanwaltschaft im Hinblick auf die ihr spätestens seit Mitte der 1980er-Jahre bekannten Verdächtigungen gegenüber bestimmten Finanzinstituten, wie der Shakarco AG und der Shakarchi Trading AG, versäumt, obwohl die „Angelegenheit von aussergewöhnlicher wirtschaftlicher Bedeutung" gewesen sei.[250] Für die Anordnung eines gerichtspolizeilichen Ermittlungsverfahrens sei es, entgegnet die Kommission auf einen Einwand von Alt Bundesanwalt Gerber, keineswegs erforderlich gewesen, dass konkrete Beweise für eine „deliktische

---

umzugehen wisse. Jene Aufdeckungen hätten „eine Anpassung von Praxis und Rechtsprechung ermöglicht" und zu Initiativen geführt, das „strafrechtliche Instrumentarium" zu korrigieren. Ebenso habe das Bankwesen „verbesserte interne Präventivmaßnahmen ergriffen". Bernasconi 1989³, S. 37f.

249   Hierzu und zum Folgenden: PUK-EJPD-Bericht, S. 86f.

250   Hierzu und zum Folgenden: PUK-EJPD-Bericht, S. 92–97.

Tätigkeit der erwähnten Firmen" in den Berichten vorgelegen hätten. Diesbezüglich würden „konkrete Anhaltspunkte für ein möglicherweise strafbares Verhalten" genügen, da die Funktion entsprechender Ermittlungen gerade darin liege, eine „noch recht vage Verdachtslage" bezüglich einer potenziellen Anklageerhebung abzuklären. Auch die Ermangelung eines Strafgesetzes für Geldwäscherei hätte die Bundesanwaltschaft nicht davon abhalten dürfen, entsprechende Abklärungen zu tätigen. Wie die PUK betont, hätte zumindest untersucht werden müssen, aus welchen Kanälen die „mehrstelligen Millionenbeträge", welche die Konten der in den Rapporten erwähnten Geldinstitute durchliefen, gestammt hätten, und wofür sie weiterverwendet worden seien. Solche Inspektionen hätten womöglich Fakten geliefert, durch die ersichtlich geworden wäre, ob die für entsprechende Geschäftsvorfälle Verantwortlichen „in strafrechtlich relevanter Weise an der Finanzierung des Drogenhandels beteiligt" gewesen seien. Gemäss Artikel 259 der Bundesstrafprozessordnung (BStP) wären zugunsten solcher gerichtspolizeilicher Ermittlungen sogar Massnahmen wie Beschlagnahmungen oder Telefonabhörungen, wenngleich auch zunächst keine Verhaftungen, legal gewesen.

Zwar bekennt die Kommission, dass es sich bei den besagten Bestimmungen um eine „Kann-Vorschrift" handele, durch die der Bundesanwalt bei der Eröffnung eines erwartungsgemäss komplizierten Ermittlungsverfahrens und angesichts der desolaten Personalsituation bei den Zentralstellendiensten einen „gewissen Ermessensspielraum" gehabt habe. Andererseits jedoch sei es 1985/86 auch möglich gewesen, „unter grossen Anstrengungen und mit beträchtlicher Ueberzeit [...] die Aktion ‚Tam-Tam' gegen tamilische Drogenhändler durchzuführen", die gemäss kantonaler Beamter der einzige Fall gewesen sei, bei dem die Bundesanwaltschaft im Kontext des illegalen Drogenhandels „ausreichende Initiative" offenbart habe. Bei den Verdächtigen aber habe es sich „um unterprivilegierte, finanziell unwichtige Leute ohne entsprechende Lobby gehandelt", weswegen es leichter gewesen sei, ein Verfahren zu führen. Auch hätten dabei Finanztransaktionen kaum eine Rolle gespielt.

Was die offenbar komplizierter anmutende Angelegenheit anbelangt, die den „Fall Kopp" letztlich ausgelöst hat, beklagt die PUK, dass die Bundesanwaltschaft, trotz des bestehenden Personalmangels, die Prioritäten entsprechend hätte setzen können, um „der besonderen Bedeutung des Falles gerecht zu werden". Unter Mithilfe kantonaler Beamter, aber auch durch interne Stellenverschiebungen hätte versucht werden können, „wenigstens das Erreichbare zu tun". Darüber hinaus hätte der Bundesanwalt, wenn er schon auf die Einleitung eines Ermittlungsverfahrens durch die Bundesanwaltschaft verzichten wollte, zumindest die kantonalen Behörden durch Anwendung Artikels 258 BStP verpflichten können, bezüglich der umstrittenen „Finanzaktivitäten der verdächtigen Gesellschaften" eine Strafuntersuchung zu eröffnen. Die Leitung der Bundesanwaltschaft aber vertrete demgegenüber den Standpunkt, ein Strafgesetz für Geldwäscherei bestehe nicht, weshalb keine weiteren Abklärungen vorzunehmen seien.[251] Der Leiter des Zentralpolizeibüros habe dazu mustergültig ausgeführt, es könnten keine „Verfahren auf Vorrat eröffnet" werden, vielmehr vermöge jeder, der „in der Schweiz mit einem Koffer voll Geld ankommt" nach geltendem eidgenössischem Recht zu sagen, „er bringe dieses vor seiner Steuerbehörde in Sicherheit", was legal sei. Gemäss PUK rufe diese Haltung, obwohl sie rein juristisch korrekt sei, Unverständnis hervor, da ihrer Ansicht nach zumindest versucht werden müsse, die Herkunft jener Gelder, von denen vermutet werde, aus kriminellen Handlungen zu stammen, abzuklären. Sie kommt darum zu dem Schluss, der Bundesanwalt „verkannte in Kenntnis der Verdachtslage die Bedeutung des Falles und verzichtete zu Unrecht auf die Einleitung der erforderlichen Schritte".[252] Er habe vom dem Gesetz inhärenten Ermessensspielraum „falschen Gebrauch" gemacht, wenngleich auch „nicht von einer eigentlichen Amtspflichtverletzung gesprochen werden" könne. Dieser Vorwurf sei auch an die übrigen Verantwortlichen der Bundesanwaltschaft gerichtet,

---

251 Hierzu und zum Folgenden: PUK-EJPD-Bericht, S. 109.

252 Hierzu und zum Folgenden: PUK-EJPD-Bericht, S. 96f.

die sich, der Aufforderung Kaeslins zuwider, gegen ein Ermittlungsverfahren in dieser Sache entschieden hätten.

Die „Untätigkeit in der Bekämpfung der organisierten internationalen Betäubungsmittelkriminalität" habe, bemängelt die PUK weiter, zu einem „Vakuum" geführt, das teilweise von einer ausländischen Behörde ausgefüllt worden sei;[253] der amerikanischen „Drug Enforcement Administration" (DEA), die, in Bern ein der US-Botschaft angegliedertes „Verbindungsbüro" unterhaltend, zugunsten eines raschen und direkten Informationsaustausches rund 300 Mitarbeiter im Ausland stationiert habe, um ein „enges Beziehungsgeflecht" aufzubauen und Ausbildungsprogramme zur Schulung internationaler Beamter anzubieten. Wenngleich die zwischenstaatliche Zusammenarbeit auf diesem Gebiet anzustreben sei, könne es nicht angehen, kritisiert die Kommission an einem Beispiel, dass ausländische Behörden Aufgaben übernähmen, die schweizerischen Strafverfolgungsorganen vorbehalten seien.

Abschliessend fordert die PUK, „das Abwehrdispositiv der Bundesanwaltschaft ist in Zukunft vermehrt zu überprüfen und laufend den veränderten Verhältnissen anzupassen", wobei der Bekämpfung des internationalen Verbrechens, vor allem des Drogenhandels und der Geldwäscherei „einen adäquaten Stellenwert" eingeräumt werden müsse.[254] Da einzelne Verbrechensarten wie Drogen- und Waffenhandel, Terrorismus, erpresserische Entführungen, Agententätigkeiten und politische Subversion nicht mehr isoliert zu betrachten seien, müssten verschiedene

---

253 Hierzu und zum Folgenden: PUK-EJPD-Bericht, S. 97f, 100f, 115. Ein ähnliches Handlungsdefizit der Bundesanwaltschaft konstatiert die PUK-EJPD auch im Kontext des illegalen Waffenhandels, weswegen sie „eine Ueberprüfung der bisherigen Praxis für dringend angezeigt" erachte. PUK-EJPD-Bericht, S. 111f.

254 Hierzu und zum Folgenden: PUK-EJPD-Bericht, S. 113, 115. Vgl. dazu etwa die Aufsätze „Gesetzgeberische Maßnahmen zur Vorbeugung gegen Wirtschaftskriminalität" sowie „Für eine internationale Antimafia-Konvention" in: Bernasconi 1989[3], S. 169–192, 55–74.

Abteilungen der Bundesanwaltschaft stärker vernetzt werden.[255] Dementsprechend sei die Einführung einer „Zentralstelle zur Bekämpfung des organisierten Verbrechens" zu diskutieren. Ebenso gelte es, den Informationsaustausch sowohl zwischen den Kantonen als auch zwischen ihnen und der Bundesanwaltschaft zu verbessern. Grundsätzlich jedoch, bilanziert die Kommission, sei „der Verdacht, schweizerische Behörden seien durch das organisierte Verbrechen unterwandert [...] insgesamt unbegründet", wenngleich entsprechende Gruppierungen „auch in der Schweiz aktiv" seien und systemische Schwachstellen zu nutzen wüssten, was „Anlass zu besonderer Vorsicht" gebe.[256]

Waren die Massnahmen der Bundesanwaltschaft zur Bekämpfung des organisierten Verbrechens von der PUK massiv beanstandet worden, hob die Kommission an anderer Stelle explizit hervor, dass die umstrittene EJPD-Leiterin Elisabeth Kopp bezüglich des überfälligen Geldwäscherei-Strafartikels „nach den vorliegenden Unterlagen ernsthaft bemüht [gewesen ist], trotz politischen Widerstandes die bestehende Gesetzeslücke zu schliessen".[257]

---

255   Am Ende des besagten Kapitels entfaltet die PUK unter der Überschrift „Aufenthaltsbewilligung, nachrichtendienstliche Tätigkeit, Verdacht auf Geldwäsche und Devisenschmuggel und das Verhalten schweizerischer Behörden" beispielhaft an den umstrittenen Geschäftsumtrieben der Familie Shakarchi, „in welcher Weise die Bundesbehörden auf die Verlagerung einzelner Finanzinstitute aus dem Nahen Osten reagiert und welche Vorkehrungen sie getroffen oder auch nicht getroffen haben, um den damit verbundenen Problemen zu begegnen". PUK-EJPD-Bericht, S. 116–124, hier: S. 116.

256   PUK-EJPD-Bericht, S. 107.

257   Hierzu und zum Folgenden: PUK-EJPD-Bericht, S. 84f. Vgl. dazu: Eidgenössisches Justiz- und Polizeidepartement, „Vorschläge zur strafrechtlichen Erfassung der Geldwäscherei in der Schweiz", wiedergegeben in: Bernasconi 1989[3], S. 48–54. Es handelt sich um die entsprechenden Rechtsentwürfe Paolo Bernasconis, der, wie bereits erwähnt, im Sommer 1986 als Experte vom Justizministerium mit einer diesbezüglichen Ausarbeitung beauftragt worden war. Paolo Bernasconi (*1943) ist ein Tessiner Jurist, der von 1969–1985 als Erster Staatsanwalt für Lugano und Chiasso amtete und zum Zeitpunkt des „Kopp-Skandals" als Lehrbeauftragter für Wirtschaftskriminalität

Sie sei allerdings als Departementchefin mitverantwortlich dafür gewesen, „dass die Erarbeitung von Grundlagen zuhanden des Bundesrates um bis zu sechs Monate verzögert werden kann, nur weil Personal für die notwendigen Uebersetzungen fehlt". Schliesslich habe die Kommission keinerlei Hinweise für die Korrektheit des Vorwurfs gefunden, die Bundesrätin habe Akten vernichtet. Insgesamt müssten die „kritisch gewürdigten Sachverhalte [...] gerechterweise an der überwiegend korrekten Amtsführung" Elisabeth Kopps gemessen werden.

Vor der parlamentarischen Debatte des PUK-Berichtes liess die Alt Bundesrätin am 6. Dezember 1989 durch ein umfangreiches Papier ihres Anwaltes mitteilen, dass sie einiges am Bericht der Kommission auszusetzen habe.[258] In einem Interview mit der Berner Zeitung nimmt PUK-Präsident Moritz Leuenberger zu verschiedenen Kritikpunkten Stellung.[259] Auf Kopps Anschuldigung, die PUK habe ihr kein rechtliches Gehör gewährt und ihre Verteidigungsrechte beschnitten, entgegnet Leuenberger, die Option, sich von einem Anwalt begleiten zu lassen, habe sie durchaus nutzen können. Zudem sei allen Beteiligten in gleicher Weise rechtliches Gehör gewährt worden, auch indem allen

---

an den Universitäten St. Gallen und Zürich sowie als Gastprofessor für internationales Steuerrecht an der Universität Genua tätig war. Zudem fungierte er sowohl beim EJPD in Bern als auch beim Europarat in Strassburg als Rechts- und Wirtschaftsberater. In zahlreichen seiner Publikationen thematisiert er die Praxis des schweizerischen Bankgeheimnisses und der internationalen Rechtshilfe in Straf- und Steuersachen. Bernasconi 1989³, Einbandtext.

258 Vgl. auch: Stellungnahme von alt Bundesrätin Kopp, Neue Zürcher Zeitung, 25. November 1989.

259 Hierzu und zum Folgenden: Moritz Leuenberger zit. n.: Krebs/Walther, Rechte, Berner Zeitung, 7. Dezember 1989. Leuenberger expliziert bezüglich der Koppschen Forderung nach einer Zurücknahme des Berichts und einer Streichung desjenigen Abschnitts, der die Umstände ihres Rücktritts behandelt, Frau Kopp sei mittlerweile als Privatperson anzusehen, wobei Private generell keine entsprechenden Anträge stellen könnten. Ein solches Recht hätten nur Ratsmitglieder, die die Forderung aufgreifen müssten, was, „soviel ich weiss, bisher nicht der Fall" sei.

zwecks Vorbereitung „die Vorwürfe ungefähr eine Woche" vor Anhörung schriftlich mitgeteilt worden seien. Leuenberger habe darauf geachtet, Elisabeth Kopp alle im Geschäftsprüfungsgesetz zugestandenen Rechte einzuräumen, inklusive der Möglichkeit, während der Sitzung Akten einzusehen. Auch habe die PUK lediglich die Hintergründe der Demission betrachtet und beurteilt, aber nicht, wie von der demissionierten Ministerin behauptet, das Mandat durch strafrechtliche Äusserungen überschritten und damit das Prinzip der Gewaltenteilung missachtet. PUK-Mitglied und CVP-Nationalrat Rolf Engler äusserte sich diesbezüglich ebenfalls abwehrend.[260] Den Tadel einer strafrechtlichen Vorverurteilung entgegnend, hob er hervor, die PUK habe sich nirgends entsprechend geäussert, sondern nur eine politisch-moralische Wertung vorgenommen, wobei sie sich sogar hinsichtlich des strafrechtlich erfassbaren Straftatbestandes einer Amtsgeheimnisverletzung verständnisvoll für das Vorgehen von Elisabeth Kopp gezeigt habe. Der Hauptvorwurf der PUK an die damalige EJPD-Chefin habe vielmehr ihr Verhalten nach dem fatalen Telefonat betroffen.

Sind die obigen Beanstandungen im Nationalrat einmal mehr als „Beweis für Kopps Uneinsichtigkeit" aufgefasst worden,[261] hielt die ehemalige Bundesrätin nach der PUK-Debatte mit ihrer öffentlichen Erklärung und Entschuldigung vom 15. Dezember 1989 dagegen. Darin betont sie, es gehe ihr darum „Schwächen und Fehler anzuerkennen, wo sie vorgekommen sind".[262] Auch stellt sie nochmals ihre Sicht des Sachverhalts dar. Hervorhebend, das Telefonat mit ihrem Mann „in guten Treuen und mit bester Absicht" geführt zu haben, sei sie überzeugt gewesen, zugunsten der Landesinteressen dürfe ein Bundesratsgatte keinen Tag länger dem Verwaltungsrat einer in schwerwiegenden Verdacht geratenen Gesellschaft angehören, „ob die Vorwürfe berechtigt sind oder nicht". Auch für sie selber, fährt Kopp in der Stellung-

---

260 SDA/AP, Rückzug, Tages-Anzeiger, 7. Dezember 1989.

261 Pk., Bericht, Berner Zeitung, 7. Dezember 1989.

262 Hierzu und zum Folgenden: Kopp, Fehler, Neue Zürcher Zeitung, 15. Dezember 1989; Kursivsetzung laut Quelle.

nahme fort, lasse sich retrospektiv ihr im Parlament vor allem beanstandetes Verhalten nach den Telefonaten, „insgesamt *schwer nachvollziehen"*. Im Anschluss an ihr Eingeständnis, wonach die „sofortige Orientierung über den damals noch unbedeutenden Vorfall [...] das einzig Richtige gewesen" wäre, ergänzt sie erklärend: „Unter dem Druck des ganzen Geschehens, vielleicht auch aus einer unbewussten inneren Verdrängung heraus, habe ich die Sache auf sich beruhen lassen, mich abgekapselt, statt mich zu öffnen". Die von ihr dadurch evozierte massive Unruhe und die damit einhergehenden Probleme für „die Öffentlichkeit und insbesondere die Frauen sowie meine Kollegen im Bundesrat, meine Parteifreunde und *den damaligen FDP-Fraktionspräsidenten Ulrich Bremi"* habe sie zu spät realisiert. Kopp abschliessend: „Ich entschuldige mich, dass ich Menschen enttäuscht und verletzt habe".

Gemäss einem wohlwollenden Urteil in der NZZ habe Elisabeth Kopp mit ihrer Erklärung „ein Jahr danach" einen Beitrag zur Aufarbeitung des Skandals geleistet.[263] Zudem, führt der Autor fort, dürften die „*zukunftsgerichteten* Bemühungen um die Lehren und die Konsequenzen daraus als *im vollen Gang* befindlich betrachtet" werden. Die politische Kultur des Landes sei mithin „nicht krisenhaft erstarrt, sondern in Bewegung – nicht mit dem Rücken zur Zukunft, sondern *lern- und krisenfähig"*. Indes, dieses Diktum wurde in den kommenden Monaten massiv in Frage gestellt. Allein die Einschätzung, dass die „*retrospektive* Aufarbeitung [des „Falls Kopp"] als weitgehend *abgeschlossen"* anzusehen sei, sprach die einmal mehr erhitzte Debatte um den im Februar 1990 folgenden Strafprozess Hohn. Bis kurz vor dessen Beginn war niemand öffentlich bereit gewesen, Elisabeth Kopp zu verteidigen. Die Anschuldigungen schienen einhellig, eine potenzielle Sanktionierung durch das Gericht galt allgemein als legitime Genugtuung. Der „Kopp-Skandal" war Anfang 1990 noch nicht beendet, die Deutungskämpfe um das Verhalten und Ansehen der

---

263 Hierzu und zum Folgenden: K.A., Jahr, Neue Zürcher Zeitung, 16.12.1989; Kursivsetzung laut Quelle.

ersten Bundesrätin gingen vielmehr in die zweite Runde – mit dem Versuch, den Skandal in eine Affäre zu überführen.

3. „Rechtsstaat im Zwielicht"? Die Umkehr der Rollen

a) Die „Affäre" als analytische Kategorie

Erst die legendären Eingriffe zweier französischer Intellektueller in Auseinandersetzungen über besonders tragische Strafprozesse ihrer Zeit liessen aus den jeweils inkriminierten Sachverhalten „Affären" werden. Es waren François Voltaires Intervention in den Fall Calas von 1762 und Émile Zolas „J'accuse" im Fall Dreyfus von 1898,[264] die aus den jeweiligen empirischen Ereigniskonstellationen geradezu mustergültige Affären machten, aus denen die Historikerin Élisabeth Claverie analytische Kriterien herausgearbeitet hat, um den Affären-Begriff als Kategorie im Rahmen einer Soziologie der Kritik zu verorten.[265] Verstanden als „Idealtypus" im Sinne Max Webers,[266] wird im Folgenden auf die von Élisabeth Claverie und Luc Boltanski entfalteten Definitionskriterien von Affären zurückgegriffen, um den empirischen „Fall Kopp" als historisches Phänomen einer komplexen Deutungskontroverse differenzierter ergründen zu können. Schliesslich handelte es sich dabei um mehr als einen Skandal.

Anders als im umgangssprachlichen Gebrauch wird eine Affäre in dieser Untersuchung analytisch von einem Skandal unterschieden.[267] Wie in der Einleitung explizit beschrieben, wird unter letz-

---

264 Vgl. hierzu: Gilcher-Holtey 2007a, 2007b.

265 Vgl.: Offenstadt/ Van Damme 2007, S. 9; Boltanski/Claverie 2007, S. 411f.

266 Zum „Idealtypus" siehe: Weber 1904, S. 72–101.

267 In der deutschen Umgangssprache hat der Begriff „Affäre" zahlreiche Bedeutungen. In den zeitgenössischen Quellen des vorliegenden Sujets wird er offenbar gemeinhin verstanden als „unangenehmer Sachverhalt" oder „brisante öffentliche Angelegenheit". Synonym gebraucht für (pejorativ) „Fall" beziehungsweise „Eklat", „Skandal", erfolgt eine

terem die Verfehlung eines zumeist sozial privilegierten Akteurs verstanden, die in der Öffentlichkeit von Skandalierenden als erheblicher Bruch einer für die Gemeinschaft relevanten Norm angeprangert wird.[268] Eine Affäre nun kann sich, gemäss dem der Abhandlung zugrundegelegten Begriffskonzept, aus einem Skandal entwickeln, wenn bestimmte Akteure in die öffentliche Debatte eingreifen, um zu zeigen, dass die skandalisierte beziehungsweise inkriminierte Person keineswegs schuldig, sondern vielmehr leidtragend ist.[269] Gemäss den Ausführungen Claveries lässt sich der idealtypische Verlauf einer Affäre wie folgt charakterisieren:[270]

Ein professioneller Ankläger benennt im Kontext eines administrativen Vorgangs und somit im Namen eines Kollektivs eine schuldige Person, der vorgeworfen wird, rechtsgültige Normen verletzt zu haben. Die Gemeinschaft gilt als geschädigt, es folgt eine drastische Verurteilung der bezichtigten Person in der Öffentlichkeit. Zur Affäre wird der Sachverhalt erst durch eine Wende, die durch einen nicht-professionellen Ankläger, etwa aus den Reihen der Kulturschaffenden, in der öffentlichen Arena eingeleitet wird. Das Verhalten des ursprünglichen Anklägers wird

---

Sinnkombination aus negativen Konnotationen wie Verfehlung, Kompromittierung, Schande. Etymologisch stammt der Terminus „Affäre" vom französischen *à faire*, (beziehungsweise lateinisch *facere*), *machen, tun*. Bereits im Altfranzösischen zusammengefügt zu *afaire: Angelegenheit, Geschäft, Unternehmung*, wurde er in Wortverbindungen wie *estre afaire: nötig sein* oder *avoir afaire: nötig haben* benutzt, wodurch er mit Bedeutungsnuancen wie Unverzichtbarkeit, Notwendigkeit, Dringlichkeit belegt war. Die Pejoration des Begriffs offenbart sich besonders in der Wendung *se tirer d'affaire: sich aus einer misslichen Situation herauswinden* beziehungsweise *sich aus der Affäre ziehen* (Mitte 18. Jh.) oder *in eine Affäre verwickelt sein* (um 1700). Vgl.: diverse Begriffslexika (der Fremdworte, Synonyme, Etymologie).

268 Vgl. die entsprechenden Ausführungen im Abschnitt "Politische Deutungskämpfe als historisches Problem" in der Einleitung.

269 Vgl.: Boltanski/Claverie 2007, S. 422.

270 Hierzu und zum Folgenden: Élisabeth Claverie, in: Offenstadt/Van Damme 2007, S. 9f; übersetzt und paraphrasiert von Dorothee Liehr.

dabei bezüglich konkreter Aspekte als fehlerhaft entlarvt und die Ungerechtigkeit der administrativen Begründungen argumentativ aufgezeigt. Durch den öffentlichen Eingriff der das Unrecht anprangernden Person werden andere Akteure mobilisiert, deren Ziel es ebenfalls ist, die Diskriminierung nachzuweisen und die Gemeinschaft entsprechend aufzuklären. Es wird offenbar, dass die ursprünglich angeklagte Person unschuldig, mithin durch die Anklage geschädigt ist. Ein inkriminierter Sachverhalt beziehungsweise Skandal wird somit durch die Umkehrung der Rollen zur Affäre, und die Aussagen, auf die die vorherige Beweisführung gründete, lassen sich als Illusion, Fantasie oder Hirngespinst enthüllen. Während die öffentlich nahezu einhellig erfolgte Verurteilung im Rahmen eines Skandals, von administrativ gefällten Schuldsprüchen untermauert, generell als legitim erachtet wird, haftet denjenigen Anschuldigungen, die die Angelegenheit zur Affäre werden lassen, immer etwas nebulöses, ungewisses und rechtswidriges an, weil sie nicht durch eine behördliche Instanz geklärt und damit nicht rechtmässig anerkannt sind.[271]

Um neue Versionen des Sachverhalts im Deutungskampf geltend machen zu können, muss die das Fehlurteil anprangernde Person von einer unabhängigen Sprecherposition aus argumentieren, das heisst, es darf keine persönliche Beziehung zwischen der öffentlich geschädigten Person und der sie verteidigenden bestehen, wobei sich letztere in der Öffentlichkeit als unparteiisch Zuschauende darzustellen hat.[272] Dementsprechend darf das Engagement der Verteidigung zugunsten einer erfolgreichen Transformation des Skandals in eine Affäre nicht durch Interessen oder gar Sippenhaftung motiviert sein. Es muss vielmehr rein sachbezogen erfolgen, das heisst, das Ziel der Intervention beinhaltet allein die Einhaltung bestimmter Normen in der soziopolitischen Praxis.

Ob sich ein zur Affäre gewendeter Sachverhalt im öffentlichen Raum etablieren kann, hängt mithin entscheidend vom Gelingen der Verallgemeinerung des angeprangerten Fehlurteils („Travail

---

271 Vgl.: Offenstadt/Van Damme 2007, S. 11.

272 Vgl.: Boltanski/Claverie 2007, S. 434f.

de désingularisation") beziehungsweise einer Loslösung der Ungerechtigkeit vom Einzelfall („Travail de detachement") ab. Verläuft die Verallgemeinerung erfolgreich, indem die angeprangerte Diskriminierung als verletzte Gesellschaftsnorm eine kollektive Geltung erfährt, entwickelt sich im Laufe der Zeit eine Streitdynamik, die Grenzverläufe, teilweise nicht nur innerhalb verschiedener Sphären einer Gesellschaft, zu überwinden und ein Land – wie beispielsweise Frankreich am Ende des 19. Jahrhunderts – jahrelang zu beschäftigen vermag.[273] Scheitert jedoch die Verallgemeinerung, indem die Proklamation des angeprangerten Unrechts in der Öffentlichkeit durchfällt, wird die Angelegenheit wieder zurückgeworfen auf den Einzelfall, die ursprünglich beschuldigte Person weiterhin mit Ressentiments belegt und ihr angeprangertes Verhalten psychologisiert.

Fasst man den so beschriebenen Ablauf, wie er sich in den empirischen Fällen Calas und Dreyfus erfolgreich ereignet hat, entlang der ihn kennzeichnenden Kriterien als einen Idealtypus und damit als kategoriales Ordnungs-, Vergleichs- und Anschauungsinstrument, dann lassen sich in einzelnen Belangen durchaus Parallelen im „Fall Kopp" aufzeigen. Inwiefern wurde versucht, aus dem „Kopp-Skandal" eine „Kopp-Affäre" zu machen, und mit welchem Effekt für die Deutungskontroverse um das Ansehen der Alt Bundesrätin?

b) Die Intellektuelle Jeanne Hersch und ihr erster Eingriff in den „Fall Kopp"

Es war die Grande Dame der Schweizer Philosophie, Jeanne Hersch, die knapp eine Woche vor Beginn des Strafprozesses gegen Renate Schwob, Katharina Schoop und Elisabeth Kopp zugunsten der in den Medien angefeindeten ehemaligen Justizministerin in der Öffentlichkeit Partei ergriff.[274] Wohl wissend um

---

273 Hierzu und zum Folgenden: Boltanski/Claverie 2007, S. 408f.

274 Jeanne Hersch (*13.7.1910 in Genf; †5.6.2000 in Genf) war das älteste von drei Kindern der Ärztin Louta Lichtenbaum und des späteren

die symbolische Wirkungsmächtigkeit gerichtlich legitimierter Strafurteile, schloss ihr am 12. Februar 1990 im Bund publizierter Text mit der einen Appell implizierenden Aussage: „Jetzt bleibt uns nur, uns auf die schwierig gewordene Unabhängigkeit der

---

Genfer Professors für Demografie und Statistik, Liebmann Hersch, der 1954 zum Präsidenten der Weltbevölkerungskonferenz in Rom ernannt worden war. Beide Elternteile fühlten sich der jüdischen Kultur in einem nicht-konfessionellen Sinne verpflichtet, sie stammten aus Litauisch Wilno sowie aus Warschau und waren 1904 in die Schweiz immigriert. Durch ihre sozialrevolutionäre Gesinnung – sie waren Mitglieder des „Allgemeinen Jüdischen Arbeiter-Bunds" – prägten sie ihre Tochter wertideell, indem sie ihre Kinder für Grundsätze wie Mitmenschlichkeit, soziale Gerechtigkeit, demokratische Freiheit und internationale Solidarität sensibilisierten. Jeanne Hersch studierte zunächst Literaturwissenschaft. Von 1929–1932 wurde ihre Faszination für Philosophie bei Karl Jaspers in Heidelberg geweckt, dessen Schülerin und Vertraute sie wurde und dessen Existenzphilosophie ihr Denken prägte.1933 besuchte sie in Freiburg im Breisgau Lehrveranstaltungen Martin Heideggers. Hersch unterrichtete fast 25 Jahre Französisch und Philosophie an der École Internationale in Genf. 1938 stand sie während einer viermonatigen Reise als Lehrerin im Dienst der königlichen Familie von Siam. 1946 wurde Hersch promoviert und hatte von 1956 bis 1977 als erste Schweizer Frau in der Philosophie an der Universität Genf eine entsprechende Professur inne. Von 1966–1968 war sie Direktorin der philosophischen Abteilung der UNESCO in Paris, wo sie die Schweiz im Exekutivrat von 1970–1972 vertrat und bis 1976 als Mitglied der nationalen Kommissionen amtete. Während ihrer ab 1973 erfolgten zwanzigjährigen Präsidentschaft der Karl-Jaspers-Situng sorgte sie für die Herausgabe seines Nachlasses. Hersch, die mehrsprachig war, unternahm zahlreiche Reisen durch die ganze Welt und nahm an ausländischen Universitäten Gastsemester wahr. Ein zentraler Schwerpunkt ihres facettenreichen Werks inklusive ihrer bis ins hohe Alter gehaltenen beliebten Vorträge waren Fragen nach der Freiheit und ihren Grenzen. Sie engagierte sich öffentlich gegen Ungerechtigkeit, Indoktrination und Totalitarismus, galt als Kämpferin für Menschenrechte, über die sie 1968 das Grundlagenwerk „Le droit d'être un homme" veröffentlichte. Darüber hinaus war Hersch zeitlebens als Übersetzerin tätig. Vgl. etwa: Jeanne Hersch – Gesellschaft online, Lebenslauf; Pieper, Gegenwart, Neue Zürcher Zeitung, 6. Juni 2000; sowie ausführlich: Jeanne Hersch über ihr Leben in: Dufour/Dufour 1986; Linsmayer 2010.

Bundesrichter zu verlassen".[275] Entsprechend besagt der von Hersch entfaltete Kerngedanke, die massive über die massenmediale Berichterstattung erfolgte Skandalisierung Elisabeth Kopps, 1989 fortgesetzt, habe sich bisher manipulativ auf die staatlich Ermittelnden und deren Standpunkte in dieser Angelegenheit ausgewirkt. Ihre Kritik richtete die emeritierte Philosophieprofessorin aus Genf damit nicht nur an die Medienschaffenden, sondern auch an politisch institutionalisierte Akteure, die das Mandat einer sachlichen Aufklärung innegehabt haben: die Mitglieder der PUK.

Zunächst aber hebt sie in ihrem Artikel hervor, die Kommissionsmitglieder hätten „gründliche und seriöse Arbeit geleistet", indem sie „Lücken, Nachlässigkeiten, Unterlassungen und Fehler aufgedeckt haben, die man nun wird behandeln müssen, zum grössten Wohl der Demokratie". Zudem sei es ihnen, unter Zeitdruck stehend, gelungen, trotz parteipolitischer Heterogenität sowie grosser Komplexität des zu behandelnden Stoffes, fristgemäss einen klaren, kohärenten Text abzuliefern. Allerdings, lenkt Hersch ein,

> „darf man den Verdacht hegen, dass die aus erster Sicht so erfreuliche Einstimmigkeit der Kommission einige Zweifel hervorrufen mag. Stammt sie nicht grösstenteils von einer anderen Einstimmigkeit, welche von der Presse, der schriftlichen wie auch der elektronischen, im Laufe des ganzen Jahres 1989 geschaffen wurde, und der nur vereinzelte wenige Bürger – eigentliche Ausnahmen – zu widerstehen imstande gewesen sind?"

Jeanne Herschs lebenslang anhaltende Motivation, die alltägliche Entwicklung des Gemeinlebens kritisch zu hinterfragen und gegebenenfalls politisch zu intervenieren, war geprägt von ihren Erfahrungen während der beginnenden Diktatur der Nationalsozialisten sowie den diese bedingenden propagandistischen Massnahmen. Deren latent wirkende unheilvolle Konsequenz

---

275 Hierzu und zum Folgenden: Hersch, Unabhängigkeit, Bund, 12. Februar 1990. Der Artikel ist auch im Journal de Genève erschienen.

hatte sie während ihres Studienaufenthaltes bei Martin Heidegger in Freiburg im Breisgau während des Sommersemesters 1933 am eigenen Leib erlebt.[276] In einem Aufsatz von 1953 mit dem Titel „Tragweite und Grenzen des politischen Handelns" entfaltet sie drei Einsichten, die sie aus ihren Erfahrungen als junge Gaststudentin im nationalsozialistischen Deutschland gewonnen hatte:

> Erstens, „dass man der Politik unmöglich den Rücken kehren kann; wenn man es ablehnt, sich mit ihr zu beschäftigen, beschäftigt sie sich mit einem"; zweitens, „dass es nichts innerhalb des menschlichen Bereichs gibt, das für immer errungen und ausserhalb der Zeit festgelegt ist. Nichts: weder das Ansehen der Person noch die gesellschaftlichen Schranken noch die Gerechtigkeit, nicht einmal der Sinn des Wortes Gerechtigkeit – nicht einmal der Wille zur Gerechtigkeit"; und drittens, „dass zu jedem Zeitpunkt, hier, mitten in meinem Leben, irgendetwas geschehen kann, nicht etwa infolge einer natürlichen Katastrophe [...], sondern durch die Geschichte. Die Geschichte nimmt keinen vernunftgemässen Verlauf. [...] Auch die Entwicklung von der Autokratie zur Demokratie, von der Sklaverei zur Staatsbürgerschaft war also nicht selbstverständlich. Die umgekehrte Entwicklung war nicht ausgeschlossen. Die Menschen konnten aufhören, die Freiheit zu wollen. Die Geschichte hört nicht da auf, wo das Geschichtsbuch den Schlusspunkt setzt, sie war *jetzt* im Werden. Und sie geschah nicht anderswo, nicht in einer

---

276   Die diesbezügliche Prägung ihrer Denkhaltung hatte sie einst wie folgt illustriert: „Da verstand ich, und zwar aus dem Innersten heraus, wie ein totalitäres Regime sich durchsetzt und dass das nichts, aber auch gar nichts mit einer intellektuellen Entwicklung zu tun hat. [...] die Ideologien sind, würde ich fast sagen, physisch zerstäubt, in einer Art Atmosphäre, die man von morgens bis abends einatmet und die einen buchstäblich mit jedem Atemzug vergiftet. Es ist sozusagen ein physiologisches Phänomen." Jeanne Hersch in: Dufour/Dufour 1986, S. 32.

anderen Zeit als der des täglichen Lebens: sie ereignete sich *hier.*"[277]

Sich diese Erkenntnisse stets präsent haltend, engagierte sich Jeanne Hersch zeitlebens gegen jedwede gesellschaftliche Form totalitären Verhaltens, insbesondere gegen eine auf Konformität abzielende Meinungsmache. Deren aggressiv-destruktive Schlagkraft sah sie nicht nur als menschenverachtend an, Hersch witterte sie gemeinhin als demokratiefeindliche Gefahr. Solche Mechanismen in der Auseinandersetzung um den Sturz der ersten Bundesrätin wahrnehmend, fühlte sich die damals bereits 80jährige Hersch, die nicht nur wegen ihres philosophischen Werks, sondern vor allem für ihren jahrzehntelangen Kampf um Menschenrechte und individuelle Freiheit mehrfach ausgezeichnet worden war,[278] trotz des hohen Sanktionsdrucks zu einer intellektuellen Intervention veranlasst.

Hersch mahnt vier den PUK-Bericht betreffende Aspekte an, für die sie „die allgemeine Bewunderung nicht teilen" könne.[279] Als erstes kritisiert sie, die realitätskonstituierende Wirkungsmächtigkeit einer darstellerischen Form hervorhebend, die vereinheitlichende Inszenierung der thematisch ausdifferenzierten Ermittlungsresultate. Zu beanstanden sei demnach, dass die verschiedenen im Schriftstück der PUK behandelten Sachverhalte – (a) Drogen- beziehungsweise Geldwäscheproblematik, (b) Amtsführung sowie Verhalten der ersten Bundesrätin ab dem 27. Oktober 1988, (c) Fichen-Funde in der Bundesanwaltschaft – in

---

277 Hersch 1953, S. 137f; Kursivsetzung laut Quelle. Bei dem eindrücklichen Text handelt es sich um einen Aufsatz zu Ehren von Karl Jaspers anlässlich dessen 70. Geburtstages. Vgl.: Anmerkung der Herausgeberinnen in: Hersch 1953, S. 151.

278 Unter den Ehrungen, die Jeanne Hersch verliehen wurden, waren: 1973 der Preis der Fondation pour les Droits de l'Homme, 1979 der Montaigne-Preis, 1980 der Max-Schmidheiny-Freiheitspreis, 1987 die Albert-Einstein-Medaille, 1992 der Karl-Jaspers-Preis sowie zahlreiche Ehrendoktorwürden.

279 Hierzu und zum Folgenden: Hersch, Unabhängigkeit, Bund, 12. Februar 1990.

einem Bericht verschmölzen, was den Eindruck suggeriere, die
drei Problemfelder seien stärker, als tatsächlich der Fall, miteinander verwoben. Damit habe der Bericht, wie in der von Hersch als
unerträglich empfundenen „aufsässigen Pressekampagne" gegen
Elisabeth Kopp offenbart, die Mutmassungen genährt, es gebe
einen realen Zusammenhang zwischen dem Verhalten der ehemaligen Justizministerin und den Verbrechen der Drogenmafia.
Durch die mediale Berichterstattung sei es schliesslich gelungen,
„in der Volksvorstellung eine Elisabeth Kopp zu kristallisieren,
die wie eine Spinne im Zentrum des Welthandels der Giftmischer,
neben ihrem mitschuldigen Mann, sass". Die PUK habe, Herschs
Meinung nach, diese Verstrickungen nicht gelöst. Doch, so fragt
sie:

> „Welcher Zusammenhang besteht eigentlich zwischen
> Elisabeth Kopps Anruf an ihren Mann und der Kartei
> der Bundespolizei [...]? Warum hat man das Problem der
> Verdienste oder der Verfehlungen der Bundesrätin, die
> mit dem Anruf und dessen Folgen verbunden waren, nicht
> deutlich von all dem getrennt, was die Bekämpfung des
> Drogenhandels und des schmutzigen Geldes betrifft, oder
> auch von den Strukturen des Departements? Es wäre ein
> leichtes gewesen, wenigstens zwei verschiedene Berichte
> zu verfassen, vielleicht sogar deren drei – was erlaubt hätte,
> mit der erwünschten Deutlichkeit zu bezeugen, dass was
> die Drogenszene angeht, man im Zusammenhang mit Frau
> Kopp nichts gefunden hatte, aber auch nicht die geringste
> Spur."

Zweitens bemängelt Hersch die von der PUK aus den Medien
aufgegriffene Behauptung, Hans Werner Kopp trage „'eine
wesentliche Mitverantwortung'" am politischen Schicksal seiner
Gattin, weil er „'auf die Amtstätigkeit seiner Ehefrau kaum
Rücksicht genommen hat'". Abgesehen davon, dass von der
Kommission diesbezüglich verwendete einschränkende Begriffe
wie „wahrscheinlich" gemäss Hersch „in einem Text wie diesem"
nichts zu suchen hätten, entbehre der Hans W. Kopp bezichtigen-
de Satz dem rechtsstaatlichen Prinzip der Unschuldsvermutung,

da bis zu jenem Zeitpunkt juristisch weder die Firma Shakarchi noch der Bundesratsgatte für schuldig erklärt worden seien. Eine allzu generalisierende Skepsis gegenüber mächtigen Eliten anmahnend, fragt sie:

> „Soll man also annehmen, dass die Kommissionsmitglieder einstimmig der Meinung sind, dass es eine Unschuldsvermutung für die Ehegatten politischer Persönlichkeiten nicht geben darf? Oder ist es ihre Meinung, dass sie ausgelöscht ist vom Augenblick an, wo eine politische Persönlichkeit in einem Verwaltungsrat sitzt?"

Drittens sei nicht nachvollziehbar, warum die ansonsten so gewissenhaften Darlegungen der PUK nichts Konkretes über das von Elisabeth Kopp vermeintlich an ihren Mann ausgeplauderte Amtsgeheimnis enthalten würden, das laut Bericht den geheim zu haltenden Kaeslin-Papieren entnommen worden und über Renate Schwob und Katharina Schoop zu Elisabeth Kopp vorgedrungen sei.

> „Diese Papiere", pointiert Hersch ihre Zweifel am potenziellen Delikt einer Amtsgeheimnisverletzung, „müssen die Amtsgeheimnisse enthalten haben, die die Bundesrätin verraten zu haben angeklagt wird. Welche Geheimnisse enthielten sie? Einmal ‚verraten', könnten sie nicht dem Volk mitgeteilt werden?"

Den von ihr am Ende des Artikels, viertens, genannten Anklagepunkt bezeichnet sie selbst als „grundlegendste und schwerwiegendste" Kritik, weil die PUK, die zugunsten umfassender Recherchen diverse zu den inkriminierten Umständen beigetragenen Personen und Institutionen anhören habe müssen, die Rolle einer besonders einflussreichen Akteursgruppe kommentarlos übergangen habe. So sei in der PUK-Dokumentation ausser Acht gelassen worden, dass die Presse

> „für die öffentliche Meinung, während eines Jahres, und bevor überhaupt etwas juristisch feststand, jede Unschuldsvermutung zunichte gemacht [hat], ohne die es jedoch

keinen Rechtsstaat gibt. Die Macht, die sie an den Tag legte, und den Gebrauch, den sie davon machte, hätten, meiner Ansicht nach, Parlamentarier, die um Reformen und Durchsichtigkeit so sehr besorgt sind wie die Autoren des Berichts, nicht gleichgültig lassen dürfen."

Hersch untermauert dieses Argument, indem sie als eine potenzielle Ursache für die von der PUK am Verhalten der Bundesrätin am stärksten gebrandmarkte zögerliche Preisgabe der Telefonate auf ein Element verweist, das in der Skandalversion des Sachverhalts so gut wie keine Berücksichtigt gefunden hatte. Während Kopp in der Öffentlichkeit nahezu flächendeckend niederträchtiger Eigennutz, mithin eine böswillige Vermengung amtlicher und privater Anliegen als Handlungsmotiv unterstellt worden war, macht Hersch den in Handlungstheorien als ebenso zentral angesehenen Gegenfaktor rationaler Interessen geltend: die mehr oder weniger unbewusst auf das Verhalten von Akteuren wirkenden Emotionen.[280] Sowohl die schriftliche als auch die elektronische Presse habe, so die Philosophin,

„ohne Zweifel, durch den ungeheuren Druck, den sie von Anfang an ausgeübt hat, das Verhalten der Figuren dieser Tragödie beeinflusst, ganz besonders, was das zu lang währende Stillschweigen von Frau Kopp angeht, das die PUK für schwerer hält, als den Telefonanruf selbst."

Auf die psychische Beklemmung anspielend, in die die Justizministerin vor ihrer Wahl zur Bundesratsvizepräsidentin durch die erneute massenmediale Stimmungsmache gegen ihren Mann geraten war, lenkt Hersch das Augenmerk auf die emotionale Innensicht der kritisierten Mitarbeiterinnen des EJPDs, vor allem aber auf diejenige von Elisabeth Kopp, die ihre Reputation als Politikerin – nach den rufschädigenden Erfahrungen während ihrer Bundesratskandidatur – einmal mehr bedroht gesehen haben mag. Unter dem Empathie erzeugenden Blickwinkel auf die damals belastete Gemütslage der Ministerin war eine weniger despektierliche Sicht auf ihr problematisiertes Verhalten möglich.

---

280 Zur Bedeutung von Emotionen in der Politik vgl.: Nullmeier 2006.

Denn gemäss den Erkenntnissen der sozialpsychologischen Vorurteilsforschung kann das über eine Person kursierende Feindbild abgemildert werden, wenn es über die Akzentuierung der Menschlichkeit ihrer Verfehlungen gelingt, bei den Kritikern Identifikationsprozesse und Anteilnahme zu stimulieren.[281]

Abgesehen davon, dass Jeanne Hersch mit dem Verweis auf die damalige emotionale Bedrängnis der EJPD-Chefin als optionales Handlungsmotiv eine neue Facette in den Deutungskampf um das Ansehen der Alt Bundesrätin bringt, attribuiert sie den Sachverhalt zusätzlich mit einer Auslegung des Telefonanrufs Kopps und dem unmittelbar darauf folgenden Rücktritt ihres Gatten, die in den Narrativen der gängigen Skandalversion, obgleich überaus nahe liegend, bis dato nicht vorkam: die Option nämlich, dergemäss die Bundesrätin bedenkenlos zum Hörer gegriffen hatte, weil sie sich dabei keiner illegitimen Tat bewusst gewesen ist. Das jedoch widersprach der allgemein kursierenden Vorstellung von

---

281   Vgl.: Spillmann/Spillmann 1989, S. 29–33. Für das Autorenpaar stellen Feindbilder ein „pathologisches Extrem" von Stereotypen dar, weil bei ihrer Konstruktion eine zwischenmenschliche „Perspektiven-Übernahme" beziehungsweise der übliche „reziproke Wahrnehmungs- und Einfühlungsvorgang" mit den betroffenen Menschen(gruppen) entfalle und dadurch negative „Affekte auf die ursprüngliche und primitive Gut/Böse-(Freund/Feind)-Spaltung reduziert" würden. Angesichts der dem Feindbild impliziten radikalen Stereotypisierung, würden typisch humane Wesenszüge, Emotionen und Verhaltensmechanismen, existenzielle Grundbedürfnisse sowie individuelle Eigenheiten der als Feinde Gebrandmarkten nicht mehr wahrgenommen. Im fatalen Prozess einer solchen „De-Individualisierung" finde keine Empathie mehr mit den Stigmatisierten statt, sie würden nicht mehr als „Mit-Menschen" empfunden. Ein Abbau von Feindbildern bedeute mithin, einen Vorgang der „Re-Individualisierung" einzuleiten, der einhergehe mit der Vergegenwärtigung menschlicher Eigenschaften der Diskriminierten. Vgl.: Keen 1993², S. 21–23. Keen betont, „die Feindvorstellung zerstört systematisch unsere natürliche Neigung, uns mit anderen Angehörigen unserer Art zu identifizieren". Frontsoldaten berichteten häufig von ihrer Unfähigkeit erneut zu töten, nachdem sie die Habseligkeiten eines getöteten Feindes betrachtet hätten, wodurch das kriegerische Propagandabild seine vernichtende Wirkung verloren habe.

Elisabeth Kopps anscheinender Niederträchtigkeit. So gesehen scheinen, führt Hersch aus, sowohl der inkriminierte Anruf als auch der vermeintlich verdächtige Rücktritt

> „von einer Naivität zu zeugen, die beinahe einem Unschuldsindiz nahe kommt. Warum sollte Frau Kopp ihren Mann vom Bundeshaus aus anrufen – während sie doch mit ihm irgendwo anders hätte sprechen können? Warum sollte Herr Kopp austreten, da es [hinsichtlich einer Verantwortlichkeit für vermeintlich begangene Firmendelikte] sowieso schon zu spät und nicht mehr zu ändern war?"

Die Antworten auf diese plausibel gestellten rhetorischen Fragen sprachen einmal mehr gegen das in der Skandalversion konstruierte Bild des umstrittenen Ehepaars. Sie untermauerten zugleich die von der Alt Bundesrätin selber lancierte Darstellung, sie habe ihren Mann telefonisch lediglich auf kursierende Gerüchte hingewiesen, was für sie „die normalste Sache der Welt" gewesen sei.[282]

Hatte Elisabeth Kopp mit ihrer Schilderung kein Gehör gefunden, wurde sie nun von einer hochkarätigen Sprecherin in der Öffentlichkeit verteidigt, die ihre analytischen und argumentatorischen Fähigkeiten sowie ihr hohes Renommee nutzbar machte, um die nahezu einhellig in der Öffentlichkeit vertretene, von den Skandalierenden als „wahr" proklamierte Fassung des „Falls Kopp" anzuzweifeln. Veranlasst durch den in der folgenden Woche anstehenden Strafprozess, ging es Hersch mit ihrer subtilen Kritik am PUK-Bericht darum, auf die „Illusion der Wahrheit"[283] aufmerksam zu machen. Gemäss der Philosophin Annemarie Pieper habe es für Hersch keine absolute Wahrheit gegeben, so dass für sie gegolten habe, die jeweiligen Vorkommnisse perspektivisch zu betrachten, wobei sie eine Beurteilung als umso verlässlicher erachtet habe, je mehr Perspektiven darin vereint gewesen seien. Grundsätzlich sei indes nichts – mit Ausnahme

---

282 Wigdorovits, Rücktritt, SonntagsZeitung, 11. Dezember 1988.

283 Kepplinger 2001, S. 129.

der Menschenrechte – für Hersch unveränderlich gewesen.[284] Durch die monatelange massenmediale Berichterstattung nach dem Rücktritt der Bundesrätin war jedoch eine mehr oder weniger konforme Interpretation der Ereigniskonstellation geliefert worden, in der Vorstellungen über das Ehepaar Kopp, zu einem Feindbild zugespitzt, so schlüssig wirkten, dass selbst die mit der Aufklärung betrauten staatlichen Mandatstragenden der PUK die landauf, landab vertretene Version unkritisch verinnerlicht zu haben schienen. Auf den von ihr realisierten und angemahnten indoktrinativen Effekt der massenmedialen Narrative aufmerksam machend, durch den sie nun auch eine sachliche Gerichtsverhandlung bedroht sah, richtete Hersch ihren Appell an die zuständigen Bundesrichter, indem sie sie implizit dazu aufrief, ihre potenzielle Beeinflussung durch die Berichterstattung zu reflektieren und möglichst vorurteilslos in die Verhandlung zu gehen.

Mit ihren Darlegungen bot sie darüber hinaus ein Fundament für eine alternative Auslegung der umstrittenen Angelegenheit. Dadurch, dass sie die administrative Instanz PUK kritisierte, liess sie offenbar werden, inwiefern ihrer Ansicht nach, Elisabeth Kopp nicht nur durch die massive massenmediale Skandalisierung, sondern auch von der staatlich legitimierten PUK teilweise tendenziös beurteilt, mithin geschädigt worden war. Ihr professionelles Feld der Philosophie verlassend, griff Hersch aus aktuellem Anlass zeitweise in die öffentliche Auseinandersetzung ein, um als Intellektuelle Kritik an institutionalisiertem Handeln zu äussern und so das Unrecht aufzuzeigen, das dem Ehepaar Kopp, ihrer Argumentation gemäss, widerfahren war. Die allgemein angefeindete Partei öffentlich verteidigend, setzte sie sich, durchaus zivilcouragiert, einem enormen Sanktionsdruck aus, um hinsichtlich des Ansehens der Alt Bundesrätin in der

---

284 Pieper, entschloss, SchlagLicht, 7. Juli 2000. Gemäss Hersch lebe Freiheit „zugleich in den hergebrachten Formen, im Wissen um eine Wahrheit, die man nicht besitzt – und im Wissen um die Freiheit der anderen, die diese Wahrheit auf andere Weise suchen." Jeanne Hersch zit. n.: Pieper, entschloss, SchlagLicht, 7. Juli 2000.

öffentlichen Meinung eine Wende – von der „Täterin" hin zur Leidtragenden – zu erzielen. Analytisch betrachtet versuchte sie damit, den Skandal in eine Affäre zu überführen.

Was die Unabhängigkeit ihrer Sprecherposition anbelangt, ist den Darlegungen Elisabeth Kopps zu entnehmen, dass beide Frauen sich Anfang der 1970er-Jahre während eines Vortrags der Philosophin kurz kennengelernt und 1987 ein gemeinsames Gespräch geführt hatten. Erst im Frühjahr 1989, so erinnert sich Kopp in ihrem Buch „Briefe",

> „in Stunden dunkler Verzweifelung, traten Sie erneut in mein Leben. Die Geschehnisse hatten Sie zutiefst beschäftigt und nicht zur Ruhe kommen lassen. Sie wollten, wie es ihrer Art entspricht, die volle Wahrheit kennen, der Sache auf den Grund gehen, zu verstehen versuchen, was geschehen war und wie das alles kommen konnte."[285]

Demgemäss schien Hersch erneut an Kopp herangetreten zu sein, um ihre politische Intervention vorzubereiten, dessen Anliegen mithin als sachbezogen vermutet werden kann.

Darüber hinaus ist es der Philosophin in ihrem Artikel gelungen, zugunsten der Wirkungsmächtigkeit ihres intellektuellen Eingriffs drei inkompatibel anmutende rhetorische Dimensionen miteinander zu vereinen:[286] So klagte Hersch, auf einer normativen Ebene, rechtsstaatliche Prinzipien – wie die Einhaltung des Grundsatzes der Unschuldsvermutung und das Recht auf unvoreingenommene administrative Verfahren – für den loyalen Umgang in der gesellschaftlichen Praxis ein. Auf der argumentativen Ebene entfaltete sie schlüssig, inwiefern sie die eingeklagten Grundsätze von der PUK als missachtet ansah. Schliesslich suchte sie im Bezug auf potenzielle Handlungsmotive der Bundesrätin auf einer emotionalen Ebene Empathie und Anteilnahme zu erzeugen, um das über sie kursierende Feindbild abzuschwächen.

---

285 Kopp 1991, S. 70.
286 Boltanski/Claverie 2007, S. 429f.

Entlang machttheoretischer Überlegungen des amerikanischen Politologen Murray Edelman, diene die öffentliche Konstruktion von Bedrohungsvorstellungen wie Feindbildern der Erregung negativer Gefühle wie Ängsten, die im politischen Betrieb handlungsleitend würden; andererseits rufe, so seine Kritik, die Imagination über demokratische Institutionen positive Gefühle der Beschwichtigung hervor, welche die politische Passivität von Menschen förderten. Im Sinne einer Annäherung an den Grundsatz der Volkssouveränität und einer diesbezüglich essenziellen Aufgeklärtheit der Bürgerinnen und Bürger gelte es aus Edelmans Sicht, kommunikativ beide Arten politischer Symbole – sowohl die Aggressionen schürenden Bedrohungsszenarien, als auch die lethargisch stimmenden demokratischen Institutionen – mit ihren entsprechenden Konsequenzen auf das politische Handeln von Menschen zu entmythologisieren, um Machtdynamiken zu decodieren.[287]

Jeanne Hersch hat genau dies im vorliegenden Artikel getan. Zum einen verwies sie auf die von den Massenmedien konstruierten, Empörung hervorrufenden Vorstellungswelten über das Ehepaar Kopp, die sie zugespitzt in der Metapher einer Elisabeth Kopp als „Spinne im Zentrum des Welthandels der Giftmischer, neben ihrem mitschuldigen Mann"[288] illustrierte. Sie offenbarte die perfide manipulative Wirkung solch beunruhigender Feinbilder in den Köpfen der Menschen, indem sie argumentativ auf von ihr wahrgenommene sachliche Schwächen in der PUK-Dokumentation hinwies, etwa – den sinnstiftenden Impetus darstellerischer Formgebung betonend – die gestalterische Einheit der differenten Ermittlungsgegenstände. Zum anderen entschleierte sie damit die trügerisch beschwichtigende Wirkung, die demokratische Kontrollinstanzen, entlang Edelman, imaginativ auszulösen vermögen. Denn die von Hersch aufgezeigten Unzulänglichkeiten des PUK-Berichtes liessen vermuten, dass massenmediale Stimmungsmache unterschwellig auch Auswirkungen auf die Tätigkeiten von Akteuren demokratisch legitimierter staatlicher

---

287 Edelman 2005³, S. 1–15, bes.: S. 10–15.

288 Hersch, Unabhängigkeit, Bund, 12. Februar 1990.

Institutionen haben können.[289] Jeanne Hersch hatte mit ihrer prüfenden Analyse einmal mehr versucht, die Öffentlichkeit für konkrete rechtsstaatliche Gefahren eindimensionaler Berichterstattung zu sensibilisieren.

Der Artikel nahm im Bund, einer Berner Zeitung mit überregionalem Anspruch die obere Seitenhälfte des Schweiz-Teils ein und war vom Layout her, dem Anspruch des Textes förderlich, ansprechend konzipiert. Dementsprechend ist der als Eyecatcher fungierende zweispaltige Kasten – links mit Hintergrundinformationen zum Artikel, rechts mit einem Bild der Autorin versehen – in die untere Mitte des seitenbreiten Textes integriert, der, gegliedert in fünf Spalten, dank regelmässiger weisser Zwischenräume übersichtlich wirkt. Die durch den Verweis auf die Philosophin implizierte inhaltliche Dichte mutet dadurch weniger abschreckend an. Das redaktionell ausgewählte Autorin-Porträt zeigt darüber hinaus eine im Sprechen befindliche Jeanne Hersch, deren Blick nach links oben in den Artikel hinein gerichtet ist. Der so erzielte dynamische Effekt wird durch die wachsame Mimik der Abgebildeten unterstrichen, die, in Aktion festgehalten, den über den Gesamtmedientext zu vermittelnden nüchtern-abstrakten Sachverhalt lebendiger erscheinen lässt. Hinzu kommt, dass Herschs weit geöffneten Augen samt stark geweiteter Pupillen und ihre hochgezogenen Brauen die ihrem Anliegen gemässe Ernsthaftigkeit und Entschiedenheit vermitteln; zugleich widerspiegeln ihre erkennbaren Gesichtszüge ebenso wie der weissgrau schimmernde Ansatz ihrer zurück gebundenen Haare die Würde

---

289 Gemäss Pieper sei Hersch bereits während ihres Studienaufenthaltes bei Martin Heidegger auf einer Freiburger Universitätsfeier – umgeben von Kommilitonen, die im Hitlergruss verweilend brutale judenfeindliche Sprüche kandierten – bewusst geworden, „dass selbst Intellektuelle durch geschickte Demagogen verführbar sind". Fortan habe sie, sowohl fachlich als auch politisch, eine Philosophie vertreten, „die nichts unbefragt gelten lässt, erst recht nicht dasjenige, was die grosse Masse diskussionslos akzeptiert oder ablehnt". Pieper, entschloss, SchlagLicht, 7. Juni 2000.

ihres Alters.[290] Die dadurch konnotativ mitschwingende Lebensweissheit nebst dem analytischen Verstand der Philosophin wird nicht nur über ihre hohe Stirn, sondern auch über die klar strukturierte grafische Komposition transportiert, da sich ihr hell leuchtendes markantes Gesicht, das die halbe Bildhöhe einnimmt, sowohl von ihrem unruhig gemusterten Kleidungsstück als auch von dem schlichten dunklen Bildhintergrund deutlich abhebt. Im Kastentext links daneben wird Hersch als „die bekannte Genfer Philosophin, Publizistin und Professorin" vorgestellt, die sich veranlasst gesehen habe, „den ‚Fall Kopp' aus ihrer Sicht darzustellen", wobei sie, so die bei externen Kommentaren durchaus typische Bemerkung in Parenthese, „damit nicht die Meinung der Redaktion" wieder gegeben habe.

Obgleich damit explizit auf das Renommee der Intellektuellen hingewiesen worden war, hatte ihre erste Intervention in die öffentliche Auseinandersetzung über das Ansehen Elisabeth Kopps, zumindest in der Presse, keine nennenswerte Resonanz – etwa in Form von Leserbriefen oder Gegendarstellungen anderer politischer Akteure, ausgelöst. Das heisst allerdings nicht, der Artikel sei nicht zur Kenntnis genommen worden. Vielmehr mochte der Text, mit dem als Zitat gekennzeichneten Titel „Fall Kopp: ‚Hoffen auf Unabhängigkeit der Bundesrichter'", vielen geradezu als Provokation erschienen sein. Denn die streitbare Hersch war seit Ende der 1960er-Jahre, so der Philosoph Hans Saner,

„ein Stachel in der Öffentlichkeit [geworden], ein Ärgernis für alle, die es doch so gut meinten, aber schlecht dachten.

---

290 Zur nonverbalen Bedeutungsdekodierung von Geschichtszügen und Blickmustern vgl.: Argyle 2005[9], S. 201–236. Wie der Autor auf Basis nonverbaler Kommunikationsforschung differenziert ausführt, vollzöge sich die menschliche Sinnkonstruktion von mimischen Abbildern über funktionale und metaphorische Eindrücke, die erwartbares Verhalten implizieren würden. Das entsprechende Wissen sei dabei in Erinnerungen gespeichert, zum einen an Reaktionsweisen ähnlicher Menschen, zum anderen an eigene Erfahrungen, durch die, empathisch vermittelt, in der betrachtenden Person die Vorstellung evoziert werde, wie sie selber in der dargestellten Situation empfinden würde. Argyle 2005[9], S. 214.

Der öffentliche Widerspruch war ihr ein Bedürfnis, insbesondere gegen alle, die Heilsangebote machten. Gegen sie
verstand sie ihr Denken als einen Abtransport der Illusionen
auf die Schutthalde der menschlichen Dummheit."[291]
So kam es, dass vor allem linke Stimmen, wie die des Soziologen
Jean Ziegler, der bereits 1939 der Schweizerischen Sozialdemokratischen Partei beigetretenen Hersch vorwarfen, in den 1970/80er-
Jahren „ihre brillante Feder in den Dienst erzreaktionärer politischer Ideen" gestellt und bestehende Herrschaftsstrukturen selten
hinterfragt zu haben.[292] Dieser Eindruck konnte sich verfestigen,
weil Hersch sich hinsichtlich verschiedener von der Linken besetz-
ter Themen als „eigenwillige und unbequeme Denkerin" offenbart
hatte.[293] Als beispielsweise französische Studierende im Quartier
Latin über den Umsturz der bürgerlichen Gesellschaft diskutierten
und auf die Barrikaden gegangen sind, war Hersch in Paris, doch
sie teilte deren Anliegen nicht, im Gegenteil. Abgesehen von ihrer
Aversion gegen kompromisslose Dogmen, begründete sie ihre
Haltung später so: „Der Geist von 1968 erschien mir kindisch, aufs
äußerste politisiert und intellektuell aufgewertet". Schliesslich
seien zahlreiche der proklamierten Ideen weder innovativ noch

---

291 Saner, Widersprüchlichkeit, Tages-Anzeiger, 7. Juni 2000.

292 Ziegler, präsent, Blick, 7. Juni 2000. Zielger betont in seinem Nachruf,
dass Hersch zeitlebens einen freiheitlichen Sozialismus vertrat
und ihre „vehemente Verteidigung der individuellen Freiheit und
Toleranz [...] eindrücklich" gewesen sei. Gemäss Hersch wurde 1939
eine „neue Genfer Sozialistische Partei gegründet, als Sektion der
Sozialdemokratischen Partei der Schweiz, und ich war eines der
Gründungsmitglieder". Dufour/Dufour 1986, S. 166.

293 D'Anna-Huber, Zeugin, Tages-Anzeiger, 6. Juni 2000. Beispielsweise
führten ihre Ansichten zur Armee und zur Atomkraft, die sie beide
verteidigte, sowie ihre Haltung gegen die Drogenliberalisierung zu
einer Entfremdung mit der Sozialdemokratischen Partei, aus der sie
1992 schliesslich austrat. Vgl. zu ihrem Parteipolitischen Werdegang
bis 1986: Dufour/Dufour 1986, S. 165–177; zum Bruch mit der SP, zum
Austritt: Linsmayer 2010, S. 218–222; D'Anna-Huber, Zeugin, Tages-
Anzeiger, 6. Juni 2000; Schaub, Intellektuelle, Neue Luzerner Zeitung,
6. Juni 2000.

real umzusetzen gewesen. Darüber hinaus habe sie stets einen Sozialismus vertreten, der auf die kulturelle Weitergabe von Wissen und Erfahrung durch entsprechend sachkundige Menschen, mithin auf Autoritäten gesetzt habe, was der antiautoritären „Gleichmacherei" der 68er widersprochen habe. Eine „Abschaffung jeglicher Autorität also", so Hersch im Interview 1986, „scheint mir einem ganz unmenschlichen Gleichheitsstreben zu entspringen"; dies weil „Menschen auf der Ebene der faktischen Gegebenheiten ungleich sind. Sie sind in allem ungleich, ausser in einem, nämlich in ihrer Menschenwürde".[294] Hans Saner erklärt ihre diesbezüglichen Ansichten mit ihren Erfahrungen zu Beginn des Nationalsozialismus, weswegen er annimmt, Hersch sei Ende der 1960er-Jahre besorgt gewesen, „dass die politischen Formen zu schnell zerbrechen".[295] Auch die Jugendbewegung Anfang der 1980er Jahre bewertete sie keineswegs im Sinne der Akteure. Ihre in diesem Kontext publizierten „Antithesen" wurden in linken Kreisen mit Unverständnis und Missmut aufgenommen.[296]

Ihre unfreiheitlich scheinenden Positionen entsprachen jedoch den Erkenntnissen ihrer langjährigen Reflexionen über das Menschsein und damit einhergehend über individuelle Freiheit, wertideelle Orientierung, Lehren und Lernen sowie über die Verantwortung, tätig in die Geschichte einzugreifen, um politisch zu wirken.[297] So gesehen entsprach, was zunächst paradox anmutete, letztlich nur folgerichtig ihren philosophisch-existentiellen Grundüberzeugungen.[298] Dieser Widerspruch habe

---

294 Jeanne Hersch in: Dufour/Dufour 1986, S. 106f; zu 1968 vgl. differenzierter: S. 105–110.

295 Hans Saner zit. n.: Dejung, Freidenkerin, Coopzeitung, 19. Mai 1999.

296 Hersch 1982; vgl.: Linsmayer 2010, S. 222–224; Dufour/Dufour 1986, S. 234: Hier legt Hersch dar, dass es nach der Veröffentlichung ihrer Stellungnahme „viel harte Reaktionen" gegeben habe.

297 Vgl. dazu etwa: Hersch 1953, Hersch 1985, Hersch 1989 sowie die differenzierten Ausführungen von Pieper 2010, S. 223–240, insb. S. 233–238.

298 D'Anna-Huber, Zeugin, Tages-Anzeiger, 6. Juni 2000; Schaub, Intellektuelle, Neue Luzerner Zeitung, 6. Juni 2000.

ihre Philosophie gekennzeichnet, weil sie davon ausgegangen sei, dass „Freiheit zugleich der Ursprung des Guten und Bösen sein kann". Hersch, folgert Hans Saner, musste kämpferisch werden, „sowohl in der Behauptung der Möglichkeit der Freiheit als auch in der Abwehr jeder Freiheit, die sich nicht mit der Vernunft verbindet, sondern als Willkür unvernünftig wird", bis hin zu jener Freiheit, die „die totale, die uneingeschränkte Befreiung will", indem diese „das Böse als Möglichkeit ihrer selbst" übersehe. Jeanne Hersch, betont Saner weiter, „hat diese Kämpfe mit radikaler Konsequenz geführt", sowohl reflexiv-theoretisch als aus politisch-intervenierend.[299]

Sie selber formulierte es einmal so:

> „Also entschloss ich mich, dem demokratischen Sozialismus beizutreten für die Verteidigung der Menschenrechte, zunächst der politischen Rechte, der Grundfreiheiten und auch des sozialen Fortschritts, der für jeden die Chancen ihrer konkreten Ausübung vergrössern soll. Aber mir wurden die Antinomien, Paradoxe und Wertkonflikte immer bewusster, die im politischen Leben, und selbst in der Verwirklichung der Menschenrechte, stets wieder auftauchen."[300]

Dementsprechend vermochten jene, denen die Gedankenwelt der Philosophin vertraut war, zu erkennen, dass Jeanne Hersch bis ans Ende ihres Lebens „eine sozial denkende Person geblieben" und weniger „als konservativ, sondern als Freigeist" zu charakterisieren war.[301] Letztlich hätten auch diejenigen, die „ihre Ansichten und Schlussfolgerungen nicht teilen mochten", eingestehen müssen, dass sie „auf hohem Niveau" und „mit tiefen Einsichten ins Mensch-Sein" argumentierte.[302] So galt Hersch auch politischen Kontrahenten als eine „aussergewöhnlich faszinierende"

---

299 Saner, Widersprüchlichkeit, Tages-Anzeiger, 7. Juni 2000.

300 Jeanne Hersch zit. z.: Pieper, entschloss, SchlagLicht, 7. Juni 2000.

301 Hans Saner zit. n.: Dejung, Freidenkerin, Coopzeitung, 19. Mai 1999; Ap., Kämpferin, Aargauer Zeitung, 6. Juni 2000.

302 Schaub, Intellektuelle, Neue Luzerner Zeitung, 6. Juni 2000.

sowie „unerhört vitale, kluge, mutige Frau", die sich, ein „vulkanisches Temperament" verkörpernd, als meisterhafte Rednerin grosser Beliebtheit erfreute.[303] Warum jedoch wurde dann der oben entfalteten Intervention dieser angesehenen Intellektuellen massenmedial keine explizite Beachtung geschenkt?

Jeanne Hersch hatte mit ihrer offen bekundeten Solidarität für Elisabeth Kopp den allgemeinen Geltungsanspruch der von den Skandalierenden proklamierten Interpretation der Vorkommnisse sowie der von ihnen angemahnten Verfehlungen in Frage gestellt. Indem sie damit einmal mehr eine nonkonformistische Position bezog, erscheint es in sozialpsychologischer Hinsicht nur folgerichtig, dass ihre Kritik durch vermeintliche Nichtbeachtung in der Öffentlichkeit abgestraft wurde. Skandalforscher Kepplinger erklärt das aus Perspektive der Skandalierenden so:

> „Die Gewissheit, einer homogenen Mehrheit anzugehören, ist nicht nur eine Ursache der eigenen Urteilssicherheit. Sie ist auch eine Quelle des Machtgefühls, mit dem die Mehrheit die Minderheit in Schach hält. Dies ist ein weiterer Grund, weshalb Nonkonformisten im Skandal ausgeschaltet werden müssen".

Nicht so sehr der Inhalt ihrer Stellungnahmen als vielmehr ihre „soziale Rolle" als Widerpart gegenüber der im Glauben an die Skandalversion vereinigte Majorität provoziere die „Ächtung der Nonkonformisten", die „der Sicherung des Überlegenheitsgefühls der Mehrheit sowie der Unterwerfung der Skandalierten" diene. Indem sie „auf die Gleichschaltung aller" abzielen würden, akzentuiert Kepplinger, „weisen alle Skandale totalitäre Züge auf". Dementsprechend könnten grosse Skandale „als demokratische Variante von Schauprozessen" aufgefasst werden, in denen es nicht darum gehe, „die Angeklagten nach rechtsstaatlichen Regeln zu überführen". Vielmehr würden Skandalierende im Kampf

---

303   Ziegler, präsent, Blick, 7. Juni 2000.

um die Deutungshoheit bezwecken, alle, die zu den Skandalierten stehen, „zu diskreditieren und zu unterwerfen".[304]

Jeanne Hersch hatte den Verdacht gehegt, „dass sich wieder einmal die Mehrheit in diesem Lande auf einen Konsens geeinigt hatte, der auf Vorurteilen und nicht auf durchdachten Argumenten beruhte".[305] Die antidemokratische und menschenrechtswidrige Gefahr erkennend, die sich daraus ergab, hatte sie unmittelbar vor Beginn des sensationellen Strafprozesses, in dem erstmalig in der Schweizer Geschichte ein ehemaliges Bundesratsmitglied vor Gericht gestellt werden sollte, alarmierend eingegriffen, um zugunsten einer fairen Verhandlung zu plädieren.

c) Angezweifelt. Der Prozess und das Urteil

Zur Gerichtsverhandlung vor dem Bundesgericht in Lausanne war es gekommen, nachdem die eidgenössischen Räte zu Beginn des Jahres 1989 in Sondersessionen die Immunität der Bundesrätin aufgehoben und als ausserordentlichen Bundesanwalt für das Verfahren gegen Elisabeth Kopp, Katharina Schoop und Renate Schwob den Freiburger Staatsanwalt Joseph-Daniel Piller ernannt hatten. Dieser beantragte am 13. April 1989 beim eidgenössischen Untersuchungsrichter Walter Koeferli die Einleitung einer Voruntersuchung, dergemäss letzterer am 12. September 1989 eine Empfehlung zur Anklageerhebung gegen die drei besagten Frauen wegen Verletzung des Amtsgeheimnisses ausgesprochen hat. Die Anklage wurde schliesslich am 20. September 1989 vom ausserordentlichen Bundesanwalt zugelassen.[306] Dem Strafpro-

---

304 Kepplinger 2001, S. 84–89.

305 Pieper, entschloss, SchlagLicht, 7. Juni 2000.

306 Vgl. ausführlich die Chronologie in: Furrer 1991, S. 183. Der Basler Mathematiker und Publizist Werner Furrer zählt zu den wenigen Stimmen, die die Skandalisierung Elisabeth Kopps öffentlich hinterfragten. Mitte 1991 publizierte er sein essayistisch verfasstes Buch „Die Affäre Kopp/Schweizer Presse", das, wenngleich teilweise provokativ formuliert, auf 172 Seiten vielschichtige Argumente zur Verteidigung der Alt Bundesrätin enthält. Furrer kritisiert

zess, der vom 19. bis zum 23. Februar 1990 verhandelt wurde, standen fünf Bundesrichter vor, die aus verschiedenen Kantonen der Schweiz stammten und von unterschiedlicher parteipolitischer Couleur waren.[307]

Erwartungsgemäss rief die Gerichtsverhandlung ein enormes Medieninteresse hervor, wobei die Skandalisierung nach der Urteilsverkündung nochmals einen Höhepunkt erreichte. Es ist davon auszugehen, dass die Bundesrichter den Prinzipien eines geregelten Strafverfahrens gefolgt waren und am Ende einen Entscheid gefällt haben, der aus dem juristischen Verfahren einer „Abwägung der schrittweise erkennbaren Einzelbefunde"

---

nicht nur die deutschschweizerische Skandalberichterstattung vehement. Er gibt auch Hinweise zu möglichen Mängeln bei der Einhaltung rechtsstaatlicher Prinzipien während des Vorverfahrens, indem er Beanstandungen entfaltet und kommentiert, die der Zürcher Rechtsanwalt und Kopp-Verteidiger Peter Hafter in seiner retrospektiven Rechtsschrift am Zulassungsverfahren monierte, für das Hans Hungerbühler als besonderer Vertreter des Bundesanwalts verantwortlich war. Vgl. dazu ausführlich: Furrer 1991, S. 125–132. Abgesehen von einem Vor- und einem Nachwort ist das Buch in elf Abschnitte unterteilt. Am Ende befindet sich ein Anhang mit Informationen über Personen des Strafverfahrens und der PUK, eine umfassende Chronologie sowie eine tabellarische Auflistung zentraler Quellen (darunter auch unveröffentlichte Dokumente wie „diverse Rechtsschriften"). Im Fliesstext integriert Furrer jeweils Angaben zum zitierten Material, was eine intersubjektive Überprüfung seiner Aussagen prinzipiell ermöglicht. Zudem hat er exemplarisch Schriftverkehr mit Akteuren hinzugefügt. Was die Entstehungsgeschichte seiner Publikation anbelangt, schildert Furrer, er habe bereits zu Beginn des Eklats einen skandalisierungskritischen Artikel in der Basler Zeitung veröffentlicht und daraufhin das Ehepaar Kopp kennengelernt. Dieses habe ihm Kontakt zu Hafter vermittelt, der ihm Einblicke in einzelne Rechtsquellen gewährt habe. Schliesslich habe der Autor das Buch mit grossem Aufwand selbst verlegt. Werner Furrer im Telefonat mit der Verfasserin, vom 14. Oktober 2010.

307 Als Präsident amtete Albert Allemann (SP, Solothurn), die weiteren Mitglieder waren: Heinrich Weibel (FDP, Baselland), Peter Alexander Müller (CVP, Wallis), Fulvio Antognini (CVP, Tessin) sowie Jean-Jacques Leu (SP, Waadt).

resultierte.[308] Ganz offenbar waren sie bemüht gewesen, ihre Ermittlungsresultate nicht vorgängig „im Lichte der am Anfang etablierten Sichtweise stimmig" zu interpretieren.

Abgesehen von der bereits während der Verhandlung teilweise dramatisierenden Presseberichterstattung,[309] gilt es im Hinblick auf die Skandalisierung des Prozesses, vor allem auf drei problematische Aspekte einzugehen. Erstens hat sich Bundesanwalt Piller bei seinem Plädoyer einer Elisabeth Kopp diffamierenden Wortwahl bedient, die in der Presse breit zitiert wurde. Zweitens trat der Zürcher Rechtsprofessor Jörg Rehberg kurz vor Urteilsverkündung im Schweizer Fernsehen als Experte auf und erweckte mit seinem Statement den Eindruck, eine Verurteilung der Alt Bundesrätin sei unumgänglich. Und drittens empörten sich schliesslich nicht nur zahlreiche Medienschaffende über das „zu milde" Urteil, dessen Legitimation sie anzweifelten.

---

308 Hierzu und zum Folgenden: Kepplinger 2001, S. 136f.

309 Beispielhaft lässt sich diesbezüglich das schmale Bändchen „Elisabeth Kopp au Tribunal fédéral. ,Le blanchissage du siècle'" anführen, in dem die beiden Westschweizer Autoren Fred Oberson und Jean-Claude Petit eine persiflierende Schilderung der als „Jahrhundertprozess" titulierten Verhandlung bieten, welche von ihnen als „die Weisswaschung des Jahrhunderts" umbenannt wurde. Die satirische Gestalt des Textes wird bereits auf der Rückseite des Einbandes offenkundig, wo zur Entstehungsgeschichte des Büchleins vermerkt ist, die Idee dazu sei am Sonntagabend vor Prozessbeginn beim Dinner zwischen Dessert- und Käsegang aus der Wette hervorgegangen, ob es gelinge, die während der Verhandlung gesammelten Eindrücke innerhalb einer Woche notieren und publizieren zu können. Durch eben diesen unverblümten Verweis auf den publizistischen Schnellschuss kann tatsächlich nicht als erstes auf einen Willen der Autoren zur seriös-fundierten Auseinandersetzung mit dem darzulegenden Stoff geschlossen werden. Zudem deutet die Bemerkung, ihre Leserschaft habe mit jener Version des Sachverhalts eine „Geschichte wie keine andere" aufgestöbert, unumwunden auf das wirklichkeitskonstituierende Potenzial von Narrativen hin. Als Literat gepriesen, sei Petit gar „le narrateur, le conteur amoureux des mots et de leur musique", dessen „sensibilité, son approche des hommes (et des femmes!) [...], projettent un éclairage particulier sur une affaire pour le moins dénuée de poésie". Einbandtext von: Oberson/Petit 1990.

„Vor dem Bundesgericht wird perfekt Theater gespielt" titelt ein Weltwoche-Artikel vom 22. Februar 1990. Darin bezweckt Autorin Catherine Duttweiler, ihrer Leserschaft ein detailliertes Bild von einer, wie sie betont, komplett arrangierten Prozessdarbietung zu vermitteln, an dem „nichts dem Zufall überlassen" werde.[310] Mit ihrer spezifischen Art der Textgestaltung aber, anhand der sie das vermeintliche Verhandlungsschauspiel zu demaskieren suchte, war sie selbst es, durch die der Sachverhalt einmal mehr ein tendenziöses Design erfuhr. Indem sich Duttweiler durchgängig einem Vokabular der Theaterwelt bedient, bekommt ihre Schilderung den Anschein, es handele sich bei dem Prozess um ein von allen Akteuren strategisch einstudiertes Bühnenstück, bei dem auch die nuancierteste Handlung berechnend auf das Ziel des Freispruchs der Angeklagten hin ausgerichtet ist. Entsprechend suggeriert ihre Schilderung, es handle sich nicht um eine strafrechtlich fundierte Erkenntnisfindung, sondern vielmehr um eine möglichst glaubwürdige Maskierung von Schuld. Denn aufgrund der metaphorischen Übertragung der Prozessszenerie in die Theaterwelt vermittelt Duttweiler den Eindruck, die Gerichtsverhandlung sei geprägt von Lug und Trug, von Täuschung und Illusion, steht das Theater doch für eine Scheinwelt, in der hinter den Kulissen bekanntlich alles ganz anders aussieht.

Bereits der Beginn ihres Artikels bezeugt diese Schreibstrategie exemplarisch:

> „Frau Kopp spielt ihren Part perfekt. Mit einer dem Ernst der Sache angemessenen Miene blickt sie zu ihren Richtern empor, und ihre blütenweisse, hochgeschlossene Bluse, deren

---

310 Hierzu und zum Folgenden: Duttweiler, Theater, Weltwoche, 22. Februar 1990. Am 22. Dezember 1989 war das Buch „Kopp&Kopp – Aufstieg und Fall der ersten Bundesrätin" von Catherine Duttweiler erschienen, auf das zuvor in dieser Abhandlung zwecks Hintergrundinformationen bereits mehrfach zurückgegriffen wurde. Gemäss Ulbricht/Wintsch sei darin jedoch nicht nur „der familiäre Hintergrund des Ehepaars Kopp ausgeleuchtet", sondern auch „die politische Leistung der Ex-Justizministerin nach Strich und Faden auseinander genommen worden". Ulbricht/Wintsch 1998, S. 175.

Kragen bis unters Kinn reicht, signalisiert Unschuld. Laut und deutlich, ruhig und gefasst gibt sie ihre minutiös auf die Verteidigungslinie abgestimmten Aussagen zu Protokoll. Indes: Der Journalistin sind die Argumentationsketten und Wortwahl seltsam vertraut, so sehr, dass sie schier fehlerlos mitrezitieren könnte. Es sind dieselben Sätze, welche die gefallene Ministerin ihr für das Buch ‚Kopp & Kopp' im Sommer und Herbst 1989 dutzendfach auf Tonband diktiert hat, einzig die Tränen, die Melodramatik werden an diesem Nachmittag in Lausanne ausgelassen. Die Rechtfertigung wirkt angelernt, auch wenn die Ex-Bundesrätin sie lebhaft und engagiert vorträgt. Und die anschliessenden Fragen der Richter sowie des ausserordentlichen Bundesanwaltes treffen sie, so scheint's, nicht unvorbereitet [...]. Der perfekte Auftritt imponiert. Kein Zweifel, was Frau Kopp hier derart glaubwürdig vorträgt, ist für sie persönlich die ganze Wahrheit. Gibt es eine andere Wahrheit?"

Die Journalistin mutmasst weiter, Angeklagte und Verteidiger hätten dem Publikum „kein niederträchtiges Intrigenspiel bieten" wollen, weswegen man „sich zu einer Interessengemeinschaft zusammengeschlossen" habe. Die Verteidiger hätten

„die Schau vor Gericht gut inszeniert. [...] Die drei Damen füllen ihre Rollen mit unterschiedlichem Talent aus. Auch Renate Schwob kennt ihren Part genau, ja sie scheint sich auf der Bühne des Bundesgerichts gar wohl zu fühlen. Ihr Kostüm ist von gewohnter Eleganz, unter dem schwarzen Kleid mit neckischem Décolleté blitzt ein Stück schwarzer Spitze hervor. Allzu dick aufgetragene Schminke verstärkt ihre harten Züge, verleiht ihr die Ausstrahlung einer Domina. Theatralisch gestikuliert sie mit ihrem Anwalt. Die Fragen der Richter beantwortet sie knapp und präzis. Bei heiklen Punkten beruft sich die hochintelligente Juristin stets auf bisher gemachte Aussagen: So vermeidet sie es, sich in Widersprüche zu verwickeln."

Nicht nur die perfekte strategische Inszenierung durch die Verteidigung gilt es Duttweiler zu entschlüsseln. Das „Schauspiel in vier Akten" – wie sich ebenfalls Bundesanwalt Piller ausdrückte, habe auch durch das teilweise unprofessionell anmutende Gebaren der Bundesrichter, ihr Ansehen unterminierend, eine muntere Note erhalten. Schliesslich, so die Autorin, seien sie

> „nicht ganz unschuldig" an dem Umstand, „dass das Schauspiel vor dem Hohen Gericht bisweilen zur Stegreifkomödie gerät [...] Bald kämpfen sie mit Tücken der Technik, bald verwechseln sie die ähnlich klingenden Namen der Angeklagten ‚mit den vielen o' und sorgen dergestalt für Heiterkeit. Gerichtspräsident Albert Allemann aus dem Solothurnischen beklagt sich über den Wust der Gerichtsakten und muss sich bis zu viermal korrigieren, bevor er die richtige Nummer eines Aktenstückes nennen kann".

Auch habe „der Herr Gerichtspräsident" zwischendurch „heillos verwirrt" gewirkt. Dementsprechend habe man sich, gibt Duttweiler offen zu,

> „für einen derart vertrackten und wichtigen Prozess [...] eine kompetentere Verhandlungsführung gewünscht. Der Tessiner Richter Fulvio Antognini, ein Mann mit sympathischem Akzent, scheint die auf Deutsch geführten Verhandlungen nicht immer zu verstehen und möchte darum vieles zweimal hören. Weil Antognini die Verhandlung allzu sehr dominiert, wird er vom Präsidenten spöttisch unterbrochen: ‚Sie gestatten, dass auch ich einige Fragen stelle?' Die Rivalitäten unter den Richtern werden vom Publikum belächelt."

Schliesslich beanstandet Duttweiler ebenso die Amtsführung Joseph-Daniel Pillers in seiner Rolle als Hauptankläger. Dieser, kritisiert sie,

> „brilliert wenig und profiliert sich hauptsächlich mit Verletzungen von Rechten der Verteidigung. [...] Piller scheint der Bundesrätin gegenüber von einer eigenartigen Beisshemmung befallen zu sein. Hält er, fragt man sich nach

dem zweiten Verhandlungstag, einen Trumpf in der Hinter-
hand, und ist er seiner Sache darob ganz sicher? [...] Wenn
er nichts mehr zu bieten hätte, dann würde dieser Prozess
als provinzielles Theaterstück in die Geschichte eingehen."

Indem die Autorin einen der Skandalversion zuwiderlaufenden
Fortgang der ihrer Ansicht nach scheinheiligen und unprofessionell geführten Verhandlung als von geringem geistigen und
kulturellen Niveau herabstuft, deklassiert sie nicht nur den
Gerichtsprozess als ganzen. Vielmehr delegitimiert sie damit im
Vorhinein ein potenzielles richterliches Urteil, das zugunsten der
Angeklagten ausfallen könnte. Abgesehen davon widerspricht
ihre Beobachtung, der ausserordentliche Bundesanwalt scheine
Elisabeth Kopp gegenüber „von einer eigenartigen Beisshemmung
befallen zu sein", anderen Prozessberichten desselben Tages
zumindest dahingehend, dass darin dessen Plädoyersausspruch
widerhallte, in dem er die Alt Bundesrätin explizit diffamierte.

Die umstrittene Bemerkung des Bundesanwalts, zumeist aus dem
Zusammenhang gerissen und stichwortartig wiedergegeben, hat
gelautet: Elisabeth Kopp „handelte aus Egoismus. Nur so lässt
sich ihre Uneinsichtigkeit erklären, ihre Sturheit, ihre Verlogenheit den Bundesratskollegen gegenüber".[311] Sieht man davon ab,
dass die besagten Diskreditierungen besonders schwer wogen, da
sie vom Bundesanwalt, mithin einmal mehr von einer staatlichen
Instanz von symbolisch besonderer Geltung artikuliert worden
waren, gipfelten die ehrverletzenden Kränkungen, die Elisabeth
Kopp während des Gerichtsverfahrens zu ertragen hatte, in
Textpassagen eines Medienschaffenden. Sie stammten aus einem

---

311 Joseph-Daniel Piller zit. n. Furrer 1991, S. 144f. Peter Amstutz zitiert
Piller so: „Sie wollte ihren Ehemann vor Unannehmlichkeiten schützen,
primär aber sich selber aus vermeintlich höheren Landesinteressen
retten. Sie hat aus Egoismus gehandelt, war verlogen, stur und
einsichtslos, und sie versuchte erst noch, die Schuld auf die
Mitarbeiterin Schoop abzuwälzen. Sie war leider nicht in der Lage,
ihr Fehlverhalten einzugestehen." Amstutz, Plädoyers, Basler Zeitung,
22. Februar 1990. Der Titel des Tages-Anzeiger lautet: „Die Bundesrätin
handelte egoistisch, stur und verlogen", Gilgen, Bundesrätin, Tages-
Anzeiger, 22. Februar 1990.

Artikel des Weltwoche-Journalisten Urs Paul Engeler. Die Wiedergabe der Textpassage an dieser Stelle geschieht lediglich, weil sie einen radikalen Beleg für zeitgenössische Enttabuisierungen in der politischen Streitkultur evident werden lässt. Engeler:

„Der schonungslose Blick zurück fällt auch auf die Unwürdigkeit der ersten Bundesrätin, die mit willfährigen Menschen an der Seite, geführt von der starken Hand der damals noch bestimmenden Freisinnig-Demokratischen Partei (FDP), mit Notlügen durch das für sie zu hohe Amt marschierte. Im Grunde genommen ist ja Elisabeth Kopp, lic. Iur., Hausfrau und gewesene Gemeindepräsidentin von Zumikon, eine gänzlich uninteressante Frau. Politisch ideenlos, ohne jede Vision und Brillanz, fungierte sie als Statthalterin eines Systems, das nun kollabiert hat. Ironie der Geschichte ist, dass ausgerechnet jene Figur, die sonst nichts bewegt hat, den gewaltigen und zur Reform des Bürgerstaates so nötigen Prozess auslöste. Das politische Echo auf den Telefon-Tip kam als gewaltiges Erdbeben zurück."[312]

Auf Unverständnis und Kritik stiess vielerorts ein Fernsehinterview, das der Zürcher Strafrechtsprofessor und Kassationsrichter Jörg Rehberg der Tagesschau-Redaktion von SF DRS gegeben hatte und das am Abend des 21. Februar 1990 zur Hauptsendezeit ausgestrahlt wurde.[313] Nachdem das Gericht die öffentliche Verhandlung beendet hatte, um am folgenden Tag eine interne geheime Urteilsberatung vorzunehmen, erläuterte Rehberg, wie er den Gesetzesparagraphen zur Verletzung des Amtsgeheimnisses auslegte. Vielfach erweckten seine Äusserungen den Eindruck, er halte eine Schuldigsprechung der Alt Bundesrätin als unumgänglich. In der Rolle des Experten auftretend, wurde seine Stellungnahme bei seinen Kritikern als unangemessene Vorverurteilung

---

312 Engeler, Interessen, Weltwoche, 22. Februar 1990. Zu weiteren Aussagen dieses Artikels vgl. die Interpretation in: Furrer 1991, S. 139f.

313 Vgl. hierzu: Steinacher 1991, S. 31; Lüchinger 1991, S. 95f; Furrer 1991, S. 149f. Das Interview war im Katalog von SF DRS leider nicht auffindbar, so dass die Verfasserin es nicht zu visionieren vermochte.

aufgefasst. Der Leiter der Gerichtsverhandlung bezeichnete es in der Weltwoche vom 1. März 1990 gar als „Ungeheuerlichkeit ohne Vergleich, dass ein Rechtsprofessor uns zur gleichen Zeit in den Medien attackiert, in der wir das Urteil beraten".[314]

Nachdem das gefällte Urteil am 23. Februar 1990 publik gemacht worden war, gehörte einmal mehr Rehberg zu denen, die mit ihren Stellungnahmen dazu beitrugen, den Entscheid in Misskredit zu bringen. Schliesslich hatte das Bundesgericht, entgegen der öffentlichen Meinungsmache, die ehemalige Justizministerin Elisabeth Kopp als Hauptangeklagte sowie die Juristin Renate Schwob als Mitangeklagte freigesprochen. Kopps einstige persönliche Mitarbeiterin Katharina Schoop, ebenfalls Mitangeklagte, wurde zwar der Verletzung des Amtsgeheimnisses für schuldig befunden, allerdings ohne Straffolge.[315] Wie Werner Furrer

---

314 Albert Allemann zit. n.: Furrer 1991, S. 149. Sich verteidigend, betonte Jörg Rehberg gegenüber Werner Furrer, er habe sich damals „vom konkreten Fall unabhängig geäussert". Jörg Rehberg zit. n.: Furrer 1991, S. 149.

315 Renate Schwob, so die Begründung ihres Feispruchs, habe den Inhalt der Kaeslin-Papiere lediglich amtsintern, wenngleich ohne Einhaltung des Dienstweges, an ihre Freundin, die persönliche Mitarbeiterin der Bundesrätin, Katharina Schoop weitergegeben. Sie habe nicht damit rechnen müssen, dass die Informationen an Drittpersonen weitergeleitet würden. Vom Gericht erhielt sie eine so genannte Parteien- und Umtriebsentschädigung. Hinsichtlich des Schuldspruchs ohne Straffolge, der Katharina Schoop betraf, argumentierten die Richter wie folgt: In Kenntnis der Informationsquelle habe sie eine Drittperson, das heisst den Bundesratgatten, über Details orientiert. Sie habe indes glaubhaft machen können, dass sie sich durch die Aufforderung ihrer Chefin dazu befugt beziehungsweise verpflichtet gefühlt habe. So gesehen habe sie infolge eines Rechtsirrtums gehandelt, weswegen ihr keine Strafe auferlegt werde. Die Urteilsbegründungen sind entnommen: Ap., Telefontip, Der Bund, 24. Februar 1990; Ro., Freispruch, Neue Zürcher Zeitung, 24. Februar 1990. Bereits Anfang Januar hatte der Basler Strafrechtsprofessor Günter Stratenwerth zuhanden der Verteidigung eine „gutachtliche Stellungnahme" verfasst, in der er hinsichtlich der drei Angeklagten zum Schluss gekommen war, „dass die Anklage der Verletzung des Amtsgeheimnisses sachlich nicht begründet ist". Günter Stratenwerth

darlegt, sei auch der späteren schriftlichen Urteilsbegründung nicht zu entnehmen, worin die geheim zu haltende Information konkret bestanden habe, die Hans W. Kopp damals von seiner Gattin und deren Mitarbeiterin erhalten haben soll.[316] Dennoch war das Gericht zum Schluss gekommen, dass Katharina Schoop und Elisabeth Kopp

„in objektiver Hinsicht ohne Zweifel ein Amtsgeheimnis offenbart [hatten], als sie Informationen aus den Berichten Kaeslin an Hans W. Kopp weitergaben. Auch steht fest, dass

---

zit. n.: Amstutz, Stratenwerth, Basler Zeitung, 22. Februar 1990. Der Artikel fasst Stratenwerths Argumentation zusammen.

316 Furrer 1991, S. 145. In seinem Buchbeitrag zur Deutungskontroverse zweifelt Furrer den Geheimnischarakter der umstrittenen Information grundsätzlich an. Zunächst ergibt sich für ihn die an die Verhandlungskommission gerichtete Frage: „Müsste das Gericht nicht zunächst den Inhalt der weitergegebenen Information kennen, um zu beurteilen, ob diese ein Geheimnis ist?" (Hierzu und zum Folgenden, S. 151) Auch auf die dem Rechtsentscheid zugrunde gelegte gesetzeskonforme Begründung hin, die besagte, aus einem Ermittlungsverfahren stammendes Wissen obliege genuin der Geheimhaltung, entgegnet der Autor, die weitergegebene Information habe offenbar nicht danach ausgesehen, aus einem Ermittlungsverfahren zu stammen – „genau genommen stammte sie auch nicht aus einem solchen, da die Vorgesetzten Kaeslins ein Verfahren gegen Shakarchi eben abgelehnt hatten". Darüber hinaus seien die Angaben der Kaeslin-Berichte „entweder bereits veröffentlicht oder falsch" gewesen, wovon Elisabeth Kopp wiederum „bloss eine davon abgeleitete, transformierte Zusammenfassung" erhalten habe, ohne, so ebenfalls die Zeugenaussage von Katharina Schoop, deren Herkunft zu kennen. (Hierzu und zum Folgenden ebd., S. 152f.) Auch hätte die Justizministerin sie in der Woche darauf gross aufgemacht der Presse entnehmen können. Furrer argumentiert hier mit einen Zitat aus einem Lehrbuch Stratenwerths, demgemäss bei der Beurteilung potenzieller „Straftaten gegen Geheiminteressen" nicht nur entscheidend sein solle, ob jemand „durch die Offenbarung eine Amts- oder Dienstpflicht verletzt" habe, sondern auch „ob es sich um Tatsachen relativer Unbekanntheit handelt", wovon, so Furrer, „bei Zeitungsgerüchten wohl nicht die Rede sein" könne.

sie das Geheimnis in ihrer amtlichen Stellung wahrgenommen haben".[317]

Des Weiteren hatten sich die Richter auf den Passus des Strafgesetzbuches bezogen, entlang dem ein „objektiver Tatbestand" keine ausreichende Bedingung für eine Sanktionierung darstelle; lediglich ein „subjektiver", demgemäss eine bewusste Tatabsicht nachgewiesen werden musste. Weil jedoch die Bundesrätin vorgegeben habe, die Quelle, das heisst die amtliche Herkunft der Information in der besagten Situation nicht gekannt zu haben, was durch die Zeugenaussage ihrer persönlichen Mitarbeiterin bestätigt worden sei, könne, gemäss der richterlichen Argumentation, „die Elisabeth Kopp zur Last gelegte Tat als nicht hinreichend erwiesen und die Schuld damit nicht als erstellt gelten". Deswegen ging das Gericht davon aus, die Hauptangeklagte „habe weder mit Vorsatz, noch mit Eventualvorsatz gehandelt". Da jedoch eine „fahrlässige Tatbegehung" nicht strafbar war, galt es, die ehemalige Bundesrätin freizusprechen.

Gemäss Urteilsbegründung sei es jedoch unbegreiflich, „weshalb sie sich nach der Orientierung durch Katharina Schoop nicht nach der Quelle der Information erkundigte", womit ihr Verhalten die „erforderliche Sorgfalt" habe vermissen lassen. Das Gericht entschied darum, die Alt Bundesrätin habe trotz ihres Freispruchs 12 000 Franken, das heisst vierzehntel der Urteilskosten zu tragen.[318] Dieser Umstand indes führte zu einer Nichtigkeitsbe-

---

317 Schriftliche Urteilsbegründung zit. n.: Furrer 1991, S. 146.

318 Schriftliche Urteilsbegründung zit. n.: Furrer 1991, S. 146, 148. Diesbezüglich hatte Kopp-Anwalt Hafter zuvor in seinem Verteidigungsplädoyer argumentiert, aufgrund der normalerweise zu praktizierenden Verschlossenheit der Bundesbeamten, die bei der Informationsweitergabe innerhalb der Bundesanwaltschaft institutionalisierte Pfade beschritten, habe die Alt Bundesrätin nicht damit rechnen müssen, auf irregulären Wegen der Geheimhaltungspflicht unterliegende Inhalte aus Ermittlungsakten zu erhalten. Ro., Verteidigung, Neue Zürcher Zeitung, 22. Februar 1990. Vgl.: Furrer 1991, S. 72–82, hier S. 73. In diesem Abschnitt entfaltet der Autor differenziert, warum die „Bundesanwaltschaft damals für Elisabeth

schwerde des Kopp-Verteidigers Hafter an den Kassationshof, in der dieser betont, seine Mandantin habe sich keineswegs aus finanziellen Gründen dazu entschlossen.[319] Ausschlaggebend sei vielmehr der erwartbare Effekt gewesen, der so erfolgte Gerichtsentscheid wirke auf die Öffentlichkeit wie ein „Freispruch zweiter Klasse", was dadurch evoziert werde, dass „die Auferlegung der Kosten weder ethisch, noch juristisch, noch logisch zwingend" sei, so dass sie vom Publikum als „Verdachtsstrafe" empfunden werde. Wie Furrer weiter ausführt, habe Elisabeth Kopp allerdings darauf verzichtet, alle ihr diesbezüglich zustehenden Rechtsmittel, etwa vor dem Europäischen Gerichtshof für Menschenrechte, in Anspruch zu nehmen.[320]

Wie zu erwarten, beanstandeten Medienschaffende in der gesamten Schweiz mehrheitlich das Urteil. Nur einige wenige lobten die für sie durch den Gerichtsentscheid offenbar gewordene „Unabhängigkeit der Justiz". So hätten die Richter, war etwa im Landboten zu lesen, Mut bewiesen, „sich vom weitverbreiteten Rachedurst nicht anstecken zu lassen und dem Schlachtruf der Linksparteien zu widerstehen, am Beispiel Kopp mit dem ‚Filz' aufzuräumen". Zudem seien sie standfest gewesen, „indem sie sich vom wachsenden Misstrauen in die Bundesbehörden nicht beeinflussen liessen".[321] Für Michel Perrin von 24Heures habe „das Urteil, in Ruhe betrachtet, nichts Skandalöses", vielmehr lobt er, dass „die Justiz vom politischen Wirbel Abstand gewinnen

---

Kopp eine völlig unwahrscheinliche Quelle solcher Information" gewesen sein mochte.

319 Hierzu und zum Folgenden: Peter Hafter in seiner Nichtigkeitsbeschwerde an den Kassationshof, zit. n.: Furrer 1991, S. 148. Generell stellt der Kassationshof im Strafrecht eine höhere gerichtliche Instanz dar, die ein rechtskräftiges, aber für unrichtig befundenes Gerichtsurteil aufzuheben legitimiert ist, ohne dass das ursprünglich involvierte Gericht – anders als etwa bei einer Revision, in der beanstandeten Sache nochmals entscheiden kann.

320 Furrer 1991, S. 148.

321 Hierzu und zum Folgenden: „Der Freispruch von Frau Kopp im Spiegel der Presse", Neue Zürcher Zeitung, 26. Februar 1990.

konnte". Die meisten Kommentare zielten allerdings in eine
andere Richtung. Abgesehen davon, dass wiederum Elisabeth
Kopps vermeintliche Charakterschwächen wie Verlogenheit,
Uneinsichtigkeit oder die Unfähigkeit, zwischen privaten und
amtlichen Interessen zu trennen, angeführt wurden, waren
die Interpretationsrahmen der Negativstatements nach dem
Urteil durch folgende inhaltliche Aspekte gekennzeichnet, die
zusammengefasst so lauteten: Nachdem eine „lausige Anklage"
erhoben worden sei, habe das Bundesgericht das von ihm zu
befolgende so genannte „Unmittelbarkeitsprinzip", demgemäss
Fakten, Tatmotive und Beweise direkt vor den Richtern ausgebreitet werden müssen, nach Meinung vieler nicht ausreichend
befolgt, weswegen zahlreiche für die Verhandlung relevante
Zusammenhänge nicht ausgeleuchtet worden seien. Zudem
hätten die Richter vor allem Elisabeth Kopp über die rechtliche
„Spitzfindigkeit" des mangelnden Vorsatzes „weissgewaschen"
beziehungsweise ihr gemäss der Maxime „im Zweifel für die
Angeklagten" einen „Persilschein" ausstellen können. Da laut
Urteil die zentrale Beschuldigung, die ehemalige Justizministerin habe vorsätzlich das Delikt einer Amtsgeheimnisverletzung
begangen, als nicht erwiesen galt, wurde – einmal mehr kennzeichnend für schlagkräftige Skandalisierungen – „auf andere
Sachverhalte verwiesen, die das Verhalten der Angeprangerten
skandalös erscheinen" liessen.[322] Entsprechend war vielfach zu
lesen, es handele sich, obgleich das Bundesgericht der Tragödie
„ein Happy-End angefügt" habe, lediglich um einen juristischen
Freispruch. Damit sei die Alt Bundesrätin jedoch keineswegs von
ihrer moralischen oder politischen Schuld entbunden worden, ein
Umstand, der ihre potenzielle Rehabilitierung noch lange nicht
möglich mache. Der Prozess habe schliesslich nur einen geringen
Teil des „Falls Kopp" thematisiert, da das Gericht „weder den
Charakter von Frau Kopp [...] noch ihren politischen Stil oder
Anstand" zu bewerten gehabt habe. Zudem sei das Urteil gegen
eine vermeintliche „Volksmeinung" gefällt worden.[323]

---

322 Kepplinger 2001, S. 137.

323 Vgl. etwa: Gilgen, Chance, Tages-Anzeiger, 23. Februar 1990; Löpfe,
     Richter, SonntagsBlick, 25. Februar 1990; Felber, Recht, Basler

Den Gerichtsentscheid in diesem Sinne wertend, wurde SP-Präsident Helmut Hubacher in der Presse mit einem zwar öffentlichkeitswirksamen, jedoch in der Sache schwierigen Vergleich zitiert. Den Richterspruch empfinde er „als Ohrfeige an die Adresse aller Schweizer Bürger, die ihre Verkehrsbussen ordnungsgemäss bezahlen", während die Irreführung der Öffentlichkeit durch ein Mitglied des Bundesrates nicht geahndet werde.[324] Es seien, bilanziert er ernüchtert, „eben nicht alle vor dem Gesetze gleich".

Abb. 3: Delegitimierte Rechtssprechung: Das Bundesgericht verspottet als „Schnellreinigung" (Karikatur von Raymond Burki, 24. Februar 1990, keine Publikationsangaben.) [325]

Zeitung, 24. Februar 1990; Cs., Freispruch, Neue Zürcher Zeitung, 24. Februar 1990; Gubler, Freispruch, Basler Zeitung, 24. Februar 1990; Der Freispruch von Frau Kopp im Spiegel der Presse, Neue Zürcher Zeitung, 26. Februar 1990.

324 Hierzu und zum Folgenden: Helmut Hubacher zit. n.: Ap., Comeback, Berner Zeitung, 24. Februar 1990 sowie Sda., Parteivorsitzende, Neue Zürcher Zeitung, 24. Februar 1990.

325 In deutschsprachigen Medien wurde „Pressing" durch „Waschanlage" ersetzt. Die Übersetzung des französischen Ausdrucks „Pressing" lautet jedoch „Schnellreinigung".

Sein Ausspruch jedoch, „langsam wird in diesem Staat aber alles möglich", steht paradigmatisch für die weithin geteilte Einschätzung, durch das Urteil habe sich die seit Monaten virulente Staatskrise noch einmal verschärft. Nachdem Ende November 1989 durch die Veröffentlichung des PUK-EJPD-Berichts weniger empörende Neuigkeiten zum „Fall Kopp" als vielmehr solche über die Jahrzehnte lang währende staatsschützerische Überwachungspraxis der politischen Polizei herausgekommen waren, hatte sich das weit verbreitete Misstrauen und die Entrüstung gegenüber Akteuren staatlicher Institutionen erheblich verstärkt. Das Strafprozessurteil, das grundsätzlich zugunsten der verfemten einstigen Chefin des EJPDs ausgefallen war, schien kursierende Vorstellungswelten über herrschaftspolitische Verstrickungen und ein daraus resultierender gegenseitiger Privilegienschutz von Amtinhabenden verschiedener Staatsgewalten zu bestätigen, zu dessen Zweck die Mächtigen eine Staatskrise unbedingt zu verhindern suchten.

Ein Artikel von Liliane Goldberger im Volksrecht vom 26. Februar 1990 pointiert diesen Eindruck.[326] Es gebe, kommentiert die Autorin, für den Gerichtsentscheid

> „keine andere Erklärung, als dass ein den Angeklagten und namentlich Frau Kopp gegenüber zum vornherein gnädig gestimmtes Gericht – wie der schonungsvolle Ton der Befragungen, das Begnügen mit der Bestätigung von Protokollen früherer Aussagen statt mündlicher Wiederholung und das Stehenlassen unzähliger Unklarheiten und Widersprüche in den verschiedenen Aussagen verrieten – jeden Strohhalm ergriff, um eine Verurteilung im Fall von Elisabeth Kopp vermeiden zu können".

Darüber hinaus hätten die Richter ihren Ermessensspielraum einseitig zugunsten der Angeklagten ausgenutzt. Goldberger zeigt sich zudem davon überzeugt, dass

---

326 Hierzu und zum Folgenden: Goldberger, Staatskrise, Volksrecht, 26. Februar 1990.

„die im ‚Fall Kopp' angewandte Milde durch Rücksichtnahme auf Rang und Stand motiviert war – vielleicht nicht
in erster Linie durch Rücksichtnahme auf die Person von
Elisabeth Kopp, sondern auf ihre ehemalige Stellung als
Bundesrätin, d.h. auf das Ansehen der Bundesregierung
und vermeintlich der Schweiz schlechthin".

Einmal mehr das Bild einer dem „tumben Volk" vorgespielten
Theatervorführung „mit vorausbestimmten Ausgang" bemühend,
schliesst Goldberger, das Urteil habe dem Ansehen der Schweiz
„mehr geschadet als die Verurteilung einer Ex-Bundesrätin es je
hätte tun können". Es habe „die gegenwärtige Schweizer ‚Staatskrise' noch erheblich verschärft, indem sich nun auch noch die
dritte Staatsgewalt, die Justiz, als unglaubwürdig erwiesen" habe.

Die entsprechenden Reaktionen auf den Gerichtsentscheid
scheinen, folgt man den Erkenntnissen Kepplingers, typisch
für resonanzstarke Skandalisierungen zu sein.[327] Wie der
Skandalforscher feststellt, hätten die wenigen Wortführer in
Skandalen zumeist intensiv recherchiert und über Informanten
zahlreiche Detailkenntnisse erworben, so dass sie irgendwann
„von der Wahrheit ihrer Geschichte fest überzeugt" seien. Die
Schuld des Skandalierten deklarierend, interpretierten sie ihre
Informationen entsprechend, wobei sie Zweifel an ihrer Deutung
als „Vertuschungsversuch" degradierten. Selbst im Anschluss an
ausgewiesene, ein divergentes Urteil enthaltende Expertisen,
revidierten sie ihre Darstellung nur selten. Kepplinger: „Im
Zweifelsfall haben sich die Gutachter geirrt, die Zeugen gelogen, die Gerichte falsch entschieden." Widersprüche zwischen
den Ergebnissen geregelter Verfahren und den Sichtweisen der
Skandalierer würden schliesslich den Institutionen angelastet,
ihren Akteuren werde unterstellt, Fehlschlüsse gezogen zu
haben. Der Skandalforscher spricht diesbezüglich von einem
„essentialistischen Trugschluss" der Skandalierer, deren „eigene
Sichtweise nicht eine von mehreren, sondern die einzig mögliche"
sei. Die Wortführer und deren Mitläufer glaubten bedingungslos

---

327 Hierzu und zum Folgenden: Kepplinger 2001, S. 47, 140f.

an die Richtigkeit ihrer Sichtweisen, so dass sie im Interesse der von ihnen vertretenen Sache bereit seien, Übertreibungen hinzunehmen, die sie normalerweise ablehnten, und Fakten zu diskreditieren, die ihnen ansonsten heilig seien.

Die Ansicht, der Lausanner Freispruch stelle „ein politisch motiviertes Fehlurteil" dar,[328] untermauerte schliesslich auch Strafrechtsexperte Rehberg, zunächst einmal mehr im Fernsehen, tags darauf unter anderem in einem zweiseitigen Interview des SonntagsBlicks vom 25. Februar 1990, dessen boulevardisierte mediale Inszenierung sowohl vom Layout her als auch hinsichtlich der Art der gestellten Fragen auf einen suggestiven Effekt abzielt.[329] Direkt ins Auge fallend befindet sich in der Seitenmitte, gesetzt als fett gedruckter Titel, die Frage „Professor Rehberg, haben wir eine Klassenjustiz?", wobei die sinnstiftende Manipulation darin liegt, dass die reisserische Zuschreibung über die vermeintlich beunruhigende Situation der schweizerischen Gerichtsbarkeit durch den Verweis auf das renommierte Amt des befragten Fachmanns als ernstzunehmendes Problem beglaubigt wird. Der das Gespräch einleitende Text darunter behauptet sodann, der Freispruch Elisabeth Kopps „schockiert die Schweiz", ein Eindruck, welcher durch zwei der drei abgedruckten Portraits Rehbergs gestützt wird. Die erste und grösste Aufnahme, positioniert oberhalb des Titels zwischen der ersten und der letzten Spalte, lädt zur Lektüre ein, indem sie einen nahbaren, da freundlich lächelnden Rehberg zeigt,[330] dessen professorale Aura im Sinne

---

328 Löpfe, Richter, SonntagsBlick, 25. Februar 1990.

329 Hierzu und zum Folgenden: Naef, Klassenjustiz, SonntagsBlick, 25. Februar 1990. Vgl.: Gilgen, Urteilsbegründung, Tages-Anzeiger, 24. Februar 1990.

330 Gestärkt wird die sympathisch anheimelnde Wirkung durch einen kleinen, grauen Informationskasten im unteren rechten Viertel der ersten Seite, der einen persönlichen Steckbrief des Hochschullehrers enthält. Erfahren lässt sich dort abgesehen von seiner privaten Situation sowie persönlicher Vorlieben auch, dass Rehberg neben seiner Stellung als Strafrechtsprofessor ebenfalls Vizepräsident des Kassationsgerichts im Kanton Zürich ist. Dieses Amt unterstreicht einmal mehr seine hohe Reputation als ausgewiesener Fachmann.

von Bildung und Erfahrung durch seine Brille und graumelierten Haare transportiert wird. Demgegenüber offenbaren die beiden anderen Abbilder auf der zweiten Seite, den Text rahmend in die Ecken unten links und oben rechts gesetzt, den Strafrechtsexperten im Gespräch befindlich mit nachdenklich-bestürzter Miene. Jeweils darunter entnimmt die eilige Leserschaft aus zwei fett gedruckten, unterstrichenen Zitaten seine ebenso kritische wie besorgte Haltung.

Anhand der folgenden Gesprächspassage gilt es, den suggestiven Charakter der Befragung durch den Medienschaffenden zu demonstrieren:[331] *„Sie haben es am Fernsehen gesagt: Der Freispruch von Lausanne war eine Überraschung – auch für Sie.* Das war eine Überraschung, ja. *Erinnern Sie sich noch, was Sie sagten als Sie das Urteil vernahmen?* Ja, ich erinnere mich. *Und was sagten Sie?* Ich sagte: Das darf nicht wahr sein! *Der unterlegene ausserordentliche Bundesanwalt Piller sagte, das Bundesgericht spreche das Recht. Muss man nicht mehr sagen?* Doch, man soll mehr sagen. Man muss dieses Urteil zur Diskussion stellen. […] *Ist der Freispruch von Frau Kopp ein Fehlurteil?* Ich muss sagen, als Strafjurist könnte ich dieses Urteil nicht begründen. *Und die mündliche Begründung der Richter?* Halte ich für falsch, für juristisch nicht haltbar. *Nicht stichhaltig?* Absolut nicht!"

Allein dieser erste exemplarische Ausschnitt manifestiert die Suggestivität der journalistischen Befragung. Indem Robert Naef die Ansicht Rehbergs aus dem Fernsehen bereits kannte, konnte er die Fragen so formulieren, dass sie die jeweilige Antwort des Professors bereits implizierten, was typisch für Suggestivfragen ist. So befragt, musste der Experte bestätigend reagieren, denn die Fragen enthielten ja bereits seine eigenen Antworten. Hinzu kommt, dass einzelne Fragestellungen nur knappe, unpräzise Antworten hervorriefen, was Spannung erzeugt, wodurch wiederum die Wirkung der dann folgenden konkreten Aussagen intensiviert wird. Diese interviewtechnischen Finessen entschlüsselnd, wird

---

331 Der Übersichtlichkeit halber werden die Fragen vom Interviewer Robert Naef kursiv gesetzt.

die Intention des Medienmannes Naef augenfällig. Ganz offenbar bezweckte er mit der Konzeption des Gesamtmedientextes, seine Ansicht glaubhaft werden zu lassen, das Lausanner Urteil sei besorgniserregend. Dementsprechend erzeugt die so kalkulierte Konstruktion des öffentlich zu vermittelnden Inhalts zugunsten der journalistischen These einen Dopplungseffekt. Zudem erhält sie durch die expliziten Bestätigungen des renommierten Fachmanns den Anschein einer Verifizierung.

Doch damit nicht genug. Im besagten Gespräch heisst es weiter: *„Das Urteil lässt den Schluss zu, dass Frau Kopp sich vor den Richtern richtig verhalten hat.* [Rehberg] (lächelt) *Könnte man auch sagen, sie habe sich pfiffig verhalten und das Bundesstrafgericht belohne Pfiffigkeit mit Freispruch?* Das ist für mich schwierig zu beurteilen. Das ist ja eine Frage der Psychologie. Ich hätte näher am Prozess sein müssen, um darauf antworten zu können. *Mit Pfiffigkeit meine ich, dass es Frau Kopp gelungen ist, den Richtern weiszumachen, sie hätte keine Ahnung gehabt, dass die Informationen, um die es in diesem Prozess ging, aus der Bundesanwaltschaft stammten und deshalb amtsgeheim waren.* Das ist ja der Grundfehler dieses Urteils. Denn es spielt ja gar keine Rolle, woher die Informationen stammen. *Es dürfte keine Rolle spielen, hat nun aber plötzlich eine gespielt – zum Vorteil von Frau Kopp.* So ist es. Offenbar sind die Richter einer suggestiven Wirkung unterlegen. […] In der PUK wurde offenbar darüber diskutiert, ob Frau Kopp annehmen musste, dass die Informationen, die dann weitergegeben wurden, von externen Quellen kamen oder nicht. Und das ist bereits eine falsche Fragestellung. Denn: Alle Tatsachen mit Geheimnischarakter, die einer Amtsstelle zukommen, fallen unter das Amtsgeheimnis. […] *Frau Kopp schliesslich wurde freigesprochen, weil sich die Frage, ob sie um die Quelle der Information wusste, nicht klären liess. Was sind die Konsequenzen dieser Begründung?* Wenn dieses Urteil Schule macht, wird die bisherige Rechtspraxis gegenüber Amtsgeheimnisverletzung völlig verändert. Das Amtsgeheimnis würde durchlöchert. […] *Der Verdacht ist nun mal da: Haben wir eine Klassenjustiz?* [Rehberg] (seufzt) Man kann den Vergleich machen zwischen Frau Kopp und einem Beamten in einer kantonalen Verwaltung zum Beispiel. Da meinte ich schon, dass der kantonale Beamte in einem vergleichbaren Fall bestraft würde."

Rehberg hatte seine Kritik am Prozessurteil vorgenommen, ohne die schriftliche Urteilsbegründung abzuwarten, die erst Wochen später vorlag.[332] Der Aussage, Elisabeth Kopp sei durch die alleinige Fokussierung auf den Aspekt der Informationsherkunft – von Rehberg als Falschauslegung des Gesetzestextes angemahnt, vom Bundestribunal begünstigt worden, kann ein Passus aus der schriftlichen Urteilsbegründung entgegengehalten werden. Darin verweisen die Richter auf das für sie massgebliche Rechtsprinzip der beschränkten Kognition, demnach das Bundesgericht bei der Verhandlung und der Urteilssprechung lediglich berücksichtigen kann, was von der Anklage hervorgebracht wird. Die Anklage, so die Richter, beschränkte „sich klar auf den Vorwurf, Frau Kopp habe die von Frau Schoop erhaltenen Informationen im Wissen um ihre amtsinterne Herkunft einem Aussenstehenden preisgegeben". Aus der Anklageschrift und aus der Argumentation des Anklägers gegenüber den Einwänden der Verteidigung gehe allerdings eindeutig hervor, dass „die Weiterleitung von Informationen, die Frau Schoop aus Quellen ausserhalb des Departements bezogen haben könnte, Frau Kopp nicht zum Vorwurf gemacht" werde, weswegen das Gericht „die Frage, ob von aussen eingehende Informationen zu Amtsgeheimnissen werden können", nicht zu prüfen habe.[333]

---

332 Hierzu und zum Folgenden vgl.: Furrer 1991, S. 150f.

333 Selbst wenn diese Problemstellung hätte ergründet werden sollen, ergänzen die Richter, müsse auch Amtsträgern bei der Ausübung ihrer Funktion „ein amtsfreier privater Lebensraum" zugestanden werden. „Was ihnen nicht in ihrer Eigenschaft als Mitglied einer Behörde anvertraut worden ist, oder was sie nicht in ihrer amtlichen oder dienstlichen Stellung wahrgenommen haben, untersteht dem Amtsgeheimnis nicht (Artikel 320 Ziffer 1 Absatz 1 Strafgesetzbuch)." Die schriftliche Urteilsbegründung zit. n.: Furrer 1991, S. 153f. Gemäss Furrer gelte es bei der Gesetzesauslegung dementsprechend zu beachten, dass eine solche kommunikative Grauzone zwischen Kopp und Schoop bestanden habe, da beide „durchaus eine private Beziehung zueinander" unterhalten hätten. Furrer 1991, S. 154.

Nun hatte Rehberg an anderer Stelle seine Ansicht, warum er den Freispruch Kopps und Schoops unhaltbar finde, begründet, indem er sich konkret auf den entsprechenden Gesetzesparagraphen bezogen hat. Der entsprechende Artikel 320 Ziffer 1 des Strafgesetzbuches verlautet:

> „Wer ein Geheimnis offenbart, das ihm in seiner Eigenschaft als Mitglied einer Behörde oder als Beamter anvertraut worden ist, oder das er in seiner amtlichen oder dienstlichen Stellung wahrgenommen hat, wird mit Gefängnis oder Busse bestraft."[334]

Der Strafrechtsprofessor argumentiert entsprechend, es sei zu überlegen, ob Elisabeth Kopp diese Information auch erhalten hätte, wenn sie nicht Bundesrätin, sondern eine gewöhnliche Privatperson gewesen wäre.[335] Schliesslich habe auch Bundesanwalt Piller in seiner Anklagerede darauf hingewiesen, selbst wenn die Bundesrätin zufällig von dieser Information erfahren hätte, wäre der Tatbestand der Amtsgeheimnisverletzung erfüllt gewesen. Für Rehberg erscheine es mithin „sehr verwunderlich", dass diese Aussage keine Beachtung mehr gefunden habe. Der Freispruch, so sein im SonntagsBlick gezogenes Fazit, bringe mithin „eine sinnvolle Schranke zum Einsturz".[336]

---

334 Auszug aus dem Artikel 320, 1 des Strafgesetzbuches zit. n.: Furrer 1991, S. 70. Einmal mehr auf den Spielraum der Gesetzesauslegung verweisend, führt Furrer an der zitierten Stelle fragend aus: „Kann zum Beispiel ein Gerücht zum amtlichen Geheimnis werden, oder eine Information, die auch in den Zeitungen steht? Auch der Gesetzes-Text des Artikels 320 genügt sich selbst nicht. Um ihn im konkreten Fall auszudeuten, braucht es die Kommentare der Rechtsgelehrten und die Analogien der Präzedenz-Fälle."

335 Hierzu und zum Folgenden: Jörg Rehberg zit. n.: Ho, Urteil, Basler Zeitung, 24. Februar 1990.

336 Jörg Rehberg zit. n.: Naef, Klassenjustiz, SonntagsBlick, 25. Februar 1990. Vgl. auch die entsprechende These Hans Hungerbühlers auf die Frage, ob der Tatbestand einer Amtsgeheimnisverletzung durch das Urteil relativiert würde: „Diese Gefahr lässt sich nicht verleugnen. Grundsätzlich kann das Amtsgeheimnis nicht streng genug ausgelegt werden. Wenn nun die Gerichtspraxis so large ist, kann das sicher

Auch für das Gericht war bekanntlich der „objektive" Tatbestand einer Amtsgeheimnisverletzung erfüllt gewesen. Doch vermochte es den für eine potenzielle Bestrafung gemäss Anklageschrift relevanten „subjektiven" Tatbestand, demgemäss die beiden betreffenden Angeklagten vorsätzlich oder eventualvorsätzlich gehandelt hätten, nicht zu belegen.[337]

d) Für Menschenwürde, Rechtsstaat und Demokratie. Herschs zweite Intervention

Nach Abschluss des Gerichtsprozesses war der „Fall Kopp» zwar auf den Ebenen der verschiedenen institutionellen Untersuchungen abgeschlossen, doch hatte die monatelange Skandalisierung menschlich gesehen im Leben des diskreditierten Ehepaares Trümmer hinterlassen. Auf persönlicher Ebene sollte es noch lange nicht gelingen, einen Schlusspunkt zu setzen. Von einem Tag auf den anderen war der zuvor betriebsame, ausgefüllte Alltag der Alt Bundesrätin von Einsamkeit, Isolation, erzwungener Passivität und andauernder Ohnmacht bestimmt gewesen. Voraussetzungen für eine schwere Depression.

Was auch immer die umstrittenen Personen, insbesondere aber Elisabeth Kopp getan hatten, die divergenten Interpretationen der Angelegenheit, die in der Öffentlichkeit, wenngleich in drastischem Ungleichgewicht, kursierten, bekunden die Dimension

---

dazu führen, dass die Beamten diesen Tatbestand nicht mehr so ernst nehmen. Das könnte gefährlich sein." Hans Hungerbühler zit. n.: Gubler, Hungerbühler, Basler Zeitung, 24. Februar 1990.

337 Auf eben dieses alles entscheidende „Problem des Vorsatzes" jedoch, beklagt Furrer, sei Rehberg in keiner öffentlichen Stellungnahme eingegangen. Schliesslich sei Elisabeth Kopp „unter der strengen und durch alle Zeugen belegten Voraussetzung freigesprochen [worden], dass sie nichts von einem allfälligen Amts-Geheimnis ahnte". In seinem Kapitel über „Verschlungene Informationspfade" entfaltet Furrer nuanciert, inwiefern die Aussage Elisabeth Kopps durchaus plausibel ist, keine Ahnung von der amtsinternen Herkunft, mithin von der Geheimhaltungspflichtigkeit der weitergeleiteten Information gehabt zu haben. Vgl. ausführlich: Furrer 1991, S. 72–78.

unterschiedlicher Auslegungen von „Realität". An den bereits skizzierten Beiträgen des Deutungskampfes wird offenbar, inwiefern „Wirklichkeit" grundsätzlich durch menschliche Sinnstiftung konstituiert wird. Die Relativität von „Wahrheit" in ihren kommunikativen Akten keineswegs thematisierend, hatte die Gruppe der Skandalierenden eine vermeintlich unumstössliche, Elisabeth Kopp diffamierende Version des Sachverhalts teilweise mit rabiater Vehemenz vertreten, von der die Psyche wohl kaum eines Menschen unverletzt geblieben wäre. Durch die Monate andauernde unerbittliche Skandalisierung ihres Verhaltens inklusive der Verurteilung ihrer Persönlichkeit sowie durch die massive Unterdrückung ihrer Sicht der Dinge, befand sich Kopp lange Zeit in einem Zustand sozialer Ausgrenzung und überwältigender Ohnmacht.[338] Ohne Zweifel: auf Elisabeth Kopp war all die Monate und darüber hinaus ein enormer psychischer Druck ausgeübt worden. Ihre Skandalisierung wirkte sich noch Jahre danach repressiv auf ihr Leben aus.

Die Zeitgenössin Jeanne Hersch fühlte sich aufgrund dieser unerbittlichen Diskriminierung veranlasst, zu handeln. Ihrem langjährigen Freund, dem polnischen Literaturnobelpreisträger von 1980, Czeslaw Milosz gab sie brieflich Auskunft über

---

338 Vgl. hierzu Jeanne Herschs eindrückliche Beschreibung des Ohnmachtgefühls, das sie 1933 während eines nationalsozialistischen Festaktes an der Universität Freiburg im Breisgau erlitten hatte, an dem Martin Heidegger als Redner zwischen dem hundertfachen Gesang blutrünstiger antisemitischer Lieder aufgetreten war: „Ich stand regungslos da, mit hängenden Armen und zusammengepressten Lippen. Ich hatte keine Angst. Niemand bedrohte mich. Aber als das Zeichen zum Ende der Feier gegeben wurde, blieb ich wie gelähmt stehen. Ich fühlte mich, als wäre ein Reitertrupp über meinen Körper galoppiert. Ich war wie zerbrochen, wegen nichts und wieder nichts, das möchte ich betonen. Nur: Allein gegen die Menschheit dazustehen ist physisch fast nicht zu verkraften. Die Macht der sozialen Masse hatte ich mir nie vorgestellt. Ich bedaure nicht, sie erlebt zu haben. Sie gehört zu den Faktoren der Geschichte, die man nicht versteht oder von denen man aus Stolz nicht zugeben will, wie stark sie sind, oder daß man selbst von ihnen betroffen sein kann." Jeanne Hersch in: Dufour/Dufour 1986, S. 33.

„eine enorme politisch-ethisch-mediale ‚Affäre', deren Opfer eine Frau ist, die als erste Mitglied unserer Regierung war. Und ich war derart erschüttert durch diese Ungerechtigkeit und durch die Feigheit der Leute, dass ich die Initiative für ein Buch ergriffen habe".[339]

Als sie auf der Pressekonferenz des von ihr Mitte Februar 1991 herausgegebenen Sammelbandes vor laufender Fernsehkamera befragt wurde, aus welchen Motiven heraus sie „Rechtsstaat im Zwielicht" publiziere, antwortete sie dann auch mit Bestimmtheit: „Der Impuls war die Empörung! Die Empörung im Gefühl einer tiefen Ungerechtigkeit als ich überall dieselben fürchterlichen Anklagen gelesen habe, ohne Beweise!"[340] Die Philosophin, der zahlreiche Menschen aufgrund ihres Curriculum Vitae zweifellos eine moralische Kompetenz zuschrieben, hatte damit unvermittelt ihre Bitternis und Entrüstung über das Elisabeth Kopp ihrer Ansicht nach widerfahrene Unrecht kundgetan. Folgt man den Erkenntnissen Boltanskis und Claveries, dann ist eben dieses von Hersch artikulierte „sentiment de la pitié" unabdingbar für den Versuch einen Skandal in eine Affäre zu überführen. Zugunsten von öffentlicher Mobilisierung gelte es, eine „Politik des Mitge-fühls" beziehungsweise eine „Kommunikation der Sensibilisie-rung" zu praktizieren, durch die sich der gewaltsame Impetus der beanstandeten kollektiven Anklage und, damit einhergehend, die

---

339 Jeanne Hersch in einem Brief an Czeslaw Milosz, zit. n.: Linsmayer 2010, S. 228.

340 Als der Interviewer darauf kontert: „Nun setzten Sie sich damit natürlich ein bisschen dem Vorwurf aus, Frau Kopp ‚reinzuwaschen'!", entgegnet Hersch energisch: „Erstens will ich das Wort ‚reinwaschen' nicht hören, denn es ist ein scheussliches Wort, und ich brauche es nicht! Zweitens bin ich davon überzeugt, dass Frau Kopp keine ‚Reinwaschung' braucht. Also will ich sie nicht ‚reinwaschen'". Es gehe ihr lediglich darum, dass man bedenke, was Kopp passiert sei und was sie demgegenüber eigentlich konkret getan habe. Jeanne Hersch im Fernsehinterview auf der Pressekonferenz zur Buchpublikation vom 12. Februar 1991, transkribiert während der Visionierung bei SF DRS. Das Sendegefäss, in dem der Beitrag platziert wurde, ist der Verfasserin unbekannt.

nachhaltige Verletzung der Menschenwürde der inkriminierten Person vergegenwärtigen liessen.[341] So gesehen intendierte Jeanne Hersch mit ihrem zweiten Eingriff, auf der Ebene des Einzelfalls, Mitgefühl und Anteilnahme zu evozieren sowie, auf der Ebene des Prinzipienfalls, auf die Bedrohung rechtsstaatlicher Grundsätze aufmerksam zu machen, deren loyalen Umgang in der politischen Praxis sie einklagte. Wie aber gestaltete die Intellektuelle Jeanne Hersch konkret ihre zweite Intervention in diesen Deutungskampf?[342]

Zunächst einmal vermochte die Philosophin eine heterogene Schar arrivierter Persönlichkeiten aus der ganzen Schweiz als Schreibende für ihr Buchprojekt zu gewinnen. „Rechtsstaat im Zwielicht" enthält Beiträge von Pierre Arnold (Verwaltungspräsident des Migros-Genossenschafts-Bundes), Elsie Attenhofer (Kabarettistin), Gustave Barbey (Jurist, Generalkonsul Norwegens in Genf), Fritz Baumann (Jurist, Sozialdemokrat), Roberto Bernhard (Jurist, Bundesgerichtsjournalist), Rudolf Friedrich (Jurist, ehemaliger FDP-Bundesrat), Carlos Grosjean (Jurist, Ständerat, Verwaltungsratspräsident der SBB), Michel Halpérin (Jurist, Mitglied des Genfer Grossen Rates), Werner Kägi (Rechtsprofessor), Hans Georg Lüchinger (Jurist, FDP-Nationalrat), Ernst Meili (Theologe, Präsident des Kirchenrates), Richard Merz (Schauspieler, Psychoanalytiker, Theaterkritiker), Monika Scherrer (Journalistin, parlamentarische Mitarbeiterin in Bern), Jürg L. Steinacher (Berater Public Affairs) und Sigmund Widmer (Präsident Pro Helvetia).

Im Schaffhauser Peter Meili-Verlag erschienen, umfasst das Buch insgesamt 203 Seiten. Den Artikeln des Hauptteils sind zwei Briefe von renommierten Rechtsgelehrten vorangestellt,

---

341 Boltanski/Claverie 2007, S. 428f.

342 Verstanden als intellektuelle Intervention der Philosophin Jeanne Hersch, auf deren Initiative hin der Sammelband entstand und als dessen Herausgeberin sie fungierte, fokussieren die folgenden Ausführungen auf die Stellungnahme der Intellektuellen. Auf Beiträge weiterer Autorinnen und Autoren von „Rechtsstaat im Zwielicht" wird im Verlauf der Analyse von Herschs Text verwiesen.

die sich im Laufe ihres langen Lebens mit ihrem Fachwissen gesellschaftlich verdient gemacht hatten. Es handelt sich erstens um den Leserbrief des Aarauer Alt Oberrichters Fritz Baumann, der exemplarisch aus den wenigen Stellungnahmen jener Mitbürger ausgewählt worden sei, die „es im Ablauf der Ereignisse wagten, gegen den Strom zu schwimmen". Der zweite Brief stammt aus der Feder des Zürcher Professor Emeritus, Werner Kägi, der gesundheitsbedingt auf seine geplante Rechtsstudie habe verzichten müssen, es jedoch als selbstverständlich erachtet habe, sich mit dem Buchvorhaben solidarisch zu erklären. Beide Schreiben reklamieren die Ungerechtigkeit, die Elisabeth Kopp ihrer Wahrnehmung nach widerfahren sei. Ihrer entsprechenden Haltung hätten sie, wie Hersch hervorhebt, durch ihre hohe juristische Kompetenz und lebenslange Praxis eine besondere symbolische Geltung verliehen.[343]

Bereits auf der Rückseite des Sammelbandes wird die Brisanz, durch die sich die sechzehn Autorinnen und Autoren veranlasst sahen, Stellung zu beziehen, in drastischer Metaphorik zum Ausdruck gebracht. Der „Fall Kopp" erinnere „in mehr als einer Hinsicht an eine moderne Hexenjagd", die „unbewältigte, neue Fragen unseres Staates aufwirft". Einmal mehr als „Kämpferin für Menschenrechte" auftretend, beweise die Herausgeberin Jeanne Hersch erneut Mut, „wider den Strom zu schwimmen". Sie sei davon überzeugt, dass 1. „einer Mitbürgerin grosses Unrecht" geschehen sei, und 2. die bis dato ergründete Ereigniskonstellation sowie deren Skandalisierung „den Rechtsstaat Schweiz in ein Zwielicht" versetzt hätten.[344]

---

343 Hersch 1991, S. 11–16.

344 Hersch 1991, Text auf der Rückseite des Einbands. Publiziert genau ein Jahr nach Herschs erster Intervention und zu einem Zeitpunkt als alle institutionellen Untersuchungen bereits abgeschlossen waren, vermochten die Autorinnen und Autoren mehr oder weniger gesamthaft auf den „Fall Kopp" zurückzublicken, das heisst jedweden Aspekt, der ihnen während des Skandalisierungs- und Untersuchungsverlaufs zweifelhaft erschienen war, thematisch aufzugreifen.

Durch die Metapher der „Hexenjagd" wird die Skandalisierung Elisabeth Kopps imaginativ in das mittelalterliche und frühneuzeitliche Szenario der Inquisition übertragen, die in säkularisierten, demokratischen Staatsformen westlicher Provenienz als erbarmungslose, brutale Verfolgung von der Häresie bezichtigter Menschen gilt. Im Zeitalter der Menschenrechte steht die so genannte „Hexenverfolgung", als ein besonderes inquisitorisches Verfahren, dem vor allem dämonisierte Frauen zum Opfer fielen, für willkürliche Stigmatisierungen und blindwütigen Dogmatismus. Darüber hinaus wurden die brutalen Urteilsvollstreckungen in Form qualvoller physischer Gewaltakte wie Folter oder gar der Hinrichtung rüde zur Schau gestellt.

Analog zum grausamen Phänomen der „Hexenverfolgung" bleibt für den „Fall Kopp" ein weniger körperlicher, dafür jedoch psychischer Gewaltaspekt zu konstatieren. Die psychische Verfasstheit der ehemaligen Justizministerin hatte nicht nur aufgrund der öffentlich vehement vollzogenen Unterdrückung ihrer Version der Geschehnisse offenbar nicht unerheblichen Schaden genommen. Dazu beigetragen hatten auch die monatelange Inkriminierung der ihr vorgeworfenen Verfehlungen sowie die andauernde Dämonisierung ihres Gatten, in deren Folge auch ihrer eigenen Persönlichkeit ehrverletzende Charakteristika zugeschrieben worden sind. Die einmal konstruierten Feindbilder, von zahlreichen Medienschaffenden aufgegriffen, wurden wie in einer Endlosschleife fortlaufend in der massenmedialen Öffentlichkeit reproduziert und damit auf zeitgemässe Art zur Schau gestellt. Die metaphorische Übertragung der Skandalisierung der Alt Bundesrätin in den berüchtigten historischen Sinnkontext der Hexenverfolgung vergegenwärtigt noch weitere Parallelen. Zum einen ist auch Elisabeth Kopp durch die vielen unbewiesenen Beschuldigungen Willkür widerfahren. Zum anderen kann die vornehmlich einseitige Berichterstattung zahlreicher Medienschaffender, die kaum andere Interpretationen der Geschehnisse gelten liessen, in gewisser Hinsicht als dogmatisch beziehungsweise uneinsichtig bezeichnet werden; Attribute, welche bekanntlich Elisabeth Kopp, die ebenso von ihrer Version des Sachverhalts

überzeugt war wie die Skandalierenden von der ihren, noch Jahre
später anklagend zugeschrieben worden sind.

Thematisch greifen die Autorinnen und Autoren des Sammelbandes in ihren Texten Problemfelder aus dem oben skizzierten
Sinnkontext der Hexenjagd-Metapher auf, so dass die menschliche
Dimension des „Falls Kopp" im Zentrum ihrer Stellungnahmen
steht. Die inhaltliche Strukturierung durch die Kapitelbezeich-
nungen offenbart jedoch, inwiefern der Einzelfall ihrer Ansicht
nach einen Prinzipienfall darstellte, der die schweizerische Gesellschaft als Ganzes betraf. Wie von Hersch in ihrem Vorwort
niedergelegt, gilt es der Autorenschaft aufzuzeigen,

> „was in der heutigen Schweiz im Zusammenspiel der
> verschiedenen Gewalten nicht stimmt, um auf diese Weise
> die Probleme anzusprechen, welche heute auf unserer De-
> mokratie lasten und die im Ablauf der uns beschäftigenden
> Ereignisse zutage getreten sind".[345]

Abgesehen von einer Chronologie zu Beginn und biografischen
Anmerkungen über die Schreibenden am Ende, befassen sich
die Kapitel dementsprechend mit für die Funktionstüchtigkeit
eines demokratischen Staatswesens essenziellen Phänomenen.
Hierzu zählen das Verhältnis von Institutionen und öffentlicher
Meinung, die Medienmacht, konkrete Rechtsprobleme und das
Selbst- beziehungsweise Fremdbild der Schweiz. Abschliessend
folgen eine retrospektive sowie eine prospektive soziopolitische
Einordnung der Affäre. In deren Verlauf habe sich offenbart, so
eine von Hersch formulierte wesentlich Quintessenz des Bandes,
„dass das individuelle Bewusstsein, ja sogar Recht und Gerichte
unverhältnismässig stärkeren und massiveren Pressionen unterliegen, womit es schwieriger geworden ist, Bürger zu sein".
Inwiefern?

Davon ausgehend das Bürgerinnen und Bürger zur rationalen
Ausübung ihrer gesellschaftlichen Gestaltungsrechte ein Min-
destmass an politischer Aufklärung durch die entsprechenden po-

---

345 Hersch 1991, S. 7–9.

litischen und juristischen Institutionen sowie insbesondere über die massenmediale Berichterstattung garantiert sein muss, lautet die Hauptthese in Herschs zweiter intellektueller Stellungnahme, dass eben diese informative Grundvoraussetzung staatsbürgerlichen Handelns während des „Falls Kopp" nicht gegeben war.[346] Denn statt der Gewährleistung einer möglichst umfassenden Wissensbasis im Sinne einer von Hersch stets als erstrebenswert erachteten pluralistischen Darstellung eines Sachverhalts in der Öffentlichkeit, hätten sowohl die „Einseitigkeit der Presse" als auch die zahlreich eingesetzten Untersuchungsinstanzen die Verworrenheit verstärkt und Konfusion gestiftet. Damit aber sei der proklamierte Zweck der „Riesen-Untersuchungsmaschine", der da hiess, das öffentliche Vertrauen in die Funktionstüchtigkeit staatlicher Institutionen zurück zu erlangen, in sein Gegenteil verkehrt worden. Während des Verlaufs der Angelegenheit – von Hersch insbesondere über die Westschweizer Medien erfasst – habe sie sich gefragt, ob die meisten Menschen im Lande, wie sie ohne juristische Fachkenntnisse, „besser als ich verstanden haben, wie die verschiedenen Kompetenzen unter den vielen Organen aufgeteilt wurden. Mir sind sie jedenfalls nie klar genug erschienen". Darüber hinaus hätten zahlreiche Stimmen sich monatelang in der Öffentlichkeit bemüht,

> „mit Hilfe zahlloser Strategien und Verstrickungen die öffentlich nur versteckt ausgesprochene Anklage zu verstärken und zu schüren, nach welcher Frau Kopp ihre Funktion dazu benützt hätte, den Drogenhandel zu begünstigen. Indirekt natürlich durch ihren Mann."

Hersch stellt sowohl den Einsatz der verschiedenen Untersuchungsgremien als auch die Skandalisierung als vermeintliche Aufklärungsinstrumente in Frage, indem sie anzweifelt, dass entsprechende Methoden geeignet seien, „das Vertrauen wieder herzustellen". Vielmehr hätten etwa die politisch-juristischen Kontrollvorgänge, von ihr bezeichnet als „dieses unverhältnismässige und zweckentfremdete Verfahren", bei vielen lediglich

---

346   Hierzu und zum Folgenden: Hersch 1991a, S. 51, 53–55.

ein „tiefes Gefühl der Ungerechtigkeit (in beiden Richtungen!) und ein Unbehagen" hinterlassen, das sich „weniger auf Elisabeth Kopp als auf unseren Rechtsstaat" bezogen habe. Aufgrund von Übertreibungen und gestifteter Konfusion habe es für die Bürgerinnen und Bürger der Schweiz keine Klarheit über den Sachverhalt gegeben, die zumindest ansatzweise für das Funktionieren einer Demokratie unabdingbar ist. Dagegen hätten indes, pointiert Hersch am Schluss, „nur wenige *Bürger* [...] ihre Stimme erhoben. Doch was ist ohne Bürger eine Demokratie?"[347]

So skizziert, hatte Jeanne Hersch in ihrem Artikel argumentativ entfaltet, inwiefern sie das idealtypischerweise für jedwede demokratische Staatsform grundlegende funktionale Zusammenspiel sachlich amtender Mandatstragender der drei offiziellen Staatsgewalten, differenziert berichtender Medienschaffender sowie wachsam-engagierter Bürgerinnen und Bürger nicht nur während des „Falls Kopp" als mangelhaft umgesetzt, sondern generell als bedroht erachtete. Eine zentrale von Hersch zugunsten des Gemeinwesens eingeklagte Wertidee ist mithin das immerwährende Streben nach differenzierter, Einsicht vermittelnder Aufklärung, nach ausgewogener Informationsfreiheit. Sie adressiert die dieser Norm impliziten Verhaltensforderungen an alle drei oben erwähnten Akteursgruppen: an die Mandatstragenden in Politik und Jurisprudenz, an die Medienschaffenden und in ihrem appellartigen Schluss nicht zu letzt an die Bürgerinnen und Bürger. Folgt man dem argumentativen Verlauf, mit dem Hersch ihre Hauptthese untermauert, dann kristallisiert sich heraus, an welchen Akteuren die Intellektuelle konkret Kritik übt. Darin wiederum offenbaren sich weitere staatstragende Prinzipien, die sie im Verlauf des „Falls Kopp" als missachtet ansah und zugunsten deren künftigen Einhaltung sie entsprechende institutionelle Änderungen forderte.

Bereits zu Beginn hebt sie hervor, „diese erlebte Geschichte Tag für Tag verfolgt" zu haben, allerdings ohne nach zwei Jahren in der Lage zu sein, „sich ein klares Bild von dem zu machen, was

---

347   Hersch 1991a, S. 63, Kursivsetzung laut Quelle.

eigentlich vorgefallen ist".[348] Ihres Eindruckes nach hätten „die verschiedenen Nachforschungen die Probleme flattern" lassen, was, Missverständnisse hervorrufend, einer Aufklärung des Sachverhalts abträglich gewesen sei. Allein der Umstand, dass die während ihrer vierjährigen Amtszeit fachlich allgemein respektierte und in der Bevölkerung beliebte Bundesrätin innerhalb weniger Wochen so drastisch stürzen konnte, habe bei Hersch Misstrauen evoziert.

Um die von ihr realisierte Verworrenheit zu durchschauen, analysiert sie den Verlauf des so genannten „Falls Kopp", indem sie das angemahnte Verhalten der umstrittenen Personen, die massenmediale Berichterstattung darüber sowie relevante Aussagen juristischen Personals und der Untersuchungskommissionen beschreibt. Sie kommt, was die allgemein kursierende „scheinbar einzige" Interpretation des berühmten Telefonats zwischen den Eheleuten Kopp anbelangt – dergemäss die Bundesrätin ihren Mann habe schützen wollen, weil sie ihn für schuldig hielt – zu dem Schluss, diese resultiere aus den alten Deutungsmustern, die bereits 1984 insbesondere in den Massenmedien konstruiert und über sie verbreitet worden waren.[349]

Die enorme inhaltliche Verflechtung des Sachverhalts hätten mithin Medienschaffende zu verantworten. Wie die Intellektuelle akzentuiert, hätten sie, indem sie das umstrittene Bundeshausgeschehen mit alten Gerüchten über den Bundesratsgatten narrativ verkoppelten, die „Reaktualisierung einer fernen Vergangenheit" vollzogen, so dass die eigentliche Angelegenheit „eine neue Dimension" erfahren habe. Später seien „auf ähnliche Art endlose Weiterungen" hinzugekommen, etwa durch die Verknüpfung mit den „Fichen-Funden" in der Bundesanwaltschaft. Nur dadurch habe das umstrittene Verhalten der Bundesrätin, das keines der eingesetzten Kontrollgremien hatte erhärten können, dermassen kriminalisiert werden können. Hersch zieht daraus die ernüchternde Konklusion: Durch die inhaltlichen Attributierungen des

---

348 Hierzu und zum Folgenden: Hersch 1991a, S. 51.

349 Hierzu und zum Folgenden: Hersch 1991a, S. 54.

eigentlichen Sachverhalts in der Berichterstattung „wurde die Tatsache getarnt, dass die Riesenmaschine, eingesetzt, um Licht in die Angelegenheit zu bringen, um Wahrheit und Vertrauen wieder herzustellen, schliesslich eine Maus gebar".

Dementsprechend galt jenen Medienschaffenden, die dazu beigetragen hätten, sachfremde „Dinge ineinander zu verflechten oder nebeneinander abzudrucken", ihre schärfste Kritik.[350] Abgesehen davon, dass „die Bedingungsform [...] in dieser unpräzisen und verworrenen Prosa" augenfällig gewesen sei, habe die Hochphase der Skandalisierung täglich „eine Flut neuer Einzelheiten" gebracht, deren Quellen, wegen des Informantenschutzes ungenannt, nicht nachzuvollziehen gewesen seien. Bezug nehmend auf die in der Zwischenzeit ebenfalls skandalisierte staatsschützerische Überwachungspraxis, fühlte sich Hersch mithin veranlasst, zu konstatieren: „Wenn wir in der Schweiz einen Schnüffelstaat haben, dann haben wir um so mehr eine Schnüffelpresse".

Bemerkenswert sei ihr erschienen, „dass fast alle diese Artikel in dieselbe Richtung zielten, Leserbriefe – die man zu veröffentlichen bereit war – inbegriffen". Die so beschriebene Beeinflussung der Allgemeinheit durch massenmediale Berichterstattung offenbart, inwiefern Hersch die öffentliche Bewusstseinsbildung der Bürgerinnen und Bürger inklusive jener Akteure in verantwortungsvollen gesellschaftlichen Positionen durch verstärkte Pressionen bedroht sah. Betonend, sie habe stets jedweder allzu homogenen Urteilsbildung misstraut, argumentiert sie:

> „Das Leben hat mich gelehrt, dass die Meinungen der Menschen von Natur aus auseinandergehen und dass es bei Einstimmigkeit auf irgendeine Weise an Freiheit fehlt. Quasi einstimmige Voten lassen meistens auf totalitären Druck schliessen, einstimmige Urteile und Meinungen auf Manipulation."[351]

---

350 Hierzu und zum Folgenden: Hersch 1991a, S. 59f.

351 Vgl. hierzu die Ausführungen der Philosophin in: Dufour/Dufour 1986, S. 241f. Hier bestätigt Hersch ihren Eindruck, zahlreiche Medienschaffende würden teilweise nicht davor zurückschrecken, jene

Es ist die von ihr während des „Falls Kopp" wahrgenommene uneingeschränkte gesellschaftspolitische Macht von Medienschaffenden, ihre kommunikativen Praktiken samt deren potenziell vernichtende Schlagkraft, die Hersch in ihrer Stellungnahme als generelle Bedrohung von Menschenwürde und Demokratie in der Schweiz anmahnt.[352] Jeder Mensch könne, erläutert sie die von ihr beanstandeten meinungsbildenden Herrschaftsmechanismen der gedruckten und elektronischen Presse, „durch die ihr eigene Gewalt" zu Fall gebracht werden.[353] Dabei habe sie „das Recht, ihre Quellen zu verschweigen" und die Mittel, „ihre Opfer unermüdlich durch Wiederholungen zu plagen". Sensationserheischende Medienschaffende würden sich mit ihren entsprechend gestalteten Erzeugnissen „an Schwächen und Neidgefühle des Publikums, an dessen Neigung zu tugendhafter Empörung" richten. Während zahlreiche unter ihnen selber keine Kritik akzeptierten, hätten sie andererseits die Möglichkeit, was ihnen nicht passe, „einfach totzuschweigen".

Um dieser von ihr realisierten destruktiven Gefahr für Menschenwürde und Demokratie Einhalt zu bieten, artikuliert sie die heikle Forderung, „was man heute ‚Recherchierpresse' nennt, [...] in naher Zukunft einer Kontrolle zu unterstellen".[354] Schliesslich

---

an der öffentlichen Diskussion Teilnehmende einzuschüchtern, deren Haltung über einen Sachverhalt von der öffentlich vorherrschenden Sichtweise abweiche. Einen weiteren Grund für eine immer häufiger zu beobachtende Verminderung von Meinungspluralität sehe sie darin, dass sich immer mehr Zeitungen einander angleichen würden. Bezogen auf die inzwischen weithin akzeptierten Standpunkte dereinst als „nonkonformistisch" verfemter linkspolitischer Sichtweisen, akzentuiert Hersch: „Seitdem man antikonformistisch ist, herrscht ein erstaunlicher Konformismus."

352 Vgl. hierzu den Textbeitrag von Lüchinger 1991, S. 91–106, in dem der Autor exemplarisch die skandalisierende Berichterstattung zum „Fall Kopp" ergründet.

353 Hierzu und zum Folgenden: Hersch 1991a, S. 60.

354 Vgl. hierzu den Textbeitrag von Friedrich 1991, S. 74– 89, in dem der Autor die Strukturen massenmedialer Macht in der Schweiz reflektiert. Ebenso wie Hersch kommen sowohl Friedrich als auch Lüchinger

könne gegen den „Schnüffelstaat" über die Presse vorgegangen werden; „gegen die Schnüffelpresse aber", spitzt sie fragend zu, „woher soll man da Hilfe erwarten?" Im „Fall Kopp" schien sich für Hersch bestätigt zu haben, was sie seit längerem bereits als von einer uneingeschränkten Medienmacht ausgehende gesellschaftspolitische Gefahr gewittert hatte. Engagiert in der 1979 aus einer Bürgerinitiative hervorgegangenen Groupe d'Etudes des Mass-Media (GEMM), welche potenzielle Schwierigkeiten analysierte, die sich aus der wachsenden Bedeutung von Massenmedien für die Gesellschaft ergaben, hatte Hersch seit längerem reflektiert, inwiefern sie eine Einschränkung der Medienmacht für relevant und für umsetzbar erachtete. Ihre entsprechenden Ausführungen von 1986 verdeutlichen, warum eine uneingeschränkte Medienmacht ihr Sorgen bereitete und in welcher Form sie deren Kontrolle forderte. Vor allem jedoch lesen sie sich im Hinblick auf die Skandalisierung Elisabeth Kopps geradezu als seismografisch.

Aufgrund des „tiefgreifenden, anhaltenden" soziokulturellen Einflusses der elektronischen Massenmedien, war es der GEMM Ende der 1970er-Jahre darum gegangen, sie „einem Minimum an Regeln und demokratischer Kontrolle" zu unterwerfen. Denn sie betrachtete die vom Bundesrat für Radio und Fernsehen verabschiedete Konzession hinsichtlich des Erhalts des Prinzips einer ausgewogenen Informationsfreiheit als nicht ausreichend.[355] Gemäss Hersch habe man erstrebt, sowohl die massenmediale „Freiheit als auch die adäquate Information des Schweizer Volkes" durch einen Verfassungsartikel abzusichern. Sich der Zensurproblematik bewusst, hebt die Philosophin hervor, es sei nicht darum gegangen, die Massenmedien „dem Staat zu

---

am Ende ihrer Ausführungen zum Schluss, dass eine „freiheitliche und menschliche Gesellschaft" eine Kontrolle massenmedialer Macht verlange. Lüchinger 1991, S. 103.

355 Hierzu und zum Folgenden: Hersch in: Dufour/Dufour 1986, S. 236f. Gemäss Hersch hatte die GEMM ihre entsprechenden Gedanken in einer Broschüre unter dem Titel „Die Voraussetzungen der Freiheit in den Medien" 1982 publiziert.

unterstellen, sondern nur zu verhindern, dass sie zu einer will-kürlichen Macht würden". Zweimal bereits hatte die Schweizer Bevölkerung entsprechende Verfassungsartikel abgelehnt, weil, argumentiert Hersch, die Massenmedien selbst Gegenkampag-nen initiiert hätten, „man dreht sich im Kreis". Medienmacht, betont sie, sei „nicht nur beträchtlich, sie wird auch sehr subtil ausgeübt, durch die Wahl der Gesprächspartner, den Wortschatz, die Betonungen, lauter Imponderabilien". Darüber hinaus sei die Überwachung der Konzessionsbefolgung durch den Bundesrat aufgrund seiner funktionalen Abhängigkeit von den Massenme-dien problematisch. Worin nun bestand Herschs Vorschlag für eine Kontrollmöglichkeit ohne repressive Zensur?

Für sie ergibt sich „die natürliche Korrektur der ungeheuren Macht der Medien und des willkürlichen Charakters dieser Macht" aus einer möglichst vielseitigen Wissensorientierung von Medienschaffenden.[356] Darüber hinaus hätten sie die demokrati-sche Pflicht, „die Vielfalt der öffentlichen Meinung" zu widerspie-geln, weswegen sie in ihren Erzeugnissen ein breites Spektrum subjektiver Anschauungen verbreiten müssten. Unter Kontrolle der Massenmedien verstand Hersch mithin einen gesetzlichen Eingriff zur Förderung des perspektivischen Pluralismus von Medienschaffenden, den sie als essenziell erachtete zugunsten der andauernden Suche nach „objektiver Wahrheit", die für ein freiheitliches Staatsgebilde idealtypischerweise konstitutiv ist.

Wenngleich, fährt sie fort, „die absolute Objektivität unerreichbar" sei, befreie dies „niemanden von der Verpflichtung, sich um sie zu bemühen". Verzichte man darauf, gebe es „kein Recht, keine Ge-richte, keine Geschichtsforschung und keine Wissenschaft mehr", die Zivilisation breche zusammen. Sobald jedoch tendenziöse journalistische Berichterstattung infrage gestellt werde, gelte man als Gegner von Presse- und Meinungsfreiheit. Zahlreiche Medienschaffende nähmen mithin für sich in Anspruch: „'Die Meinungsfreiheit sind wir'". Hersch proklamiert das Gegenteil:

---

356 Hierzu und zum Folgenden: Dufour/Dufour 1986, S. 238–240.

„Die Freiheit, seine Meinung zu äußern, ist bedroht, wenn die Medien von ein paar Leuten monopolisiert werden, die eine homogene Gruppe bilden, eine Gruppe, die nicht nur den politischen Meinungen, sondern auch den geistigen Haltungen die Richtung gibt."

Besondere Sorgen bereite ihr dabei die kulturelle Dimension, mithin „der Einfluß, der in der Tiefe wirksam wird, der die 'moralische Sensibilität' der Leute berührt, ihre Art zu leben und die Welt zu sehen".

Dieser kulturellen Macht hätten verantwortungsbewusste Medienschaffende mit einer gewissenhaften Berichterstattung zu begegnen, wozu sie entsprechend ausgebildet werden sollten, was Hersch bis dato in der Schweiz als nicht weitflächig umgesetzt kritisiert. Der Journalismus, klagt sie, sei trotz seiner hohen gesellschaftlichen Verantwortung einer der wenigen undiplomierten Berufe. Unerlässlich jedoch seien Journalistenschulen, in denen entlang universitärer Massstäbe eine „exakte und methodische Arbeitsweise" vermittelt werde, die „im Dienste einer gewissen Objektivität" stehe, so dass die Absolventinnen und Absolventen am Ende eine „Qualität des Anspruchs" im Sinne einer journalistischen Ethik erworben hätten.

Es war jene von Hersch hinsichtlich massenmedialer Berichterstattung eingeforderte „Qualität des Anspruchs", als deren entscheidendes Merkmal sie die Pluralität der öffentlich darzulegenden Sichtweisen eines Sachverhalts verstand, die sie und ihre Mitstreitenden während des „Falls Kopp" als nicht eingelöst erachteten. Schlimmer noch, so ihre Anklage, suggeriere die „quasi Einstimmigkeit der Presse", sie entspreche „der Einstellung des Volkes".[357] Diesen Eindruck widerlegend, habe das gesamte

---

357 Hierzu und zum Folgenden: Hersch 1991a, S. 60f. Nach dem Rücktritt der in der Bevölkerung beliebten Justizministerin erhielten Zeitungsredaktionen zahlreiche Zuschriften aus der Leserschaft, in denen Elisabeth Kopp verteidigt wurde. Eine Leserbriefanalyse offenbarte vermutlich eine Kluft zwischen jener nahezu einstimmig durch die Massenmedien „veröffentlichten Meinung" und jener

Publikum in der Fernsehsendung „Supertreffer" vom 16. Dezember 1989 Elisabeth Kopp an ihrem Geburtstag „eine regelrechte Ovation" dargebracht. Hersch: „Ich habe sehr genau hingeschaut. Ich wollte sehen, ob es jemanden gab, der keinen Beifall zollte; doch nein, es klatschten alle." In der Öffentlichkeit war allerdings in den Tagen danach zu vernehmen, es habe Protestbriefe gegeben, in denen moniert worden sei, „dass Elisabeth Kopp Zugang zur Antenne erhalten" hatte.[358]

Aus ihrer Analyse des „Falls Kopp" leitet Jeanne Hersch in ihrem Buch zwei konkrete Postulate für einen institutionellen Wandel ab. Abgesehen davon, dass sie verlangt, die von ihr angemahnte, Willkür implizierende Medienmacht per Gesetz einzuschränken, erachtet die Intellektuelle es ebenso für unerlässlich, auf eidgenössischer Ebene die Problematik von wirtschaftlich-politischen Netzwerken institutionell zu fixieren.[359] Seit längerem bereits aufgrund zahlreich erfolgter Positionsübernahmen von Nationalräten im ökonomischen Bereich thematisiert, komme künftig hinzu, dass „immer mehr Frauen mit autonomen Berufskarrieren politische Funktionen übernehmen oder Gattinnen von Männern sein werden, die solche Ämter bekleiden". Diesbezüglich zeigt sich Hersch davon überzeugt, „dass das, was Elisabeth Kopp durchzustehen hatte, sich in keiner Weise auf einen männlichen Bundesrat übertragen hätte, dessen Frau eine bedeutende Geschäftsanwältin wäre".[360] Wegen des sich vervielfachenden

der allgemeinen „öffentlichen Meinung", die sich wohl insgesamt pluralistischer darstellte. Vgl.: Rom., Vergangenheit, 13. Februar 2007.

358 Wie Ulbricht/Wintsch darlegen, habe Nationalrat und LdU-Präsident Franz Jaeger gar am 10. Januar 1990 gegen jenen Fernsehauftritt Elisabeth Kopps Beschwerde eingelegt, da er die Ansicht vertrat, die „Konzessionsbestimmungen über die sachgerechte Berichterstattung und über die Darstellung der Vielfalt der vorhandenen Meinungen" sei mit dem Interview Kopps verletzt worden. Es habe sich um Propaganda gehandelt. Ulbricht/Wintsch 1998, S. 175. Damit vertrat Jaeger eine diametral entgegengesetzte Meinung zu Hersch.

359 Hierzu und zum Folgenden: Hersch 1991a, S. 61f.

360 Vgl.: Ulbricht/Wintsch 1998, S. 202. Dort zeigen sich die Autoren erstaunt, dass der Kopp-Skandal in den von ihnen betrachteten

„Einzugs der Frauen in hohe politische Stellungen", erachte sie es als unabdingbar, „die Institutionen und das Recht den neuen Gegebenheiten anzupassen".

Ihre letzte wesentliche Beanstandung gilt dem Verhalten von Mitgliedern zweier weiterer im politischen System besonders einflussreicher Akteursgruppen. So artikuliert sie Unverständnis und Kritik gegenüber jenen Politikern und Juristen, die den Grundsatz der Unschuldsvermutung gegenüber beiden Eheleuten Kopp monatelang öffentlich missachtet hätten.[361] Beispielhaft erwähnt auch sie in diesem Zusammenhang, erstens, die Aussagen des besonderen Vertreters des Bundesanwaltes, Hans Hungerbühler, auf dessen Pressekonferenz, während der er unter anderem „trotz rhetorischer Vorsicht […] schon die Möglichkeit einer Strafe bis zu einigen Jahren Gefängnis in Betracht" gezogen habe. Zweitens schildert sie, nicht die einzige gewesen zu sein, die „ihren Ohren nicht traute", als Professor Rehberg während eines Fernsehauftritts unmittelbar vor der Urteilsberatung „den Bundesrichtern das zu fällende Urteil diktierte", um dann, drittens, am Abend nach dem Freispruch „klar und deutlich, ohne dass jemand widersprechen konnte, das gefällte Urteil als juristisch falsch" zu degradieren.[362] In getätigten Kommentaren wie diesen, geäussert

---

Zeitungen nicht häufiger „aus der Geschlechterperspektive betrachtet wird".

361 Hierzu und zum Folgenden: Hersch 1991a, S. 62f. Vgl. hierzu: Bernhard 1991, S. 187–204. Dort beanstandet der Autor unter anderem die seiner Meinung nach illegitime Urteilskritik zweier Politiker im Fernsehen als Missachtung der Gewaltenteilung (200f).

362 Roberto Bernhard, promovierter Jurist und Präsident der Arbeitsgemeinschaft Bundesgerichtsjournalisten, kritisiert Rehbergs Verhalten differenziert. Dessen umstrittene öffentliche Aussagen stellten „einen Einbruch in einen wichtigen Bestandteil einer hochzuhaltenden Rechtskultur [dar], der von einem Lehrer der Jurisprudenz, der ein Beispiel für die kommende Juristengeneration sein sollte, zuletzt zu erwarten gewesen wäre". Eine solche „Entgleisung" müsse im Rechtsstaat ernst genommen werden. Sanktionierungen solch einer „doch recht krassen Vorverurteilung im Stile des ‚trial by press'" seien, findet Bernhard, „diskussionswürdig". Bernhard 1991, S. 198f. Zudem

von Experten, die ihre Zuständigkeiten überschritten, bestehe „der schale Nachgeschmack, den die Entwicklung des sogenannten ‚Falles' Kopp hinterlässt". Das aber betreffe die Schweiz als Rechtsstaat.[363] Herschs Fazit: Nur aufgrund des letztlich erfolgten Freispruchs der Justizministerin durch das Bundesgericht könne abschliessend festgehalten werden, dass die Institutionen nicht nur schlecht, sondern am Ende auch recht funktioniert hätten.

Nun beinhaltet Jeanne Herschs intellektuelle Intervention nicht nur konkrete Kritik am Verhalten bestimmter institutionalisierter Akteure sowie, daraus resultierend, die von ihr für den loyalen Umgang in der gesellschaftspolitischen Praxis eingeklagten Wertideen, wie ein ausgewogener perspektivischer Pluralismus in der Berichterstattung, der Persönlichkeitsschutz,[364] die geschlechtliche Gleichstellung, die Rechtsstaatlichkeit oder aber die Gebote der Gewaltentrennung und der Verhältnismässigkeit, mitsamt den damit einhergehenden Forderungen für einen entsprechenden institutionellen Wandel. Ihre Stellungnahme zeichnet sich darüber hinaus durch ein alternatives Interpretationsangebot der so genannten „Vorkommnisse im EJPD" aus. Welche Lesart der umstrittenen Verhaltensweisen des Ehepaares Kopp setzt die

---

habe Rehberg der Öffentlichkeit „die neueste bundesgerichtliche Rechtssprechung zur Amtsgeheimnisverletzung" vorenthalten, nach der „der Betroffene seine im Zusammenhang mit der amtlichen Tätigkeit erfahrenen Kenntnisse weitergeben [darf], wenn er davon bereits vorher als Privatperson Kunde erhalten hat oder wenn er sie ausserhalb des Dienstes noch einmal erfährt". Dissertation von Franz Martin Spillmann, zit. n.: Bernhard 1991, S. 196.

363 Wie Bernhard pointiert, verstosse eine Missachtung des Prinzips der Unschuldsvermutung durch Vorverurteilung „nicht allein gegen die menschenrechtliche Individualrechtsgarantie zugunsten des Angeklagten. Eine solche Vorwegnahme setzt sich auch in Widerspruch zur Zuständigkeitsordnung des Menschenrechtsstaates". Bernhard 1991, S. 190.

364 Vgl. hierzu: Halpérin 1991, S. 121–142. Dort setzt der Autor differenziert verschiedene, im „Fall Kopp" als missachtet angesehene Prinzipien, die für die Schweiz gesellschaftspolitisch konstitutiv sind, in Relation; beispielsweise den Grundsatz der Informationsfreiheit und den des Persönlichkeitsschutzes.

Intellektuelle der Skandalversion in diesem Deutungskampf entgegen?

Hersch schickt vorweg, obwohl die „riesige politisch-juristische ,Kriegsmaschine'" – vom Umfang her immerhin beispiellos in der Schweizer Geschichte – eingesetzt worden sei, habe man zwei für das Verständnis der Angelegenheit grundlegende Fragen noch immer nicht evident beantwortet.[365] Zum einen sei über die konkrete Qualität des vermeintlichen Amtsgeheimnisses, „dessen Weitergabe nicht die kleinste Folge gehabt hat", noch immer nichts bekannt, weder worin es inhaltlich tatsächlich bestanden habe, noch, ob es nur über eine amtinterne Quelle zu erfahren oder wie gewichtig es eigentlich gewesen sei. Selbst wenn, argumentiert Hersch, die Aussage Hans Werner Kopps in Zweifel gezogen werde, dergemäss er beteuerte, während beider inkriminierter Telefonate nichts erfahren zu haben, was er nicht bereits gewusst habe, müsse der gegenteilige Beweis erbracht werden. Obgleich dies anhand einer entsprechenden Überprüfung der Kaeslin-Papiere möglich sei, warum, fragt Hersch, wisse man dann noch immer „fast nichts" darüber?

Ausserdem, so die zweite von der Philosophin als unbeantwortet erachtete, aber alles entscheidende Frage, seien die potenziellen Motive, aus denen heraus Elisabeth Kopp vom Bundeshaustelefon ihren Gatten angerufen habe, bis dahin keineswegs besonnen und plausibel dargelegt worden.[366] Entsprechend basiere die in der Skandalversion als „wahr" proklamierte Auslegung, die Bundesrätin habe ihren Ehemann durch die beiden umstrittenen Anrufe schützen wollen, auf der Annahme, Hans Werner Kopp habe als Verwaltungsratsvizepräsident der Shakarchi Trading AG bewiesenermassen Schuld auf sich geladen. Diese Prämisse

---

365 Hierzu und zum Folgenden: Hersch 1991a, S. 55f, 63. Mit der metaphorischen Dramatisierung des Terminus „politisch-juristische ,Kriegsmaschine'" illustriert Hersch die von ihr kritisierte destruktiv wirkende Unverhältnismässigkeit im Einsatz staatlicher Kontrollorgane.

366 Hierzu und zum Folgenden: Hersch 1991a, S. 56f; Kursivsetzung laut Quelle.

jedoch stelle zweifelsfrei eine Vorverurteilung und damit einen folgenschweren Verstoss gegen das rechtsstaatliche Prinzip der Unschuldsvermutung dar. Schliesslich sei gegen den Bundesratsgatten noch immer keine Anklage erhoben und gegen die besagte Firma „erst nach langem Zögern überhaupt eine Ermittlung angeordnet" worden. Demgemäss habe die von den Skandalierenden lancierte, für Elisabeth Kopp so verheerende Interpretation einer von der Justizministerin absichtlich, auf Eigennutz hin ausgerichteten Tat, durch die sie private mit amtlichen Interessen vermischt hätte, auf einer dem Rechtsstaat unwürdigen Fehlannahme basiert. Diese Logik erfassend, folgert Hersch, bleibe nur die Option, „dem fatalen Telefonanruf einen anderen Sinn zu geben". Selbst wenn man sich weigere, das Prinzip der Unschuldsvermutung gegenüber Hans W. Kopps Tätigkeit bei Shakarchi gelten zu lassen, müsse zumindest „folgende offensichtliche Tatsache" anerkannt werden:

> *„Seine Frau* – ob zu Recht oder zu Unrecht – hat *seine Unschuld nie angezweifelt.* Aus dieser Perspektive also, und aus keiner anderen, muss ihr Telefonanruf verstanden werden. Von seiner Unschuld überzeugt, hielt sie ihn auch keineswegs für bedroht und hatte daher keinen Grund, wie das behauptet worden ist, ihm zu Hilfe zu eilen."

Zudem habe es sowohl für das Ehepaar Kopp als auch für Aussenstehende offensichtlich sein müssen, „dass – wäre er schuldig gewesen – ein abrupter Austritt aus dem Verwaltungsrat im Anschluss an einen Anruf aus dem Bundeshaus Hans W. Kopp nur schaden konnte".

Abgesehen von dem in der obigen Argumentationskette entfalteten Grundgedanken, demgemäss Elisabeth Kopp von der Unschuld ihres Mannes überzeugt gewesen sei und so gesehen keinen Anlass gehabt habe, ihn „warnen" zu müssen, gründet Jeanne Hersch die von ihr entfaltete, alternative Auslegung des Sachverhalts auf einer zweiten Überlegung. So habe Kopp von Beginn ihrer Amtszeit an durch ihre Worte und Gesten ein Gefühl der Verantwortung ausgestrahlt, welches sie gegenüber ihrer Rolle als erste Frau im Schweizer Bundesrat ganz offenbar empfunden habe.[367] Auch die Zeugenaussagen über ihre gewissenhafte und unermüdliche Arbeitsweise würden Herschs Eindruck verstärken, „dass der *Sinn für ihre Funktion* und für das, was sie derselben schuldete, Frau Kopp in keinem Augenblick verlassen hat".

Insofern, betont die Philosophin, sei das der Justizministerin im Laufe der erneuten Pressekampagne gegen ihren Gatten vermehrt entgegengebrachte „Mitleid der Öffentlichkeit" falsch motiviert gewesen, sofern es aus der Vorstellung resultierte, Kopp sei in Sorge um ihren Ehemann. „Die Angst Elisabeth Kopps", stellt Hersch klar, „bezog sich nicht auf ihren Mann, über den sie keinen Zweifel hegte, *sie bezog sich vielmehr auf ihre Funktion als Bundesrätin*, die es vor jeder Beschmutzung zu schützen galt". Als die sich zuspitzenden Gerüchte, Hans Werner Kopp habe eine gewichtige Position in einer Firma, der drohe „in einen Drogenskandal mitgerissen zu werden", der EJPD-Chefin während ihrer Amtsgeschäfte von ihrer persönlichen Mitarbeiterin übermittelt worden seien, sei das für Elisabeth Kopp zuviel gewesen. Schliesslich habe sie sich seit zwei Jahren verstärkt dafür eingesetzt, ein zur Bekämpfung der Geldwäscherei überfälliges Gesetz so rasch wie möglich auf den Weg zu bringen.[368]

„Keinen Augenblick länger", illustriert Hersch, „konnte sie ertragen, dass dieser neue Zweifel sich unterschwellig ihrer Funktion näherte. Er musste gleich entfernt werden. Ihr Mann würde diese Firma verlassen. Sie ruft ihn an. Sie empfiehlt den Austritt. Und da sie zu einer wichtigen Sit-

---

367 Hierzu und zum Folgenden: Hersch 1991a, S. 57–59; Kursivsetzung laut Quelle.

368 Vgl. dazu: Kopp 1991, S. 14. Dort legt die Alt Bundesrätin dar, dass sie bereits im Sommer 1986 die Initiative ergriffen habe, „das Geldwaschen unter Strafe zu stellen". Diesem Anliegen hohe Priorität einräumend, habe sie auf den üblichen institutionellen Weg über den Einsatz einer Expertenkommission verzichtet, der ihr zu langwierig erschienen sei, und stattdessen den mit der Materie betrauten Staatsanwalt Paolo Bernasconi mit der Ausarbeitung einer diesbezüglichen Strafnorm beauftragt.

zung erwartet wird, beauftragt sie ihre Mitarbeiterin, ihren Mann eingehender zu informieren."[369]

So gesehen, hebt Hersch bilanzierend hervor, habe es sich entgegen aller Behauptungen „nicht um die fürsorgliche Tat einer Gemahlin [gehandelt], sondern um die unmittelbare Reaktion einer Frau, deren Ehre sich restlos mit ihrer Funktion identifizierte". Dabei indes, legt sie differenzierend nach, sei es Kopp keineswegs darum gegangen, ihre „Funktion um jeden Preis zu erhalten, sondern darum, sie makellos zu bewahren, solange sie im Amt war".

Abschliessend den Vorwurf der PUK aufgreifend, die Justizministerin habe sich vor allem durch ihr langes Schweigen schuldig gemacht,[370] expliziert Hersch:

> „Es stimmt, dass sie es während mehreren Wochen vermieden hat, zu diesem Anruf in aller Form zu stehen. Ist es aber wirklich erstaunlich, wenn sie, mit Arbeit überhäuft,[371] sich selbst einige Zeit glaubhaft zu machen versuchte, dass

---

369 Hersch 1991a, S. 58.

370 Vgl. hierzu: Scherrer 1991, S. 108–119. Die Autorin setzt sich kritisch mit dem Vorgehen der Parlamentarischen Untersuchungskommission auseinander.

371 Einen Blick in die Agenda der Alt Bundesrätin aus jenen Tagen warf Catherine Duttweiler. In ihrem Kopp-kritischen Buch führt sie aus, der Kalender sei im Herbst 1988 tatsächlich „vollgekritzelt [gewesen], Stunde um Stunde verplant". Allerdings, beanstandet die Journalistin, widerlegten die am 27. Oktober eingetragenen Daten Kopps Argumentation, sie habe die berüchtigte Information ihrer persönlichen Mitarbeiterin, kurz nach acht Uhr morgens überbracht, „quasi zwischen Tür und Angel" erfahren, was – hinsichtlich des umstrittenen Telefonats – eine „Kurzschlussreaktion" ihrerseits nachvollziehbar mache. Gemäss Duttweiler sei der nächste Termin der Bundesrätin nämlich erst auf 10 Uhr angesetzt gewesen. Indes, die Option, dergemäss die facettenreich beanspruchte Justizministerin diese Sitzung unter Umständen noch vorzubereiten gehabt hatte, lässt die Autorin in ihrer Darstellung ausser Acht. Vgl.: Duttweiler 1990, S. 175f.

eigentlich fast nichts geschehen war, um den täglichen Belästigungen der Medien nicht noch mehr hinzuzufügen?"[372]

Auch handele es sich beim Schweigen der Bundesrätin

> „in keiner Weise um ein Verbrechen, nicht einmal um ein Vergehen, wahrscheinlich kaum um eine Lüge [...], sondern, unter ungeheuer schwierigen Umständen, um ein gewisses Nachlassen des Mutes, was sie eine Zeitlang daran hinderte, den Dingen geradeaus ins Auge zu blicken, die allenfalls gegen die Ehre ihres Amtes verwendet werden konnten".

Alle entscheidenden Punkte der öffentlichen Anklage in ihrer Darstellung logisch entkräftend, hat Jeanne Hersch den imaginativen Gehalt der gegnerischen Anschuldigungen zu offenbaren versucht und aufgezeigt, inwiefern sie die Alt Bundesrätin in dieser Angelegenheit als eigentlich Geschädigte verstand. Von deren Unschuld überzeugt, intendierte die Intellektuelle mit ihrer Argumentation den allgemein kursierenden Vorwurf, die Justizministerin habe eine Straftat begangen, als Illusion zu dechiffrieren und die Kopp dementsprechend widerfahrene Ungerechtigkeit aufzuzeigen. Wenn das gesellschaftliche Kollektiv geschädigt worden sei, dann nicht durch das kriminalisierte Verhalten der ehemaligen EJPD-Chefin, sondern durch all jene, die im Rahmen der Skandalisierung die von Hersch und ihren Mitstreitenden eingeklagten Grundsätze missachtet hätten, welche für die Schweiz als Staat und Nation auch damals konstitutiv waren. Durch ihre Kritik an dem ihrer Ansicht nach despektierlichen Umgang mit bestimmten staatstragenden Prinzipien sowie durch ihre daraus resultierenden Forderungen nach einem entsprechenden institutionellen Wandel löste sie den Sachverhalt einmal mehr von den spezifischen Verflechtungen des Einzelfalls, um ihn zugunsten der Wirkungsmächtigkeit ihres ambitionierten intellektuellen Anliegens, den Skandal in eine Affäre zu überführen, zu generalisieren.[373]

---

372 Hierzu und zum Folgenden: Hersch 1991a, S. 59.

373 Boltanski/Claverie sprechen in diesem Zusammenhang von „travail de détachement" oder „travail de désingularisation", die für den

e) Verfemt. Zur massenmedialen Resonanz auf „Rechtsstaat im Zwielicht"

Mit ihren Beiträgen hatten Hersch und ihre Mitstreitenden der Öffentlichkeit ihre Sicht der Dinge nicht nur thesenartig kundgetan. Dazu hätte ein artikelartiges Manifest in der Presse ausgereicht. Sie wählten vielmehr die Buchform, um ihre Beurteilungen zu einzelnen thematischen Aspekten untermauern zu können. Zugunsten der öffentlichen Geltung ihrer Auslegung des Sachverhalts in diesem Deutungskampf reichte es nicht aus, lediglich massenmediale Aufmerksamkeit zu erzielen. Um wiederum ein seriöses Interesse an ihrem absehbar umstrittenen Werk in der Öffentlichkeit erregen zu können, war vielmehr eine nuancierte Berichterstattung über die darin aufgestellten Postulate mit samt der ihnen eigenen Logik unabdingbar. Auf welche Resonanz stiess Jeanne Herschs zweite intellektuelle Intervention in den „Fall Kopp"?

Die Neugierde an der Buchpräsentation war so gross, dass der dafür vorgesehene Saal des Berner Hotels „Schweizerhof" für die Schar der angereisten Medienschaffenden gar zu knapp bemessen schien.[374] Während die Publikation der französischen Fassung auf Mitte März veranschlagt war,[375] stand zunächst die deutsche Version, vorgelegt in einer Auflage von 50 000, im Zentrum des Interesses. Jeanne Hersch warb, schwarz gekleidet mit roter Perlenkette, in Anwesenheit einzelner Mitautorinnen und Mitautoren vor „einer staunenden Öffentlichkeit"[376] leidenschaftlich für das

---

Erfolg einer Affäre unumgänglich sei. Vgl.: Boltanski/Claverie 2007, S. 433–435.

374 Hierzu und zum Folgenden: Bloch, journalistes, Tribune de Genève, 13. Februar 1991.

375 Gemäss den Darlegungen Elisabeth Kopps sei die französische Ausgabe von „Rechtsstaat im Zwielicht" gar nicht mehr ausgeliefert worden. Vgl.: Elisabeth Kopp im Gespräch mit Dorothee Liehr, 7. Oktober 2010. Die Gründe für die Nichtauslieferung sind der Verfasserin unbekannt. In Schweizer Bibliothekskatalogen jedoch ist das Werk unter dem Titel „La Suisse état de droit? Le retrait d'Elisabeth Kopp" aufgeführt.

376 Furrer, Wahrheit, Basler Zeitung, 13. Februar 1991.

gemeinsame Anliegen und damit für die Lektüre des Sammelbandes. Vor allem zwei Aspekte aus ihrer Präsentation wurden
in den betrachteten Presseartikeln aufgegriffen. So zog Hersch
angesichts der in der Öffentlichkeit proklamierten Einstimmigkeit
das Fazit: „Da ist etwas unterwegs verloren gegangen, die Fähigkeit unabhängig zu denken".[377] Die Alt Bundesrätin als Opfer
manipulativer Meinungsmache betrachtend, fragte sie bezüglich
deren Schicksal in Anspielung auf Heinrich Bölls Erzählung „Die
verlorene Ehre der Katharina Blum" empört: „Wie soll man da
nicht an die verlorene Ehre der Elisabeth Kopp denken?"[378] Darüber hinaus beklagte die Philosophin als schrecklich, dass an der so
genannten „Frauensession", die eine Woche zuvor während des
offiziellen Programms der 700-Jahr-Feier stattgefunden hatte,[379]
„soviel von Frauensolidarität" gesprochen worden sei, niemand
jedoch den Namen Elisabeth Kopp ausgesprochen habe. Sie
und ihre Leistungen seien „im Nichts verschwunden". Herschs
„einziger Trost" sei es gewesen, „an dieses Buch zu denken".[380]

Unter den zwölf betrachteten Presseartikeln über „Rechtsstaat
im Zwielicht" ist kein einziger, der das Buchprojekt im Sinne
eines konstruktiven Beitrags zur Deutungskontroverse über
den Rücktritt von Elisabeth Kopp fundiert oder gar positiv
würdigt.[381] Zwar beschränken sich einzelne Journalisten darauf,
das Anliegen und wesentliche Thesen des Bandes kommentarlos

---

377 Jeanne Hersch zit. n.: Israel, Nachlassen, Berner Zeitung, 13. Februar
1991; Ks/Sda., Unrecht, Der Bund, 13. Februar 1991.

378 Vgl. etwa: Bloch, Journalistes, Tribune de Genève, 13. Februar 1991;
Aschinger, Ehre, Tages-Anzeiger, 13. Februar 1991.

379 Eine Zusammenfassung zur „Frauensession" gibt: Simmen 1991,
S. 70–80.

380 Jeanne Hersch zit. n.: Furrer, Kopp, Basler Zeitung, 13. Februar
1991; Spk., Nachdenken, Thurgauer Zeitung, 13. Februar 1991; vgl.:
Hagmann, Buch, Vaterland, 13. Februar 1991.

381 Die Artikel sind der Zeitungsausschnittssammlung des Schweizerischen
Sozialarchivs Zürich sowie dem Hersch-Dossier des Archivs für
Zeitgeschichte Zürich entnommen worden.

darzulegen.[382] Auch gesteht etwa Andreas Netzle ein, das Buch leiste „einen ausgezeichneten Beitrag [...] zur Diskussion unserer Medien- und Politikkultur und zum Verhältnis der Institutionen unseres Landes zueinander".[383] Doch die Logik der Autorinnen und Autoren zu entfalten, darauf verzichteten auch jene Medienschaffende, deren Tenor hinsichtlich des Sammelbandes nicht grundsätzlich ablehnend ist. Genau das aber wäre unabdingbar gewesen, um die darin vollzogene alternative Deutung des „Falls Kopp" verstehend nachvollziehen zu können. Nur indem eine Darstellung der Argumente entfiel, war es letztlich möglich, der Autorenschaft von „Rechtsstaat im Zwielicht" vorzuwerfen, keine neuen Schlüsse gezogen zu haben und ihnen „Pauschalität, mit der [...] ‚die Medien' zum Sündenbock" degradiert würden, beziehungsweise „undifferenzierte Rundumschläge der groben Art" zu unterstellen.[384]

Bezüglich der oben analysierten Stellungnahme Herschs etwa fällt auf, dass wesentliche ihrer durchaus naheliegenden Infragestellungen keinmal erwähnt, geschweige denn diskutiert wurden.[385] Angesichts dessen wirkt die in den Presseberichten

---

382 Vgl.: Israel, Nachlassen, Berner Zeitung, 13. Februar 1991; Spk., Nachdenken, Thurgauer Zeitung, 13. Februar 1991; Ks/Sda., Unrecht, Der Bund, 13. Februar 1991.

383 Netzle, Rehabilitationsschrift, Schaffhauser Nachrichten, 13. Februar 1991.

384 Netzle, Rehabilitationsschrift, Schaffhauser Nachrichten, 13. Februar 1991; Furrer, Wahrheit, Basler Zeitung, 13. Februar 1991.

385 Zum Beispiel die Fragen nach: a. dem konkreten Inhalt des vermeintlichen Amtsgeheimnisses, der anhand der Kaeslin-Papiere zu eruieren sei; oder b. dem aller Logik entbehrenden Umstand, wonach die Bundesrätin, habe sie ihren Ehemann schützen wollen, ihn riskanterweise ausgerechnet vom Bundeshaus angerufen hat; oder c. deren von ihr stets wiederholten Überzeugung, ihren Gatten für unschuldig zu erachten, so dass sie keinen Grund gehabt habe, ihn „warnen" zu müssen. Auch entgegnete niemand etwas auf Herschs Kritik, dergemäss die der Bundesrätin unterstellten, inkriminierten Handlungsmotive (Schutz des Gatten) auf einer den Rechtsstaat konterminierenden, da vorverurteilenden Annahme beruhte, Hans

mehrfach vertretene Ansicht irritierend, nach der Lektüre der rund 20 Texte sei

„allerdings eines nicht ganz klar: Was mit diesem Buch eigentlich bezweckt wird. Die Absicht der Rehabilitierung lässt sich nämlich nur erahnen. Auf eine schlüssige Beweisführung, dass Elisabeth Kopp mit dem erzwungenen Rücktritt Unrecht geschehen wäre, wartet man vergebens".[386]

Gemäss Thomas Suremann vom Blick mute das Buch „eher peinlich" an, da Hersch und ihre Mitstreiterin, die Kabarettistin Elsie Attenhofer, nicht erfasst hätten, „was zum Beispiel am verhängnisvollen Telefonat von Frau Kopp mit ihrem Mann unrecht gewesen sein soll", und damit „vor der politischen Tragweite des Verhaltens von Elisabeth Kopp schlichtweg die Augen" verschlössen.[387] Worin eben dieses ominöse politische Gewicht seiner Ansicht nach konkret bestanden haben soll, beschreibt Suremann jedoch nicht. Sowohl Hersch als auch Attenhofer aber thematisieren durchaus die soziopolitische Bedeutung des Anrufes, der, wie sie betonen, ein „erwiesenermassen harmloses Telefongespräch [darstellt, durch das] niemand und nichts zu Schaden gekommen" sei.[388] Um diese Einschätzung nachzuvollziehen, hiess es allerdings, die von den Autorinnen vertretene, von der Skandalversion diametral verschiedene Auslegung dessen, was Jeanne Hersch als „nackte Wahrheit" im Kontext der „Vorkommnisse

---

W. Kopp sei „schuldig", obwohl gegen ihn noch nicht einmal ermittelt, geschweige denn ein Beweis erbracht worden war.

386 Hagmann, Buch, Vaterland, 13. Februar 1991; vgl. auch: Netzle, Rehabilitationsschrift, Schaffhauser Nachrichten, 13. Februar 1991, wo Netzle die Ansicht vertritt, dass „das von Jeanne Hersch herausgegebene Buch [...] die Politikerin Elisabeth Kopp nicht zu rehabilitieren" vermöge. Vgl. auch: Lämmler, geopfert, Bündner Zeitung, 13. Februar 1991: „Weder wird [im Buch] Elisabeth Kopp explizit weissgewaschen, noch wird sie vom gravierenden Vorwurf befreit, sie habe im entscheidenden Moment Privatleben und Amt nicht auseinanderhalten können."

387 Suremann, Bravo, Blick, 13. Februar 1991.

388 Attenhofer 1991, S. 35.

im EJPD" bezeichnet hat, als gleichberechtigten Beitrag in der Deutungskontroverse anzuerkennen.

In ihrem Titel missverständlich fragend, wo „die nackte Wahrheit hingekommen" sei, versucht Hersch in ihrer Analyse des Sachverhalts zunächst zu eruieren, worin eigentlich das umstrittene Verhalten der besagten Akteure konkret bestanden habe, was sie, verstanden als Art Faktenlage, als „die nackten Tatsachen" beschreibt. Indem sie in radikaler Abgrenzung von der Skandalfassung eine andere Interpretation dieser „Fakten" liefert, offenbart sie zugleich, inwiefern „Realität" durch menschliche Sinnstiftung konstituiert wird, dadurch das bestimmte Gegebenheiten ganz unterschiedlich gedeutet werden können. So gesehen ist auch der ihr diesbezüglich in den Presseartikeln gemachte Vorwurf ungerechtfertigt, sie erhebe mit ihrer Auslegung den Anspruch, die „Wahrheit" zu vertreten.[389] Sich selbst als ein „Meer von Fragezeichen" charakterisierend,[390] sei die Philosophin, gemäss Annmarie Piper, „ein weiblicher Sokrates" gewesen.[391] Grundsätzlich skeptisch, sei sie bei strittigen Sachverhalten wie der legendäre Denker vorgegangen, wobei sie „die jeweiligen Pro- und Kontraargumente auf ihre Stichhaltigkeit" geprüft und ihre jeweilige Beurteilung dezidiert begründet habe, immer unter dem Vorbehalt der Vorläufigkeit bis eine veränderte Sachlage eine neue Bewertung nötig gemacht habe.

Die „Wahrheit" proklamierten mithin andere, indem sie einmal mehr unbewiesene Unterstellungen dafür ausgaben. Hersch verschweige, so der Journalist Ruedi Lämmler, „konstant das Faktum, dass Frau Kopp sowohl die Öffentlichkeit als auch die FDP-Fraktion der Bundesversammlung schlicht angelogen hat und die Schuld im nachhinein andern in die Schuhe schieben wollte".[392] Dass die Intellektuelle auch auf das „lange Schweigen"

---

389   Vgl. etwa: Lämmler, geopfert, Bündner Zeitung, 13. Februar 1991.

390   Hersch in: Dufour/Dufour 1986, S. 268.

391   Hierzu und zum Folgenden: Pieper 2010, S. 227.

392   Lämmler, geopfert, Bündner Zeitung, 13. Februar 1991. Vgl. auch: Bloch, journalistes, Tribune de Genève, 13. Februar 1991, wo die im

der Justizministerin eingegangen ist, dieses allerdings anders interpretierte, verschweigt Lämmler in seinem Artikel. Was die Proklamation von „Wahrheit" anbelangt, wird Peter Forster in der Thurgauer Zeitung noch direkter, wobei auch er, sich ebenso auf das landauf, landab kursierende Narrativ beziehend, die Kopp verteidigenden Argumente des Sammelbandes übergeht: „Elisabeth Kopp stolperte aber nicht über die Medien. Sie verfing sich unentrinnbar im undurchsichtigen Geschäftsgeflecht ihres Mannes". Auch sei sie nicht wegen des „ominösen Telefongespräches" gestürzt. Untragbar sei sie geworden, weil sie ihr Staatsamt nicht von den Mandaten ihres Gatten zu trennen vermocht und so offenbart habe, dass sie sich als „ein Geschöpf von seinen Gnaden" verstehe: „Das ist die Wahrheit im Fall Kopp".[393]

Konrad Stamm, der auf den gleichen Unterstellungen der Skandalversion beharrt, gesteht zwar „journalistische Entgleisungen" ein, indem sich „einige Medienschaffende im Ton vergriffen und zu ungehörigen Anmassungen verstiegen" hätten, doch hebt er hervor: „Es gab keine Verschwörung der Journalisten mit dem Ziel, die Bundesrätin zum Rücktritt zu zwingen"; vielmehr hätten Politiker, insbesondere Parteigenossen Elisabeth Kopps, die entsprechende Konsequenz gezogen, die Justizministerin nicht mehr zu unterstützen.[394] Stamm lässt diesbezüglich unerwähnt,

---

Sammelband dargelegten Inhalte als „cette présentation caricaturale de la ‚vérité'" bezeichnet werden.

393 Forster, Umkehr, Thurgauer Zeitung, 13. Februar 1991. Vorwurfsvoll überschrieben mit „Die Umkehr aller Dinge", erfasst zumindest der Titel seines Kommentars exakt die Intention der Kopp-Verteidigenden, die mit ihrer Auslegung der Angelegenheit eine entgegengesetzte Rollenverteilung – zwischen „Täter" und „Opfer" – in dieser „Tragödie" (Hersch) vorzunehmen beabsichtigten, indem sie den von ihnen Angeklagten gravierende rechtsstaatliche Fehltritte vorwarfen, durch welche die ursprünglich Angeklagte zu Unrecht massiv zu Schaden gekommen sei. Schliesslich ging es ihnen darum, den so genannten „Skandal" im öffentlichen Bewusstsein in eine „Affäre" zu überführen.

394 Stamm, Plädoyer, Bund, 13. Februar 1991. Vgl. hierzu: Gantenbein/ Kähr/Schanne 1989. In der 28seitigen Studie des Schweizerischen Verbandes der Zeitungs- und Zeitschriftenverleger (SZV), im April

inwiefern Jeanne Hersch die Ursachen unter anderem auch jenes für die Bundesrätin so folgenschweren politischen Entschlusses ihrer Parteikollegen mit der von ihr proklamierten Manipulationsthese zu erklären suchte. Gemäss Herschs Logik habe die monatelange massenmediale Berichterstattung hinsichtlich der Gerüchte über Hans Werner Kopp das individuelle Bewusstsein zahlreicher Schweizerinnen und Schweizer, inklusive das zahlreicher Politikerinnen und Politiker, beeinflusst, und sei es nur, durch den der Skandalisierung inhärenten Druck der massenmedialen Öffentlichkeit.

Die Lancierung eines Skandals ist auf das zweckgebundene Handeln einzelner Wortführenden zurückzuführen, dadurch dass sie Missstände aufdecken und massenmedial inszeniert verbreiten. Eine potenzielle Empörungslawine in der Öffentlichkeit, zumeist

1989 erschienen, gehen die Autoren dem Vorwurf zahlreicher, vor allem bürgerlicher Stimmen nach, die Schweizer Presse hätte „durch eine ungewöhnlich harte Berichterstattung Frau Kopp zum Rücktritt gezwungen" und somit „in unzulässiger Weise in politische Abläufe eingegriffen und Entscheide vorweggenommen". Das Fazit der Studie: Die Bundesrätin sei in Schweizer Tageszeitungen mehrheitlich keineswegs zum Rücktritt aufgefordert worden, weswegen auch nicht von einer „böswillig-koordinierten Kampagne gesprochen werden" könne. Dagegen gilt es, Folgendes zu beanstanden: Abgesehen davon, dass der Autorenschaft aus besagtem Presseverband Präokkupation unterstellt werden könnte, beschränkte sich der betrachtete Untersuchungszeitraum lediglich auf „den zentralen und gleichzeitig dramatischen Schlusspunkt der Ereigniskette" vom 9. bis 13. Dezember 1988". Damit war er, so die These, viel zu knapp bemessen, um ein profundes Urteil über den lang- und mittelfristigen Anteil der Presseberichterstattung am Sturz der ersten Bundesrätin erstellen zu können, wozu die Skandalisierung ihres Ehemannes in den Monaten zuvor und der daraus resultierende Druck auf die Justizministerin einbezogen werden muss. Zudem wurde in der Studie kein Augenmerk auf die massenmediale Konstruktivität von Deutungsmustern beziehungsweise Feindbildern (etwa durch das Framing, den Einsatz von Denk- beziehungsweise Abbildern, das Bild-Text-Verhältnis etc.) gelegt, da lediglich das „was", nicht jedoch das „wie" der Darstellungen betrachtet, mithin die unbewusst wirkende, (negative) Gefühle evozierende inszenatorische Dimension der Skandalisierung ausgeklammert worden war.

getragen durch gezielte Skandalisierungen einzelner Akteure, erfolgt letztlich jedoch durch journalistische „Koorientierung" beziehungsweise der gegenseitigen Justierung von Meldungen und damit aufgrund massenmedialer Selbstreferentialität.[395] Infolge ihrer Argumentation kann davon ausgegangen werden, dass zumindest Hersch, die oben beschriebenen Generierungsmechanismen eines Skandals durchschauend, nicht eine zielgerichtete „Verschwörung der Journalisten" beanstandete. Ihren Ausführungen gemäss war es eher eine Art Sogwirkung der Skandalisierung, welche sie als demokratiegefährdend betrachtete, weil abgesehen von den Wortführenden, die Mehrheit der Journalistinnen und Journalisten die kursierenden Deutungen in ihren Darstellungen nicht hinterfragt hatten – sei es aus Mangel an Skepsis oder aus Mangel an Mut. Dementsprechend untermauerte sie ihre Kritik an den für die Skandalisierung verantwortlichen Medienschaffenden dadurch, dass sie beispielhaft auf das Framing von Inhalten in der Berichterstattung beziehungsweise generell auf die sinnstiftende Erzeugung von Medientexten und damit auf entsprechend konstruierte Deutungsmuster verwies, die unbewusst in den Köpfen der Menschen – auch in jenen staatlicher Mandatstragender oder Medienschaffender – handlungsleitend zu wirken vermögen. Als ein solches radikalisiertes Deutungsmuster kann das Feindbild über Hans Werner Kopp bezeichnet werden, in das Elisabeth Kopp in ihren Rollen als seine Gattin und Justizministerin imaginativ integriert worden ist.

Besonders ausfallend verkündet schliesslich Clemens Studer, es handele sich bei den publizierten Texten um „reaktionären Schwachsinn in Buchform", weil darin etwa verleugnet werde, dass Elisabeth Kopp „ihr Departement als Familien AG geführt" habe.[396] Auch eine Jeanne Hersch könne an den Verfehlungen

---

395 Kepplinger 2001, S. 46–50. Wie bereits ausgeführt, seien für eine Skanalisierung laut Kepplinger generell verschiedene journalistische Akteursgruppen verantwortlich: „wenige Wortführer, einige Mitläufer, viele Chronisten und kaum Skeptiker".

396 Hierzu und zum Folgenden: Studer, Lügnerin, Solothurner AZ, 13. Februar 1991.

der ehemaligen Bundesrätin „nicht rütteln". Allerdings, so schliesst er, müsse die Intellektuelle in Betracht ziehen, „die Partei zu wechseln – oder die Partei [...], ihre Mitgliederkartei [...] überprüfen". Damit hatte Studer genau das angesprochen, was Jeanne Hersch offenbar seit Jahren selber vermehrt beschäftigte: ihr immer deutlicher werdendes ideelles Aussenseiterdasein in der SP.

Sich selbst als „Sozialistin von Geburt" bezeichnend,[397] war Hersch, wie bereits dargelegt, in den Jahrzehnten zuvor immer häufiger „gegen den Strom" der in ihrer Partei vertretenen Ansichten geschwommen. Hatte sie doch Positionen eingenommen, die „dem allgemeinen Trend und der in den Medien gespiegelten öffentlichen Meinung diametral entgegenstanden".[398] Durch diverse teilweise als Provokation aufgefassten eigenwilligen Stellungnahmen habe sie sich, wie Linsmayer darlegt, den Sozialdemokraten zunehmend entfremdet, so dass sie schliesslich, „wegen der Zustimmung der Partei zur Einführung der Straffreiheit bei Drogenkonsum", nach 53 Jahren der Mitgliedschaft am 29. Oktober 1992 in einem Brief an den Vorstand ihren Parteiaustritt bekannt gab. Sie selbst wies den ihr häufig gemachten Vorwurf, die sozialistische „Richtung" aus dem Sinn verloren zu haben, entschieden zurück, als sie betonte: „Ich habe den Eindruck, meinen Prinzipien treu geblieben zu sein, inmitten einer Linken, die die Orientierung verloren hat."[399] So handelte sie mit der ihr eigenen „Unerschrockenheit" sobald ihrer Ansicht nach das generelle „Gerechtigkeitsempfinden zu korrumpieren drohte".[400] Als lebenslange Anhängerin eines freiheitlichen Sozialismus und als überzeugte Demokratin erachtete sie mithin die Pflicht der Bürgerinnen und Bürger als essenziell, „ihre Rechte als Volkssouverän jederzeit wahrzunehmen und sich energisch zur Wehr zu setzen,

---

397 Jeanne Hersch zit. n.: Weber 2010, S. 9.

398 Hierzu und zum Folgenden: Linsmayer 2010, S. 218, 222.

399 Hersch in: Dufour/Dufour 1986, S. 108.

400 Pieper 2010, S. 229.

wenn diese beschnitten werden".[401] Eine solche Situation sah sie nicht nur im Hinblick auf die staatsschützerischen Observationspraktiken gegeben. Insbesondere der öffentlich proklamierte Konsens im verheerenden öffentlichen Urteil über das Verhalten Elisabeth Kopps habe in ihr die Sorge entfacht, „dass in einem demokratischen Rechtsstaat vorschnell und in Unkenntnis des gesamten Sachverhalts der Stab über eine Person gebrochen wird, die sich kompetent und umsichtig für die Belange dieses Staates eingesetzt hatte".

Zieht man Bilanz, dann lässt sich die öffentliche Resonanz auf Herschs zweite Intervention in den „Fall Kopp" eher negativ bewerten. So habe ihre Verteidigung der ersten Schweizer Bundesrätin „in der aufgeheizten Atmosphäre allgemeines Kopfschütteln" und „Unverständnis" erregt, gar Herschs Ruf geschadet.[402] Sie selber beklagte, „schreckliche Briefe" bekommen zu haben, wobei jemand hinsichtlich ihrer jüdischen Abstammung bedauerte, „dass Hitler schon tot sei, ein anderer füllte Fäkalien in einen Umschlag ohne Absender. Ein Hass voller Neid, auf den ich in diesem friedlichen Volk nicht gefasst war".[403] Nach den ebenso vernichtenden Reaktionen, die ihr Buch „Antithesen" ausgelöst hatte, habe Hersch, gemäss den Darlegungen ihrer langjährigen Mitarbeiterin Elsbeth Wetzel, im Anschluss an die Publikation des besagten Sammelbandes „ihre zweite böse Zeit" erlitten, was das sie plagende Gefühl des Alleinseins noch verstärkt habe.[404]

---

401 Hierzu und zum Folgenden: Pieper, entschloss, SchlagLicht, 7. Juni 2000.

402 Pieper, Gegenwart, Neue Zürcher Zeitung, 6. Juni 2000; D'Anna-Huber, Zeugin, Tages-Anzeiger, 6. Juni 2000; Hubacher, Visionäre, SonntagsZeitung, 21. Juli 1996.

403 Jeanne Hersch in einem Brief an Czeslaw Milosz zit. n.: Linsmayer 2010, S. 228.

404 Elsbeth Wetzel zit. n.: Linsmayer 2010, S. 232. Wie Linsmayer am gleichen Ort ausführt, hätten die Briefe an ihren Freund Milosz „in vielerlei Andeutungen und Wendungen eine Jeanne Hersch [offenbart], die ganz anders als die Öffentlichkeit es wahrnahm, immer wieder auch von Wehmut, Resignation und Selbstzweifel geplagt" gewesen sei.

Dennoch betonte Hersch später: „Auch mit einigen Jahren Distanz bin ich sehr froh, dass ich dieses Buch herausgegeben habe", obgleich der Aufwand an Zeit, Energie und Geld beträchtlich gewesen sei.[405]

Für den Schweizer Literaturexperten Charles Linsmayer aber hatte die Philosophin mit „Rechtsstaat im Zwielicht" ein Werk veröffentlicht, das „20 Jahre später wie das erste Kapitel einer inzwischen unverkennbaren Rehabilitation" Elisabeth Kopps wirke.[406] Abgesehen davon, dass ihr politisches Engagement teilweise einen „etwas schalen Eindruck" hinterlassen habe, habe es jedoch auch in der Gegenwart ihres Schaffens zahlreiche Momente gegeben, „in denen ihr Bild hell und weit aufstrahlte als dasjenige einer wahrhaft grossen, von den Zeitgenossen mit Bewunderung wahrgenommenen Persönlichkeit". Sich selbst als jemand einschätzend, der weniger ein zusammenhängendes philosophisches Œuvre abgeliefert, als eine „Präsenz" in ihrer Zeit dargestellt habe,[407] ist Jeanne Hersch schon zu Lebzeiten

---

405 Jeanne Hersch zit. n.: Forster-Zigerli, Hersch, Schweizer Illustrierte, 10. März 1997. Linsmayer 2010, S. 228.

406 Linsmayer 2010, S. 228. Charles Linsmayer ist nicht nur der Herausgeber der erstmals vollständig übersetzten Wiederauflage von Herschs Roman „Temps alternés", der im Original erstmals 1942 in Fribourg publiziert worden war und in der aktuellen deutschsprachigen Ausgabe den Titel „Erste Liebe" trägt. Linsmayer ist darüber hinaus der Autor des informativen, aufwendig recherchierten biografischen Nachwortes.

407 Hersch in: Dufour/Dufour 1986, S. 67. Gemäss Pieper habe Hersch in Ermangelung eines zusammenhängenden Werks, trotz regelmässiger Auftritte innerhalb der globalen Scientific Community, als Philosophin keine internationale Reputation erlangt. Ihr Name fehle in entsprechenden Lexika inklusive jenen, die insbesondere das Schaffen von Frauen dokumentieren würden. Herschs grosse Leistung sei es jedoch gewesen, „die Philosophie unters Volk zu bringen" wie beispielsweise in einer Radioreihe. Keine „Gefolgschaft" erstrebend, habe sie vielmehr bezweckt, „ihre Zuhörerschaft auf[zu]rütteln und dazu [zu] bewegen, sich gründlich mit einem Problem auseinanderzusetzen und die bereits gemachte Meinung noch einmal zu hinterfragen". Hersch war Verfechterin eines andauernden

ebenso zahlreich wie facettenreich ausgezeichnet worden.[408] Ihre Würdigungen hätten aber auch „kuriose Züge" angenommen, etwa als der Blick sie 1994 zur „Weltschweizerin" oder der Rothenbühler-Verlag sie 2000 zur „Jahrhundertschweizerin" erklärt hätten oder als 2003 gar der Jeanne Hersch-Neigezug der SBB eingeweiht worden sei. 2010 schliesslich wurde sie postum zum Gedenken ihres 100. Geburtstages von der Schweizer Post mit einer Briefmarke gewürdigt, die das Profilportrait der jungen Philosophin mit samt deren Signatur abbildet.

Wie Linsmayer hervorhebt, sei Hersch am Ende nicht nur berühmt, erfolgreich, verehrt und umstritten gewesen. Es gelte ebenso, die von ihr in ihrem letzten grossen Fernsehinterview am 11. November 1999 gemachte Aussage „in ihrer ganzen Schwere beim Wort" zu nehmen und dem Katalog der ihr Leben beschreibenden Eigenschaften das Attribut „einsam" hinzuzufügen. Insbesondere am Ende habe es sich wohl um eine „ausweglose Einsamkeit" gehandelt, die ihr Dasein hinter der Fassade einer glanzvollen Reputation sowie eines „trotzigen Kämpfertums" zur Qual habe werden lassen. Entsprechend einer so beschriebenen Bekümmertheit lässt sich auch einordnen, was sie kurz vor ihrem Tod, fast neunzigjährig und schwer erkrankt, Elisabeth Kopp hat wissen lassen.[409] Ihr bevorstehendes Lebensende keineswegs verzagt erwartend, sei sie jedoch, erinnert sich die Alt Bundesrätin, untröstlich gewesen, dass ihr Rehabilitationsversuch Kopps offenbar wirkungslos verlaufen war, und sie die von ihr aufrichtig intendierte Korrektur der Sichtweise auf jene kontroversen Zusammenhänge inklusive des Ansehens der ehemaligen Justizministerin nicht mehr erleben würde.

Skeptizismus, demgemäss aus der Beantwortung einer Frage bereits die nächste Frage resultiert, was, betont Pieper, eine „Sisyphusarbeit" darstelle. Pieper 2010, S. 226f.

408 Hierzu und zum Folgenden: Linsmayer 2010, S. 228–230.

409 Hierzu und zum Folgenden: Kopp im Gespräch mit Liehr, vom 7. Oktober 2010.

Trotz ihrer in der aufgeheizten Streitkultur bewiesenen Zivilcourage, ist es den Verteidigerinnen und Verteidigern einer Elisabeth Kopp als Geschädigte darstellenden Version des Sachverhalts nicht gelungen, ihrer Interpretation im Deutungskampf dahingehend Geltung zu verschaffen, dass sie weitere Gleichgesinnte, etwa Politikerinnen und Politiker, Kulturschaffende, Medienschaffende oder andere Bürgerinnen und Bürger, zu mobilisieren vermochten. Damit hatten sie ihr ambitioniertes Ziel, eine weit geteilte Akzeptanz darüber zu erreichen, dass es sich beim vermeintlichen „Kopp-Skandal" vielmehr um eine „Kopp-Affäre" handele, was einer Rehabilitierung der Alt Bundesrätin gleichgekommen wäre, letztlich verfehlt. Ausschlaggebend dafür war, dass den entsprechenden beiden Büchern, gemäss den vorliegenden Erkenntnissen, entweder eine unfundierte oder aber, im Fall von Werner Furrers Darstellung, so gut wie keine massenmediale Resonanz zu teil geworden war.[410] Obgleich sie ihre Auslegung der Angelegenheit logisch untermauerten, wurden sie „isoliert und abgestraft", weil sie der „überbordenden Empörung" über das Verhalten Elisabeth Kopps mit „nüchterner Skepsis" entgegengetreten sind.[411] Warum?

---

410 Werner Furrer gemäss ist sein Buch, abgesehen von zwei, drei ihm bekannten vernichtenden Rezensionen, nicht öffentlich besprochen worden. Dies habe zur Konsequenz gehabt, dass nur wenige Exemplare der Auflage von etwa 1500 Stück abgesetzt worden seien. Furrer im Telefonat mit Liehr, vom 14. Oktober 2010.

411 Hierzu und zum Folgenden: Kepplinger 2001, S. 54f, 84f, 103f, 141, 143f.

Abb. 4: Nationale Ehrung zum hundertsten Geburtstag. Das markante Seitenprofil als Sinnbild für die geistige Schärfe der energischen Denkerin. (Grafik Tessa Gersta, Copyright Post CH AG)

Als „kognitive Ursachen der Unbeirrbarkeit" von Skandalierenden, welche in der Regel Menschen seien, „die sich selbst für tolerant halten", zieht Skandalforscher Kepplinger sozialpsychologische Gründe heran. Denen gemäss riskierten Skandalierende, die sich von der alternierenden Sichtweise überzeugen lassen würden, „die Zurückweisung durch die Glaubensgemeinschaft", die sie „selbst mitbegründet" hätten. Zudem bewegten sich die Skandalierenden „auf der schmalen Grenzlinie zwischen Aufklärung und Verleumdung", wobei das Eingeständnis des Irrtums sie unweigerlich abstürzen lasse, weil sie die von ihnen beanspruchte „höhere Moralität" verlören. Dass letztlich auch oft in systematischen Verfahren gewonnene Resultate keine Akzeptanz fänden, erklärt Kepplinger über die psychologische Schlagkraft des durch die Skandalisierung konstituierten „Medienprangers". Im Gegensatz etwa zum geregelten Strafverfahren stelle er keine Aufklärungsinstanz dar, sondern lediglich ein Machtmittel. Wie im „Fall Kopp" empirisch nachweisbar, offenbare sich der uneingeschränkte Kampf um die Deutungshoheit spätestens, „wenn skandalträchtige Sichtweisen durch systematisch gewonnene Ergebnisse in Frage gestellt werden". Dann manifestiere sich der „Konflikt zwischen der Wahrheitsfindung in geregelten Verfahren und intuitiven Realitätsdeutungen" durch Massenmedien, die sich im Skandalkontext nicht mehr an „übliche Verfahrensregeln" gebunden fühlen würden.

Jeder Skandal, führt Kepplinger fort, basiere auf dem absoluten Geltungsanspruch der darin eingeklagten Normen, so dass das Ziel der Skandalisierung die Ächtung jener sei, denen vorgeworfen werde, diese Grundsätze missachtet zu haben. Folgerichtig müssten diejenigen, die den allgemeinen Geltungsanspruch der von den Skandalierenden proklamierten Normen in Frage stellten und sich mit den Skandalierten solidarisierten, ausgeschaltet werden.

f)   Verständnis durch Identifizierung? Kopps „Briefe"

Schliesslich entfaltet der Skandalforscher, warum Skandalierende, um der Geltungsmacht ihrer Deutungsversion willen, generell keine Anteilnahme mit der von ihnen verfemten Person offenbaren, selbst wenn eine solche „sachlich berechtigt" erscheine. Sowohl Jeanne Hersch als auch andere Verteidigerinnen und Verteidiger Elisabeth Kopps haben in ihren Narrativen versucht, nicht nur Mitgefühl, sondern gar Verständnis für das Verhalten der Bundesrätin zu evozieren – vergebens. Wie Kepplinger erläutert, widerspreche eine Identifizierung mit der skandalisierten Person dem „Abwehrmechanismus zur Verteidigung der kognitiven Grundlage der Skandalisierung". Das umstrittene Verhalten nachvollziehen zu können, bedeute von „der Beobachter- zur Akteursperspektve" zu wechseln, womit jedoch rasch entkräftet würde, „was den Missstand zum Skandal macht". Dann erscheine, was den Skandalierten vorgeworfen werde, „zum erheblichen Teil als Folge von ungünstigen Umständen", wodurch wiederum das Empörungspotenzial schwinde. Empathie für die kriminalisierte Person und ihr umstrittenes Handeln sei deshalb „der Erfüllung der sozialen Funktion des Skandals" hinderlich. Kepplingers Fazit: Die erstrebte Deutungshoheit der Skandalversion schliesse Identifizierung aus, sie erfordere vielmehr das Gegenteil: Distanzierung.

So gesehen wird nachvollziehbar, warum Elisabeth Kopps subjektive Erläuterungen der Umstände, die sie selbst als ursächlich für ihr angreifbares Verhalten samt ihrer daraus folgenden Demission betrachtete, nach deren Publikation hinsichtlich der ersehnten öffentlichen Akzeptanz noch immer chancenlos waren; dies ungeachtet dessen, dass sie bereits alle staatlichen Sanktionsinstanzen durchlaufen beziehungsweise die in der Skandalisierung vereinte „Glaubensgemeinschaft" sowohl durch Kopps Rücktritt als auch durch ihren Reputationsverlust Genugtuung erfahren hatte. Insbesondere die Form ihrer Darstellung, fiktive Briefe an sechs ihr nahestehende Personen sowie einen an Mitbürgerinnen und Mitbürger,[412] unterstreicht die persönliche Dimension ihrer Akteursperspektive. Unvermittelter konnte der Nachvollzug ihrer Gedanken und Gefühle einer potenziellen Leserschaft kaum dargeboten werden: die Inszenierung des ohnehin persönlichen Inhaltes in Briefgestalt intensivierte eine potenzielle Identifizierung mit der Schreibenden. Folgt man der obigen sozialpsychologischen Logik Kepplingers, dann mussten ihre Gegnerinnen und Gegner zugunsten der Deutungshoheit der von ihnen verfochtenen Auslegung, einmal mehr abwehrend

---

412 Die einzelnen Kapitel des Buches sind jeweils, sowohl zu Beginn als auch im Fliesstext, durch explizite Ansprache an eine bestimmte Person gerichtet. Die Adressaten sind: Kopps Vater Max Iklé, ihr FDP-Kollege und Bundesrat Jean-Pascal Delamuraz, die Intellektuelle Jeanne Hersch, ihr Ehemann Hans Werner Kopp, ihre Tochter Brigitt sowie ihr Zumikoner Freund, der SP-Politiker Felix Müller. Die Gesamtheit der textuell als Briefe gestalteten Kapitel ergibt einen umfangreichen Eindruck von Elisabeth Kopps Wahrnehmung und Deutung des Sachverhalts.

auf Kopps Standpunkte inklusive ihres damit einhergehenden Versuchs reagieren, Verständnis zu erzeugen.

Tatsächlich diente dann auch die Briefform samt deren subjektivierendem Effekt als Aufhänger in der Bewertung vieler Rezensierender. Im Tages-Anzeiger und im Walliser Bote etwa verlautete in den Kommentaren: In der einem „Backfischroman"[413] gleichenden Abhandlung stelle sich bereits bald „der erste heftige Emotionsschub ein, eine Gewühlswelle", die bis zum Ende anhalte und viel Menschlichkeit übermittele, so dass das Buch letztlich „als Verarbeitung eines Seelenkaters aufzufassen" sei.[414] Auch in der NZZ wird beanstandet, der „Stoff" werde weder sachlich noch chronologisch „ausgebreitet", was der darstellerischen Klarheit hinderlich sei. Elisabeth Kopp habe mit der Exponierung ihres Privatlebens keine „glückliche Hand" bewiesen. Zwar sei es durchaus wertvoll, sich auch die menschliche Dimension des Falls zu vergegenwärtigen, doch sei von einer Alt Bundesrätin „auch *politische Statur*" zu erwarten.[415] Die kontradiktorische Spannung zwischen der auf Identifizierung ausgerichteten Akteursperspektive und dem Zweck, zu überzeugen, illustriert Jürg Tobler schliesslich besonders pointiert: Eingestehend, dass die ehemalige Justizministerin „ein paar gute Argumente auf ihrer Seite" habe, sei Kopp jedoch „mit dieser gewundenen Form" schlecht beraten gewesen. Denn rasch „als dramaturgischer Kniff" entpuppt, habe die Briefgestalt letztlich der Autorin ermöglicht, „ein paar halbintime" Details nebst „viel Eigenbelobigung" sowie „Gegenklage" zu transportieren, was der Beglaubigung des Inhaltes abträglich gewesen sei. Dies, räumt Tobler ein, obgleich „wer der Selbstprüfung nicht ausweicht", mittlerweile „auf dem Pfad der Versöhnlichkeit" gewesen sei, weil „besonnene Geister [...] inzwischen längst nicht mehr so sicher [sind], ob die Reaktion auf das bewusste Telefonat so gänzlich frei von Hysterie war". Die Alt Bundesrätin habe nun aber mit dem so

---

413 Strech, Opfer, Tages-Anzeiger, 25. Oktober 1991.

414 Blo, bekloppt, Walliser Bote, 29. Oktober 1991.

415 Rfr., Tage, Neue Zürcher Zeitung, 29. Oktober 1991; Kursivsetzung laut Quelle.

gestalteten Versuch, „ihre Rehabilitierung selber an die Hand zu nehmen", keineswegs sachlich um ihre Ehre gestritten, sondern ihren Schmerz verkitscht. Toblers vernichtendes Urteil: „Mit solcher Betroffenheits-Literatur gewinnt man heutzutage zwar Leser, aber kein Ansehen."[416]

Generell riefen Kopps Erläuterungen weder Anteilnahme noch Verständnis hervor, sondern einmal mehr den Vorwurf der Uneinsichtigkeit samt „ewig gleicher Rechtfertigungsversuche".[417] Was intendierte die Autorin mit ihrer Publikation? Inwiefern war ihr Versuch, sich einer sie anfeindenden Öffentlichkeit zu erklären, abgesehen von der gewählten Form, damals zum Scheitern verurteilt?

Gemäss Elisabeth Kopp sei die Idee, ihre Version der Angelegenheit als Buch zu publizieren, auf den Schweizer Künstler und Verleger Ted Scapa zurückgegangen, der bereits nach ihrem Rücktritt auf sie zugekommen sei und seine Empörung über die Skandalisierung zum Ausdruck gebracht habe. Wie die ehemalige Justizministerin in ihrem Nachwort ausführt, hätten „sein Gerechtigkeitsgefühl und sein Demokratieverständnis" ihn dazu bewogen, das Buch zu veröffentlichen. Zunächst ablehnend reagierend, habe sie schliesslich eingewilligt, allerdings unter der Vorgabe, keine Autobiografie schreiben zu wollen, weswegen ihr dann zur Briefform geraten worden sei.[418] Ihrem Geleitwort zu Folge habe sich Kopp auch aus Dankbarkeit gegenüber denjenigen Menschen dazu entschlossen, die ihr „in der schwierigsten Zeit meines Lebens" beigestanden hätten.[419] Zudem schreibe sie „der

---

416 Tobler, Adressaten, St. Galler Tagblatt, 29. Oktober 1991.

417 Vgl.: Felix Auer, FDP-Nationalrat, sowie Esther Bührer, SP-Ständerätin, zit. n.: Stimmen, St. Galler Tagblatt, 29. Oktober 1991. Diesbezüglich entgegnet Kopp, sie empfinde „den Vorwurf der Uneinsichtigkeit, weil ich zu meinen Überzeugungen stehe, [...] als ebenso deplaziert wie denjenigen der Hörigkeit, weil ich zu Menschen, die mir lieb und teuer sind, zu halten pflege". Kopp 1991, S. 165.

418 Kopp im Gespräch mit Liehr, 7. Oktober 2010; Kopp 1991, S. 165.

419 Hierzu und zum Folgenden: Kopp 1991, S. 7f.

Wahrheit zuliebe", insbesondere, weil ihre Version bisher stets als „schönfärberisch und einsichtslos" abgetan worden sei. Ihre Niederlegungen seien keine „Rechtfertigungsschrift", sie bemühe sich um Offenheit, auch indem sie ihr unterlaufene Fehler eingestehe.[420] Doch zeige das Buch keineswegs nur menschliche Schwächen auf. Vielmehr, so Kopps Deutung, offenbare sich aus ihren Ausführungen das für sie „Unausweichliche des Schicksals", da alle Sicherungen versagt hätten, jedwede Struktur gebrochen und überall „die schlimmste Wendung" eingetreten sei. Sie hoffe, ihre Darlegungen regten zum Nachdenken an, darüber wie es möglich habe werden können, „dass sich aus einem unbedeutendem Anlass ein Skandal, ja eine Staatskrise herbeireden beziehungsweise herbeischreiben liess". Nachdem so viel über sie und die besagte Angelegenheit geschrieben worden sei, habe sie „nur den einen Wunsch: dass auch diese Zeilen gelesen werden, unbefangen und ohne Vorurteil".

Bereits die obigen Sätze, in denen die Alt Bundesrätin auch auf die widrigen Begleitumstände ihres Handelns hinweist, deuten eine weitere optionale Ursache dafür an, warum ihre Version des Sachverhalts zumindest damals keine Chance auf Verständnis bei den Skandalierenden hatte.[421] Diesbezüglich betont Skandalforscher Kepplinger einmal mehr die genuin verschiedenen Wahrnehmungsperspektiven, aus denen heraus skandalisierte

---

420 Kopp wurde immer wieder kritisiert, sie sei unfähig, Fehler einzugestehen. Suggerierend, es handele sich bei dieser Unterstellung um ein Faktum, führt etwa Catherine Duttweiler unter Rückgriff auf eine Aussage des Psychoanalytikers Mario Erdheim eine potenzielle Erklärung für die vermeintliche Charaktereigenschaft Kopps an. Erdheim leite „dieses Unvermögen" von ihrer familiären Prägung ab, indem er betone, Kopp sei „in einem Klima der Verdrängung herangewachsen", in dem sowohl die jüdische Vergangenheit der Familie als auch das finanzielle Engagement ihres Vaters für Filme des Dritten Reiches totgeschwiegen worden seien. Mario Erdheim wiedergegeben von: Duttweiler 1990, S. 183. Der besagte Vorwurf erscheint einmal mehr ungerechtfertigt, hatte Elisabeth Kopp doch bereits in ihrer öffentlichen Entschuldigung vom 15. Dezember 1989 „Schwächen und Fehler" eingestanden.

421 Hierzu und zum Folgenden: Kepplinger 2001, S. 94–98.

Akteure im Gegensatz zu Beobachtenden auf das umstrittene Verhalten schauten. So würden die Angefeindeten ihr Verhalten zumeist auf die Umstände ihres Handelns zurückführen, während Aussenstehende das gleiche Verhalten häufig mit der Akteurspersönlichkeit zu erklären versuchten. In der Skandalversion „mit Darstellungen konfrontiert, die mit ihren eigenen Erlebnissen und Sichtweisen nicht vereinbar sind", würden die betroffenen Akteure im Allgemeinen zwar nicht bestreiten, Fehler begangen zu haben. Die Medienberichte darüber erschienen ihnen jedoch als „grobe und oft ehrverletzende Verfälschungen", insbesondere weil sie die ihrer Wahrnehmung nach eigentlichen „Ursachen des Geschehens – nämlich die Bedingungen ihres Handelns" verkennen würden.

Tatsächlich lassen sich solche Bezüge anhand der Koppschen „Briefe" aufzeigen. Insofern erscheint der mehrfache Verweis auf Kopps angeschlagene psychische Verfasstheit, als verkitschter Schmerz getadelt, für ihre Auslegung der Angelegenheit als unabdingbar, weil eben jene geschwächte Gemütslage aus der monatelangen Skandalisierung ihres Mannes resultierte, die wiederum, gemäss der Autorin, durch den damit einhergehenden Druck einen wesentlichen Faktor innerhalb der Umstände ihres umstrittenen Handelns dargestellt habe. Das folgende Zitat belegt dies beispielhaft:

> „Jeden Angriff auf meinen Mann beantwortete ich mit noch grösserem Arbeitseinsatz. Doch die psychische Belastung stieg ins Unerträgliche. Jeden Morgen in der Pressemappe negative Schlagzeilen über meinen Mann, offen oder versteckt angedeutete Rücktrittsspekulationen. Wenn ich im Parlament oder einer parlamentarischen Kommission war, sah ich die Parlamentarier in die entsprechenden Artikel vertieft. Ich spürte, was in ihren Köpfen vorging. Und ich durfte mir nichts anmerken lassen, konzentrierte mich auf meine Arbeit."

Trotz der in ihrer vierjährigen Amtszeit antrainierten Beherrschung, legt Kopp dar, habe sie in jenen Wochen vor ihrem Rücktritt verschiedene Interviews mehrfach wiederholen müssen, weil ihre „Stimme in Tränen erstickte". Es war diese Zeit, die sie als besonders traumatisch erlebt habe und in der, „trotz erfolgreicher politischer Arbeit", depressive Verstimmungen zugenommen hätten. Seit August 1988 unter Schlaf- und Essstörungen leidend, habe sie am Tag ihrer Wahl zur Vizepräsidentin nicht zu verbergen gewusst, „wie sehr ich in diesen gut drei Monaten abgenommen hatte". Auch in ihren Erläuterungen zu potenziellen Motiven hinsichtlich ihres generell als zu lang empfundenen Schweigens verweist die ehemalige EJPD-Chefin auf besagte situative Rahmenbedingungen, konkret auf den enormen Druck, dem sie aufgrund des monatelangen „Trommelfeuers" gegen ihren Gatten und „damit auch gegen mich" ausgesetzt war. „Irgendwie blockiert" sei sie „in diesem Punkt nicht mehr auf der Höhe meiner Urteilsfähigkeit" gewesen. Zur Beurteilung der damaligen „Handlungen und Unterlassungen" aller Beteiligten, mahnt Kopp, gelte es mithin, die entsprechenden Umstände zu reflektieren,

„vor allem das unerträgliche Klima, hervorgerufen durch die ständigen Anschuldigungen gegenüber meinem Mann und die Arbeitsbelastung von uns allen und besonders von uns als Bundesräten. Schon diese Arbeitsbelastung war in meiner Bundesratszeit nie so drückend wie in jenem Herbst".[422]

---

422 Kopp 1991, S. 20f, 44f. Gemäss Kepplinger erschütterten massive Skandalisierungen, häufig empfunden als existenzielle Bedrohung der persönlichen Integrität, soziale Selbstgewissheiten eines Menschen, etwa das Vertrauen in Bindungen zu Kollegen, Freunden und Verwandten. Sie würden oft zu Zweifeln führen, „das Verhalten anderer noch sinnvoll abschätzen" zu können. Zudem bewirke „die Fixierung auf die Angriffe durch die Medien" eine zunehmende Handlungsunfähigkeit und Leistungsabnahme. Auch verstärke sich das quälende Gefühl, das eigene Erscheinungsbild nicht mehr beeinflussen zu können. Dieser Kontrollverlust wecke „ungewöhnlich starke Ängste, die kaum zu beherrschen sind, weil es sich um automatische Reaktionen auf Angriffe handelt, die die soziale Existenz bedrohen". Vgl.: Kepplinger 2001, S. 109–113. Diese psychischen Abläufe bestätigend, bemerkt Kopp: „Ich habe erlebt, wie vergänglich und zerbrechlich menschlicher Ruhm und die Gunst der Menge ist.

Das Narrativ, in dem Elisabeth Kopp ihre Standpunkte entfaltete und authentisierte, war vielschichtig und stellte, obgleich einige inhaltliche Aspekte zuvor bereits den Weg in die Öffentlichkeit gefunden hatten, durchaus einen ergänzenden Beitrag innerhalb des Deutungskampfes um ihre Demission dar. Inwiefern?

Beispielsweise erwies sich insbesondere die Briefform als zweckmässiges Ausdrucksmittel zur Schilderung ihrer kritischen Auseinandersetzung mit dem Verhalten sowohl ihrer Bundesrats- als auch ihrer Parteikollegen von der FDP, die Elisabeth Kopp schliesslich den Rückhalt verwehrt und damit zu ihrem Sturz beigetragen hatten. Die an bestimmte Personen gerichteten fiktiven Briefe, als Medium eine Quasi-Vertraulichkeit evozierend, ermöglichten der Autorin heikle Aspekte des zwischenmenschlichen Umgangs, wie etwa Vorhaltungen und Enttäuschungen, in der Öffentlichkeit mit Finesse zu explizieren. Die folgenden längeren Zitate sollen davon einen Eindruck vermitteln. Im fiktiven Schreiben etwa an Jean-Pascal Delamuraz, damals wie Kopp selbst Mandatstragender sowohl der Landesregierung als auch der schweizerischen FDP, fragt sie rhetorisch eindringlich[423]:

> „Warum habt ihr [die anderen Bundesräte – Anm. der Verfasserin] mich so behandelt, nach jahrelanger Zusammenarbeit? Ihr kanntet mich doch. Ihr musstet wissen, dass ich niemals das Amtsgeheimnis verletzt hätte, dass ich niemals vertrauliche Informationen aus meinem Departement meinem Mann weitergegeben hätte, um ihm einen Vorteil zu verschaffen. Jean-Pascal, Du kanntest auch meinen Mann persönlich. Er hatte in Deinem früheren Departement eine wichtige Funktion. Es muss Dir doch klar gewesen sein, dass er unmöglich mit Geschäften wie Geldwäscherei zu tun haben konnte. Standet Ihr dermassen unter dem Eindruck der

---

Ich weiss besser denn je, dass es in unserem Dasein keine Sicherheit gibt. [...] Die Erfahrung, von einer Stunde auf die andere von vielen verlassen, der öffentlichen Ächtung preisgegeben und ganz auf sich selbst zurückgeworfen zu sein, ist unvorstellbar hart." Kopp 1991, S. 97.

423   Hierzu und zum Folgenden: Kopp 1991, S. 61, 64f, 67.

damaligen Stimmung? Sicher habe ich den Fehler begangen, dass ich Euch nach Bekanntwerden der internen Quelle nicht sofort informierte. Rechtfertigt das aber Euer Vorgehen? Ihr setztet Hungerbühler als stellvertretenden Bundesanwalt ein, nachdem ich die politischen Konsequenzen bereits gezogen hatte. Wäre das nicht der Moment gewesen, als Kollegialbehörde eine Verantwortung wahrzunehmen, das Heft selber in die Hand zu nehmen und nach meinem Rücktritt einen Strich zu ziehen? Wäre eine solche Haltung nicht um so eher richtig gewesen, als bei der Ausgangslage, die ich Euch geschildert hatte, ein Freispruch vorprogrammiert war? Wieviel Schmerz wäre mir und wie viel Leerlauf und Kosten wäre der Eidgenossenschaft erspart geblieben."

Und hinsichtlich ihres Rücktrittes an die Partei gerichtet:

„Jean-Pascal, ich verfolge die Wahlresultate der FDP seit meinem Rücktritt sehr genau und registriere auch, wie schnell jeweils ein Misserfolg mit dem ‚Kopp-Effekt' begründet wurde und wird. Glaubst Du nicht auch, die Partei würde heute wesentlich besser dastehen, wenn sie über jenes stürmische Wochenende dem gewaltigen Druck getrotzt und Rückrat bewiesen hätte? Mit Unterstützung der Partei hätte ich den Kampf aufgenommen. [...] Bei allem Verständnis für die damalige nicht einfache Situation der Partei bin ich – und längst nicht ich allein – der Auffassung, Standfestigkeit und strategisches Denken hätten unserer Partei nicht nur gut angestanden, sondern ihr langfristig genützt." Schliesslich: „Was ich in den folgenden vierzehn Monaten bis zu meinem Freispruch durchmachte, will ich Dir nicht erzählen. Es liegt hinter mir. [...] Und was ist übriggeblieben? Alle Verdächtigungen erwiesen sich als haltlos, das Bundesgericht sprach mich frei, die PUK stellt fest, dass ich meinem Land nach bestem Wissen gedient habe und attestiert mir eine kompetente, umsichtige und engagierte Amtsführung. Die Strafuntersuchung gegen die Shakarchi Trading AG wurde eingestellt. Worin besteht denn die ‚Affäre Kopp', die unseren Staat in eine Krise stürzte? Aus einem Telefon und dessen zugegebenermassen verspäteten Bekanntgabe. Hätte es nicht auch unserer Partei gut gestanden, dies mit der nötigen Deutlichkeit klarzumachen? Schliesslich war ich Eure Bundesrätin?"

Ein weiterer inhaltlicher Ertrag der Koppschen „Briefe" bestand darin, dass die Alt Bundesrätin am Ende ihres Buches Auszüge aus „den insgesamt Tausenden von Zuschriften und Leserbriefen" wiedergibt, die von den Zeitungen nicht abgedruckt worden waren, ihr allerdings tröstlich offenbart hätten, „dass doch viele Menschen sich von den reisserischen Anklagen und Verdächtigungen nicht beeindrucken liessen und ihr klares Urteilsvermögen behalten haben".[424]

Darüber hinaus gesteht die ehemalige Justizministerin in ihren Schilderungen explizit ein, sich teilweise unüberlegt oder bezüglich der ihrem Amt inhärenten Pflicht öffentlicher Rechenschaftslegung falsch verhalten zu haben. So habe sie zu spontan gehandelt, als sie „erfuhr, dass meine Mitarbeiterin auch eine interne Quelle hatte". Wenn sie die Situation ruhig überdacht hätte, folgert Kopp, „wäre mir klar geworden, dass es richtig wäre, den Bundesrat zu orientieren. Die Schlussfolgerung, eine Information erübrige sich, war im Rückblick eine politische Fehlbeurteilung".[425] An anderer Stelle gesteht sie ein, „die Angelegenheit im Herbst 1988 kaum ganz zu Ende gedacht" zu haben. In der Gewissheit, dass „objektiv null und nichts an Nachteiligem geschehen war", habe sie keinen Anlass verspürt, abgesehen von ihren Mitarbeitenden „jemanden zu orientieren". Darüber hinaus erklärt sie ihr zu langes Schweigen, durch ihre Intuition, „den weiteren Weg über noch mehr Durchschlagkraft und Leistung" bewältigen zu können. Im Nachhinein, vermutet sie, hätten sie und ihre Mitarbeitenden

„an jenem 8. November 1988, statt an einer Sprachregelung zu basteln, wonach ich die Verantwortung übernähme,

---

424 Vgl.: Kopp 1991, S. 142–159.

425 Hierzu und zum Folgenden: Kopp 1991, S. 44f, 47, 70.

besser eine sorgfältige und saubere Information für den
Bundesrat und die Öffentlichkeit vorbereitet, aus der klar
hervorgegangen wäre, was tatsächlich sich abgespielt hatte".

Ausserdem nimmt Kopp in ihrem fiktiven „Brief" an Jeanne
Hersch deren PUK-Kritik auf, indem sie vielseitig schildert,
inwiefern sie das Vorgehen der PUK, deren Bericht lange Zeit
„wie das Evangelium zitiert" worden sei, als vorverurteilend,
fehlerhaft und rechtsstaatlich bedenklich ansehe.[426] Beispielsweise
müsse der Kommission vorgeworfen werden, jene Aussagen
verschwiegen zu haben, welche die Bundesrätin und ihren
Gatten entlastet hätten.[427] Zum Abschluss jenes Abschnittes gibt
sie dann auch zu bedenken, dass eine politische Kommission
„wesentlich sensibler auf den Erwartungsdruck der öffentlichen
Meinung" reagiere als eine richterliche Instanz. Auch sei vor
allem für den PUK-Präsidenten die Versuchung gross, „aus den
Untersuchungen und der Art und Weise, wie deren Ergebnis der
Öffentlichkeit präsentiert wird, für sich politisches Kapital zu
schlagen und Exponenten des politischen Gegners zu diskreditieren". Trotz Anerkennung der Relevanz des parlamentarischen
Untersuchungsorgans, ergibt sich für die Alt Bundesrätin mithin
die Frage: „Wer kontrolliert eigentlich die PUK?"

Elisabeth Kopp geht in jener Passage ebenso auf den Vorwurf
der PUK ein, sie habe ihre persönliche Mitarbeiterin an jenem
verhängnisvollen 27. Oktober 1988 mit der Bitte, den Bundesratsgatten genauer in Kenntnis zu setzen, „in ein Dilemma
zwischen allfälligem pflichtwidrigen Handeln und Loyalität
zur Departementvorsteherin" gestürzt.[428] Diese Behauptung sei
„unhaltbar und aktenwidrig". Denn erstens impliziere sie, Kopp
habe gewusst, dass die besagten Informationen aus amtlichen
Quellen stammten, was, so ihre erneute Beteuerung, „nicht der
Fall" gewesen sei.[429] Zweitens habe Katharina Schoop im Straf-

---

426 Hierzu und zum Folgenden: Kopp 1991, S. 80, 93, 96.

427 Vgl. hierzu: Kopp 1991, S. 80–83.

428 PUK-EJPD-Bericht zit. n.: Kopp 1991, S. 86.

429 Hierzu und zum Folgenden: Kopp 1991, S. 86f.

verfahren keinmal „von einem solchen Dilemma gesprochen", vor dem Bundesgericht gar „die Frage, ob sie sich in einem Loyalitätskonflikt befunden habe, ausdrücklich verneint". Wie die Alt Bundesrätin hervorhebt, hätte ihre persönliche Mitarbeiterin sie, sofern sie das besagte Dilemma empfunden habe, darüber informieren müssen. Auf die Beanstandung der PUK und des Bundesgerichts, dergemäss Kopp sich nicht nach der Informationsquelle ihrer einstigen persönlichen Mitarbeiterin erkundigt habe, entgegnet sie, eine solche Nachfrage sei in der besagten Situation keineswegs naheliegend für sie gewesen. Aufgrund des üblichen Aufgabenbereichs Schoops habe die EJPD-Chefin angenommen, ihre Assistentin sei extern informiert worden. Und obgleich, gesteht Kopp weiter ein, eine Bundesrätin letztlich nicht von der generellen Verantwortung zu entheben sei, gelte es bei der Beurteilung des Sachverhalts dennoch das Vertrauensverhältnis zwischen Ministerin und persönlicher Mitarbeiterin zu berücksichtigen. Kopp:

> „Ich schätzte Frau Schoop als gewissenhafte Mitarbeiterin und gute Juristin. Wie hätte ich auf die Idee kommen sollen, sie rate mir – in Kenntnis der Quelle – ein so unsinniges, ja selbstmörderisches Vorgehen an und würde nicht einmal Bedenken anmelden, als ich sie bat, meinen Mann näher zu orientieren?"

In diesem Zusammenhang geht die ehemalige Justizministerin auch auf die Anschuldigung der PUK ein, sie habe versucht, die Verantwortung auf ihre persönliche Mitarbeiterin abzuschieben, zumal diese offenbar zunächst abgelehnt habe, den Bundesratsgatten zu informieren.[430] Dies als Unterstellung zurückweisend, fragt Kopp:

> „Wie hätte ich beispielsweise noch am Abend des 9. Dezember 1988 versuchen sollen, Frau Schoop zu ,opfern', nachdem ich am Nachmittag des gleichen Tages dem Bundesrat eine Erklärung unterbreitet hatte, in welcher ich die ganze Verantwortung für die Information meines Gatten übernahm?"

---

430 Hierzu und zum Folgenden: Kopp 1991, S. 88f.

Darüber hinaus gehe aus der PUK vorliegenden Dokumenten hervor, dass Frau Schoop in keiner Untersuchung geltend gemacht habe, die Bitte ihrer Chefin abgelehnt zu haben. Vielmehr habe sie „wahrheitsgemäss ausgesagt", Kopp gebeten zu haben, das Gespräch mit deren Gatten einzuleiten, „weil ‚das sonst doch komisch sei' beziehungsweise weil sie ‚mit ihm keinen Kontakt gehabt' habe". Auch wenn ihre persönliche Mitarbeiterin möglicherweise zwischendurch ihre Darlegungen revidiert habe, tadelt Kopp die PUK, hätte die Kommission deren zuvor gemachten Aussagen nicht unerwähnt lassen dürfen. Ihr Fazit: „Das Bild der bösen Chefin, die ihre arme Mitarbeiterin in einen Loyalitätskonflikt stürzt, passte so schön in das Konzept."

Schliesslich betont die ehemalige Ministerin, sie hoffe hinsichtlich ihrer Ausführungen zu Katharina Schoop nicht missverstanden zu werden, da sie ihr keine Vorwürfe mache.[431] Vielmehr erahne sie aus eigenem Erleben heraus, „wie die rund ein Jahr dauernden Verhöre auch sie belastet haben und dass die Atmosphäre vor dem ‚Inquisitionsgericht' nicht ohne Auswirkungen auf sie und ihre Aussagen blieb". Erinnerungsfehler, die sich teilweise auch bei ihr selbst eingeschlichen hätten, seien unter einer solchen „psychischen Belastung" menschlich. Selbst falls Schoop, schliesst Kopp, währenddessen der Versuchung erlegen gewesen sein sollte, „sich zum Nachteil anderer zu entlasten, wenn der Belastete keine Möglichkeit hat, den Aussagen zu widersprechen und deren Unrichtigkeit zu beweisen", verdenke sie ihr das weniger, „als der PUK, die mich mit ihren Äusserungen nie konfrontiert hat".

g) Das Versanden des „Kopp-Skandals"

Die Publikation der Koppschen „Briefe" und die entsprechenden Rezensionen stellten die letzte zentrale Episode im Deutungskampf um den Sturz der ersten Schweizer Bundesrätin dar. Erschienen im Herbst 1991, vermochte die Autorin in ihrem Buch auf den gesamten Prozess der Auseinandersetzung einzugehen,

---

431   Hierzu und zum Folgenden: Kopp 1991, S. 89.

so dass auch die je im Frühjahr und Sommer desselben Jahres veröffentlichten Darstellungen ihrer Verteidigerinnen und Verteidiger sowie die öffentlichen Reaktionen darauf Erwähnung fanden.

Während das von Jeanne Hersch herausgegebene Werk zumindest ein bedingtes, wenngleich oberflächliches und genuin kritisches öffentliches Echo erlangt hatte, war das Buch Werner Furrers, der machtstrategischen Symptomatik grosser Skandale entsprechend, „weitgehend totgeschwiegen" worden.[432] Der Publizist besass, anders als die renommierte Philosophin, keine aufmerksamkeitswirksame Prominenz, womit dem von ihm in diesem ungleich gewichteten Deutungskampf lancierten Diskussionsbeitrag die symbolische Geltungsmacht fehlte. So polemisch seine Ausführungen an einigen Stellen auch sind, inhaltlich hätten sie doch dazu beitragen können, Zweifel an der Verleumdung Elisabeth Kopps hervorzurufen, zumal „kaum ein namhaftes Blatt die zentralen Argumente, welche zu Gunsten der gestürzten Politikerin sprachen, jemals angemessen ausführlich gewürdigt" habe.[433] Einige Passagen in Furrers Abhandlung enthalten aufschlussreiche Darlegungen, durch die der Sachverhalt entgegen der simplifizierenden Skandalversion an Komplexität gewinnt und damit zur Rehabilitierung Kopps beiträgt. Kennzeichnend für sein Vorgehen ist, dass er zentrale von den Gegnerinnen und Gegnern der Alt Bundesrätin artikulierte Beschuldigungen argumentativ zu widerlegen sucht. Seine Ausführungen zur Gerichtsverhandlung und den öffentlichen Reaktionen darauf erlangen Plausibilität, indem er den in der Angelegenheit getätigten geltungsstarken Aussagen angesehener Rechtsexperten, wie Hungerbühler oder Rehberg, Erklärungen ebenso renommierter Juristen, wie Hafter,

---

432 Kopp 1991, S. 161. Die Gegendarstellung zur Skandalversion, die der Publizist und Mathematiker Werner Furrer Mitte 1991 veröffentlichte, findet in Kapitel II.4.c mehrfach Erwähnung. Wie aus Furrers Anmerkung am Ende hervorgeht, ist sein Buch in den Druck gegangen, als „Rechtsstaat im Zwielicht" Mitte Februar 1991 soeben erschienen war.

433 Furrer 1991, S. 4.

Strathenwert oder den Bundesrichtern, entgegensetzt. Dadurch wird offenbar, inwiefern sich das umstrittene Urteil, entlang einer differenzierten Gesetzesauslegung qualifizierten Fachpersonals als durchaus begründet erwies. Als hauptverantwortlich für die von ihm ausgemachten rechtsstaatlichen Defizite erachtet auch er diejenigen Medienschaffenden, die durch tendenziöse Berichterstattung die inkriminierende Skandalisierung Elisabeth Kopps betrieben und damit entscheidend die, seiner Ansicht nach, ungerechtfertigten Vorstellungen darüber geprägt hatten, was als „Fall Kopp" in die Geschichte eingehen sollte.[434] Die massenmedialen Auftritte einzelner Strafrechtsexperten monierend, zeigt Furrer mit seinem detailreichen Nachvollzug des umstrittenen Informationsflusses innerhalb des EJPDs, wenngleich dieser „ein wenig verwickelt, vielleicht sogar verwirrlich" erscheine, auf, inwiefern ohne eine entsprechende Erfassung der besagten Umstände, jede Kritik am Lausanner Prozess unsinnig sei.[435] An die Massenmedien gerichtet missbilligt er bezüglich der Berichterstattung über das Gerichtsverfahren: „Auch mit diesem Epilog zum Drama der gestürzten Bundesrätin hatten die meisten Blätter noch einmal die Gelegenheit verpasst, das Thema kontrovers abzuhandeln." Die Darstellung juristischer Ansichten, in denen die Position der Verteidigung entfaltet worden wäre, hätte indes, konstatiert der Publizist, „die von den Medien veranstaltete scharfkantig einseitige Diffamierungs-Kampagne" rasch entlarvt.[436] Sein

---

434 Den „Scharfmachern", so Furrer, seien „alle Massstäbe an Fairness, Objektivität und Logik" abhanden gekommen. Ein „Meinungs-Regime" praktizierend, hätten die Wortführenden unter ihnen „angefeuert, die Unschlüssigen und Zögernden ermahnt und genötigt". Doch auch das politische Establishment trage Verantwortung für die „Medien-Inquisition" der ehemaligen Justizministerin. Schliesslich hätten darin vertretene „Leute mit ein wenig Begabung zu logischem Denken, Fairness und minimalem Mut zur eigenen Meinung" gegen die Verleumdung zu Felde ziehen können. Furrer 1991, S. 4.

435 Hierzu und zum Folgenden: Furrer 1991, S. 82, 155f.

436 Furrer verweist jedoch auch auf „lobenswerte Ausnahmen vom Prinzip einseitiger Darstellung", wie etwa auf das Fernsehen, das eine „kontradiktorische Gesprächsrunde" ausgestrahlt habe. Vgl.: Furrer 1991, S. 155.

Standpunkt: „Nicht die moralische Integrität der unbescholtenen alt Bundesrätin steht hier zu Debatte, sondern diejenige von ehrabschneiderischen, diffamierenden Zeitungs-Schreibern", von denen sich einige „in grösster Selbstgefälligkeit [...] auf die in dieser Affäre geleistete Arbeit" etwas einbildeten.[437]

Nachdem Furrers Publikation keine Resonanz erlangt hatte und die persönliche Darstellung der Protagonistin des Eklats einmal mehr in der Presseberichterstattung durchgefallen war, erschien ab Herbst 1991 kein weiterer relevanter Beitrag zum Deutungs-kampf um den Rücktritt der EJPD-Chefin in der Öffentlichkeit, so dass die Auseinandersetzung verebbte. Inwiefern?

Der Disput um die Demission Elisabeth Kopps, das heisst die Skandalisierung des Verhaltens der ehemaligen Justizministerin sowie das Anliegen der sie öffentlich Verteidigenden, den Skandal in eine Affäre zu überführen, entwickelte sich vom Herbst 1988 bis

---

437 Vgl. hierzu exemplarisch: Fred Oberson in: Oberson/Petit 1990, S. 30–34. Wie Oberson gleich am Anfang betont, offenbare die Schweizer Presse in besagter Angelegenheit erstmalig ihren kritischen Geist und ihren Scharfsinn. All jene, die von ihr behauptet hätten, sie agiere „à la botte du pouvoir", sähen sich mittlerweile des Gegenteils belehrt. Ohne die Presseberichterstattung, so Oberson weiter, würde die Lausanner Gerichtsverhandlung höchst wahrscheinlich „weder in der kommenden Woche, noch irgendwann stattfinden". Und weiter: Ohne den „Fall Kopp" „nous avions presque oublié, qu'en démocratie, la presse et les médias arrivent au quatrième rang du pouvoir. [...] Les gardiens de la démocratie se sont réveillés en soubresaut un beau matin d'automne". Ein Vergleich mit dem amerikanischen Watergate-Skandal, der die USA bis Mitte der 1970er-Jahre erschütterte, sei schon deshalb naheliegend, weil es auch damals investigative Journalisten gewesen seien, welche die Verwicklungen von Präsident Nixon in die skandalierten Machenschaften der republikanischen Abhöraktionen während des Wahlkampfes 1972 aufgedeckt hätten. Die entsprechenden Ereignisse in der Schweiz würden mithin berechtigterweise als „Swissgate" bezeichnet werden können, woraus der LeMartin-Journalist schliesslich selbstgewiss folgert: „Au moment ou la Suisse traverse de graves turbulences que les autorités ont elles-mêmes engendrées, il est réconfortant pour le citoyen de se sentir épaulé par le contre-pouvoir des médias qui demeurent le plus sûr garant d'une démocratie chancelante."

Herbst 1991. Für die von der Skandalisierung betroffenen Akteurinnen und Akteure mag es, abgesehen von dem intervallartigen massenmedialen Interesse auch wegen der Verfahrenshäufung und den entsprechenden Vernehmungen, eine das persönliche Leben betreffende besonders aufwühlende Angelegenheit gewesen sein. Gesamtgesellschaftlich betrachtet standen jedoch während der drei Jahre dieses Deutungskampfes darüber hinaus innenpolitisch die für die vorliegende geschichtliche Untersuchung ebenfalls relevanten nationalen Streitthemen auf der öffentlichen Agenda, die sowohl in Versammlungsöffentlichkeiten als auch in der massenmedialen Berichterstattung kontrovers ausgetragen wurden. So wurde 1989 im Vorfeld der GSoA-Abstimmung um die gesellschaftspolitische Rolle der Armee und deren historische Bedeutung im 20. Jahrhundert gestritten. Darüber hinaus setzte nach der Veröffentlichung des PUK-EJPD-Berichtes die Skandalisierung der Staatsschutzpraktiken ein, die, in verschiedenen Phasen, während des gesamten Jahres 1990 anhielt. Schliesslich vermochten die Initiatoren des Kulturboykotts im selben Jahr, das heisst im Hinblick auf die für 1991 geplante 700-Jahr-Feier der Eidgenossenschaft die Frage nach dem Verhältnis zwischen Kulturschaffenden und Staat ebenso als öffentliches Sujet zu lancieren, wie andere Akteure diejenige nach der nationalen Sinnstiftung von Geschichtsbildern, worüber etwa im Januar 1991 auf einer Tagung in Salecina diskutiert worden ist.

Abgesehen davon nahm in den besagten drei Jahren aussenpolitisch die weltpolitische Wende ihren Lauf. Die friedliche Revolution in der DDR und anderen Ostblockstaaten, die Botschaftsbesetzungen, der Mauerfall, die Stürmung der Stasizentrale in Berlin, die Wiedervereinigung Deutschlands sowie der sich konkretisierende Europäische Wirtschaftsraum (EWR) beanspruchten jeweils die Aufmerksamkeit Schweizer Massenmedien. Sowohl innen- als auch aussenpolitisch hatte sich das allgemeine öffentliche Interesse mithin anderen Themen zugewandt. Dementsprechend verabschiedeten sich auch die

Wortführenden im „Kopp-Skandal", wie in grossen Skandalen üblich, „stillschweigend von der Bühne".[438]

Die Skandalierenden hatten mit ihrer Version des Sachverhalts zumindest in der massenmedialen Öffentlichkeit die Deutungshoheit innegehabt. So gesehen kann mit Kepplinger davon ausgegangen werden, dass eine grosse Anzahl Menschen am Ende nicht das glaubte, was etwa durch das Rechtsverfahren legitimiert wurde, „sondern das, was sie vorher überall massenhaft gelesen, gehört und gesehen hat". Aufgrund des mit der Zeit schwindenden generellen Interesses an einer Angelegenheit, führt der Skandalforscher aus, werde der aktuelle Kenntnisstand nicht mehr verfolgt, weswegen sich am Ende „die Kluft zwischen dem, was die Mehrheit zu wissen glaubt, und dem, was man tatsächlich wissen kann" erweitere. Kepplingers Fazit:

> „Die großen Skandale sind deshalb meist auch die Ursache von großen Kollektiv-Irrtümern, und die Mehrheit kehrt nach einiger Zeit nicht deshalb zu ihren Gewohnheiten zurück, weil sie die Wahrheit nun kennt, sondern weil sie das, was sie noch immer für die Wahrheit hält, nicht mehr ernst nimmt."[439]

Ähnlich äusserte sich FDP-Nationalrat Georg Stucky bereits am 10. Juni 1991 im Luzerner Tagblatt.[440] Eine Parlamentarische Untersuchungskommission als „kein probates Mittel der Wahrheitsfindung" bemängelnd, hebt auch er hervor, als Kontrollorgan stehe sie unter dem öffentlichen Erwartungsdruck, etwas „Anrüchiges, Skandalöses ans Tageslicht" zu bringen. Wenn aber schliesslich die „Haltlosigkeit" der von einer PUK erhobenen Vorwürfe offenbar werde, kümmere dies kaum jemanden mehr, „die breite Öffentlichkeit hat den Sachverhalt ohnehin nicht mehr gegenwärtig; sie hat auch die schlaflosen Nächte der zu Unrecht Angeschuldigten nie wahrgenommen". Den zuvor von

---

438 Hierzu und zum Folgenden: Kepplinger 2001, S. 138f.

439 Kepplinger 2001, S. 138.

440 Hierzu und zum Folgenden: Georg Stucky zit. n.: Kopp 1991, S. 94.

Medienschaffenden oft betonten „Informationsauftrag" ihrer Zunft bezüglich der Einstellung des Strafverfahrens gegen die Shakarchi Trading AG vermissend, beanstandet Elisabeth Kopp in ihrem Buch, dass entsprechende Schlagzeilen in den schweizerischen Tageszeitungen ausgeblieben seien.[441] Ähnlich die Situation sechs Jahre später. Das Ehepaar Kopp hatte die Eidgenossenschaft wegen einer von der PUK-EJPD im Herbst 1989 veranlassten Abhörung der Telefonleitungen der Koppschen Anwaltskanzlei sowie der Privatanschlüsse der Eheleute und ihrer Tochter vor dem Europäischen Gerichtshof für Menschenrechte angeklagt. Das Strassburger Tribunal hatte die Aktion 1998 als illegal befunden und die Eidgenossenschaft zu einer mehrstelligen Geldbusse verurteilt.[442] Zumeist lediglich „knapp und kommentarlos" vermeldet, „verpuffte" die Angelegenheit, gemäss Alex Baur, „als wäre alles nur eine formaljuristische Panne gewesen".[443] Die Busse sei gemeinhin als Schadensersatzzahlung ausgelegt worden, so dass die Empörung einmal mehr dem Ehepaar Kopp gegolten habe, indem etwa der Blick titelte „Unverschämt – Kopp verlangt von uns Steuerzahlern 850000 Franken"[444].

So gesehen lässt sich Kepplingers These von grossen Skandalen als „Kollektiv-Irrtümern" durchaus auf den empirischen „Fall

---

441 Kopp 1991, S. 153. Demgegenüber habe man in der deutschen Tageszeitung Die Welt vom 10. April 1991 lesen können: „Und was bleibt von der ‚Libanon Connection', wenn das Bindeglied Shakarchi zerbricht? [...], dass Shakarchi wahrscheinlich kein Geldwäscher war, werden ihm die Medien nie verzeihen." Die Welt zit. n.: Kopp 1991, S. 153. Infolge des politischen Drucks sowie „nicht zu letzt auf Wunsch Shakarchis hin" seien im März 1990 entsprechende Ermittlungen eingeleitet worden. Wie Kopp darlegt, habe Alt Bundesrichter Erhard Schweri in seinem Bericht bestätigt, „dass gegen die Shakarchi Trading AG nie ein konkreter Verdacht bestanden habe. Die Angelegenheit war, wie sich der zuständige Bezirksanwalt ausdrückte, ‚vor allem ein Medienereignis'". Kopp 1991, S. 85; Kursivsetzung laut Original.

442 Vgl.: European Court of Human Rights, Case of Kopp v. Switzerland, Judgment, 25. März 1998, online.

443 Baur, Wind, Weltwoche, 04/2007.

444 Blick zit. n.: Baur, Wind, Weltwoche, 04/2007.

Kopp" übertragen. Augenfällig wird sodann, warum die Vorstellungsmuster, in denen die Alt Bundesrätin, aber auch ihr
Gatte diskreditiert wurden, knapp eineinhalb Jahrzehnte haben
in den Massenmedien weiterkursieren können. Zwar lässt sich,
vor allem was die Alt Bundesrätin anbelangt, mit Blick auf die
letzten Jahre durchaus eine Rückgewinnung von Ansehen in der
Öffentlichkeit beobachten.[445] In Gesprächen mit Menschen, welche
die Geschehnisse damals bewusst verfolgt haben, wird jedoch
offenbar, dass Fragmente der besagten Zerrbilder noch immer
in zahlreichen Vorstellungswelten vorhanden zu sein scheinen.
Dementsprechend mag die hartnäckige Wirkungsmacht besagter Feindbilder eine Antwort darauf geben, was die Publizistin
Yvonne-Denise Köchli angesichts der Elisabeth Kopp selbst von
der PUK-EJPD zugute gehaltenen stets kompetent-engagierten

---

445 So hatte das Medienunternehmen Ringier im Juni 1992 wegen
falscher Anschuldigungen an Hans Werner Kopp eine Entschädigung
zahlen müssen. Entschädigung, Neue Zürcher Zeitung, 22. Juni
1992. Ebenfalls gerichtlich motiviert, entschuldigte sich der Tages-
Anzeiger am 9. Oktober 1998 in einer Kurzmeldung bei Mohammed
Shakarchi, man habe weder ihm noch seine Familie „wissentliche
Kontakte zur türkischen und italienischen Waffen- und Drogenmafia
unterstellen" wollen. Darüber hinaus ist Elisabeth Kopp 2003 von der
FDP willkommen geheissen worden, nachdem sie sich zur Rückkehr
in die Partei entschlossen und der damalige Präsident, Ruedi Noser,
„den Niedergang der FDP in einen direkten Zusammenhang mit dem
Fallenlassen ihrer einstigen Bundesrätin" gestellt hatte. Köchli, War
da was?, Weltwoche, 27/2003. 2006 war das Ehepaar Kopp wieder
eingeladen, am Treffen der Alt Bundesräte in Luzern teilzunehmen.
Im Februar 2008 schliesslich kam das dokumentarische Portrait
„Elisabeth Kopp – Eine Winterreise" von Andres Brütsch in die
Deutschschweizer Kinos, das, gemäss Rezensent Thomas Hunziker,
„ein intimes, gründlich recherchiertes Porträt einer historischen
Figur" darstelle. Der Film, der zwischendurch „die Dynamik eines
Verschwörungsthrillers" aufweise, enthülle „die Machenschaften im
Machtgefüge des Bundeshauses". Hunziker, Winterreise, Cinema-
online; vgl.: Baur, Wind, Weltwoche, 04/2007; rom., Vergangenheit,
13. Februar 2007.

Amtsführung, bereits 2003 fragend formulierte: „Doch weshalb wird bis heute kaum je von ihren Leistungen geredet?"[446]

4. Bilanz

Systematisch in drei Teile gegliedert, zeigt die vorliegende historisch-analytische Erzählung über den Rücktritt Elisabeth Kopps zunächst jene Skandalisierungsmechanismen auf, die wesentlich zur Demission der ersten Schweizer Bundesrätin beigetragen haben. Um die enorme Wirkungsmacht der 1988–91 erfolgten öffentlichen Abqualifizierung der einst populären Ministerin samt deren daraus resultierenden institutionellen Sanktionierung nachvollziehen zu können, wird zunächst auf die im Vorfeld ihrer Bundesratskandidatur im September 1984 losgetretene Kampagne hingewiesen, ohne die die Ereigniskonstellation, die schliesslich zum Sturz der Ministerin führte, nicht zu verstehen ist. Die am Ende entfalteten von der Diskreditierung Kopps herausgeforderten Reaktionen, durch die bereits im Zeitkontext, wenngleich öffentlich wenig beachtet, versucht worden ist, die ehemalige EJPD-Chefin zu rehabilitieren, offenbaren, inwiefern sich aus dem vermeintlich eindeutigen „Fall Kopp" ein vielschichtiger Deutungskampf um deren Rücktritt und Reputation entwickelte.

Ausgehend von einer konstruktivistischen Erkenntnisperspektive, dergemäss „Wirklichkeit" grundsätzlich durch menschliche Sinnstiftung geschaffen wird, wurden drei Buchpublikationen und diverse Medientexte der Presseberichterstattung sowohl inhaltlich als auch gestalterisch dahingehend befragt, wie die

---

446   Köchli, War da was?, Weltwoche, 27/2003. In jenem Artikel verweist die Autorin zudem auf die Schuldenlast, die das Ehepaar Kopp seit jenen verhängnisvollen Jahren zu tragen habe, derentwegen es unter anderem schliesslich den Familiensitz in Zumikon verkaufen musste. Sowohl die Fehleinschätzung der Langwierigkeit ihres Reputationsverlustes, aufgrund derer Hans Werner Kopp zunächst seine Kanzlei umstrukturierte, als auch Millionenbeträge von Prozesskosten, entstanden etwa durch den erwähnten Gang nach Strassburg, hätten dazu geführt, dass die mittlerweile verwitwete Alt Bundesrätin noch immer Verbindlichkeiten begleichen müsse.

betreffenden Sachzusammenhänge, von öffentlich Sprechenden artikuliert und über medienästhetische Ausdrucksformen transportiert, als „Realität" inszeniert und vermittelt wurden. Im Fokus der Analyse standen vor allem Wortwahl, inhaltliche Verknüpfungen (Framing) und Sinnbezüge sowie das Layout, insbesondere jedoch metaphorische Denkbilder und visuelle Abbilder – alles imaginativ wirkende Produktionsmechanismen von Vorstellungswelten und Deutungsmustern. Die entsprechend geschaffenen, vornehmlich unbewusst wirkenden Feindbilder über das Ehepaar Kopp führten, gemäss der hier vertretenen These, zu der breiten Zustimmung der Skandalversion, dadurch dass sie gemeinhin negative Emotionen wie Besorgnis und Empörung evozierten, die handlungsleitend und damit realitätsstiftend waren.

Im Folgenden werden die konkreten Untersuchungsresultate systematisch in einzelnen Thesenblöcken zusammengefasst.

1. Die im September 1984 während der Kampagne gegen die Bundesratskandidatur Elisabeth Kopps geschaffenen Vorstellungswelten über vermeintliche Charaktereigenschaften beider Ehepartner Kopp offenbarten sich im Hinblick auf die Skandalisierung der so genannten „Vorkommnisse im EJPD" vier Jahre später als beständig und wirkungsmächtig. Als ab August 1988 neue Gerüchte über Hans Werner Kopps anscheinend unseriöse geschäftliche Verstrickungen aufkamen, wurden sowohl jene Spekulationen als auch das daraus resultierende verhängnisvolle Verhalten seiner Gattin ungeprüft im Sinne desjenigen „Psycho-Schemas"[447] interpretiert, das Niklaus Meienberg entlang seiner Erkenntnisse zur „Füdlitätsch"-Geschichte im Kontext von Elisabeth Kopps Bundesratskandidatur als unheilvolles Interdependenzverhältnis der Eheleute beschrieben hatte. Demnach seien einstige umstrittene Handlungen des als dubios dargestellten Gatten damals von seiner ihm vermeintlich hörigen Ehefrau durch Unaufrichtigkeit gegenüber der Öffentlichkeit gedeckt worden, so dass aus Hans W. Kopps Geschichte „durch Koppelung Elisabeth

---

447 Meienberg 1989, S. 182.

Kopps-Story" geworden war. Für die in der Skandalisierung vom Sommer/Herbst 1988 vereinte „Glaubensgemeinschaft" (Kepplinger) schien sich diese Meienbergsche Behauptung bestätigt zu haben.

Entsprechend wurde das Verhalten, das die Bundesrätin im Anschluss an die umstrittene Information ihrer persönlichen Mitarbeiterin an den Tag gelegt hatte, nachdem es publik geworden war, in der Presse als „bewiesenermassen schuldhaft" (Kepplinger) konstruiert. Es wurde vornehmlich so ausgelegt, als habe die Ministerin, ihr staatsamtliches Insiderwissen missbrauchend, den scheinbar in verbrecherische Handlungen verstrickten Gatten aus dem Bundeshaus telefonisch rechtzeitig warnen wollen, damit dieser aus dem Verwaltungsrat der inkriminierten Firma Shakarchi Trading AG zurücktrete. In den untersuchten massenmedialen Quellen finden sich diesbezüglich kriminalisierende Zuschreibungen wie: Amtsgeheimnisverletzung, Amtsmissbrauch, Begünstigung und Komplizenschaft („Kopp-Connection" zwischen seiner Anwaltskanzlei und dem von ihr geführten Justizministerium oder „Kollusionsverdacht") sowie die Vermengung amtlicher und privater Interessen, alles vermeintlich motiviert durch berechnenden Eigennutz.

Darüber hinaus begründeten sowohl die Skandalierenden als auch die PUK Elisabeth Kopps öffentlichen Vertrauens- und Glaubwürdigkeitsverlust vornehmlich mit ihrem anfänglichen Verschweigen des problematisierten Telefonats gegenüber Bundesrat, Parlament und Öffentlichkeit beziehungsweise mit dessen zu zögerlichen Preisgabe. Diese wurde generell als versuchte Verschleierung, artikulierte Halbwahrheit oder gar als Verlogenheit verdammt, auch weil die Ministerin zuvor einmal mehr einer vermeintlich falschen Aussage ihres Ehemannes nicht widersprochen hatte. Die Meienbergsche Vermutung, Elisabeth Kopp neige dazu, als „Verlängerung" ihres suggestiven und zu kriminellen Machenschaften neigenden Gatten zu handeln, immer bereit für diesen ein „birebitzeli" zu lügen, schien sich für die Skandalierenden aufgrund des fatalen Verhaltens der Bundesrätin während der Ereigniskonstellation vier Jahre später bewahrheitet zu haben. Die berüchtigte These von 1984 wirkte mithin dynamisierend auf die Skandalisierung von 1988, während der sie einen Etablierungsprozess durchlief, an dessen Ende sie zu einer Art allgemein verbindlichen Norm geworden war.[448] Dementsprechend wurden selbst die systematisch gewonnenen Ergebnisse des Bundesgerichts, die in einem Freispruch Kopps mündeten, von einer grossen Öffentlichkeit als unzutreffend abqualifiziert.

Die in diesem Skandal wahrnehmbare spezielle Erbitterung resultierte darüber hinaus aus einem weiteren Aspekt, der sich aus der gemeinhin unreflektierten Übertragung des entsprechenden Interpretationsmusters auf die Ereigniskonstellation von 1988 ergab und im besonderen Masse bei Kopps Geschlechtsgenossinnen negative Gefühle evoziert haben mochte. So war die besagte Meienbergsche Behauptung während der Bundesratskandidatur Elisabeth Kopps explizit als frauenfeindlich gebrandmarkt worden. Schliesslich wurde der Amtsanwärterin darin eine durch die vermeintliche Suggestivkraft des scheinbar dominanten Gatten aktivierbare Labilität und Manipulierbarkeit unterstellt, weswegen, so die der Konstruktion inhärente Folgerung, die für das verantwortungsvolle Leitungsamt des Justiz- und Polizeidepartements essentielle psychische Stärke und Unabhängigkeit bei der FDP-Nationalrätin zweifelhaft erscheine. Nachdem ein Jahr zuvor die erste Schweizer Bundesratskandidatin, Lilian Uchtenhagen, ebenfalls eine über die Instrumentalisierung weiblicher Geschlechterstereotype inszenierte Negativkampagne gegen ihre Bewerbung um ein Ministeramt in der Landesregierung hatte erdulden müssen, wirkte das umstrittene Sinnschema im September 1984 nicht nur als persönlicher Angriff gegen Frau Kopp, sondern auch wie ein in der zeitgenössischen deutschschweizerischen Öffentlichkeit wiederkehrendes reaktionäres Kommunikationsmuster, durch das versucht wurde, den Einzug von Frauen in die Landesregierung zu verhindern. Um so grösserer Druck lastete auf der ersten eidgenössischen Bundesrätin, den entsprechenden Skeptikern quasi anstelle aller Schweizer Bürgerinnen zu bewei-

---

448 Vgl.: Kepplinger 2001, S. 17, 19.

sen, dass es sich bei den im Vorfeld der Bundesratswahlen von 1983 und 1984 artikulierten Äusserungen um reine Vorurteile, mithin um frauendiskriminierende ideelle Konstrukte handelte. Als die einst umstrittene Meienbergsche Ansicht, im Sinne eines Deutungsmusters unhinterfragt auf das problematische Handeln der Justizministerin übertragen, vier Jahre später gemeinhin als bestätigt galt, rief das eine besondere Empörung zahlreicher Frauen hervor, die sich von Elisabeth Kopp, in ihrer Rolle als erste Bundesrätin aus besagten Gründen eine symbolische Verantwortung tragend, gegenüber dem politischen Gleichstellungsanliegen von Frauen nachhaltig verraten fühlten.[449]

2. Der Verlauf der Skandalisierung enthält zwei Konstellationen, in denen das besagte negative Sinnschema imaginativ griff, weswegen zahlreiche Presseberichte den jeweiligen Sachverhalt so stark dramatisierten, dass sich Kopp, nachdem sie ihren Rücktritt zunächst auf Ende Februar 1989 datiert hatte, schliesslich zum sofortigen Ausschied aus dem Amt genötigt sah. Ihre Demission verlief dementsprechend zweistufig.

Der erste besagte Zeitpunkt war der 9. Dezember 1988, als die EJPD-Chefin nach Monate langen Gerüchten über vermeintliche Missetaten ihres Ehemannes, das heisst in einem Klima massiver Verdächtigungen bekannt gab, ihm auf Basis ihr im Departement inoffiziell zugetragener Informationen empfohlen zu haben, den Verwaltungsrat der in Verdacht geratenen Firma zu verlassen. Die durch diese Mitteilung ausgelösten folgenschweren öffentlichen Reaktionen müssen in einem zeitgenössischen Kontext verortet werden, in dem die defizitäre Gesetzeslage zur Geldwäscherei

---

449 Vgl. etwa den diesbezüglichen Eindruck, den Jeanne Hersch auf der parlamentarischen Frauensession gewonnen hatte. Auf dem Festakt im Bundeshaus, der am 7./8. Februar 1991 im Rahmen der 700-Jahr-Feier stattgefunden hatte und der dem Thema Frauen und Politik gewidmet war, habe niemand den Namen Elisabeth Kopp ausgesprochen, geschweige denn deren Leistungen gewürdigt. Jeanne Hersch, wiedergegeben in: Furrer, Kopp, Basler Zeitung, 13. Februar 1991 sowie Spk., Nachdenken, Thurgauer Zeitung, 13. Februar 1991; vgl.: Hagmann, Buch, Vaterland, 13. Februar 1991. Zur Frauensession: Simmen 1991, S. 70–80.

von einer sensibilisierten Öffentlichkeit als unheilvolles Strukturproblem der Schweiz beanstandet wurde. Das Informationsvakuum über diesen brisanten staatlichen Geheimbereich, über konkrete Umstände und den Verbreitungsgrad des organisierten Verbrechens im Land, liess gedanklichen Raum für spekulative Bedrohungsszenarien hinsichtlich möglicher illegaler personeller oder institutioneller Verflechtungen in Wirtschaft und Politik. Dementsprechend war die massenmediale Resonanz auf Elisabeth Kopps besagtes Pressekommuniqué verheerend, so dass nun nicht mehr nur ihr Gatte, sondern auch die Bundesrätin kriminalisiert wurde.[450]

Hatte es doch den Anschein, die Justizministerin sei im Hinblick auf zweifelhafte Verstrickungen ihres Mannes der Begünstigung sowie erneut einer Unaufrichtigkeit überführt worden. Dementsprechend war die in diesem Sinne ausgelegte zu lange Verschwiegenheit Elisabeth Kopps der Dreh-und-Angelpunkt, der ihre Skandalisierung in dieser Wucht hat möglich werden lassen. Einem in zahlreichen Köpfen unbewusst wirkenden Deutungsmuster gleich, evozierte die oben beschriebene Logik, dramatisiert und immer wieder transportiert über den Mechanismus massenmedialer Selbstreferenzialität, die vehemente öffentliche Diskreditierung der Ministerin, die nicht nur deren erste Rücktrittserklärung, sondern auch eine strafrechtliche

---

450 Vgl. dazu: Ulbricht/Wintsch, S. 229. Gemäss der von den Autoren vollzogenen Phaseneinteilung des „Kopp-Skandals" geht es in den ersten beiden Abschnitten zunächst um Hans Werner Kopp, während in der dritten Phase „explizit eine Brücke von ihm zu seiner Frau geschlagen wird, womit EK schliesslich zur Hauptakteurin der Phasen IV bis VI avanciert". [...] „die persönliche Bindung zwischen HWK und EK sowie der Aufgabenbereich ihres Departements" liessen ein „Zusammendenken der beiden Akteure möglich" werden. Nach dem Rücktritt der Bundesrätin sei diese Argumentation in den drei von Ulbricht/Wintsch betrachteten Zeitungen fast vollständig verschwunden. Der „Fall EK" sei gewissermassen zu einem „Fall Schweiz" geworden. Der „Faktor ‚Ehe und Familie'" werde nicht mehr „zur Problematisierung und Erklärung des Vorgefallenen herangezogen". Die Beschreibung der Skandal-Phasen siehe in: Ulbricht/Wintsch, S. 288–312.

Voruntersuchung durch den besonderen Vertreter des Bundesanwaltes zur Folgen hatte.

Die Verlautbarung seiner Ermittlungsresultate aber stellte den
zweiten entscheidenden Moment der betrachteten Skandali-
sierungsdynamik dar. Denn als Hungerbühler am 11. Januar
1989 kundtat, es bestehe „in objektiver Weise der hinreichende,
dringende Verdacht" einer Amtsgeheimnisverletzung, schienen
Elemente der kursierenden Feindbilder über das Ehepaar Kopp
zementiert, waren sie doch symbolisch legitimiert worden durch
eine staatstragende Untersuchungsinstanz. Den darauf folgenden
ruinösen Pressereaktionen begegnete die EJPD-Chefin resigniert
mit ihrem sofortigen Austritt aus der Landesregierung.[451]

3. Je mehr Informationen über die im EJPD problematisierten
Vorgänge an die Öffentlichkeit gerieten, desto stärker artikulierte
sich bereits im Dezember 1988 ein Glaubwürdigkeitsverlust der
betroffenen Behörden in der Öffentlichkeit. Zur Wiedererlangung
von Vertrauen in die Funktionstüchtigkeit der entsprechenden
Institutionen sollte die Aufklärungsarbeit der eingesetzten
Ermittlungsgremien (Administrativuntersuchung, Parlamentarische Untersuchungskommission, strafrechtliches Ermittlungsverfahren samt Verhandlung vor dem Bundesgericht) dienen. Doch
allein der Einsatz der drei Untersuchungsinstanzen untermauerte
symbolisch zugleich den Legitimierungsprozess der das Ehepaar
Kopp abqualifizierenden Vorstellungsmuster. Dass die „Riesen-
untersuchungsmaschine" hinsichtlich der Angelegenheit Kopp
am Ende „eine Maus gebar" (Hersch), weil keine gravierenden
Fehltritte der inkriminierten Personen evident gemacht werden
konnten, vermochte das negative öffentliche Bild über die ver-
femte Bundesrätin kaum mehr zu verändern.

---

451 Einen detaillierten Überblick über die Berichterstattung der
Printmedien Neue Zürcher Zeitung, Tages-Anzeiger und Blick über
den „Fall Kopp" im Zeitraum von August 1988 bis April 1990 bieten
Ulrich/Wintsch 1998. Die Autoren resümieren formelle (S. 103–114)
sowie inhaltlich-thematische Aspekte (114–186).

Zu einer Etablierung der kriminalisierenden Deutungsmuster trug offensichtlich auch bei, dass noch im Jahr 1991 im Skandalnarrativ immer wieder eine inhaltliche Verknüpfung der konfliktträchtigen Sujets vorgenommen wurde. Dies, obwohl die defizitäre Ermittlungsbereitschaft der Bundesanwaltschaft im Bereich des organisierten Verbrechens nichts mit dem an die EJPD-Chefin gerichteten Vorwurf zu tun hatte, die beiden umstrittenen Telefonate veranlasst und sie zu lange verschwiegen zu haben. Die beiden Themenkomplexe inklusive desjenigen der verfassungswidrigen Registraturen der politischen Polizei wurden von der PUK, wenn schon, wie von Jeanne Hersch kritisiert, in einem Bericht, so doch in verschiedenen Kapiteln dargestellt. Auch zahlreiche Presseberichte über die Untersuchungsresultate der Kommission behandeln die Themen in gesonderten Abschnitten. Doch wird die für die einstige Justizministerin zentrale Feststellung der PUK, sie habe die Bekämpfung der organisierten Kriminalität nicht behindert, sondern, im Gegenteil, durch die Forcierung des überfälligen Strafgesetzes für Geldwäscherei sehr ernst genommen, grösstenteils nur beiläufig erwähnt. Diese Information findet sich knapp in jenen betrachteten Presseartikeln, in denen die PUK-Resultate bezüglich Elisabeth Kopps umstrittenen Verhaltens sowie ihrer Departementleitung geschildert werden, nicht aber da, wo die Ermittlungsmängel der Bundesanwaltschaft hinsichtlich der Geldwäscherei-Problematik zur Sprache kommen. Dort allerdings hätte dieser thematische Aspekt hineingehört, um unmissverständlich klarzustellen, dass die von der Kommission artikulierte schwerwiegende Kritik in dieser Angelegenheit vornehmlich die Leitung der Bundesanwaltschaft, nicht aber die EJPD-Vorsteherin betraf. Schliesslich hatte man ihr während der Skandalisierung ungerechtfertigterweise vorgeworfen, mit der Mafia zu paktieren, obgleich unter Kopps Führung bereits Mitte 1986 der ausgewiesene Sachverständige für Wirtschaftskriminalität, Paolo Bernasconi, eingesetzt worden war, um entsprechende strafgesetzliche Grundlagen zu erarbeiten.

4. Die Schweizer Philosophin Jeanne Hersch hatte in ihren beiden zeitgenössischen Eingriffen zugunsten einer Rehabilitierung Elisabeth Kopps jene Eigenschaften offenbart, welche das dieser

Untersuchung zugrunde gelegte Intellektuellen-Konzept kennzeichnen. Analytisch betrachtet war sie damit die einzige unter den potenziellen Intellektuellen der Schweiz, die, provoziert aus aktuellem Anlass, zeitweise ihre professionellen geistigen Fähigkeiten in zwei politischen Interventionen nutzbar machte, um das schweizerische Staatswesen ideell bestimmende Menschen- und Bürgerrechte zu verteidigen, die sie im „Fall Kopp" als nicht eingehalten beziehungsweise generell als gefährdet erachtete. Sie vermochte ihre hohe Reputation, die ihr ein gewisses Mass an intellektueller Autonomie verschaffte, dem Sanktionsdruck entgegenzusetzen, der ihrer Kritik am Verhalten Medienschaffender und staatlicher Mandatstragender innewohnte. Was eine Jeanne Hersch zu sagen hatte, konnte, anders als bei weniger renommierten Persönlichkeiten, zumindest mit massenmedialer Aufmerksamkeit rechnen, denn man musste „sie als Mutter Courage der Philosophie wahrnehmen und respektieren".[452] Abgesehen von ihrer geistigen Brillanz, hebt der politische Philosoph Georg Kohler hervor, „war es der Grundton wirklicher, sozusagen mütterlicher Anteilnahme am Schicksal des Menschen, der durch all ihre strengen Urteile und harschen Verdikte gegen den Zeitgeist hindurchklang". Letztlich müsse man ihr „noch heute dankbar sein", dass sie den für ein freiheitliches Gemeinwesen unabdingbaren „Anstoss zum Nein-Sagen" so konsequent zu geben bereit gewesen sei.

Es ist ihr historisches Verdienst, bereits im aufgewühlten Zeitkontext initiativ geworden zu sein und weder Mühen noch Anfeindungen gescheut zu haben, um die Öffentlichkeit – auf der Ebene des Einzelfalls – für das Elisabeth Kopp allein aufgrund der zahlreich erfolgten willkürlichen Vorverurteilungen widerfahrene Unrecht zu sensibilisieren und – auf der Ebene des Prinzipienfalls – auf die staatstragende Dimension der Angelegenheit aufmerksam zu machen. Rhetorisch vielschichtig kritisierte sie differenziert die Missachtung konkreter für das schweizerische Gemeinwesen zentraler Normen und verteidigte plausibel ihre

---

452 Hierzu und zum Folgenden: Kohler, Mutter, Neue Zürcher Zeitung, 10. Juli 2010.

These von Kopps Unschuld. Indem sie auf die psychische Bedrängnis, in welche die Bundesrätin aufgrund der wiederholt erfahrenen Gerüchtemacherei um ihren Ehemann geraten war, als potenzielle emotionale Ursache für deren problematisierten Verhaltens verwies, versuchte sie mitmenschliche Empathie für die diskreditierte Politikerin zu erzeugen und so das kursierende Feindbild abzuschwächen. In beiden Eingriffen in den „Fall Kopp" vergegenwärtigte Hersch schlüssig die indoktrinative Gefahr einer auf Vorurteilen basierenden massenmedialen Abqualifizierung einer Person für den Fortbestand eines Menschenrechten und demokratischen Prinzipien verpflichteten Staatswesens.

Darüber hinaus entfaltete sie in ihren Argumentationen kulturwissenschaftlich innovativ, inwiefern „Wirklichkeit" grundsätzlich durch menschliche Sinnstiftung konstruiert wird, „Wahrheiten" mithin Auslegungssache sind, die es immer wieder kritisch zu hinterfragen gilt, insbesondere wenn daraus Urteile über Menschen abgeleitet werden. Genau darin bestand das Fundament von Herschs Medien- und PUK-Kritik. Erstaunlicherweise konnten entsprechende Gedanken über den realitätsstiftenden Gehalt massenmedialer Erzeugnisse in den von Medienschaffenden hinterlassenen Quellen dieses Deutungskampfes kaum gefunden werden.[453] Im Gegenteil, wie oben dargelegt, beanspruchten einige der zeitgenössischen Akteure für sich explizit eine rein vermittelnde öffentliche Informationstätigkeit.

5. Sowohl die Skandalierenden als auch die Kopp-Verteidigenden verwiesen in ihren Darstellungen auf die staatserschütternde Di-

---

453 In ihrem differenzierten Teil über die Häufigkeit einzelner Themen beziehungsweise „Diskurse" in der Berichterstattung von Neuer Zürcher Zeitung, Tages-Anzeiger und Blick vermerken Ulbricht/ Wintsch, lediglich die Neue Zürcher Zeitung habe sich während des "Kopp-Skandals" über einen längeren Zeitraum immer wieder mit der Rolle der Massenmedien, ihren Aufgaben- und Kompetenzbereichen sowie mit journalistischer Ethik auseinandergesetzt. Im Tages-Anzeiger habe es am 15. Dezember 1989 einen kritischen Hintergrundartikel gegeben, ansonsten seien diesbezügliche Auseinandersetzungen dort „relativ spärlich gesäht". Ulbricht/Wintsch 1998, S. 206f, 219–221, auch S. 324–328.

mension des „Falls Kopp", so dass auf beiden Seiten das nationale Schweizbild betreffende Aussagen gemacht worden sind. Erstere beklagten einen massiven Glaubwürdigkeitsverlust staatlicher Behörden, die sie schlimmstenfalls mit wirtschaftskriminellen Kreisen paktieren sahen. Dabei stützten politische und ökonomische Strukturphänomene der Schweiz, etwa das Bankgeheimnis oder das damals fehlende Geldwäschereigesetz, samt deren negativen Konnotationen die in den Skandalnarrativen konstruierten besorgniserregenden Vorstellungswelten. Dementsprechend beklagten Medienvertretende nach dem Koppschen Freispruch durch das Bundesgericht, die „Weisswaschung" der ehemaligen EJPD-Chefin habe nur aufgrund einer generellen „Milde durch Rücksichtnahme auf Rang und Stand"[454] möglich werden können. Eine Kritik am Milizsystem implizierend, finden sich in jenen Medientexten tadelnde Benennungen wie „Klassenjustiz" oder Privilegienschutz gesellschaftlich Höhergestellter, weswegen sich für jene Skandalierenden mit dem Lausanner Urteil die Unglaubwürdigkeit nun auch der dritten Staatsgewalt, der unabhängigen Rechtsprechung, offenbart zu haben schien.

Für die Verteidigenden einer von der Skandalversion alternierenden Sichtweise manifestierte sich die nationale Dimension des „Falls Kopp" in einer offenkundigen Missachtung konkreter Wertideen, die für die Schweiz als rechtsstaatliche und humanistische Gemeinschaft auch damals konstitutiv gewesen sind. Insbesondere Medienschaffende standen dabei im Zentrum der Kritik, weil die von vielen betriebene, auf Gerüchten basierende Berichterstattung Zusammenhänge erheblich dramatisiert hatte. Die darin inszenierten perfide wirkenden Feindbilder, in einer massenmedialen Endlosschleife reproduziert, stifteten negative Emotionen wie Besorgnis und Entrüstung, die sich gemäss Anklage der Kopp-Verteidigenden auf das Handeln verschiedener Akteursgruppen (inklusive demjenigen von Mandatstragenden der Aufklärungsinstanzen in dieser Angelegenheit) auszuwirken vermochten. Darüber hinaus beanstandeten Skandalisierungskritiker, dass Verhältnismässigkeitsprinzip habe keine Geltung

---

454 Goldberger, Staatskrise, Volksrecht, 26. Februar 1990.

erfahren, indem ihrer Ansicht nach weder der enorme Untersuchungsaufwand noch das langwierige Sanktionierungsmass im Sinne einer moralischen Diskreditierung dem umstrittenen Verhalten Elisabeth Kopps angemessen gewesen seien.

Die indoktrinative Wirkungsmacht einseitiger Berichterstattung hervorhebend, pries somit Jeanne Hersch die grundlegende und damit verantwortungsvolle Rolle Medienschaffender in einer demokratischen Gesellschaft und leitete daraus die Forderung nach differenzierter Aufklärung und perspektivischem Pluralismus im Journalismus ab. Beides Prinzipien, die sie in der Skandalberichterstattung als massiv missachtet ansah. Abgesehen davon, dass durch die darin ausser Kraft gesetzte Maxime des Persönlichkeitsschutzes die menschenunwürdige Diffamierung des Ehepaars Kopp ermöglicht wurde, konterkarierten zahlreiche Medientexte den rechtsstaatlichen Grundsatz der Unschuldsvermutung. Nur weil vielfach im Vorhinein die Schuldigkeit des Bundesratsgatten unterstellt worden war, gelang es, wie Hersch plausibel argumentiert, Elisabeth Kopps problematisches Verhalten im Sinne einer böswilligen Begünstigung ihres Mannes zu interpretieren beziehungsweise zu kriminalisieren, demgegenüber aber ihre Erklärungen, die bezüglich des Ehepartners auf einer Unschuldsvermutung basierten, nicht gelten zu lassen. Des Weiteren brandmarkten die Kopp-Verteidigenden die „fürchterlichen Anklagen […] ohne Beweise" (Hersch) als Willkür und damit als rechtsstaatlich defizitär.

Darüber hinaus galten vielen die Stellungnahmen renommierter Rechtsvertreter angesichts deren symbolisch hoher Sprecherpositionen als prekäre und inakzeptable Zuständigkeitsüberschreitungen. Publizist Werner Furrer referiert in seinem Beitrag zum Deutungskampf Mängel am Zulassungsverfahren der Gerichtsverhandlung, die Elisabeth Kopps Anwalt, Peter Hafter, in seiner entsprechenden Rechtsschrift aufgeführt hatte. Darin wurde beispielsweise die Pressekonferenz des besonderen Vertreters des Bundesanwaltes, Hans Hungerbühler, als rechtsstaatlich bedenklich sowie als Verstoss gegen die Europäische Menschenrechtskonvention getadelt. Auch Strafrechtsprofessor

Jörg Rehberg stand mit seinen als Experte getätigten öffentlichen Stellungnahmen in der Kritik der Kopp-Verteidigenden. Seine im Endstadium des Prozesses gemachte Fernsehaussage über das zu fällende Urteil wurde als Versuch, manipulativ auf den richterlichen Beschluss einzuwirken, mithin als Verletzung juristischer Standesregeln gerügt. Seine öffentliche Reklamation des Koppschen Freispruchs, geäussert unmittelbar nach dem Gerichtsentscheid, ohne die schriftliche Urteilsbegründung abzuwarten, missbilligten viele erneut als ebenso unprofessionell wie unfundiert.

Jeanne Hersch verwies in ihrer zweiten Intervention schliesslich darauf, dass der despektierliche Umgang mit Elisabeth Kopp als weiblichem Mitglied der Landesregierung dem Postulat gesellschaftlicher Gleichstellung von Mann und Frau zuwider verlaufen sei. Davon ausgehend, dass mit keinem männlichen Bundesrat, dessen Ehefrau Karriere gemacht hätte, so verfahren worden wäre, wie mit der ersten Bundesrätin aufgrund der Stellung ihres Gatten, explizierte die Intellektuelle, künftig würden vermehrt beruflich erfolgreiche Frauen politische Ämter übernehmen oder professionell arrivierte Ehefrauen von Politikern sein. Um eine entsprechende Diskriminierung weiblicher Bundesräte künftig zu vermeiden, um sie ihren männlichen Kollegen, was den generellen Umgang mit ihnen betrifft, gleichzustellen, forderte Hersch gesetzliche Bestimmungen zur Problematik der Einflussdynamik gesellschaftlicher Netzwerke, in die auch die Rolle von jeweiligen Lebenspartnerinnen und Lebenspartnern von Mandatstragenden höherer Staatsämter berücksichtigt werden sollte.

6. Auf Basis einer Quelleninterpretation, die auf konstruierte Deutungsmuster und deren Wirkungsmacht fokussierte, konnten anhand des analytischen Begriffskonzepts der „Affäre" differenzierte Rückschlüsse über den „Fall Kopp" als historisches Kommunikationsphänomen gewonnen werden. Wie gezeigt wurde, lässt sich dieses keineswegs nur auf einen Skandal reduzieren, vielmehr entwickelte sich daraus eine komplexe Deutungskontroverse. Die vom Skandalnarrativ alternierende Auslegung proklamierte Elisabeth Kopp hinsichtlich der ihr von den Skan-

dalierenden angelasteten Verfehlungen samt unterstellter bös-
williger Handlungsmotive als zu unrecht geschädigt. Indes, im
zeitgenössischen Kontext war der Versuch der Kopp-Verteidigenden, den Skandal in eine Affäre zu überführen, bezogen auf die
öffentliche Resonanz, die ihrer Deutungsversion des Sachverhalts
entgegengebracht worden war, gescheitert. Ihre Auslegung, in der
Elisabeth Kopps umstrittenes Verhalten die Dramatik entzogen
und zugleich mögliche ihrer Handlungsmotive, perspektivisch
konträr, als harmlos und menschlich geschildert worden waren,
fand so gut wie keine Akzeptanz in den Massenmedien. Wurden
Elemente der Skandalnarrative durch den Einsatz behördlicher
Instanzen als rechtmässig anerkannt, fehlte den Argumentationen
der Verteidigenden Kopps die symbolische Legitimierung; ein
Defizit, das weder die hohe Reputation der Intellektuellen Hersch
noch der Freispruch vor dem Bundesgericht zu kompensieren
vermochten. Obgleich sie differenziert argumentierten und auf-
zeigten, inwiefern der Einzelfall im Skandalisierungsverlauf zu
einem Prinzipienfall wurde, der die Schweiz als Gemeinschaft
betraf, vermochten Hersch und ihre Mitstreitenden keine grössere
Anzahl Gleichgesinnter zu mobilisieren. Die Deutungshoheit
behielt die Skandalversion, in der der Sachverhalt weiterhin
individualisiert wurde, so dass Elisabeth Kopp noch Jahre danach
für viele als politisch und moralisch zu Recht beschuldigt galt.

7. Die mit dem PUK-EJPD-Bericht publik gewordenen „Fichen-
Funde" in der Bundesanwaltschaft schienen die Mitte Dezember
1988 ausgelöste administrative Vertrauenskrise im November
1989, wenngleich aufgrund eines thematisch anders gelagerten
Eklats, nochmals zu bekräftigen, so dass nun vermehrt von
einer „Staatskrise" die Rede war. Mochte die Sorge um die
Funktionstüchtigkeit der betroffenen staatlichen Institutionen
im zeitgenössischen Kontext aus Mangel an Transparenz und
Kenntnissen zunächst nachvollziehbar gewesen sein, so offenbarten die Ermittlungsergebnisse der Untersuchungsinstanzen,
dass die Behörden, im Hinblick auf den „Fall Kopp", grundsätzlich verfassungskonform funktioniert hatten. So gesehen
lässt sich, retrospektiv betrachtet, das damalige Vorhandensein
einer Staatskrise nicht bestätigen. Die durch den „Fall Kopp"

evozierte staatlich-institutionelle Vertrauenskrise jedoch war so massiv, dass sie 1989/90 vielseitigen politischen Protesten den emotionalen Antrieb bot.[455]

Die drastische Skandalisierung Elisabeth Kopps wurde in der vorliegenden Analyse entlang konkreter erkenntnisleitender Fragestellungen und auf Basis eines eingeschränkten Materialkorpus, das heisst vornehmlich anhand deutschsprachiger gedruckter Texte ergründet. Abgesehen davon, dass es wichtig wäre, den besagten Deutungskampf in der italienischen und der französischen Schweiz dezidiert zu betrachten sowie die in den Sprachregionen jeweils vorhandenen elektronischen Quellen auszuwerten, bleiben am Ende der obigen Abhandlung verschiedene Aspekte weiterhin rätselhaft: etwa die Problematik, warum nicht andere potenzielle Intellektuelle gegen die Diffamierung von Bundesrätin Kopp, deren sozialpsychologische Wirkungsmächtigkeit bereits damals nicht unbemerkt geblieben ist, protestiert haben oder wieso vielmehr die besagte öffentliche Diskriminierung ein solches Ausmass bereitwilliger Unterstützung gefunden hat. Diesbezüglich weiter geforscht, ermöglichte die konkrete historische Fragestellung, wer sich damals, warum wofür, engagiert beziehungsweise nicht engagiert hat, spannende Aufschlüsse über politische Interessen und entsprechende kommunikative Taktiken. Ebenso böten weiterführende Abklärungen hinsichtlich des Anteils, den Kopps Parteikollegium an der Demission der FDP-Ministerin gehabt hat, Einblicke in machtstrategische Kausalitäten. Genderperspektivisch gilt es darüber hinaus zu berücksichtigen, ob der Sturz der ersten Frau in der Schweizer Landesregierung geschlechtspezifisch motiviert gewesen ist.

Zur Beantwortung der Frage, wie eine solch einhellige Skandalisierung von einzelnen Persönlichkeiten damals in der massenmedialen Öffentlichkeit hat möglich werden können, verweist die Medienwissenschaftlerin Lucie Hauser hinsichtlich der „dichten und stark moralisch aufgeladenen Berichterstattung" im An-

---

455 Zum Umgang der Neuen Zürcher Zeitung, des Tages-Anzeigers und des Blick mit dem Begriff „Krise" vgl.: Ulbricht/Wintsch 1998, S. 316–320.

schluss an die Preisgabe des berüchtigten Koppschen Telefonats plausibel auf die veränderte „Sozialfigur" von Medienredakteuren am Ende der 1980er-Jahre.[456] Im Gegensatz zu den von der Parteipresse geprägten 1960 Jahren, stellten sie bereits damals nicht mehr „Meinungsmacher", sondern vielmehr „Themenmacher" dar. Nach Einführung des dualen Mediensystems waren Medienschaffende im Untersuchungszeitraum im gesteigerten Mass einer ökonomischen Logik verpflichtet, weswegen sie, vermehrt entkoppelt von einer politischen Logik, generell weniger intendierten, ihre Leserschaft hinsichtlich einer konkreten Position zu überzeugen als vielmehr über das absatzstärkste Thema den Umsatz zu maximieren. Der massenmediale Wettbewerb funktionierte mithin vermehrt nicht mehr über Meinungspluralität, sondern über Themeninszenierungen, und ein Skandal beinhaltet immer einen erhöhten Nachrichtenwert. Die zuvor zu beobachtende „klassische tripolare Skandalstruktur", bestehend aus Skandalierenden, Skandalmedien und Skandalierten, verkürzte sich vermehrt auf eine bipolare Skandalstruktur, in der die Skandalmedien selbst die Akteursrolle der Skandalierenden übernahmen. Die damit einhergehende Vergrösserung ihrer Definitionsmacht, pointiert Hauser, bedeute zugleich, dass Massenmedien den Grad der Skandalisierung selber festlegen könnten. Durch diese Mechanismen offenbarte sich bereits im Zeitkontext des „Falls Kopp" ein Rückgang kontroverser Stellungnahmen beziehungsweise ein relativ einheitlicher Medientenor, wobei die Selbstreferenzialität des Mediensystems nicht mehr zur argumentativen Abgrenzung vom Kontrahenten fungierte, sondern lediglich zur Abschätzung des Informationsstandes. So gesehen könnte der mit der Ökonomisierung des Mediensystems

---

456 Mediengeschichtlich lag der „Fall-Kopp" zeitlich zwar noch vor dem Durchbruch des Internets und der Etablierung der Sonntagspresse, aber bereits nach der Dualisierung des Rundfunks. Der Wettbewerbsdruck und damit die Boulevardisierung der Berichterstattung hatten sich bereits verstärkt; ein Wandlungsprozess öffentlicher Kommunikation, der sich in den Jahren danach weiter beschleunigte. Hierzu und zum Folgenden vgl. die medienwissenschaftlich differenzierten Ausführungen bei: Hauser 2010, S. 101, 112–114, 119f, 131–133.

„wegbrechende Meinungsstreit" zur Erklärung für die auffällig einstimmige Skandalberichterstattung, in der die alternierende Deutung des „Falls Kopp" so gut wie keine Beachtung gefunden hatte, herangezogen werden.

Die in dieser Untersuchung vorgenommenen sozialpsychologischen Argumentationen mögen, da ihnen stets etwas Hypothetisches anhaftet, Zweifel hervorrufen. Zu konstatieren gilt jedoch, dass in den betrachteten Presseartikeln der Skandalierenden imaginative Feindbilder über das Ehepaar Kopp produziert und verbreitet worden sind. Schliesslich konnten die den Beschuldigten darin vorgeworfenen kriminellen Handlungen nicht bewiesen werden. Es handelte sich um Spekulationen und Gerüchte. Entlang des Edelmanschen Ansatzes der emotiven Politikforschung haben Feindbilder jedoch handlungstheoretisch eine zentrale Funktion als politische Symbole, indem sie imaginativ Bedrohungsszenarien konstituierten, durch die negative Gefühle wie Ängste, Wut und Aggressionen hervorgerufen würden. Folgt man der psychologischen Vorurteilsforschung, dann entständen Feindbilder, gefasst als radikalisierte Stereotype zur kognitiven Ordnung der sozialen Welt, insbesondere in unübersichtlichen oder bedrohlichen Konstellationen, weil die ihnen eigene Simplifizierung komplexer Zusammenhänge der menschlichen Orientierung und Handlungsfähigkeit diene.[457] Erklärt werde eine komplexe Lage durch sie allerdings auf „kategorische Art", indem sie, überaus polarisierend, Sündenböcke als Verursacher von Schwierigkeiten festlegen und reziproke Wahrnehmungs- und Einfühlungsvorgänge mit den Betroffenen verunmöglichen würden. Damit werde die Gruppenkohäsion gestärkt und „der diffuse innere Angstdruck nach aussen verlegt".

Davon ausgehend, dass jene unbewusst wirkenden imaginativ-emotionalen Abläufe damals durchaus weitläufig sozialpsychologisch wirksam gewesen sein könnten, gilt es ebenso anzunehmen, dass bestimmte Akteure jene Umbruchskonstellation durchaus bewusst für ihre politischen Ziele zu instrumentalisieren wussten.

---

457 Hierzu und zum Folgenden: Spillmann/Spillmann 1989, S. 29–31.

Die Genese des Fichen-Skandals, im direkten Zusammenhang mit dem „Fall Kopp" stehend, lässt diese Schlüsse ebenso zu, wie die Politpropaganda des damaligen Präsidenten der Zürcher SVP, Christoph Blocher.

Während jener Monate aussen- und innenpolitischer Erschütterungen bediente sich Blocher rhetorisch zugunsten seiner Agitation gegenüber den in der Landesregierung vertretenen Parteien besagter sozialpsychologischer Mechanismen. Wie Frischknecht und Niggli analysieren, habe Blocher 1989 ein „ätzendes Sittenbild des bürgerlichen politischen Personals [entworfen], wie es die staatstragende Linke kaum je in dieser Schärfe formuliert hat".[458] Darin wurde Elisabeth Kopp einmal mehr zur negativen Symbolfigur herabgewürdigt. Eine von Blocher beklagte Orientierungslosigkeit der politischen Klasse in der Schweiz sei jahrelang durch unverbindliche Nettigkeit erfolgreich kaschiert worden, wofür die einstige „blinde Verherrlichung" Kopps, zuvor vermeintlich wider alle „sachlichen Einwände" zur Bundesrätin gewählt, Zeugnis ablege.[459] Die eigentliche Substanzlosigkeit der bürgerlichen Landeselite, generalisiert Blocher, die durch die Person der ehemaligen EJPD-Chefin versinnbildlicht werde, sei jedoch umso augenfälliger, nachdem die „Primaballerina" ihrer „Maske" entrissen worden sei.

Im Anschluss an das Quellenstudium bestätigt sich retrospektiv das von den Kopp-Verteidigenden an die heterogene Gruppe der Skandalierenden gerichtete Diktum der Unverhältnismässigkeit; dies im Hinblick auf das der Alt Bundesrätin angelastete Fehlverhalten gegenüber der ihr aufgebürdeten langwierigen Sanktionslast. Bleibt zu wünschen, dass es nach zweieinhalb Jahrzehnten möglich ist, besagte im kollektiven Gedächtnis der Schweiz teilweise noch immer vorhandenen Negativvorstellungen über das Ehepaar Kopp kritisch zu hinterfragen und der von der Skandalversion alternierenden Auslegung der Umstände, deren

---

458 Frischknecht/Niggli 1998, S. 53–57, hier: S. 53.

459 Hierzu und zum Folgenden: Christoph Blocher zit. n.: Frischknecht/Niggli 1998, S. 53f.

Logik augenfällig ist, Geltung zu verleihen. Menschlich betrachtet handelte es sich bei der Skandalisierung Elisabeth Kopps um eine trübe Episode der jüngeren Schweizer Politikgeschichte, die evident werden lässt, inwiefern in einer „Stimmungsdemokratie" dem Aufstieg einer Person des öffentlichen Lebens deren jäher Abstieg folgen kann.[460]

---

460   Altermatt 1991a, S. 600.

·

III. Ein „Stall des Augias"? Protest gegen den „Schnüffelstaat" Schweiz 1989/90

1. Spektakulär. Die Bundespressekonferenz vom 24. November 1989

Hell ausgeleuchtet war der Saal, in dem „Höhlenforscher" der PUK-EJPD ihre brisanten Befunde ans Licht der Öffentlichkeit brachten; erhoben in der so genannten „Dunkelkammer der Nation", der Bundesanwaltschaft, während ihrer umfangreichen Untersuchungen innerhalb des Eidgenössischen Justiz- und Polizeidepartements.[461] Mehrere Dutzend Journalistinnen und Journalisten sassen um eine hufeisenförmige Tischanordnung gruppiert, an deren Kopfseite in der Mitte PUK-Präsident und Nationalrat Moritz Leuenberger, die Vizepräsidentin und Ständerätin Josi Meier sowie Nationalrat Jean Guinand mit ernsten Mienen im Blitzlichtgewitter und vor den Mikrofonen darlegten, was anderntags in zahlreichen Presseorganen als schockierende Enthüllungen angeprangert werden sollte. Leuenberger, den Untersuchungsbericht in die Kameras haltend, gab bekannt, dass dieser am 22. November 1989 von der parteipolitisch heterogenen Gruppe der 14 Kommissionsmitglieder einstimmig und ohne Enthaltungen genehmigt worden sei. Er erläuterte wesentliche Resultate, wobei er der Anschaulichkeit halber einzelne Textpassagen vorlas. Rasch stellte sich für viele auch an den Fernseh- und Rundfunkgeräten Sitzende heraus: Was es unter dem in Beamtendeutsch verfassten Titel „Vorkommnisse im EJPD" zu lesen gab, entpuppte sich für sie als „Polit-Krimi" oder „Bundeshaus-Thriller".

Dementsprechend avancierte der Bericht in den folgenden Wochen, ganz ungewöhnlich für eine Bundesdrucksache, zum Bestseller,

---

461 Hierzu und zum Folgenden vgl.: Engler, Höhlenforscher, Weltwoche, 30. November1989, der Artikel enthält unter anderem ein Foto von der Pressekonferenz; „Ein Thriller namens PUK-Bericht", WochenZeitung, 1. Dezember 1989.

so dass er der Parlamentarischen Untersuchungskommission, in der Deutschschweiz unter dem Akronym PUK, schliesslich zu allgemeiner Anerkennung und Prominenz verholfen hat. War die Bundespressekonferenz aufgrund der als bedeutsam eingestuften PUK-Mission zur Aufklärung des „Falls Kopp" ohnehin mit Spannung erwartet worden und einer grossen Medienöffentlichkeit sicher, offenbarten sich die Untersuchungsergebnisse sowohl im quantitativen Ausmass der dargelegten Verfehlungen als auch in ihrer qualitativen Gestalt für viele als unerwartet und konsternierend. Denn die Brisanz des Offengelegten bestand in einer thematischen Schwerpunktverlagerung, die, als ungeheuerliche Wendung des eigentlich zu untersuchenden „Falls Kopp" deklariert, direkt einen neuen Sachverhalt auf die öffentliche Agenda der Eidgenossenschaft rief. Es ging um nichts weniger als um die Aufdeckung einer jahrelangen Verletzung elementarer verfassungsmässiger Bürgerrechte durch Beamte einer staatlichen Institution, so dass für viele die Glaubwürdigkeit des politischen Systems der Schweiz als Demokratie und Rechtsstaat auf dem Spiel stand. Was zahlreiche vor allem politisch links orientierte gesellschaftlich Aktive zuvor zumindest geahnt hatten, belegte der PUK-Bericht nun amtlich: die staatlich organisierte Observation von hunderttausenden politisch und sozial engagierten Bürgerinnen und Bürgern sowie von in der Schweiz lebenden Ausländerinnen und Ausländern.

Fortan an verkündeten die Skandalierenden, die Schweiz sei als „Schnüffelstaat" entlarvt, dessen „Dunkelkammer" es – metaphorisch übertragen in die mythologische Vorstellungswelt der vom Dreck überbordenden Ställe des griechischen Königs Augias – vollends „auszumisten" gelte. Den legendären Stoff aufgreifend, hatte Friedrich Dürrenmatt bereits 1954 nahezu prophetisch ein parodistisches Festspiel unter dem Titel „Herkules und der Stall des Augias" verfasst. Als antiheroische Groteske in der schweizerischen Bauernwelt angesiedelt, vermag darin jedoch der Held Herkules das im Mist versinkende Land sowohl aufgrund „der

Vorsicht und Traditionsgebundenheit seiner Bewohner" als auch wegen „der Langsamkeit der Kommissionen" am Schluss nicht zu retten.[462]

Wie kam es konkret zur sensationellen Aufdeckung der geheimen Staatsschutzpraktiken der politischen Polizei? Und wie gelang es, im Anschluss an die besagte Bundespressekonferenz eine Skandalisierung zu forcieren, die schliesslich in eine monatelange Protestbewegung überführt werden konnte? Welche Ziele sozialen Wandels verfolgten die Protestakteure? Die folgenden Abschnitte des vorliegenden dritten Kapitels sollen der Erkundung dieser Fragen nachgehen.

2. Die Parlamentarische Untersuchungskommission und die „Fichen-Funde". Skandalgenese

a) Nicht zufällig. Das Insistieren auf einen Kontrollausschuss der Volksvertretenden

Eine parlamentarische Untersuchungskommission im EJPD war nach dem Rücktritt der FDP-Bundesrätin Mitte Dezember 1988 keineswegs absehbar. Sie musste erkämpft werden. Initiiert von linken Nationalratsabgeordneten, stand die Forderung nach einer PUK-EJPD am Beginn dessen, was Paul Rechsteiner, damals junger SP-Nationalrat und Politstratege, retrospektiv als „zyklische" Entwicklung des Fichen-Skandals beschreibt, in deren „Frühphase" zentral gewesen sei, „was im Bundeshaus passiert ist".[463] Die durch den „Fall Kopp" evozierte „innenpolitische Erschütterungsphase [und eine damit einhergehende] Verunsicherung des Bürgertums" realisierend, hätten Abgeordnete linker Fraktionen die Situation bezüglich ihrer eigenen Interessen taktisch zu nutzen gewusst. Ihnen sei die Skandalisierung der Führung des Justiz- und Polizeidepartements als regelrechte Gunst der Stunde erschienen, bot sich ihnen doch endlich die unwiederbringliche

---

462 Pulver 1974, S. 267f.

463 Rechsteiner im Gespräch mit Liehr, 13. März 2008, Transkript, S. 2.

Gelegenheit, „die ganze Geschäftsführung des EJPD mit den Geheimbereichen mal zu untersuchen". Schliesslich vermuteten sie an diesem Ort bereits seit Jahren Registraturen über das Engagement linkspolitischer Aktivistinnen und Aktivsten. Immerhin hatte es unter ihren früheren politischen Weggefährten „mehrere Fälle von Berufsverboten" gegeben.[464] Diesbezüglich sei, betont Bodenmann, ein drängender Korrekturwunsch vorhanden gewesen.

Ein zweiter Motivations-„Strang" habe auf aussenpolitischer Ebene bestanden: Als für die Linke absehbar geworden war, dass das Sowjetsystem und die DDR implodieren würden, hätten seine ideologischen Kampfgefährtinnen und Kampfgefährten hinsichtlich der Realisierung des „real existierenden Sozialismus" als Staatssystem und Gesellschaftsform eigentlich eine „Fehleinschätzung" eingestehen müssen. In jenem historischen „Moment, wo der Bruch absolut sichtbar war, wo klar war: diese Modelle sind kläglich gescheitert", sei es somit, erläutert der SP-Politstratege, um die „Hegemonie in der Debatte" gegangen.[465] Einige wenige Parlamentsabgeordnete hätten die Möglichkeit erkannt, unter Umständen auf symbolischer Ebene sagen zu können: „Stasi ist gleich Bupo", weil an beiden Orten fichiert worden war, so dass die Linke sich als „Kraft, die das thematisiert,

---

464 Hierzu und zum Folgenden: Bodenmann im Gespräch mit Liehr, 16. Mai 2008, Transkript, S. 1f, 6. Wie Bodenmann ausführt, sei seinen Mitstreitenden und ihm, die aus Bewegungen links der SP stammten, immer klar gewesen, „permanent überwacht" worden zu sein. Es sei allen politisch Aktiven bekannt gewesen, dass es Fichen gebe und „dass das für viele Leute grosse Auswirkungen im Bezug auf die berufliche Laufbahn gehabt hat".

465 Hierzu und zum Folgenden: Bodenmann im Gespräch mit Liehr, 16. Mai 2008, Transkript, S. 2, 6f. Bodenmann legt dar, dass einigen seiner Mitstreitenden aus der SP und ihm bereits 1987 bei einem Besuch in Ungarn, wo man kommunistische Kaderleute getroffen habe, bewusst geworden sei: „Die Systeme sind am Ende!" Man habe das „gespürt", die hatten innerlich gekündigt, denen war bereits klar gewesen, dass sie implodieren. Insofern: ganz so überraschend kam das nicht." Als es dann aber tatsächlich geschah, sei man dennoch gezwungen gewesen, „nachzudenken, was das bedeute".

die für Offenheit ist", würde inszenieren können. Im Endeffekt sei es darum gegangen, dass der Niedergang des Ostblocks in der Schweiz nicht negativ mit der Linken, sondern gar mit der Rechten assoziiert werde.[466] Entsprechend motiviert, bereiteten sich gewisse linke Nationalratsabgeordnete auf eine Kontroverse mit den Spitzen der konkurrierenden Fraktionen um den Einsatz einer PUK-EJPD vor.

Diesbezüglich „erste Signale" habe es, gemäss Peter Amstutz, bereits am 16. Dezember 1988 gegeben, als Abgeordnete der sozialdemokratischen und grünen Fraktionen sich mit einem Brief an Nationalratspräsident Joseph Iten richteten.[467] Doch die Leitung der grossen Kammer sei noch am 29. Dezember 1988 nicht bereit gewesen, die Dimension einer „Ausserordentlichkeit der Verhältnisse", welche den Einsatz einer PUK bedingt, anzuerkennen. Erst nachdem die SP-Führung die Spitzen der Bundesratsparteien „an den Konferenztisch gezwungen" habe, seien die Weichen zur parlamentarischen Aufklärung der „Vorkommnisse im EJPD" gestellt worden.

In jener Frühphase zwischen Weihnachten und Neujahr 1988/89 war die „Geschichte dahinter" vornehmlich von Leuten wie André Daguet, damals Generalsekretär der SP, sowie Peter Bodenmann und Paul Rechsteiner, damals junge, engagierte Nationalräte, betrieben worden.[468] Die Formulierung des PUK-Auftrages als „kritischen Punkt" auffassend, habe man das Augenmerk „auf

---

466 Vgl.: Messerli 2001, S. 139. Nach eingehender Analyse kommt der Historiker zu dem Befund, die von ihm betrachteten „bürgerlichen Blätter taten sich [...] schwer damit, dass ausgerechnet in der Stunde des Triumphes über die zusammenbrechenden kommunistischen Polizeistaaten die als demokratisch-freiheitliches Vorzeigemodell geltende Schweiz beschuldigt wurde, selber ein Polizei- und Spitzelstaat zu sein". Teilweise hätten Kommentatoren die Kritik an den Staatsschutzpraktiken gar als ein „Vertuschungsmanöver" gefasst, mit dem die Linke vom Scheitern des Ostblocks abzulenken versuchte.

467 Hierzu und zum Folgenden: Amstutz, Gerangel, Basler Zeitung, 1. Februar 1989.

468 Rechsteiner im Gespräch mit Liehr, 13. März 2008, Transkript, S. 2f.

die richtige Definition des Mandates" gerichtet.[469] Es sei in der SP lange darüber diskutiert worden, „wie ein solches Mandat aussehen muss", damit die PUK innerhalb der Bundesanwaltschaft auch die Geheimbereiche untersuchen könne. Dafür war eine möglichst offene Formulierung der Order notwendig; zumal es für eine spätere Ausdehnung derselben eine Änderung des Beschlusses bedurft hätte, wofür wiederum ein Entscheid beider Räte erforderlich gewesen wäre.[470] Bei der diesbezüglich intensiven Diskussion unter Führungspersonen der Bundesratsparteien, zu der Bodenmann – obgleich noch ohne höheres Parteiamt, als Taktiker von der SP-Führung hinzugezogen worden war, habe man dann verhandelt.[471] Bodenmanns Erinnerung nach hätten die Vertretenden der CVP für ein engeres Mandat plädiert, während die FDP-Führung, aufgrund der eigenen Verwicklung in den „Fall Kopp" Zurückhaltung geübt und der SVP-Vertreter am Ende den breit angelegten Entwurf mehr oder weniger unterstützt habe.

Der in beiden Kammern mit eindeutigen Mehrheiten beschlossene Wortlaut der PUK-EJPD-Aufträge lautete:

---

469 Bodenmann im Gespräch mit Liehr, 16. Mai 2008, Transkript, S. 3.

470 Leuenberger an Liehr, 30. Mai 2008, S. 1.

471 Hierzu und zum Folgenden: Bodenmann im Gespräch mit Liehr, 16. Mai 2008, Transkript, S. 4. Wie Rechsteiner betont, habe insbesondere der damalige Präsident seiner Partei, Helmut Hubacher, von der „formellen Seite" her in dreierlei Weise eine zentrale Rolle gespielt. Seine „Positionsmacht" als Präsident der einzigen linken Partei in der Landesregierung nutzbar machend, sei er entscheidend für die Durchsetzung, erstens, der PUK, zweitens, des sozialdemokratischen Kommissionsvorsitzes und, drittens, des letztlich beschlossenen Untersuchungsauftrages mitverantwortlich gewesen. Doch auch „auf der technischen Ebene" habe es in der SP versierte Mitstreiter gegeben, die – wie beispielsweise Christof Steinlin – aufgrund von Erfahrungen mit kantonalen Untersuchungskommissionen gewusst hätten, worauf es sowohl bei der Formulierung des PUK-Mandates als auch bei der Hinzuziehung von fachkundigen Untersuchungsrichtern zugunsten einer profunden Durchführung ankomme. Rechsteiner im Gespräch mit Liehr, 13. März 2008, Transkript, S. 2f.

„1. Untersuchung der Amtsführung des Eidgenössischen Justiz- und Polizeidepartements und *insbesondere* derjenigen der Bundesanwaltschaft, *vor allem* zur Klärung der im Zusammenhang mit der Amtsführung und dem Rücktritt der Departementvorsteherin erhobenen Vorwürfe.[472]

2. Abklärung des Vorgehens der Bundesbehörden und Bundesstellen bei der Bekämpfung der Geldwäscherei und des internationalen Drogenhandels (Verfahrensablauf, Informationsflüsse, Zusammenarbeit mit den kantonalen und ausländischen Stellen, Erteilung von Aufenthaltsbewilligungen an Ausländer, Vorgehen im Vergleich zu anderen Fällen, usw.).

3. Die Kommissionen erstatten den beiden Räten Bericht über ihre Untersuchungen sowie über allfällige festgestellte Verantwortlichkeiten und institutionelle Mängel. Sie unterbreiten die nötigen Vorschläge für Massnahmen organisatorischer und rechtlicher Art.[473]

4. Die Kommissionen erstatten den beiden Räten für die Sommersession 1989 einen Bericht über den Stand ihrer Arbeiten."[474]

---

472 Kursivsetzung gemäss Liehr. Die kursiv gesetzten Adverbien verschaffen der entsprechenden Passage den Sinn einer relativen Unbeschränktheit hinsichtlich der Untersuchungstätigkeit. Vgl. auch: Lanz im Gespräch mit Liehr, 6. Mai 2008, Transkript, S. 11.

473 Im Mandat werden formell die jeweiligen Fraktionsvertretungen des Ständerates und des Nationalrates als getrennte Untersuchungsgremien angesprochen, weswegen von Kommissionen die Rede ist. Beide Untersuchungsausschüsse hatten sich jedoch sofort nach Amtsantritt unter der Gesamtleitung des SP-Nationalrates Moritz Leuenberger, als dessen Vize die CVP-Ständerätin Josi Meier amtete, zu einer Gesamtkommission zusammengeschlossen.

474 PUK-EJPD-Bericht, S. 1f.

Doch nicht nur ein „gutes Mandat", sondern auch „fähige Leute" innerhalb der PUK, haben einen zentralen „Mosaikstein" im Skandalverlauf dargestellt.[475]

b) Die parteitaktische Berufung des Kommissionspersonals

Noch bevor am 31. Januar 1989 im Rahmen von Sondersessionen sowohl im National- als auch im Ständerat über den Beschluss zur Einsetzung einer PUK-EJPD abgestimmt werden sollte, vermeldete Rolf Wespe im Tages-Anzeiger, es vollziehe sich „hinter den Kulissen" ein regelrechtes „Gerangel" um deren personelle Zusammensetzung, insbesondere jedoch um deren Vorsitz.[476]

Das Kontrollorgan PUK, geschaffen mit ausserordentlichen Kompetenzen zur temporären Abklärung kontroverser „Vorkommnisse von grosser Tragweite in der Bundesverwaltung [...] durch die Bundesversammlung",[477] war zuvor auf Bundesebene erst einmal zum Einsatz gekommen: 1964, allerdings noch ohne gesetzliches Reglement. Damals war es um die Ergründung eines Finanzierungsskandals im Eidgenössischen Militärdepartement

---

475 Bodenmann im Gespräch mit Liehr, 16. Mai 2008, Transkript, S. 4; Rechsteiner im Gespräch mit Liehr, 13. März 2008, Transkript, S. 3–5.

476 Wespe, Gerangel, Tages-Anzeiger, 26. Januar 1989; vgl. auch: Kompetenz, Sonntagszeitung, 29. Januar 1989; Amstutz, Gerangel, Basler Zeitung, 1. Februar 1989; Schindler, Ritual, Zofinger Tagblatt, 1. Februar 1989; Schnieper, Sternstunde, Luzerner Neuste Nachrichten, 1. Februar 1989. Im Nationalrat war der Beschluss am 31. Januar 1989 bereits mittags mit 176 zu 0 Stimmen angenommen worden, im Ständerat sodann mit 41 zu 1 Stimmen. Vgl.: U.M., Einsetzung, Neue Zürcher Zeitung, 31. Januar 1989; Parlamentarische Untersuchungskommission, Neue Zürcher Zeitung, 1. Februar 1989.

477 Geschäftsverkehrsgesetz (GVG), Art. 55, S. 124. Das GVG vom 23. März 1962 stellt in der Schweiz die juristische Geschäftsordnung für die parlamentarischen Körperschaften (Bundesversammlung, National- und Ständerat) dar. Die Artikel 55–65 zur Parlamentarischen Untersuchungskommission sind 1966 ergänzt und 1967 in Kraft gesetzt worden.

gegangen, der in einer massiven Budgetüberziehung bei der Beschaffung von „Mirage"-Kampfflugzeugen bestanden hatte.[478] Nachdem drei Mitglieder jener ersten PUK, Kurt Furgler als deren Präsident, Rudolf Gnägi und Pierre Graber, später zu Bundesräten avanciert waren, wurde Anfang 1989 wiederholt auf die Prestigeträchtigkeit einer entsprechenden Mitgliedschaft, vor allem des PUK-Vorsitzes verwiesen. Stand doch die PUK, als Instrument der Repräsentantinnen und Repräsentanten des Volkssouveräns zur Ermittlung herrschaftspolitischer Verstösse und eingesetzt nur in besonders schwerwiegend eingestuften Fällen, symbolisch für Aufklärung von Machtmissbrauch zur Rückgewinnung von Vertrauen der Bürgerinnen und Bürger in die staatlichen Institutionen.

Die symbolische Wirkungsmächtigkeit dieses Kontrollorgans lässt sich wie folgt beschreiben: Gelingt es den Mitgliedern einer PUK eklatante Missetaten staatlicher Akteure aufzudecken, wird dies generell als hoher Verdienst zugunsten des demokratischen Gemeinwohls anerkannt, was ihnen spezielle Wertschätzung, mithin einen hohen Reputationsgewinn sichert. Darüber hinaus beinhaltet das Präsidialamt einer solchen Kommission unter anderem die verantwortungsvolle Funktion, das ausdifferenzierte Meinungsspektrum der parteipolitisch heterogenen Mitgliedergruppe zugunsten einer effizienten Untersuchungstätigkeit in Einklang zu bringen.[479] Eine erwartungsgemäss anspruchsvolle Aufgabe, die, sofern sie gelingt, der entsprechenden Person zusätzliche Lorbeeren verschafft. Verläuft ihre Ermittlungstätigkeit

---

478   Zum Mirageskandal vgl.: Kolbe 1995.

479   Das vielseitige Aufgabenspektrum des PUK-Präsidenten beschreibt Moritz Leuenberger wie folgt: „Die Leitung der Sitzungen, die Leitung der Arbeiten des Sekretariates, Erarbeiten von Vorschlägen an die Kommission über die Schwerpunkte der Untersuchungen, Vorschläge über den Beizug von Experten [...], Vorschläge bei Verfahrens- und Vorgehensentscheiden. Ich war Ansprechperson für den Vertreter des BR und für Dritte ausserhalb der Sitzungen, Mitwirkung beim Formulieren des Schlussberichtes, mündliche Berichterstattung im NR, Pressekonferenzen (zusammen mit Vizepräsidentin und NR Guinand)." Leuenberger an Liehr, 30. Mai 2008, S. 1.

ertragreich, verzeichnen die PUK-Mitglieder eine doppelte Profilierung, erstens hinsichtlich einer Wiederherstellung der Glaubwürdigkeit staatlicher Institutionen, zweitens hinsichtlich ihrer persönlichen Aufstiegsoptionen. Bleibt ihr Untersuchungsvorhaben demgegenüber ertraglos, laufen sie ebenfalls in zweifacher Hinsicht Gefahr, erstens, ihre Aufklärungstätigkeit könnte in der Öffentlichkeit als gescheitert oder gar als unredlich diskreditiert werden. Dadurch würden sie dann, zweitens, nicht nur als PUK-, sondern auch als Parlamentsmitglieder in Misskredit fallen.[480]

Nationalrat Moritz Leuenberger, von der SP ins Rennen um die Kommissionsleitung geschickt, betonte dann auch im Tages-Anzeiger vom 26. Januar 1989, die Ausübung des besagten Präsidialamtes verheisse keineswegs nur Ehre, vielmehr gelte es sich bewusst zu machen, dass die Tätigkeit mit sehr viel Arbeit verbunden sei und auch zu einem „Schleudersitz" werden könne.[481] An anderer Stelle pointiert er, es sei verhängnisvoll, bereits im Vorhinein auf eine Skandalisierung aus zu sein und die Verwaltung als Feind anzusehen, weswegen er eine vorurteilslose Ermittlungstätigkeit der PUK fordere.[482] Es gelte lediglich zu ergründen, was an den in der Öffentlichkeit erhobenen Vorwürfen wahr und was unwahr sei. Sorgen bereiteten ihm die in den Medien verbreiteten Spekulationen, wonach sich Mafiosos bereits bis in die obersten Ebenen der staatlichen Verwaltung eingenistet hätten. Die Kommission könne diese Vorwürfe aber auch entkräften, worauf in der Öffentlichkeit voraussichtlich enttäuscht reagiert werden würde. Solche etwaig in den Medien proklamierten Gefühle von Frustration würden ihn ebenso be-

---

480 Vgl.: Stamm, Bewährung, Bund, 1. Februar 1989, wo der Journalist pointiert, „eine PUK, die an ihrem Auftrag scheitert, käme einer Bankrotterklärung des Milizparlaments gleich und würde das Vertrauen in die gewählten Behörden erst recht dahinschmelzen lassen".

481 Moritz Leuenberger gemäss Wespe, Gerangel, Tages-Anzeiger, 26. Januar 1989.

482 Hierzu und zum Folgenden: Samstagsrundschau, SR DRS1, 28. Januar 1989, Leuenberger gemäss zusammenfassendem Teiltranskript.

unruhigen, vermittelten sie doch ein fortwährendes Misstrauen in die Behörden. Um dieses auszuräumen, sei es wünschenswert, dass die PUK auf institutionelle Verfehlungen stiesse, damit sie, im Sinne eines Korrektursignals nach aussen, konkrete Empfehlungen zugunsten einer Verbesserung der angeprangerten Missstände abgeben und die Chance auf einen institutionellen Wandel markieren könne. Auch sei es gerade aufgrund der heterogenen Zusammensetzung der PUK wichtig, dass kritische Sachverhalte ermittelt würden, weil diese einen Konsens in der Schlussbewertung erleichterten.

Die damit angesprochenen, für das parlamentarische Inspektionsorgan unabdingbaren Eigenschaften, bei Streitfragen ausgleichend zu wirken und Kompromisse zu finden, wurden Moritz Leuenberger nicht nur innerhalb der SP zugesprochen. Im Nationalrat galt er zudem vielen als durchsetzungsfähig, weil er sich, bis dato ohne Verwaltungsratsmandate, beruflich als unabhängiger Anwalt sowie in der Richterwahlkommission profiliert hatte. Darüber hinaus war er Präsident der Geschäftsprüfungskommission, wobei er, in der EJPD-Sektion tätig, als versiert in PUK-relevanten Sachgebieten erschien, wie der internationalen Rechtshilfe und Geldwäscherei.[483] So vermeldete etwa FDP-Generalsekretär Christan Kauter während der öffentlichen Auseinandersetzungen der Regierungsparteien um den Kommissionsvorsitz: „Für uns ist ein PUK-Präsident Leuenberger ganz klar nicht ausgeschlossen."[484]

Auch die übrigen Fraktionsvertretungen des 14-köpfigen Kontrollausschusses mussten mit Bedacht ausgewählt werden. Für eine

---

483 Vgl.: Wespe, Gerangel, Tages-Anzeiger, 26. Januar 1989; vgl. Leuenberger an Liehr, 30. Mai 2008, S. 1.

484 Christian Kauter zit. n.: Lehmann, SP-Nationalrat, Sonntagszeitung, 29. Januar 1989. Dieser offiziellen Verlautbarung waren aus CVP- und FDP-Kreisen offenbar Gerüchte vorausgegangen, in besagten Parteien wolle man vermeiden, dass sich die SP „als Saubermacher der Nation profilieren" und „beim grossen Aufräumen" mehr entdecken könne als der „Fall Kopp" tatsächlich hergebe. Wespe, Startschwierigkeiten, Tages-Anzeiger, 1. Februar 1989.

Nominierung der jeweiligen Partei kamen Parlamentarierinnen und Parlamentarier in Frage, die, wie Leuenberger auch, bestimmten Kriterien entsprachen beziehungsweise ein gewisses „Rüstzeug" mitbrachten.[485] Abgesehen von einer grundsätzlichen Unabhängigkeit von privatwirtschaftlichen Interessen, waren juristische Fachkenntnisse vorteilhaft, insbesondere in staatsrechtlichen Verwaltungsfragen. Zudem erschien es sinnvoll, wenn jemand bereits in einer Geschäftsprüfungskommission oder in einer besonderen Untersuchungskommission auf kantonaler Ebene tätig gewesen war und damit Erfahrungen bezüglich entsprechender Ermittlungsaufgaben gesammelt hatte. Insgesamt wurden von den Fraktionen Abgeordnete aufgestellt, „denen man zutraute, dass sie diese Prüfungen unvoreingenommen und objektiv vornehmen würden". Da es sich um eine Gemeinschaftskommission sowohl des National- als auch des Ständerates handelte, bestimmten letztlich die Leitungsgremien beider Kammern beziehungsweise beide Ratsbüros auf Basis der Fraktionsnominierungen die Mitglieder der PUK, wobei die Anzahl der jeweiligen Fraktionsvertretenden normalerweise nach einem Verteilungsschlüssel entlang der jeweiligen Mandatsstärke in den Parlamenten vorgegeben war.[486] Weil die Mission der Kommission staatspolitisch jedoch von besonderer Brisanz erschien, wurde auch kleineren Parteien, wie etwa dem Landesring der Unabhängigen (LdU), eine Vertretung ermöglicht, so dass auf Ebene des Nationalrates schliesslich ein Spektrum von sieben verschiedenen politischen Gruppierungen mit jeweils einem Sitz repräsentiert wurde.[487]

---

485   Hierzu und zum Folgenden vgl.: Rhinow im Gespräch mit Liehr, 10. Juni 2008, Transkript, S. 1f.

486   Hierzu und zum Folgenden vgl.: Bär im Gespräch mit Liehr, 28. März 2008, Transkript, S. 2–4.

487   Hinsichtlich der Kommissionsbesetzung kam zum Aspekt „parteitaktischer Manöver" bei der Sitzverteilung die Schwierigkeit hinzu, einen „Ausgleich zwischen Ständerat und Nationalrat, Männer und Frauen und Landesregionen" zu erzielen. Wespe, Startschwierigkeiten, Tages-Anzeiger, 1. Februar 1989. Gleichberechtigt mit jeweils sieben Sitzen pro Kammer wurde die PUK-EJPD schliesslich

Nun waren zugunsten einer sorgfältigen Umsetzung des PUK-Auftrages nicht nur die offiziellen Kommissionsmitglieder von Bedeutung. Diese benötigten vielmehr tatkräftige Unterstützung durch ein ebenso fachkundiges wie vertrauenswürdiges „Bodenpersonal".[488] Christoph Lanz etwa, späterer Generalsekretär der Bundesversammlung, wurde damals zum wissenschaftlichen Kommissionssekretär ernannt, eine Funktion, die er gemeinsam mit Brigitta Gadient ausgeführt hat, die später Nationalrätin der Schweizerischen Volkspartei (SVP) wurde. Darüber hinaus mussten für die Dokumentation der zahlreichen Sitzungen und Befragungen zwei Protokollführende beauftragt werden, wobei die Unterlagen, das Computerzeitalter befand sich noch im Anfangsstadium, auf elektrischen Schreibmaschinen erstellt wurden. Eine administrative Sekretärin hatte zudem Einladungen zu verschicken sowie Räumlichkeiten zu reservieren. Alle Personen, die irgendwelche Dienstleistungen zuhanden der PUK erbrachten, unterlagen dem Amtsgeheimnis, wobei jene, die besonders aufwendige Funktionen innehatten, vorübergehend von ihren regulären beruflichen Ämtern entbunden worden waren, um sich ganz auf ihre Kommissionstätigkeit konzentrieren zu können.

Als parlamentarische Kommission Untersuchungsrechte innehabend, die nahe an jene eines Gerichts heranreichen, sind PUK-Mitglieder zudem befugt, zugunsten einer professionellen Ermittlungstätigkeit Personal mit strafjuristischem „Know-How" anzustellen. Es waren die beiden Untersuchungsrichter Alexander Tschäppät, damals Gerichtspräsident in Bern, und Niklaus Oberholzer, damals Untersuchungsrichter in St. Gallen, die als

---

mit folgenden Abgeordneten besetzt: aus dem Nationalrat – Moritz Leuenberger (SP, Präsident), Rosmarie Bär (Grüne), Rolf Engler (CVP), Jean Guinand (Liberale), Paul Günter (LdU), Gilles Petitpierre (FDP), Rudolf Reichling (SVP); aus dem Ständerat – Josi Meier (CVP, Vizepräsidentin), Esther Bührer (SP), Anton Cottier (CVP), Thomas Onken (SP), René Rhinow (FDP), Ernst Rüesch (FDP), Ulrich Zimmerli (SVP). PUK-EJPD-Bericht, S. 1.

488   Hierzu und zum Folgenden: Lanz im Gespräch mit Liehr, 6. Mai 2008, Transkript, S. 6f. Vgl. auch: PUK-EJPD-Bericht, S. 4.

entsprechende Experten berufen worden sind. Worin lag ihr Einfluss auf die PUK-Tätigkeit?

Grundsätzlich hatten die Untersuchungsrichter konzeptionelle Arbeit zu leisten.[489] Gemäss Oberholzer habe die Herausforderung darin bestanden, innerhalb bestimmter Sachzusammenhänge, etwa der internationalen Rechtshilfe oder Drogenbekämpfung, und den jeweiligen administrativen Abläufen in den zu inspizierenden Abteilungen des EJPDs, die für nahezu alle ermittelnden Personen eher ungeläufig gewesen seien, effiziente Problemfelder für die Untersuchung heraus zu kristallisieren. Parallel galt es zu überlegen, welche Ziele in einer bestimmten Ermittlungsphase anstünden, welche Abklärungen dafür zu tätigen und auf welche Weise wichtige Informationen zu erlangen waren. Es ging darum, „mit relativ wenig Wissen um interne Vorgänge, eben doch den Versuch zu unternehmen, überhaupt die richtigen Fragen zu stellen". Intendierte man zunächst, generell zu erkunden, wie Organisationsstrukturen verliefen und Handlungsabläufe vollzogen wurden, konnten anschliessend konkrete Faktenkontexte ergründet werden.

Beide Untersuchungsrichter brachten wertvolle berufliche Erfahrungen im Bereich der Strafverfolgung mit, sie wussten, „wie eine Polizei funktioniert" und vermochten relativ schnell das notwendige Gespür zur pragmatischen Sondierung von Hinweisen ebenso wie zur Einschätzung von Äusserungen zu entwickeln. Geleitet von Intuition und Neugierde, wurde den zunächst unüberschaubaren Anhaltspunkten jeweils mit Arbeitshypothesen begegnet, die es möglichst rasch zu verifizieren oder zu falsifizieren galt. Dabei habe Berns späterer Stadtpräsident Tschäppät, gemäss der Erinnerung Oberholzers, aufgrund seiner extrovertiert-kommunikativen Art „Türen geöffnet", wenn es, wie so oft, darum gegangen sei, Abklärungen zu treffen oder überhaupt ein Ermittlungsklima herzustellen. Oberholzer dagegen habe als „der stille Hintergrundarbeiter" fungiert, der sorgfältig

---

489 Hierzu und zum Folgenden: Oberholzer im Gespräch mit Liehr, 9. Juni 2008, Transkript, S. 3–6.

Aktennotizen machte und die zu stellenden Fragen konzeptualisierte. So gesehen hätten sich beide Untersuchungsrichter
bezüglich ihrer Aufgabenteilung „bestens ergänzt".

Fragt man, warum ausgerechnet Tschäppät und Oberholzer für
die entsprechende PUK-Tätigkeit vorgeschlagen worden waren,
erscheinen folgende Antworten plausibel: Abgesehen davon,
dass beide renommierte Strafjuristen waren, die formal ihr
Handwerk beherrschten, sei für die SP-Politstrategen Rechsteiner
und Bodenmann entscheidend gewesen, für diese einflussreiche
Aufgabe Personen einzustellen, die die „richtigen" Fragen zu
stellen, die „richtigen" Dokumente zu verlangen wussten.[490]
Alexander Tschäppät hatte sich bereits durch sein Engagement
in der Administrativuntersuchung Arthur Haefligers eine vertiefte Sachkenntnis in den „Fall Kopp" verschafft, von der die
PUK-Arbeit profitieren konnte und sollte. Davon ausgehend,
dass die wertideelle Standortgebundenheit von Forschenden
stets erkenntnisleitend ist, war die politische Orientierung beider
Untersuchungsrichter keineswegs unerheblich für deren PUK-
Ermittlungen. So betrachteten beide den Erkundungskomplex
aus einer sozialdemokratischen Perspektive. Oberholzer war von
sozialdemokratischen Abgeordneten für die verantwortungsvolle
Position vorgeschlagen worden, weil er eine linke „politische
Vergangenheit" gehabt habe, in deren Verlauf die Gründung
einer Organisation kritischer Rechtsvertretenden, den „Demokratischen Juristinnen und Juristen der Schweiz" (DJS),[491] einen
elementaren Meilenstein dargestellte. Ein Umstand, der sich

---

490 Hierzu und zum Folgenden vgl.: Bodenmann im Gespräch mit Liehr,
     16. Mai 2008, Transkript, S. 4; Rechsteiner im Gespräch mit Liehr,
     13. März 2008, Transkript, S. 4.

491 Gemäss offizieller Homepage der „Demokratischen Juristinnen und
     Juristen der Schweiz" bestehe die Intention der Mitte der 1970er-Jahre
     gegründeten Vereinigung „in der Demokratisierung von Recht und
     Gesellschaft sowie dem Ausbau [...] des Rechtsschutzes". DJS, Online,
     1. April 2011.

bei den Recherchen innerhalb der politischen Polizei zugunsten linker Ambitionen ausgewirkt hat.[492]

c) Wie im Krimi. Zur Untersuchungstätigkeit der Abgeordneten

Allerdings standen die Fichen zunächst nicht im Visier der Kommission. Aufgrund zahlreicher Vermutungen im Zusammenhang mit dem Rücktritt der ersten Bundesrätin bestanden vielmehr „effektive Befürchtungen, [...] bedrohliche Kanäle des organisierten Verbrechens [reichten] bis in den Bundesrat" hinein, weswegen hohe Sicherheitsvorkehrungen getroffen worden waren.[493] Einige PUK-Mitglieder waren anfangs gar besorgt, die Besprechungsräume der Kommission im Bundeshaus seien verwanzt, weil die „wahnsinnigsten Mitteilungen von überall her" kamen, insbesondere bezüglich vermeintlicher Verstrickungen des EJPD mit der Mafia.[494] Das führte dazu, dass Sitzungen und Anhörungen von Zeugen an immer wechselnden Orten ausserhalb des Bundeshauses stattfanden. Etwas später wurde, separiert in einen Flügel „irgendwo im Dach" mit Oberlicht und Panzerglas, erreichbar nur durch eine Spezialtür mit Sicherheitscode und Alarmanlage, ein Arbeitsraum für die PUK-Mitglieder eingerichtet. Trotz des offenkundigen Geheimhaltungsgebots immer wieder belagert von Medienleuten, wurde bald entschieden, nur das Aktenstudium im Bundeshaus vorzunehmen, aber stets an wechselnden Orten zu tagen und Vernehmungen durchzuführen. Selbst die Einladungen sind aus Vorsicht lediglich kurz vor dem jeweiligen Termin verschickt worden, wobei alle an die Mitarbeitenden gerichteten Dokumente personenspezifisch gekennzeichnet waren, um einem

---

492 Rechsteiner im Gespräch mit Liehr, 13. März 2008, Transkript, S. 4. Vgl. hierzu ausführlich: Oberholzer im Gespräch mit Liehr, 9. Juni 2008, Transkript, S. 6–8.

493 Lanz im Gespräch mit Liehr, 6. Mai 2008, Transkript, S. 10. Zum Gebot der Vertraulichkeit vgl.: PUK-EJPD-Bericht, S. 5f.

494 Hierzu und zum Folgenden: Bär im Gespräch mit Liehr, 28. März 2008, Transkript, S. 4–6,14f.

eventuellen Informationsleck leichter auf die Schliche zu kommen. Allein ein solcher Rahmen habe, erinnert sich Rosmarie Bär, eine Atmosphäre „wie im Krimi" vermittelt. Vor allem die absolute Schweigepflicht habe auf sie belastend gewirkt. Medienschaffende hätten teilweise nicht davor zurückgeschreckt, sie „anzuzapfen", indem sie, stets auf der Suche nach einer Exklusivgeschichte, abends privat bei ihr anriefen, um sie zum Sprechen zu verleiten. Ein solcher Druck sei auch von Seiten der Informanten ausgeübt worden. So habe man zwischendurch angenommen, bei ihr zu Hause seien Wanzen installiert, weswegen ihre Bücherregale mit entsprechenden Suchgeräten inspiziert wurden, während sich Bär mit einem Bundespolizisten im Nachbardorf habe treffen müssen. Darüber hinaus sei die grüne Nationalrätin auch nachts von anonymen Drohanrufen geplagt worden und habe eine Zeit lang ihre Post im Bundeshaus erst nach einem Sicherheitscheck öffnen können. Darauf verweisend, dass jedes PUK-Mitglied die atmosphärische Drangsal jener Monate subjektiv wahrgenommen habe, besinnt sich FDP-Ständerat René Rhinow, ihm sei vor allem problematisch erschienen, dass er sich während der Untersuchungen mit ihm vertrauten Personen aus seiner Fraktion nicht mehr habe austauschen dürfen.[495]

Bezüglich der Arbeitsweise in der PUK hebt Paul Günter, damals LdU-Vertreter in der Kommission, hervor, es habe „unglaublich viel zu tun" gegeben.[496] Allein die Hinweise „dieser relativ ausfernden Geschichte", darunter „ganz merkwürdige Konstruktionen", hätten einen Ordner gefüllt. Hinzu kamen, „fast unüberwindlich" für die PUK, internationale Rechtsverträge, welche die Recherchearbeit offenbar massiv erschwerten[497] – bis

---

495 Rhinow im Gespräch mit Liehr, 10. Juni 2008, Transkript, S. 7f.

496 Hierzu und zum Folgenden: Günter im Gespräch mit Liehr, 18. Februar 2008, Transkript, S. 3, 10f.

497 Die Anfangsphase der Untersuchungen habe sich durch zeitraubende Abklärungen mit dem Bundesrat, der Verwaltung sowie kantonalen oder ausländischen Behörden als „schwerfällig" erwiesen. Zu das Verfahren erschwerenden Aspekten, wie etwa die Problematik des Amtsgeheimnisses befragter Beamter, die Herausgabe von Amtsakten

schliesslich stapelweise Akten, teilweise auf Paletten, in den PUK-Saal des Bundeshauses gebracht werden mussten.

Während zunächst das vielschichtige und weit verzweigte Problemfeld um den Rücktritt Elisabeth Kopps das zentrale Ermittlungsthema darstellte, sei eine vertiefte Untersuchung der Geschäftsführung des EJPDs erst Monate später auf die Agenda der PUK gelangt.[498] Dabei habe es, erinnert sich Oberholzer seines damaligen Eindruckes, innerhalb der parteipolitisch heterogen zusammengesetzten Kommission zunächst, das heisst bis zu jenem „ominösen Septembertag", trotz des geläufigen Wissens um die Datensammlungen, insgesamt „eine große Zurückhaltung" gegeben, die Registraturen faktisch zu inspizieren. Da die Bundesanwaltschaft in die Geldwäschereiproblematik verwickelt war, kam es dann jedoch im Spätsommer zu einer ganztägigen Besichtigung des Behördenkomplexes der Berner Taubenstrasse 16.[499] Ein für die Kommissionstätigkeit fundamentaler Einschnitt: Denn von da an waren hinsichtlich der PUK-Ermittlungen „die Weichen anders gestellt", und es entfaltete sich eine Dynamik, die offenbar „am Anfang überhaupt nicht voraussehbar"[500] gewesen ist.

Mit dem Anliegen, sich vor Ort auch darüber orientieren zu lassen, wie die politische Polizei ihren Aufgaben nachging,

---

oder die Einbindung anderer Institutionen, geschweige denn ausländischer Behörden usf. siehe: PUK-EJPD-Bericht, S. 7–18.

498 Hierzu und zum Folgenden: Oberholzer im Gespräch mit Liehr, 9. Juni 2008, Transkript, S. 8f, 11.

499 An welchem Tag genau die Besichtigung der Bundesanwaltschaft beziehungsweise die Inspektion der bundespolizeilichen Registraturen stattgefunden hat, konnten die Befragten im Gespräch nicht mehr eindeutig rekapitulieren. In den jeweiligen Transkripten finden sich diesbezüglich folgende Angaben, die aber durchaus kompatibel sind: Günter (S. 5) spricht von der „zweiten Hälfte der Kommissionssitzungen"; Bär (S. 6) vermerkt „Sommer/Herbst" 1989; Oberholzer erinnert sich (S. 8), es habe sich konkret um den 11. oder 13. September 1989 gehandelt.

500 Lanz im Gespräch mit Liehr, 6. Mai 2008, Transkript, S. 10.

fanden sich Kommissionsmitglieder und Untersuchungsrichter irgendwann an jenem Tag zwecks eines Informationsvortrages in einem hell erleuchteten Saal wieder. Auf dem Weg dorthin habe man Sicherheitsschleusen durchqueren müssen, auch seien alle Rollläden heruntergelassen gewesen:[501] „Alles, was sie uns gezeigt haben", vergegenwärtigt Bär, „war von aussen abgeschirmt". Es sei „ein irrsinnig grosser Raum" gewesen, in dem, durchaus unspektakulär, „ganz normale Registraturkästen" mit Schubladen gestanden haben. Inmitten dieser höheren, grauen Metallschränke habe man den Ausführungen eines Beamten, „mit relativ viel technokratischem und technischem Gehalt",[502] gefolgt und realisiert: „Jetzt stehen wir in der Dunkelkammer!"[503] Bär und Günter waren die ersten, die sich mit dem Gehörten nicht zufrieden gaben, an die Kästen gingen, Schubläden aufzogen und, die soeben erfahrene Kenntnis von der alphabetischen Anordnung der Fichen anwendend, unter dem Anfangsbuchstaben ihres Nachnamens nachschauten. Es sei, hebt Günter hervor, „ein ganz grosses Verdienst" Rosmarie Bärs gewesen, während die meisten anderen ihre Aufmerksamkeit noch auf den Vortragenden gerichtet hätten, ausgerufen zu haben: „Kommt mal schauen! Das ist ja der helle Wahnsinn, was die da aufgeschrieben haben!"[504] Im Nachhinein sei der besagte Ausstoss ihr selbst regelrecht unhöflich erschienen, gesteht Bär ein, zumal, beschreibt wiederum Günter bildhaft, die anderen, von der Kollegin alarmiert, „allmählich weg diffundiert" seien. Solche Umstände „überhaupt nicht gewohnt", habe der verstörte Beamte, „etwas zögerlich" mit seinem Referat fortfahrend, nicht gewusst, wie er reagieren solle. Schliesslich habe er „keine Möglichkeit [gehabt], uns zu bremsen". Am Ende hätten lediglich Leuenberger und Oberholzer noch da gestan-

---

501 Hierzu und zum Folgenden: Bär im Gespräch mit Liehr, 28. März 2008, Transkript, S. 6.

502 Oberholzer im Gespräch mit Liehr, 9. Juni 2008, Transkript, S. 9.

503 Hierzu und zum Folgenden: Bär im Gespräch mit Liehr, 28. März 2008, Transkript, S. 7.

504 Rosmarie Bär zit. n.: Günter im Gespräch mit Liehr, 18. Februar 2008, Transkript, S. 5.

den, alle anderen seien „einfach ausgeschwärmt".[505] Er habe, besinnt sich der besagte Untersuchungsrichter, zunächst „mal dem Treiben zugeschaut", weil bis zu jenem Zeitpunkt „nicht ansatzweise voraussehbar" gewesen sei, inwiefern im Bericht die Bundesanwaltschaft thematisiert werden, geschweige denn, ob es überhaupt zur Akteneinsicht kommen würde. Es sei damals, für alle überraschend, eine „perplexe Situation" eingetreten.[506]

„Ziemlich lange" habe eine grosse Konsternation vorgeherrscht, zumal auch bürgerliche PUK-Mitglieder rasch Entsetzen signalisiert hätten.[507] Selbst Konservativen „vom alten Schrot und Korn" wie Ernst Rüesch oder gar Gilles Petitpierre, habe es – beim Anblick etwa der Fiche des einstigen Bundesrats Max Petitpierre, der von Dezember 1944 bis Januar 1961 renommiertes Mitglied der Landesregierung gewesen war – regelrecht „den Atem verschlagen".[508] Die Fiche von FDP-Parteikollege Rhinow sei, wenngleich „relativ harmlos", Ende der 1970er-Jahre irgendwann nicht mehr weitergeführt worden, worin jedoch „ein ganz grosser Kritikpunkt" bestanden habe: die Konzeptlosigkeit der Observationen.[509] Ohne konkrete Kriterien entlang einer definierten Bedrohungslage zu fichieren, beanstandet Rhinow, sei rechtstaatlich „unhaltbar". Die allerlei „Humbug" enthaltenden Registraturen hätten auch bei ihm einen „in sich nicht kohärenten oder fast zufälligen" Eindruck hinterlassen, so dass ihm sofort klar gewesen sei: „Das ist wirklich unglaublich, was da steht!" Generell, bilanziert Bär, sei man sich bereits in jener Situation einig gewesen: „Es ist eigentlich schlimmer, als

---

505 Bär im Gespräch mit Liehr, 28. März 2008, Transkript, S. 7; Günter im Gespräch mit Liehr, 18. Februar 2008, Transkript, S. 5, 7f.

506 Oberholzer im Gespräch mit Liehr, 9. Juni 2008, Transkript, S. 10f.

507 Hierzu und zum Folgenden: Günter im Gespräch mit Liehr, 18. Februar 2008, Transkript, S. 6f.

508 Bär im Gespräch mit Liehr, 28. März 2008, Transkript, S. 7.

509 Hierzu und zum Folgenden: Rhinow im Gespräch mit Liehr, 10. Juni 2008, Transkript, S. 9.

wir immer gedacht oder gesagt haben!"[510] Der Bann, sich mit den Fichen auseinanderzusetzen, war nun auch von bürgerlicher Seite her gebrochen, und die Subkommission „Registraturen der Bundesanwaltschaft" wurde gegründet. Tagelang „in diesem abgeschotteten Dachstock" verbringend, hätten sich die zuständigen PUK-Mitglieder in die umstrittenen Dokumente „hineingekniet" und, aufgrund des Kopierverbotes, „einfach stundenlang Blätter voll geschrieben".

Waren die Fragwürdigkeiten hinsichtlich des Rücktritts Elisabeth Kopps dank der administrativen Untersuchung Arthur Haefligers, über die ein Abschlussbericht vorlag, „zu einem erheblichen Teil bereinigt", verhiess die nun anstehende Inspektion der umstrittenen Registraturen der politischen Polizei angesichts des fortgeschrittenen Ermittlungszeitraumes der PUK eine weitere methodische Schwierigkeit. Aufgrund der enormen Anzahl vorliegender Einzelkarteien, wie erwähnt ging es insgesamt um ca. 900 000 Fichen, war eine lediglich stichprobenartige Erhebung des Untersuchungskorpus nicht zu vermeiden, zumal die PUK personell kaum über Ressourcen verfügte.[511] Es habe sich, resümiert Oberholzer, um einen chaotischen Zustand gehandelt, den die Kommission „in dieser kurzen Zeit mit dieser Miniausstattung" habe bewerkstelligen müssen. Die Recherchiermethode habe letztlich in einer Kombination aus einer „gewissen Systematik" (etwa bezüglich der Betrachtung politischer Organisationen), konkreten Ersuchen von PUK-Mitgliedern sowie Zufällen (aufgrund von Hinweisen) bestanden.[512]

---

510 Hierzu und zum Folgenden: Bär im Gespräch mit Liehr, 28. März 2008, Transkript, S. 7f.

511 Hierzu und zum Folgenden: Oberholzer im Gespräch mit Liehr, 9. Juni 2008, Transkript, S. 12–14. Gemäss Oberholzer habe sein Kollege Tschäppät in jenen Monaten, trotz seiner PUK-Tätigkeit weiter als Untersuchungsrichter in Bern gewirkt und er selbst mittwochs Vorlesungen in St. Gallen gehalten.

512 In diesem Kontext wurden dann die Kenntnisse, die Oberholzer durch sein Engagement bei den „Demokratischen Juristinnen und Juristen der Schweiz" erworben hatte, zugunsten linkspolitischer Aspirationen bei der Durchleuchtung der „Dunkelkammer" zweckdienlich. So

Genau dieses Vorgehen jedoch habe, laut dem bürgerlichen PUK-Mitglied Rhinow, ein Relativierungsproblem impliziert, über das teilweise heftig gestritten worden sei.[513] Sich bereits damals des Eindruckes nicht erwehren könnend, dass für einige Personen innerhalb der PUK die Bundesanwaltschaft als solche ein „verdächtiges Instrument" dargestellt habe, „Vorbereitungsarbeiten schon unter einer gewissen, einer geprägten Optik stattfanden", Aussagen mithin unter „einem bestimmten Blickwinkel geformt oder wahrgenommen" worden seien, habe Rhinow innerhalb der Kommission Wertungen angemahnt, die aus selektiv gefilterten Ermittlungsergebnissen resultierten. Sein bereits damals vertretendes Credo habe gelautet, man könne auf Basis etwa zwei Dutzend Fälle zweifellos kritikwürdiger Überwachungen linkspolitisch Engagierter „beim besten Willen nicht auf hunderttausend Linke schliessen" beziehungsweise von einer systematischen Überwachung ihresgleichen sprechen.[514]

---

habe der Untersuchungsrichter, schildert Rechsteiner, „anhand von Geschichten", die ihm bekannt gewesen seien, konkrete Überprüfungen vornehmen und die Aussagen auf den jeweiligen Fichen mit seinem Wissen über den entsprechenden Fall abgleichen können. Rechsteiner im Gespräch mit Liehr, 13. März 2008, Transkript, S. 4.

513 Hierzu und zum Folgenden: Rhinow im Gespräch mit Liehr, 10. Juni 2008, Transkript, S. 2, 4f, 7.

514 Die PUK als „Plenarkomission" trat im für sie veranschlagten Ermittlungszeitraum vom 1. Februar bis 22. November 1989 35mal zusammen, darüber hinaus tagten die Subkommissionen und Unterausschüsse in 41 Sitzungen. 107 Personen wurden befragt, wobei „einzelne Sachverhalte [...] umfassend, andere nur durch Stichproben" geprüft wurden. Am 29. Mai 1989 hatte die PUK den eidgenössischen Räten einen Zwischenbericht über ihren Ermittlungsstand vorgelegt. Als die Kommission schliesslich nach zehnmonatiger Untersuchungstätigkeit ihren Abschlussbericht präsentierte, war darin vermerkt: Wenngleich nicht ausgeschlossen werden könne, dass aufgrund ihrer teilweise lediglich stichprobenartigen Erhebungen womöglich „noch Probleme bestehen, auf die die PUK nicht aufmerksam geworden ist", fühle sie sich dennoch veranlasst, ihre Arbeiten zu beenden, weil „die Öffentlichkeit, betroffene Personen und Amtsstellen [...] einen Anspruch darauf [haben], dass die teilweise

d) Der Kampf um die Ermittlungsresultate und deren dokumentarische Präsentation

Entsprechende Divergenzen zwischen den PUK-Mitgliedern unterschiedlicher parteipolitischer Couleur spitzten sich zu, als es am Ende um die Erstellung des Kommissionsberichtes ging.[515] Immerhin sollten die Ermittlungsergebnisse durch dieses Dokument symbolisch in den Rang des Offiziellen gehoben und in der Öffentlichkeit verbreitet werden. Die soziopolitische Wirkungsmächtigkeit des Schriftstückes lag, darüber waren sich alle Beteiligten von Anfang an im Klaren, in dessen Potenzial, bezüglich der darin beanstandeten Verfehlungen unter Umständen Forderungen nach tiefgreifenden institutionellen Veränderungen zu forcieren. Umso heftiger wurde um konkrete Inhalte, Wertungen und Darstellungsmodi gerungen. Retrospektiv zeigt sich, dass die diesem Dokument im Vorhinein zugeschriebene Geltungsmacht durchaus rational eingeschätzt worden war. Schliesslich stand der PUK-EJPD-Bericht, wie er beschlossen und publiziert wurde, als zentrale Quelle am Beginn des für die Staatsschutzkritiker durchaus vielversprechenden Skandalisierungsprozesses. In quellenkritischer Hinsicht gilt es somit, nicht nur auf inhaltlicher Ebene nach dem im Bericht enthaltenen Empörungspotenzial zu fragen. Indem darin durch bestimmte Akteure über den Einsatz expressiver Mittel ein spezielles Bild staatlich-institutioneller „Realität" konstruiert wurde, können auch die Erstellungsmodalitäten des für den Protestverlauf gewichtigen Kommissionstextes an dieser Stelle nicht unberücksichtigt bleiben.

Zu den eigentlichen Redakteuren des PUK-EJPD-Berichtes zählten vornehmlich Christoph Lanz als wissenschaftlicher Sekretär, Moritz Leuenberger als PUK-Präsident sowie die beiden Untersuchungsrichter Alexander Tschäppät und Niklaus Oberholzer. Sie verfassten zu verschiedenen Themenfeldern Entwürfe, „die

---

gravierenden Vorwürfe möglichst rasch geklärt werden". PUK-EJPD-Bericht, S. 5f.

515 Vgl. hierzu: Die Ausführungen des PUK-EJPD-Mitglieds Esther Bührer: Sb., Machtinstrument, Ostschweizer AZ, 29. Januar 1990.

der Kommission unterbreitet und nach ihren Entscheiden ergänzt und korrigiert" wurden.[516] Doch war die Gestaltung des Schriftstücks hart umkämpft, was angesichts der Pluralität politischer Anschauungen innerhalb der PUK keineswegs ungewöhnlich ist. Am Ende des Ermittlungszeitraumes einmal mehr unter enormen Zeitdruck stehend, habe bereits die grundlegende Frage, „was kommt rein und was lässt man draussen", Zündstoff enthalten.[517] Aber damit nicht genug: Weil die Konzeptualisierung des Berichtes nicht nur inhaltliche Aspekte umfasste, entfachten sich rasch heftige Meinungsverschiedenheiten auch über die Art der Darstellung, so dass es alles andere als offensichtlich gewesen sei, „ob es am Schluss einen einstimmig verabschiedeten Bericht gibt oder nicht". Im Zeitalter unvernetzter Computer brach zudem zwischendurch „eine völlige Hektik" los, weil nach einer durchredigierten Nacht plötzlich zwei Textfassungen vorlagen, wobei bei der einen der Inhalt, bei der anderen die Rechtsschreibung aktualisiert worden waren. Noch kurz vor Redaktionsschluss wurde um einzelne Textabschnitte gerungen, zumal es keine Vorlage dafür gab, wie ein solcher Kommissionsbericht gestaltet, geschweige denn sprachlich abgefasst werden müsse.

Während einzelne Parlamentsabgeordnete etwa um den Gebrauch qualifizierender Begriffe wie „skandalös" oder „fragwürdig" stritten, habe Oberholzer bezüglich der Darstellungsweise von urteilenden Adjektiven abgeraten. Davon ausgehend, dass die Lesenden „ohne weiteres selbst ihre Wertungen vornehmen" würden, schlug er vor, nach einer knappen Einleitung und Umschreibung des jeweiligen Sachverhaltes, die anstehende Thematik anhand illustrativer Fallbeispiele zu konkretisieren. Den Fichen wörtlich entnommene einprägsame Phrasen würden, so seine Einschätzung, garantiert von den Medien aufgegriffen und entsprechend kommentiert. Zunächst umkämpft, sei die von

---

516 Leuenberger an Liehr, 30. Mai 2008, S. 2; vgl.: Lanz im Gespräch mit Liehr, 6. Mai 2008, Transkript, S. 8f.

517 Hierzu und zum Folgenden: Oberholzer im Gespräch mit Liehr, 9. Juni 2008, Transkript, S. 17–19; vgl.: Rhinow im Gespräch mit Liehr, 10. Juni 2008, Transkript, S. 5f.

ihm intendierte Präsentationsmethode schliesslich durchgesetzt worden. Damit gewann der Text nicht nur an Leserlichkeit, er trug offenbar auch zur Emotionalisierung beziehungsweise Skandalisierung der PUK-Aussagen in der Öffentlichkeit bei.

Erstaunlicherweise wurde am Ende trotz aller harten Auseinandersetzungen um Inhalte, Bewertungen und Darstellungsweisen tatsächlich ein Konsens gefunden, so dass der PUK-EJPD-Bericht, wie bereits erwähnt, am 22. November 1989 einstimmig und ohne Enthaltungen von der Kommission verabschiedet werden konnte. Alle Befragten sind sich darüber einig, dass darin „ein ganz grosses politisches Verdienst" des Kommissionschefs Leuenberger sowie der PUK-Vizepräsidentin und CVP-Ständerätin Josi Meier bestanden habe.[518] In Situationen heftigster redaktioneller Kämpfe, in denen etwa Oberholzer befürchtete: „Wenn er jetzt nicht abklemmt, dann bricht das ganze auseinander!", habe der „moderate Moderator" Leuenberger, lobt auch Rhinow, eine starke Vermittlungsleistung erbracht.[519] Zweifelsohne, dass die in der politisch vielschichtigen Gruppe umstrittenen Ermittlungsresultate letztendlich in einer vom Konsens getragenen Dokumentation die massenmediale Öffentlichkeit erreichten, hat die Gesamtleistung der PUK, vor allem aber ihre Botschaft aufgewertet. Fielen

---

518 Bär im Gespräch mit Liehr, 28. März 2008, Transkript, S. 10; vgl. auch: Oberholzer im Gespräch mit Liehr, 9. Juni 2008, Transkript, S. 16; Lanz im Gespräch mit Liehr, 6. Mai 2008, Transkript, S. 9; Günter im Gespräch mit Liehr, 18. Februar 2008, Transkript, S. 12.

519 Oberholzer im Gespräch mit Liehr, 9. Juni 2008, Transkript, S. 17; Rhinow im Gespräch mit Liehr, 10. Juni 2008, Transkript, S. 6f. Erwartungsgemäss war dafür von Seiten Leuenbergers besonderes Engagement von Nöten gewesen. Es sei ihm, erläutert er seine Vermittlungstätigkeit, von Anfang an sehr wichtig gewesen, „dass die Kommission Differenzen nur intern löst und geeint auftritt. [...] Wenn ich merkte, dass ein Mitglied mit einer Formulierung oder einer Vorgehensweise Mühe hatte, habe ich ihm ausführlich Gelegenheit gegeben, sich einzubringen, auch wenn es sich gar nicht zu Wort gemeldet hatte. Niemand wurde je überfahren. So entstand auch ein Gefühl der gegenseitigen Unterstützung und Gesamtverantwortung." Leuenberger an Liehr, 30. Mai 2008, S. 2.

einzelne Passagen „auch relativ hart" aus,[520] konnte niemand die Darlegungen als ein Produkt der Linken deklassieren. Vielmehr musste es im Anschluss an die zu Kapitelbeginn erwähnte Bundespressekonferenz heissen: „Die PUK hat gesagt! Und die war mehrheitlich aus Bürgerlichen zusammengesetzt."[521]

Fragt man, worin der durch Leuenbergers Verhandlungsgeschick zustande gekommene Kompromiss beider ideologischer Lager in der PUK bestanden hat, lassen sich nach Analyse des Kommissionstextes Schlüsse ziehen, die im kommenden Abschnitt bei der Entfaltung des Empörungspotenzials und der öffentlichen Resonanz darauf offenbar werden: So fällt etwa auf sprachlicher Ebene auf, dass der Text grundsätzlich besonnen und sachlich abgefasst ist, nur jene Passagen der den Fichen entnommenen illustrativen Fallbeispiele wirken, wenngleich besonders einprägsam, dramatisierend. Vor allem jedoch die Divergenz zwischen der teilweise harten Kritik an den institutionellen Zuständen und den demgegenüber relativ massvoll gehaltenen Forderungen in der Gesamtwürdigung offenbaren den parteipolitischen Mittelweg in der PUK-Dokumentation. Worin bestand der Aufsehen erregende Impact des Kommissionsberichtes, der, vor allem in der Deutschschweizer Öffentlichkeit, eine regelrechte Empörungslawine auszulösen vermochte?

---

520 Günter im Gespräch mit Liehr, 18. Februar 2008, Transkript, S. 11.

521 Bär im Gespräch mit Liehr, 28. März 2008, Transkript, S. 10. Vgl.: Leuenberger an Liehr, 30. Mai 2008, S. 2, wo der PUK-EJPD-Präsident ausführt: „Die puk hatte vom Auftrag her naturgemäss auch ‚Gegner', die ihrerseits mediale Unterstützung hätten zu organisieren wissen. Wäre die puk nicht geschlossen aufgetreten, wären Bericht und Empfehlungen auch politisch und öffentlich umstritten und daher weit wirkungsloser geblieben und hätten kaum derart unbestritten umgesetzt werden können."

e) Der Kommissionsbericht als „Bundeshaus-Thriller". Das Empörungspotenzial

Wie bereits erwähnt, lag die eigentliche Sprengkraft des Berichtinhaltes in den Abschnitten, die sich mit der Bundesanwaltschaft und der politischen Polizei befassten. Darin übte die PUK massive Kritik an den staatsschützerischen Observationspraktiken, so dass sie am Schluss nicht umhin kam, zahlreiche Vorschläge zur grundlegenden Umgestaltung der entsprechenden Institutionen aufzuführen. Da es sich um im staatlichen Gewaltenapparat einflussreiche Behörden und bei der PUK wiederum um ein Kontrollorgan mit hoher symbolischer Geltung handelte, unterstützten solche Forderungen nach institutioneller Transformation die Chance, einen sozialen Wandel einzuleiten. Inwiefern?

Aufgefasst als normative Ordnungssysteme zur Steuerung interaktiver Praktiken in bestimmten Bereichen des menschlichen Zusammenlebens, basieren (politische) Institutionen in demokratischen Verfassungsstaaten auf einem gesellschaftlich breit getragenen Konsens bestimmter Leitideen. Ihnen gemäss werden sozialen Akteuren in konkreten Handlungssituationen spezifische Rollen mit entsprechenden Rechten und Pflichten zugesprochen, die im alltäglichen Umgang Erwartungssicherheiten hinsichtlich bestimmter Handlungen produzieren. Die daraus resultierenden hierarchischen Positionen einzelner Akteure gelten im Allgemeinen als legitimiert. Auch die Bundesanwaltschaft und die politische Polizei sind staatliche Institutionen mit einem gesellschaftlichen Ordnungsauftrag, in dem die Handlungsmaximen der Akteure auf wertideellen Vorgaben beruhen, die gesellschaftlich eine breite Zustimmung geniessen. Kommt es dann jedoch, wie in der betrachteten empirischen Konstellation, zu soziokulturellen „Umwertungsprozessen", werden die entsprechenden Institutionen delegitimiert. Sie versinnbildlichen nunmehr, wie in diesem Fall die politische Polizei, geradezu „Negativ-Leitbilder".[522] Der Institutionen-Soziologe Karl-Siegbert Rehberg beschreibt das so:

---

522 Hierzu und zum Folgenden: Rehberg 1994, S. 49.

„Jedem sozialen Wandel liegen Neubewertungen zugrunde, die das System der Symbolisierungen nicht unberührt lassen – und so kann ein eingespieltes Darstellungsmuster ausser Kurs gesetzt werden, sogar in das Gegenteil dessen umschlagen, was es lange verkörperte. Rollenkrisen und Veränderungszwänge [...] folgen daraus. Wer gestern noch eine Personifizierung der Macht, [...] war, kann heute als anachronistische Figur erscheinen, ein zurückgelassenes Requisit überholter Rollenspiele, sozusagen als selbstkarikierende Perpetuierung der Symbolisierungserfolge von gestern."

Genau diese Zusammenhänge lassen sich an den besagten Abschnitten des PUK-EJPD-Berichtes aufzeigen. Gewisse während des Kalten Krieges herausgebildete Wertmassstäbe, die für Beamte des präventiven Staatsschutzes offenbar bis Ende der 1980er-Jahre handlungsleitend gewesen waren, wurden nun nicht nur als überkommen, sondern vor allem als verfassungswidrig gebrandmarkt.

Dies zeigt beispielsweise die am Ende der Gesamtwürdigung des PUK-Berichtes nüchtern und unspektakulär formulierte Kritik, die komprimiert die grundlegenden Elemente einer politischen Ethik enthält, auf die sich die PUK-Mitglieder als für die Erfüllung ihres Auftrages konstitutiv hatten einigen können:

„Die Bundesanwaltschaft und die Bundespolizei wirken im Spannungsfeld zwischen der Erfüllung des stets zu überprüfenden Polizeiauftrages und der Wahrung der Freiheitsrechte. Dies macht ihre Arbeit ausserordentlich anspruchsvoll. [...] Unser Staat definiert sich aber nicht nur durch seine territorialen Grenzen, sondern er misst sich insbesondere an den Freiheitsrechten, die er allen Schweizerinnen und Schweizern garantiert. Diese sind durch die Führungsschwäche in der Bundesanwaltschaft und die Desorientierung im Bereiche des allgemeinen Polizeiauftrages gefährdet. Falsch eingeschätzte und teilweise überholte Bedrohungen sowie die unzureichende Sammlung und der fehlerhafte Gebrauch von Daten sind die Folge. Eine Mitursache liegt gewiss auch darin, dass das Parlament die gesetzlichen Mittel für eine Kontrolle gar nicht zur Verfügung hat. Es wird deshalb auch seine Sache sein, über die Einhaltung der im Bericht geforderten Grundsätze zu wachen."[523]

Bezieht man die dieser Arbeit analytisch zugrunde gelegten drei Merkmale einer Idee – der Anspruch auf ein spezifisches Verhalten, die Abgrenzbarkeit von anderen Ethiken sowie die Beziehbarkeit auf abgrenzbare Trägergruppen – auf die Lektüre des obigen Zitats, dann kristallisiert sich als darin vertretene Leitidee das politische Gestaltungsprinzip der Demokratie heraus. Zunächst verweisen die PUK-Mitglieder auf die Bedeutung des Polizeiauftrages sowie auf die wertideelle Dissonanz zwischen den Maximen des Staatsschutzes und der Demokratie. Dann aber heben sie die Relevanz der zuletzt genannten Maxime, das heisst die Geltung der bürgerlichen Freiheitsrechte für das schweizerische Staatsverständnis hervor, die ihren Erkenntnissen gemäss in der institutionalisierten Praxis des präventiven Staatsschutzes zu wenig beachtet worden sind. Es folgen fünf Kritikpunkte, die elementare Handlungsroutinen im Bereich des präventiven Staatsschutzes betreffen: 1. eine Führungsschwäche in der Bundesanwaltschaft; 2. eine Desorientierung im Bereich des Polizeiauftrages; 3. ein inadäquates Bedrohungsbild; 4. ein dilettantischer Umgang mit Daten; sowie 5. eine fehlende Gesetzesgrundlage, hier bezogen auf Kontrolloptionen des Parlaments.[524] Am Ende des Kapitels über die Bundesanwaltschaft

---

523 PUK-EJPD-Bericht, S. 220.

524 Im Vergleich zum PUK-EJPD-Bericht bringen Kreis et al. in ihrer Studie von 1993 „da und dort Nuancen an". So sei auf Basis der durch die PUK-EJPD gewonnenen Erkenntnisse in der ersten Phase der Auseinandersetzung mit den Staatsschutzpraktiken kaum realisiert worden, „dass der Tarif der Überwachung zum grossen Teil durch die kantonalen Polizeidienste erklärt wurde, und nicht durch den Bund. Man hat – vielleicht kombiniert mit einem Anti-Bern-Effekt – die Verantwortung zu ausschliesslich bei der Bundespolizei gesehen". Beispielsweise habe sich der Chef der BuPo, Peter Huber, 1984 mit dem Anliegen, die Überwachung abzuschwächen, bei den kantonalen Polizeidiensten nicht durchsetzen können. Georg Kreis im Interview

und die politische Polizei stehen die aus den PUK-Ermittlungen resultierenden Änderungsforderungen. Diese werden am Schluss des Berichtes in der Gesamtwürdigung in Form von parlamentarischen Anträgen an den Bundesrat konkretisiert, womit formell der erste Schritt zugunsten einer institutionellen Transformation des schweizerischen Staatsschutzes eingeleitet worden ist.

Angesichts der sachlichen Sprache, in der der Bericht verfasst wurde, stellt sich im Hinblick auf den Eklat, den der Inhalt auszulösen vermochte, die Frage, welche Aspekte der Untersuchungsresultate in Abgrenzung zu dem von der PUK eingeklagten Demokratieprinzip als besonders skandalös gegolten und auf der Pressekonferenz entsprechende Irritationen ausgelöst haben.

Ein elementares Problem, das die Kommission bei ihren Untersuchungen festgestellt hatte, war zunächst, dass

> „bei der Bundesanwaltschaft die Gefahren des organisierten Verbrechens, damit verbunden insbesondere des Betäubungsmittelhandels nicht rechtzeitig und nicht im richtigen Umfange erkannt wurden. Dass ein Staat auch von dieser Seite [...] gefährdet sein kann und von daher ebenso Schutz verdient wie die Abwehr von links- oder rechtsextremen Gruppierungen, wurde bei der Bundesanwaltschaft verkannt."[525]

Schliesslich habe sich

> „der früher vehement geführte Kampf gegen den Kommunismus [...] selbst in den USA zugunsten vermehrter Anstrengungen im Bereiche der Drogenbekämpfung und des Terrorismus verlagert. Auch die Bundesanwaltschaft muss diese neue Situation erkennen und entsprechende Konsequenzen ziehen."

---

mit Knechtli, Polizeidienste, Luzerner Neueste Nachrichten 12. Juni 1993.

525 Hierzu und zum Folgenden: PUK-EJPD-Bericht, S. 130, 141.

In diesem Zusammenhang habe es lange Zeit hinsichtlich der Bewältigung der aktuellen Gefahren weder Personalaufstockungen beziehungsweise entsprechend effektivere Stellenverschiebungen noch eine adäquate psychische Schulung und Betreuung der Beamten gegeben, die als Geheimnisträger „wegen psychischer, finanzieller oder anderer Probleme ein Sicherheitsrisiko darstellen können".[526] Darüber hinaus sei der Informationsaustausch weder in der Bundesanwaltschaft noch innerhalb der polizeilichen Zusammenarbeit zwischen Bund und Kantonen gewährleistet, was auch auf die „prekäre Personalsituation" zurückzuführen sei. Zudem habe die Bundesanwaltschaft

> „bei ämter- oder departementübergreifenden Fragestellungen [...] vermehrt darauf achten müssen, dass ihre Sicht der Dinge zwar einen gewichtigen Teilaspekt darstellt, nicht aber zum alleinigen Kriterium erhoben werden kann. Umfassende Information und Koordination sind für die Bewältigung kritischer Lagen unerlässlich. Es ist bedauerlich, dass gerade in diesem Zusammenhang das gegenseitige Verhältnis gelegentlich nicht vom nötigen Respekt vor anderen Meinungen geprägt war".

Die „Schwierigkeit, mit anderen Ämtern und Departementen zusammenzuarbeiten, sowie seine Zurückhaltung gegenüber der Öffentlichkeit" wird im Bericht vor allem Bundesanwalt Rudolf Gerber angelastet.[527]

Am Ende des Abschnitts über die Bundesanwaltschaft hebt die PUK nochmals hervor, dass die „Unterdotierung des (auch) für die Drogenbekämpfung zuständigen Zentralpolizeibüros" vor allem dem Bundesanwalt zuzuschreiben sei, und nur teilweise auch dem Parlament, das den Personalstopp einst beschlossen hatte. Denn bei einer realistischen Einschätzung des neuen Bedrohungsbildes, so die Folgerung, hätte Bundesanwalt Gerber die Option gehabt, entsprechende Umverteilungen der Personal-

---

526   Hierzu und zum Folgenden: PUK-EJPD-Bericht, S. 131f, 138, 142.

527   PUK-EJPD-Bericht, S. 150.

ressourcen und Arbeitsrationalisierungen zugunsten eines der aktuellen Lage angemessenen Staatsschutzes durchzuführen, was er jedoch unterlassen habe.[528] Aus dieser als fehlerhaft angeprangerten Beurteilung der Bedrohungssituation und den daraus folgenden arbeitstechnischen Unterlassungen, resultierten schliesslich diejenigen Kritikpunkte der PUK, die letztlich die eigentliche Brisanz des Berichtinhaltes ausgemacht haben: die Praktiken der politischen Polizei.

Wie im Bericht definiert, geht es bei dieser Amtstelle der Bundesanwaltschaft „um die Beobachtung und Verhütung von Handlungen, die geeignet sind, die innere oder äussere Sicherheit der Schweiz zu gefährden".[529] Die daraus resultierende Tätigkeit der Informationsbeschaffung sowie der Umgang mit den gesammelten Daten beinhalten das zentrale Problem, in dem sich die Divergenz im Verhältnis der Grundsätze Staatsschutz und Demokratie am deutlichsten offenbart. Denn manifest wird ein durch die Praktiken des präventiven Staatsschutzes entstandenes Ungleichgewicht zwischen der Wahrung der gemeinschaftlichen Ordnung einerseits und der Garantie individueller Freiheits- und Rechtsstaatlichkeitsansprüche andererseits.

Am Schluss des Abschnittes über die Informationsbeschaffung und –verarbeitung räumt der PUK-Bericht zwar ein, dass aus Gründen des Staatsschutzes eine umfassende „präventive polizeiliche Tätigkeit" und somit eine „präventive Erfassung von Vorgängen im Vorfeld strafbarer Handlungen erforderlich" sei, um „eine widerrechtliche Aenderung der staatlichen Ordnung mit Gewalt und ohne Einhaltung der demokratischen Mittel" zu verhindern.[530] Doch sei es die Aufgabe einer Untersuchungskommission, nicht positive Aspekte zu würdigen, sondern festgestellte Mängel zu rügen, „auf berechtigte Interessen Betroffener" hinzuweisen und Verbesserungsvorschläge zu erarbeiten.

---

528   PUK-EJPD-Bericht, S. 152.

529   PUK-EJPD-Bericht, S. 154.

530   Hierzu und zum Folgenden: PUK-EJPD-Bericht, S. 165f.

Demgemäss beinhaltet das entsprechende Kapitel eine fundamentale Kritik der Vorgehensweisen innerhalb der politischen Polizei, bei denen die PUK Verfassungswidrigkeiten sowie rechtsstaatliche Defizite benennt und verurteilt. So habe sie im Bezug auf das heikle Kerngeschäft der Institution, die Informationsbeschaffung, unter den Beamten ein uneinheitliches Bedrohungsbild festgestellt, „weil die Amtsleitung keine allgemeingültigen Weisungen der Richtlinien erlassen hat".[531] Obgleich es verschiedene Optionen von Lagebeurteilungen gebe – etwa durch Informationen der kantonalen Nachrichtendienste, den so genannten „Quartalsberichten" beziehungsweise anderen Dokumentationen oder Staatsschutzkonferenzen – hätten Befragungen ergeben, „dass die Interpretation des allgemeinen Polizeiauftrages weder vom Bundesanwalt noch vom Chef der Bundespolizei vorgenommen wird, sondern letztlich den einzelnen Sachbearbeitern in den Kantonen überlassen bleibt".

Das in Ermangelung eines kontinuierlich zu aktualisierenden, allgemeingültigen Kriterienkatalogs entstehende Problem willkürlicher Erfassungen verschärfte sich zudem durch eine demokratierechtlich delikate Komponente. So seien gemäss PUK-Kritik vorrangig „Parteien und Organisationen, deren Ideologie historisch gesehen als Bedrohung unserer Ordnung angesehen wurde oder die von der Bundesanwaltschaft in deren Nähe oder Nachfolge angesiedelt werden", ins Visier der politischen Polizei geraten. Dies bedeute, dass vornehmlich linkspolitische Gruppierungen betroffen gewesen, rechtsradikale jedoch vernachlässigt worden seien. Dementsprechend habe sich Bundesanwalt Gerber etwa im Bezug auf die „Patriotische Front" vergewissern müssen, „ob es sich dabei um eine Phantasiebezeichnung oder um eine tatsächlich existierende Organisation handle".[532]

---

531 Hierzu und zum Folgenden: PUK-EJPD-Bericht, S. 158–160.

532 Unter dem Namen „Patriotische Front" existiert eine rechtsextremistische Gruppe in der Schweiz. Vgl. etwa: Frischknecht 1991, S. 135–148. Vgl.: Altermatt, Kriesi 1995.

Aufgrund der sich im Laufe der Jahre gewandelten Parteienlandschaft und einer teilweise erfolgten organisatorischen Vernetzung, habe sich, angesichts eines nicht vorhandenen offiziellen Kriterienkatalogs, „eine gewisse Verunsicherung unter den Nachrichtenbeschaffern" eingestellt. Es habe mithin vom jeweiligen Sachbearbeiter abgehängt, welche Information er „als relevant" erachtete. Auch hätten die kantonalen Nachrichtendienste unterschiedliche Schwerpunkte gesetzt. Die Konzeptionslosigkeit habe insgesamt zu einem zufälligen, unsystematischen und lückenhaften Datenbestand geführt.

Dabei entstandene Erfassungsfehler seien nicht berichtigt, überholte Angaben nicht eliminiert worden. Auf Basis sämtlicher Fichen der eidgenössischen Parlamentarier ermittelte die PUK, dass „teils auch blosse Vermutungen ohne entsprechende Überprüfungen des Wahrheitsgehaltes notiert" oder „Informationen privater oder anonymer Herkunft" ohne jede Verifizierung gesammelt worden seien.[533] In einigen Fällen sei gar festgestellt worden, dass „aus unsicheren Quellen stammende Informationen zu einem späteren Zeitpunkt als Tatsachen dargestellt und nachrichtendienstlich verwendet wurden", was „mit aller Schärfe" verurteilt werde. Zudem habe man in der Registratur Fichen von längst Verstorbenen oder welche mit jahrzehntelang zurückliegenden Ereignissen gefunden. Darüber hinaus seien teilweise Belanglosigkeiten oder Erkenntnisse aus gerichtspolizeilichen Verfahren und Telefonüberwachungen auf der Registraturkarte einer dritten Person festgehalten worden. Diese Unzulänglichkeiten der Sammeltätigkeiten, folgert die PUK, würden „die polizeiliche Alltagsarbeit [gefährden], weil aufgrund von unrichtigen oder überholten Informationen zwangsläufig falsche Schlüsse gezogen und durch die Weitergabe derartiger Daten Persönlichkeitsrechte verletzt werden".

Insofern sei eine Konkretisierung des allgemeinen Polizeiauftrages durch inhaltliche Kriterien für die praktische Umsetzung des Staatsschutzes unerlässlich, und „die Frage: ‚Wer bedroht

---

533   Hierzu und zum Folgenden: PUK-EJPD-Bericht, S. 162, 168.

diesen Staat mittelbar und unmittelbar mit hinreichender Wahrscheinlichkeit?' muss ständig neu gestellt und auch beantwortet werden".[534] Für die diesbezüglich festgestellten Defizite habe sich jedoch keine der entsprechenden Führungspersonen zuständig gefühlt. Vielmehr seien

> „weder der Bundesanwalt, noch der Chef der Bundespolizei, noch der Chef des Rechtsdienstes der Bundesanwaltschaft, noch der Chef des Innendienstes, aber auch kein Leiter eines kantonalen Nachrichtendienstes – [...] in der Lage oder willens [...], die Verantwortung für die gesammelten Informationen zu übernehmen. [...] Für dieses Versäumnis tragen aber nicht nur der Bundesanwalt und der Chef der Bundespolizei, sondern auch die Departementleitung und der Bundesrat die Verantwortung."

Nun ist bereits der willkürliche Umgang mit Informationen, betrieben von einer einflussreichen staatlichen Institution, demokratierechtlich ein fundamentaler Kritikpunkt. Die Anzahl der erstellten Fichen jedoch machte die Situation noch brisanter. So habe die zentrale Registratur der politischen Polizei nach Angaben der PUK rund 900 000 Fichen enthalten, von denen etwa 600 000 Ausländerinnen und Ausländer betrafen, während sich jeweils 150 000 auf Schweizer Personen sowie auf Organisationen oder Ereignisse bezogen.[535]

Fragt man nach den von der PUK ergründeten Erfassungsmerkmalen, nach denen Fichierte registriert worden sind, dann ergaben sich im Bezug etwa auf die von den Kommissionsmitgliedern vollständig eingesehenen Parlamentarier-Fichen folgende Kennzeichen:[536] Abgesehen davon, dass eine Person dann erfasst worden ist, wenn zu ihren Gunsten Schutzvorkehrungen getroffen werden mussten oder aber gegen sie ein gerichtspolizeiliches Ermittlungsverfahren bestand, registrierten Beamte solche Per-

---

534 Hierzu und zum Folgenden: PUK-EJPD-Bericht, S. 166f.

535 PUK-EJPD-Bericht, S. 160.

536 Hierzu und zum Folgenden: PUK-EJPD-Bericht, S. 161f.

sonen, auf deren Aktivitäten, Verlautbarungen oder Reisen die Bundesanwaltschaft entlang ihres überholten Bedrohungsbildes in irgendeiner Hinsicht ein besonderes Augenmerk gerichtet hatte. Darüber hinaus hatte offenbar nicht nur die Zugehörigkeit zu einer als radikal eingestuften Partei oder Gruppierung problematisch gewirkt, auch der Kontakt zum entsprechenden Umfeld, etwa durch Teilnahme an öffentlichen Kundgebungen, ist observiert worden. Das wiederum barg erneuten Konfliktstoff. So enthielten die vierteljährlich von der Bundespolizei an den Bundesrat, die kantonalen Polizeikommandos, den Chef der „Untergruppe Nachrichtendienst und Abwehr" (UNA) und – gemäss dem Bundesanwalt – an „einige wenige andere Adressaten"[537] gerichteten Quartalsberichte der Jahrgänge 1980–89, wie bereits erwähnt,

> „vor allem Beobachtungen über linke und grüne politische Gruppierungen, Friedens- und Frauenorganisationen, Armeegegner und AKW-Kritiker. Der Rechtsextremismus in der Schweiz wird erst seit den letzten zwei Jahren wahrgenommen".[538]

Im Bezug auf das soziale und politische Engagement progressiv Gesinnter, mithin zumeist dem linken politischen Spektrum Angehöriger, vermerkt die PUK:[539]

> „Das Sammeln und Auswerten von Erkenntnissen aus dem Vorfeld strafbarer Handlungen greift in verfassungsmässig geschützte Positionen ein. Es ist Wert darauf zu legen, dass die Ausübung von politischen Rechten und die Wahrnehmung von Grundrechten auf jeden Fall dann nicht Grund für die personenbezogene Erfassung von Daten sein darf, wenn kein polizeiliches Motiv vorliegt. Insofern erscheint die bisherige Praxis der Bundespolizei, nach der unter anderem Parlamentarier aufgrund eingereichter Vorstösse,

---

537 Bundesanwalt Rudolf Gerber zit. n.: PUK-EJPD-Bericht, S. 164.

538 PUK-EJPD-Bericht, S. 164.

539 Hierzu und zum Folgenden: PUK-EJPD-Bericht, S. 168f.

Autoren von Publikationen [...], Redaktionsmitglieder von Zeitschriften, Teilnehmer an Fachkongressen und Tagungen [...], Erstunterzeichner von Initiativen, Unterzeichner offener Briefe [...], Mitglieder von Abstimmungskomitees [...], etc. erfasst werden, dann äusserst problematisch, wenn nicht ersichtlich ist, aus welchem Grund die Ausübung dieser Freiheitsrechte polizeilich relevant erscheint."

Weil Persönlichkeitsansprüche der Erfassten berührt würden, müssten diesbezügliche Rechte in Gesetzen zum Datenschutz verankert werden. Darüber hinaus sei Betroffenen, „soweit nicht zwingende Gründe des Staatsschutzes dagegen sprechen, [...] ein Einsichts- und Berichtigungsrecht einzuräumen". Im Falle einer Ablehnung der Einsichtsnahme müssten sie auf „ein Rechtsmittel an eine richterliche Instanz" zurückgreifen können. Zudem sei ausdrücklich zu vermeiden,

> „dass jeder, der theoretisch einmal zum Rechtsbrecher werden könnte, ungeachtet seines tatsächlichen Verhaltens und vor allem ungeachtet seiner eigenen Entwicklung registriert bleibt. Auch ein älterer Eintrag kann zu schwerwiegenden Nachteilen für die Betroffenen führen. [...] Es ist deshalb dafür zu sorgen, dass nicht mehr relevante Einträge nach Ablauf einer bestimmten Zeit – analog zu andern polizeilichen Registereinträgen – vernichtet werden."

Ebenso zu verurteilen sei die sachfremde Verwendung von Informationen, welche die PUK in einigen der kontrollierten Fälle ausgemacht habe, in denen „Erkenntnisse, aber auch Vermutungen und politische Beurteilungen über registrierte Personen recht ungehindert an aussenstehende Departemente und Amtsstellen weitergegeben worden" seien. Schliesslich habe man hinsichtlich keines der Beispiele plausibel machen können, „welches polizeiliche Interesse die Weitergabe der von der Bundespolizei üblicherweise als geheim betrachteten internen Informationen gerechtfertigt hat".[540]

---

540 Vgl. PUK-EJPD-Bericht, S. 169–172, hier: S. 172.

Welche verhängnisvollen Konsequenzen die unüberprüften, fehlerhaften und nicht aktualisierten Daten in Kombination mit ihrer Weitergabe auf fichierte Personen haben konnten, offenbaren schliesslich exemplarisch die Ausführungen zu den so genannten „Sicherheitsüberprüfungen". Dabei handelte es sich um ein Verfahren, das je nach Ermessen der zuständigen Ämter bei Bewerbungen für Stellen innerhalb der Bundesverwaltung zur Anwendung kommen konnte, jedoch „weder auf Gesetzes- noch auf Verordnungsstufe geregelt" war.[541] Offiziell, so die Ermittlungsergebnisse, seien zunächst im Vorstrafenregister des Zentralpolizeibüros, dann bei der politischen Polizei und schliesslich beim Wohnortkanton Auskünfte über die Stellenbewerberin oder den Stellenbewerber eingeholt worden. Im Zweifelsfall hätten sich der zuständige Sachbeamte sowie der Chef der Bundespolizei besprochen, der daraufhin entschieden habe, ob ein Einwand gerechtfertigt sei oder nicht. Den Sicherheitsbeauftragten des entsprechenden Amtes sei dann unter Umständen empfohlen worden, die Bewerbung abzulehnen, dies „ohne Angabe von Gründen" und mithin ohne die unrechtmässige Weitergabe von Informationen an Dritte.[542] Auch habe der in der Bundesanwaltschaft für die Überprüfungen zuständige Kommissär etwa vermeldet: „Die Tatsache der Mitgliedschaft bei einer Partei am Rand des politischen Spektrums (zum Beispiel POCH) genügt nicht für eine Empfehlung unsererseits. Dazu braucht es eine extreme politische Betätigung".[543] Die PUK habe jedoch „bereits bei der Durchsicht einiger weniger Dossiers" feststellen müssen, dass die allgemeinen Ausführungen „nicht ohne weiteres auf den konkreten Einzelfall übertragen werden können".

Ging man in linkspolitischen Kreisen davon aus, dass zahlreiche Berufsverbote in den Jahrzehnten zuvor auf besagte Sicherheitsüberprüfungen zurückzuführen waren, bestätigte der von der PUK zur Anschauung angeführte Fall für viele das enorme

---

541 PUK-EJPD-Bericht, S. 172.

542 PUK-EJPD-Bericht, S. 174.

543 Der Kommissär für Sicherheitsüberprüfungen in der Bundesanwaltschaft zit. n.: PUK-EJPD-Bericht, S. 174.

Misstrauen, das sie der politischen Polizei entgegengebracht hatten. Entsprechend gross war die Empörung darüber. Wie der PUK-Bericht diesbezüglich darlegt, habe ein Bewerber um eine Bundesstelle als Anschrift die Adresse einer Wohngemeinschaft angegeben, über die im Rapport eines kantonalen Nachrichtendienstes notiert gewesen sei: „Bewohner dieser WG sind bei unserem Dienst als Sympathisanten der linken Szene und als aktive Demonstranten in Erscheinung getreten. Ueber X. liegen jedoch keine Erkenntnisse vor."[544] Diese Behauptung habe für eine negative Empfehlung der Bundesanwaltschaft ausgereicht, obgleich sie nicht einmal korrekt gewesen sei. So habe der Stellenbewerber zwar in einem Haus gelebt, in dem früher eine Wohnung von einer Wohngemeinschaft bewohnt worden sei, doch habe diese bereits nicht mehr bestanden, als der Bericht verfasst worden sei. Die Nichtberücksichtigung des Bewerbers, der diese Stelle, gemäss PUK, aufgrund seiner fachlichen und persönlichen Qualifikation erhalten hätte, habe dazu geführt, dass er Arbeitslosenunterstützung habe beziehen und als Taxifahrer tätig werden müssen. Abgesehen davon, dass dem Auftraggeber in diesem Fall nicht, wie zuvor als allgemeine Vorgehensweise deklariert, lediglich die Ermittlungsergebnisse mitgeteilt worden seien, und dem Bewerber darüber hinaus nicht einmal die Mitgliedschaft einer linksextremen politischen Gruppierung geschweige denn ein entsprechendes Engagement habe nachgewiesen werden können, beanstandete die PUK an diesem Fall weitere Aspekte.

Im Bericht hebt sie hervor, die Sicherheitsüberprüfungen würden jeder rechtlichen Grundlage entbehren, durch welche die Bundesanwaltschaft zur Informationsweitergabe legitimiert wäre.[545] Überdies gelte es künftig stärker zu beachten, dass durch das umstrittene Vorgehen, die „Persönlichkeit des Betroffenen" tangiert werde. Abstrakte Entscheide gehörten untersagt, vielmehr müsse „ein allfälliges Sicherheitsrisiko an den konkreten Bedürfnissen des Amtes" gemessen werden. Ferner gelte es, grundsätzlich den

---

544 Rapport eines kantonalen Nachrichtendienstes zit. n.: PUK-EJPD-Bericht, S. 175.

545 PUK-EJPD-Bericht, S. 176f.

Wahrheitsgehalt der Informationen zu überprüfen, die dem Verfahren zugrunde lägen. Auch könne es nicht angehen, dass „die blosse Wahrnehmung verfassungsmässiger Rechte für sich allein genommen, d.h. ohne Vorhandensein eines polizeilichen Motivs", den Anlass für eine negative Beurteilung böte. Die Grundsätze eines rechtsstaatlichen Verfahrens, insistiert die PUK weiter, würden darüber hinaus ein juristisches Einspruchsrecht der jeweiligen Person verlangen, wozu keineswegs die Datenschutzgesetze abzuwarten seien. Dass entsprechende Entscheide über ein etwaiges Sicherheitsrisiko „dem Ermessen eines einzelnen Beamten" oblägen, sei unhaltbar, so dass auch diesbezüglich ein allgemeingültiger Kriterienkatalog erarbeitet werden müsse, in dem festzuhalten sei,

> „welche Tatsachen und Ereignisse für eine Sicherheitsüberprüfung überhaupt relevant sein können, und es ist zumindest in negativer Hinsicht zu umschreiben, welches Mass an politischer Betätigung als unbedenklich erachtet wird. Angesichts der Bedeutung, die einer ablehnenden Stellungnahme der Bundesanwaltschaft zukommt, wird im weiteren zu überlegen sein, ob bei einem negativen Ergebnis der Sicherheitsüberprüfung dem Betroffenen nicht ein Anspruch auf eine Verfügung und ein Rekursrecht an eine unabhängige Behörde eingeräumt werden müsse. Damit liesse sich die Einhaltung der Kriterien und der Ermessensbetätigung überprüfen."[546]

Zudem genüge der allgemeine Polizeiauftrag als Rechtsgrundlage für die Übermittlung von Angaben nicht, weswegen auch diesbezüglich eine eindeutige Gesetzesregelung geschaffen werden müsse. Im übrigen habe das Ergebnis der Sicherheitsüberprüfungen dem Auftraggeber schriftlich mitgeteilt zu werden, während „ergänzende mündliche, insbesondere telefonische, Auskünfte" zu vermeiden seien, um die „Gefahr unbefugter Weitergabe von schützenswerten Informationen" einzudämmen.

---

546 PUK-EJPD-Bericht, S. 178.

Aus den hier zusammengefassten, für die spätere Skandalisierung zentralen Untersuchungsergebnissen, entwickelt die PUK hinsichtlich der künftigen Vorgehensweisen innerhalb der Bundesanwaltschaft und der politischen Polizei vier Hauptforderungen für die Gesetzgebung. Zunächst verlangt sie eine Trennung der Doppelfunktion des Bundesanwaltes als „der oberste Ankläger der Eidgenossenschaft" sowie als Chef der Bundespolizei und damit „einer polizeilichen Präventiv- und Ermittlungsbehörde". Zugunsten des öffentlichen Vertrauens in die Institution der Bundesanwaltschaft gelte es, allein den „Anschein einer [...] Befangenheit" des Bundesanwalts zu vermeiden.[547] Dementsprechend lautet die erste Motion der PUK am Ende der Gesamtwürdigung:

> „Der Bundesrat wird beauftragt, den eidgenössischen Räten eine Gesetzesvorlage mit folgendem Inhalt zu unterbreiten: Die Funktion des Bundesanwaltes als öffentlicher Ankläger soll getrennt werden von seiner Stellung als oberster Verantwortlicher der politischen, allenfalls auch der gerichtlichen Polizei."[548]

Die zweite Forderung besteht in einer parlamentarischen Oberaufsicht über die Bundespolizei und die Bundesanwaltschaft, welche die PUK wie folgt begründet:

> „Die Untersuchungshandlungen der PUK im Bereiche der Bundespolizei und der Bundesanwaltschaft förderten Sachverhalte zu Tage [...], die mit Sicherheit gerügt worden wären, wenn die Bundesversammlung davon Kenntnis gehabt hätte. Eine parlamentarische Oberaufsicht auch in diesem Bereich ist unumgänglich. Sie ergibt sich einerseits aus Artikel 85 Ziffer 11 der Bundesverfassung und andererseits aus dem Interesse der demokratischen Vertrauensbildung, die auch in diesem Bereich unseres Staatswesens nötig ist."[549]

---

547 Vgl. PUK-EJPD-Bericht, S. 184–186, hier: S. 184f.

548 PUK-EJPD-Bericht, S. 223. Eine Motion veranlasst den Bundesrat, ein Gesetz zu ändern beziehungsweise ein neues Gesetzgebungsverfahren auszulösen; vgl. Linder 1999, S. 212.

549 Hierzu und zum Folgenden: PUK-EJPD-Bericht, S. 186f.

Für die Realisierung der parlamentarischen Kontrolle unterbreitet die PUK verschiedene Vorschläge, wobei sie die „einfachere Lösung" favorisiere, dergemäss die Rechte der Geschäftsprüfungskommissionen erweitert würden. Am Schluss des Berichtes konkretisiert sie diese im Sinne „einer allgemeinen Anregung" in einer parlamentarischen Initiative:

> „Genügen die Rechte der Geschäftsprüfungskommissionen zur Wahrnehmung der Oberaufsicht nicht, können die beiden Kommissionen durch Beschluss der Mehrheit der Mitglieder jeder Kommission eine gemeinsame Delegation bestimmen. Diese soll aus einer gleichen Zahl von Mitgliedern des National- und des Ständerates zusammengesetzt sein. Sie soll das Recht haben, nach Anhörung des Bundesrates Akten beizuziehen, die der Geheimhaltung unterstehen. Beamte können als Auskunftspersonen oder als Zeugen auch über Tatsachen einvernommen werden, die der Amtsverschwiegenheit oder der militärischen Geheimhaltungspflicht unterliegen. Mitglieder, Sekretäre und Protokollführer dieser Delegation sind ihrerseits zur Geheimhaltung verpflichtet."[550]

Nochmals auf den „Konflikt zwischen den Interessen polizeilicher Ermittlungen und dem Persönlichkeitsschutz der Bürger" verweisend, klagt die PUK, drittens, datenschutzrechtliche Massnahmen für die Bundesanwaltschaft und die Bundespolizei ein.[551] Da sich falsche Aussagen über eine Person nie ganz vermeiden liessen, seien „unter dem Vorbehalt des Staatsschutzes [...] die Grundrechte der Bürger, wozu auch deren persönliche Freiheit gehört, zu schützen". Diesbezüglich hätten die erwähnten Fälle zu den Sicherheitsüberprüfungen veranschaulicht, inwiefern „die Tätigkeit der Bundespolizei erheblich in die beruflichen, familiä-

---

550 PUK-EJPD-Bericht, S. 222. Eine parlamentarische Initiative ist ein allgemeiner Antrag oder Gesetzesvorschlag, über den das Parlament ohne das übliche vorparlamentarische Verfahren direkt entscheidet; vgl. Linder 1999, S. 212.

551 Hierzu und zum Folgenden: PUK-EJPD-Bericht, S. 188.

ren und persönlichen Verhältnisse der Betroffenen" einzugreifen vermöge. Insofern schlägt die PUK, viertens, eine stärkere Reglementierung der Sicherheitsüberprüfungen vor, etwa dadurch dass dem Chef der politischen Polizei nicht mehr die alleinige Entscheidungskompetenz obliege. Denn, so die Begründung,

> „Entscheide, die für die Betroffenen von derart weitreichender Bedeutung sind, dürfen nicht einer einzigen Person überlassen sein, ohne das eine Überprüfungs- und Anfechtungsmöglichkeit besteht. Dies widerspricht dem Gebot, grosse Machtballungen entweder aufzulösen oder durch ‚checks and balances' in Schranken zu halten."[552]

Die Forderungen drei und vier fasst die PUK am Ende des Berichts in ihrer zweiten Motion zusammen, indem sie vom Bundesrat verlangt, „unverzüglich Datenschutzbestimmungen im folgenden Sinne zu unterbreiten oder zu erlassen":

> „1. Für die Erfassung von Daten und Informationen sind genaue Kriterien aufzustellen; insbesondere der polizeiliche Generalauftrag ist für die praktische Anwendung regelmässig neu zu definieren. 2. Soweit nicht zwingende Gründe des Staatsschutzes dagegen sprechen, ist den Betroffenen ein Einsichts- und Berichtigungsrecht einzuräumen. Gegen die Verweigerung der Einsichtnahme und der Berichtigung ist ein Rechtsmittel an eine richterliche Instanz vorzusehen. 3. Überholte Einträge und Dokumente sind zu vernichten. 4. Werden über Bewerber für eine Stelle in der öffentlichen Verwaltung Sicherheitsüberprüfungen durchgeführt, muss darauf in der Ausschreibung hingewiesen werden. Belastet die Sicherheitsüberprüfung den Bewerber, so ist ihm das Ergebnis mitzuteilen, das rechtliche Gehör zu gewähren, ein Einsichts- und Berichtigungsrecht zu garantieren sowie ein Rechtsmittel zur Verfügung zu stellen. 5. Sicherheitsüberprüfungen für private Arbeit- oder Auftraggeber sind nicht mehr zuzulassen. Besteht dafür in Ausnahmefällen eine gesetzliche Grundlage, so müssen dem Bewerber die

---

552 PUK-EJPD-Bericht, S. 189.

gleichen Rechte eingeräumt werden wie einem Bewerber für eine Stelle in der öffentlichen Verwaltung."[553]

Abgesehen davon, dass die PUK den Bundesrat in einem Postulat dazu auffordert, vor allem im Bezug auf Verfahrensakten die von ihr stark bemängelte „Aktenführung und Aktenablage in der Bundesverwaltung zu überprüfen und die nötigen Verbesserungen anzuordnen",[554] veranlasst sie die Regierung in einem Postulat zu einer fundamentalen Reorganisation der Bundesanwaltschaft.[555] Grundsätzlich gehe es darum, die Bedrohungssituation der Schweiz neu zu beurteilen, wobei der Bekämpfung des internationalen Verbrechens, insbesondere des Drogenhandels und der Geldwäsche ein elementares Gewicht eingeräumt werden müsse. In dem Zusammenhang sei den verschiedenen Problemen „Drogen- und Waffenhandel, Terrorismus, erpresserische Entführungen, Agententätigkeit und politische Subversion [...] gesamthaft", das heisst durch eine verbesserte interne Vernetzung innerhalb der Bundesanwaltschaft entgegenzutreten. Im Übrigen gelte es, vermehrt das „kriminelle Umfeld zu erfassen [sowie] die Einführung einer Zentralstelle zur Bekämpfung des organisierten Verbrechens" zu überprüfen.

Als parlamentarisches Kontrollorgan, das die Interessen der durchs Parlament repräsentierten Bevölkerung zu vertreten hatte, appellierte die PUK damit an die staatliche Führungsrolle des Bundesrates, Gesetze anzuregen, in denen demokratische Grundsätze bezogen auf den präventiven Staatsschutz durch die Institutionalisierung eines ganzen Normensystems angemessener realisiert werden sollten. Es ging um nichts weniger als um die „Chance einer ausgeglichenen Ordnung zwischen dem Freiheitsanspruch des einzelnen und den Bedürfnissen der Gemeinschaft,

---

553 PUK-EJPD-Bericht, S. 224.

554 Vgl. PUK-EJPD-Bericht, S. 215, Zitat von S. 228. Bei einem Postulat wird der Bundesrat aufgefordert, eine Regierungs- oder Verwaltungspraxis zu überprüfen und Vorschläge für eine Änderung vorzulegen; vgl. Linder 1999, S. 212.

555 Hierzu und zum Folgenden: vgl. PUK-EJPD-Bericht, S. 225.

deren Glied er ist".[556] Zu Gunsten eines solchen Gleichgewichtes zwischen den verfassungsmässig verankerten Prinzipien der Demokratie einerseits und des Staatsschutzes andererseits, verlangte die PUK bestimmten Akteursgruppen, sei es den Regierungsmitgliedern, den Parlamentsangehörenden oder den Beamten der besagten Institutionen, konkrete Verhaltensweisen ab, um einer auf entsprechenden Wertvorstellungen beruhenden politischen Ethik verstärkt institutionelle Geltung zu verschaffen.

Indes, aus den griechischen Wörtern δῆμος „Volk" und χρατεῖν „herrschen" zum amorphen Begriff der „Volksherrschaft" zusammengesetzt, gilt es, das in der Praxis jeweils umgesetzte Konzept von Demokratie als staatliches Gestaltungsprinzip in seiner zeitgenössisch kulturellen Ausprägung zu betrachten und danach zu fragen, durch welche anderen politischen Grundsätze es jeweils mit Sinn gefüllt wird. In den angeführten Quellenauszügen des PUK-Berichtes konstituiert sich das dort skizzierte Demokratiekonzept in einem Netz anderer handlungsleitender Maximen, aus deren Synthese sich die Volkssouveränität als tragendes Legitimitätsprinzip politischer Herrschaft in der Schweiz herauskristallisiert. Gemäss den erwähnten Berichtpassagen gehören hierzu insbesondere Menschen- und Bürgerrechte wie die individuelle Meinungsfreiheit, die Persönlichkeitsentfaltung sowie die Privatsphäre, die Gleichheit aller ebenso wie die gesellschaftspolitische Partizipation; staatliche Leitideen, die, in der obersten staatlichen Rechtsvorschrift, der Verfassung verankert, absolute Gültigkeit geniessen.

Zugunsten deren Einhaltung in der politischen Praxis deklariert der PUK-Bericht darum einen besonderen Schutz, der durch parlamentarische Kontrolle, differenzierte Gesetzestexte sowie kontinuierlich zu aktualisierende Handlungsprogramme, aber auch durch Gesetzestransparenz und rechtsstaatliche Rekursoptionen für Betroffene gewährleistet werden müsse. In der Argumentation der Kommission findet auch mehrfach das Prinzip der Gewaltenteilung Erwähnung, einem „Konzept zur Anordnung

---

556   Benda 2005³, S. 835.

von Institutionen und deren Funktionen mit dem Ziel, den Missbrauch staatlicher Macht zu verhindern". Damit einhergehend wird auf die Methode der „checks and balances" verwiesen, die ein „System gegenseitiger Kontrollen und Ausbalancierungen [...] von Legislative, Exekutive und Jurisdiktion"[557] beinhaltet.

Welchen Einfluss die politisch-polizeilichen Praktiken auf das Leben der Betroffenen zu nehmen vermochten, offenbarte sich vor allem anhand der Recherchen über die Sicherheitsüberprüfungen, aus denen sich Berufsverbote ergeben hatten. Angesichts der aufgedeckten demokratierechtlich defizitären Methoden lag der Vorwurf von Machtmissbrauch, gerichtet an die leitenden Beamten dieser staatlichen Ordnungseinrichtungen, nahe. Das wiederum drohte zu einem weitläufigen Glaubwürdigkeitsverlust hinsichtlich ihres Nutzens für das Gemeinwohl zu führen. Weil jedoch die Existenz einer staatlichen Institution in Demokratien von einem breit geteilten Glauben an ihre Rechtmässigkeit abhängt, bestand, was die politische Polizei betraf, die Gefahr ihrer Delegitimierung. Von daher verwies die PUK im Bericht explizit auf die Wichtigkeit der „demokratischen Vertrauensbildung, die auch in diesem Bereich unseres Staatswesens nötig ist".[558]

Mit ihren normativen Veränderungsvorschlägen bezweckte sie eine Reform der besagten Institutionen, um deren Legitimität als Instrumente des demokratischen Staatsapparates zu sichern. Kurzum: Grundsätzlich zog die Kommission die Rechtmässigkeit der politischen Polizei als präventiv tätiges gesellschaftspolitisches Ordnungsinstrument nicht in Zweifel. Damit liess sie ausser Acht, inwiefern das präventive Staatsschutzorgan ideell ein grundsätzliches Problem für den demokratischen Verfassungsstaat Schweiz darstellen konnte. Aus dieser Perspektive hingegen argumentierten bestimmte Akteure, als sie in den kommenden Wochen das Skandalisierungspotenzial des PUK-Berichtes radikalisierten und in Protestaktionen überführten.

---

557 Schüttemeyer 2005³a, S. 305; Schüttemeyer 2005³, S. 101.

558 PUK-EJPD-Bericht, S. 186f.

f) Die äussere Inszenierung der Abhandlung

Für die im Folgenden zu entfaltende Protest-Geschichte bildete der PUK-Bericht allerdings nicht nur aufgrund seines Inhaltes einen Stein des Anstosses, vielmehr fungierte er ebenso aufgrund seiner äusseren Originalität als Initialzündung. Sie offenbart exemplarisch den Anspruch zahlreicher Protestakteure auf eine mediengerechte, das heisst kreative und symbolische Politikvermittlung. Was ist speziell an der äusseren Form des Berichtes und welcher inszenatorische Effekt lässt sich seinem unüblichen Erscheinungsbild zuschreiben?

Das Front-Cover des PUK-EJPD-Berichts hebt sich ab von der üblichen Gestalt, in der Drucksachen des Bundes, standardisiert als hellgrüne und unscheinbare Paperbacks in DinA5-Format, publiziert wurden. Die Untersuchungsergebnisse der Kommission befinden sich in einem von PUK-Präsident Moritz Leuenberger entworfenen ebenfalls kartonierten, jedoch weissen Einband, dessen Vorderseite ein zeichnerisches Element ziert. Es handelt sich um einen knapp über der Seitenmitte bogenförmig von links unten nach rechts oben getuschten Pinselstrich, der auf dem Cover der deutschsprachigen Ausgabe grün koloriert ist. Über dem Dekor, zentriert in der Kopfzeile, ist in schlichten, fettgedruckten Kleinbuchstaben – einem Logo gleich – „puk" vermerkt, worauf Publizist Urs Paul Engeler konstatierte, Leuenberger sei

> „nicht nur ein ausdauernd fahndender Detektiv und ein schlagfertiger Debattierer, sondern auch ein nicht unbegabter Kalligraph. Ein derart munteres Titelblatt hatte bis jetzt noch kein offizieller Bericht einer eidgenössischen Behörde".[559]

Die darstellerische Form des Deckblattes kommt einer grafisch klaren Komposition gleich, die sowohl typografisch als auch ikonisch dezent gestaltet ist. Auf diese Weise wird zum einen die durch die Seriosität des Berichtinhaltes bedingte Sachlichkeit unterstrichen. Zum anderen verleiht die schwungvolle Form der

---

559 Engeler, Höhlenforscher, Weltwoche, 30. November 1989.

Illustration dem zu vermittelnden abstrakten politischen Gegenstand assoziativ einen dynamischen und aufwärts weisenden Ausdruck. So setzt „der Strich links unten an und zieht sich mit verhaltenem Schwung nach rechts oben, wo er gar unbestimmt ausläuft und ausfranst".[560] Auch die farblich veränderte Erscheinung der parlamentarischen Drucksache kann im übertragenden Sinn als ein Zeichen der Neugestaltung gelesen werden. Darüber hinaus hat der Effekt, den der Kontrast des farbigen Pinselstrichs vor dem weissen Untergrund bewirkt, eine Signalwirkung. Bezüglich der deutschen Ausgabe kommentierte Leuenberger seine entsprechende Farbgebung dann auch als „ein giftiges, aber sehr schönes Grün".[561]

Der PUK-Präsident habe, so die retrospektive Schilderung Niklaus Oberholzers, bereits damals „gewisse Marketing-Überlegungen, die heute gang und gäbe sind", angestellt, um den Bericht in der Öffentlichkeit optimal „zu verkaufen".[562] Als es den anderen Mitgliedern der PUK, unter enormen Zeitdruck stehend, vor allem um die inhaltliche Abfassung des Textes gegangen sei, habe sich der Kommissionschef bereits mit der „äusseren Ausgestaltung des Berichtes" beschäftigt. Eine der Leistungen Leuenbergers sei es somit gewesen, die Relevanz der expressiven Dimension abstrakter Inhalte für eine erfolgreiche, massenmediale Politikvermittlung „schon damals perfekt vor Augen gehabt" zu haben. Schliesslich, so Engeler, wirke das Akronym „puk", auf dem Einbandkopf „salopp kleingeschrieben", forsch, als sei die Parlamentarische Untersuchungskommission bereits „zum Markenzeichen avanciert".[563]

---

560 Engeler, Höhlenforscher, Weltwoche, 30. November 1989.

561 Moritz Leuenberger zit. n.: Engeler, Höhlenforscher, Weltwoche, 30. November 1989.

562 Hierzu und zum Folgenden: Oberholzer im Gespräch mit Liehr, 9. Juni 2008, Transkript, S. 15f; vgl. auch: Bär im Gespräch mit Liehr, 28. März 2008, Transkript, S. 2.

563 Engeler, Höhlenforscher, Weltwoche, 30. November 1989.

Überträgt man den ökonomischen Terminus des „Marketing"[564] auf die Situation der Bundespressekonferenz, dann wird offenbar, dass die Präsentation eines äusserlich abwechselungsreich gestalteten PUK-Berichtes verglichen mit der herkömmlich einförmigen Art, einen nachhaltigeren Effekt in der massenmedialen Öffentlichkeit hinterlassen haben dürfte. Schliesslich ging es darum, politisch relevante Zusammenhänge an eine heterogene Grossgruppe von Menschen zu vermitteln und diese zur Lektüre eines administrativen Berichtes zu bewegen. Die übliche monotone Form der Bundesdrucksachen hätte womöglich, suggerierte sie doch, es handle sich um einen in Bürokratensprache verfassten Text, bei vielen einer Beschäftigung mit dem Inhalt entgegengewirkt. Tatsächlich verfehlte der von Leuenberger gestaltete Einband, im Rahmen der Berichterstattung über die Pressekonferenz häufig abgebildet, ihre ansprechende Wirkung nicht. Insbesondere auf den vornehmlich schwarz-weissen Fotografien hebt sich der helle Einband, verglichen mit einem potenziell grünlichen, deutlich sowohl vom grauen Bildhintergrund als auch vor dem dunklen Sakko des Kommissionspräsidenten ab, während dieser den Bericht, aufgenommen in Szenen der Präsentation oder der Lektüre, in die Kameras hielt.

Fasst man zusammen, dann fungierte das Cover, erstens, als attraktiver Blickfang zwecks „Aufmerksamkeitssteuerung" in den Massenmedien.[565] Seinem klaren und dynamischen Design kann, zweitens, die Bedeutung eines aktivierenden Impulses beziehungsweise einer entsprechende „Signalfunktion" zugesprochen werden. Darüber hinaus könnte seine ansprechende Erscheinung, drittens, auf potenzielle Rezipientinnen und Rezipienten dahingehend eine emotionale Wirkung entfacht haben, als sie unter Umständen Berührungsängste hinsichtlich einer Beschäftigung mit der bürokratischen Schrift abzubauen vermochte.

---

564 Der Begriff Marketing wird hier allgemein verstanden als konzeptionelles Zusammenspiel aller zur Förderung des Produktabsatzes zentralen Massnahmen.

565 Hierzu und zum Folgenden vgl: Sarcinelli 2002, S. 370.

Die zuletzt angesprochene affektive Dimension, welche eine Darstellung politischer Sachverhalte häufig impliziert, scheint wesentlich für deren erfolgreichen Vermittlungsprozess. Karl Rohe
zufolge gehe es politischen Akteuren hinsichtlich ihrer ideellen
Anliegen eben nicht nur darum, eine rational begründete Akzeptanz, sondern auch eine „emotional verankerte Zustimmung" zu
erreichen, weswegen „Politik in ihrem Vollzug und Resultat stets
auch ‚schön' sein, [...] Gestalt annehmen" müsse.[566] Insofern gelte
es, die ästhetische Seite des Politischen – das „Wie" – als Träger
nicht nur argumentativer Inhalte, sondern insbesondere auch von
„politischen Gefühlswelten" zu untersuchen. Indem Emotionen,
durch innere oder äussere Reizimpulse des vegetativen Nerven-
systems angeregt und kognitiv verarbeitet, ein physischer oder
psychischer „Erlebnischarakter" zugesprochen werden könne,
würden sie als ein „spezifischer Modus von Weltaneignung"
fungieren.[567] Dieser wird im Politikvermittlungsprozess entsprechend jeweiliger medientechnischer Rahmenbedingungen
über entsprechende Zeichencodes nutzbar gemacht, so dass
politische Aussagen, transportiert und verdichtet in optischen,
akustischen oder szenischen symbolischen Formen, als über die
Sinnesorgane wahrgenommene äussere Irritationen emotionale
Wirkungen, der Zustimmung oder der Ablehnung, entfalten
können. Politik, so auch Ulrich Sarcinelli, sei „nun einmal nicht
‚pur', gleichsam zum Nennwert zu haben, politisches Sein ohne
‚Design' nicht vermittelbar".[568] Vielmehr gelte es, eine genuine
Deutungsoffenheit vermeintlich eindeutiger politischer „Fakten"
zu konstatieren. Schliesslich seien

> „selbst amtliche Daten oder Gutachten [...] interpreta-
> tionsfähig und in einer pluralistischen Demokratie auch
> darstellungs- und interpretationsbedürftig. So mutiert
> nicht selten der vermeintlich schlüssige Kausalnachweis
> im politischen Kommunikationsprozess zum jeweils un-

---

566 Hierzu und zum Folgenden vgl.: Rohe 1990, S. 337f.

567 Vgl. Saxer/Märki-Koepp 1992, S. 50.

568 Hierzu und zum Folgenden: Sarcinelli 1995, S. 4.

terschiedlich akzentuierten politischen Deutungsangebot. Die Sachverhaltsdarstellung verbindet sich mit politischer Positionsfixierung und erlaubt somit durchaus unterschiedliche Wirklichkeitskonstruktionen."

Insbesondere in Phasen der politischen Alltagskommunikation, in denen es darum gehe, ein Problem oder einen bestimmten Standpunkt auf der politischen Agenda zu etablieren, verschmölzen „Politikherstellung und Politikdarstellung zugunsten einer übergreifenden strategischen Orientierung".[569] Schliesslich fusse die Legitimierung demokratischer Herrschaft auf einer beim Volkssouverän breit verankerten wertideellen Zustimmung, die es im Rahmen öffentlicher Kommunikation immer wieder zu erneuern gelte. Dementsprechend könne Öffentlichkeit in Demokratien als ein „Ergebnis wohlorganisierter Prozesse zur Erzeugung von Massenpublizität" bezeichnet werden.[570]

Diesen Zusammenhängen trug Kommissionspräsident Leuenberger mit dem von ihm gestalteten Einband des PUK-Berichts Rechnung, indem er, vorausschauend auf die öffentliche Präsentation der Untersuchungsergebnisse Einfluss nehmend, die kommunikative Wirkung der über die Massenmedien zu vermittelnden abstrakten Anliegen der PUK gezielt zu steuern versuchte. Durch die schöpferische Formgebung des Berichteinbands, durch den zweckorientierten Einsatz illustrativer Mittel, betrieb Leuenberger symbolische Politik, indem er komplexe politische Zusammenhänge in einen rasch erfassbaren visuellen Code überführte, der über den medialen Aneignungsprozess vornehmlich automatisiert wahrgenommen werden konnte.[571]

---

569 Hierzu und zum Folgenden vgl.: Sarcinelli 2002, S. 373, 376.

570 Sarcinelli 1995, S. 4.

571 Zur raschen Erfassbarkeit der Bedeutung von Bildmotiven sowie dem Problem ihrer Deutungsoffenheit vgl.: Hickethier 2003, S. 85f. Obgleich dem menschlichen Erfassen „einer Vielzahl von Bildern [...] eine grössere Direktheit und Unmittelbarkeit als der Sprache und der Schrift zugesprochen" und dem kognitiven Entschlüsselungsmechanismus von Bildmedien weltweit „ein universaler Charakter" zuerkannt würden, setze das Interpretieren von Bildmotiven „jedoch die

Den Untersuchungsergebnissen der PUK war ohnehin eine grosse Medienaufmerksamkeit sicher. Denn es handelte sich bei den Kommissionsmitgliedern um Angehörige des Parlaments, die, entgegen anderer politischer Akteure, erstens einen institutionalisierten Zugang zum Mediensystem hatten und deren Auftrag, zweitens, schon im Vorfeld von enormen öffentlichem Interesse gekennzeichnet war. Doch ging es darum, die brisanten Resultate der eigenen zehnmonatigen Arbeit ebenso glaubwürdig wie anschaulich auf einer Veranstaltung zu präsentieren, die ausschliesslich zugunsten massenmedialer Berichterstattung darüber anberaumt worden war: der Bundespressekonferenz.

Pressekonferenzen werden in den Kommunikationswissenschaften als so genannte „Pseudo-" oder „inszenierte Ereignisse" beschrieben, denn ohne die Präsenz von Massenmedien fänden sie als soziale Vorkommnisse nicht statt.[572] Vielmehr werden die Auftritte der jeweiligen (politischen) Akteure vor den Medienschaffenden unter Anpassung an die Bedingungen des Medien-

---

Kenntnis kultureller Konventionen voraus, die regeln, was mit welcher Bedeutung wie gezeigt wird". Darüber hinaus würden sich die immer mehrdeutig bleibenden Bildgehalte erst durch sprachliche Erklärungen präziseren lassen.

572 Die kommunikationswissenschaftliche Ereignistypologie kennt, je nach dem Grad der Ausrichtung eines dargestellten Vorfalls entlang der Erfordernisse des Mediensystems, neben den total darauf abgestimmten, gut planbaren „Pseudo-" beziehungsweise „inszenierten Ereignissen" noch zwei weitere Arten. Die so genannten „genuinen Ereignisse" vollziehen sich laut Definition unabhängig von der medialen Berichterstattung und werden weder im Ablauf noch strukturell durch die massenmediale Produktion bestimmt; beispielhaft hierfür sind Naturkatastrophen, Unfälle oder natürliche Tode von Staatsoberhäuptern. Darüber hinaus werden Vorfälle, die sich (vermutlich) auch ohne die Präsenz der Massenmedien ereigneten, jedoch aufgrund der zu erwartenden Berichterstattung einen medienspezifischen Charakter erhalten, als „mediatisierte Ereignisse" bezeichnet; hierfür stehen Parteitage, grosse Sportanlässe oder Messen. Vgl. hierzu: Baumann/Scherer/Schlütz 2003, S. 16f; Strohmeier 2004, S. 115–120; Schmitt-Beck/Pfetsch 1994, S. 122: Fussnote 20; Kepplinger 1992, S. 52.

systems zuvor bewusst organisiert und entsprechend arrangiert, geht es den Veranstaltern, in diesem Fall den Mitgliedern der PUK, doch darum, bestimmte Anliegen zu verfolgen.[573] Somit handelt es dabei um durchgeplante Inszenierungen, über die die Akteure versuchen, auf die journalistischen Darstellungen ihrer Interessen Einfluss zu nehmen beziehungsweise die Art der Medienberichterstattung über die eigene Person, ihr Handeln und die darzulegenden Themen mitzusteuern.

Verlief die dokumentarische Arrangierung des Inhaltes in der Kommission durchaus kontrovers, wurde die von Untersuchungsrichter Oberholzer favorisierte Präsentationsform einer Pointierung anhand illustrativer Fallbeispiele letztlich umgesetzt, wodurch bestimmte Untersuchungsergebnisse dramatisiert werden konnten. Wie aber wurden die Ermittlungsresultate, die die PUK über besagte darstellerische Raffinessen auf der Bundespressekonferenz selbstinszeniert hatte, von Medienschaffenden zugunsten des weiteren Vermittlungsprozesses fremdinszeniert? Anders ausgedrückt: inwiefern wurde das Empörungspotenzial des Kommissionsberichtes, in Medienrealitäten transformiert, einer breiten Öffentlichkeit zugänglich gemacht?

g) Weit mehr als nur Vermittler. Die Rolle der Printmedien

Schaut man sich exemplarisch die Berichterstattung einzelner auflagenstarker überregionaler Zeitungen über den PUK-Bericht an, dann wurden vor allem durch die Stilmittel der sprachlichen Metaphorik sowie der inhaltlichen Verknüpfung (Framing) unterschiedliche Anschauungen über die von der PUK offen gelegten Kritikpunkte vermittelt. Dementsprechend variierte die Einschätzung im Hinblick auf die Krisenhaftigkeit der institutionellen Situation in der Bundesanwaltschaft und der politischen Polizei in der Darstellung verschiedener massenmedialer Produkte beziehungsweise in den erzeugten Medienrealitäten.

---

573 Baumann/Scherer/Schlütz 2003, S. 17.

In ihrem ersten Artikel zur Pressekonferenz betont etwa die bürgerliche Neue Zürcher Zeitung am 25. November 1989, dass von der PUK „keine schwerwiegenden Vorwürfe zur Amtsführung von Bundesrätin Elisabeth Kopp sowie gegenüber der Bundesanwaltschaft und der Bundespolizei" erhoben worden seien, wenngleich sie auch Hinweise „auf Fehler und Schwachstellen" festgestellt habe.[574] Sind die Darlegungen über die von der PUK ermittelten Mängel in sachlicher Sprache verfasst, sticht die Metaphorik derjenigen Textpassagen hervor, mit der auf die Einstellungen der politischen Gegner von der Linken Bezug genommen wird. Entsprechend heisst es unter der Überschrift „Probleme in ihren richtigen Proportionen":

> „Der unvermeidliche Amtsverzicht von Elisabeth Kopp und die vor Jahresfrist ausgelöste Springflut von Verdächtigungen gegenüber Behörden und Amtstellen des Bundes hatten zu einer verständlichen *Vertrauenskrise* in der Öffentlichkeit geführt. Jene, die aber schon damals an einer Staatskrise zweifelten, müssen sich nach der Veröffentlichung des PUK-Berichtes nicht korrigieren. Das schweizerische Staatswesen ist *nicht von der Fäulnis der Korruption* befallen."[575]

An dieser Stelle nutzt der NZZ-Autor das Stilmittel des Zynismus, um die anprangernde Haltung der politischen Gegnerseite hinsichtlich der Lage der staatlichen Administration lächerlich zu machen. Indem die Menge der kritischen Äusserungen als „Springflut von Verdächtigungen" und die Besorgnis über die Zustände als „Fäulnis der Korruption" metaphorisch dramatisiert werden, erscheinen die gegnerischen Problematisierungen verglichen mit der eigenen Deutung der Situation, dergemäss „der Bericht keine schwerwiegenden Skandale aufdeckt", unverhältnismässig. Darüber hinaus spielt der Artikel die von der Kommission zahlreich erhobenen Kritikpunkte herunter, indem hervorgehoben wird, „die PUK hatte auftragsgemäss eine Män-

---

574 U.M., Vorwürfe, Neue Zürcher Zeitung, 25. November 1989.

575 Lts., Proportionen, Neue Zürcher Zeitung, 25. November 1989; Hervorhebung in der Quelle.

gelliste aufzustellen, was im Bericht das Missverhältnis zwischen Kritik und positiven Feststellungen erklärt".[576] Auch Philippe Messerli kommt im Anschluss an seine fundierte Zeitungsauswertung zu der These, dass die bürgerliche Presse vor allem in der ersten Woche nach der Veröffentlichung des PUK-Berichtes Zurückhaltung geübt habe. Zwar hätten NZZ und auch Vaterland teils umfassend über die aufgeführten Mängel berichtet,

> „gewisse besonders unerfreuliche Fakten fanden jedoch überhaupt keine oder bloss eine beiläufige Erwähnung – so zum Beispiel die Tatsache, dass sich die Bedrohungsbilder vor allem gegen links richteten und bisweilen die blosse Ausübung demokratischer Rechte für eine Registrierung ausreichte".[577]

Zunächst verschwiegen worden sei etwa das Ausmass der Überwachung, nämlich die Existenz der 900 000 Fichen, über die die drei von Messerli untersuchten bürgerlichen Blätter erst am 29. November 1989, mithin fünf Tage nach der Pressekonferenz berichtet hatten, und dies dann „in Form kleiner Agenturmeldungen". Die Registratur bei der Bundespolizei habe dort erst Erwähnung gefunden, als EJPD-Vorsteher Arnold Koller angekündigt hatte, dass allen Registrierten Auskunft erteilt werde, „mit anderen Worten: Die bürgerlichen Medien sprachen erst von dem Augenblick an offen über die Existenz der Karteikarten, als es nicht mehr länger möglich war, diese zu verschweigen". Insofern sei die Berichterstattung der von Messerli ergründeten bürgerlichen Zeitungen – Journal de Genève, Vaterland und NZZ – von Anfang an „auf Schadensbegrenzung ausgerichtet" gewesen. Ihnen sei es vornehmlich darum gegangen, „die durch die PUK im Staatsschutzbereich aufgedeckten Mängel nicht überzubewerten und zu dramatisieren".[578]

---

576 Lts., Proportionen, Neue Zürcher Zeitung, 25. November 1989.

577 Hierzu und zum Folgenden: Messerli 2001, S. 36f.

578 Messerli 2001, S. 36.

Der Bund, als unabhängige liberale Tageszeitung deklariert, erscheint in seiner Ausgabe vom 25. November 1989 bereits kritischer. Sowohl mit seinen metaphorischen Überschriften, die sich einer medizinisch-hygienischen Bildsprache bedienen, als auch in kommentierenden Bemerkungen wird die im PUK-Bericht beschriebene Situation des präventiven Staatsschutzes nicht nur anschaulicher, sondern auch drastischer vermittelt. Gleich zu Beginn auf Seite eins etwa wird die politische Funktion von Skandalen thematisiert, auf das Problem von Machtmissbrauch in Demokratien verwiesen und die Wichtigkeit des Prinzips der Gewaltenteilung betont, dank dem die PUK „jeden Akt der Machtausübung" im EJPD habe kontrollieren können, so dass im Bericht Missstände aufgedeckt und schonungslos einzelne Amtsinhaber kritisiert worden seien.[579] Auf die dadurch angespielte stets vorhandene Bedrohung der demokratischen Ordnung wird im Bund nicht nur durch die thematische Hervorhebung von Machtmissbrauch und Kontrolle der staatlichen Institutionen hingewiesen, sondern ebenso mit einem auf Seite zwei abgedruckten Photo, das Vertreter der rechtsextremen „Patriotischen Front" darstellt, die von den präventiven Staatsschützern offenbar nicht als staatliche Bedrohung zur Kenntnis genommen worden war. Im Übrigen bemerkt Martin A. Senn im entsprechenden Artikel, dass die für die Bundesanwaltschaft häufig gebrauchte Bezeichnung „Dunkelkammer der Nation" und der darin implizite „Vorwurf nicht aus der Luft gegriffen" sei.[580] Und er verweist missbilligend auf die große Anzahl Fichen ebenso wie auf die „ungleiche Verteilung der Sympathie zwischen Links- und Rechtsextremismus" bei der Bundespolizei. Auf Seite eins überträgt der Titel „PUK: Diagnose und Medizin" die Arbeitsresultate der PUK metaphorisch in die Vorstellungswelt der Krankheiten und ihrer Heilung.[581] Versinnbildlicht wird damit, dass die überprüften Institutionen „nicht gesund" und somit dienstunfähig seien, die PUK aber die Symptome erkannt und den Heilungsprozess durch angemessene

---

579   Stamm, Wirkung, Bund, 25. November 1989.

580   Senn, Bundesanwaltschaft, Bund, 25. November1989.

581   PUK: Diagnose, Bund, 25. November 1989.

Therapievorschläge zugunsten einer Wiederherstellung der institutionellen Funktionsfähigkeit eingeleitet habe. Der Kommission wird an anderer Stelle die Leistung zugesprochen, Bedingungen geschaffen zu haben, dass die „verstaubte" Bundesanwaltschaft „entrümpelt" werden könne. Sie verdiene dementsprechend „eine gute Note", da „der Anfang zur konstruktiven Überwindung der Krise [...] getan" sei.

Auch die Boulevard-Zeitung Blick bewertet die Ermittlungstätigkeiten der PUK als solche positiv und transportiert in riesigen, fetten, schwarzen Lettern auf rotem Untergrund reisserisch Emotionen. Unter dem Aufmacher: „Kopp-Bericht: Die Wahrheit – ein Schock!" befindet sich ein grosses, farbiges Photo, das in gefühlsbetonender Nahaufnahme die Gesichter der konsterniert nach unten blickenden PUK-Vizepräsidentin Josi Meier und des ernst in die Kamera schauenden PUK-Präsidenten Moritz Leuenberger darstellt. Es sei schockierend, was der PUK-Bericht offenlege,[582] vor allem, so der Kommentar des Chefredaktors Fridolin Luchsinger,

> „die Enthüllungen über die Arbeit und Mentalität des Bundesanwaltes Gerber und seiner Behörde. Das Ausmass der Bespitzelung von Bürgern, dokumentiert auf 900.000 Karteikarten (!), ist erschreckend. Zu Recht fordert die SPS, dass die überwachten Personen Einsicht in ihre Akten erhalten."[583]

Darüber hinaus folgt auf der nächsten Seite unter der Überschrift „Ich bin wahnsinnig erschrocken!" ein Interview mit Leuenberger, in dem dieser hinsichtlich der offen gelegten „Bürger-Bespitzelung" durch die politische Polizei eingesteht:

> „Ich war sehr misstrauisch gewesen. Aber ich bin dann doch wahnsinnig erschrocken. So hätte ich mir das nie vorgestellt. Diese Unbeweglichkeit, diese Blindheit gegenüber den grossen Gefahren des Rechtsextremismus sind mitschuldig

---

582 Blau, Wahrheit, Blick, 25. November 1989.

583 Luchsinger, nichts gelernt, Blick, 25. November 1989.

daran, dass wir in der Schweiz die Vorstufe des Faschismus haben. Es werden Häuser mit Ausländern angezündet, und die Polizei schaut zu, und zwar nur deshalb, weil, wie im Bericht dargestellt, den Rechtsextremen von Beamten Verständnis entgegengebracht wird. Das zweite, was mich erschreckt hat, ist die Tatsache, dass andererseits Leute, die mit demokratischen Mitteln versuchen, die Schweiz zu verbessern, beispielsweise in Sachen Umweltschutz, als Gefahr dargestellt werden und das Risiko laufen, eine Stelle nicht zu bekommen – das hätte ich nicht für möglich gehalten. Beispielsweise die Feministin, die den Neid eines Beamten weckte, weil sie in einem schönen Haus wohnt."[584]

Der Blick inszenierte die brisanten Ermittlungsergebnisse des PUK-Brichts, einem Boulevard-Medium gemäss, mit leicht erfassbaren affektiven Mitteln. Nicht nur durch den Aufsehen erregenden Aufmacher-Titel oder die Nahaufnahme der beiden betroffenen Gesichter wurden bedrückende Gefühle aktiviert, sondern auch über die Art der Fragestellungen im Interview und die so erzielten Antworten Leuenbergers, der mit simplen, aber plastischen Worten seine Besorgnis zum Ausdruck brachte.

Auch der Zürcher Tages-Anzeiger, ebenso wie der Blick eine parteipolitisch unabhängige Zeitung, berichtete schonungslos über die aufgedeckten Missstände. Doch während das Boulevardblatt insgesamt auf sensationserheischende Effekte eines auffälligen Layouts setzte, vermittelte er seine kritische Haltung textuell durch eine sachlichere Berichterstattung. So wird im Hauptartikel auf Seite eins betont, dass der Bericht „eine Fülle von Informationen zu kleineren und grösseren Skandalen" enthalte, die brisantesten Abschnitte aber diejenigen über die politische Polizei darstellten, deren Beamte ohne Gesetzesgrundlage „unbescholtene Bürger und Organisationen bespitzeln".[585] Unter dem Titel „Staatsschutz ausser Kontrolle" tadelt vor allem Rolf Wespe in seinem Kommentar die offenbar gewordenen Praktiken

---

584 Blau, Leuenberger-Interview, Blick, 25. November 1989.

585 Rwe., Missstände, Tages-Anzeiger, 25. November 1989.

der politischen Polizei rigoros mit Adjektiven wie „lächerlich",
„absurd", „dilettantisch", „gravierend" und „schockierend".[586]
Staatliche „Schnüffler" seien am Werk gewesen, und auch wenn
der Vergleich hart klinge, er liege auf der Hand:

> „Diese Papierarbeit der Bundespolizei erinnert fatal an die
> Praktiken des in der DDR soeben abgehalfterten Staatssi-
> cherheitsdienstes. Stellen denn freie Meinungsäusserungen
> die Sicherheit der Eidgenossenschaft in Frage?"

Folgerichtig bleibe nichts anderes als zu proklamieren:

> „Wir sind das Volk, das Volk der archivierten, beschnüffelten
> und registrierten Bürger und Bürgerinnen. Nun gilt es zu
> handeln und die von der Bundespolizei wenig respektierten
> demokratischen Rechte zurückzuerobern."

Mit ihren Aufdeckungen habe die PUK einen „mutigen Anfang"
gemacht. Nun heisse es, umzudenken, da „der Staat nicht vor dem
Volk geschützt werden" müsse, sondern die „Bürger von falscher
Bevormundung und übereifrigen Staatsschützern" zu befreien
seien, was eine „Nagelprobe für die Demokratie" darstelle.

Verwendete der Blick bereits das Wort „Bespitzelung", verstärkte
der Tages-Anzeiger die inkriminierende Konnotation der Staatsschutzpraktiken, indem schon in diesen ersten Artikeln von
staatlichen „Schnüfflern" die Rede war, die ihre Nasen, so die
Assoziation, in Dinge steckten, die sie nichts angingen. Wespe
steigerte die Dramatisierung der offen gelegten Missstände in
seinem Kommentar, und sie erfuhr durch den Vergleich mit den
Registraturen der Staatssicherheit ihre Zuspitzung. Jahrzehnte
lang war die Stasi, zumindest im deutschsprachigen Raum
des Westens, das gängigste Sinnbild für einen übermächtigen
diktatorischen Überwachungsapparat, der, allgemein bekannt,
bedrohliche Assoziationen und Gefühle zu evozieren vermochte.
Eine Parallelisierung beider staatlichen Observationsmethoden
mochte für viele übertrieben wirken, aber die dadurch herauf-

---

586 Hierzu und zum Folgenden: Wespe, Staatsschutz, Tages-Anzeiger,
     25. November 1989.

beschworene Vorstellungswelt war in ihrer Drastik einprägsam. Zudem galt die Stasi in westlichen Verfassungsstaaten als das Herrschaftsinstrument einer Diktatur, während im politischen System der Schweiz, der Direkten Demokratie, die Freiheit der Bürgerinnen und Bürger im programmatischen Zentrum der Verfassung verankert war,[587] was staatliche Überwachungsmassnahmen im privaten und politisch-partizipativen Bereich hier besonders problematisch erscheinen liess.

Die Wirkung dieses provokativen Vergleichs komplettierte Wespe, indem er mit dem Slogan „Wir sind das Volk" das ebenso eindrückliche wie aktuelle Bezugsereignis der Montagsdemonstrationen beziehungsweise der friedlichen und, hinsichtlich des soeben erlebten Mauerfalls, erfolgreichen Bürgerbewegung in der DDR aufgriff und damit illustrierte: Auch in der Schweiz müssten die Menschen, wie in der DDR, auf die Strasse gehen, um zugunsten ihrer demokratischen Rechte zu kämpfen. Auch in der Schweiz müssten die Menschen, wie in der DDR, „von falscher Bevormundung und übereifrigen Staatsschützern befreit werden", zwar nicht, wie in der DDR, um grundlegende demokratische Strukturen einzuführen, jedoch zugunsten des Erhalts der Demokratie.

War die Berichterstattung des Tages-Anzeiger über die aufgedeckten Methoden des präventiven Staatsschutzes von Anfang an auch kritisch, so wurde darin, ebenso wie in den anderen bereits zitierten Presseorganen, die Leistung der PUK vorbehaltlos anerkannt. Das war im Artikel von Urs Paul Engeler, der für die Weltwoche schrieb, sowie in der Berichterstattung der WoZ anders. Der Artikel des Weltwoche-Journalisten tadelt die aufgedeckten Missstände scharf, doch belegt er darüber hinaus sowohl die Pressekonferenz als auch den PUK-Bericht mit Spott.[588] Vorgelegt habe die Kommission,

---

587 Vgl. Schweizer Verfassungen online.

588 Hierzu und zum Folgenden: Engeler, Höhlenforscher, Weltwoche, 30. November 1989.

„ein erschütterndes Sittengemälde nicht nur der Zustände
im Eidgenössischen Justiz- und Polizeidepartement, sondern auch angrenzender Gefilde, ja der ganzen Schweiz im
ausgehenden 20. Jahrhundert. Abgefasst ist der Report in
der Manier eines Krimis – mit Ausblendungen an allen Stellen, wo die Spannung sich in der Lösung des Falls entladen
könnte."

Allerdings, und hier setzt die Kritik ein, habe sich die

„Allparteien-Schriftleitung nicht an einer raffinierten Dra-
maturgie oder einer ausgeklügelten Erzähltechnik, sondern
vielmehr am politischen Kalkül [orientiert]: Als vorsichtige
helvetische Aufklärergruppe präsentiert sie lediglich die
zweifelsfrei erhärteten Fakten. [...] Damit findet sich auch
der begeisterte Leser in der ungemütlichen Situation, dass
ausgerechnet jene Kommission, die ihm die schonungslose
Aufdeckung aller Missstände versprochen hat, sich an vielen
Stellen mit Antönungen begnügt, gewisse Vorgänge ins
Halbdunkel zurückschleift, mehrere dunkle Winkel nicht
ausleuchtet und lange Quergänge des geheimen Höhlensys-
tems nicht abschreitet. Aus Gründen der Staatsräson wird
neue Geheimniskrämerei zelebriert. ‚Es gibt eine berechtigte
Geheimhaltung', sagt der PUK-Präsident nur. Mehr ist aus
dem Pokerface nicht herauszubringen."

Die damit unterstellte Heimlichtuerei der PUK-Repräsentanten
auf der Pressekonferenz wird im Medientext Engelers von einer
Nahaufnahme untermauert, auf der Leuenberger und Meier in
flüsternder Pose abgebildet sind. Auch wenn, so der Journalist
weiter, der Bericht „in einem erbitterten Kleinkrieg" endredigiert
worden sei, habe es sich um eine „Konkordanzkommission" gehandelt, deren Mitglieder sich mit ihren Äußerungen „auf den
Zentimeter genau innerhalb des abgesteckten Terrains halten"
und immer wieder betont haben, „die Auslotung [gewisser]
Abgründe übersteige ihr Mandat". Weil jedoch „das Sittengemälde [...] noch unvollendet" sei, müsse „man die Orders an
das PUK-Team so ergänzen, dass dessen Scheinwerfer diesmal

mit genügend Lux ausgestattet sind. Oder neue Spürhunde mit neuen Aufträgen sind loszuschicken".

Engeler verglich die geheimen Operationen der staatlichen Sicherheitsorgane metaphorisch mit einem obskuren verschachtelten „Höhlensystem", das von der Untersuchungskommission nicht vollständig ausgeleuchtet worden war. Er bezichtigte sie geradezu der Komplizenschaft, indem er ihr vorwarf, „aus Gründen der Staatsräson wird neue Geheimniskrämerei zelebriert", so dass die PUK „gewisse Vorgänge ins Halbdunkel zurückschleift". Die so illustrierten Zweifel an der aufklärerischen Funktionsfähigkeit einer Kommission mit eingeschränktem Untersuchungsauftrag könnten gemäss seinen Forderungen nur durch eine Erweiterung der Ermittlungsziele beziehungsweise durch eine zweite Kommission mit anderem Auftrag ausräumt werden. Lediglich auf diese Art lasse sich das „Sittengemälde" vervollständigen, mithin das gesamte staatliche Tugendsystem hinter den Sicherheitsbehörden aufdecken. Im Untertitel des Artikels findet sich die entsprechende Forderung: „Auch die Geheimdienste dürfen für das Parlament keine Dunkelkammer bleiben".

Die WoZ schliesslich, bekannt als linke WochenZeitung, vertrat die radikalste Kritik der hier untersuchten Zeitungen, und zwar sowohl hinsichtlich der aufgedeckten Ermittlungsresultate als auch bezüglich der PUK-Forderungen. Unter dem Titel „Ein Thriller namens PUK-Bericht: Rundgang durch die Dunkelkammer" werden zunächst in einem lockeren sarkastischem Ton die von der PUK offengelegten Missstände beschrieben, wobei vor allem die Forderungen der Kommission als „zu brav ausgefallen" beanstandet werden.[589] Darüber hinaus habe der

> „PUK-Roman [...] noch zwei weitere Fehler: Er ist erstens leider wahr, auch wenn er höchstens die halbe Wahrheit aufzeigt. Und zweitens wird er in den nächsten Jahren als Musterbeispiel dafür herhalten müssen, dass ‚demokratische Kontrolle' hierzulande funktioniert".

---

589 Hierzu und zum Folgenden vgl.: Ein Thriller, WochenZeitung, 1. Dezember 1989.

Mit dem zweiten als „Fehler" bezeichnetem Aspekt wird angesprochen, was Politologe Murray Edelman als ein entscheidendes Problem in Demokratien beschrieben hat: die unreflektierte Mythologisierung von politischen Institutionen, wie etwa herrschaftspolitischen Kontrollinstanzen, die vielfach imaginativ als Symbole der Beschwichtigung wirkten.[590] Indem der parlamentarischen Untersuchungskommission in der Öffentlichkeit eine hohe Glaubwürdigkeit zugesprochen werde, so die impliziten Bedenken, erlahme das, womöglich soeben durch die Ermittlungsergebnisse aufgeflammte Misstrauen gegenüber staatlichen Mandatstragenden und Strukturen. Nach dem Motto: Durch institutionalisierte Kontrollinstanzen wie die PUK sind Mechanismen der Volkssouveränität, wenngleich vorübergehend gefährdet, letztendlich doch abgesichert; grundlegende Systemveränderungen erscheinen mithin nicht notwendig.

Einer solch unbedarften Haltung setzt der Artikel darunter entgegen, dass sich die Forderungen, durch welche die PUK das umstrittene Staatsschutzorgan zu reformieren erhoffe, hinsichtlich des Datenschutzes als kontraproduktiv erweisen würden.[591] Zu beanstanden sei, dass die PUK „den Sinn der Stasi nicht grundsätzlich in Frage [stellt], sie kritisiert nur deren bisherige Ineffizienz". Entlang der althergebrachten Praxis sei alles gesammelt worden, was sich, „mal mit Fleiss, mal mit verdeckten Ermittlungen (Spitzeln), ergattern" lassen habe. Knapp hundert Stellen seien bei der Bundesanwaltschaft der Bundespolizei zugeteilt, hinzu

> „kommen 180 kantonale und städtische Beamte und eine unbekannte Zahl von Ortspolizisten mit Staatsschutzaufgaben, die sich ‚vor Ort' informieren, Mitgliederlisten, Inserate und Flugblätter sammeln und der Bundespolizei schicken. Ineffizient an dieser Arbeitsweise ist vor allem das technische Niveau; die Tatsache, dass im Zeitalter der

---

590 Hierzu und zum Folgenden vgl.: Edelman 2005³, S. 13–15.

591 Hierzu und zum Folgenden: PUK-Forderungen, WochenZeitung, 1. Dezember 1989.

Informatik Beamte sich mit der Handhabung von 900.000 Karteikarten abmühen."

Dass die PUK eine stärkere Vernetzung der Bundesanwaltschaft sowie einen verbesserten Informationsaustausch zwischen den Kantonen fordere, führe indes, durch Bündelung verschiedenster Datenbestände, zu einer besonderen Gefahr des Datenmissbrauchs. Schliesslich biete

> „ein effizienter, vernetzter Zentralcomputer [...] unbegrenzte Möglichkeiten. Mit dessen Hilfe könnten Informationen aus den verschiedensten Dateien abgerufen, all die scheinbar unbedeutenden und zufälligen Hinweise zu Persönlichkeits- und Organisationsprofilen kombiniert werden".

Die demgegenüber von der PUK verlangte sofortige Erstellung und Umsetzung konkretisierter Datenschutzbestimmungen bezweifelt der WoZ-Artikel angesichts dessen, dass sich eine entsprechende Gesetzesregelung seit 1984 auf einem zähen Verhandlungsweg ohne nennenswerte Ergebnisse befinde.

Hatte der Kommentator des Tages-Anzeigers, Rolf Wespe, noch die Härte eines Vergleichs der Überwachungsmethoden von politischer Polizei und der DDR-Staatssicherheit angemerkt, übernahm die WoZ den Begriff Stasi wie selbstverständlich, ohne jegliche Kommentierung einer Gleichsetzung der Praktiken des präventiven Staatsschutzes beider Länder.[592] Auch die Kritik an den PUK-Forderungen fiel deutlicher aus. Während Weltwoche-Journalist Engeler diffus eine Heimlichtuerei der Kommission anmahnte,

---

592 Im Untersuchungsbericht von Kreis et al. wird 1993 allerdings hervorgehoben, die 1989/90 angeprangerten schweizerischen Staatsschutzpraktiken könnten mit denjenigen des DDR-Staatssicherheitsdienstes keineswegs gleichgesetzt werden. Kreis auf der Pressekonferenz im Juni 1993: „Das Bild ist falsch, dass die Bundespolizei systematisch das politische Verhalten der Bürgerinnen und Bürger sowie diese selbst beobachtet und die Meinungen aller registriert hat, deren Einstellung nicht ganz dem Durchschnitt der Bevölkerung entspricht". Georg Kreis zit. n.: Amstutz, Kontrolle, Basler Zeitung, 12. Juni 1993; vgl. A.C., Fichenaffäre, Neue Zürcher Zeitung, 12./13. Juni 1993.

konkretisierte die WoZ ihren Tadel. Liessen ihre Ausführungen doch augenfällig werden, inwiefern eine computerisierte, mithin effizienzsteigernde Reform der Registriermethoden hinsichtlich des potenziellen Datenmissbrauchs besonders riskant erschien.

Auch Jürg Frischknecht kommentiert in der WoZ, dass „‚demokratische Kontrolle' hierzulande" trotz einer parlamentarischen Untersuchungskommission nicht unbedingt funktioniere. Der Publizist, in der Schweiz für seine Erforschungen politisch reaktionärer Gruppen bekannt,[593] wirft der PUK hinsichtlich der politischen Polizei zweierlei vor.[594] Erstens fehle im Bericht „die konsequente Forderung, diesen Stall restlos auszumisten", was einer Verhöhnung der Bürgerinnen und Bürger gleich komme.

Zweitens hätten die Reformanträge der Kommission bewirkt, dass „das Parlament [...] in der kommenden Woche allen Ernstes [diskutiert], wie die schweizerische Stasi etwas effizienter und kontrollierter zu organisieren sei". Die Weigerung aber, hebt Frischknecht hervor, sich mit politischen Minderheiten offen auseinanderzusetzen und sie stattdessen „hinterhältig zu observieren", sei ein Kennzeichen totalitärer Gesellschaften wie der DDR, in der „in diesen Monaten Tausende von Stellen des Staatssicherheitsdienstes abgeschafft" würden. Somit heisse es, die „Datensammlerei" in der Schweiz beziehungsweise den „Überwachungsapparat über politische Minderheiten" nicht effizienter zu gestalten, sondern gänzlich zu stoppen. Eine Datenschutzgesetzgebung wirke ohnehin nur als „Beruhigungsmittel". Entsprechend radikal verlangt Frischknecht dann auch: „Schaffen wir die politische Polizei ab!"

Darüber hinaus gelte es, Druck aufzubauen „bis wir unsere Akten holen können. Wir setzen nicht auf die teilweise Vernichtung der Akten durch die Sammler. Wir wollen unsere Dossiers selbst

---

593   Vgl. etwa: Arbeitsgruppe Demokratisches Manifest 1976[3]; Frischknecht/ Haffner/Haldimann/Niggli 1979[4]; Frischknecht 1991; Niggli/ Frischknecht 1998.

594   Hierzu und zum Folgenden: Frischknecht, CH-Stasi, WochenZeitung, 1. Dezember 1989.

sehen, behändigen und dem Aktenwolf übergeben". Im Bezug auf den Umstand, dass Rechtsradikale in den Registraturen kaum erfasst worden waren, verlangt Frischknecht:

> „Vom Staat erwarten wir nur zweierlei. Er soll die Anti-Rassismus-Konvention der UNO endlich unterzeichnen, was einen neuen Strafgesetzartikel über rassistische Diskriminierung voraussetzt. [...] Und zweitens sollen Polizei und Justiz die stille Kumpanei mit militanten Rassisten aufgeben und deren Straftaten verfolgen wie andere auch."[595]

Am Ende des Kommentars folgt ein Hinweis darauf, dass registrierte Betroffene und Organisationen eine Kundgebung diskutieren, die am 9. Dezember 1989 vor der Bundesanwaltschaft an der Berner Taubenstrasse 16 stattfinden solle.

Folgt man dem skandaltheoretischen Vierphasenmodell Hondrichs, dann lassen sich wenige Tage nach der Bundespressekonferenz bereits drei wesentliche Abschnitte dessen aufzeigen, was als Fichen-Skandal in die Schweizer Geschichte eingegangen ist:[596] Erstens hatten Mandatstragende einer staatlichen Institution Verfehlungen begangen. Diese waren, zweitens, enthüllt und, drittens, von Akteuren aus Politik und Massenmedien als verfassungswidrig gebrandmarkt worden. Die vierte Phase der Aufarbeitung und Genugtuung aber stand noch aus. Doch wurde mit Frischknechts erstem Mobilisierungsverweis bereits angedeutet, was in den kommenden Wochen und Monaten verstärkt auf der öffentlichen Agenda, vor allem der Deutschschweiz, stehen sollte: vehemente Auseinandersetzungen darüber, wie die angeprangerten staatlichen Missstände zu überwinden seien.

Die Ermittlungsresultate der PUK, bemerkt Susanne Brügger, hätten nicht nur aufgrund ihres generellen Empörungspotenzials zu „einer grossen medialen Ausschlachtung" geführt, sondern auch weil zahlreiche Journalistinnen und Journalisten von der Überwachung selbst betroffen gewesen seien. Abgesehen davon,

---

595 Frischknecht, CH-Stasi, WochenZeitung, 1. Dezember 1989.

596 Hondrich 2002, S. 15f.

dass Persönlichkeiten wie Jürg Frischknecht, Rolf Wespe oder Urs Paul Engeler „als Wortführer" die Skandalisierung mit immer neuen Vermutungen und Beschuldigungen vorantrieben,[597] waren Medienschaffende auch im folgenden Deutungskampf um Staatsschutz, Rechtsstaat und Demokratie keineswegs nur als Informationenvermittler tätig. Sie traten, seien es Fernseh- und Radioredakteure oder solche diverser Printmedien, selber als politische Akteure auf. Denn durch die jeweilige medienästhetische Gestaltung sowie durch die inhaltliche Attributierung der Themen schufen sie jeweils eigene Wahrnehmungs- und Deutungsmuster der darzulegenden Sachverhalte. Wie unterschiedlich die konstituierten Medienrealitäten ausfallen konnten, galt es anhand der obigen Ausführungen bezüglich eines exemplarischen Printmediensamples aufzuzeigen.

Aus den selektierten Presseartikeln lassen sich, was die gesellschaftspolitische Einschätzung der PUK-Kritik an den Methoden des präventiven Staatsschutzes anbelangt, drei verschiedene Interpretationsstufen herausarbeiten: 1. Die offen gelegten Missstände werden von den Redakteuren nicht als Gefährdung der institutionellen Glaubwürdigkeit dargestellt. Die Arbeit und die Forderungen der PUK finden jedoch Anerkennung. 2. Die aufgedeckten Mängel innerhalb der entsprechenden Behörden gelten als kritisch beziehungsweise krisenhaft, die Arbeit und die Forderungen der PUK werden gewürdigt und im Hinblick auf die Aufarbeitung der wahrgenommenen Krise als ausreichend angesehen. 3. Sowohl die institutionellen Beanstandungen als auch die von der PUK aufgestellten Forderungen zur Bereinigung der Mängel werden kritisiert. Folgerichtig wird an die Bürgerinnen und Bürger zur Überwindung der proklamierten staatlichen Krise appelliert, nicht auf die institutionellen Regelungen zu vertrauen, sondern sich selber zu engagieren und öffentlichen Druck aufzubauen.

Gemäss Philippe Messerli lassen sich bezüglich der Presseberichterstattung während des gesamten Skandaljahres ähnliche

---

597 Brügger 2006, S. 37.

Beobachtungen feststellen.[598] In den von ihm analysierten Blättern bestehe zwar grundsätzlich Einigkeit darüber, dass der schweizerische Staatsschutz abgesehen von einer elementaren Reglementierung künftig einer schärferen Kontrolle durch Regierung und Parlament bedürfe. Doch manifestiere sich hinsichtlich der Bewertung der bisherigen Staatsschutzpraktiken eine ideologische „Polarisierung" zwischen einerseits bürgerlichen und andererseits unabhängigen beziehungsweise linken Zeitungen, die auf verschiedenen Staatskonzeptionen und Geschichtsbildern fusse. Entlang eines den Erfahrungen des 20. Jahrhundert entsprungenen „eher pessimistischen Menschen- und Bedrohungsbildes", führt Messerli aus, bekundeten etwa die Neue Zürcher Zeitung und das Journal de Genève das „Paradox der Demokratie", demgemäss zum Schutze des demokratischen Gemeinwesens Einschränkungen individueller Freiheitsrechte unumgänglich seien. Demgegenüber werteten beispielsweise Tages-Anzeiger und Berner Tagwacht die aus dem einseitig antikommunistischen Bedrohungsbild resultierenden umstrittenen Überwachungsmethoden als „bewusste Machterhaltungsstrategie eines von einer bürgerlichen Elite beherrschten Staates", durch die „weniger die innere Sicherheit der Schweiz gefährdet [zu sein scheine], als vielmehr deren demokratische und liberalen Grundwerte".

Bevor im kommenden Abschnitt, in der Skandalchronik fortfahrend, die Mobilisierung ausserparlamentarischer Opposition entfaltet wird, gilt es, einen Überblick über die Phaseneinteilung des gesamten Skandalisierungsverlaufs zu geben, wie sie Messerli entlang seiner Zeitungsanalyse plausibel vorgenommen hat. Gemäss dem Historiker lassen sich auf Basis der massenmedialen Berichterstattung vier Zäsuren vornehmen, wobei die Höhepunkte jeweils unmittelbar nach der Veröffentlichung der drei PUK-Berichte sowie nach der Entdeckung neuer Karteien im EMD und EJPD wie folgt festzulegen sind:[599]

---

598 Hierzu und zum Folgenden: Messerli 2001, S. 135–137.

599 Messerli 2001, S. 28–30, 134f. Der PUK-EJPD-Bericht wurde am 24. November 1989, der PUK-EJPD-Ergänzungsbericht am 1. Juni 1990 und PUK-EMD-Bericht schliesslich am 23. November 1990

Phase 1: 24. November 1989 bis 11. Februar 1990

Phase 2: 12. Februar bis 31. Mai 1990

Phase 3: 1. Juni bis 22. November 1990

Phase 4: 23. November bis 31. Dezember 1990.

3. Von der Entrüstung zum Protest. Mobilisierungsimpulse

a) Kampf den Reformen. Das Komitee „Schluss mit dem Schnüffelstaat"

Noch bevor der PUK-EJPD-Bericht in der Nationalversammlung zur Diskussion stand, verwies SP-Nationalrat Peter Bodenmann, bezeichnenderweise als „Kopf der Woche" zu einem Radiogespräch geladen, auf das, was in den kommenden Monaten in der Öffentlichkeit Programm werden sollte: die Transformation der ersten Empörung über die aufgedeckten Staatsschutzmethoden in Protest.[600] Wie Bodenmann in dem Interview ausführt, sei der Druck knapp eine Woche nach der Publikation der brisanten

---

veröffentlicht, ab dem 12. Februar 1990 begann der „Testbetrieb" bezüglich der Einsichtnahme von Berner Bürgerinnen und Bürgern in ihre Akten, wobei offensichtlich wurde, dass auch seitens des EMDs Personendaten registriert worden waren.

600 Hierzu und zum Folgenden: Peter Bodenmann in: Samstagrundschau, SR DRS1, 2. Dezember 1989, Transkript, S. 1. Bodenmann gilt bei seinen damaligen Mitstreitenden als „Theoretiker der Skandalisierung", er wird, zusammen mit Paul Rechsteiner, als der „strategische Kopf" der Protestmobilisierung bezeichnet. Frischknecht im Gespräch mit Liehr, 5. März 2008, Transkript, S. 4f. Vgl. auch: Weber im Gespräch mit Liehr, 18. März 2008, Transkript, S. 3f. Wie Bodenmann selbst ausführt, habe er als politisch Aktiver schon früh eine Antwort auf die Frage nach der Destabilisierung von Systemen gesucht, weswegen er bereits in jungen Jahren ein ebenso intensives wie desillusionierendes Studium über die Funktion, die Genese und gesellschaftspolitischen Effekte von Skandalen betrieben habe. Bodenmann im Gespräch mit Liehr, 16. Mai 2008, Transkript, S. 10. Zweifellos profitierten die damaligen Skandalisierungsbestrebungen von jenen theoretischen Kenntnissen

Ermittlungsergebnisse „offenbar noch zu wenig gross", damit die Akten endlich zugänglich gemacht würden. Umgehend gelte es, schweizweit alle Betroffenen hinsichtlich ihrer Fichierung zu informieren, ihnen sodann Einblicke in die Originalunterlagen zu gewähren und ein Rechtsmittel einzuräumen, gegen etwaige Abdeckungen vorgehen zu können – Ansprüche, die in den bevorstehenden Parlamentsdebatten als Anträge eingebracht werden würden.

Erwartungsgemäss gaben sich vor allem Volksvertretende aus dem roten und grünen Spektrum in der zwei Tage danach, am 4. Dezember 1989 beginnenden Wintersession der grossen Kammer nicht mit den von der PUK-EJPD aufgestellten Reformforderungen zufrieden.[601] Abgesehen davon, dass mehrfach, wenngleich auch folgenlos, die Frage nach personellen Konsequenzen zur Sprache kam, wurde bereits zu jenem Zeitpunkt über die von Linksgesinnten verfochtene institutionelle Abschaffung der politischen Polizei gestritten. Paul Rechsteiner etwa, Verteidiger dieses Anliegens, begründete es wie folgt:

> „Dass Feministinnen, dass AKW-Gegner, dass Friedens-organisationen bespitzelt worden sind, ist keine Panne des Systems, sondern es liegt in der Logik der politischen Überwachung, weil die politische Polizei immer die Opposition bespitzelt, nämlich diejenigen Menschen, die mit den herrschenden Verhältnissen nicht einverstanden sind."[602]

Darüber hinaus verlautete aus der SP-Fraktion sowie aus Gewerkschaftskreisen, eine zweite PUK zur Überprüfung nachrichtendienstlicher Tätigkeiten innerhalb des Eidgenössischen Militärdepartements müsse initiiert werden, weil dieser staatliche

---

Bodenmanns ebenso wie von seinen direkten Erfahrungen als linker Politakteur im Oberwallis.

601 Hierzu und zum Folgenden: Friemel 2007, S. 36–39.

602 Paul Rechsteiner im Nationalrat am 7. Dezember 1989 zit. n.: Friemel 2007, S. 36.

Bereich, unter besonderer Geheimhaltung stehend, ebenfalls verdächtig und anders nicht zu kontrollieren sei.[603]

In den Wochen nach der Publikation des PUK-EJPD-Berichtes war der Öffentlichkeit ein heterogenes Spektrum an Meinungen zu entnehmen, wenngleich sich unter den Parlamentsmitgliedern des National- und des Ständerates, ähnlich wie unter den Medienschaffenden,[604] grundsätzlich zwei Pole konstituierten: einerseits die „Schadensbegrenzer", die beschwichtigend Stellung bezogen, vor radikalen Beschlüssen warnten und betonten, die Angelegenheit werde dramatisiert sowie andererseits die „Grossreinemacher", die rigorose Veränderungen anstrebten und die aufgedeckten Zustände als Skandal bezeichneten.[605] Es handele sich, bilanziert die Berner Zeitung, um die „alten politischen Grabenkämpfe zwischen dem links-grünen und dem bürgerlichen Lager".[606] Als Vertreter der letztgenannten Seite warf etwa CVP-Politiker Paul Zbinden den Gesinnungskontrahenten in der Nationalversammlung vor, weil der PUK-Bericht „nichts Staatsgefährdendes an den Tag brachte", werde nun „hier im Saal und draussen vor der Tür mit allen Kanonen auf die Bundesanwaltschaft, insbesondere auf die politische Polizei" geschossen. Die Skandalierenden träten „in einer selten überheblichen Art als Meister Proper und als öffentliche Ankläger" auf. Bundesräte würden verunglimpft, das „Departement, das unseren Rechtsstaat hütet", diskreditiert und das „Vertrauen in unsere Verwaltung" untergraben.

---

603 Vgl.: Sen., Glasnost, Bund, 29. November 1989; Barmettler, Cincera, Luzerner Neuste Nachrichten, 7. Dezember 1989.

604 Vgl. dazu ausführlich: Messerli 2001, S. 36–48.

605 Blum/Buess, ausmisten, Tages-Anzeiger, 8. Dezember 1989. Vgl. auch: Brügger 2006, S. 24–29, hier S. 27. Susanne Brügger vermittelt einen profunden Überblick über die in den betrachteten Printmedien publizierten Reaktionen von Akteuren unterschiedlicher Berufsgruppen auf die Ereignisse während des Skandalisierungszeitraumes.

606 Hierzu und zum Folgenden: PUK-Debatte, Berner Zeitung, 8. Dezember 1989.

Demgegenüber hatte die Grüne Nationalrätin Rosmarie Bär einen Tag zuvor verkündet, dass es die Akteure besagter Behörden selbst gewesen seien, die mit ihren Praktiken den fatalen Glaubwürdigkeitsverlust hervorgerufen hätten. Bär pointierend: „Unsere Demokratie wird ausgerechnet von der Institution ausgehöhlt, die zu ihrem Schutze geschaffen wurde".[607] Doch auch der Gesamtbundesrat, dem die Quartalsberichte der politischen Polizei regelmässig zugestellt worden waren, habe zu verantworten, dass die Anwendung der Grund- und Freiheitsrechte in Theorie und Praxis aufgrund der umstrittenen Staatsschutzmethoden derart „auseinanderklaffen". Während – im Bezug etwa auf die „Patriotische Front"[608] – weniger rechtswidrige oder gewalttätige Handlungen unterbunden worden seien, wehre der schweizerische Staatsschutz „von Mehrheitsmeinungen abweichende Ideen" ab. Folglich würden sich die „Status-quo-Verteidiger" durch Personen und Gruppierungen bedroht fühlen, welche an den herrschenden Verhältnissen Kritik übten und das Gemeinwesen durch andere Wertsysteme – wie Frauenemanzipation, Umweltschutz, Friedensarbeit oder Minderheitenschutz – ergänzten. Aus „Angst vor Veränderung" würden sie mit Feindbildern, einem Überwachungsapparat sowie einer „selbstdeklarierten Geheimsphäre" reagieren; Instrumente, durch die verhindert werden solle, dass sich „die Machtverhältnisse je verschieben könnten". Doch, erinnert Bär, „permanente Machtkritik" und „Wettstreit der verschiedenen Ideen" würden ebenso zur Essenz des Rechtsstaates und der Demokratie gehören wie Transparenz und öffentliche Kontrolle. Der Staat dürfe keine Geheimsphäre besitzen, denn „er ist die öffentliche Angelegenheit schlechthin". Um neues Vertrauen zu schaffen, so das Plädoyer der Parlamentarierin, gelte es nun, aufrichtig nachzudenken „über die Grundideen unseres Staates und über die ethischen Werte unseres politischen Handelns".

---

607 Hierzu und zum Folgenden: Bär, Arroganz, Tages-Anzeiger, 7. Dezember 1989.

608 Zur 1989 gegründeten rechtsradikalen Gruppierung „Patriotische Front" vgl.: Frischknecht 1991, S. 135–171.

Nachdem mehrere Dutzend linksgesinnte und einzelne bürgerliche Parlamentsmitglieder inzwischen beim Vorsteher des EJPDs, Bundesrat Arnold Koller, die Einsicht in ihre Fichen errungen hatten, war die Konsternation einmal mehr gross.[609] Ein rasches Abflauen der ersten Empörung vorausahnend, entschlossen sich, knapp zwei Wochen nach der Publikation des PUK-EJPD-Berichts, einzelne Nationalratsabgeordnete verschiedener Parteien und als Angehörige betroffener Organisationen am letzten Tag der Wintersession Mitte Dezember 1989 zu einer Pressemitteilung, deren metaphorische Überschrift einen richtungweisenden Auftrag enthielt: „Schluss mit dem Schnüffelstaat!"[610] Darin heisst es: Aufgrund der Bespitzelung hunderttausender in der Schweiz lebender Personen – „von der Gewerkschafterin über den AKW-Gegner bis zum Stadtpräsidenten" – sind die an der Pressekonferenz Vertretenen „gewillt, diese düstere Vergangenheit gründlich aufzuarbeiten und mit ihr zu brechen". Es gelte, sich in den kommenden Monaten gemeinsam „politisch und juristisch zu wehren". Als Ziele der „kommenden Arbeiten" wurden proklamiert: 1. Benachrichtigung aller bei der politischen Polizei Registrierten, gegen die kein gerichtspolizeiliches Verfahren läuft; 2. vollumfängliche Akteneinsicht ohne Abdeckungen, des Weite-

---

609 Unter Federführung Peter Bodenmanns hatten zahlreiche Parlamentsabgeordnete einen Brief mit entsprechenden Forderungen an Bundesrat Arnold Koller gesandt. Darüber hinaus erkundigten sich zahlreiche Nationalratsmitglieder in der ersten Fragestunde der Wintersession einzeln, ob über sie persönlich bei der Bundesanwaltschaft ein Dossier vorliege. Vgl. etwa: Sen., Glasnost, Bund, 29. Dezember 1989; Wespe, Wut, Tages-Anzeiger, 29. November 1989; Blum, Enttäuschung, Tages-Anzeiger, 7. Dezember 1989; Pk., Hubacher, Berner Zeitung, 7. Dezember 1989; Sen., Musterknaben, Bund, 8. Dezember 1989. Während der Einsichtsnahme durften indes keine Kopien, sondern lediglich handschriftliche Notizen angefertigt werden. Wespe, Jagdszenen, 20. Dezember 1990.

610 Hierzu und zum Folgenden: KSS, Dokumentation, Pressemitteilung vom 15. Dezember 1989. Initiiert war die Pressekonferenz von Mitgliedern diverser linksgesinnter Parteien und Organisationen. Vgl.: Schluss, Tagwacht, 16. Dezember 1989.

ren: Zugang zu den Dossiers;[611] 3. Anspruch auf „unbürokratische Entschädigung, Wiedergutmachung und Genugtuung" für durch die politische Polizei geschädigte Personen und Organisationen ohne Verjährungsfristen; 4. Abschaffung der politischen Polizei; 5. Einberufung einer PUK-EMD[612] sowie 6. Durchleuchtung der kantonalen, kommunalen und privaten „Zuliefer-Betriebe".

Bereits die ersten Unterlagen aus der Dokumentation des Komitees „Schluss mit dem Schnüffelstaat" (KSS) offenbaren eine weitsichtige Planung im Hinblick auf die Erlangung der aufgestellten Ziele, wobei alle Aktivitäten explizit auf die Märzsession der Nationalversammlung ausgerichtet waren, in der bezüglich des Staatsschutzeklats „zahlreiche Vorstösse aus den Fraktionen der SPS, Grünen und LdU/EVP" zur Entscheidung standen. Um die Kampagnen-Anliegen organisatorisch zu untermauern, um ein „Gefäss" zu schaffen, in dem die vielfältig Betroffenen gemeinsam als kollektiver Akteur ihre „Kräfte bündeln" konnten,[613] forderte ein „Vorbereitungsausschuss" Angehörige anderer Parteien, der Gewerkschaften sowie diverser politisch und sozial aktiver Gruppierungen dazu auf, sich daran zu beteiligen, politischen Druck aufzubauen.[614] Sie wurden gebeten, im Januar

---

611 Bereits wenige Wochen später wird innerhalb des KSS terminologisch vermerkt, die öffentliche Verwendung des Begriffs „Dossier" sei „unzweckmässig", weil diese nur in Ausnahmefällen vorlägen. Hinsichtlich der Einsichtsforderungen gelte es somit von „Daten und Akten" zu sprechen. KSS, Dokumentation, Vorschlag für Aktivitäten bis zur März-Session, 19. Januar 1990.

612 Bezüglich möglicher Fichen-Funde im EMD hatte etwa Jürg Frischknecht die Vermutung geäussert: „Bundesrat Kaspar Villigers Dementi, im EMD würden keine Personenkarteien im Stil der politischen Polizei geführt, ist die Notlüge eines Magistraten, der keine PUK-2 im eigenen Haus wünscht. Von zentraler Bedeutung ist: Der umstrittene Bupo-Chef Peter Huber ist zur Hälfte vom EMD angestellt." Frischknecht, Keller, WoZ, 12. Januar 1990.

613 Weber im Gespräch mit Liehr, 18. März 2008, Transkript, S. 17f.

614 Hierzu und zum Folgenden: KSS, Dokumentation, Einladung vom 31. Dezember 1989. Als Absender des Anschreibens fungiert bereits in fetten Grosslettern der Name „Komitee ʻSchluss mit dem

an einer konstituierenden Sitzung in der Landeshauptstadt teilzunehmen. Es werde, so heisst es in der Einladung, in den kommenden Wochen ein Büro in Bern eingerichtet, in dem möglichst systematisch Informationen über die Überwachungspraxis der Bundesanwaltschaft zu sammeln seien. Bereits gesichtete Fichen würden „publizistisch aufgearbeitet". Zugunsten der Akteneinsicht gebe es juristische Beratung.[615] Darüber hinaus wirbt das Schreiben mit dem bereits zugesagten Engagement des zugkräftigen Journalisten Jürg Frischknecht, der die Pressearbeit übernommen hatte.[616] Ebenso stand bereits damals der Termin für die öffentliche Kundgebung in Bern fest. Es handelte

---

Schnüffelstaat'", darunter steht ergänzend: „Vorbereitungsausschuss, c/o Sozialdemokratische Partei der Schweiz, Postfach, 3001 Bern". Durch den so gestalteten Briefkopf, welcher der Einladung eine offizielle, seriöse Note verleiht, erscheint der als Verein zu organisierende Protestverbund, der zu jenem Zeitpunkt noch eine Idee darstellte, bereits als faktisch etabliert. Am Schluss ist darüber hinaus vermerkt, dass dem Vorbereitungsausschuss nicht nur Vertretende der SPS, sondern auch des SGB, des DJS und der GPS angehören. Unterzeichnet ist das Schreiben von André Daguet, als leitendem Zentralsekretär der SPS sowie von Bruno Kaufmann, dem Generalsekretär der Demokratischen JuristInnen Schweiz.

615 Das Büro war zunächst für eine Dauer von drei Monaten geplant, was, gemäss Veranschlagung, ca. 50 000 Franken Kosten verursachen würde.

616 Der Publizist und Journalist Jürg Frischknecht hatte sich seit den 1970er-Jahren einen Ruf als Bekämpfer reaktionärer und rassistischer Strukturen in der Schweiz erarbeitet. Er gilt als akribischer, solider Argumentierer und als „Archivmensch", sei „lange Zeit mit Abstand der best-dokumentierteste Journalist der Schweiz" gewesen. Vgl.: Sigerist im Gespräch mit Liehr, 22. Februar 2008, Transkript, S. 9; Bodenmann im Gespräch mit Liehr, 16. Mai 2008, Transkript, S. 12. Die Relevanz fundierter Recherche, die „Wahrhaftigkeit" als Leitgrundsatz des misstrauischen Publizisten habe er von Anfang an verinnerlicht. Frischknecht illustrierend: „Als Journalist stehe ich im Rampenlicht der Öffentlichkeit, in den 1970er-Jahren als linker Journalist erst recht. Da musste man gut sein beziehungsweise die Wahrhaftigkeit ernst nehmen, sonst hätte man den Job sehr schnell verloren." Frischknecht im Gespräch mit Liehr, 5. März 2008, Transkript, S. 3. Frischknecht hatte bereits 1987 den Zürcher Journalistenpreis erhalten.

sich um den 3. März 1990, ein Datum, das, unmittelbar vor dem Beginn der parlamentarischen Frühjahrssession liegend, gewählt wurde, um vor der Nationalversammlung dem breit getragenen „politischen Willen" Nachdruck zu verleihen, „die Schnüffeleien der Bundesanwaltschaft vollumfänglich offenzulegen und die politische Polizei abzuschaffen".[617]

Fragt man, was die heterogene Gruppe der Skandalierenden in den ersten Wochen nach Veröffentlichung der brisanten Ermittlungsresultate als Provokation seitens der verantwortlichen staatlichen Akteure auffasste, standen zunächst insbesondere die Reaktionen von Bundesrat Arnold Koller als Vorsteher des betroffenen Ministeriums, mithin auch als oberster Repräsentant der skandalisierten Behörden in der Kritik. Bereits Ende November hatte der EJPD-Chef angekündigt, der Gesamtbundesrat habe „das Problem erkannt" und fordere ebenfalls ein Einsichtsrecht für alle betroffenen Bürgerinnen und Bürger.[618] Diesbezüglich müsse jedoch, schränkte er ein, vorerst ein Reglement den Datenschutz betreffend gefunden werden. Obgleich er rasches Handeln versprach, verkündete er zugleich, eine den Datenschutz bestimmende Gesetzesvorlage könne frühestens in der Märzsession behandelt werden. Im Radiointerview bezeichnete Koller den „Quellenschutz" in diesem Zusammenhang als „Kern der generellen Vorbehaltsnorm", den es zu garantieren gelte, damit das „Persönlichkeitsrecht von Dritten" nicht verletzt werde; wobei, so sein Argument, zugunsten der weiteren sicherheitspolitischen Zusammenarbeit, vornehmlich das Vertrauen ausländischer Dienste nicht gefährdet werden dürfe.[619] Im gleichen Gespräch begründete er seine Ablehnung, die inhaltsreicheren Dossiers zu öffnen damit, bereits die Einsichtnahmen der Parlamentsangehörigen in ihre Karteikarten habe gezeigt, dass es sich bei

---

617 KSS, Dokumentation, Einladung vom 31. Dezember 1989.

618 Hierzu und zum Folgenden vgl.: Brügger 2006, S. 29–31.

619 Hierzu und zum Folgenden: Arnold Koller, Samstagrundschau, SR DRS1, 9. Dezember 1989, Transkript, S. 1, 3, 5. Zur Vorlage des Datenschutzgesetzes vgl.: Gubler, Datenschutzgesetz, Basler Zeitung, 9. Dezember 1989.

den dort registrierten Daten „vielfach um Lappalien" handele. Zudem könnten solche „Lappalien-Fichen" jener Gesuchsteller, deren Frist, den Ombudsmann zu kontaktieren, abgelaufen sei, nun vernichtet werden, wobei er selbst die konzeptionelle Verantwortung dafür trage, was konkret vernichtet werde.

Es war die damit bereits angedeutete Reglementierung der Fichen-Einsicht, die in den kommenden Wochen massive Kritik ernten sollte. Am 19. Januar 1990 schliesslich trat der EJPD-Vorsteher mit dem Präsidium der kantonalen Justiz- und Polizeidirektoren vor die Öffentlichkeit, um, auf zahlreiche PUK-Forderungen reagierend, eine „Wegleitung des EJPD" zu präsentieren, in der das offizielle Fichen-Einsichtsprozedere sowie eine so genannte „Negativliste" expliziert wurden. Zur Einschränkung künftigen Schindluders beinhaltete letztere dahingehend Richtlinien, welche Daten die kantonalen Staatsschutzstellen künftig nicht mehr an die Bundesanwaltschaft weiterleiten durften.[620] Es handelte sich um Informationen über die Ausübung politischer Rechte, über die Teilnahme an rechtmässig durchgeführten Veranstaltungen, über Auslandsreisen, über politische Tätigkeiten von Parteien, Parlaments- und Regierungsmitgliedern, über die politische Tätigkeit von Ausländern in der Schweiz, sofern sie schweizerische Einrichtungen und internationale Beziehungen nicht gefährdeten. Ausnahmen würden ausdrücklich vom Bund angewiesen, zudem werde jeder kantonale Rapport künftig einzeln auf die Einhaltung der genannten Kriterien überprüft und gegebenenfalls zurück gesandt. Asylbewerber würden lediglich bei sicherheitspolitischen Bedenken registriert werden. Darüber hinaus gab Koller weiter bekannt, dass eine Projektgruppe zur Reorganisation der Bundesanwaltschaft initiiert worden sei. Ab dem 1. Februar 1990 würden zudem Einreiseerleichterungen für Angehörige osteuropäischer Staaten in Kraft treten.

Das ab dem 22. Januar 1990 zu vollziehende offizielle Vorgehen zur „Einsichtsnahme in die Registraturkarten", verkündete

---

620 Hierzu und zum Folgenden: Cs., Karteikarten, Neue Zürcher Zeitung, 20. Januar 1990; Go, Fichen-Einsicht, Bund, 20. Januar 1990; Bewältigung, Berner Tagwacht, 20. Januar 1990.

der Minister auf der Pressekonferenz, ermögliche den Gesuch-
stellenden die von der Bundesanwaltschaft bereitgestellten
Photokopien ihrer Fichen dezentral in ihren Kantonshauptorten
in Augenschein zu nehmen. Geschwärzt sein würden allerdings
Verweise auf Dossiers, Angaben zu Sacharbeitern und so genannte
„Informationsquellen". Ein bei der Einsichtnahme anwesender
Angestellter der Bundesanwaltschaft stehe für etwaige Fragen zur
Verfügung. Die Kopien dürften weder mitgenommen noch ver-
vielfältigt werden. Auf expliziten Wunsch der Gesuchstellenden
würden jeweilige Fichen nach Einsichtnahme umgehend vernichtet. In bestimmten Fällen bestehe lediglich eine eingeschränkte
Einsichtsoption beziehungsweise sie werde gänzlich verweigert.
Dann jedoch teile die Bundesanwaltschaft den Gesuchstellenden
dies in einer Verfügung mit, gegen die eine Beschwerde vor dem
Bundesrat als letzter Instanz möglich sein werde. Als Vermittler
fungiere Ombudsmann Arthur Haefliger.[621] Weil das so beschriebene Prozedere zeit- und personalaufwändig sei, bat Koller die zu
diesem Zeitpunkt über 40 000 Gesuchstellenden, von denen rund
10 000 als registriert geschätzt wurden, um Geduld. Über eine
etwaige Einsichtnahme in die Dossiers, die noch aufwändiger
wäre, werde in einer zweiten Phase entschieden. Was den Zugang
zu kantonalen Registraturen anbelange, müsse jeder Kanton
eigene Vorgehensweisen beschliessen.

Wie zu erwarten, ernteten diese vom zuständigen Bundesrat Koller getroffenen Massnahmen vornehmlich Kritik von Seiten der

---

621 Alt Bundesgerichtspräsident Arthur Haefliger, der im „Fall Kopp"
     bereits die Administrativuntersuchung geleitet und die PUK-Arbeit
     entsprechend erleichtert hatte, wurde generell die „unabdingbare
     Vertrauenswürdigkeit" zugeschrieben, um als Vertreter aller
     Betroffenen die korrekte Handhabung der Auskunftsbegehren zu
     garantieren. Dass er Ende November 1989 von EJPD-Chef Arnold
     Koller für diese Funktion eingesetzt worden war, wurde dem
     Bundesrat wiederum als ein „psychologisch geschickter Schachzug"
     zuerkannt. Straub, geschickt, Aargauer Tagblatt, 01. Dezember 1989;
     U.M., Einsicht, Neue Zürcher Zeitung, 01. Dezember 1989; Sda.,
     Auskunft, Bund, 1. Dezember 1989.

Skandalierenden.[622] Abgesehen davon, dass die „Negativliste" als ein offizielles Eingeständnis der Missstände sowie als Druckventil seitens der Regierung abgewertet wurde,[623] evozierte das soeben verkündete Fichen-Einsichtsprozedere in der Presse Misstrauen. Gemäss Rolf Wespe etwa würden besagte Richtlinien offenbaren, dass Arnold Koller sich keineswegs „auf die Seite der zu Unrecht Bespitzelten" stelle.[624] Mit der erschwerten Einsichtsnahme schütze er „unnötigerweise die so genannten Staatsschützer", die, augenscheinlich keine Reue empfindend, um ihren Ruf bangen würden. Damit aber habe der Bundesrat „das Odium einer kleinlichen, pingeligen Lösung" auf sich geladen, so dass die Bespitzelten nun „im Viertelstundentakt" in den vorgesehenen Amtsräumen „antraben" müssten, wobei es ihnen im „Zeitalter der Fotokopie" lediglich zustehe, handschriftliche Notizen zu machen.[625] Der EJPD-Chef habe sich gegenüber seiner Verwaltung als „nicht souverän genug" erwiesen. Es werde, prognostiziert Wespe, einen „jahrelangen Kleinkrieg um die Einsichtsnahmen" geben, der dutzende Beamte beschäftigen und von „unsern Steuern" bezahlt werden würde. Für Hugo Schittenhelm mute

---

622 Hierzu und zum Folgenden vgl.: Brügger 2006, S. 39–44; Messerli 2001, S. 44–50.

623 Vgl. etwa die Aussage von SP-Ständerätin Esther Bührer in: Sb., Machtinstrument, Ostschweizer AZ, 29. Januar 1990; Auf der Maur, Staatsschützer, Weltwoche, 1. Februar 1990.

624 Hierzu und zum Folgenden: Wespe, Staatsschutz-Vergangenheit, Tages-Anzeiger, 20. Januar 1990.

625 Wie Wespe in dem Artikel neben seinem Kommentar darlegt, hätten verschiedene Regierungsräte das Einsichtsverfahren erleichtern wollen, indem den Registrierten Photokopien ihrer Fichen per Post zugestellt worden wären. Während Koller gegen das Versenden der Fichen dahingehend argumentierte, Abdeckungen könnten auf den Photokopien mit bestimmten Verfahren lesbar gemacht werden, konterte etwa der Luzerner Justizdirektor Paul Huber, es gäbe Kopiertechniken, die dieses verunmöglichten. Auch er plädiere darüber hinaus für eine generelle Inaugenscheinnahme der Dossiers. Gemäss Wespe habe es unter den Regierungsräten insgesamt „heftige Diskussionen" hinsichtlich der vom EJPD vorgesehenen Praxis gegeben. Wespe, Bundespolizei, Tages-Anzeiger, 20. Januar 1990.

es darüber hinaus bizarr an, „wenn der zu Unrecht beschnüffelte Bürger selbst bei der Einsicht in seine eigene Kartei noch hinnehmen muss, dass ihm der Staatsschutz über die Schulter schaut".[626] Der EJPD-Vorsteher hätte „mit einer bürgerfreundlicheren und grosszügigeren Regelung ein Vertrauenssignal setzen können". Im Gegenteil aber, beklagt Jost auf der Maur, würden Misstrauen und Verunsicherung zusätzlich dadurch verschärft, dass Bundespolizisten selbst bestimmten, was als schutzwürdig zu gelten habe, wobei „der Schutz der Spitzel" Vorrang geniesse.[627]

Am 19. Januar 1990, mithin am selben Tag, an dem Bundesrat Koller die umstrittenen Massnahmen publik gemacht hatte, fand die bereits erwähnte Gründungssitzung des Komitees „Schluss mit dem Schnüffelstaat" statt. Formell konstituiert mit einer Vereinssatzung, sollte es die Gelegenheit bieten, „möglichst viele Leute, die sich eigentlich politisch um andere Themen kümmerten", in die konkrete Kampagne einzubinden.[628] Im Hinblick auf die angestrebten Ziele wurden auf jener Sitzung bereits konkrete Aktivitäten für den Zeitraum bis zur Märzsession beratschlagt, die in den kommenden Wochen tatsächlich umgesetzt werden sollten.[629]

---

626 Hierzu und zum Folgenden: Schittenhelm, Misstrauisch, Bund, 20. Januar 1990.

627 Auf der Maur, Staatsschützer, Weltwoche, 1. Februar 1990.

628 Weber im Gespräch mit Liehr, 18. März 2008, Transkript, S. 18. Vgl. KSS, Dokumentation, Statuten, angenommen am 19. Januar 1990. Dem Gründungsausschuss gehörten an: Peter Bodenmann, André Daguet, Bruno Kaufmann, Paul Rechsteiner, Liliane Studer, Hanspeter Thür. In weiteren Ämtern fungierten: Jürg Frischknecht, Daniel Gasser, Pierre Sigerist und Catherine Weber. Vgl. KSS, Dokumentation, Statuten, angenommen in der Vollversammlung vom 7. April 1990, die verschiedene Ergänzungen enthielt.

629 KSS, Dokumentation, Vorschlag für Aktivitäten bis zur März-Session, 19. Januar 1990. Die Öffentlichkeit wurde diesbezüglich auf einer Pressekonferenz am „Tatort" vor dem Berner Sitz der Bundespolizei in der Taubenstrasse 16 in Kenntnis gesetzt. Vgl. „Schluss mit dem Schnüffelstaat", Berner Tagwacht, 20. Januar 1990.

Als Mitglieder des KSS zeichneten zunächst Parteien, Gewerkschaften sowie weitere Berufsorganisationen und diverse andere Gruppierungen, bald auch einzelne Bürgerinnen und Bürger.[630] In der Hochphase des Engagements bis zur Demonstration Anfang März waren teilweise bis zu 50 Personen regelmässig zu den Sitzungen erschienen. Als in den Monaten danach jedoch mehr und mehr Gesuchstellende erfuhren, nicht registriert worden zu sein, sei der Gemeinschaftsgeist, gemäss der Erinnerung Catherine Webers, sukzessive abgeflaut.[631]

Durch ihr Engagement gegen Asylrechtsverschärfungen und in der bankenkritischen Kampagne „Kein Geld für Apartheid" hatte Weber Paul Rechsteiner kennengelernt, der sie als einer der Initianten des Komitees früh um Unterstützung bat, worauf sie, wütend und erschüttert über die aufgedeckten Bespitzelungen, „alles stehen und liegen" gelassen habe, um das Sekretariat zu übernehmen.[632] Anfangs habe man „ironischerweise" in einem

---

630 Die als Mitglieder verzeichneten Organisationen sind aufgeführt in: Der Skandal, Fichen-Fritz 1, 21. Februar 1990 und ergänzt in: Komitee Schluss mit dem Schnüffelstaat 1990a, S. 212f. Wie dort zu entnehmen, waren Ende April 1990 abgesehen von mehreren Dutzend Organisationen, rund 2000 Einzelpersonen im KSS als Mitglieder vertreten.

631 Hierzu und zum Folgenden: Weber im Gespräch mit Liehr, 18. März 2008, Transkript, S. 5. Mit der Zeit habe sich, führt Weber aus, eine Art Unsolidarität zwischen tatsächlich Fichierten und Nicht-Fichierten entwickelt, mit der Konsequenz, dass immer weniger Personen zu den Beratungen gekommen seien und sich die Finanzierung des KSS, die über Spenden lief, phasenweise als problematisch erwiesen habe. In besten Zeiten seien bis zu 150 000 Franken auf dem Konto gewesen, manchmal jedoch habe man in der Presse verstärkt Spendenaufrufe lancieren müssen.

632 Hierzu und zum Folgenden: Weber im Gespräch mit Liehr, 18. März 2008, Transkript, S. 9. Rechsteiner sagt über Catherine Weber, sie sei von Beginn an „das organisatorische Rückgrat" gewesen und habe eine „zentrale Rolle" als Antreiberin übernommen. Rechsteiner im Gespräch mit Liehr, 13. März 2008, Transkript, S. 5. Bodenmann bezeichnet Weber als „Scharnierstelle, zu der alle volles Vertrauen hatten", was in solch einer hektischen und ambitionierten Phase des

Sitzungszimmer des Bundeshauses getagt und „ad hoc und manchmal extrem chaotisch" überlegt, was wie dringend zu tun sei, wer etwas wo übernehme. Auch bedurfte das Komitee zunächst einer rudimentären Verwaltungsstruktur, die aufgebaut werden musste, etwa indem Adressdateien und eine Buchhaltung angelegt wurden. Zudem galt es, personelle Zuständigkeiten für diverse Sachgebiete wie Recht oder Öffentlichkeitsarbeit und eine Funktionsstruktur festzulegen, die das zweckdienliche Verhältnis der verschiedenen Vereinsorgane (wie Mitglieder, Regionalkomitees, Vorstand, Ausschuss, Sekretariate, Spendende) untereinander klärte. Jegliche Tätigkeit geschah in diesem Jahr ohne Computer, auch die eigentliche Mobilisierungsarbeit: Protokolle, Pressekommuniqués, Briefe, Artikel, Flugblätter – alles wurde mit der Schreibmaschine verfasst, kopiert und per Post verschickt. Die interne Kommunikation verlief über Telefon oder persönliche Treffen. Webers Einschätzung nach, wäre der damalige Stress per Email gar nicht zu bewältigen gewesen, weil es hunderte von ihnen gegeben und man „innerhalb kürzester Zeit den Überblick komplett verloren" hätte. Damals jedoch traf man sich schnell in der Stadt und war durch die Protokolle jeweils grundsätzlich informiert darüber, wer etwas mit welchem Resultat zu bewerkstelligen hatte.[633]

Was die Verfolgung der programmatischen Ziele anbelangt, habe man von Beginn an „verschiedene Schienen fahren" müssen. Abgesehen von den zentralen, unmittelbar an den Bundesrat gerichteten Forderungen nach Abschaffung der politischen Polizei sowie nach Fichen- und Akteneinsicht, ging es bald auch darum, die Vernichtung der Registraturen zu verhindern und, nach Bekanntgabe der verkürzten Einsichtsfristen, möglichst viele Menschen möglichst schnell dazu zu bewegen, entspre-

---

Aufbruchs elementar gewesen sei. Bodenmann im Gespräch mit Liehr, 16. Mai 2008, Transkript, S. 18.

633 Weber im Gespräch mit Liehr, 18. März 2008, Transkript, S. 9, 17, 20f. Vgl. etwa: KSS, Dokumentation, Protokoll der Ausschusssitzung vom 7. März 1990. Ein Computer wurde erst im dritten Arbeitsjahr des KSS angeschafft.

chende Gesuche zu stellen. Schliesslich musste politisch und juristisch gegen die Zensurierungen vorgegangen und parallel dazu die Initiative „S.o.S – Schweiz ohne Schnüffelpolizei" samt Unterschriftensammlungen vorbereitet werden.[634] Angesichts der in den Kantonen vorhandenen Staatsschutzakten und dem Ziel, diese ebenfalls einzusehen, galt es, auch dort rasch regionale Komitees aufzubauen. Denn, erklärt Weber, aufgrund des schweizerischen Föderalismus würden sich politische Aktionen nicht zentral steuern lassen. Wer mit der Durchsetzung politischer Anliegen wirksam sein wolle, müsse „regionalisieren".[635]

Betrachtet man den Briefkopf offizieller Dokumente des Komitees im Hinblick auf die Sprachregionen, fällt auf, dass der Name „Komitee ‚Schluss mit dem Schnüffelstaat'" nur ins Französische übersetzt als „Comité ‚En Finir Avec l'État Fouineur'" vermerkt wurde. Das Tessin, bekennt Bodenmann, sei in Relation zum andauernden Übersetzungsaufwand in hektischer Zeit „einfach zu klein", doch könnten politisch interessierte Tessinerinnen und Tessiner zumeist entweder Deutsch oder Französisch.[636] In der

---

634 Weber im Gespräch mit Liehr, 18. März 2008, Transkript, S. 10. Vgl.: die „Chronologie eines Skandals" in: Komitee Schluss mit dem Schnüffelstaat 1990, S. 77f. Die Dokumentation des KSS, bestehend aus zahlreichen Protokollen, diversem Schriftverkehr und Pressekommuniqués, offenbart eindrücklich den Aufwand an vielen kleinen Arbeitsschritten hinter den Kulissen der Öffentlichkeit.

635 Hierzu und zum Folgenden: WoZ/KSS, Kundgebung, S. 43. Bis zur Grossdemonstration am 3. März 1990 hatten sich regionale Komitees in Aarau, Baden, Basel, Graubünden, Genf, Lausanne, Luzern, St. Gallen, Solothurn, Winterthur und Zürich konstituiert. Die Mobilisierungsarbeit in jeder Region müsste separat untersucht werden. Was die staatsschützerischen Praktiken in verschiedenen Kantonen anbelangt vgl. etwa für Basel: Keller 1996; für Zürich: Bericht der Untersuchungskommission Zürich 1991.

636 Bodenmann im Gespräch mit Liehr, 16. Mai 2008, Transkript, S. 24. 1990 lag die Einwohnerzahl des Tessins bei 282.181, im Verhältnis dazu betrug die Gesamtwohnbevölkerung der Schweiz 6 873 687. Vgl.: Statistisches Lexikon der Schweiz, Historische Kollektion online, etwa Dokument 5101 KB. In der Tessiner Presse wurde der Begriff „Schnüffelstaat" übersetzt verwendet als „stato ficcanaso".

französischen Schweiz wiederum waren, abgesehen von einer ersten medialen Empörungswelle nach Veröffentlichung des PUK-EJPD-Berichtes, die öffentlichen Reaktionen nicht so stark „qu'on aurait pu le souhaiter".[637] Gemäss der damaligen Walliser SP-Nationalrätin Françoise Pitteloud könnte ein Grund dafür gewesen sein, dass in der Deutschschweiz aufgrund der dortigen geografischen Anhäufung urbaner Zentren samt ansässiger politischer Organisationen erheblich mehr Personen von der Fichierung betroffen gewesen seien als in der Romandie. Zudem hätten sich damals etwa im Wallis die Linken in der absoluten Minderheit befunden. Bis Mitte der 1980er-Jahre seien, abgesehen einiger Ausnahmen um die frühere Gruppe „Kritisches Oberwallis" samt deren Zeitung „Rote Annelise", Feministinnen, Atomkraft- oder Armeegegner alles andere als zahlreich gewesen.[638] Pitteloud: „Cela a eu des répercussions sur les mentalités, les médias, les infrastructures, le développement d'une opposition etc." Unter den sozialdemokratischen Parlamentsangehörenden der Romandie seien lediglich wenige fichiert gewesen, so dass auch nur wenige im Komitee „Schluss mit dem Schnüffelstaat" aktiv geworden seien.[639] Dass in der Romandie vor allem die extreme Linke und damit „un petit milieu" bespitzelt worden sei, habe, bilanziert

---

637 Hierzu und zum Folgenden: Pitteloud an Liehr, 8. Juli 2008, S. 1f.

638 Zur „Roten Anneliese", die kritische Stimme des Oberwallis vgl.: Roteanneliese online. Ursprünglich 1973 erschienen, verfolgen die Redakteure die Absicht, „die politischen und wirtschaftlichen Verhältnisse im Kanton Wallis kritisch zu durchleuchten und politische, soziale und ökologische Missstände aufzudecken". Peter Bodenmann war einer der Mitbegründer der Zeitung, die teilweise in einer Auflage von 5000 Stück erschienen ist. Man habe „über Skandalisierung Interesse geweckt", so dass es ihm 1989/90 „handwerklich vertraut" gewesen sei, publizistisch Eklats zu produzieren. Für ihn sei die redaktionelle Tätigkeit bei der Roten Anneliese „eine gute Schule" gewesen, weil er dabei gelernt habe, welche Sprache und welche Bilder verwendet werden müssten, um von einer heterogenen Leserschaft verstanden zu werden. Bodenmann im Gespräch mit Liehr, 16. Mai 2008, Transkript, S. 11, 14.

639 Hierzu zählten etwa Werner Carrobio, René Longet, Jean Spielmann und Françoise Pitteloud.

Pitteloud, „des effets sur les réactions de l'opinion" gehabt.[640] Als weitere mögliche Antwort auf die Frage, warum in der deutschen Schweiz insgesamt die Bereitschaft zur Mobilisierung grösser war als in der französischen, verweist Bodenmann darauf, dass die parallel sich vollziehenden Ereignisse in der DDR insbesondere für die Meinungsbildung in der Deutschschweiz, die aufgrund des gleichen Sprachraumes „am Saugnapf der deutschen Medien" gehangen habe, „um ein vielfaches zentraler" gewesen seien als für die Öffentlichkeit in der Romandie.[641]

Was die Impulsgebung für Protestmobilisierung anbelangt, erhielt das KSS als zentraler Träger der ausserparlamentarischen Opposition am 29. Januar 1990 Unterstützung durch eine Gruppe prominenter Akteure vornehmlich aus Kultur und Wissenschaft. Ebenfalls gegen das bisherige Vorgehen der verantwortlichen Mandatstragenden aufbegehrend, wandten sie sich über den auf Menschenrechte spezialisierten Rechtsanwalt Ludwig A. Minelli unter der Bezeichnung „Aktion BUPO" an die Öffentlichkeit.[642] Wie in der Presse dargelegt, habe man sich bereits am 11. De-

---

640 Catherine Weber verweist darüber hinaus darauf, dass insbesondere Deutschschweizer Medienschaffende fichiert worden waren, was sich wiederum auf deren Betroffenheit beziehungsweise skandalisierende Berichterstattung ausgewirkt habe. Zudem habe es bei der politischen Polizei des Bundes viel mehr Deutschschweizer Beamte als Welsche gegeben, was sich auch auf die unterschiedliche Menge an Bespitzelten in den verschiedenen Sprachregionen ausgewirkt haben könnte. Webers Fazit: In der Deutschschweizer Öffentlichkeit habe sich die Empörung generell vehementer offenbart, weil hier sehr viel mehr Personen überwacht worden seien. Weber im Gespräch mit Liehr, 18. März 2008, Transkript, S. 19.

641 Bodenmann im Gespräch mit Liehr, 16. Mai 2008, Transkript, S. 26.

642 Dazu gehörten die Schriftsteller Max Frisch, Peter Bichsel, Otto F. Walter, der politische Philosoph Arnold Künzli, die Psychoanalytiker Goldy Parin-Mathèy und Paul Parin, die Filmemacher Alexander J. Seiler und Hans Stürm sowie der Philosoph Hans Saner und der Magazinredakteur des Tages-Anzeigers Peter Frey. Hierzu und zum Folgenden: Wespe, Schnüffelskandal, Tages-Anzeiger, 30. Januar 1990; Clb., Kulturschaffende, Bund, 30. Januar 1990; Spk., Fichen-Affäre, Berner Zeitung, 30. Januar 1990.

zember 1989 mit der Forderung uneingeschränkter Akteneinsicht inklusive Rekursmöglichkeit an das EJPD gewandt, allerdings ohne sechs Wochen lang eine substantielle Antwort erhalten zu haben. Nachdem am 20. Januar 1990 bekannt geworden war, dass der Luzerner Polizeikommandant Anton Widmer kantonale Akten vernichtete,[643] forderte die Gruppe darüber hinaus die sichere Verwahrung der umstrittenen Dokumente durch den Fichen-Beauftragten Alt Bundesgerichtspräsident Arthur Haefliger. Gemäss Rechtsanwalt Minelli sei im Hinblick auf die angeprangerten Fichierungen staatliche Macht dahingehend zweckentfremdet worden, dass auch harmlose Bürgerinnen und Bürger als potenzielle Staatsfeinde registriert worden seien.[644] So gesehen bestehe die Option jahrzehntelangen millionenfachen Amtsmissbrauchs. Falls sich herausstelle, dass Schweizer Behörden Rechte der freien Meinungsäusserung, die durch die Europäische Menschenrechtskommission gesichert seien, verletzt hätten, dürften die entsprechenden Dokumente unter dem generellen Verweis auf die Landessicherheit nicht einfach zurückgehalten werden. Minelli prüfe mithin eine Verwaltungsbeschwerde vor dem Bundesgericht sowie ein Verfahren vor dem Europäischen Gerichtshof für Menschenrechte (EGMR) in Strassburg.[645]

---

643 Vgl.: Frischknecht, Staatsschützer, WoZ, 20. Januar 1990; Portmann, Nachrichtendienst, Luzerner Neueste Nachrichten, 25. Januar 1990. Gemäss Messerlis Darstellung verteidigte sich Widmer, er habe die Akten routinemässig in einer jährlich anberaumten Bereinigungsaktion vernichtet. Die vom Grünen Bündnis geforderte Versiegelung der Räumlichkeiten lehnte der Luzerner Grosse Rat ab, verlangte jedoch zugleich bezüglich der Aktion einen Rechenschaftsbericht vom Regierungsrat. Messerli 2001, S. 34. Vgl.: Cb., Versiegelung, Luzerner Neueste Nachrichten, 25. Januar 1990; „Grosser Rat", Luzerner Neueste Nachrichten, 25. Januar 1990.

644 Hierzu und zum Folgenden: Wespe, Schnüffelstaat, Tages-Anzeiger, 30. Januar 1990.

645 Gemäss Ludwig A. Minelli sei es schliesslich auf Basis einer „Genugtuungsklage" gegen den Bund zu einem Verfahren vor dem Bundesgericht mit „zivilrechtlichem Anspruch für eine rechtswidrige Verletzung" gekommen. Sie führte zum Bundesgerichtsentscheid 2A.94/1992, wobei der dazu von Minelli angegebene Internet-link

Die „Aktion BUPO" protestierte, explizit in Ergänzung der Forderungen und Massnahmen des KSS, gegen das bisherige Vorgehen der Bundesanwaltschaft hinsichtlich der allseits verlangten Einsichtsnahme. Staatliche Mandatstragende im Sinne eines kollektiven intellektuellen Eingriffs kritisierend, intendiere man, sich „gegen die Arroganz der Macht zur Wehr setzen".[646] Angesichts des bisherigen Umganges mit dem Skandal werde offenbar, dass scheinbar kein Bundesrat die Tragweite der Ereignisse erkannt habe, wobei auch das Parlament und einige Parteien bisher versagt hätten. Im Gegenteil, so Filmregisseur Hans Stürm auf der Pressekonferenz, habe das „hell lodernde Strohfeier nach der Veröffentlichung des PUK-Berichtes" augenscheinlich zahlreiche Personen geblendet, die nun übersähen, dass wesentliche Fragen hinsichtlich der „Schnüffelei" noch immer unbeantwortet seien.[647] Wenngleich auch der betroffene Departementchef vorgebe, „gründlich Remedur" (Arnold Koller) schaffen zu wollen, böten die bundesrätlichen Massnahmen keinen Anlass für Vertrauen. Stürm hege vielmehr den Verdacht, es handele sich um reine Beschwichtigungsmassnahmen, „ohne dabei etwas Wesentliches an der bisherigen Praxis und der weiteren, zukünftigen Praxis dieses Schnüffel- und Überwachungsapparates" zu verändern. Schriftsteller und Verleger Otto F. Walter, ebenfalls unter den Anklägern, beanstandete die durch die angeprangerten Staatsschutzmethoden vorgenommene

bedauerlicherweise zugriffsgeschützt ist. Darüber hinaus reichte Minelli eine Beschwerde beim EGMR ein, der im Urteil vom 16. Februar 2000 feststellte, dass Schweizer Behörden keine ausreichende gesetzliche Grundlage für die umstrittenen Überwachungen besessen hätten. (Fall Amann gegen die Schweiz, vgl. den Verfahrensverlauf online auf der Homepage des European Court of Human Rights). Minellis Erinnerung nach sei eine Reaktion der offiziellen Schweiz auf das Urteil „nicht ersichtlich" gewesen. Ludwig A. Minelli an Liehr, 26. November 2011; Minelli an Liehr, 28. November 2011.

646 Rechtsanwalt Ludwig Minelli zit. n.: Wespe, Schnüffelstaat, Tages-Anzeiger, 30. Januar 1990.

647 Hierzu und zum Folgenden: Filmregisseur Hans Stürm auf der Pressekonferenz der „Aktion BUPO" in: Verwandlungs-Komödie, Tages-Anzeiger, 30. Januar 1990.

„Kriminalisierung auf Vorschuss", welche die Einschüchterung potenziell politisch aktiver Personen zur Folge habe.[648] Es handele sich um einen vehementen Eingriff in die Meinungsäusserungsfreiheit, dem mit einem exemplarischen Prozess begegnet werden müsse. Schliesslich bestehe eine zu grosse Kluft zwischen dem offiziell proklamierten Anspruch einer freiheitlichen Schweiz und dessen soziopolitischer Umsetzung im Alltag, wodurch sich der Staat als unglaubwürdig erweise. Den Bekanntheitsgrad seiner kulturellen Mitstreitenden hervorhebend, hoffe Walter auf eine weitläufige öffentliche Auseinandersetzung über die erwähnten Problemaspekte.

Tatsächlich wurde in der Presse sowohl auf diesen Intellektuelleneingriff als auch auf das KSS Bezug genommen, als EJPD-Chef Koller, konfrontiert mit besagten Vorwürfen, die von ihm initiierten Massnahmen verteidigte.[649] Sowohl in den Neuen Zürcher Nachrichten als auch in der Weltwoche betont Koller Anfang Februar 1990, keineswegs zögerlich sofort Reformen zugunsten der Registrierten eingeleitet zu haben. Beispielsweise ermögliche das in der „Wegleitung" beschriebene Prozedere „Einsicht statt nur Auskunft" und mit Arthur Haefliger sei ein allseits renommierter Jurist als Ombudsmann bestellt worden. Zudem habe Koller, angesichts der Verunsicherung bezüglich der Registrierpraxis in den Kantonen, eine Konferenz der kantonalen Justiz- und Polizeidirektoren einberufen und die „Negativliste" zur sofortigen Einschränkung kantonaler Meldungen an die Bundesanwaltschaft veröffentlicht. Auch die Einberufung einer Projektgruppe zur grundlegenden Reformierung der Bundesanwaltschaft, die Lösungen zu den Problemen Reorganisation, regelmässige Bedrohungsanalysen, Ausmisten von Akten, parlamentarische Kontrolle und Einhaltung des Datenschutzes suche, widerlege die geäusserten Vorwürfe. Kollers Fazit: „Wer

---

648 Hierzu und zum Folgenden: Schriftsteller Otto F. Walter zit. n.: Ruf, Kriminalisierung, Solothurner Zeitung, 30. Januar 1990.

649 Hierzu und zum Folgenden: Volken, Fehlleistungen, Neue Zürcher Nachrichten, 6. Februar 1990; Engeler/Auf der Maur, Vergleiche, Weltwoche, 8. Februar 1990.

daher behauptet, die Richtlinien vom 19. Januar 1990 seien lediglich schönfärberische Kosmetik, betreibt Stimmungsmache."[650] Überdies offenbare, „mit welchen Methoden gefochten" werde, wenn ohne bereits erfolgte Einsicht kritisiert werde, es würden lediglich belanglose Fichen, nicht aber die eigentlich interessanten Sachdossiers geöffnet. Der Minister erläutert weiter, man habe sich zu einem „gestaffelten Vorgehen" entschieden, weil die Zusammenstellung eines Personendossiers aus verschiedenen Sachdossiers komplizierte Vorarbeiten impliziere, die mindesten einen Tag erforderten. So müssten, zum Schutze von Persönlichkeitsrechten, teilweise hunderte von Namen abgedeckt werden. Seine diesbezügliche Einstellung verteidigend, stellt Koller klar, „eine Güterabwägung" zwischen Einsichtsgewährung und der Wahrung der inneren und äusseren Sicherheit sei vom Bundesgericht „ausdrücklich anerkannt" worden. „Gewisse Abdeckungen" müssten zugunsten des öffentlichen Interesses vorgenommen werden, um ausländische Nachrichtendienste nicht zu verprellen, auf deren Informationen zur Terror-, Spionage- und Drogenabwehr die Schweiz angewiesen sei. Seine Verantwortung als EJPD-Chef verbiete es Koller, Persönlichkeitsrechte Dritter sowie „eingegangene Geheimhaltungsverpflichtungen zu verletzen und dadurch den notwendigen Staatsschutz schwer zu gefährden, wenn nicht gar zu verunmöglichen". Bei einem Terroranschlag, der durch nachrichtendienstliche Tätigkeit hätte vermieden werden können, würde, prophezeit der Minister, die „Stimmung im Volk" sofort umschlagen, sich die öffentliche Meinung „wieder radikal gegen uns wenden und uns der Unfähigkeit bezichtigen, wenn wir von den Informationen abgeschnitten wären".[651] Die politische Polizei abzuschaffen oder uneingeschränkte Einsicht in die Akten zu gewähren, sei eine „populistische Lösung", die Koller gar „zu billig" vorkomme. Es müsse Reformen geben, doch

---

650 Hierzu und zum Folgenden: Arnold Koller in: Volken, Fehlleistungen, Neue Zürcher Nachrichten, 6. Februar 1990.

651 Hierzu und zum Folgenden: Arnold Koller in: Engeler/Auf der Maur, Vergleiche, Weltwoche, 8. Februar 1990.

dürfe „das Kind nicht mit dem Bade" ausgeschüttet werden.[652] Er werde sich, falls nötig, gegenüber Reformblockaden in der Bundesanwaltschaft „durchzusetzen wissen".

Bezüglich der unter anderem durch die „Aktion BUPO" eingegangenen Forderungen nach einer Ermächtigung zur Strafverfolgung von Staatsbeamten, gibt Koller an, diese würden geprüft, wobei „blosse Verdächtigungen und Anrempelungen" dazu nicht ausreichen würden. Dass er sich gegebenenfalls jedoch „um unbequeme Entscheide nicht herumdrücken" werde, habe er bereits mit der Bestellung des stellvertretenden Bundesanwalts Hans Hungerbühler im „Fall Kopp" bewiesen. Zudem seien, trotz aller vorliegenden bedauerlichen Fehler, von Beamten begangene „Verstösse gegen das Verhältnismässigkeitsprinzip" nicht strafbar.[653] Zur Bewältigung der Angelegenheit gelte es, sich auf die „Realisierung von Reformen" zu konzentrieren, während sich, Kollers Eindruckes nach, die öffentliche Diskussion „leider gegenwärtig allzu sehr auf Nebenpfaden" bewege. Was die eingeleiteten Massnahmen anbelange, sei die Stimmung in der Bevölkerung durchaus unterschiedlich. In Briefen hätten zahlreiche Bürgerinnen und Bürger dem EJPD-Chef ihr Vertrauen ausgesprochen und ihm hinsichtlich seines Engagements zu seinem Mut gratuliert. Der Vorwurf, die Geschädigten müssten zwecks Einsichtsnahme an einem öffentlichen Ort in ihrer Wohngegend ein datenschutzbedenkliches „mittleres Spiessrutenlaufen" (Engeler/Auf der Maur) auf sich nehmen, überrasche Koller. Schliesslich wolle man „mit einer dezentralen Lösung den Bürgern entgegenkommen", wobei auf Gesuch eine für nicht in Bern Ansässige anonymere Einsichtsnahme in der Bundeshauptstadt möglich sei. Auch auf das dahingehende Missbehagen, die für die umstrittenen Überwachungspraktiken direkt verantwortlichen Beamte selbst würden die einschränkende beziehungsweise teilabgedeckte Inaugenscheinnahme der Fichen organisieren, kontert Koller. Er habe sich

---

652 Hierzu und zum Folgenden: Arnold Koller in: Volken, Fehlleistungen, Neue Zürcher Nachrichten, 6. Februar 1990.

653 Hierzu und zum Folgenden: Arnold Koller in: Engeler/Auf der Maur, Vergleiche, Weltwoche, 8. Februar 1990.

gegen die von ihm zunächst für diese Aufgaben vorgesehenen Externen entschieden, weil nur „Spezialisten" beurteilen könnten, welche Informationen aufgrund von laufenden Strafverfahren oder Geheimhaltungsverpflichtungen nicht nach Aussen dringen dürften. Die „Wegleitung" jedoch sei gemeinsam mit neutralen Mitarbeitern des Bundesamtes für Justiz erarbeitet worden, und auch der Ombudsmann sei unparteiisch. Zudem beweise seiner Ansicht nach der aktuelle Quartalsbericht, die Lernwillig- und Lernfähigkeit der Beamten in der Bundesanwaltschaft.

Arnold Koller hatte sich öffentlich nicht nur gegen die Abschaffung der politischen Polizei ausgesprochen, er gehörte auch zu jenen bürgerlichen Stimmen, die den Einsatz einer zweiten Parlamentarischen Untersuchungskommission zur Inspektion des Eidgenössischen Militärdepartements ablehnten, obgleich die Vermutung, auch dort seien verfassungswidrige Personenkarteien angelegt worden, nicht abwegig erschien. Denn der Chef der Bundespolizei, Peter Huber, in dieser Funktion institutionell der umstrittenen Behörde des EJPDs zugehörig, fungierte in Personalunion ebenfalls als Leiter „Abwehr" in der „Untergruppe Nachrichtendienst und Abwehr" (UNA), die, obgleich im Gebäude der Bundesanwaltschaft in der Taubenstrasse 16 untergebracht, offiziell dem EMD unterstand.[654] Auf diese „Querverbindung" angesprochen, die besagte Registraturpraktiken auch im militärischen Bereich wahrscheinlich machte und damit auch eine PUK-EMD rechtfertigte, antwortete der Justizminister,[655] die entsprechende Doppelfunktion werde geprüft. Im Bereich des EMDs, der ebenfalls von der Geschäftsprüfungskommission kontrolliert werde, seien aber „bisher keine derartigen Fehlleistungen namhaft" geworden, wobei, so Kollers Verweis, der für dieses Departement zuständige Bundesrat Kaspar Villiger öffentlich erklärt habe, dass im Verteidigungsministerium keine

654 Vgl.: Frieden, Bupo-Chef, Woz, 12. Januar 1990; Frischknecht, Schnüffelei, Vorwärts, 1. Februar 1990.

655 1990 amtierte EJPD-Chef Bundesrat Arnold Koller als Bundespräsident, von 1987–1989 hatte er dem Eidgenössischen Militärdepartement (EMD) vorgestanden.

entsprechenden Daten geführt würden. Auch eine vermeintliche Liste „mit mehreren tausend Namen" (Engeler/Auf der Maur) von Bürgerinnen und Bürgern, die unter gewissen Umständen isoliert beziehungsweise in „Schutzhaft" genommen würden, gebe es nicht.[656]

Des Weiteren empfinde er die Gleichsetzung der bundespolizeilichen Überwachungspraktiken mit denjenigen der Staatssicherheit in der DDR als „ungeheuerlich", sie stelle „für meine Leute und die Opfer des Stasi eine Beleidigung" dar. Bereits die Zahlenverhältnisse würden grosse Unterschiede belegen. Während in der DDR 85 000 Stasi-Beamte und über 100 000 „nebenamtliche Spitzel" beschäftigt worden seien, würden sich „in Bund und Kantonen zusammen gut 250 Leute den Staatsschutzaufgaben" widmen. Abgesehen davon dürften sowohl das Abhören von Telefongesprächen als auch Postkontrollen in der Schweiz nur auf Gerichtsbeschluss hin vorgenommen werden. Schliesslich verwehre er sich dagegen, dass im Bereich des inneren Staatsschutzes begangene, von ihm selbst „hart kritisierte Fehler systematisch und genüsslich politisch ausgeschlachtet werden und damit eine wichtige staatliche Institution handlungsunfähig gemacht wird".[657] „Pauschalverurteilungen" wie der Stasi-Vergleich förderten „das nötige Umdenken" ebenso wenig wie das vom Komitee „Schluss mit dem Schnüffelstaat" vor der Bundesanwaltschaft veranstaltete „Protestpikett", das nach Meinung des EJPD-Chefs einem „Spiessrutenlaufen" für die dort tätigen Beamten gleichkomme.[658]

Unter dem Motto: „Wir ziehen erst wieder ab, wenn wir endlich unsere Fichen sehen", hatte das KSS ab dem 22. Januar 1990 mehre Wochen lang jeweils montags bis freitags während der Mittags-

---

656 Hierzu und zum Folgenden: Arnold Koller in: Engeler/Auf der Maur, Vergleiche, Weltwoche, 8. Februar 1990.

657 Arnold Koller in: Volken, Fehlleistungen, Neue Zürcher Nachrichten, 6. Februar 1990.

658 Arnold Koller in: Engeler/Auf der Maur, Vergleiche, Weltwoche, 8. Februar 1990.

zeit vor dem Sitz der Berner Bundesanwaltschaft Mahnwachen organisiert, die eine wechselnde Bereitschaft aus Aktivistinnen und Aktivisten bestimmter von der Fichierung betroffener gesellschaftspolitischer Gruppierungen beinhalteten.[659] Wie einem Informationsschreiben des KSS zu entnehmen, wolle man mit dem „Protest-Pikett" nach wochenlanger „Funkstille" auf die „Diskriminierung von uns gewöhnlichen Bürgerinnen und Bürgern" gegenüber jenen Parlamentsangehörenden aufmerksam machen, die bereits Einsicht erhalten hätten. Zum anderen gelte es, Druck aufzubauen, weil „jeder Tag der bundesanwaltschaftlichen Zeitschinderei den Verdacht" nähre, sowohl beim Bund als auch in den Kantonen würden die betreffenden Registraturen heimlich bereinigt. Unter der Vorgabe, keine Gewalt anzuwenden, könne jede Gruppe „ihren Tag" an der Taubenstrasse 16 selbst gestalten, beispielsweise durch Versuche, entsprechende Sachbearbeiter oder gar den Chef der Bundespolizei zu kontaktieren, aber auch mit Sitzblockaden oder etwa indem mit leeren Kameras Ein- und Ausgehende fotografiert würden. Das KSS werde jeweils die Transparente „Schluss mit dem Schnüffelstaat" und „Einsicht jetzt" zur Verfügung stellen und eine Seite jener Flugblätter bedrucken, die möglichst an frequentierten Orten wie dem Bären- oder dem Bundesplatz verteilt werden sollten. Der „Pikettdienst" werde erst beendet, „wenn wir den Durchbruch zu den Fichen geschafft haben".

Die Bedeutung der Aktion habe, gemäss Jürg Frischknecht, darin gelegen, das „Januarloch" zu überstehen.[660] Als die erste Empörung vorbei war und etwa 50 Parlamentsmitglieder im Dezember ihre Fichen eingesehen hatten, kamen die Festtage und mit ihnen die

---

659 Hierzu zählten Gruppen, die sich etwa zugunsten soziopolitischer Anliegen wie Antiatomkraft, Anti-Apartheid, Frauenemanzipation, Friedensbewegung, Ökologie, Kultur, Bildung, Migration, aber auch in Gewerkschaften und für die Demokratischen Juristinnen und Juristen engagierten. Hierzu und zum Folgenden: KSS, Dokumentation, Vorschlag für Aktivitäten bis zur März-Session, 19. Januar 1990; KSS, Dokumentation, Protest-Pikett Einsicht Jetzt!, 23. Januar 1990.

660 Hierzu und zum Folgenden: Frischknecht im Gespräch mit Liehr, 5. März 2008, Transkript, S. 6.

Pause des politischen Betriebes.[661] Um an das vorweihnachtliche Streitklima anknüpfen zu können, seien „diese Mahnwachen" als erste vom KSS organisierte Aktion eine „wichtige Idee" gewesen. Denn nachdem die Parlamentsangehörigen „den Fuss drinnen hatten", führt Frischknecht aus, „von dem Moment an, wo die Tür einen Spalt offen war", habe es weitergehen müssen, indem die Bürgerinnen und Bürger mobilisiert würden, nach dem Motto: „Ihr seid betroffen, geht dahin, sagt, was Ihr wollt, baut Druck auf!" Denn, gab der Journalist Mitte Januar 1990 in einem WoZ-Artikel zu bedenken, ohne Engagement der Registrierten „wird der Nationalrat in der ersten Märzwoche den Weg frei machen für einen etwas ausgemisteten, vor allem aber effizienteren und EDV-vernetzten Staatsschutz".[662] Gemäss offiziellen Zahlen aber hätten neun Zehntel der registrierten Schweizerinnen und Schweizer und fast alle betroffenen Ausländerinnen und Ausländer noch keine Einsicht verlangt. Die „Gesinnungsschnüffelei" sei jedoch nur durch die Inaugenscheinnahme der Fichen zu ergründen, die, wie sich empirisch bereits bestätigt habe, „weder mit Delikten noch mit Deliktvorbereitungen in Zusammenhang" habe gebracht werden können.[663] „Schlicht absurd" sei, welche Inhalte von der „Präventiv-Polizei" als staatsgefährdend eingestuft würden.[664] Auf einer zahlreich besuchten Veranstaltung in St. Gallen kri-

---

661 Vgl.: Messerli 2001, S. 50. Messerlis Presseerhebung zeigt, dass „die Periode Januar bis Februar 1990 gemessen an den für eine intensive Berichterstattung wichtigen Indikatoren stark unterdurchschnittliche Werte" aufwies, so dass die Empörung über die Ermittlungsresultate der PUK-EJPD bereits abgeflaut war.

662 Hierzu und zum Folgenden: Frischknecht, Keller, WochenZeitung, 12. Januar 1990.

663 Hierzu und zum Folgenden: Frischknecht, Schnüffelei, Vorwärts, 1. Februar 1990. Beispielhaft führt Frischknecht hier die Fiche des SP-Nationalrats Hansjörg Braunschweig an, die 50 Jahre politischen Engagements umfasse und aus der klar hervorgehe, dass nicht nur „das Wahrnehmen von demokratischen Rechten bespitzelt", sondern auch eine „totale Telefon- und Postkontrolle verfügt worden ist". Vgl. dazu: Braunschweig 1990.

664 Hierzu und zum Folgenden: Sb, Machtinstrument, Ostschweizer AZ, 29. Januar 1990.

tisierte Frischknecht Ende Januar „die Verzögerungstaktik der Bundesbehörden, die jetzt einfach hofften, es würde Gras über die Sache wachsen".[665] Nur durch „Druck von unten", durch breit getragene Protestaktionen, betonte auch Paul Rechsteiner in St. Gallen, könne verhindert werden, dass die Bundespolizei am Ende, wenngleich mit einem „Blauen Auge", dafür jedoch besser organisiert als je zuvor davon komme. In der aktuellen Krisensituation aber, motivierte der SP-Nationalrat das Publikum, könne der Durchbruch gelingen: wenn nicht jetzt, so seine Prognose, „dann gelingt er nie".[666]

Damit hatte Rechsteiner auf die den spezifisch gegebenen Umständen inhärente Chance auf Wandel verwiesen, die sowohl aussen- als auch innenpolitische Faktoren eröffneten. Innenpolitisch war die öffentliche Atmosphäre zu jenem Zeitpunkt aufgrund der im letzten Jahr geballt aufgetretenen politischen Streitthemen – „Fall Kopp", Diamant-Feier und Fichen-Funde – stark von Entrüstung geprägt und entsprechend aufgeheizt. Zudem hatte das unerwartet hohe Abstimmungsergebnis zugunsten der Armeeabschaffung, zwei Tage nach Veröffentlichung des PUK-EJPD-Berichtes Ende November 1989, die Aufbruchstimmung in linken und alternativen Kreisen noch forciert. Wenn zugunsten der im Vorhinein unwahrscheinlichen Beseitigung des Nationalsymbols Schweizer Armee immerhin eine so hohe Stimmenzahl

---

665 Jürg Frischknecht zit. n.: Sb, Machtinstrument, Ostschweizer AZ, 29. Januar 1990.

666 Paul Rechsteiner zit. n.: Sb, Machtinstrument, Ostschweizer AZ, 29. Januar 1990. Wie bereits erwähnt, zählte Paul Rechsteiner gemeinsam mit Peter Bodenmann unter den linken Nationalratsmitgliedern von Anfang an zu den strategischen Vorantreibern des Fichen-Skandals. Als Mitbegründer des KSS, gehörte er zu den wenigen Personen, die sich darin, trotz vielfältig anderem Engagements, bis zu dessen Ende 1998 eingebracht haben. Rechsteiner ist Rechtsanwalt in St. Gallen, von 1986 bis 2011 sass er für die SP im Nationalrat, seit 2011 vertritt er den Kanton St. Gallen im Ständerat und amtet seit 1998 als Präsident des Schweizerischen Gewerkschaftsbundes. Vgl. etwa: Pitteloud an Liehr, 8. Juli 2008; Sigerist im Gespräch mit Liehr, 22. Februar 2008, Transkript, S. 7; Weber im Gespräch mit Liehr, 18. März 2008, Transkript, S. 16.

erreicht werden konnte, lautete die Schlussfolgerung, warum sollte dann, angesichts der aufgedeckten eklatanten staatlichen Verfassungswidrigkeiten, die zahlreiche Bürgerinnen und Bürger betrafen, die institutionelle Elimination der politischen Polizei nicht möglich sein. Man habe sich „ein Stück weit im GSoA-Sog" befunden, pointiert Catherine Weber, so dass aus dem „Weg mit der Armee!" ein „Weg mit der politischen Polizei!" habe werden können.[667]

Aussenpolitisch bedingten die Implosion des Ostblocks und der Mauerfall, konkret die Besetzung der Stasi-Liegenschaften ab Dezember 1989 mit ihrem Höhepunkt am 15. Januar 1990, als die Stasi-Zentrale in Berlin-Lichtenberg erstürmt worden war, die Aussicht, auch in der Schweiz sei die Abschaffung der in rot-grünen Kreisen verhassten Staatsschutzinstitution möglich. Die Wirkungsmächtigkeit massenmedialer Visualisierung hervorhebend, illustriert Frischknecht, „diese ganzen Fernsehbilder mit den Akten, die da in Berlin aus dem Fenster herausflogen", hätten den Antriebsgeist bekräftigt,[668] den „antidemokratischen Archipel Bupo nach DDR-Vorbild auflösen" zu können.[669]

Unter den im KSS Engagierten sei immer klar gewesen, dass die Stasi und die Schweizer Überwachungsmethoden „nicht dasselbe" waren.[670] Die ostdeutsche Staatssicherheit habe insgesamt immer eine „grössere Dimension", schlimmere Qualität und Konsequenzen für die Betroffenen gehabt, weswegen auch den Skandalierenden die Bezeichnung „Spitzelstaat" für die Schwei-

---

667 Weber im Gespräch mit Liehr, 18. März 2008, Transkript, S. 3.

668 Frischknecht im Gespräch mit Liehr, 5. März 2008, Transkript, S. 4

669 Frischknecht, Keller, WoZ, 12. Januar 1990. Wie Frischknecht darlegt, bediente die Bundespolizei damals „28 Filialen", die 26 kantonale Nachrichtendienste sowie die Polit-Polizeien jeweils in Bern und Zürich umfassten.

670 Hierzu und zum Folgenden: Frischknecht im Gespräch mit Liehr, 5. März 2008, Transkript, S. 4; Rechsteiner im Gespräch mit Liehr, 13. März 2008, Transkript, S. 7; Sigerist im Gespräch mit Liehr, 22. Februar 2008, Transkript, S. 3; Weber im Gespräch mit Liehr, 18. März 2008, Transkript, S. 3.

zer Verhältnisse generell unpassend erschienen sei. Zugunsten des Mobilisierungsanliegens musste jedoch, die politische Schlagkraft von Wortschöpfungen nutzend, ein „Negativbegriff" gefunden werden, der die Eigenheit der Schweizer Umstände abbildete und zugleich imaginativ Parallelen zur DDR evozierte. Das „etwas altertümlich" anmutende Wort „schnüffeln" sei, angesichts der „liebenswürdig altmodischen Fichen",[671] rasch als treffende, geradezu ideale Lösung befunden worden. Assoziativ wirkend, vermittelte es konnotativ das Unzeitgemässe der schweizerischen Staatsschutzmethoden und bot darüber hinaus spöttisch-verheissungsvolle Anknüpfungspunkte für die visuelle Protestkommunikation.

Hierfür exemplarisch steht das Konterfei einer Wühlmaus, das der Luzerner Künstler und damalige Werbe-Redakteur der WoZ, Felix Kuhn, eher beiläufig auf die Rückseite eines Plakates skizziert hatte, und das sofort zum Logo des KSS avancierte.[672] Der bis zur Brust abgebildete Mausekörper ist von einem Trenchcoat samt Stehkragen umhüllt und seine Physiognomie bleibt durch Hut und Sonnenbrille verborgen. Lediglich die leicht nach links gerichtete überdimensionale Schnüffelnase sticht verräterisch hervor. Die charmante Karikatur des geheim agierenden, in fremden Gefilden stöbernden Spitzels ist zugleich ein Sinnbild für den humorvollen und kreativen Umgang vieler Protestakteure mit den aufgedeckten staatlichen Verfehlungen. Protest, so Bodenmann, müsse „zu einem gewissen Grad noch lustvoll

---

671   Frischknecht 1990, S. 11.

672   Felix Kuhn im Telefonat mit der Verfasserin, 7. November 2011. Kuhn selber bezeichnet seine Figur als Wühlmaus. Kuhn an Liehr, 7. November 2011. Für Catherine Weber stelle sie dagegen eine „Schnüffelratte" dar. Die vielen tierischen Karikaturen des Basler Künstlers Ernst Feurer wirken tatsächlich wie Ratten.

Abb. 5: Das Logo des Komitees „Schluss mit dem Schnüffelstaat". Die Karikatur des staatlichen Spitzels in Montur inklusive seines signifikanten Apparats, der Schnüffelnase. (Illustration von Felix Kuhn, Luzern)

sein" und Spass bereiten.[673] Es sei immer auch darum gegangen, nicht nur den „bitteren Ernst" zu transportieren, sondern dem Sachverhalt eine erheiternde Facette zuzuschreiben, etwa durch persiflierende Visualisierungen anhand von Karikaturen.[674] Denn

673 Hierzu und zum Folgenden: Bodenmann im Gespräch mit Liehr, 16. Mai 2008, Transkript, S. 21, 25.

674 Mit mehreren Dutzend Karikaturen von bestechender Raffinesse hat insbesondere der Basler Cartoonist Ernst Feurer das KSS unterstützt. Verstanden als „visuelle Kommentare", nehmen Karikaturen in der Politikvermittlung eine besondere Rolle ein. Die Bilderrätsel, deren Inhalt und Witz es zunächst jeweils zu decodieren gilt, wecken auf unterhaltende Weise Interesse an der dazugehörenden Berichterstattung. Darüber hinaus transportieren sie, indem sie assoziativ „auf kulturell tradierte, kollektive Erfahrungen zurückgreifen", konkrete Vorstellungs- und Deutungsmuster eines bestimmten Sachverhalts. Dadurch kann ihnen eine realitätskonstitutive „politische Prägekraft" zugeschrieben werden. Somit leisten Karikaturen, wenn sie

die erstrebte „Hegemonie in der Debatte", führt Bodenmann aus, werde nicht über den „Todernst" erreicht, sondern, indem man auch den Witz besetze. Alles werde besser bewältigt, „wenn man über das Ganze und sich etwas lachen kann".[675] Dementsprechend wurde das KSS-Markenzeichen, besagte Schnüffelmaus, humoristisch ausgestaltet zur Figur des „Fichen-Fritz" beziehungsweise des „Ficherman".[676] Mustergültig gibt dabei „The Ficherman Collection 007/700", die im Laufe jenes Jahres unterschiedlichste Fan-Artikel wie diverse Shirts, Sticker, Ansteckknöpfe, Feuerzeuge, Kalender, Ballone, Poster, Badelaken bis hin zu Dessous für sie und ihn umfasste, den schöpferischen Reichtum der Protestbewegung wieder. Das auf schwarzem Grund weiss gestaltete Hauptmotiv stellt die von einem gelben Spot beschienene, mit riesiger Nase schematisierte Schnüffelmaus dar, deren von Hut und Brille verdecktes Gesicht den Betrachter unverhohlen anstarrt (Abb. 6).[677]

Regierungshandeln thematisieren, einen essentiellen Beitrag innerhalb der „Oppositionskommunikation". Vgl.: Knieper 2002, S. 19, 22f.

675 Vgl. dazu: Levy/Duvanel 1984, S. 301. In ihrer Darstellung über die Zunahme basisdemokratischer Aktivität in der Schweiz von 1945 bis zu Beginn der 1980er-Jahre beklagen die Autoren, es fehle „oft der Humor als politische Waffe", was gerade in der Eidgenossenschaft, wo die „Neigung zu übermässig ‚rationalem', ausschliesslich sachbezogenem Vorgehen so verbreitet ist", für die Aussenwirkung politischer Aktionen von enormer Relevanz sei. Darüber hinaus wirke eine „Bewegung" auch über „Folklore", in Form von Liedern, Festen und Symbolen, was „einige Gruppen in den letzten Jahren" allerdings realisiert hätten.

676 Die Bezeichnung „Fichen-Fritz" ist dem dynamisch-erheiternden Zungenbrecher „Fischers Fritz frisst frische Fische" angelehnt. Vgl. dazu die Illustration in: Frieden, Doppelrolle, WoZ, 12. Januar 1990. Der Ausdruck „Ficherman" beziehungsweise „Ficherman's Fan" scheint sich auf das scharfe Halsbonbon namens „Fischerman's Friend" zu beziehen.

677 Gemäss Catherine Weber war das entsprechende von der Kuhnschen Schnüffelmaus abgeleitete Signet mit dem Text „Ficherman is watching you" die Idee eines KSS-Vorstandsmitglieds. Weber an Liehr, 15. November 2011. Der Spruch spielt auf den zum Schlagwort gereiften Satz „Big brother is watching you" an, der aus George

Als Gesamtmedientexte parodieren alle drei dazu vorliegenden Produktanzeigen, jeweils für 1. The Classics; 2. The Art Shirt Edition; 3. Ficherman – Les Dessous, subtil das für 1991 von der offiziellen Schweiz geplante Vorhaben der eidgenössischen 700-Jahr-Feier. Dabei wurde satirisch ein nationales Selbstbild entworfen, in dem die im Titel integrierte Chiffre „007/700" vorgibt, es handele sich um eine 700jährige Jubiläumsschweiz der Geheimagenten. Der Slogan am Fusse des Bestellscheines lautet dann auch: „Ficherman. All over Ficherland".[678] Darüber hinaus erschien in der WoZ vom 17. August 1990 ein Comic-Strip unter dem Titel „Ficherman – Unser bester Mann", in dem die Hauptfigur, als sarkastische Parodie des Comic-Helden „Batman", die Polizei von „Gothelp-City" im Kampf gegen „Fremde" unterstützt (Abb. 7).[679]

Orwell's Roman „1984" stammt und die von einer übermächtigen Überwachungsmaschinerie ausgelöste persönliche Unfreiheit des Individuums zum Ausdruck bringt.

678 Vgl.: KSS, Dokumentation, „The Ficherman Collection 007/700". Der Preis des Kalenders „Daten 700" hätte ohne den „Jubi-Rabatt" von 1ct bei 19,91 Franken gelegen, und das Label „Ficherman's Fans" durfte sich stolz mit dem ehrenvollen Titel „Art Shirt Makers since 699" schmücken.

679 Mit beissender Ironie verkündet der Verweis auf den Comic: „Dem Helden des untenstehenden Comics stellen alle nach – das Pack der Unbotmässigen Kritikaster, die Hydra-Organisationen der Rasenden Roten Reporter, das Syndikat der Melonenmegalomanen, die Lobby der Unschweizer und neuerdings zu all dem hinzu auch noch die rachelechzenden Bösewichte vom Komitee der Superschurken ohne Skrupel! Sie alle wollen nur das eine: Ficherman übertölpeln, in sein Fortress of Freedem & Fortune eindringen und Ficherman's Central Fiche Shrine zerstören." Ficherman, WoZ, 17. August 1990.

Abb. 6: Das Motiv zahlreicher Werbeartikel des KSS (hier als Aufkleber). Die Schnüffelmaus von zugespitzter Bedrohlichkeit als Motiv eines Agententhrillers, wobei das überdimensionale „You" die Betrachtenden alarmiert, jeweils selbst betroffen zu sein. (Illustration Roger Hiltbrunner)

Abb. 7: Staatskritik vermittelt über die unterhaltende Form des Comic-Strips. Nur vordergründig rettet „Ficherman" das Opfer des stupiden, brutalen Nazi-Schlägers. Anspielend auf den an die Polizei gerichteten Vorwurf, rechtsradikale Gewalttaten zu verharmlosen, lässt der Held den Täter laufen, während er, wie die staatlichen Ordnungskräfte geleitet von xenophoben Feindbildern, den Geschädigten in Gewahrsam nimmt. (Comic von André Hiltbrunner, publiziert in: WoZ, 17. August 1990.)

Als „Fichen-Fritz" wurde die Zeitung des KSS benannt. Aufgemacht im Stil eines Boulevardblattes prangt auf der Titelseite in der linken oberen Hälfte das Konterfei der Schnüffelmaus in einem roten Lichtkegel unter dem in fetten, weissen Grossletten auf schwarzem Untergrund „Fichen Fritz" steht. Die am 21. Februar 1990 in einer Auflage von 300 000 Stück erschienene erste Ausgabe galt vor allem dem Anliegen, für die Demonstration Anfang März zu mobilisieren.[680] Die Gratiszeitung, Einzahlungs-

---

680 Vgl.: das Impressum des Fichen-Fritz 1. Satz und Layout wurden vom WoZ-Kollektiv durchgeführt, deren Druckerei in Biel fertigte das Blatt. Bis zur Auflösung des KSS Ende Juni 1998 sind 33 Nummern der Zeitung erschienen. Satz und Layout sowie Druck änderten sich teilweise, vgl. jeweils das Impressum. Das schweizerische Sozialarchiv in Zürich dokumentiert alle Ausgaben des Fichen-Fritz.

scheine für Spenden an das KSS enthaltend, war den Verteilenden bei den Händlern noch bevor der nächste Zeitungsbund hatte geöffnet werden können, geradezu „aus den Händen gerissen" worden. Eine solch reissende Nachfrage nach Aufklärung habe Catherine Weber in ihrer gesamten politischen Laufbahn niemals mehr erlebt.[681] Mit zahlreichen Fotos und Karikaturen, Chronologien und Werbung für weitere Produkte des KSS, und untergegliedert durch prägnante, einfallsreiche Überschriften sowie Zwischentitel, Kästen inklusive weisser Zwischenräume, waren das Seitenlayout und der Textfluss ebenso lebhaft wie übersichtlich, kurz: leserfreundlich gestaltet.

Der „Fichen-Fritz", der mindestens vierteljährlich erschien, gab den Bürgerinnen und Bürgern Auskunft über den jeweiligen Stand des Einsichtsverfahrens, Fristen und Rechtsoptionen inklusive Musterbriefen, des weiteren über Termine hinsichtlich Aktionen und Veranstaltungen des KSS sowie über Adressen der Regionalkomitees. Darüber hinaus vermittelte er Hintergrundinformationen etwa über die Historie des schweizerischen Staatsschutzes oder besonders brisanter Fälle von Überwachung. Die im Skandaljahr 1990 des weiteren herausgegebenen Zeitungsausgaben der Nummern zwei bis vier thematisierten, je nach Stand der politischen Entwicklung, Anliegen des KSS wie die Abschaffung der politischen Polizei, die Analyse bereits eingesehener Fichen, Pro und Contra-Argumente bezüglich des Boykotts der 1991 anberaumten Volkszählung sowie die Lancierung der Initiative „S.O.S – Schweiz ohne Schnüffelpolizei" samt Unterschriftenbögen.[682] In Lausanne wurde parallel zum „Fichen-Fritz" die „Zwillingsschwester" namens „Fiche et Fouine" produziert, die

---

681 Weber im Gespräch mit Liehr, 18. März 2008, Transkript, S. 5f. Abgesehen davon, dass der erste Fichen-Fritz in einer Grossauflage vor und während der Demonstration verteilt wurde, lag er generell verschiedenen linksgesinnten Zeitungen bei und wurde den KSS-Mitgliedern zugeschickt.

682 Zur Entscheidung des KSS, die stimmberechtigte Bevölkerung über die Abschaffung der politischen Polizei abstimmen zu lassen, siehe weiter unten.

sich „schwergewichtig mit der Lage in den welschen Kantonen" auseinander setze.[683]

Unter dem Titel „Schnüffelstaat Schweiz. Hundert Jahre sind genug" gab das KSS am 27. April 1990 eine Textsammlung heraus, in der facettenreich zugunsten des elementaren Anliegens, die politische Polizei abzuschaffen, argumentiert wurde.[684] Das „Standardwerk zum hiesigen Staatsschutz", das während des Skandaljahres in schweizerischen Bestsellerlisten auf den vorderen Plätzen rangierte, wurde auch in Deutschland rezipiert.[685] So schloss etwa die Süddeutsche Zeitung: „Das höchst informative Buch ist geeignet, das immer noch weitverbreitete Bild von der

---

683 Vgl.: Das Fichereiwesen, Fichen-Fritz 2, April 1990. „Fiches et Fouine" erschien auf besondere Veranlassung von Charles-André Udry. Pitteloud an Liehr, 8. Juli 2008. Die Analyse beider Zeitungen steht noch aus. Eine solche widerspiegelte profund die abwechselungsreiche achtjährige Geschichte des KSS im Kampf um eine Demokratisierung des schweizerischen Staatsschutzes und damit auch um dessen institutionellen Wandel. Das KSS löste sich nach der erfolglosen Abstimmung über die „S.o.S.-Initiative" Ende 1998 auf. Bestehen blieb die im März 1995 gegründete Stiftung „Archiv Schnüffelstaat Schweiz" (ASS), durch die Kopien der zensurierten Fichen und Dossiers, die Betroffene im Laufe der Jahre erhalten hatten, „für die aktuelle Geschichtsforschung zugänglich" gemacht werden sollten. Die gesammelten Dokumente von über 700 Personen befinden sich mittlerweile im schweizerischen Sozialarchiv in Zürich. Vgl.: Grundrechte.ch 2010, S. 9, 11f; Komitee Schluss mit dem Schnüffelstaat 1990a, S. 205–207.

684 Hierzu und zum Folgenden: Komitee Schluss mit dem Schnüffelstaat 1990. In einer Auflage von 25 000 erschienen, sind fünfzehntausend Exemplare verkauft worden. Der „Hype" sei, gemäss Jürg Frischknecht, schon etwas vorbei gewesen. Es habe sich um „die schnellste Buchproduktion in dieser Richtung" gehandelt: war am Sonntag noch inhaltlich an dem Werk gearbeitet worden, wurde es bereits am folgenden Freitag von der norddeutschen Druckerei ausgeliefert. Frischknecht im Gespräch mit Liehr, 5. März 2008, Transkript, S. 5.

685 Hierzu und zum Folgenden vgl.: Buchwerbung in: Fichen-Fritz 3, September 1990; Fichen-Fritz 4, November 1990.

FERTIG GESCHNÜFFELT ?

Abb. 8: Das Etymon des vom griechischen skándalon stammenden Begriffs „Skandal", das freihängendes Hölzchen oder Auslösevorrichtung einer Tierfalle bedeutet, dargestellt als jener Moment, in dem die Verfehlung aufgedeckt wird und ikonografisch übertragen in die Szene, in der das Schnüffelmonster „Bupo" der PUK, lautmalerisch versinnbildlicht durch das Geräusch des zuschnappenden Fangeisens, in die Falle geraten ist. (Karikatur von Ernst Feurer, abgedruckt in: Fichen-Fritz 1, 21. Februar 1990.)

urdemokratischen Schweiz als politischen Mythos zu dekuvrieren."[686] Gefasst als weiteres Aktivierungsinstrument, ist das 255-seitige „Nachschlagewerk" in vier Teile gegliedert. Drei nach der Einleitung abgedruckte Textfragmente aus dem ausgehenden 19. und beginnenden 20. Jahrhundert deuten zunächst die ideellen Wurzeln an, durch die der ab 1989/90 laut gewordene Ruf nach Elimination der politischen Polizei im Sinne einer kognitiven Orientierung inspiriert worden ist. Aus der Arbeiterbewegung stammend, verweisen die Auszüge nicht nur auf die zwölf Jahrzehnte während Beständigkeit der umstrittenen

---

686 Süddeutsche Zeitung zit. n.: Buchwerbung in: Fichen-Fritz 3, September 1990.

Staatsschutzinstitution, sie bekunden zugleich die ebenso lang
während Tradition, politisch Linksgesinnte zu überwachen.[687]
Der Mitbegründer der Sozialdemokratischen Partei der Schweiz,
Albert Steck, etwa monierte 1888 unter dem Titel „Man schaffe
die Politische Polizei ab", es sei

> „leider die traurige Wahrheit, dass die Polizei instruiert
> worden ist, alle öffentlichen und geheimen Versammlungen,
> in welchen über soziale Fragen diskutiert wird, inskünftig
> streng zu überwachen und über alle gehaltenen Reden

687 Nicht nur Linke, auch in der Schweiz lebende Ausländerinnen und
Ausländer waren, verknüpft mit xenophoben Vorstellungswelten,
von Anfang an Gegenstand staatlicher Überwachung. Vgl. etwa:
Blanc 1990. Zum Verhältnis des „Fremdseins" beziehungsweise der
„Ausländerfrage" mit der Konstruktion von Nation und Staatsbürgerschaft in der Schweiz 1848–1933 vgl.: Argast 2007; im Hinblick
auf die Entwicklung des „Überfremdungsdiskurses" in der Schweiz
vgl.: Kury 2003; zur Entwicklung der Partizipation und Integration
von Ausländerinnen und Ausländern in der Schweiz nach 1960
vgl.: Hürlimann/Aratnam 2004. Stichprobenartig erhobene Daten
zur Fichierung von Ausländerinnen und Ausländern zwischen
1935–1990 liefert die Staatsschutz-Studie Kreis 1993. Wie Michaela
Friemel betont, sei in den beiden Nationalratsdebatten zum PUK-
EJPD-Bericht „praktisch nicht" über die aus den angeprangerten
Staatsschutzmethoden resultierenden Folgen für Ausländerinnen
und Ausländer gesprochen worden. Einzig ein Votum von Angeline
Fankhauser (SP) sei diesbezüglich aus der Norm gefallen, indem
sie Besorgnis darüber geäussert habe, die Asylpraxis sei womöglich
auf Basis eines adäquaten Bedrohungsbildes erfolgt. Friemel 2007,
S. 38f, inklusive Anmerkung 173. Wie aus der Dokumentation des
KSS ersichtlich, bemühte man sich dort durchaus auch um eine
pragmatische Interessenvertretung etwa bezüglich der Akteneinsicht
sowie einer Mobilisierung von Ausländerinnen und Ausländern.
Beispielhaft sei diesbezüglich der „Flüchtlingstag" vom 16. Juni
1990 angeführt, für den an vielen Orten Standaktionen und
Unterschriftensammlungen zugunsten der „S.o.S – Initiative" geplant
wurden. Vgl.: KSS, Dokumentation, Nationaler Flüchtlingstag vom
16. Juni 1990. Was die Mitgliedschaft entsprechender Organisationen
im KSS anbelangt, findet sich in einer Auflistung von Ende April
1990 lediglich das „Komitee gegen die Aushöhlung des Asylrechts".
Komitee Schluss mit dem Schnüffelstaat 1990a, S. 212f.

an das eidgenössische Justiz- und Polizeidepartement zu rapportieren!"[688]

Jene, welchen die „Besserstellung der arbeitenden Klassen am Herzen" liege, müssten sich stets gewahr sein, polizeilich überwacht zu werden,

> „ja", ergänzt Steck nahezu prophetisch, „dass man vielleicht aus purem Diensteifer ihre Worte verdreht und eine Denunziation daraus schmiedet. Welche prächtigen Rapporte muss es bei der Qualifikation der Mehrzahl der Polizeisoldaten geben!"

Auch der vaterländisch orientierte „Schweizerische Grütliverein" verlangte 1891 in einer „Widmung an das Schweizervolk" die Abschaffung der politischen Polizei.[689] Man wolle keine solche Institution in der Schweiz, „auch keine gut dressierte und geschickte". Um sich gegen jedwede Gesetzesübertretungen zur Wehr setzen zu können, „haben wir die ordentliche Polizei und die ordentlichen Gerichte. Das genügt. Die politische Überzeugung aber und die Äusserung derselben müssen in der Schweiz frei sein. Keine Polizei hat sich hierum zu kümmern". Schliesslich zitiert das KSS noch das Votum Herman Greulichs, ebenfalls Mitbegründer der Sozialdemokratischen Partei der Schweiz, das er 1905 im Zürcher Kantonsrat zur politischen Polizei gehalten hatte. Seine Konklusion: „Eine solche Polizeiwirtschaft muss das Vertrauen in die ganze Staatsverwaltung erschüttern. Sie ist ein Klassenkampf von oben mit verwerflichsten Mitteln."[690] So handele es sich um eine Missachtung der Verfassung „nach allen Richtungen hin: Die Gleichberechtigung der Bürger (Art. 4), die Glaubens- und Gewissensfreiheit (Art. 49), die Pressefreiheit

---

688 Hierzu und zum Folgenden: Albert Steck zit. n.: Komitee Schluss mit dem Schnüffelstaat 1990, S. 14.

689 Hierzu und zum Folgenden: Der Grütliverein Bern zit. n: Komitee Schluss mit dem Schnüffelstaat 1990, S. 15. Zum Grütliverein vgl.: Müller 2010.

690 Hierzu und zum Folgenden: Hermann Greulich zit. n.: Komitee Schluss mit dem Schnüffelstaat 1990, S. 16.

(Art. 55), die Vereinsfreiheit (Art. 56), alles wird verletzt". Auch das Postgeheimnis (Art. 36) sei übergangen worden. Durch die politische Polizei verkämen die durch die Bundesverfassung garantierten Rechte zur Illusion, so dass Willkür statt Recht vorherrsche, der Rechtsvertrag zwischen Bürgern und Staat gebrochen sei. Es handele sich um einen „Einbruch in die Grundlagen der Demokratie".

Als Auftakt des Buches wecken die drei historischen Plädoyers Interesse daran, wie es zu den angeprangerten Umständen, mithin zu einer Überwachung von Gesinnungen in der Schweiz hatte kommen können und warum, trotz der deklarierten verfassungsmässigen Brisanz, an der umstrittenen staatlichen Institution jahrzehntelang festgehalten worden ist. Diesen geschichtlichen Zusammenhängen widmet sich der erste Teil in neun kritischen Artikeln. Der zweite Buchabschnitt, dem eine Chronologie der Skandalereignisse vorangeht, schildert in verschiedenen Beiträgen eine Reihe der aufgedeckten Verfehlungen und bündelt damit narrativ das aktuelle Empörungspotenzial. Überschrieben mit der Frage „Modernisieren oder abschaffen?", tendieren alle Darstellungen des dritten Parts argumentativ für die Elimination der politischen Polizei. Im vierten Abschnitt schliesslich werden abgesehen von den bis dato ungenügenden Staatsschutzparagraphen der Schweiz und den 28 kantonalen Nachrichtendiensten auch das KSS selbst, seine politischen Ziele und seine Aktionen vorgestellt. In besagtem Beitrag findet sich eine für das Kollektiv der überwachten Organisationen und Persönlichkeiten häufig gebrauchte Bezeichnung: die „Andere Schweiz".[691]

Unverblümt verweist dieser Ausdruck, von den Betroffenen selbst verwendet, auf den nationalen Bezug des Staatsschutzeklats. Wie im Folgenden noch verdeutlicht wird, verstanden sich zahlreiche aufgrund ihres sozialen und politischen Engagements registrierte Bürgerinnen und Bürger einerseits von Seiten der Überwacher zu unrecht als „Staatsfeinde" kriminalisiert und damit unfreiwillig als aus dem ideellen Konstrukt der offiziellen schweizerischen

---

691 Komitee Schluss mit dem Schnüffelstaat 1990a, S. 206.

Staatsgemeinschaft ausgegrenzt. Andererseits jedoch betonten viele zugleich, sich mit den von ihnen im verfassungsmässigen Rahmen vertretenen alternativen Wertsystemen, derentwegen sie als „staatsfeindlich" erfasst worden waren, um eine in bestimmten Sachfragen vom Status quo abweichende, mithin ideell veränderte schweizerische Gesellschaft zu bemühen. So gesehen handelte es sich nicht um „Ausgestossene", sondern, im Hinblick auf ihre Weltanschauungen und Lebensformen, vielmehr um bewusst „Ausgestiegene".[692]

Zahlreiche der im KSS als aktive oder passive Mitglieder vereinten Personen waren politisch geprägt vom kulturellen Aufbruch „1968", zumeist waren ihre Anschauungen und gesellschaftspolitischen Orientierungen dem weiten thematischen Spektrum der so genannten „Neuen Sozialen Bewegungen" (NSBen) zuzuordnen. Damit fokussierten zentrale ihrer Anliegen auf „Fragen städtischer Lebensqualität, Umweltschutz, Abbau geschlechtsspezifischer [...] oder sonstiger Diskriminierung, alternativer Lebensformen, Frieden und Abrüstung sowie Hunger und Elend in der Dritten Welt".[693] Am Ende der 1980er-Jahre, das offenbaren die Inhalte der Fichen,[694] galten Organisationen und Netzwerke mit Vertretenden entsprechender politischer Leitkonzepte den staatlichen Überwachern auch in der Schweiz als „Horte einer

---

692 Kriesi 1987, S. 32.

693 Hierzu und zum Folgenden vgl.: Rucht 2002. Die NSBen in der Schweiz, ihre Entstehung, Themen, Aktionsformen und mittelfristigen gesellschaftlichen Effekte beschreibt Levy 1992; zur Rolle NSBen im institutionellen Politikgefüge der Schweiz siehe: Linder 2005², S. 127–137. Detailstudien zu einzelnen NSBen stellen aus historischer Sicht jedoch ein Forschungsdesiderat dar. Einen Überblick über den aktuellen Stand und das Potenzial entsprechender geschichtswissenschaftlicher Erkundungen bietet Schulz 2011. Den thematischen Facettenreichtum des gesellschaftlichen Phänomens der Sozialen Bewegungen nach dem Zweiten Weltkrieg entfaltet analytisch das auf Deutschland bezogene Handbuch Roth/Rucht 2008.

694 Vgl.: Kreis 1993, S. 62–66.

Gegenkultur und Herausforderer der etablierten Politik".[695] Die Genese dieser aus verschiedenen soziopolitischen Strömungen erwachsenen „Gegenkultur" ist hinsichtlich der Frage nach den Protestträgern von 1989/90 relevant.

Folgt man dem Politikwissenschaftler Hanspeter Kriesi, dann ging die besagte „Gegenkultur" aus einem ersten „Protest-Zyklus" hervor, der sich in der Schweiz im Anschluss an die Studentenbewegung der ausgehenden 1960er-Jahre bis Mitte der 1970er-Jahre entfaltet hatte.[696] Gemäss Kriesi hätten die Erfahrungen von „1968" auch in der Eidgenossenschaft zu einer „Erweiterung der Grenzen des politisch Möglichen" geführt. So habe sich das ausserparlamentarische Handlungsfeld, zuvor bereits durch das Initiativ- und Referendumsrecht „teilweise institutionalisiert", verstärkt zu einem „permanenten Forum politischer Auseinandersetzungen" entwickelt. Durch neue Protestformen sei es „massgeblich erweitert" worden. Zudem habe die Studentenbewegung auch in der Schweiz einen „sozialisierenden Effekt" gehabt. Dadurch habe sich zu Beginn der 1970er-Jahre eine „Protest-Generation" kons-

---

695 Dies gelte, gemäss dem Schweizer Politikwissenschaftler Ruedi Epple-Gass, jedoch nicht für die intentionale beziehungsweise strukturbrechende Schlagkraft der NSBen, die sich in den 1970/80er-Jahren in der Eidgenossenschaft konstituiert haben und die der Autor als „strukturkonservativ" beschreibt. Wenngleich auch die „unkonventionellen Aktivierungsereignisse" im Laufe der Zeit zugenommen hätten, mobilisierten die schweizerischen NSBen in jenem Zeitraum vornehmlich unter Rückgriff auf die traditionellen, direktdemokratischen Institutionen, um den „neuen" Forderungen zur Durchsetzung zu verhelfen. Es habe sich damit auf Bundesebene zumeist um „Initiativbewegungen" gehandelt. Deren Akteure hätten nur selten, konstatiert Epple-Gass, die Grenzen und die Interessensgebundenheit der genutzten staatlichen Verfahren infrage gestellt. Damit aber seien letztere als Herrschaftsinstrumente, welche die Ansprüche der NSBen entschärft hätten, legitimiert worden. So gesehen hätten sich die NSBen „nur in geringem Masse zu einer Herausforderung für das politische System der Schweiz entwickeln" können. Vgl.: Epple-Gass 1991, S. 153f, 158, 161, 164, 166f.

696 Hierzu und zum Folgenden: Kriesi 1987, S. 30f. Zu „1968" in der Schweiz vgl. etwa: Peter 2008.

tituiert, die ein „Potential von Aktivisten und Sympathisanten" umfasste, das, erfahren im Umgang mit den veränderten Spielarten politischen Handelns, bereit gewesen sei, jene „Versiertheit in neue Aktionen" zu überführen.[697] Die zu Beginn dieses ersten „Protest-Zyklus" gemeinsam gemachten politischen Erfahrungen hätten unter den Betroffenen, so Kriesi, eine innere Einheit im Sinne einer kollektiven Identität hervorgerufen, die sich auf das Aktivierungsverhalten der Akteure offenbar so stabilisierend ausgewirkt habe, dass noch Anfang der 1980er-Jahre auftretende NSBen von einem überproportionalen Anteil an Aktivisten jener „Protest-Generation" getragen worden seien.[698]

Deren Angehörige verknüpften ihre politischen Forderungen nach einer „Erweiterung individueller und kollektiver Entfaltungs- und Partizipationsmöglichkeiten"[699] sowie nach mehr Aufmerksamkeit zugunsten der „Folgeprobleme des Wirtschaftswachstums" häufig mit „Teilbereichen ihres Lebens", das heisst beispielsweise mit ihrer Art zu wohnen (Wohngemeinschaften), ihre Kinder zu betreuen (Kinderläden) oder zu arbeiten (alternative Dienstleistungsbetriebe).[700] Das wiederum ging einher mit einer „minimalen Infrastruktur", bestehend etwa aus Treffpunkten

---

697   Vgl.: Gilg/Hablützel 1983, S. 254–260; Levy/Duvanel 1984, S. 157–261; König/Kreis/Meister/Romano 1998; Giugni/Passy 1997; Hutter/Giugni 2009.

698   Die bekannteste NSB jener Zeit ist die 1982 konstituierte „Gruppe Schweiz ohne Armee" (GSoA), hierzu vgl. etwa: Gross/Crain/Erne/ Furrer 1989. Die besagte „Protest-Generation" der 1985 zwischen 34- und 39-Jährigen habe, obwohl nicht mehr die ausschlaggebende Protestträgerin, „ein relativ hohes" Protestpotential aufgewiesen, wobei sie „noch immer ziemlich radikal" erschienen sei. Kriesi 1987, S. 40. Für die Skandalisierung und Protestmobilisierung 1989/90 verantwortliche Persönlichkeiten wie Peter Bodenmann, Paul Rechsteiner, Jürg Frischknecht oder Peter Sigerist gehören dieser Alterskohorte an.

699   Rucht 2002.

700   Zur alltagsweltlichen Verknüpfung von „Emanzipationsansprüchen" sowie einer Sensibilisierung für die „Folgeprobleme des Wachstums" vgl.: Levy 1992, S. 936–938.

oder eigenen Medien.[701] Dadurch wurden die gegenkulturellen Ideen und Praktiken in den betreffenden Kreisen nicht nur verbreitet, sondern auch in eine lebensweltliche Routine überführt.

Jene „sozialen Experimente in der Alltagspraxis" könnten jedoch keineswegs von der politischen Erfahrungswelt isoliert betrachtet werden. Denn, erläutert Kriesi, indem die aus „1968" hervorgegangenen neuen kleinen Linksparteien und auch die SP, wenngleich nicht immer spannungsfrei, gleichwohl mit „diesen lebensweltlichen Ansätzen vernetzt" waren, profitierte die „Gegenkultur [...] von der traditionellen linken Kultur, überlappte auf vielfältige Weise mit ihr und begann sie ihrerseits zu verändern". Viele Akteure standen, dadurch dass sie sich „gleichzeitig oder nacheinander in den verschiedenen Bewegungen" engagiert hatten, aber auch aufgrund „strukturell kohärenter Weltbilder" miteinander in Verbindung.[702] Die dadurch vorhandenen personellen Netzwerke waren essenziell für die Dynamik der Protestmobilisierung während des Staatsschutzeklats 1989/90.

Gemäss KSS-Aktivist Peter Sigerist habe es beispielsweise in Bern einen „sehr guten Synergie-Effekt" zwischen der Neuen Sozialen Bewegung GSoA und dem damaligen „Grünen Bündnis" (GB) gegeben, einem linksradikalen Zusammenschluss Trotzkistischer Organisationen, der Sozialistischen Arbeiterpartei und der Progressiven Organisationen der Schweiz (POCH).[703] Weil die Eidgenossenschaft klein ist, kannten sich viele der politisch aktiven Linksgesinnten untereinander, so dass ein gutes informelles Netzwerk vorhanden war.[704] Ein solches lockeres Beziehungsgefüge, das auch indirekt funktioniert und in seiner Grösse rasch

---

701 Hierzu und zum Folgenden: Kriesi 1987, S. 31, 34.

702 Vgl.: Levy 1992, S. 940.

703 Sigerist im Gespräch mit Liehr, 22. Februar 2008, Transkript, S. 8. Zum „Grünen Bündnis" und der abwechselungsreichen Geschichte der Grünen Parteien der Schweiz vgl.: Brassel-Moser 2007. Zur POCH vgl.: Altermatt 1994, S. 14–20.

704 Hierzu und zum Folgenden: Bodenmann im Gespräch mit Liehr, 16. Mai 2008, Transkript, S. 12, 17.

unüberschaubar wird,[705] reichte aufgrund der oben beschriebenen Verknüpfung der links-alternativen „Gegenkultur" mit den linken Parteien bis hinein in die Parlamente und ministeriellen Ausschüsse. Viele unter den linken „Politik-Junkies" hätten sich in jener Zeit mit den staatlichen Überwachungsmassnahmen „permanent beschäftigt" und Skandalisierungsstrategien reflektiert. Als „das System unter Druck" geraten sei, schildert Bodenmann, habe es schliesslich „Leute aus dem Apparat" gegeben, die, teilweise über Dritte, neue Hinweise geliefert hätten, die vom KSS wiederum zugunsten der Protestmobilisierung aufgegriffen werden konnten.

Unter den ausserparlamentarischen Oppositionellen sei insbesondere Jürg Frischknecht „lange Zeit eine total wichtige Figur" gewesen. Zum einen brachte er aufgrund seiner Beteiligung an der „Arbeitsgemeinschaft Demokratisches Manifest", die 1976 spektakulär das private Bespitzelungsarchiv des bürgerlich-liberalen Werbeunternehmers und Nationalrates Ernst Cincera hatte auffliegen lassen, inhaltlich profunde Kenntnisse über den komplexen Sachverhalt der Gesinnungsüberwachung in der Schweiz mit.[706] Zum anderen war Frischknecht in seiner Funk-

---

705 Zur sozialwissenschaftlichen Kategorie des „Netzwerks" vgl. etwa: Wegmann 1995.

706 Durch seine 1976 aufgedeckten privaten Staatsschutzaktivitäten war Cincera als so genannter „Subversivenjäger" und Gründer der „Informationsgruppe Schweiz" bekannt geworden. Er hatte Daten von rund 3500 ihm verdächtigen, vornehmlich linksgesinnten Personen gesammelt, die er Interessenten aus Wirtschaft, Verwaltung und Politik zur Verfügung stellte. Weibel 2007; Uhlmann/Vital 2008; Guttmann 2013. Wie Frischknecht et al. ausführen, habe Cincera „das Geschäft der Denunziation systematisiert". Das „Demokratische Manifest" (DM), im Frühjahr 1976 „als Bürgerinitiative gegen den Abbau demokratischer Rechte" konstituiert, enttarnte mit Hilfe eines in die Gruppe eingeschleusten, jedoch ertappten Cincera-Spitzels das Zürcher Cincera-Archiv in der Nacht auf den 20. November 1976. Zahlreiche Beweisstücke von dort konnten in Müllsäcken fortgeschafft werden. Der besagte „Polit-Kehricht" wurde auf einer Pressekonferenz vorgestellt. Mitglieder des DMs gelangten aufgrund einer Anzeige Cinceras in Haft. Wochenlang sorgte der innenpolitische Skandal um

tion als Journalist von besonderer Bedeutung und zwar nicht nur, weil er die Szene der alternativen Zeitungen hinsichtlich des Sujets „politische Reaktion" viele Jahre animiert und mit angeleitet hatte.[707] Vielmehr kannte er durch seine Tätigkeit als journalistischer Ausbilder zahlreiche Medienschaffende inklusive ihrer berichterstatterischen Fertigkeiten, etwa im Hinblick darauf, eine Geschichte couragiert voranzutreiben. Dank Frischknechts journalistischem „Know-how" und seinem Kontaktarsenal in den alternativen und etablierten Redaktionsstuben der Schweiz hatte das KSS optimale Voraussetzungen für eine zweckdienliche Öffentlichkeitsarbeit.

Dementsprechend habe man, erinnert sich Bodenmann weiter, bezüglich der Zusammenarbeit mit den Medienschaffenden jeweils strategisch überlegt, welches Medium sich, je nach zu transportierender Aussage hinsichtlich seiner medienästhetischen Eigenheiten besonders zur Verbreitung einer bestimmten „Story" eignete, wobei etwa komplexere Sachverhalte wirksamer in den Printmedien aufgehoben erschienen, während visualisierbare Zusammenhänge im Fernsehen effektiver untergebracht waren.[708]

---

die aufgedeckte „Cincera-Denunziokratie" für Schlagzeilen. Vgl.: Frischknecht/Haffner/Haldimann/Niggli 1979[4], S. 251–277, hier: S. 260; Arbeitsgemeinschaft Demokratisches Manifest 1976[3].

707 Hierzu und zum Folgenden: Bodenmann im Gespräch mit Liehr, 16. Mai 2008, Transkript, S. 18–20.

708 Wie Philippe Messerli darlegt, hätten insbesondere „Gazetten aus dem linken und unabhängigem Spektrum" durch die Behandlung konkreter Fichen-Inhalte manifest werden lassen, inwiefern „sich hinter den Registraturen Menschen und Einzelschicksale verbargen", so dass diese Art der Berichterstattung emotionalisierend auf die öffentliche Debatte gewirkt habe. Bürgerliche Zeitungen hingegen hätten ihre Staatsschutzkritik auf formelhafte Begriffe wie „Dilettantismus" oder „überholte Bedrohungsbilder" reduziert, wodurch die konkreten Persönlichkeitsverletzungen der Betroffenen nicht zum Ausdruck gekommen seien, was einmal mehr den Beschwichtigungsstrategien dieser Medien entsprochen habe. Zudem seien einige links gerichtete Zeitungen bei der Thematisierung des Fichen-Skandals „um Humor und Ironie nie verlegen" gewesen. Mustergültig lässt sich dabei die häufige Persiflage des Falls der SP-Nationalrätin Menga Danuser

Darüber hinaus seien die Regeln des fairen Informationsaustausches zwischen Politaktivisten und Medienschaffenden, der optimalerweise auf Vertrauen und Loyalität basiere, zugunsten einer wohlwollenden Berichterstattung möglichst gewahrt worden.[709] Aufgrund dessen, dass zahlreiche Medienschaffende selbst von den Fichierungen betroffen gewesen seien, habe es darüber hinaus „eine hohe Sympathie für das Anliegen" des KSS gegeben, was die Medienarbeit enorm vereinfacht habe. Insgesamt sei auf die aktuellen politischen Entwicklungen stets schnell per Pressemitteilung oder Medienkonferenz reagiert worden.[710]

Fasst man zusammen, dann bestand das Netzwerk, von dem die Aktivierungstätigkeit des KSS profitierte, aus politischen Akteuren verschiedenster Berufsgruppen, darunter Staatsbeamte und, für die Vermittlungsarbeit unabdingbar, zahlreiche Medienschaffende. Hinzu kamen, wie noch expliziert wird, Akteure aus den historischen Disziplinen sowie aus den schöpferischen Professionen wie der Literatur, der darstellenden Kunst oder dem Film, die sich nicht nur mit den Anliegen des KSS solidarisierten, sondern eigenständige Protestkampagnen initiierten. Was die Mobilisierungs- und die Aufklärungsleistung des KSS im Skandaljahr anbelangt, seien es, resümiert Peter Sigerist, die „drei Pfeiler" – 1. der breiten Betroffenheit, 2. der organisatorischen Erfahrung und 3. der Empörung, „die dazu führten, dass das alles mit sehr viel Synergie von allen Seiten her getragen wurde".[711]

In Abgrenzung zu der während des Untersuchungszeitraumes massiv in Kritik geratenen offiziellen Schweiz und deren für

---

anführen, auf deren Fiche „trinkt abends gern ein Bier" vermerkt worden war. Messerli 2001, S. 47, 49. Sowohl die Darstellungen individueller Schicksale als auch die Verspottung einzelner den Fichen entnommener Aussagen in der Berichterstattung untermauerten das Mobilisierungsanliegen des KSS.

709 Zum vielschichtigen Verhältnis zwischen Sozialen Bewegungen und Massenmedien vgl.: Liehr 2007, insbesondere S. 24–27.

710 Sigerist im Gespräch mit Liehr, 22. Februar 2008, Transkript, S. 15. Vgl. auch: KSS, Dokumentation, diverse Pressemitteilungen.

711 Sigerist im Gespräch mit Liehr, 22. Februar 2008, Transkript, S. 22.

1991 umfänglich geplanten Feierlichkeiten zum 700jährigen Bestehen der Eidgenossenschaft, einte die heterogene Gruppe von Angehörenden der Anderen Schweiz grundsätzlich das Ziel, durch ihre öffentlichen Reaktionen auf die Staatsschutzmisere und im Hinblick auf die Nationalfeier des kommenden Jahres, dem „Schweizbild von oben" ein „Schweizbild von unten" entgegenzusetzen, das, so Paul Rechsteiner, von einer vielschichtigen „demokratischen Erneuerung" habe künden sollen.[712] Womit man allerdings keineswegs immer konform ging, waren die zugunsten dieses Zwecks eingesetzten Mittel beziehungsweise Protestformen. Entsprechend umstritten war der im folgenden Abschnitt zu entfaltende Boykott, durch den Kulturschaffende potenzielle schöpferische Beiträge für die Anlässe der ein Jahr währenden nationalen Feierlichkeiten verweigerten.[713]

---

712 Vgl.: Rechsteiner im Gespräch mit Liehr, 13. März 2008, Transkript, S. 8f.

713 Der Begriff „Kulturschaffende" lässt sich entlang zeitgenössischer Auslegung nicht klar definieren. Gemäss Andreas Simmen, einem der Initianten des „Kulturboykotts", habe man die Bedeutung des Terminus damals weit gefasst, so dass sich Angehörende zahlreicher Berufsgruppen aus dem facettenreichen Bereich geistig-schöpferischer Sinnproduktion hinsichtlich der Protestaktion hätten angesprochen fühlen können. Unter dem Ausdruck sei mithin „ein sehr differenziertes Personal" begriffen worden, wobei die jeweilige Reputation nicht ausschlaggebend gewesen sei. Vgl.: Simmen im Gespräch mit Liehr, 5. März 2008, Transkript, S. 2, 4f. Betrachtet man die Unterschriftensammlung zur „Boykottdrohung", wo im Anschluss an jeden einzelnen Namen die jeweiligen Professionen aufgeführt sind, zeigt sich, dass nicht nur diverse Berufsgruppen aus dem weiten Spektrum der Künste, sondern auch Medienschaffende sowie Wissenschaftlerinnen und Wissenschaftler (vor allem aus den Geistes- und Sozialwissenschaften) als „Kulturschaffende" gefasst wurden. Vgl.: Lerch/Simmen 1991, S. 27–33. Entlang dieser Beschreibung wird der Begriff in der vorliegenden Untersuchung verstanden.

b) Nationale Sinnstiftung als Gebot?
Kulturschaffende opponieren

Im Konstruktionsprozess nationaler Identitäten nehmen Festivitäten eine essenzielle Funktion ein. Unter staatlicher Leitung organisiert, werden spezifische Werte und herkunftsbezogene, zumeist mythologische Erinnerungskonzepte zum Zwecke mentaler Vereinheitlichung der heterogenen Landesbevölkerung festgelegt und in Form erfahrbarer symbolischer Repräsentationen inszeniert. Durch Nationalfeste wird entlang staatspolitischer Interessenlagen intendiert, imaginierte Eigenschaften des betreffenden Kollektivs rhetorisch, bildlich, szenisch und akustisch zu versinnbildlichen und Solidaritätsempfindungen unter den an der Feierlichkeit Partizipierenden zu evozieren, um kommunikativ einen Zusammenhalt nach aussen zu konstituieren.[714] Die Grossanlässe finden im Allgemeinen an traditionsgebundenen Orten statt und sind gemäss den zu vermittelnden Sinnbezügen vielschichtig mit folkloristischen Artefakten ausstaffiert. Der integrative Erlebnischarakter manifestiert sich den Teilnehmenden durch gemeinsam vollzogene zeremonielle Praktiken wie Festumzüge, Fahnenrituale, weihevollem Schmettern von Hymnen oder kollektiver Partizipation an den Empfängen der Ehrengäste, den Ansprachen, den Festspielen und den militärischen Defilees. Insbesondere volksfestähnliche Unterhaltungsprogramme sowie explizit vorgesehene Momente der Geselligkeitspflege lassen die offiziell inszenierte nationale Selbstdarstellung als ein „sinnliches Totalereignis" erscheinen.[715] Diese Art komprimiert skizzierter

---

714 Zur sinnstiftenden Wirkungsmacht komplexer kommunikativer Zeichensysteme bei der Konstruktion von Nation vgl.: Tanner 2001.

715 Vgl.: Schader 1992, S. 816. Der Autor entfaltet Mechanismen nationaler Sinnstiftung am Beispiel der Inszenierung des „Eidgenössischen" auf Verbandsfesten mit sportlichen Wettkampfteilen. Die grossen Nationalfeste haben Jubiläumscharakter, sie zelebrieren die Gründung der Eidgenossenschaft (1291), den Beginn der Helvetik (1798) oder die Konstituierung des Bundesstaates (1848). Zur Konstruktion und der sozialen Vermittlung historisch-nationaler Figuren, Mythen und Leitbilder in kollektiven Ritualen nationaler Feierlichkeiten seit dem 19. Jahrhundert vgl.: Hettling 1998, S. 111–132. Dort legt der Autor die

Festivitäten unterscheidet sich von den in der Schweiz ab dem 19. Jahrhundert ebenfalls veranstalteten Landesausstellungen, die, ursprünglich generell zur Präsentation technisch-industrieller und künstlerischer Innovationen veranstaltet, im Laufe der Jahrzehnte zu nationalen Leistungsschauen weiterentwickelt wurden.[716]

Die für 1991 ursprünglich geplante Zelebrierung der 700jährigen Geschichte der Eidgenossenschaft als eine Landesausstellung mit integriertem Fest, tituliert als CH91, war zunächst nur aufgrund des Veranstaltungsortes, der Innerschweiz, sowie aufgrund ihrer Form umstritten.[717] Bedenken ergaben sich „für die Opposition der Bevölkerung" einerseits aus umweltschützerischer Perspektive wegen der geplanten grossen Bauten und anderer Projekte, andererseits wurde der Mangel an Partizipations- und Mitgestaltungsmöglichkeiten von Schweizer Bevölkerungs-

---

entsprechenden Sinnbildungsprozesse plausibel an den Beispielen der schweizerischen Schützenfeste, Festspiele und Landesausstellungen sowie dem 1. August als Nationalfeiertag dar.

716 Einen Überblick zu den Schweizer Landesausstellungen gibt Kreis 2010; weitere Auskunft zu deren historischen Entwicklung bieten etwa: Arnold 2001; Kohler/Von Moos 2002; zur Inszenierung des schweizerischen „Sonderfalls" auf Landesausstellungen vgl.: Sauer 2007. In Zürich wurde 1883 die erste eidgenössische Landesausstellung durchgeführt, es folgten weitere: 1896 in Genf, 1914 in Bern, 1939 die „Landi" in Zürich, 1964 die „Expo" in Lausanne und 2002 die „Expo 02" in Biel, Neuenburg, Yverdon-les-Bains sowie Murten.

717 Gemäss traditioneller Geschichtsschreibung ist die Schweiz aus einem mittelalterlichen Verteidigungsbündnis zwischen den Urkantonen Uri, Schwyz und Unterwalden hervorgegangen. Dessen Gründungsakt wird durch einen von mehreren der so genannten „Bundesbriefe" urkundlich als belegt dargestellt und seit Ende des 19. Jahrhunderts im Rahmen nationalstaatlicher Identitätssuche gemäss urkundlicher Datierung auf das Jahr 1291 festgelegt. Eine entmythologisierende Zusammenfassung zur Geschichte des legendären Dokuments und seinen nationalen Zuschreibungen bietet: Stettler 2010. Umfangreichere Ausführungen zu den Anfängen der Eidgenossenschaft liefern etwa: Kreis 1991; Im Hof 1991; Meyer 1993; Sablonier 2008[3].

teilen beanstandet,[718] so dass sich die Stimmbürgerinnen und Stimmbürger der betreffenden Kantone am 26. April 1987 gegen die Durchführung der CH91 aussprachen.[719] Wie Talin Stoffel betont, hätten Regierung und Parlamente das Nein zur CH91 „ausschliesslich als Ablehnung eines Konzepts" verstanden, nicht jedoch „als eine generelle Absage an die Feierlichkeiten" zur Erinnerung des mythologischen Gründungsdatums der Eidgenossenschaft. Somit wurde unter der Leitung des Historikers Urs Altermatt eine „Groupe de réflexion" anberaumt, die einen neuen Konzeptionsvorschlag für die Jahrhundertfeier erarbeitete, der Ende 1987 „plötzlich wieder von den Medien getragen" worden sei.[720] Die Vorlage war während der Herbstsession 1988 in beiden

---

718 Hierzu und zum Folgenden: Stoffel 2001, S. 12f.

719 Vgl.: Iten/Kappeler 1988. Es handelte sich um die Kantone Uri, Schwyz, Obwalden, Nidwalden und Zug, wobei die Stimmberechtigten in Luzern ein solches Projekt in ihrer Gegend bereits zwei Jahre vorher abgelehnt hatten. Stoffel 2001, S. 13; Altermatt 1991b, S. 11.

720 Urs Altermatt in: Doppelpunkt, SR DRS1, 3. März 1991, Transkript, S. 2–4; Altermatt 1991b. Gemäss Altermatt beruhte das Konzept auf vier Grundprinzipien: 1. keine Landesausstellung, 2. statt der wirtschaftlichen Dimension, diejenige der Kultur ins Zentrum stellen, 3. aus ökologischen Gründen keine Realisierung von Bauten sowie 4. die Organisation eines dezentralen Festverlaufs entlang der Festtrilogie: „Fest der vier Kulturen" in der Westschweiz, „Fest der internationalen Solidarität" (beziehungsweise „die Schweiz und die Welt") in der rätoromanischen Schweiz und „Fest der Eidgenossenschaft" in der Innerschweiz. Wie Altermatt ausführt, habe der Plan auf einem pluralistischen historischen Denkansatz basiert, demnach die Bürgerinnen und Bürger der Schweiz je nach regionaler Herkunft bezüglich der Jahreszahl 1291 unterschiedliche Geschichtsbilder verinnerlicht hätten, weswegen 1991 die Kulturräume eine besondere Rolle gespielt hätten. Letztendlich sei es Altermatt bei der Nationalfeier auch darum gegangen, „die Relativität von der eigenen Identität aufzuzeigen". Eine weitere Besonderheit stellte etwa der „Jubiläumsfonds" zur Finanzierung von Austauschprogrammen mit der Dritten Welt dar. Stoffel 2001, S. 14. Die 700-Jahr-Feier, ihre Vorgeschichte, ihr einjähriger Verlauf und die verschiedenen Festelemente werden umfassend dargestellt in: Autorenkollektiv 1991. Zudem befindet sich eine Sammlung der Berichterstattung zur Feier, die der ehemalige WoZ-Kulturredakteur Fredi Lerch hinsichtlich

Kammern „grundsätzlich unbestritten" und wurde „ohne Gegen-
antrag beschlossen", so dass sie schliesslich unter der Führung
des „Bundesdelegierten für die 700-Jahr-Feier", Marco Solari,
realisiert werden konnte.[721]

Indes, angesichts der turbulenten innenpolitischen Entwicklung
samt der aufgewühlten Öffentlichkeit 1989/90, gerieten die
umfangreichen Vorbereitungen zur Durchführung des Projekts
in stürmisches Fahrwasser. Denn Solari drohte das landesweit
vielschichtige Potential nationaler Sinnstiftung und damit die
ideelle Basis wegzubrechen, welche die uneinheitliche Träger-
gruppe Schweizer Kulturschaffender durch ganz unterschiedliche Erzeugnisse garantieren sollte. Nach der Enthüllung der
angeprangerten Staatsschutzmethoden stand der Delegierte der
700-Jahr-Feier seit Anfang 1990 vermehrt vor unerwartet grossen
Herausforderungen, die verstärktes Engagement, diplomatisches
Geschick und starke Nerven erforderten. Inwiefern?

Seit Gründung der Nationalstaaten gehörten zu den Urhebern
nationaler Vorstellungswelten insbesondere Gelehrte beziehungsweise Wort- oder Geistesmenschen, die „zugleich mit der
Kraft begabt sind, aus ihren Kenntnissen, Beobachtungen und
Wünschen Visionen zu entwickeln", diese zu artikulieren und
aufgrund ihrer Sprecherpositionen auch zu verbreiten.[722] In ihrer
Darstellung über die Konstituierung von Nationen im 19. Jahrhundert führt die Historikerin Ute Frevert aus:

> „Sprache und Schrift als erstrangige Kommunikations-
> medien sind vorzugsweise der Berufsgruppe der Dichter,
> Schriftsteller, Journalisten, Publizisten, (Universitäts-)
> Lehrer zugänglich. Im Hörsaal und im Klassenraum, in
> der Zeitung und durch das Flugblatt, im Buch und auf der

---

seiner Dokumentation des Kulturboykotts zusammengetragen hat,
im schweizerischen Sozialarchiv in Zürich.

721 Stoffel 2001, S. 15–22. Stoffel fasst die parlamentarischen Debatten
unter der Überschrift „Konsens mit Misstönen" zusammen, weil es
nennenswerte Konflikte nicht gegeben habe.

722 Hierzu und zum Folgenden: Frevert 2003², S. 269.

Theaterbühne schaffen sie sich ein Publikum, dem sie ihre Ideen, Konzepte und Visionen werbend vortragen."

Nationalfeste bieten darüber hinaus insbesondere Angehörenden zahlreicher Sparten der bildenden und der darstellenden Künste Raum, anhand der ihnen eigenen kommunikativen Zeichensysteme, wie beispielsweise dem der Malerei und der Plastik, des Films, der Musik, des Tanzes, der Komik oder der Pantomime, ihre Eindrücke und Vorstellungswelten hinsichtlich dessen, was die Schweiz als Nation ihrer Ansicht nach kennzeichnet beziehungsweise inwiefern sie sich wandeln sollte, zu inszenieren. Als schöpferisch Tätige waren Kulturschaffende in jener nationalen Orientierungskrise am Ende des Ost-West-Konfliktes mehr denn je unentbehrlich für die Konzeption programmatischer Schweizbilder. Dementsprechend sprach sich Marco Solari immer wieder für eine ebenso kreative wie kritische Auseinandersetzung mit der Schweiz als Nation aus, das offizielle Motto der 700-Jahr-Feier lautete dann auch: „Keine Angst vor Utopien".

Als Animation gedacht, wirkte der Slogan auf viele progressive, linksliberal gesinnte Kulturschaffende vor allem nach Veröffentlichung des PUK-EJPD-Berichtes provozierend. Waren ältere unter ihnen doch bereits während des Kalten Krieges im Zuge der Geistigen Landesverteidigung aufgrund des antikommunistischen Klimas nicht nur in bürgerlich-konservativen, sondern auch in sozialdemokratischen Kreisen wegen ihrer prüfend-nuancierten Gesellschaftsanalysen zu verschiedenen Themenfeldern der Schweiz, die sie in ihren Werken oder in politischen Stellungnahmen zum Ausdruck gebracht hatten, als „Nestbeschmutzer", „Kryptokommunisten" oder gar als „unschweizerisch" gebrandmarkt worden.[723] Indem sie sich, ihre Phantasie in den Dienst innovativer Lösungsentwürfe für zeitgenössische Problemlagen stellend, häufig gegen den Status quo richteten, wurden sie als

---

723 Vgl. etwa: Engeler 1990, S. 153–155; Schwander 1998. Die komplexen Sachverhalte hinter den Termini „Geistige Landesverteidigung" und „Antikommunismus" werden als Phänomene der Schweizer Geschichte des 20. Jahrhunderts jeweils differenziert resümiert in: Jorio 2006; Studer 2009.

„Nonkonformisten" tituliert.[724] Dazu gehörten eine Reihe von Schriftstellern, Publizisten, aber auch Filmemacher und andere Künstlerinnen und Künstler, die die weit verbreitete genuin bewahrende Geisteshaltung, den gesellschaftlichen Immobilismus anzweifelten und ihn als mental einengend, bedrohlich und destruktiv für die innen- und aussenpolitische Entwicklung des Landes zurückwiesen.[725] Unter den Schreibenden etwa entwickelte sich ab Mitte der 1950er-Jahre, mit Max Frisch als Leitfigur, eine deutschschweizerische Schriftstellergemeinde, die sich die Entmythologisierung nationaler Kommunikation auf die Agenda geschrieben hatte und damit einen „kritischen Patriotismus" zum Programm erhob.[726] In der Hochphase des Kalten Krieges galten

---

724 Vgl. etwa: Fleig 1968; Degen 2009. Wie Bernhard Degen darlegt, habe es sich beim schweizerischen „Nonkonformismus", der sich als progressive ideelle Strömung Ende der 1950er-Jahre entwickelte, um eine „diffuse Bewegung" gehandelt, die sich gegen das durch die Konkordanz hervorgerufene angepasste geistig-politische Klima während des Kalten Krieges gerichtet habe. Seine Exponentinnen und Exponenten hätten sich weltanschaulich gegen in der Schweiz vorherrschende Einstellungen gewendet zu Themen wie dem Befreiungsmythos, die Rolle der Schweiz im 2. Weltkrieg, die zentrale soziopolitische Bedeutung der Armee, aber auch gegen die praktizierte „Ausländerpolitik, den Isolationismus, Missstände in Schule, Kirche und Strafvollzug sowie gegen gewisse Politiker". Die Bezeichnung sei „nur teilweise auch zur Selbstbezeichnung" verwendet worden. Infolge der Studentenbewegung habe der Nonkonformismus Ende der 1960er-Jahre rasch an Relevanz eingebüsst.

725 Vgl. etwa: Schwander 1998, S. 489f. Vgl. paradigmatisch: Imboden 1964; Nizon 1970. Imboden bezeichnet die Situation als „Helvetisches Malaise", Paul Nizon spricht vom „Diskurs in der Enge". 1964 formulierte der Literaturwissenschaftler Karl Schmid die These, jene Autoren empfänden ein „Unbehagen im Kleinstaat".

726 Vgl.: Assmann 2004, S. 77–80; Von Matt 2001, S. 100f sowie Von Matt 2001b. Die Politisierung der Literatur evozierte schliesslich im Dezember 1966 den Zürcher Literaturstreit, während dem der Literaturhistoriker Emil Staiger sich bei einer Preisverleihung von der „Literatur der Gegenwart" distanzierte. Zahlreiche Schriftstellerinnen und Schriftsteller reagierten, indem sie die gesellschaftspolitische Relevanz einer kritischen, realistischen Literatur zugunsten von

die „vom Geist des Widerspruchs beseelten" Kulturschaffenden teilweise als staatsgefährdend und ihr geistiges Abweichlertum wurde als „Verschiedenheit auf Kosten des Einenden",[727] mithin als nationaler Affront angeprangert. Ab Ende der 1960er-Jahre schlossen sich viele, auch jüngere Kulturschaffende den NSBen an, indem sie deren facettenreichen Forderungen nach sozialen, kulturellen, ökonomischen oder ökologischen Strukturveränderungen öffentlich Nachdruck verliehen. Die politische Diskriminierung jener progressiv gesinnten Kulturschaffenden kulminierte 1969 aufgrund einer in den Nationalfarben gehaltenen, vom Format zwar kleinen, inhaltlich jedoch umso kämpferischeren staatlichen Broschüre. Sie ist als historische Quelle sowohl für das Verständnis der im Folgenden thematisierten Protestaktion von 1990, als auch für deren gesellschaftspolitische Beurteilung von Relevanz: das so genannte „Zivilverteidigungsbuch".

Herausgegeben vom Eidgenössischen Justiz- und Polizeidepartement und erarbeitet von einer Reihe Persönlichkeiten aus Politik, Journalismus, Geschichtsschreibung und Militär war es, offiziell mit einem Anschreiben des betroffenen Bundesrates versehen, an alle Landesaushalte verteilt worden.[728] Intendiert als staatliche Vorbereitung der Schweizer Bevölkerung zu wehrhaftem Verhalten in Zeiten kriegerischen Notstandes, sollten Texte und Abbildungen die Stärkung und Erhaltung der

---

Meinungsbildungsprozessen betonten. Vgl.: Höllerer 1967; Weninger 2004.

727 Engeler 1990, S. 154f.

728 Hierzu und zum Folgenden: Bachmann/Grosjean 1969. Personen, die an der Erstellung des „Zivilverteidigungsbüchleins" beteiligt waren, sind vor dem Geleitwort aufgeführt. Generalstabsoberst Albert Bachmann hatte bereits 1961 wegen eines Zivilverteidigungsbuchprojektes bei der Regierung vorgesprochen. Die amtliche Veröffentlichung durch den Bundesrat war hinter den Kulissen keineswegs unumstritten. Hans Schaffner etwa, damals Vorsteher des Eidgenössischen Volkswirtschaftsdepartements (EVD), sei die Broschüre auch in überarbeiteter Form wegen ihres ideologischen Impetus problematisch erschienen. Zur Auseinandersetzung im Vorfeld der Publikation: Löffler 2004, S. 174–177.

„Widerstandskraft des Volkes" fördern. Einerseits beschreibt das Buch praktische Schutzmassnahmen für Fälle physischer Gewaltakte jeglicher Art.[729] Andererseits geht es im Abschnitt „Die zweite Form des Krieges" darum, durch psychologisch wirksame Agitation gegen angebliche inländische „Aggressoren", wie beispielsweise geistige Dissidenten, mobil zu machen, die von einem angenommenen ausländischen Feind vermeintlich angeheuert würden. Der folgende Textauszug verweist nicht nur auf die den progressiven Kulturschaffenden im ersonnenen Unterwanderungsmechanismus zugedachte Rolle. Als im Namen der Regierung offiziell verbreitetes Gedankengut, manifestiert er zugleich exemplarisch die damals weit verbreitete imaginative Verankerung von umstürzlerischen Bedrohungsszenarien und deren Wirkungsmächtigkeit auf staatliches Handeln. Unter der Überschrift „Der Feind will Parteigänger gewinnen" wird aus Perspektive der Machthabenden des imaginierten Angreiferlandes folgender in der Schweiz umzusetzender Plan entfaltet:

> „In der Schweiz wird eine Organisation geschaffen, die in spätestens zehn Jahren die Macht ergreift. Dabei wird nach bewährten Grundsätzen vorgegangen. Als äußeren Rahmen gründen wir eine politische Partei. Sie braucht nicht groß zu sein. Sie stützt sich auf einen kleinen Kern zuverlässiger und zu allem bereiter Mitglieder. Es geht weniger darum, die Macht in demokratischen Wahlen zu erlangen. Im gegebenen Zeitpunkt wird mit Terror und einem kleinen Staatsstreich nachgeholfen. Die Partei hat den Schein der Legalität zu wahren. Durch ihre Vertreter in den Parlamenten wird sie Sand ins demokratische Getriebe streuen. Sie wird als

---

729 Gemäss Jakob Tanner wirke die dort vermittelte Vorstellung, Gasmasken, Plastikanzüge und Schutzräume erhöhten tatsächlich mittelfristige Überlebenschancen bei atomaren, chemischen oder biologischen Angriffen, nicht nur naiv. Zudem hätten die proklamierten Massnahmen unter Kritikern als „systematische Verniedlichung der Atomkriegsgefahr" gegolten, indem sie ebenso wie andere Vorkehrungen des damaligen Zivilverteidigungsprogramms „die dümmlichsten Machbarkeitsillusionen" kolportieren würden. Tanner 1988, S. 82, 85.

fortschrittliche Friedenspartei mit idealistischen Zielen getarnt. Ihr Programm verspricht Kampf für den Weltfrieden, Entwicklung der Kultur, bessere Löhne, kürzere Arbeitszeit. In Ländern mit hohem Lebensstandard ist es nicht leicht, die Massen zu gewinnen; deshalb müssen die Unzufriedenen herausgesucht werden. Intellektuelle und Künstler eignen sich gut als Lockvögel und Aushängeschilder. Propaganda macht man nicht mit Arbeitern. Ein Professor, Journalist oder Pfarrer ist viele Arbeiter wert."[730]

Abgesehen davon, dass im obigen Zitat polemisch unterstellt wird, die Formulierung linker und pazifistischer politischer Anliegen seien nichts anderes als getarnte Strategien zur Machtergreifung des vermeintlichen (sowjetischen) Feindes, werden deren Vertreterinnen und Vertreter als potenzielle Umstürzler kriminalisiert. Darüber hinaus wird in dieser fiktiven Szenerie vor der sinnstiftenden Fähigkeit links-alternativer Kulturschaffender gewarnt, die, in den Dienst der Revolution gestellt, staatsgefährdend sei, indem sie der Verbreitung von „Defaitismus und Pazifismus" sowie der „Zermürbung und Subversion" diene und so zur „Desorganisation des politischen Lebens" beitrage.[731]

---

730 Bachmann/Grosjean 1969, S. 228. Jener zweite Teil des 320-seitigen Zivilverteidigungsbuches ist gespickt mit entsprechenden ausgedachten Bedrohungskonstellationen. Das Feindbild der mit ausländischen Machtergreifenden kollaborierenden Umstürzlerinnen und Umstürzlern wird unverhohlen sowohl metaphorisch als auch grafisch inszeniert. So trägt etwa der vom „Angreifer" beauftragte „Sonderbeauftragte" für die Schweiz den hinsichtlich einer Gefahr staatlicher Untergrabung viel sagenden Namen „Adolf Wühler" (228). Zu diesem sprachlichen Sinnbild passt das Abbild eines Baumstamms, dessen Wurzel im Untergrund durch Wühlmäuse angenagt wird (232). Ebenso aufschlussreich ist das „Organisationsschema eines revolutionären Kampfapparates" (246f), in dem durch grafische Darstellung suggeriert wird, diverse internationale Organisationen (etwa zu den soziopolitischen Themen Frieden, Frauen, Jugend, Studierende), aber auch humanitäre Hilfswerke hätten Verbindungen zum „Untergrund", und so fort.

731 In jenen Passagen des Zivilverteidigungsbuches werde, so Rolf Löffler, ein Schweizbild entworfen, das eine „friedliche, neutrale,

Die öffentliche Empörung über dieses amtliche Schriftstück, das, noch „im Zeichen der absoluten ‚Minus-Temperaturen' des Kalten Krieges" stehend, zu einem Zeitpunkt publiziert wurde, als „im Zuge der Entspannungspolitik [...] die Feindbilder ‚Kommunismus' und ‚Sowjetunion' von ihrem Schrecken verloren" hatten,[732] war massiv. Protestresolutionen kamen aus verschiedenen Landesteilen.[733] Zu allem Überfluss hatte der damalige Präsident des Schweizerischen Schriftsteller-Vereins (SSV), Maurice Zermatten, die französische Version des Zivilverteidigungsbuches bearbeitet, in der „die antikommunistische Tendenz und die Diskriminierung der Linksintellektuellen als ‚Landesverräter' noch deutlicher" zum Vorschein kam als in der deutschen Version. Dieser Umstand führte im Mai 1970 zum Austritt von anfänglich 22 progressiven Schriftstellerinnen und Schriftstellern aus dem SSV, die sich im

---

auf dem Boden der christlichen Moral stehende demokratische Nation" beschreibe, deren Bevölkerung arbeitsam, bescheiden und gehorsam Brauchtumspflege betreibe. Es manifestiere sich darin ein Verhältnis zwischen Bevölkerung und Behörden, das „einer organisch gewachsenen, symbiotisch anmutenden Gemeinschaft" gleiche. Wer oder was sich dieser Vorstellung von „Volksgemeinschaft" widersetze, werde als fremd mit entsprechenden Attributen ausgegrenzt. Löffler 2004, S. 179. Zur meinungsbildenden Wirkungsmacht der schweizerischen Zivilschutzinstitutionen vgl.: Gross 1988, S. 244f.

732 Löffler 2004, S. 186. Abgesehen von der veränderten aussenpolitischen Lage, betont Löffler, habe die achtjährige Entstehungszeit des „roten Büchleins" dazu geführt, dass sein Inhalt nicht mehr adäquat auf eine inzwischen verbreitete kritische Öffentlichkeit der Schweiz reagiert habe, die „nicht mehr ihr ganzes Denken und Handeln an der Richtschnur alter Traditionen, der Hingabe an die Gemeinschaft und der Unterordnung unter den Staat messen wollte", so dass die Aussagen 1969 an „vielgestaltigen Mentalitäten" abgeprallt seien.

733 Vgl. hierzu etwa: Tanner 1988, S. 62. Die Kritik inklusive Rücksendeaktionen umfasste „die Verunglimpfung der demokratischen Auseinandersetzung, die systematische Verketzerung der Linken, die allgemeine Pogromstimmung gegen kritische Minderheiten, die gefährliche Verharmlosung der atomaren Bedrohung und die Attacke auf die Leitideen der Konkordanzdemokratie".

April 1971 in einer eigenständigen Vereinigung zusammenschlossen, der Gruppe Olten (GO).[734]

Angesichts dessen, dass immer wieder auf das Zivilverteidigungsbuch verwiesen wurde, mochten die eklatanten Ermittlungsresultate der PUK-EJPD zwanzig Jahre nach Erscheinen der Broschüre bei vielen Kulturschaffenden bittere Erinnerungen an jene Zeit offizieller Diskriminierung und Kriminalisierung wachgerufen haben.[735] Manifestierte der Kommissionsbericht doch ein weiteres Mal amtlich die politische Institutionalisierung entsprechender politischer Feindbilder gegen nonkonformistisch Denkende in Form der staatsschützerischen Überwachungspraktiken. Nun von Angehörenden besagter Professionen eine kritische und visionäre nationale Sinnstiftung in Anspruch nehmen zu wollen, obgleich viele von ihnen gerade dafür jahrzehntelang verdächtigt und geächtet worden waren, barg Anfang 1990 einmal mehr politischen Zündstoff. Der damalige Präsident der Gruppe Olten, Andreas Balmer, bezeichnete diesen Zusammenhang als „stossende Schizophrenie". In einem Brief an die Bundesräte Flavio Cotti und Arnold Koller, in dem er als Repräsentant der GO die allgemeine Empörung über die Staatsschutzpraktiken und das Befremden über den bisherigen Umgang der Regierung mit dem Eklat artikuliert, betont er:[736]

---

734 Den Gründungsprozess der Gruppe Olten entfaltet Mühlethaler 1989, S. 9–56. Der Autor beschreibt die wechselhafte Geschichte des Zusammenschlusses bis 1989. Im Oktober 2002 löste sich sowohl die Gruppe Olten als auch der inzwischen zum Schweizerischen Schriftstellerinnen- und Schriftstellerverband umbenannte SSV auf, um sich neu als „Autorinnen und Autoren der Schweiz" (AdS) zu vereinen. Dazu vgl.: Schmid/Roth-Hunkeler 2003.

735 Vgl. etwa: Die Schriftstellerin Anne Cuneo in: Wespe/Rentsch, Krise, Tages-Anzeiger, 4. April 1990; Andreas Balmer in: Zischtigsclub, SF DRS, 27. Februar 1990, Transkript, S. 26, 37f. Eine kritische Auseinandersetzung mit dem schweizerischen Zivilschutz und seiner Geschichte bis 1988 bietet: Albrecht/Gross/Hohler/et al. 1988.

736 Hierzu und zum Folgenden: Balmer, Bundesräte in: Lerch/Simmen 1991, S. 18f. Bundesrat Flavio Cotti war damals Vorsteher des

„Es bietet sich ein eigenartiges Bild. Die CH-91-Kommission,[737] ein staatliches Gremium, fordert die Kulturschaffenden enthusiastisch auf, nicht abseits zu stehen bei den Gedenkfeiern zum siebenhundertsten Geburtstag unseres Staatswesens, sie lädt uns ein, mitzudenken, mitzuschöpfen, ja sogar Utopien zu entwickeln, wach und kritisch. Auf der anderen Seite duldet es dieselbe Regierung, die diese Gedenkfeiern anregt, dass die politische Polizei schwarze Listen derjenigen Bürgerinnen und Bürger anlegt, die eben genau das tun, die nicht abseits stehen, die mitdenken, die den Begriff Demokratie wörtlich nehmen, die zur Urne gehen, die Initiativen unterschreiben, die Unterschriften sammeln, die ihre Stimme erheben gegen Missstände, und die dann oft zehn oder fünfzehn Jahre später recht bekommen."

Schliesslich fordert Balmer die Bundesräte auf, „etwas Befreiendes zu tun, etwas Grosszügiges auch, das im Grunde genommen das Normalste ist": die vollständige Offenlegung der Dossiers von betroffenen Organisationen und Personen sowie deren unabgedeckte Zustellung. Damit enthält der Brief bereits wesentliche Elemente dessen, was knapp einen Monat später als kollektive Verweigerungsandrohung den Weg in die Öffentlichkeit finden sollte und monatelang sowohl massenmedial als auch unter den Kulturschaffenden debattiert wurde.

Der Schriftsteller Gerold Späth, Mitglied der GO, machte den Anfang. In seinem Brief vom 25. Januar 1990 setzt er die beiden betroffenen Bundesräte Cotti und Koller davon in Kenntnis, dass er als Konsequenz aus seinem Entsetzen über die „Machenschaften des Polizeidienstes der Bundesanwaltschaft" eine aktive Beteiligung an der 700-Jahr-Feier verweigere, weswegen er ein

---

Eidgenössischen Departements des Inneren (EDI), somit fiel die Organisation der 700-Jahr-Feier in seine Zuständigkeit.

737 Unpräziserweise wird die 700-Jahr-Feier in den Quellen immer wieder als CH91 benannt. Angesichts der Vorgeschichte der 1991 umgesetzten Feierlichkeiten aber gilt es, diesbezüglich zu differenzieren, weil auf die Landesausstellung, die als CH91 bezeichnet werden sollte, letztlich verzichtet worden ist.

dafür bereits produziertes Radiohörspiel zurückziehe.[738] Späth erläuternd:

> „Was die Bundesanwaltschaft getrieben hat, scheint mir schändlich; was der Bundesrat nunmehr zu treiben sich bemüssigt fühlt, halte ich für schlichtweg unwürdig eines demokratischen Staates, der sich mit geschwellter Brust anschickt, seine 700 Jahre zu feinern. Ich protestiere."

Auch Späth fordert „unverzügliche unbehinderte freie Einsichtsnahme ins unverstümmelte, unzensurierte Dossier". Darüber hinaus sorgt er sich um ein der Lächerlichkeit preisgegebenes nationale Fremdbild der Schweiz, was der Glaubwürdigkeitsverlust durch die Staatsschutzmisere im Ausland verursacht haben könnte, indem er die beiden Adressaten ermahnt,

> „mit Ihrem ganzen Weitblick darauf zu achten und mit Ihrem ganzen Einfluss dahin zu wirken, dass dieser unser Staat und seine demokratischen Einrichtungen nicht weiter verkommen; nicht weiter der Scham kritischer, wacher Bürger anheim fallen – und dem geringschätzigen Achselzucken oder gar der grinsenden Verachtung unserer Nachbarn und anderer Staaten."

Die Idee, Späths Einzelmassnahme zu einer kollektiven Protestaktion auszubauen, war während einer privaten abendlichen Zusammenkunft zwischen Jürg Frischknecht und dem damaligen Kulturredakteur der WoZ, Andreas Simmen, entstanden.[739] Zugunsten der Geltungsmacht einer solchen Aktion bedurfte es jedoch, abgesehen von der WoZ, einen weiteren Protestträger aus dem Bereich der Künste, wofür die Gruppe Olten als Vereinigung progressiver Schriftstellerinnen und Schriftsteller besonders geeignet erschien. Simmen richtete sich diesbezüglich rasch an deren Präsidenten, Andreas Balmer, der sofort einwil-

---

738 Hierzu und zum Folgenden: Späth, Bundesräte, in: Lerch/Simmen 1991, S. 19f.

739 Hierzu und zum Folgenden: Simmen im Gespräch mit Liehr, 5. März 2008, Transkript, S. 1f.

ligte, die Idee einer gemeinsamen Aktion zu konkretisieren.[740] Die Mitarbeitenden der WoZ davon zu überzeugen, war unproblematisch.[741] Balmer hingegen hatte es schwerer, die Aktion im Namen der Vereinigung zu lancieren, da das Boykottvorhaben unter den Gruppenmitgliedern von Anfang an umstritten war. Insbesondere weil einige Personen Projekte für die Nationalfeier vorbereiteten, deren Entgelt angesichts der oftmals schwierigen finanziellen Lage, in der sich die Schreibenden befanden, bei dem Entscheid nur schwerlich ausser Acht gelassen werden konnte.[742]

Dementsprechend vermeldet ein Aufruf, der am 2. Februar 1990 publiziert wurde, dass die Verweigerungsmassnahme, abgesehen von der WoZ, von Schreibenden „aus dem Kreis der Gruppe Olten" initiiert werde. Darüber hinaus werden explizit Bezüge zu geplanten Aktionen anderer Protestträger hergestellt. Beispielsweise heisst es da, es gehe den Initianten des Boykotts auch darum, „möglichst viele Leute anzustiften", zur vom KSS organisierten Demonstration zu gehen, die in Bern „zum Auftakt

---

740 Vgl.: Lerch 2003, S. 66, Anm. 90.

741 Die WochenZeitung (WoZ) war im Herbst 1981 im Zuge der städtischen anti-autoritären Jugendproteste entstanden, die eine neue „Rebellengeneration" in der Schweiz hervorbrachten und sich in Zürich besonders stark formierten. Dazu vgl. etwa: Kriesi 1987, S. 35f. Aus dem „Humus" alternativer Bewegungszeitungen, wie dem „Fokus" (später „Tell"), der „Leserzeitung", dem „Eisbrecher" und dem studentischen „Konzept", ist die WoZ hervorgegangen. In der Stadt Zürich, schildert Patrik Landolt, habe es Anfang der 1980er-Jahre ein „immenses Informationsvakuum" hinsichtlich der Protestberichterstattung gegeben. Er sei täglich über die „bestehenden journalistischen Leistungen" verärgert gewesen, die aus heutiger Sicht „sklerotisch" wirkten. Es habe dann, trotz zwischendurch gemeinsam realisierter „Geschichten", jahrelang die Tendenz anderer Zeitungen gegeben, Aktivitäten der WoZ nicht zu beachten. Landolt und Keller im Gespräch mit Liehr, 10. September 2008, Transkript, S. 2, 16. Vgl.: Furrer 2010, S. 34–36.

742 Der Bundesrat hatte zur Finanzierung kultureller Projekte für die 700-Jahr-Feier eine Summe von 22 Mio. Franken zur Verfügung gestellt. Vgl.: Seiler, Dogma, Weltwoche, 3. Mai 1990, abgedruckt in: Lerch/Simmen 1991, S. 71–74, hier: S. 71.

der Frühjahrs- (und Bupo-)session der Bundesversammlung stattfinden wird".[743] Die Unterschriftsaufforderung richtete sich an rund 2500 Einzelpersönlichkeiten sowie Gruppierungen derer, die in der Schweiz schöpferisch tätig waren, und forderte sie unter der Überschrift „Keine Kultur für den Schnüffelstaat" dazu auf, eine Erklärung zu unterzeichnen. Sie verlautet unter anderem:

> „Kulturschaffende haben einzeln und in Gruppen gegen den Versuch der Behörden, diese Staats- und Vertrauenskrise auszusitzen, protestiert. Wir schliessen uns diesem Protest an. Wir wollen ihm Nachdruck verleihen, indem wir Konsequenzen in einem Bereich in Aussicht stellen, in dem der gleiche Staat uns braucht: bei der 700-Jahr-Feier der Eidgenossenschaft 1991. Der Schnüffelstaat und die Grundidee dieser Feier schliessen sich aus. Dort sind wir Kulturschaffenden aufgerufen, unsere Gesellschaft ‚kritisch auszuleuchten', ‚ausgetretene Pfade zu verlassen' und ‚allzu Eingespieltes in Frage zu stellen'. Im staatlich finanzierten Jubiläums-Schaufenster sollen wir kritisch sein. Sind wir es ausserhalb, werden wir als Staatsgegner registriert.
>
> Wir haben nicht im Sinn, dieses Doppelspiel mitzuspielen. Deshalb erklären wir gemeinsam:
>
> • dass wir nicht bereit sind, einen Schnüffelstaat zu feiern, auch nicht durch ‚konstruktive Kritik', über deren Konstruktivität die Schnüffler an der Berner Taubenstrasse befinden;

---

743 Moor, Kultur, WoZ, 2. Februar 1990, abgedruckt in: Lerch/Simmen 1991, S. 22–24. Der Aufruf verweist auch auf eine „Foto- und Dokumenten-Ausstellung" aus dem Archiv zur Geschichte der Arbeiterbewegung Roland Gretlers, von der ein Teil unter dem Motto steht: „Hundert Jahre 1. Mai – die Polizei war auch dabei". Gretler habe überdies vorgeschlagen, „die politische Schnüffelei zum Hauptthema der diesjährigen 1.-Mai-Manifestation zu machen". Einiges, so der WoZ-Appell, sei „im Gang", so dass es verschiedenste Möglichkeiten gebe, „mitzuarbeiten und mitzumobilisieren", wobei jeweilige Auskünfte über das KSS in Bern eingeholt werden könnten.

- dass diejenigen, die an einem der zahlreichen CH-700-Projekte beteiligt sind, ihre Mitarbeit überdenken und sich vorbehalten, aus den Projekten ganz auszusteigen, falls bis Ende Jahr nicht alle Registrierten volle Einsicht in Fichen und Akten erhalten und die Polizei ihrer Schnüffelaufgabe entledigt ist."[744]

Das besondere an der Resolution war, dass sich die potenzielle Verweigerung hinsichtlich einer wie auch immer gestalteten schöpferischen Mitarbeit während der 700-Jahr-Feier zunächst auf eine konkrete Eventualität bezog, die, je nach dem wie sich die als Adressaten angesprochenen staatlichen Akteure verhielten, nicht unbedingt eintreten brauchte. Dann nämlich, wenn diese sich, etwa in der Märzsession, anschickten, die im Text artikulierten Forderungen erfüllen zu wollen. Es handelte sich damit vorerst um eine Boykott-*Drohung*, die nur umgesetzt würde, „falls bis Ende Jahr nicht alle Registrierten volle Einsicht in Fichen und Akten erhalten und die Polizei ihrer Schnüffelaufgabe entledigt ist". In diesem Fall jedoch, so die Erklärung, stelle man „Konsequenzen in einem Bereich in Aussicht", in dem der „Staat uns braucht: bei der 700-Jahr-Feier der Eidgenossenschaft 1991".

Die Resolution zeigt mustergültig, inwiefern es sich bei der Protestform des Boykotts um eine „direkt-koerzive Aktion" handelt.[745] Durch den Verweis auf die situativ bedingte funktionale Abhängigkeit der staatlichen Organisatoren von den sinnstiftenden Fähigkeiten der Kulturschaffenden, manifestiert sich deren Widerstandspotenzial gegenüber den staatlichen Man-

---

744 Aus dem Wortlaut der Erklärung zur Kulturboykott-Drohung, abgedruckt in: Lerch/Simmen 1991, S. 26f, darunter befinden sich sowohl die Namen und Professionen der Erstunterzeichnenden als auch diejenigen der „rund 700 UnterzeichnerInnen", die in verschiedenen WoZ-Nummern abgedruckt worden waren; ursprünglich publiziert in: WoZ, 23. Februar 1990, inklusive der Erstunterzeichnenden sowie 500 Namen und Professionen weiterer Schweizer Kulturschaffender.

745 Hierzu und zum Folgenden vgl.: Raschke 1988², S. 279f, wo der Autor unter anderem die Protestform der „direkt-koerziven Aktion" beschreibt.

datstragenden und deren angeprangerten Machenschaften. Damit impliziert ein Boykott nicht nur die Bedeutung einer Verrufserklärung oder Ächtung.[746] In der Sozialen-Bewegungsforschung gilt er gar als Zwangmittel, das sich direkt gegen die herrschaftspolitische Instanz richtet und ihr „einen relevanten Nachteil" beziehungsweise „nennenswerte Kosten" – etwa in Form einer gezielten Störung administrativer Routine (beispielsweise bei der Vorbereitung der Feierlichkeiten) oder dem Entzug von Arbeitskraft (beispielsweise zur Schaffung von sinnstiftenden Kunstwerken) – verursacht, sofern die aufgestellten Postulate nicht erfüllt werden. Dementsprechend bezwecken Boykotteure auf das Verhalten der kritisierten Machtinstanzen einzuwirken und so eine Veränderung der angemahnten Umstände zu erreichen.[747] Indem sie mit ihrem verweigernden Handeln den normalen institutionellen Ablauf durchbrechen, vermögen sie häufig öffentliche Auseinandersetzungen anzuregen, die meinungsbildend und zugleich mobilisierend wirken können. Welche Reaktionen löste die Kulturboykott-Drohung aus?[748]

---

746 Der „Boykott"-Begriff geht etymologisch auf eine Widerstandsmassnahme irischer Bauern gegenüber dem Gutsverwalter Charles Boycott im Jahr 1880 zurück. Aufgrund seiner ungerechtfertigten Strenge gegenüber den Landnutzern war er massiv in Verruf geraten, so dass er fortan geächtet wurde und weder Pächter finden noch Waren kaufen oder verkaufen konnte. Im Englischen wurde sein Name seitdem zum Substantiv „boycott": „Verruf" sowie zum Verb „to boycott": „in Verruf erklären" transformiert. Seit Ende des 19. Jahrhundert geriet im Deutschen zunächst das Verb „boykotten", dann „boykottieren" in Umlauf. Pfeifer 2005[8], S. 163.

747 Hierzu und zum Folgenden: Raschke 1988[2], S. 296.

748 Die Bezeichnung „*Kultur*boykott" wurde immer wieder kritisiert, weil es, wie etwa Jürg Frischknecht ausführt, nie darum gegangen sei, dass Kulturschaffende 1991 generell ihre schöpferische Tätigkeit boykottieren würden. Vielmehr habe man sich, auch angesichts der gerade vollzogenen umstrittenen staatlichen Diamant-Feier, geweigert, die eigene Kulturproduktion in den Dienst eines weiteren kontroversen nationalen Jubiläums zu stellen. Gemäss Frischknecht hätte der Begriff „*Jubel*boykott" somit eher eine Provokation dargestellt. Frischknecht im Gespräch mit Liehr, 5. März 2008, Transkript, S. 10f. Andreas Simmen jedoch verteidigt den Terminus „Kulturboykott", weil sich dieser „ja

Dem Aufruf, die Erklärung zu unterzeichnen, folgten innerhalb von zweieinhalb Wochen rund 500 Persönlichkeiten aus allen Landesteilen, was „ein kulturpolitisches Ereignis von gesamtschweizerischer Bedeutung" darstellte.[749] Ähnlich wie Catherine Weber vom KSS erinnert Andreas Simmen die Mobilisierungsfreudigkeit engagierter Kulturschaffender in jenen Februarwochen als eindrücklich. Auch er habe „so etwas" vorher und nachher nicht erlebt. Von ihrem Zweck überzeugt, hätten viele die Kampagne sofort unterstützt, so dass die Unterschriftensammlung abgelaufen sei „wie der Teufel".[750]

Das hing damit zusammen, dass in dieser Phase der Protestaktivierung die öffentliche Empörung weitere Höhepunkte erlebte, nachdem beispielsweise Mitte Februar der Berner SP-Grossrat Rudolf Strahm seine Fichen eingesehen hatte, auf denen Querverweise zum Eidgenössischem Militärdepartement (EMD) vermerkt worden waren, und damit bestimmte Verdachtsmomente der Skandalierenden Bestätigung erfuhren. Dementsprechend musste der Vorsteher dieses Departements, Bundesrat Kaspar Villiger, entgegen bereits getätigter Äusserungen eingestehen, dass die „Untergruppe Nachrichtendienst und Abwehr" (UNA) seit 1967 Verdächtigenlisten mit Namen von Soldaten und Offizieren geführt hatte. Fast täglich hatte der EMD-Chef seine Aussagen zu revidieren, weil neue brisante Informationen über Registraturen in seinem Departement publik wurden, die unter anderem in verschiedenen Fernsehsendungen massenmediale Verbreitung fanden.[751] Die „Skandalspirale" (Messerli) begann sich ab Mitte

---

eben an Kulturschaffende gewendet hat […] Es ist ein Boykott durch die Kulturschaffenden" gewesen. Simmen im Gespräch mit Liehr, 5. März 2008, Transkript, S. 4.

749 Simmen, Schnüffelstaat, WoZ, 23. Februar 1990.

750 Simmen im Gespräch mit Liehr, 5. März 2008, Transkript, S. 2.

751 Die eklatanten politischen Ereignisse jener, nach Messerlis Printmedienanalyse, zweiten und vehementesten Skandalphase (12. Februar–31. Mai 1990) werden im kommenden Abschnitt eingangs entfaltet. Eine Zusammenfassung inklusive der verschiedenen

Februar immer rascher zu drehen, was wiederum der Protestmobilisierung Auftrieb gab.

Eindrücklich gelayoutet wurde die Kulturboykott-Drohung am
23. Februar 1990 in der WoZ publiziert. Unter der Überschrift
„Den Schnüffelstaat abfeiern? Ohne uns!", die die gesamte Breite
der Titelseite einnimmt, befindet sich ihr Wortlaut in der linken
Spalte, während die 500 Namen und Berufsbezeichnungen der
Kulturschaffenden, klein gedruckt in einer anderen Schrift und
alphabethisch geordnet, in Form eines beachtlichen Textblocks
den vierspaltigen Rest der Seite ausfüllen.[752] In der linken unteren Ecke befindet sich, zu eigenen Zwecken umgestaltet, das
offizielle Signet der 700-Jahr-Feier, ein längliches rotgrundiges
Viereck, in dem von links nach rechts stückweise sich entfaltend
am Ende das weisse Schweizerkreuz erscheint. Der damit von den
Organisatoren der Nationalfeierlichkeiten symbolisch illustrierte
fortschrittliche Entwicklungspfad der Schweiz wird durch die
Graphik unter der Resolution umgekehrt. In einem quer gestreif-
ten rot-weiss-roten länglichen Viereck bildet sich ein rotes Kreuz
von links nach rechts zurück, bis am Ende kaum noch etwas davon
sichtbar ist. Darunter steht provokant: „700 Jahre sind genug!"[753]

Positionen ausgewählter Printmedien und anderer Akteure in dieser
Phase bieten: Messerli 2001, S. 51–91, Brügger 2006, S. 45–82.

752 Hierzu und zum Folgenden: Den Schnüffelstaat, WoZ, 23. Februar
1990.

753 Gemäss Andreas Simmen habe der Philosoph Hans Saner, in
Anspielung auf das Motto der 700-Jahr-Feier, „ein landesunübliches
Mass an Utopie formuliert", indem er in der Zytglogge-Zytig
schrieb: „Warum sollte man für 1991 nicht an die Auflösung der
Eidgenossenschaft denken? 700 Jahre – das ist genug." Hans Saner zit.
n.: Simmen, Knallfrösche, WoZ, 6. Februar 1990. Dieses Zitat mag das
oben beschriebene bissige Logo des Kulturboykotts inspiriert haben.
Polemisch spitzt Simmen weiter zu, man möge dem Delegierten der
Feierlichkeiten vorschlagen, Saners kritischen Utopie-Vorschlag auf
einem Symposium zu diskutieren. Simmen spöttisch: „Vielleicht macht
das Solari-Büro dafür noch Geld locker." Auch im Fernsehen lancierte
Saner seine provokative These, indem er über die bestehende staatliche
Vertrauenskrise ausführte, sie sei „soweit gediegen, dass man vielleicht
sagen müsste: der Demokratieversuch ist gescheitert". Hans Saner

Das so gestaltete Layout vermittelte, insbesondere durch die monolithische Wuchtigkeit des Unterzeichnenden-Blocks, eine energische Schlagkraft der Protestaktion. Doch zeigte sich im Laufe der Wochen: so homogen der durch die Block-Darstellung grafisch produzierte Anschein auch gewirkt haben mochte, so heterogen waren die tatsächlichen Einstellungen zu der Verweigerungsaktion selbst unter jenen, welche die Boykottdrohung unterzeichnet hatten.

Kaum erschienen, reagierten die Massenmedien mit unterschiedlichen Stellungnahmen auf die Resolution.[754] Frank A. Meyer etwa machte in seinem Artikel im SonntagsBlick vom 25. Februar 1990 noch durchaus konstruktiv auf das der Boykottdrohung inhärente „Angebot an den Bundesrat" aufmerksam, mit den Unterzeichnenden hinsichtlich der aufgestellten Forderungen ins Gespräch zu treten und damit ein Zeichen zu setzen für „einen neuen politischen Stil", den die Schweiz dringend benötige.[755] Wenn das Land „eine lebendige und zukunftsträchtige Nation" werden solle, sei es „auf die Verschiedenartigkeit und auf die Gegensätzlichkeit von Meinungen und Ideen angewiesen". Somit stelle das der Boykottdrohung implizite Verhandlungsangebot der Kulturschaffenden eine „ganz grosse Chance" innerhalb der Staatskrise dar, die darin bestehe, die eingespielten institutionellen Kommunikationspfade des politischen Austausches zu verlassen, um in Form eines „Runden Tisches" die unmittelbare Begegnung zwischen Bürgerinnen und Bürgern einerseits und

---

im: Zischtigsclub, SF DRS, 27. Februar 1990, Transkript, S. 48. Vgl. auch: Saner, Schweiz, Berner Tagwacht, 1. August 1990, wo Saner auf die Ursprünge des Motivs der Schweizer Nationalfahne eingeht und konstatiert: „Krieg, Blut und Glauben ist ihre ursprüngliche Symbolik. Man möchte sich eine bessere Herkunft wünschen. Wer heute darauf noch schwört, ist entweder ein Ignorant oder ein gedankenloser Mensch."

754 Vgl. dazu die umfangreiche Zeitungsausschnittssammlung, die Fredi Lerch dem schweizerischen Sozialarchiv Zürich überlassen hat. Eine Auswahl ist abgedruckt in: Lerch/Simmen 1991, erster Teil.

755 Hierzu und zum Folgenden: Meyer, Tisch, WoZ, 25. Februar 1990, abgedruckt in: Lerch/Simmen 1991, S. 36f.

Bundesräten andererseits zu suchen. Durch einen solchen, führt Meyer aus, könne der Bundesrat ausserdem ein weiteres Signal setzen und

> „seine Distanz deutlich machen zum totalitären Ungeist, der sich in den Dunkelkammern der Spitzeldienste entwickelt hat. Es würde offenbar, dass Bundesräte wie Arnold Koller und Kaspar Villiger, wie Flavio Cotti und René Felber und Adolf Ogi nichts gemein haben mit diesem Ungeist, der unsere Demokratie herabwürdigt und beleidigt."

In Anlehnung an die Idee eines Runden Tisches versammelte die SF DRS-Redaktion des „Zischtigsclub" in der Sendung vom 27. Februar 1990 zwecks erneuter Diskussion der Staatsschutzmisere und des angedrohten Kulturboykotts Vertreter unterschiedlicher Positionen im Studio, wobei lediglich der ehemalige EJPD-Chef Rudolf Friedrich bereit gewesen sei, die Regierungsseite zu vertreten.[756] Moderator Pierre Freimüller beklagt dementsprechend, „es fällt auf – das ist mehr als zufällig, dass es nicht gelingt, Leute, die heute noch in der Verantwortung stehen, für eine Diskussion zu gewinnen". Weder die Bundesräte Koller oder Villiger noch ein betroffener Chefbeamter hätten zugunsten der „politischen Bewältigung" für das Gespräch gewonnen werden können.[757]

Auch Marco Solari betont in seinem Plädoyer gegen eine potenzielle Verweigerung der Mitarbeit zahlreicher Kulturschaffender an der von ihm zu organisierenden Nationalfeier die Relevanz der Auseinandersetzung und des Streits, der im Vorfeld der Festivitäten als „reinigendes Gewitter" fungieren könne.[758] Zentral

---

756 Pierre Freimüller in: Zischtigsclub, SF DRS, 27. Februar 1990, Transkript, S. 55.

757 An anderer Stelle zeigten sich Bundesräte durchaus zu einem kritischen Gespräch mit Kulturschaffenden bereit. Vgl. etwa: Wespe/Rentsch, Krise, Tages-Anzeiger, 4. April 1990 mit einem Gespräch zwischen Bundesrat Falvio Cotti, Anne Cuneo und Adolf Muschg; Ergänzungen zur Zeit, SF DRS, 21. Oktober 1990.

758 Hierzu und zum Folgenden: Marco Solari in: Zischtigsclub, SF DRS, 27. Februar 1990, Transkript, S. 35f, 50, 52.

sei, dass alle hinterher an einem Tisch sässen und miteinander redeten, durchaus auch ohne einen Konsens zu finden. Damit die 700-Jahr-Feier ein Fest der nationalen Gemeinschaft werde, habe das Konzept von Beginn an dem Diktum gefolgt, alle einzubeziehen, „die bequemen und die unbequemen Schweizer". Er verstehe sich keineswegs als „Hohepriester von der Macht". Seiner Ansicht nach sei es irrelevant, ob sich die Unterzeichnenden im Rahmen der Feierlichkeiten oder ausserhalb zur Schweiz äusserten. Wichtig, betont Solari, sei, „dass sie mitmachen, dass sie etwas sagen". Jeder der Diskutanten im Studio, mutmasst der Delegierte weiter, identifiziere sich schliesslich „mehr oder weniger" als Schweizer, obgleich jeder bezüglich des Sinns der geplanten staatlichen Zelebrierung unterschiedlicher Meinung sei. Essenziell sei jedoch: „wir sind zusammengekommen, wir reden miteinander". Die Runde könne mithin im Hinblick auf 1991 das Vorbild für eine „kleine 700-Jahr-Feier" darstellen.[759]

Auch Bundesräte artikulierten sich vermittelnd. Arnold Koller forderte die Kulturschaffenden auf, „im teilnehmenden Gespräch die Konflikte im demokratischen Rechtsstaat zu bewältigen", während Flavio Cotti hervorhob, „die Schweiz ist auf Sie angewiesen, damit in diesem Land etwas aufgebaut werden kann, damit diese starren Fronten, die uns sehr belastet haben, abgebaut werden können".[760]

Doch verliefen solche Versuche, die Unterzeichnenden umzustimmen, grundsätzlich unergiebig, was, so Thomas Bürgi in der Basler Zeitung, daran gelegen habe, dass die Gesprächspartner

---

759 Vgl. dazu auch: Brändle, im Gang, Tages-Anzeiger, 24. Februar 1990, abgedruckt in: Lerch/Simmen 1991, S. 34–36. Die Redakteurin zitiert den freisinnigen Delegierten Marco Solari wie folgt: „Alles, was sich jetzt ausdrückt – kritisch, positiv, negativ, destruktiv, hoffnungsfroh, verbittert –, alles wäre ein Zeichen dafür, dass man sich in diesem Land noch etwas zu sagen hat. Ich glaube, man sollte nicht mehr von 700-Jahr-Feier reden, sondern von 1991. [...] Vielleicht ist die 700-Jahr-Feier schon lange im Gang durch die jetzigen Diskussionen über den Boykott. Das wäre die 700-Jahr-Feier, wie ich sie mir vorstelle."

760 Arnold Koller und Flavio Cotti zit. n.: Lerch/Simmen 1991, S. 55.

nicht von ein und derselben Schweiz sprachen.[761] Arnold Künzli spitzte diese These in seinem Artikel „Zwei Schweizen" polarisierend zu.[762] Bei der Verweigerung gehe es nicht bloss um die 700-Jahr-Feier, vielmehr handele es sich, führt der Politologe und Philosoph aus, um

> „eine Absage an die etablierte Schweiz der Bourgeoisie, die unser Land als ihren Privatbesitz betrachtet und ihre Herrschaft mit Hilfe des Konkordanzsystems, der totalitären Polizei-Bespitzelung aller kritisch-oppositionellen demokratischen Kräfte und der Besetzung der Kommandoposten der Armee zu verewigen sucht."

Künzlis Ansicht nach würden sowohl die Registraturen der Bundespolizei als auch der Freispruch Elisabeth Kopps vor dem Bundesgericht Sinnbilder „der erstarrten, bornierten, paranoischen Bourgeois- und Bürokratenschweiz" darstellen. Demgegenüber würden zu der Anderen Schweiz „Frauen und Männer [gehören], die sich zum Teil weit über die Grenzen unseres Landes hinaus im europäischen, ja sogar im Welt-Kulturleben eine Namen geschaffen haben". Es handele sich um Persönlichkeiten, die eine „kritische, schöpferische, lebendige und sich dem Establishment verweigernde Schweiz" repräsentierten. Zu ihnen würden auch „Hunderttausende derer [zählen], die für die GSoA-Initiative gestimmt hatten". Augenblicklich gebe es keine Verbindung zwischen diesen beiden Schweizen, weil die „Brücken zerstört" seien. Lediglich eine „helvetische Perestroika" vermöchte sie wieder zusammenzuführen.[763]

---

761 Thomas Bürgi in der Basler Zeitung zit. n.: Neff, Drohung, Info 700, 3/1990, abgedruckt in: Lerch/Simmen 1990, S. 52–54.

762 Hierzu und zum Folgenden: Künzli, Schweizen, Öffentlicher Dienst, 23. März 1990, abgedruckt in: Lerch/Simmen 1991, S 43–45.

763 Die These der zwei Schweizen wird anschaulich illustriert in einem Film Alexander Seilers, der als Beitrag zum Jubiläumsjahr 1991 erschienen ist und inspiriert wurde durch die öffentlich wirksame politische Intervention, mit der Max Frisch zugunsten der GSoA-Kampagne vor der Armee-Abstimmung in Form eines letzten literarischen Werks mit dem Titel „Schweiz ohne Armee? Ein Palaver"

Doch damit nicht genug der Entzweiung: Nachdem sich im Anschluss an die Märzsession der Parlamente abzeichnete, dass die in der Resolution explizierten Forderungen – erstens nach Abschaffung der politischen Polizei und zweitens nach vollumfänglicher Akteneinsicht – „bis Ende Jahr" nicht erfüllt würden, mussten die Initianten der Kulturboykott-Drohung zugunsten ihrer Glaubwürdigkeit nachdoppeln. Wie Fredi Lerch der WoZ-Leserschaft Anfang April darlegte, hatten sich etwa 20 Delegierte verschiedener Kulturorganisationen auf einer einberufenen Versammlung darüber verständigt, dass die Kulturboykottdrohung „in den letzten zwei Monaten keinen wahrnehmbaren Einfluss auf die Ereignisse" zu nehmen vermochte.[764] Man habe dies „auf die traditionelle Geringschätzung des schweizerischen Kulturschaffens und auf die generelle Kulturfeindlichkeit in diesem Land" zurückgeführt und zugleich hervorgehoben, dass durch die „politische Ignorierung" der Boykottdrohung ebenso die Interessen hunderttausend weiterer Registrierter übergangen worden seien. Die Konsequenz daraus stelle der Versammlungsbeschluss zu einer definitiven Boykott-Erklärung dar, wobei für die Schlussredaktion eines vordiskutierten Entwurfs ad hoc ein

---

in die Debatten über den Sinn und Zweck der Schweizer Armee eingegriffen hatte. Seilers Film „Palaver, Palaver. Eine Herbstchronik 1989" besticht durch eine künstlerische Montage zahlreicher Szenen über Diskussionsveranstaltungen, Reaktionen auf Frischs Werk sowie über das durch Benno Besson am Schauspielhaus Zürich inszenierte entsprechende Theaterstück, wobei dazwischen die weltpolitischen Umbrüche als „Grosswetterlage" in Landschaftsaufnahmen versinnbildlicht werden. Der Film offenbart eindrücklich, wie unvermittelt sich die ideologischen Lager damals gegenüberstanden. Vgl.: Liehr 2010, S. 92. Seiler, Konformitätsdruck, Vorwärts, 14. Juni 1990, abgedruckt in: Lerch/Simmen 1991, S. 140–142.

764 Hierzu und zum Folgenden: Lerch, Ch-700, WoZ, 15/1990. Fredi Lerch, damals Berner Redakteur der WoZ für Innenpolitik und Kultur, übernahm bezüglich des Kulturboykotts die Initiatorenrolle von seinem Kollegen Andreas Simmen, weil dieser im Frühjahr 1990 einen Bildungsurlaub in Lateinamerika angetreten hatte.

Komitee beauftragt werde.[765] Dieses solle gemeinsam mit einer Arbeitsgruppe ein für den Frühherbst geplantes Symposium über die kulturpolitische Situation in der Schweiz vorbereiten. Ende Mai finde bereits auf den Solothurner Literaturtagen eine grosse Podiumsdiskussion zum Thema statt, und die WoZ, verspricht Lerch, werde weiterhin diverse Diskussionsbeiträge veröffentlichen.

In einer Beilage der WoZ vom 8. Juni 1990 wurde schliesslich mit überdimensionalen, schwarzen Lettern der „Kulturboykott 700" angekündigt. In der mittig darunter platzierten fettgedruckten Erklärung heisst es:

> „Wir boykottieren jegliche kulturelle Mitarbeit bei sämtlichen Veranstaltungen zur 700-Jahr-Feier der Eidgenossenschaft. Wir appellieren an all jene Kulturschaffenden, die Projekte für die 700-Jahr-Feier in Auftrag haben, sie abzusagen und die Boykottbewegung zu unterstützen."[766]

Links daneben befindet sich einmal mehr der Unterschriftenblock, der auf der nächsten Doppelseite inklusive der Nennung von „Organisationen, Gruppen, Veranstalter" weitergeführt wird. In der rechten Titelblattspalte der Beilage weist das „Komitee Kulturboykott 700" (KKB) im Editorial darauf hin, dass bereits vierhundert Kulturschaffende „ernst gemacht" hätten, wobei die Unterschriftensammlung fortgeführt werde. Und weiter heisst es da:

---

765 Dem „Kulturboykott 700"-Komitee gehörten an: Andreas Balmer (Gruppe Olten), Markus Eichenberger (Werkstatt für improvisierte Musik WIM, Zürich), Fredi Lerch (WoZ), Linus Reichlin (Gruppe Olten), Liliane Studer (Literaturtage „SCHRIFTWECHSEL – Frauen und Literatur").

766 Hierzu und zum Folgenden: Kulturboykott 700, WoZ, 8. Juni 1990, inklusive Editorial. Darunter befindet sich die französische Übersetzung: „Nous boycottons toutes les manifestations liées au 700ᵉ anniversaire de la Confédération en refusant toute collaboration. Nous inviton tous les artistes, créateurs et intellectuels qui ont reçu une commande pour cet anniversaire à soutenir ce boycott."

383

„In allen Landesteilen wurden Bewerbungen zurückgezogen, und bei vielen von denen, die dem Staat noch eine Chance geben möchten, ist der Geduldfaden nur noch sehr dünn! [...] Mit ihren kritischen Geistern wird sich die Eidgenossenschaft 1991 nicht schmücken können – es sind einfach zu wenige, die sich dazu noch hergeben."

Der Boykott drücke nicht nur das Unbehagen mehrerer Hundert Kulturschaffender, sondern auch dasjenige „Hunderttausender anderer Menschen im Lande" aus, weswegen er eine solche Aufmerksamkeit erzeuge. Insbesondere die „Breite und Lebendigkeit dieses Protests scheint die Gegner des Boykotts zu beunruhigen", die die Ursache der Aktion offenbar vergessen hätten und stattdessen genüsslich auf die angebliche „Selbstzerfleischung" der Kulturschaffenden fokussieren würden.

Tatsächlich polarisierte der definitive Boykott, kaum war er lanciert, stärker als die Drohung. Er evozierte klare Fronten nicht nur zwischen den Boykottierenden und dem deutschschweizerischen Feuilleton, das nun nahezu einhellig die Gegenseite verteidigte, ohne jedoch unbedingt das Vorhaben der Nationalfeier zu unterstützen.[767] Auf den immer wieder geäusserten Vorwurf, der Boykott sei eine Imageaktion der WoZ und „stamme aus dem kleinen Trotzwinkel der wenigen linken Berufsmotzer im Land", antwortete Balmer:[768]

„Wenn das so ist: Warum regen sich die Feuilletonisten so auf? Die Frage der kulturellen Beteiligung an der 700-Jahr-Feier ist objektiv ein heisses Eisen, da braucht gar nichts aufgebauscht zu werden. [...] Die Idee eines Kulturboykotts wird von Kreisen getragen, die weit über das ‚WoZ'-Kollek-

---

767 Lerch/Simmen 1991, S. 55, die Autoren dokumentieren die unterschiedlichen Positionen von Medien- sowie Kulturschaffenden. Auch in vielen Ausgaben der WoZ sind pro und contra Argumente sowie Kommentare zur Presseberichterstattung abgedruckt. Vgl. etwa: WoZ-Beilage vom 8. Juni 1990.

768 Hierzu und zum Folgenden: Balmer, Gesinnungsterror, Bund, 19. Mai 1990.

tiv hinausgehen, und die Empörung über die Schizophrenie des Überwachungsstaates, der sich nicht entblödet, die Kulturschaffenden zur Teilnahme am Jubiläum einzuladen, ist mitnichten das Privileg einiger wildgebliebener Linker."

Niklaus Meienberg entgegnete auf den Vorwurf, die umstrittene Protestaktion käme „aus der linken Ecke":

> „Nun herrscht allerdings unterdessen ein furchtbares Gedränge von der buntesten Sorte in dieser Ecke, ein Gewimmel von mehr als 700 kreativen Trotzköpfchen, darunter ein paar von der interessantesten Sorte der hierzulande antreffbaren. Ob das noch die *linke* Ecke ist? Urs Herzog, Professor an der Universität Zürich, links im landläufigen Sinn? Urs Widmer? Daniel Schmid? Laure Wyss? Gerold Späth? Katharina Kerr? Jürg Federspiel? Alex Sadkowsky? Lauter Signaturen, die man bisher nicht unter jedem linken Manifest gesehen hat, keine Habitués der Protestiererei."[769]

Schliesslich hätten die Unterzeichnenden eine „milde Forderung", ein „bescheidenes Postulat" aufgestellt, indem sie „nur Einsicht" in Fichen und Akten erhalten wollten, die „der Parano-Staat" mit ihren Steuergeldern angelegt habe. Darüber hinaus sei

> „der Mahlstrom der Geschmacklosigkeiten [...] derart überwältigend, dass jede ernsthafte kulturelle Anstrengung darin ersöffe. [...] Schnickschnack, Mummenschanz & Kinkerlitzchen. Jodeltrubel landauf, landab; Schützen-Bier-Besäufnis-Feste, doofe und freche Armeedéfilés bis zum Koma [...] Nein, diese Suppe ess ich nicht, und sind wir auch nicht das Salz in der Suppe, das intellektuelle Alibi. Macht Euren Kitsch alleine!"

Was zahlreichen Kulturschaffenden jedoch gravierend erschien war, dass die Protestaktion unter ihnen einen ungeheuren Zugzwang oder Solidaritätsdruck hervorrief, dem viele nicht nachgeben konnten oder wollten. Für das „hybride Gebilde"

---

769 Hierzu und zum Folgenden: Meienberg, Schnickschnack, Tages-Anzeiger, 27. April 1990; Kursivsetzung laut Quelle.

der GO etwa habe dies, führt Fredi Lerch aus, eine doppelte Zerreissprobe bedeutet.[770] Einerseits sei man sich uneinig darüber gewesen, ob die Gruppe überhaupt politisch intervenieren sollte, weswegen das zielstrebige Engagement ihres Präsidenten in dieser Angelegenheit von einigen beanstandet worden sei. Andererseits habe es in verschiedenen Versammlungen darüber Streit gegeben, „welches die richtige Haltung zum Boykott" sei. Auch diesbezüglich geriet Balmer in die Kritik. Später formulierte er es so:

> „Offenbar habe ich mich damals so verhalten oder ausgedrückt, dass sich verschiedene Mitglieder überfahren vorgekommen sind, weil sie meinten, ich sage ihnen, welche Gesinnung sie haben müssten. Das ist schlecht angekommen."[771]

Auch eine Bemerkung von WoZ-Redakteur Fredi Lerch geriet unter Beschuss. Noch während die Unterschriftensammlung für die Boykottdrohung lief, hatte er einen leidenschaftlichen Aufruf wie folgt beendet:

> „Diesmal gibt's kein Verschanzen hinter der Autonomie des Kunstwerks. Noch das ehrlichste Bemühen um Kunst ist im Rahmen der ‚CH 700' reine Ideologie. In den neunziger Jahren wird es Kulturschaffende geben, die mitgemacht haben, und solche, die nicht mitgemacht haben. Die letzteren werden die Stimmen sein der Anderen Schweiz".[772]

---

770 Hierzu und zum Folgenden: Lerch 2003, S. 67–70. Lerch entfaltet in seinem Text über die GO andauernde grundsätzliche Divergenzen ihrer Mitglieder hinsichtlich einer generellen Ausrichtung der Gruppenidentität zwischen den „Polen" einer linksgesinnten beruflichen Interessensvertretung im Sinne eines Berufsverbandes einerseits und einem ideologisch-moralischen Instrument, das in die politische Debatte eingreift, andererseits. Lerch 2003, S. 38–43.

771 Andreas Balmer zit. n.: Lerch 2003, S. 69.

772 Lerch, Aufruf, WoZ, 16. Februar 1990, abgedruckt in: Lerch/Simmen 1991, S 25f.

Lerchs Intention, unter den kritischen Kulturschaffenden eine Gemeinschaft herzustellen, führte unweigerlich zur Ausgrenzung jener, die sich dem Boykottvorhaben widersetzten, obwohl sie sich als kritische Linksgesinnte weltanschaulich ebenfalls der Anderen Schweiz zugehörig fühlten. Wie schmerzlich der Ausschlussversuch auf betroffene Akteure gewirkt haben mochte, wird offenkundig anhand der Auseinandersetzung zwischen Lerch und dem Dramatiker Hansjörg Schneider, der ein Projekt für ein Theaterstück angenommen hatte, das zunächst als offizieller Festbeitrag im Nationalratssaal vorgesehen war.[773] Die Wortwahl seiner vom Druck evozierten kämpferischen Stellungnahme zeige, pointiert Simone Furrer, „wie er den Gang in die Öffentlichkeit erlebte: Er sprach von einem ,Coming-out'". Schneider habe das Vorgehen Lerchs „als Ausgrenzung aus dem Verband der integren Kulturschaffenden" gedeutet.[774] Er habe, illustrierte er später seine damalige Befindlichkeit, „wie ein Schwein gelitten. Die WoZ warf mir vor, bei mir käme das Fressen vor der Moral. Sie stellten mich als Hurer dar, der für Geld alles schreibt". Er sei nachts panisch erwacht, habe eine entsetzliche Zeit durchlitten.[775] Dass das Assimilationsbestreben durch die radikalen Boykott-Befürwortenden im Hinblick auf das Ziel einer eindrücklichen Staatskritik das Risiko barg, eine kontraproduktive Zersplitterung unter Kulturschaffenden, etwa innerhalb der GO, hervorzurufen, verdeutlicht Schneider am Schluss seiner Boykottkritik, indem er betont: Es ergebe sich „die ekelhafte Situation", dass die, die „für dieses Land schreiben, sich gegenseitig befehden und angeifern. Und wer lacht sich ins

---

773 Die öffentliche Fehde ist dokumentiert in folgenden Artikeln: Lerch, Hofnarren, WoZ, 6. April 1990; Schneider, Selbstzerfleischer, Weltwoche, 3. Mai 1990; vgl. auch: Balmer, Staatskrise, Basler Zeitung, 22. Mai 1990 oder Seiler, Konformitätsdruck, Vorwärts, 14. Juni 1990; jeweils abgedruckt in: Lerch/Simmen 1991, S. 49–51, S. 77f, S. 89–91 sowie S. 140–142.

774 Hierzu und zum Folgenden: Furrer 2010, S. 72–77, hier S. 74, 76. Die Historikerin Simone Furrer entfaltet an dieser Stelle den Disput und seine emotionale Wirkung auf Hansjörg Schneider.

775 Hansjörg Schneider zit. n.: Bircher 2008, S. 108.

Fäustchen? Sicher nicht wir, die wir fichiert sind. Sondern die andern, die uns fichiert haben".[776] Helen Brügger kommentierte im Vorwärts die durch die WoZ vorgenommene „Einteilung in Gut und Böse" noch drastischer, da diese, ihrer Ansicht nach, eine linke Politik manifestiere,

> „die sich der Mittel der Rechten bedient. Ein solch dogmatischer Alleinvertretungsanspruch, wie ihn hier das ,Organ der Opposition im Lande' formuliert, ist Ausdruck einer ideologischen Intoleranz, die zeigt, wie tief das Niveau der politischen Kultur in unserem Land gesunken ist".[777]

Auch der Philosoph Hans Saner verteidigte den Entschluss der Nicht-Unterzeichnenden.[778] Ihm sei „die Freiheit ihrer persönlichen Entscheidung [...] wichtiger als die Geschlossenheit einer kollektiven Aktion". Aus Erwartung und Druck resultierten überdies zu schnell Projektionen und Unterstellungen, indem man etwa zu wissen glaube,

> „dass der Andere nicht bloss anderer Meinung ist, sondern böse und geldgierig oder korrupt. Zu Hass und Hexenjagd ist nur noch ein Schritt. Wer sich diesem Mechanismus anheim gibt, handelt gegen einzelne Kolleg/Innen so, wie ehemals die ideologisierte Macht gegen die Kulturschaffenden insgesamt gehandelt hat. Er redupliziert die Macht, die er bekämpfen möchte, und er vertauscht die Objekte seiner Empörung. Eben dies darf auf keinen Fall geschehen. Denn es käme nachträglich einem Sieg der Macht über ihre Opfer gleich."

Immer wieder wurde zudem beanstandet, dass zahlreiche Personen die Boykotterklärung unterzeichnet hatten, die ohnehin kein

---

776 Schneider, Selbstzerfleischer, Weltwoche, 3. Mai 1990.

777 Brügger, Andere Schweiz, Vorwärts, 17. Mai 1990.

778 Hierzu und zum Folgenden: Saner, Schweiz, Berner Tagwacht, 1. August 1990, abgedruckt in: Lerch/Simmen 1991, S. 240–243.

Projekt zugunsten der 700-Jahr-Feier planten.[779] Der Schriftsteller Franz Rueb war einer von ihnen. Er betonte die Signalfunktion jeder individuellen Einstellung angesichts der vorgegebenen Situation. Rueb: „Meine Unterschrift ist demnach nichts anderes als die öffentliche Demonstration meiner politischen Haltung. Die aber ist von dringender Notwendigkeit".[780]

Auch Kabarettist Franz Hohler wollte sich, abgesehen von der Protestaktion, an den Nationalfeierlichkeiten „lieber nicht beteiligen", insofern er bezüglich des Boykotts „eine etwas bequeme Position" innegehabt habe. Er habe sich mit der Unterzeichnung der definitiven Erklärung „allerdings schwer" getan, weswegen er für sich selbst im Vorfeld Argumente zugunsten beider Entscheidungsoptionen niedergelegt hatte.[781] Daraus wird ersichtlich, dass ihn am zweiten Aufruf der „fanfarenhafte Ton", der „die Stimmung einer Kriegserklärung" verbreite, sowie der Appell an die Kolleginnen und Kollegen, ihre Projekte nicht zu realisieren, störe, weil er deren Einstellung und Begründungen respektiere. Hohler fürchte jedoch keineswegs eine Spaltung der Kulturschaffenden. Er betrachte die Auseinandersetzung vielmehr als elementar. In der Schweiz wolle man, erläutert Hohler in seinem Papier, generell „nicht radikal Stellung nehmen müssen, weil die Verhältnisse doch so komplex sind. Der Dissens ist aber überall, auch unter den Künstlern, und wenn er da ist, soll er auch artikuliert werden". Schriftsteller Linus Reichlin unterstützte diese

---

779 Tatsächlich hat es, gemäss Schätzungen der Initianten, insgesamt lediglich 50 Projektrückzüge gegeben. Je kostspieliger die jeweilige Kunstsparte war, desto weniger Kulturschaffende unterschrieben den definitiven Boykott. Vgl. den Informationskasten bei Ulmer, Kultur, WoZ, 6. Januar 1991.

780 Zuschrift von Franz Rueb, Schriftsteller, (15. Mai 1990), WoZ, 15. Juni 1990 in: Lerch/Simmen 1991, S. 143–145.

781 Hierzu und zum Folgenden: Hohler im Gespräch mit Liehr, 19. Juni 2008, Transkript, S. 10f; sowie die unveröffentlichte Argumentation, die Hohler der Verfasserin Dankenswerterweise ausgehändigt hat.

These.[782] Selbst wenn das Risiko einer Spaltung der kritischen Kulturschaffenden vorhanden sei, weil die „Unversöhnlichkeiten zu gross werden", bestehe der zentrale Effekt der Protestaktion darin, dass alle sich mit der Frage auseindersetzen müssten, wie sie in einer so vielschichtigen Konstellation wie 1991 zum Staat stünden und sich verhielten. Die zahlreichen Stellungnahmen belegten, dass ein erfolgreicher öffentlicher Denkprozess ausgelöst worden sei.

Wie bereits angeklungen, ging es im entsprechenden Deutungskampf grundsätzlich um dreierlei: 1. um die Protestform des politischen Boykotts, 2. um die Würde betroffener Akteurinnen und Akteure und 3. um das reziproke funktionale Verhältnis zwischen dem Staat Schweiz und den darin schöpferisch Tätigen, insbesondere Künstlerinnen und Künstlern.

Was die Auseinandersetzung um die Aktionsform der politischen Verweigerung von nationaler Sinnstiftung anbelangt, waren die Argumente, das dokumentieren Lerch/Simmen umfassend, facettenreich. Sie widerspiegeln spannungsreich die individuellen Einstellungen der jeweiligen Kulturschaffenden zum Staat Schweiz.[783] Einige wenige sollen an dieser Stelle einen Eindruck vermitteln. Als Gegnerin des definitiven Boykotts beschreibt die Schriftstellerin Claudia Storz in ihrer durch die WoZ veröffentlichten Stellungnahme anschaulich, warum sie und ihr Mann, der Musiker Rolf Bürli-Storz, wenngleich auch die Drohung, so doch die Boykotterklärung nicht unterzeichnet haben.[784] Es stelle sich für beide, die ausschliesslich von ihrer Kunst lebten, die existenzielle Frage, welche Kulturschaffenden sich Arbeitsverweigerung leisten könnten. Zudem seien die Stücke von Storz bereits geschrieben, und das ausstehende Entgelt für diese schon erbrachte

---

782 Hierzu und zum Folgenden: Linus Reichlin in: Diesen Staat, Basler Zeitung, 25. Mai 1990.

783 Lerch/Simmen 1991. Vgl.: Furrer 2010.

784 Hierzu und zum Folgenden: Zuschrift von Claudia Storz, Schriftstellerin, und Rolf Bürli-Storz, Musiker (18. Mai 1990), WoZ, 15. Juni 1990, abgedruckt in: Lerch/Simmen 1991, S. 145f.

kulturelle Leistung werde zwei Drittel ihres Jahreseinkommens ausmachen. Was ihren Ehemann beträfe, so habe er als Klarinettist des Symphonieorchesters sein Auskommen, das beim Staatsakt zu spielen habe. Es sei nicht leicht, hebt die Schriftstellerin hervor, einen Orchesterplatz zu bekommen, schliesslich stünden „zehn wartende Musiker" hinter ihm. Lediglich, beantwortet Storz die eingangs gestellte Frage,

> „drei Kategorien von Künstlern können sich einen Boykott wohl leisten: solche, die seit 89 an einem eigenen Projekt sind, dessen Finanzierung bereits gesichert ist; solche, die bequem längere Zeit von ihren Tantiemen leben und für die Schublade arbeiten können (darunter sind keine Frauen); und dann die grosse Zahl derer, die Kunst mit einem Brotjob finanzieren (Journalisten, Lehrer, Kritiker, TV-Redaktoren, Hausfrauen)."

Die angekündigte Ausgrenzung jener Kolleginnen und Kollegen, die wie ihr Mann und sie die Erklärung nicht unterzeichneten, „lösen in mir Ängste und grässliche Erinnerungen aus". Zudem sei, seitdem sie sich für einen Festbeitrag entschieden habe, so vieles geschehen, was ihr „unter den Nägeln brennt" – „Koppiaden, das Fichenschlamassel, Elefantenhochzeit in Deutschland, Revolutionen im Osten", so dass sie aus Solidarität auf ein Filmprojekt verzichtet und die Boykottandrohung verteidigt habe. Gleichwohl sie jene, die als „Märtyrer aus der Sache hervorgehen", bewunderten, zögen sie und ihr Mann die „Auseinandersetzung der Verweigerung vor".

Die Clownin Gardi Hutter richtete sich am 17. Juli 1990 mit dem Anliegen an die Initiatoren, ihre Boykottentscheidung rückgängig machen zu wollen.[785] Sie expliziert indes eindrücklich, wie hin- und hergerissen sie sei zwischen ihrer aufgrund der Empörung über den Staat erfolgten Trotzreaktion einer Boykottunterstützung einerseits und ihrem eigentlichen Willen, sich „mit meiner Arbeit und meinen Stücken [...] dem Dialog" zu stellen,

---

785 Zuschrift von Gardi Hutter, Clownin (17. Juli 1990), WoZ, 17. August 1990, abgedruckt in: Lerch/Simmen 1991, S. 175f.

andererseits. Nachdem sie zwei Wochen zuvor eine Einladung erhalten habe, zugunsten der so genannten „Frauensession" im Nationalratssaal im Frühjahr 1991 einen Beitrag zu leisten, quäle sie sich gedanklich damit herum, diese abzusagen, schaffe es jedoch nicht. Denn, erläutert Hutter, wenngleich auch der äussere Anlass der Veranstaltung die 700-Jahr-Feier sei, deren Absage ihr keineswegs schwer falle, so stelle der innere Beweggrund des parlamentarischen Ereignisses doch „die 20 Jahre Frauenstimmrecht und die 10 Jahre Gleichberechtigung" dar, wobei schon die Zahlen für sich sprächen. Sie befinde sich somit in einer „Zwickmühle von verschiedenen politischen Interessen", in einem „moralischen Schlamassel", das in ihr „Widersprüche, Zwiespälte, Ambivalenz" auslöse. Wenn sie aber die Frauensession absage, spitzt die Künstlerin zu, „boykottiere ich meine eigenen Anliegen", weswegen sie zum Schluss kommt:

> „Ich möchte dabei sein, wenn Frauen die lächerlich kurze Zeit betrachten und besprechen, in der sie mitreden konnten (1,4 Prozent der eidgenössischen Gesamtdauer). Und da die Präsenz von Frauen auch heute noch so mickrig ist, möchte ich meine paar Gramm Einfluss für die Frauensache einsetzen. Denn die einzige Frau, die im Bundeshaus schon immer dabei war, war die Putzfrau... und die gehört ‚zufällig' in mein Rollenfach."

Zusammenfassen lässt sich der Konflikt unter den progressiven Kulturschaffenden, gemäss Linus Reichlin, wie folgt: „Wenn man mitmacht, dann will man kritisch mitmachen – darin sind sich alle einig. Im Grunde genommen geht es um die Frage: Was ist politisch effektiver – der Boykott oder das Mitmachen?"[786] Zu einer ähnlichen Quintessenz kamen auch die Westschweizer Schriftstellerin Monique Laederach und der politische Philosoph Arnold Künzli in einem der zahlreichen publizierten Streitgespräche.[787]

---

786 Linus Reichlin in: Diesen Staat, Basler Zeitung, 25. Mai 1990.

787 Hierzu und zum Folgenden: Monique Laederach und Arnold Künzli in: Echo der Zeit, SR DRS1, 7. Juni 1990, Teiltranskript, vollständig abgedruckt in: Lerch/Simmen 1991, S. 131–134.

Laederach spricht sich, bei aller Scham über die aufgedeckten Staatsschutzmethoden, für eine Teilnahme an der 700-Jahr-Feier aus, weil diese ihr die Chance biete, „an ein weiteres Publikum" zu gelangen. Wenngleich sie das Thema „Schweiz" künstlerisch als äusserst anspruchsvoll erachte und die Wirkungsmacht ihrer Arbeiten durchaus skeptisch reflektiere, glaube sie eher daran, als „an die Kraft meines Schweigens". Die Verweigerung drohe, ähnlich wie andere Demonstrationen, mittelfristig ohne nennenswerte Effekte zu bleiben.[788] Künzli wiederum hob hervor, was Laederach mit seiner Haltung eine: das Ziel, politische Veränderungen in der Schweiz zu forcieren. Er jedoch ziehe dazu einen anderen Weg vor: den des Boykotts. Abgesehen davon, dass ihm das mythologische Datum 1291 keine Feier wert erscheine, führt er persönliche Gründe aus:

> „Ich habe mich ein Leben lang für die Grundwerte dieses Staates eingesetzt, für die Demokratie, die Freiheit, Selbstbestimmungsrecht, Rechtsstaat – und gegen jede Form von Faschismus, Stalinismus, Rassismus. Ich habe gegen die innere und äussere Sicherheit nie, auch nur in Gedanken, etwas unternommen, ich habe diesem Staat gedient als Soldat und Offizier [...], ich habe ihm gedient als Publizist und zwanzig Jahre als Professor an der Universität Basel. Und dieser Staat dankt mir das alles damit, dass er mich jahrzehntelang als potentiellen Staatsfeind, Demokratiefeind, Freiheitsfeind, Landesverräter quasi, durch seine Behörden bespitzeln lässt, indem er mein Telefon abhört, meine Post kontrolliert, Fotokopien meines Reisepasses herstellt, Fotos von mir macht, vielleicht sogar in meinem Müllsack wühlt."[789]

---

788 Folgt man der Darstellung des Westschweizer Schriftstellers Gilbert Musy, dann ist der Kulturboykott in der Romandie bei den Kulturschaffenden vorwiegend auf Unverständnis gestossen. Musy, Radau, WoZ, 12. Oktober 1990.

789 Zum Leben und Werk Arnold Künzlis vgl.: Sidler 2006.

Auch die Schriftstellerin Mariella Mehr plädiert aus ihr ureigenes Leben betreffenden Motiven für den Boykott. Mehr erläuternd:

> „Als Jenische in diesem Land und nicht zuletzt als ehemaliges Opfer der unseligen Pro-Juventute-Aktion ‚Kinder der Landstrasse' gab und gibt es für mich keinen Grund, mich in irgendwelcher Form an der helvetischen Jubelfeier zu beteiligen. [...] Als Jenische und somit stolze Betroffene so ziemlich aller schweizerischen Schnüffelinstitutionen, mit eingeschlossen die Pro-Juventute, hatte ich das fragwürdige Vergnügen, in Dutzende von Schnüffeldossiers Einblick zu nehmen. Deren Inhalt, auch wenn er nicht mich oder meine Sippe betraf, trieb mir jedes Mal die Schamröte ins Gesicht. Mit Wut und Trauer las ich diese Dossiers, und mit Entsetzen wurde mir das Ausmass an Diffamierungen, Verleumdungen und Menschenverachtung in diesen Akten bewusst."[790]

Mit ihrer Unterschrift drücke sie ihre Solidarität aus für all jene, die „aus einer verständlichen Angst heraus keine Möglichkeit mehr sehen, ihre Rechte wahrzunehmen", für all jene, die „sich nicht zur Wehr setzen können und diesen Staat erleiden müssen, statt ihn zu gestalten". Sie wisse, es handle sich um eine bescheidene und „in Anbetracht der Ignoranz, mit der dieser Staat seine Bürgerinnen und Bürger zuschanden verwaltet", auch unnütze Solidaritätsbekundung, dennoch sei sie ihr wichtig.

---

790 Hierzu und zum Folgenden: Mehr, Hintertüre, WoZ, 16. März 1990, abgedruckt in: Lerch/Simmen 1991, S. 41–43. Als Jenische werden in der Schweiz Fahrende bezeichnet, deren Lebensweise seit jeher als „unzivilisiert" verurteilt und massiv diskriminiert worden ist. Zwischen 1926 und 1973 wurden systematisch rund 800 Kinder mit Unterstützung des Bundes von dem Hilfswerk „Kinder der Landstrasse" der Stiftung Pro Juventute und anderen Einrichtungen aus ihren Familien gerissen und in Pflegefamilien, psychiatrischen Anstalten und Gefängnissen untergebracht mit dem Ziel, sie zur „Sesshaftigkeit" umzuerziehen. Roth 2010.

Künzlis und Mehrs Plädoyer zugunsten des Boykotts implizieren, trotz ganz unterschiedlicher Bezugnahmen, ein gemeinsames Leitmotiv: ihre persönliche Selbstachtung als Mensch und Kulturschaffende. In zwei Texten Linus Reichlins kommt dieser Bewegrund explizit zum Tragen: Er habe, so schliesst sein Artikel vom 27. April 1990, „gegen diesen Staat und für meine Würde" unterschrieben.[791] Seine Boykott-Unterschrift stelle zugleich eine „Bankrott-Unterschrift" dar, weil er den „Glauben an schrift-stellerische Kritik als ernstzunehmende gesellschaftliche Kraft" verloren habe. Zudem frage er sich, worin

> „die Perfidie eines Staates [besteht], der seine Schriftstel-lerInnen nachdrücklich auffordert, kritisch zu sein? Ja, warum kann Herr Solari es sich erlauben, mich zur Kritik an dem Staat, den er vertritt, geradezu anzustacheln? Wenn ich es mir recht überlege, ist es eine Unverschämtheit, eine Geringschätzung meiner Person, eine wohlüberlegte, auf Abstimmungsresultaten beruhende Geringschätzung, die sich aus der Erfahrung nährt, dass es in unserem Land keine schriftstellerische Kritik gibt, die den Machthabern gefährlich werden könnte, weil die Machthaber das Volk auf ihrer Seite wissen und das Volk unsere schriftstellerische Kritik gar nicht will. Ja, es sträubt sich gegen die Aufklärung (und das will unsere Kritik ja wohl sein), weil Aufklärung heute wieder ein Umdenken erfordert, aber diesmal ein viel schmerzlicheres in Richtung Verzicht, in Richtung einer ökologischen, also weniger wohlhabenden Gesellschaft beispielsweise."

Insofern, schliesst Reichlin, habe sein „Kritikbankrott [...] eine einzige gute Seite – wenn dieser Staat, der sich erlauben kann, mich zur Kritik an ihm aufzufordern, mich zur Kritik an ihm auf-fordert, dann bleibt mir nur eins: ihm diese Kritik zu verweigern".

---

791 Hierzu und zum Folgenden: Reichlin, Würde, WoZ, 27. April 1990, abgedruckt in: Lerch/Simmen 1991, S. 69f.

Dieses Zitat Reichlins belegt, so die These Simone Furrers, das Ende eines Entwicklungsprozesses kritischer Literatur in der Schweiz seit Mitte der 1950er-Jahre, die 1990, das offenbart die staatliche Aufforderung der Kulturschaffenden zur Kritik, offiziell „zum Programm erklärt" wurde. Das jedoch „brachte die Kulturschaffenden in eine Lage, in der ihre einzige Möglichkeit, sich nonkonform zu verhalten, die Verweigerung war". Der Boykott sei Ausdruck ihrer Ohnmacht gewesen, denn ihre grosse Empörung vermochten sie, sofern sie die Distanz zum Staat suchten, angesichts der offiziellen Vorgaben „weder mit kritischer Kunst noch mit intellektuellen Interventionen" angemessen zu artikulieren. Während sie früher, pointiert Furrer, gegen das Schweigen angekämpft hätten, sei ihnen 1990 nur die Option geblieben, durch das Schweigen zu kämpfen.[792]

An anderer Stelle artikuliert Reichlin hinsichtlich des staatlichen Kritikpostulats eine weitere Deutungsnuance: die Indienstnahme kritischer Kulturschaffender zugunsten des Nationalimages.

> „M. Solari und F. Cotti wollen ja nicht, dass wir die Antiquität Schweiz unkritisch lobpreisen […], nein, sie wollen uns kritisch, wohlwissend, dass ihre Schweiz nach unserer Kritik immer ein bisschen besser dasteht als vorher. Da sage ich NEIN."[793]

Indem der Staat seine kritischen Geister explizit aufforderte, ihren auch missbilligenden Gedanken freien Lauf zu lassen, intendiere er, so die Interpretation einiger Boykotteure, entgegen dem was in seinem Inneren vonstatten gehe, sein Antlitz nach aussen hin

---

792 Furrer 2010, S. 90. Vgl. auch die Ansicht des Malers, Grafikers und Plastikers Gottfried Honegger: „Nicht unsere Arbeit – den Boykott setzen wir heute als Waffe ein." Gottfried Honegger (Referat, November 1990), WoZ, 9. November 1990, abgedruckt in: Lerch/Simmen 1991, S. 358–361. In der WoZ ist der Artikel zudem überschrieben mit: „Zur Freiheit verurteilte Kunst".

793 Reichlin, Sendepause, SSM-Gazette, 2/90, abgedruckt in: Lerch/Simmen 1991, S. 166–169.

scheinbar liberal zu inszenieren.[794] Dementsprechend enthielt bereits die Boykottdrohung den Satz: „Im staatlich finanzierten Jubiläums-Schaufenster sollen wir kritisch sein. Sind wir es ausserhalb, werden wir als Staatsgegner registriert".

Die „Schaufenster"-Metapher aufgreifend, schlug Schriftsteller Adolf Muschg vor, das sinnstiftende Potenzial Kulturschaffender, im Unterschied zu den bezüglich der 700-Jahr-Feier geforderten eher zierenden Beiträgen, zugunsten elementarer Aufgaben im Staat wahrzunehmen.[795] In einem Gespräch mit Bundesrat Flavio Cotti und der Schriftstellerin Anne Cuneo betont er, wenn die Unterzeichnenden sich an den Festivitäten nicht beteiligten, halte sie das nicht davon ab, 1991 schöpferisch tätig zu sein. Doch wolle man sich seine Beiträge selbst aussuchen. Muschgs Vorschlag:

> „Eine sehr reale Möglichkeit wäre etwa, mit dem Projekt der Totalrevision der Bundesverfassung wiederzukommen. [...] Das wäre ein brauchbareres Geburtstagsgeschenk für unser Land als noch so gute PR-Aktionen. [...] Es geht darum, dass man die Substanz dieser Demokratie nach besten Kräften alimentiert, und nicht darum, das Schaufenster so oder anders zu dekorieren."[796]

Eine ähnliche Haltung vergegenwärtigt Hans Saner, der einmal mehr betont, es sei „nur rational und konsequent", dass Kulturschaffende „diesem verräterischen Staat [...] keinen Kredit mehr" gäben. Der Philosoph differenziert allerdings, er sei

> „für den unbedingten Auftragsboykott, aber nicht für den Kulturboykott (ein dummes Wort!). Ich bin nicht für das Schweigen angesichts der Feierlichkeiten, sondern für die Kritik der Republik und der Feier. Denn in der Art der

---

794   Vgl.: Furrer 2010, S. 65–70. Die Historikerin entfaltet diese Zusammenhänge anhand zwei weiterer Stellungnahmen.

795   Hierzu und zum Folgenden: Adolf Muschg in: Wespe/Rentsch, Tages-Anzeiger, 4. April 1990.

796   Zur Geschichte der schweizerischen Bundesverfassung vgl. etwa: Kley 2011.

Feier wird sich manches zeigen – und wir müssen dieses zu Bewusstsein bringen."[797]

Gottfried Honegger führt in seinem Referat, das er Anfang November 1990 im Rahmen des „Kultursymposiums 90" hielt, mehrere Gründe aus, weswegen ihm der Boykott sinnvoll erscheine.[798] Wenngleich eine der Auftragsanfragen „so ganz nach meinem Gusto gewesen wäre", habe er sich unter anderem deshalb verweigert, weil er „jede Form von Nationalismus" ablehne. Zudem belege „dieses Nein, dass wir die Kultur und uns selbst ernst nehmen – dass wir unsere Arbeit auch als einen sozialen Dienst für die Gesellschaft verstehen", und ausserdem müsse „die Retro-Gesellschaft lernen [...], dass es auch eine Ökologie der Kultur gibt".

Damit hatte er auf das Wechselverhältnis angespielt, in dem sich Kulturschaffende mit ihrer soziopolitischen „Umwelt", das heisst mit Staat und Gesellschaft befinden. Dieses galt es, insbesondere aufgrund des weltpolitischen Umbruchs und der innenpolitischen Krise, auf dem Symposium vom 3./4. November 1990 zu diskutieren. Unter dem Titel „Welche Schweiz braucht die Kultur" sollte die durch den Streit um den Boykott inhaltlich verengte Debatte auf eine breite und tiefer angelegte Kulturdiskussion ausgeweitet werden.[799] Auch hiess es, „neue kulturpolitische Standortbestim-

---

797 Hierzu und zum Folgenden: Saner, Schweiz, Berner Tagwacht, 1. August 1990.

798 Gottfried Honegger (Referat), November 1990, abgedruckt in: Lerch/ Simmen 1991, S. 358–361, hier S. 359.

799 Hierzu und zum Folgenden: Stellungnahme des Schauspielhauses Zürich zum „Kultursymposium 90", dokumentiert im Stadtarchiv Zürich; diverse Ankündigungen des Symposiums durch das Komitee „Kulturboykott 700", Oktober 1990, schweizerisches Sozialarchiv Zürich. Wie Christian Seiler pointiert, handele es sich bei dem Veranstaltungstitel um einen „smarten Doppelsinn". Deutlich wird: Nicht (nur) Kultur ist auf den Staat Schweiz angewiesen, sondern, wie sich durch die Nationalfeierlichkeiten manifestierte, die Schweiz vielmehr auf die Kultur. Diesen Gedanken zuspitzend, fragt das Wortspiel danach, wie aber die Schweiz aussehen solle, „damit sie sich ihrer (einer, welcher?) Kultur würdig erweist". Seiler, Ratlosigkeit,

mungen zu entwickeln" und die durch das Boykottvorhaben auf-
gerissenen Gräben sowie „traditionelle Trennungen" im Bereich
der städtischen Kulturszenen zu überbrücken. Dementsprechend
war das Symposium als eine Gemeinschaftsveranstaltung zweier
ursprünglich antagonistischer Kulturmilieus konzipiert, wobei
als Austragungsorte in Zürich zwei jeweils für diese Szenen
typische Säle ausgewählt wurden: einerseits das Schauspielhaus
Zürich, das als etabliertes, bürgerliches Theater galt, andererseits
die Aktionshalle der Roten Fabrik, die als alternatives Kulturzen-
trum aus der 1980er-Protestbewegung hervorgegangen war und
einen „Kontrapunkt" zu den offiziellen städtischen Institutionen
darstellte. Es war, erinnert sich Andreas Simmen, erstmalig, dass
die Angehörenden beider Szenen zusammenkamen, um „etwas
anderes" zu machen. Zum Gelingen dieses aussergewöhnlichen
Gemeinschaftsprojektes trugen der damalige Dramaturg des
Schauspielhauses, Urs Bircher ebenso bei wie Rosmarie Flüeler
und Dominik Siegrist von der Roten Fabrik sowie Fredi Lerch,
Markus Eichenberger und Liliane Studer „als ExponentInnen"
des Komitees „Kulturboykott 700".[800]

Am besagten Wochenende Anfang November 1990 wurden
unterschiedliche Themenkreise anhand von Referaten, Podiums-
diskussionen, Streitgesprächen sowie „dem offenen Mikrofon"
debattiert.[801] Das Schauspielhaus war am Samstag der Veranstal-
tungsort. Unter dem Titel „Nein sagen hat immer einen Preis"
wurden einstimmend Erfahrungen ausgetauscht, die sowohl
im Rahmen offizieller als auch alternativer „kulturpolitischer
Traditionen" gesammelt worden waren. Insbesondere die Frage
nach dem „Preis" von Dissens in der Schweiz stand hier im
Zentrum der Betrachtung. In der Sektion „Der verinnerlichte

Weltwoche, 8. November 1990, abgedruckt in: Lerch/Simmen 1991,
S. 375–376.

800 Simmen im Gespräch mit Liehr, 5. März 2008, Transkript, S. 7; Lerch/
Simmen 1991, S. 313.

801 Hierzu und zum Folgenden: diverse Ankündigungen des „Symposiums
90" mit Programm, durch das Komitee Kulturboykott 700, Oktober
1990, schweizerisches Sozialarchiv Zürich

Holzboden" thematisierten die Kulturschaffenden ihre oftmals prekäre wirtschaftliche Lage. Es handele sich, so der Programmbeschrieb dieses Diskussionsblocks, um „eine Branche, die nur dank materieller Selbstausbeutung von weitgehend rechtlosen und schlechtorganisierten HeimarbeiterInnen funktioniert". Als Voraussetzung für eine stabile ökonomische Existenz gehe es zunächst darum, sich ein neues Selbstverständnis im Hinblick auf die schöpferische Autonomie zu erarbeiten. In diesem Zusammenhang standen Problemfelder wie privates Sponsoring, staatliche Subventionen und das Urheberrecht zur Reflexion. Der erste Turnus endete, indem die Situation ausländischer Kulturschaffender in der Schweiz thematisiert wurde. Eine Kellerbeiz sowie ein Fest sorgten in den Abendstunden für Zerstreuung.

Am Sonntag traf man auf dem Gelände der Roten Fabrik zusammen, um sich zunächst dem seit Ende der 1960 Jahre immer wieder debattierten Verhältnis zwischen Kultur und Konsum zu widmen. In diesem Panel sollte es um gesellschaftspolitische Ideale und Grenzen kultureller Tätigkeiten, um deren historische Genese sowie um die Deutungshoheit über die Funktion von Kultur für das zwischenmenschliche Zusammenleben gehen. Anschliessend hiess es, unter dem provokativen Titel „Die Abschaffung der Schweiz", zu mutmassen, welche Entwicklung die Eidgenossenschaft als Staatswesen angesichts der Auflösung des Ost-West-Konfliktes, insbesondere aber im Hinblick auf die Europäische Integration nehmen könnte. Getreu dem Motto „Keine Angst vor Utopien" wurde etwa diskutiert, ob die Schweiz als „europäische Provinz" oder gar als „kulturelles Hinterland" vorstellbar sei, ob sie in den 1990er-Jahren noch existiere und falls nein, was sich an ihrer Statt befände. Zuletzt folgte ein innenpolitischer Themenbereich, der am stärksten von der Suche nach einem nationalen Schweizbild kündete. Aufgrund der Krise, so die These im Programmbeschrieb, zerfalle das „Musterland" und seine Identität, weswegen vom Staat zugunsten einer „ideologischen Sanierung" über Hundertmillionen Franken bereitgestellt worden seien. Kulturschaffende jedoch müssten ihre Position in dieser Konstellation überdenken, in der „der wachsende Unglaube [...] mit ideologischem Fast food renoviert werden" solle.[802]

In seiner Einführungsrede hielt Otto F. Walter ein passioniertes Plädoyer dafür,

> „daß wir versuchen, die Utopie von der anderen, der nicht patriarchalen, der solidarischen Schweiz konkreter als bisher zu formulieren. Daß wir versuchen, die Bauelemente für eine Weiterentwicklung der blockierten Demokratie im neu sich formierenden Europa zu finden – Bausteine für eine Alternative zur besetzten, zur verrotteten Schweiz";

dafür, verweist Walter, biete das vorliegende Programm „höchst taugliche Felder" an. Es gelte diese zu nutzen, um gelassen zu streiten.[803]

---

802 Referierte Texte und Aussagen zu den einzelnen Themenbereichen sind dokumentiert in: Lerch/Simmen 1991, S. 314–369. Die Schreibweise „Fast food" ist den Quellen entnommen.

803 Walter 1990, S. 17. Das Buch, in dem Walter seine Eröffnungsrede schliesslich publizierte, trägt dann auch den Titel: „Auf der Suche nach der Anderen Schweiz"; Walter 1991. Otto F. Walter versuchte der Staatsschutzmisere Zuversichtliches abzugewinnen. Die Existenz des „Überwachungsstaates", so seine These, offenbare schliesslich, dass „es da noch andere Erscheinungen gibt – Gegenkräfte, Bewegung, trotz allem – etwa: [...] die immer lauter werdende Einmischung der Frauen in die Politik. Die Engagierten in all den Gruppen und Komitees, in denen es um Asylpolitik, um Drittwelt-Themen, um Dienstverweigerung, um Ökologie geht oder um therapeutische Auseinandersetzung des Ich mit der Gesellschaft. Es gibt die aller Disziplinierung zum Trotz wagemutigen Leute in den Medien, auch in den Schulen aller Stufen, die Bewusstheit ermöglichen und Mut zum eigenständigen Sein. Es gibt die undogmatischen Linken, die Grünen, die Oppositionellen in SP und Gewerkschaften, aber auch die Christen/ Christinnen der Basiskirchen – kein Zweifel, da kommt denn doch viel kritisches und aufgestelltes Volk zusammen, in der Anderen: der solidarischen, der weltoffenen, der demokratischen Schweiz." Walter 1990, S. 15f.

Genau das jedoch hatte der ursprünglich erste Verweigerer, Gerold Späth, nicht im Sinn. Das Zitat Walters bestätigt den Eindruck, den Späth im Vorfeld vom Programm des Symposiums erhalten hatte, weswegen er den Organisatoren seine Absage mitteilte. Seine Begründung:

> „Sie veranstalten eigentlich genau jene Diskussion, die Herr Solari sich so sehnlich wünscht. Ich boykottiere aber; ich boykottiere auch jegliche öffentliche Diskussion über ‚Die Schweiz', unter welchen Aspekten auch immer; ich stehe derzeit nicht zur Verfügung. Dies ist die Stunde der Nicht-Boykottierenden; ich sehe gern zu, was da noch bleibt."[804]

Wie auch immer, das Symposium fand einen regen Zulauf, die Versammlungsöffentlichkeit war ausserordentlich gewesen, „hunderte von Leuten", illustriert Simmen, „sind da durchgeschleust worden". Auffällig sei demgegenüber, dass die Veranstaltung von den Massenmedien „praktisch totgeschwiegen" wurde.[805]

In diesem Sinne beklagt er in einem WoZ-Artikel Anfang 1991, im Kampf um die Hegemonie der politischen Bedeutung des Boykotts erlebe man „die Fortsetzung des Versuchs fast aller KommentatorInnen der bürgerlichen Presse" diese zu minimalisieren.[806] Vornehmlich sei es den meisten Unterzeichnenden darum gegangen, dass „da wirklich mal ein lautes Nein ertönt und die Repräsentanten dieses Staates irgendwie merken", es gebe Leute, die nicht alles zu akzeptieren bereit seien.[807] Für Simmen habe es sich damit grundsätzlich um eine „Symbolaktion gegen

---

804 Gerold Späth an Urs Bircher, 22. August 1990, in: Dokumentation des Schauspielhauses im Stadtarchiv Zürich.

805 Simmen im Gespräch mit Liehr, 5. März 2008, Transkript, S. 7. Vgl. auch: Lerch/Simmen 1991, S. 313. Dort ist ein Pressespiegel abgedruckt (S. 370–390). Das Gros der wenigen dort abgedruckten Artikel beurteilt die Veranstaltung eher skeptisch.

806 Simmen, Jetzt, WoZ, 1. Februar 1991.

807 Hierzu und zum Folgenden: Simmen im Gespräch mit Liehr, 5. März 2008, Transkript, S. 3; auch: Andreas Simmen zit. n.: Lerch 2003, S. 69, Anm. 100.

diesen Staat" gehandelt. Nie habe man die Feier verhindern wollen. Dementsprechend bilanziert Andreas Balmer Anfang 1991, der Boykott sei „klimatisch ein wichtiger Faktor" gewesen.[808] Das Reden über die 700-Jahr-Feier impliziere zugleich den Gedanken an die Verweigerungsaktion mehrerer Hundert Schweizer Kulturschaffender. Man habe „Misstöne" in die Festivitäten bringen wollen, was „uns doch gelungen" sei. Ende 1991 bewertet Linus Reichlin den Boykott in ähnlicher Weise.[809] Er gehöre „mittlerweile untrennbar zur 91er-Feier als ihr positivstes Ergebnis". Der Schriftsteller habe mit zahlreichen Personen gesprochen und festgestellt, ideologisch hätten die Festivitäten nichts zu bewirken vermocht, den meisten habe das Jubiläum „nichts gesagt"; höchstens „am rechten Rand" sei das Nationalbewusstsein „etwas aufgefrischt" worden. Die ausgedehnte öffentliche Diskussion über die Eidgenossenschaft und die darin schöpferisch Tätigen sei eine weitere Leistung des Boykotts mit anschliessendem Symposium gewesen.[810] Es sei, hebt Simmen hervor, „ein vorübergehendes politisch-kulturelles Forum" realisiert worden, wie es in seiner Vielschichtigkeit, das heisst sowohl über Kunstgrenzen als auch über Sprachregionen hinausgehend, in der Schweiz „zuvor lange nicht mehr und seither nie wieder" zustande gekommen sei.[811]

---

808 Hierzu und zum Folgenden: Andreas Balmer in: Ulmer, Kultur, WoZ, 6. Januar 1991.

809 Hierzu und zum Folgenden: Linus Reichlin in: Eichenberger, Hexenjagd, Berner Tagwacht, 30. Dezember 1991.

810 Hierzu und zum Folgenden: Andreas Simmen zit. n.: Lerch 2003, S. 69, Anm. 100; Simmen im Gespräch mit Liehr, 5. März 2008, Transkript, S. 6.

811 Allerdings waren am Ende weitaus weniger Kulturschaffende der welschen und der italienischen Schweiz dazu bereit, die definitive Boykottdrohung zu unterzeichnen. Diese Tendenz offenbare, erläutert Balmer, dass die deutschschweizerischen kritischen Kulturschaffenden „ein wesentlich idealistischeres Verhältnis zum Staat" hätten, indem sie „sehr empfindlich auf einen Missstand" reagierten, was durchaus einer patriotischen Reaktion gleichkomme. Demgegenüber wunderten sich „unsere lateinischen Landsleute [...], was wir an tiefmoralischen Werten mit dem Staatsgedanken verbinden". So gesehen mute diese Haltung zynischer an als die Verweigerung. Andreas Balmer in:

Damals sei ein solches Phänomen einer umfassenden kulturellen Auseinandersetzung mit der Schweiz, wenngleich ebenfalls ausnahmsweise, aber immerhin noch möglich gewesen, was in der „Nach-Frisch-Zeit", in der sich die Schweizer Literatur globalisiert habe, nicht mehr der Fall sei.

Insofern erscheint es nur folgerichtig, dieser exzeptionellen komplexen Debatte mit einer umfangreichen Dokumentation gerecht zu werden.[812] Wie bereits mehrfach im Anmerkungsapparat erwähnt, ist ein 400 Seiten starkes Quellenkonvolut entstanden, das in Anlehnung an das letzte Themenfeld des Symposiums den Titel „Der leergeglaubte Staat" trägt. Andreas Simmen erläutert dazu in der Pressemitteilung zur Buchpublikation:

> „Das ist der Staat, der in diesem Jahr 1991 versucht, die Leere, die durch den wachsenden Unglauben der Bevölkerung an die Institutionen und ihre Repräsentanten entstanden ist, mit ideologischem Fast food auszufüllen; mit zu diesem Fast food hätte auch die Fiktion auf Zeit einer landesweiten Konkordanz von Politik und Kultur gehört."[813]

Dementsprechend stellt das Hintergrundbild des Einbandes, grobkörnig und grau-weiss gehalten, eine Seelandschaft dar. Darauf gedruckt befindet sich in der oberen Hälfte der besagte

---

Ulmer, Kultur, WoZ, 6. Januar 1991. Vgl.: Lerch/Simmen 1991, S. 13. Die Herausgeber erklären das Ungleichgewicht der Sprachregionen damit, dass der Fichen-Skandal in der Deutschschweiz eine stärkere Empörung hervorgerufen habe. Darüber hinaus hätten „Solari und seine Leute auf die Integration der West- und Südschweiz grosses Gewicht gelegt".

812 Wie Lerch/Simmen betonen, seien „zahlreiche Diskussionen, die in Theater- und Tanzgruppen, Filmclubs, in Schulen und LehrerInnenzimmern usw. stattfanden", leider nicht dokumentierbar gewesen. Lerch/Simmen 1991, S. 13.

813 Andreas Simmen, Mitteilung für die Pressekonferenz zur Publikation von „Der leergeglaubte Staat" am 6. April 1991 im Zürcher Kino Xenix in: Dokumentation von Fredi Lerch über den Kulturboykott, Sozialarchiv Zürich. Die Schreibweise „Fast food" ist den Quellen entnommen.

Titel, während in der unteren Hälfte dreidimensional ein schwarz-oranger quadratischer Rahmen hervorragt, durch den hindurch die Betrachtenden einen Bildausschnitt der gezeigten Natur erkennen. Von der Schweiz, so die den Buchtitel verstärkende Aussage der grafischen Abbildung, scheint in der zeitgenössischen Orientierungskrise nicht mehr als die Landschaft geblieben zu sein; ansonsten ist der Rahmen des Nationalbildes inhaltslos.

c) Die Demonstration und die Fernsehberichterstattung vorher und nachher

31. Januar 1990. Es ist Fernsehzeit, 21:10 Uhr, es ist Satirezeit. Zu sehen ist eine schwarze Studiobühne, darauf ein vom Scheinwerferlicht angestrahlter Stuhl und ein Notenständer.[814] Der Kabarettist Franz Hohler betritt mit seinem Cellokoffer die Szene, er ist leger gekleidet. Das Publikum erhält den Eindruck, Hohler wolle ein Stück mit dem Cello vorführen. Während er sein Instrument auspackt, spricht er die Zuschauenden in Mundart (hier von der Verfasserin ins Hochdeutsche übertragen) jedoch direkt an. Hohler: „Übrigens, was ich Sie habe fragen wollen: haben Sie auch der Bundesanwaltschaft geschrieben, um zu erfahren, ob Sie registriert sind oder nicht? Und wenn Sie geschrieben haben, haben Sie schon Antwort erhalten? In der DDR haben die Leute ja nicht lang geschrieben. Dort sind sie einfach in das Gebäude der Staatssicherheit eingedrungen und haben darauf aufgepasst, dass die Akten nicht verschwinden." Hohler blickt mit freundlicher Mimik und gestikulierend in die Kamera, schnippt mit dem Finger: „Diese Gefahr besteht bei uns weniger. Wir schreiben Briefe und wir machen Pikettgruppen, aber wir würden uns ja nicht in Bern versammeln, um die Bundesanwaltschaft zu stürmen; [...] Heute habe ich in der Zeitung gelesen, dass sie in der Stasi in Ostberlin 12 Kilometer Akten gefunden hätten. 12 Kilometer – Wahnsinn, nicht!? – Wobei: also, im PUK-Bericht hat es ja geheissen, wir hätten 900.000 Akten." Hohler, auf dem

---

814 Hierzu und zum Folgenden: Übrigens, Satire-Sendung von und mit Franz Hohler, SF DRS, 31. Januar 1990, Sequenzprotokoll, S. 1ff.

Stuhl sitzend und sein Instrument vor sich aufstellend, zeigt mit der linken Hand die Dicke der Akten, macht ein nachdenkliches Gesicht. „Ich weiss nicht, wie dick so eine Akte eigentlich ist, aber je nach Schwere vom Fall können wir ja mal einen Durchschnitt von 2 Zentimetern annehmen. Dann gäbe das ja eigentlich auch 18 Kilometer Akten bei unserer Stasi! Oder ist das vielleicht ein zu harter Ausdruck für die, [...] die als eine Art Wight-Wachters die Ess- und Trinkgewohnheiten von thurgauischen Lehrerinnen beobachten." Hohler lehnt sich vor. „Sie haben das gelesen, was sie über die Menga Danhuser festgehalten haben, SP-Nationalrätin aus dem Thurgau?" Hohler lehnt sich zurück, schaut streng in die Kamera und prononciert. „Trinkt abends gern ein Bier!" Er blickt noch strenger in die Kamera, schwingt den moralischen Zeigefinger und hebt die Stimme. „Frau Danhuser, Frau Danhuser, passen Sie auf! So etwas lassen wir nur dem Herrn Blocher durchgehen! [...]" Hohler nimmt einen Brief in die Hand, den er von der Bundesanwaltschaft erhalten habe, und fährt fort: „Ich habe nämlich auch dahin geschrieben. Es hat mich gewundert, was ich abends trinke. Und ich habe Antwort erhalten. Sicher, ich habe Antwort erhalten. Und die Antwort möchte ich Ihnen gern zeigen. Das hier ist der Brief! Ich zeige Ihnen den mal aus der Nähe. Damit Sie sehen, wie so etwas aussieht, falls Sie keinen bekommen haben." Er geht zur Kamera und hält das Couvert hinein. „Sehen Sie, jetzt gibt es da zu erst einmal einen Stempel für den Absender: ‚Schweizerische Bundesanwaltschaft' – damit man gleich sieht, dass es sich um eine ernsthafte Sache handelt. Und dann etwas weiter oben, links: ‚Amtlich, Officielle, Pauschal frankiert, Affranchi à forfait'. Forfait! 40.000 Zuschriften, da kann man ja nicht anders!" Hohler schaut auf den Umschlag. „Hat mich auch noch gewundert, dass die keine Couverts haben, auf denen das alles schon aufgedruckt ist. Wenn ich mir vorstelle, dass ich da 40.000mal einen Stempel draufhauen muss..." Er imitiert die automatisierte Stempelgeste. „Ja nun, entspricht in etwa der Effizienz von dem Amt..." Er hält erneut den Umschlag in die Kamera. „Dann kommt aber der normale Poststempel: 3001 Bern 1, 17.1.90, Briefversand. Und daneben noch ein Fahnenstempel". Hohler liest prononciert: „‚Rette die Aussätzigen'!" Er blickt entsetzt, dann irritiert, geht zurück zu seinem Stuhl. „Da habe ich natürlich sofort den Brief aufgemacht, um zu schauen, ob ich auch zu den Aussätzigen gehöre! [...] Also, als erstens ist mir gerade einmal das Datum ins Auge gestochen. Da heisst es: ,Bern 20. Dezember 1989', und das ist durchgestrichen mit dem Kugelschreiber, und dann ist da schon wieder (Hohler imitiert erneut die Stempelgeste) ein Stempel darüber gehauen: ,17. Januar 1990'. Es ist also so, das muss man vielleicht noch nachtragen: ich habe Anfang Dezember geschrieben und habe dann ein paar Tage darauf gehört, dass man eine Fotokopie von einem Pass hätte beilegen sollen, und irgendwie hatte ich das nicht mehr gemacht. Ich habe mir gedacht: ja, die werden mich wohl kennen dort." Er faltet den Brief auf. „Und jetzt schreiben sie mir (liest auf Hochdeutsch vor): ,...dass die uns bekannt gegebenen Personalien für eine zuverlässige Identitätsfeststellung nicht ausreichen.' Und sie bitten mich, ,eine Fotokopie von einem amtlichen Ausweis nachzureichen'." Kurzes Schweigen. „Das ist alles. Das heisst, über einen Monat ist das da liegen geblieben, oder fast einen Monat! Fast einen Monat haben die sich nicht entscheiden können: (Mit mokantem Ausdruck imitiert Hohler mit dem Oberkörper schwankend die Geste von jemandem, der zögert jemandem anderen etwas zu geben.) ,Sollen wir es ihm schicken, sollen wir es ihm nicht schicken oder sollen wir es ihm schicken oder vielleicht nein doch nicht!?' Und am Schluss haben sie ihn mir doch geschickt. Gut, ich habe jetzt eine Fotokopie von meinem Pass geschickt: hat ziemlich grässlich ausgesehen. Ich meine, normalerweise sieht man auf einem Passfoto schon aus wie ein Terrorist, aber auf so einer schwarz-grauen Fotokopie?" Er stösst einen knappen monströsen Laut aus und suggeriert gleichzeitig gestisch eine Entstellung seines Gesichtes, indem er es mit der Hand scheinbar zu einer Fratze modelliert. „Also, da ist einem ja das Plätzchen in einer Kartei sicher, auch wenn man zuvor nicht einmal drinnen war! Tja, und seither warte ich wieder. Der Herr Koller hat sich ja mit der Justizdirektorin getroffen, um das weitere Vorgehen zu besprechen. Und hat dort den Vorschlag von dem Herrn Huber von Luzern weit von sich gewiesen, der gesagt hat, man solle doch den Leuten einfach Fotokopien von den Fichen schicken! (Kollers Haltung wiedergebend:) ‚Ja, also das geht natürlich nicht!' Da müsste man gewisse Sachen..., die müssten da abgedeckt werden, die uns womöglich nicht zuträglich wären, wenn wir sie wüssten. Und jetzt hat er erstmal 25 Beamte bereitgestellt in den Kantonen zum Abdecken. Tja, er hat dann noch beigefügt, dass es wahrscheinlich schon noch ein Jahr dauern würde, bis alle schliesslich Einsicht in ihre Karteien hätten nehmen können. Und also, ich muss sagen, wenn das in dem Tempo weitergeht, dann habe ich sogar das Gefühl, dass sei eine optimistische Schätzung! [...]" Hohler singt sein Lied über die Arbeit eines Staatsschutzbeamten, tituliert als „Der Geheime".[815]

Gemäss dem damaligen Satire-Verantwortlichen von SF DRS, Ulrich Weber, habe Hohlers „Übrigens"-Beitrag vom Publikum „eine Traumbewertung" erhalten.[816] Der Künstler habe den Leuten offenbar „aus der Seele gesprochen". Eine solche Akzeptanz mute „fast unheimlich" an, zumal „Hohlers Fernsehauftritte vor ein paar Jahren noch ein riesiges Ärgernis für weite Publikumskreise" dargestellt hätten.[817] Nun aber, führt Weber fort,

---

815 Das Lied ist abgedruckt in: Die Reden 1990, S. 35, auffindbar in der Dokumentation über den Fichen-Skandal des Schweizerischen Sozialarchivs Zürich.

816 Ulrich Weber in einer Gesprächsrunde in: Moser, Satire, Kulturmagazin 80, April/Mai 1990, S. 9. Wenngleich sich Webers Bemerkung über die Publikumsbewertung nicht explizit auf die Staatsschutz-Folge Hohlers bezieht, ist wahrscheinlich, dass Weber im April von eben diesem Beitrag sprach, weil die „Übrigens"-Sendungen alternierend von verschiedenen Künstlerinnen und Künstlern gestaltet worden sind. Weitere Sendungen von Hohler waren etwa am 25. September 1990, 18. Dezember 1990 und am 1. Mai 1991. Das genaue Zitat Webers lautet: „Kürzlich erzielte ein ‚Übrigens...' von Franz Hohler eine Traumbewertung von 5,4 Punkten".

817 Franz Hohler, ebenfalls Unterstützer von Anliegen diverser Sozialer Bewegungen und damit ein Verfechter der Anderen Schweiz, hatte mit einzelnen satirischen Fernsehbeiträgen vehemente Reaktionen ausgelöst. Aufgrund seiner Satire-Sendung „Denkpause" (1980–83) befand er sich bei einem Ranging des Blick unter den „Top Ten der Unbeliebten" im Schweizer Fernsehen. Zudem verweigerten Zürcher Regierungsmitglieder ihm die Auszeichnung der „literarischen

„scheint ihn eine grosse Publikumsmehrheit als ihr Sprachrohr zu verstehen – was mit der Situation unseres heutigen Staatswesens zusammenhängen muss".[818]

Ähnlich den gezeichneten Karikaturen tragen szenische Satiren wie die oben beschriebene, zumal vor einem massenmedialen Fernsehpublikum vorgetragen, zur „Oppositionskommunikation"[819] bei. Franz Hohler führt aus, sich stets dafür interessiert zu haben, wie man Gegenwart abgesehen von der „Sprache des Leitartikels" oder der „Sprache einer politischen Rede" spiegeln könne, wie man Zeitgenössisches demgegenüber in einen spielerischen Kontext setze. Er definiere seine satirischen Arbeiten als „Begleitung des politischen Prozesses mit anderen Mitteln".[820] Worin besteht die kommunikative Wirkungsmacht

---

Ehrengabe" der Stadt, worauf die Literaturkommission aus Protest zurücktrat und eine Gegenfeier initiiert wurde, auf der offiziell geehrte Kulturschaffende Hohler einen Teil ihres Preisgeldes überreichten. Auch erhielt er zahlreiche Fürsprachen inklusive liebevoller Gaben aus der Bevölkerung, was für ihn insgesamt „ein sehr starkes Erlebnis" gewesen sei. Darüber hinaus wurde seine „Denkpause" zum Thema Kriegsdienstverweigerung kurzerhand vom Fernsehen aufgrund der Befürchtung, sie provoziere Konzessionsklagen, nicht gesendet, worauf Hohler die Satrie-Serie beendete. Hohler im Gespräch mit Liehr, 19. Juni 2008, Transkript, S. 5–9.

818 Joachim Rittmeyer, ebenfalls Kabarettist, erwiderte darauf, die aktuelle „Traumbewertung" hänge auch mit dem veränderten Sendeplatz und einem entsprechend davon abweichenden Publikum zusammen. Waren Hohlers „Denkpausen" am Freitagabend zur besten Sendezeit um 20 Uhr vor Beiträgen wie „Aktenzeichen XY" ausgestrahlt worden, werde „Übrigens" aktuell am Mittwochabend, um 21 Uhr nach Dokumentarsendungen gezeigt. Diese würden, bestätigt Ulrich Weber, von Leuten gesehen, „die denken können und denken wollen". Zudem habe die Einstellung der „Denkpause" eine überaus kritische printmediale Öffentlichkeit evoziert, so dass Satiriker wie Hohler zu „Märtyrern" gekrönt und dem Fernsehen demgegenüber Mutlosigkeit vorgeworfen worden sei. Bei „Übrigens" (Januar 1989– Dezember 1994) sei nun „praktisch alles erlaubt". Joachim Rittmeyer und Ulrich Weber in: Moser, Satire, Kulturmagazin 80, April/Mai 1990, S. 9f.

819 Knieper 2002, S. 19.

820 Hohler im Gespräch mit Liehr, 19. Juni 2008, Transkript, S. 5.

seiner besagten historischen Quelle? Hohler übermittelt seine staatskritischen Aussagen theatralisch durch überspitzte Mimik und Gestik sowie über Intonation und bewusstes Prononcieren. In Kombination mit der Dichte erwähnter Widrigkeiten, die er in dem zehnminütigen Beitrag platziert, erzeugt er eine Aura des Lächerlichen, die dadurch intensiviert wird, dass sich der Künstler faktischen staatlichen Zeugnissen wie dem Brief samt durchgestrichenem Datum oder dem Couvert mit den Stempeln visuell bedienen kann, wodurch wiederum die Verhöhnung der Missstände (etwa unangemessener bürokratischer Aufwand, Diskreditierung von Randständigen) legitimiert erscheinen. Die für das Genre der Satire typische subjektive Sicht auf den betreffenden Sachverhalt vermittelt sich über die Inszenierung eines (vermeintlichen) Teildialogs zwischen den Zuschauenden und dem Künstler, während dem dieser seinen offenbar eigentlichen Auftritt, die Gesangseinlage, vorbereitet und nebenbei, so wirkt es, das Publikum persönlich anspricht. Durch den Anschein eines individuellen Gesprächs mit dem sympathischen vermeintlichen Privatmenschen entsteht Identifikation mit ihm und seinem administrativen Problem. Ein solcher Wiedererkennungseffekt evoziert ein oppositionelles Zusammengehörigkeitsgefühl in der misslichen Lage, in die der kritisierte Gegenpart, mithin der Staat, seine Bürgerinnen und Bürger, mithin das Publikum gebracht hat.

Inhaltlich nimmt Hohler Bezug auf aktuelle politische Gegebenheiten und Ereignisse: das umstrittene Einsichtsverfahren, das Protestpikett des KSS vor der Bundesanwaltschaft, die Stasi-Stürmung in Berlin, die grosse Anzahl an Fichen, die er in Kilometerlänge illustriert, der Dilettantismus der Bespitzelungen am Beispiel des Eintrags von Menga Danhuser sowie die Ineffizienz der administrativen Gesuchbearbeitung.

Abb. 9: Die Ausschnitte sind der Fernsehsatire „Übrigens…" von Franz Hohler entnommen, SF DRS, gesendet am 31. Januar 1990.

Wie bereits erwähnt, offenbarte die zweite Februarhälfte 1990, es war der Monat vor der angekündigten Grosskundgebung in Bern Anfang März, weiteres Empörungspotenzial, das von den Massenmedien erneut umfassend aufgegriffen wurde und erstmalig auch Stimmen aus der Bevölkerung in Form von Leserbriefen provozierte.[821] Denn die ersten als „Testbetrieb" bezeichneten Fichen-Einsichtnahmen in Bern evozierten bei den betroffenen Bürgerinnen und Bürgern teilweise emotionale Reaktionen. Das KSS bot einen „Beratungsdienst" sowie einen „symbolischen Kopier-Service" vor der Bundesanwaltschaft an und berichtete der Presse, die Einsichtssuchenden hätten das Bedürfnis über die Inhalte zu sprechen, sie seien irritiert und bestürzt darüber, was über ihr Leben aufgezeichnet worden war. Die Kritik am Einsichtsverfahren, das als schikanös betrachtet wurde, vermehrte sich rasch, so dass diesbezüglich erste Zugeständnisse gemacht wurden. Zudem verlängerte Bundesrat Koller die Frist für Gesuche um Einsichtsnahme bis zum 31. März, wobei danach jene Akten, derentwegen kein Einsichtsgesuch gestellt wurde, vernichtet werden sollten. Die Zahl der Einsichtssuchenden lag im Februar bei 35 000, was, gemäss Susanne Brügger, im Verhältnis zu der Gesamtzahl registrierter Schweizerinnen und Schweizer sowie in der Schweiz lebender Ausländerinnen und Ausländer eine „eher kleine Gruppe" dargestellt habe.[822] Brügger resümiert weiter, dass sowohl die Empörung über die Registraturen als auch das Misstrauen gegenüber der Regierung in der Bevölkerung insbesondere durch die Einsichtsnahmen vergrössert worden sei.

Nachdem durch die Fichen-Einsicht des Berner SP-Grossrats Rudolf H. Strahm am 12. Februar 1990 bekannt geworden

---

821 Hierzu und zum Folgenden: Ausführlich Brügger 2006, S. 45–49, die Autorin betrachtet jeweils die Stellungnahmen von „Skandalierern", „Skandalierten", des „Skandalpublikums" und von Printmedien.

822 Vgl.: PUK-EJPD-Bericht, S. 160, wo dargelegt wird, die „zentrale Registratur der politischen Polizei enthält rund 900.000 Karten. Zwei Drittel davon betreffen Ausländer; von den übrigen bezieht sich etwa die Hälfte auf Personen, die andere Hälfte auf Organisationen oder Ereignisse". Vgl. auch die differenzierten Angaben in: Kreis 1993, S. 28–51.

war, dass entgegen zuvor getätigter Auskünfte, auch im EMD persönliche Daten über Soldaten und Offiziere registriert und Verdächtigenlisten angelegt worden waren, musste der zuständige Bundesrat, Kaspar Villiger, unter Druck geraten, immer wieder neue Zugeständnisse vor der Öffentlichkeit machen.[823] Dies erweckte den Eindruck, der Minister werde entweder von den Mitarbeitenden seines Departements nicht fundiert genug beziehungsweise falsch informiert oder aber er verfolge mit seinem Verhalten einer stückweisen Preisgabe neuer brisanter Details eine Salami-Taktik, wobei beide Vermutungen kein gutes Licht auf seine Führungsrolle bei der Krisenbewältigung warfen. Nach den Funden im EMD, veranlasste Bundesrat Koller wiederum seine Beamten, im EJPD ebenfalls nach weiteren Datensammlungen, die neben der Hauptregistratur bestanden und von denen weder der Bundesrat noch die PUK-EJPD in Kenntnis gesetzt waren, zu fahnden, worauf sie einmal mehr fündig wurden. Die PUK-EJPD ging daraufhin erneut an die Arbeit.[824] Zu den im EJPD gefundenen weiteren Registraturen gehörten unter anderem: ein Dossier über vertrauensunwürdige Bundesbeamte, eine „Jura"-Kartei mit Namen von Jurassischen Separatisten, eine Kartei des Schweizerischen Roten Kreuzes über Personalien von Kindern, die in der Nachkriegszeit Erholung in der Schweiz gesucht hatten sowie eine bis etwa Mitte der 1970er-Jahre geführte Liste mit Namen von überwiegend links gesinnten Personen, die als „extremistisch" eingestuft worden waren und im Krisenfall, gemäss der „Verordnung über die Wahrung der Sicherheit des Landes" vom 12. Januar 1951, für eine Internierung, Bewachung oder Meldepflicht vorgesehen waren.[825]

---

823 Hierzu und zum Folgenden vgl.: Brügger 2006, S. 50f, 53; Messerli 2001, S. 51, 57.

824 Hierzu und zum Folgenden vgl. hinsichtlich der erwähnten Einzelregistraturen im EJPD: PUK-EJPD-Ergänzungsbericht 1990, S. 15–25; Kreis 1993.

825 Die „Verordnung über die Wahrung der Sicherheit des Landes" wurde am 22. Februar 1990 vom Bundesrat aufgehoben. Sie ist abgedruckt in: Komitee Schluss mit dem Schnüffelstaat 1990, S. 242–245.

Nahezu täglich kam es zu neuen Enthüllungen, wobei die spektakulären Nachrichten vorerst am 20. Februar 1990 kulminierten, als der Journalist und Armee-Hauptmann Andreas Kohlschütter im Fernsehmagazin „Rundschau" erläuterte, wie er von seinem Vorgesetzten in der UNA noch im März 1989 das Angebot erhalten habe, gegen Geldzahlung sowohl die Schweizerische Friedensbewegung (SFB) als auch die Schweizerische Journalistenunion (SJU) zu observieren. Der Vorsteher des EMD, Kaspar Villiger, leitete daraufhin am nächsten Tag ein Disziplinarverfahren gegen den besagten UNA-Beamten ein.[826] Weitere Sofortmassnahmen des Bundesrates folgten, inklusive der Beurlaubung des Chefs der Bundespolizei, Peter Huber.

Im Vorfeld sowohl der Demonstration als auch der parlamentarischen Frühjahrssession reagierten die Massenmedien auf diese neue Sachlage einmal mehr skandalisierend. Messerli hebt hervor, dass nun auch bürgerliche Zeitungen den Begriff „Krise" verwendet hätten. Wenngleich es ihrer Ansicht nach keine Staatskrise zu vermelden gebe, da die Funktionstüchtigkeit der Staatsorgane grundsätzlich gewährleistet sei, sprach etwa die Neue Zürcher Zeitung damals von einer „Identitäts- und Bewusstseinskrise" mit einem erheblichen Vertrauensverlust in die staatlichen Institutionen. Das Vaterland titulierte die Situation als eine „Systemkrise", weil fundamentale Missstände in der Regierungsarbeit aufgezeigt würden. Zudem wurde allgemein eine Führungsschwäche der

---

826 Dieses wurde am 2. Mai 1990 als Konsequenz auf den Untersuchungsbericht des Bundesrichters Thomas Pfisterer eingestellt, wo dieser dargelegt hatte, der von Kohlschütter in der „Rundschau" artikulierte Vorwurf, der UNA-Beamte habe ihn zur Bespitzelung inländischer Organisationen angeworben, sei unbegründet. Die später eingesetzte PUK-EMD nahm sich des Sachverhaltes noch einmal unter dem Namen des Ortes an, an dem das Treffen zwischen Kohlschütter und dem UNA-Beamten stattgefunden hatte. Der PUK zu Folge widersprachen sich beide Akteure in ihren Hauptaussagen. Andreas Kohlschütter habe jedoch durchaus annehmen können, von dem UNA-Beamten für eine Informationstätigkeit angeworben zu werden, selbst wenn dieser ihm „keinen Auftrag im strengen Sinn des Wortes" erteilt habe. Zum „Fall Murten" vgl.: PUK-EMD-Bericht 1990, S. 83–91, hier: S. 91.

Landesregierung diagnostiziert.[827] Gemäss Brügger vermittle die intensive Berichterstattung in diesen Wochen den „Anschein, als ob das ganze Land in Aufruhr" gewesen sei.[828] Die neuen Enthüllungen hätten viele nicht mehr erstaunt, man sehe sich, resümiert Brügger Quellenzitate, „in der Annahme bestätigt, dass definitiv etwas faul ist im Staate Schweiz". Zugleich habe die Historikerin „erste Anzeichen einer Müdigkeit gegenüber dem Skandal" in der Berichterstattung und in den Leserbriefen wahrgenommen.

Der Erinnerung Jürg Frischknechts gemäss, habe sich der mediale Höhepunkt des Skandalisierungsverlaufs, insbesondere was die Fernsehberichterstattung in der Deutschschweiz anbelangt, in der zweiten Februarhälfte befunden.[829] Am 20. Februar 1990 wurde zunächst die bereits erwähnte spektakuläre „Rundschau"-Sendung ausgestrahlt.[830] Darin wurde, abgesehen vom „Fall Kohlschütter", ebenfalls eindringlich inszeniert, die Geschichte des ehemaligen Nachrichtenoffiziers Urs Rauber, der durch das EMD bespitzelt worden war, sowie ein Beitrag über die so genannte „Salami-Taktik" des EJPD-Chefs bei der Krisenbewältigung gezeigt. Die Montage von Pressestatements Arnold Kollers, die er in den letzten Monaten zu den Personalien Bundesanwalt Gerber und Bundespolizeichef Huber getätigt hatte, produziert den Anschein eines widersprüchlichen, zögerlichen Führungsverhaltens des Justiz- und Polizeiministers.

Nach der „Rundschau" folgte an jenem Abend ein ebenfalls sensationeller „Zischtigsclub" zum Thema Fichen-Skandal. Es habe sich, lobt Frischknecht, insgesamt um eine „Sternstunde" des politischen Fernsehens in der Deutschschweiz gehandelt. Der

---

827 Zur Presseberichterstattung über die Ereignisse bis Ende Februar vgl.: Messerli 2001, S. 56–68; zu den Reformvorschlägen S. 68–71.

828 Hierzu und zum Folgenden: Brügger 2006, S. 62f.

829 Frischknecht im Gespräch mit Liehr, 5. März 2008, Transkript, S. 6f.

830 Hierzu und zum Folgenden: Rundschau, SF DRS, 20. Februar 1990; diese liegt der Verfasserin nicht als vollständige Sendung vor, sondern nur in Form von Einzelbeiträgen, kopiert auf DVD, dazu die Sendungsangaben aus dem Katalog von SF DRS.

Journalist hervorhebend: „Ein solcher Fernsehabend wäre ein Monat vorher oder ein Monat nachher vermutlich nicht denkbar gewesen."[831] Die besagte aussergewöhnliche Clubsendung, die von Moderator Jörg Kachelmann geleitet wurde, vereinte auf den schweren Ledersofas Hans Walder, Staatsrechtsprofessor und ehemaliger Bundesanwalt (1968–73), daneben Ernst Cincera, der bereits erwähnt wurde als Chef der „Informationsgruppe Schweiz", die durch das „Demokratische Manifest" spektakulär aufgeflogen war.[832] Dann folgte Staatsrechtsprofessor Thomas Fleiner, daneben sass das grüne PUK-EJPD-Mitglied Rosmarie Bär, gefolgt von Jürg Frischknecht als publizistischer Experte in Sachen Überwachung in der Schweiz und Aktivist des KSS. Die Runde schloss mit dem Berner SP-Grossrat Rudolf Strahm, dessen Ficheneinsicht zur Entdeckung einer EMD-Registratur geführt hatte. Die knapp hundertminütige Diskussion verlief nahezu durchgängig dynamisch und hitzig. Die audiovisuelle Quelle vermittelt dementsprechend einen lebhaften Eindruck von der damals aufgeheizten öffentlichen Stimmung und Streitkultur. Walder verteidigt darin grundsätzlich die Staatsschutzmethoden, Cincera kritisiert daran vor allem den so genannten Dilettantismus, die anderen vier Teilnehmenden sind auf der anderen wertideellen Seite positioniert und bringen ihre Empörung mit facettenreichen Argumenten zum Ausdruck, eine Vielzahl strittiger Aspekte werden thematisiert. Insbesondere das Kontrahentenpaar Frischknecht versus Cincera birgt, angesichts der jahrelangen Auseinandersetzung beider, eine konfrontative Spannung, wobei der Journalist seine pointierten kritischen Fragen dem politischen Gegner unverhohlen ins Gesicht sagt und

---

831 Frischknecht im Gespräch mit Liehr, 5. März 2008, Transkript, S. 6f. Aus der Aussage Frischknechts geht nicht eindeutig hervor, ob er den Fernsehabend des 20. oder des 27. Februar 1990 meint. Aufgrund der sensationellen „Rundschau" mit dem „Fall Kohlschütter/Murten" ist jedoch anzunehmen, dass sich sein Lob auf den Fernsehabend des 20. Februar 1990 bezog.

832 Hierzu und zum Folgenden: Zischtigsclub, SF DRS, 20. Februar 1990, Sequenzprotokoll, S. 81f.

ihm vor laufenden Kameras Antworten abringt.[833] Eine ebenso provozierende wie einprägsame Episode stellt der folgende Gesprächsausschnitt dar, der exemplarisch die unversöhnlichen Werthaltungen und die konfliktgeladene Gesprächsatmosphäre zuspitzt. In der Schlussrunde fragt Moderator Kachelmann Alt Bundesanwalt Walder, ob dieser retrospektiv meine, während seiner Amtszeit „alles richtig gemacht" zu haben, worauf Walder zunächst antwortet, er hoffe dies.

> Kachelmann: „Sie sehen keine Fehler?"
> Walder: „Ja, ich sehe keine Fehler... Ich hätte noch intensiver sollen sein, so ist es!"
> Bär (flüsternd): „O Gott!"
> Frischknecht: „Es ist erschütternd, Herr Walder! (Hebt seine Stimme fassungslos) Merken Sie denn nicht, was abläuft in diesem Land?!"
> Walder: „Hören Sie, es ist etwas ganz anderes, was heute abläuft. Aber nach dem Bedrohungsbild von damals..."
> Frischknecht: „Das ist unglaublich...!"

Jener „Zischtigsclub" bildet auf einer Mikroebene paradigmatisch den gesellschaftspolitischen Konflikt ab, wobei die Diskussionsteilnehmenden jeweils für diesen Deutungskampf relevante Akteursgruppen (Staatsschutzverantwortliche, PUK, Fichierte, Staatsrechtsexperten, Protestaktivisten) und deren häufig vertretene Werthaltungen repräsentieren. Darüber hinaus offenbart die Quelle, inwiefern im Fernsehen abstrakte politische Inhalte in heterogen besetzten Diskussionsrunden über die Darstellung von streitenden Menschen, mithin gefühlsvermittelt erfahrbar gemacht werden können. Dabei kommt die Intensität des Eindrucks nicht nur über den inhaltlichen Schlagabtausch, sondern vielmehr über die dem audiovisuellen Medium eigene nonverbale Kommunikationsübertragung zustande. Im Scheinwerferlicht teilt sich „jede Mimik, jede Verkrampfung, jede Nervosität und

---

833 Zur Inszenierung von politischer Kommunikation in Clubgesprächen des Fernsehens (über Raumausstattung, Sitzanordnung, Licht, Kameraeinstellungen, Rollen der Teilnehmenden, Blickverhalten, Sprache usf.) vgl. etwa: Holly/Kühn/Püschel 1989; Löffler 1983; Burger 1997; Burger 2001; Linke 1985; Petter-Zimmer 1990.

jede Arroganz in der Körperhaltung sofort dem Publikum" mit.[834] Zusätzlich stimuliert wird die Präsentation der emotionalen Lage, in der sich die Konfliktparteien befinden, durch die gleichzeitige intonatorische Zeichenvermittlung.

Eine Woche später, am 27. Februar 1990, sah sich die Redaktion des „Zischtigsclub" in ihrem konzeptionellen Anliegen, das zentrale öffentliche Sujet der Woche differenziert zu diskutieren, erneut veranlasst, den Fichen-Skandal zu thematisieren. Wie bereits im vorangegangenen Unterkapitel erwähnt, wurde die Staatsschutzangelegenheit in jener Sendung, diskutiert von einer ebenfalls streitbaren Personenkonstellation, mit der im Kontext der 700-Jahr-Feier artikulierten Kulturboykott-Drohung verknüpft. Darüber hinaus vermittelte das unmittelbar davor ausgestrahlte Magazin „Rundschau" in seinem Hintergrundbeitrag zur „Lesehilfe" der Fichen, getreu dem zugrunde gelegten Konzept, jedes Thema „bildstark" sowie „nahe am Geschehen" zu präsentieren, ungewöhnliche visuelle Eindrücke. Darin gewährt beispielsweise Alexander Tschäppät, Untersuchungsrichter in der PUK-EJPD, einen Blick in die „Dunkelkammer", das heisst in einen Metallschrank mit Spezialregistraturen im berüchtigten Gebäude der Berner Taubenstrasse. Zudem erläutert er die verschiedenen Eintragsklassifizierungen auf den umstrittenen Fichen-Formularen.[835]

Welchen Beitrag die erwähnten Fernsehquellen im Hinblick auf die Protestmobilisierung während dieser Skandalphase geleistet haben, ist empirisch nicht zu ergründen. Generell jedoch wird

---

834 Blum 2003, S. 129f.

835 Gemäss einer Programmgefässauskunft des Schweizer Fernsehens werden „Ziele, Anspruch, Philosophie" des Magazins „Rundschau", das seit Januar 1968 ausgestrahlt wird, wie folgt definiert: Es gehe darum, dem Publikum „Hintergründe und Recherchen über aktuelle Ereignisse und latente Brennpunkte im In- und Ausland" zu offerieren. Die Reportagen und Berichte sollen „nah am Geschehen, oft mitten drin, ohne je die kritische-journalistische Distanz zu verlieren," dargeboten werden. Jedes Sujet werde „bildstark, spannend und verständlich" behandelt. Vgl.: Rundschau, Sendungsporträt, SF online.

angenommen, dass die realitätskonstituierende Wirkungsmacht audiovisueller Medien durch die gleichzeitige Ansprache der Sinneskanäle Augen und Ohren besonders stark ist. Dies nicht zuletzt, weil die audiovisuell übermittelten Inhalte (etwa von Magazinsendungen wie der „Rundschau") häufig irrtümlich als „faktische Wirklichkeit" verstanden werden. Zum einen, weil der medienindustrielle Fertigungsprozess und damit die bewusste Inszenierung der Information während der kognitiven Aneignung des massenmedialen Produktes zumeist nicht reflektiert wird. Zum anderen, weil insbesondere dynamische Bilder, unterlegt von prononcierter Sprache, Musik und Geräuschen eindringlich Gefühle und imaginative Assoziationsketten zu stimulieren vermögen, wodurch wiederum der Erkenntnisprozess erfahrbar und somit intensiviert wird. Mag die „politische Basisinformation" des Fernsehens vielfach vor allem aufgrund der kurzen Sendezeit einzelner Beiträge simplifizierend und oberflächlich erscheinen, liefere es aber, illustriert Medienwissenschaftler Roger Blum, „ein permanentes politisches Bilderbuch", das, speziell durch die Abbildung emotional bewegender Momente, im Gedächtnis der Zuschauenden länger haften bleibe als verbale Texte. In diesem Sinne würden auch dramaturgisch interessant gestaltete Diskussionsforen, wie die erwähnten beiden „Zischtigsclub"-Sendungen, selbst für ein eher unpolitisches Publikum als eine Art politische „Einstiegsdroge" fungieren.[836] Schliesslich kämen die Adressaten von Fernsehdebatten, verdeutlicht auch Kulturredakteurin Klara Obermüller, in „den Genuss, Menschen nicht nur reden zu hören, sondern ihnen beim Denken und Reden auch noch zuzuschauen". Die „Neugier auf Menschen" werde dabei ebenso befriedigt wie die „Lust an der intelligenten Debatte".[837]

---

836 Blum 2003, S. 127f, 131f.
837 Obermüller 2003b, S. 180.

Abb. 10: Alexander Tschäppät (links) gewährt dem „Rundschau"-Team von SF DRS Zutritt zur Lagerung einiger Spezialregistraturen im EJPD, gesendet am 27. Februar 1990.

Zu konstatieren bleibt: die im Fernsehen unterhaltend und anschaulich präsentierten facettenreichen Aspekte über die umstrittenen Staatsschutzmethoden wurden in den zwei Wochen vor der Demonstration in Bern von einem Massenpublikum rezipiert. Es ist davon auszugehen, dass die Protestmobilisierung für die Grosskundgebung davon profitierte. Von den Veranstaltenden geschätzte 30 bis 35 000 Menschen, eine aussergewöhnlich hohe Anzahl, fanden sich am 3. März 1990 in Bern ein, um ihre Empörung zum Ausdruck zu bringen. Dieser Aktivierungserfolg stellte einen weiteren Kulminationspunkt während des Protestverlaufs dar.

Schon bei der Vorbereitung der Grossveranstaltung deutete sich ein enormes Mobilisierungspotenzial an. Unzählige Personen riefen beim KSS an, um ihre Hilfe beim Verteilen von Flyern und Aufhängen von Plakaten anzubieten.[838] Innert kürzester Zeit war der Telefonbeantworter voll mit Materialbestellungen für die Demo. Bald war absehbar, dass die Kundgebung nicht wie geplant vor der Bundesanwaltschaft stattfinden konnte und aufgrund der zu erwartenden Menschenmenge von vermuteten 5 000 bis 10 000 Personen ein Gesuch für den Bundesplatz gestellt werden musste. Die Bewilligung „Demonstrationsumzug mit Platzkundgebung" stellte die Stadtpolizei Bern wie folgt aus: für den Zeitraum von 13:30 bis 17 Uhr, mit der Besammlung an der Genfergasse/Speichergasse und dem Abmarsch um 14:15 Uhr bis zur Auflösung auf dem Bundesplatz, wobei „Aktivitäten ausserhalb der bewilligten Strassen und Plätze" ausdrücklich untersagt waren.[839]

Wie aus der Dokumentation des KSS ersichtlich, herrschte unter den Mitarbeitenden der Bundesanwaltschaft allerdings Unruhe, so dass entsprechende Schutzmassnahmen getroffen wurden. Das belegt ein internes Schreiben, welches, datiert vom 23. Februar

---

838   Hierzu und zum Folgenden: Weber im Gespräch mit Liehr, 18. März 2008, Transkript, S. 13.

839   Vgl. das vom KSS ausgefüllte „Gesuch"-Formular und dasjenige der Bewilligung durch die Stadtpolizei Bern, beide in: KSS, Dokumentation. Der Besammlungsort variiert auf beiden Formularen.

1990, offenbar an die dort Tätigen gerichtet war. Darin ist zu lesen, dass „massive Beschädigungen des Gebäudekomplexes" vor und nach der Demonstration nicht auszuschliessen seien, weswegen für den Abend zuvor empfohlen werde, Fenster zu schliessen und Storen abzusenken, keine Fahrzeuge vor Ort zu parkieren und den Gebäudekomplex A-C an jenem Samstag nicht aufzusuchen, „um sich nicht einer unnötigen Gefährdung auszusetzen".[840]

Wahrscheinlich darauf Bezug nimmt ein weiteres in der KSS-Dokumentation gefundenes Schreiben, das potenzielle Übergriffe auf die Bundesanwaltschaft thematisiert. Es ist eine handschriftliche, nicht direkt adressierte und ebenso wenig unterzeichnete Notiz. Eventuell handelt es sich um den Entwurf für eine Pressemitteilung, die der Verfasserin allerdings unbekannt geblieben ist. Die Notiz warnt potenziell gewaltbereite Demonstrierende vor den negativen politischen Konsequenzen ausgelebter Aggressionen. Sie lautet:

> „Wie [auf der] Rückseite zu ersehen ist, werden an der Taubenstrasse Vorbereitungen für den 3. März getroffen. Die schönste Blamage, die Ihr den Schnüfflern machen könntet, wäre wohl, die Büros an der Taubenstrasse ganz cool quasi links liegen zu lassen und so zu demonstrieren, wie Ihr über der Sache steht. Gewaltanwendung dagegen würde nur Wasser auf die Mühle der Bundespolizisten bedeuten nach dem Motto: Nun sieht man, dass man uns doch braucht und die Randalierer sind zu recht fichiert."[841]

Darüber hinaus befindet sich in der Dokumentation des KSS ein weiteres Schriftstück mit dem offiziellen Briefkopf und der

---

840 Von der Mitteilung liegt der Verfasserin lediglich die Kopie der ersten Seite vor, handschriftlich wurde darauf „Jürg Frischknecht" als Adressat vermerkt, unterzeichnet wurde es von Daniel (vermutlich Gasser). Wie es zum KSS gelangt ist, wird nicht ersichtlich. Die interne Mitteilung der Bundesanwaltschaft befindet sich in: KSS, Dokumentation.

841 Die handschriftliche Notiz ist zu finden in: KSS, Dokumentation; Zeichensetzung gemäss Quelle.

offiziellen Fusszeile der bundesanwaltschaftlichen Korrespondenzbögen, das, datiert vom 2. März 1990, anscheinend aus dem Büro des dortigen Datenschutzbeauftragten stammt, allerdings „im Auftrag" unterzeichnet ist. Angesprochen wird die „liebe Demonstrantin", der „liebe Demonstrant". Der Text irritiert, denn er ist offenbar für die Öffentlichkeit bestimmt, scheint doch damit, im Hinblick auf die einen Tag später stattfindende Demonstration, eine Besänftigung potenzieller Aggressoren bezweckt zu sein. Zugleich wird implizit die Schuldfrage bezüglich der Staatsschutzmethoden aufgeworfen, wobei explizit auf die diesbezügliche Verantwortung der Departementvorsteher verwiesen wird. Unterzeichnet ist das Schreiben mit „Bundesanwaltschaft, Der Datenschutzbeauftragte, A. Saubermann, Fürsprecher", sein vollständiger Wortlaut lautet:

> „Auch wir sind tief erschüttert über die Ereignisse in den letzten Monaten. Seit Jahren haben wir unsere Pflicht zum Schutze der Eidgenossenschaft gewissenhaft wahrgenommen. Nun müssen wir feststellen, dass in der Öffentlichkeit das Bild einer eigendynamischen Behörde und übereifriger Beamter bewusst verbreitet wird. Wir entschuldigen uns in aller Form für unsere Departementvorsteher, die seit Jahren unsere Auftraggeber waren und deren Gesinnung unsere praktische Tätigkeit bestimmte. Wir hoffen, dass Sie eine friedliche Demonstration erleben können und wünschen Ihnen eine ‚schnüffellose' Zukunft im Sinne der freien Meinungsäusserung, auch wenn vor dem Gesetz nicht ganz alle gleich behandelt werden; aber Freiheit verlangt ihre Opfer. Wir gehören auch dazu."[842]

Angesichts ihres ironischen Wortlauts, scheint es sich bei der Quelle um eine aus Kreisen der Protestierenden stammende Persiflage zu handeln.

Fest steht: sowohl von Seiten der Bundesanwaltschaft (vgl. die erste der drei aufgeführten Quellen) als auch im Kreise des KSS

---

842 Das vermeintliche bundesanwaltschaftliche Anschreiben „Liebe Demonstrantin" befindet sich in: KSS, Dokumentation.

wurden im Vorfeld der Demonstration Ausschreitungen für wahrscheinlich gehalten. Das war angesichts der enorm aufgeheizten öffentlichen Atmosphäre, unterstützt von den Fernsehbildern über die Stasi-Stürmung in Berlin auch durchaus naheliegend. KSS-Aktivist Peter Sigerist: „Es hing in der Luft, dass etwas geschieht."[843] Dementsprechend waren dutzende Leute bereit, sich am Ordnungsdienst zu beteiligen, um Ausschreitungen zu verhindern.

Sigerist brachte eine Menge Erfahrung bei der Organisation von Demonstrationen mit.[844] Im Jahr zuvor hatte er, engagiert zugunsten der GSoA im Vorfeld der Armee-Abstimmung, ein neues Kampagnenelement zur attraktiveren Erscheinung von Grosskundgebungen in der Öffentlichkeit mitentwickelt: das erste grosse Musik- und Kultur-Polit-Festival der Schweiz, das unter dem Titel „Stop-the-Army-Festival" am 21. Oktober 1989 erfolgreich auf dem Berner Bundesplatz stattgefunden hat.[845] In

---

843 Hierzu und zum Folgenden: Sigerist im Gespräch mit Liehr, 22. Februar 2008, Transkript, S. 15f.

844 Peter Sigerist war bis zu seinem Ruhestandsantritt im Sommer 2011 Zentralsekretär des schweizerischen Gewerkschaftsbundes (SGB) in Bern. Sowohl beruflich als auch im Zusammenhang mit seinem jahrzehntelangen vielschichtigen linkspolitischen Engagement, insbesondere als Kampagnenorganisator verschiedener Gruppierungen und sozialer Bewegungen, war er als Publizist, Referent und politischer Berater tätig. Von 1993–2003 vertrat er das Grüne Bündnis in Bern als Stadtrat. Die Informationen sind dem Curriculum Vitae von Peter Sigerist entnommen in: Sigerist an Liehr, 6. Dezember 2011.

845 Wie Sigerist ausführt, habe man bereits im Rahmen der Anti-AKW-Bewegung mit Kulturschaffenden zusammengearbeitet, etwa während der legendären elfwöchigen Besetzung des Baugeländes für das Atomkraftwerk Kaiseraugst im Frühjahr 1975. Auf dem symbolträchtigen Bundesplatz jedoch wurde erstmalig während der GSoA-Abstimmungskampagne „quasi ein Festival im Kleinformat von Woodstock" verwirklicht, während dem acht Stunden lang Rockmusik bekannter Bands vor dem Bundeshaus, mithin „vor der Staatsmacht" und zwischen den Gebäuden der Grossbanken gespielt wurde. Neu war ebenfalls, dass die Bands zugunsten der Kampagne Songs komponiert und einen Sampler eingespielt hatten. Legendär ist der

Anlehnung an dieses Ereignis plante das KSS eine friedliche, informative und zugleich unterhaltsame Kundgebung.[846] Allerdings war die Vorbereitungszeit nicht annähernd so lang wie für die GSoA-Veranstaltung, für die es ein Konzept gegeben hatte und genügend Zeit um die Mitstreitenden zu kontaktieren. Die Wochen vor der „Schnüffelstaat"-Demonstration seien schlaflos gewesen, denn alles habe schnell und hektisch organisiert werden müssen. Insofern war es wichtig, auf Leute mit diesbezüglichen Erfahrungen zurückgreifen zu können, die sich auskannten in Fragen etwa des Umgangs mit den Behörden und der Bewilligung, der Beschallung, des Ordnungsdienstes. Es sei ein kleiner Kreis gewesen, man habe nicht viel delegieren können und die Tendenz gehabt, „auf jene zurückzugreifen, die sich schon bewährt hatten", um die Risiken so klein wie möglich zu halten. Was das Programm anbelangte, sollte eine möglichst „breite Kundgebung" gestaltet werden, auf der sich die unterschiedlichsten Personen angesprochen fühlten. Um die Teilnehmenden auch bei schlechtem Wetter zum Ausharren zu bewegen, mussten erfahrene Vortragende ausgewählt werden. Auch Abwechselungsreichtum war gefragt, weswegen einmal mehr auf die Zusammenarbeit mit Kulturschaffenden gesetzt wurde. Bei der Auswahl der Sprechenden galt es sowohl die unterschiedlichen Sprachregionen als auch den Geschlechteraspekt zu berücksichtigen. Um der „Breite der Bewegung" gerecht zu werden, wurde auf Reden der „prononciertesten Linken" verzichtet, stattdessen linksliberalen Stimmen das Wort erteilt.[847]

Auftritt des deutschen Liedermachers und Lyrikers Wolf Biermann, der sein Lied „Soldat, Soldat, wo gehst Du hin?" gesungen hat. Sigerist im Gespräch mit Liehr, 22. Februar 2008, Transkript, S. 3f, 6.

846 Hierzu und zum Folgenden: Sigerist im Gespräch mit Liehr, 22. Februar 2008, Transkript, S. 10, 12f.

847 Frischknecht im Gespräch mit Liehr, 5. März 2008, Transkript, S. 7. Während der Kundgebung sind folgende Personen aufgetreten: Tinu Heiniger, Vasco Pedrina, Susanne Leutenegger Oberholzer, Françoise Pitteloud, Gerold Späth, Adolf Muschg, Pierre-André Comte, Rainer Weibel, Helmut Hubacher und Franz Hohler. Alle Texte sind,

Am besagten Samstagmittag schliesslich, die Berner historischen Bauten und Gassen erstrahlten in milder Wintersonne, während sich von ferne die Alpen zeigten, „spuckte die Bahnhof-Unterwelt immer mehr Leute" aus, die zu tausenden in Extrazügen aus der ganzen Schweiz eingetroffen waren.[848] Es formierte sich, illustriert Roger Blum im Tages-Anzeiger, ein „nach Alter, Geschlecht, regionaler Herkunft und politischer Heimat bunt gemischter Zug", der schon bald „zu einem riesigen Tatzelwurm" anschwoll, so dass vom Bahnhof eine zweite Route eröffnet werden musste. Rasch offenbarte sich ein enormer Phantasiereichtum.[849] Fröhlicher Stimmung kamen viele verkleidet als Schnüffler oder „Fichen-Fritz", trugen grosse Nasen, Schnäbel, Rüssel, überdimensionale dunkle Brillen, hatten Kameras und Feldstecher bei sich. Wenngleich auch „eine deutliche Sprache" sprechend, zeugten auch die Sprüche auf den Transparenten von Kreativität. In der Presse zitiert wurden etwa:

„Der grösste Lump im ganzen Land, ist und bleibt der Denunziant", „Kopp sei Dank, du hast gelogen, drum sind die Schnüffler aufgeflogen", „I(h)rland ist nicht unser Land", „Demokratie-Orkan fegt durch Osteuropa und hier?", „Fische werden verseucht – Fichierte versCHeucht", „Paranoia Helvetica", „Sei auf der Hut, unsere Bupo kennt auch Dich sehr gut", „Orwell '90: Der grosse Bruder sitzt in Bern", „Für einen sauberen Staat – nach Irland mit dem Bundesrat", „Lass Dich nicht erfichen", „Chaschper hesch gnue gchaschperlet", „Lieber Trüffel als Schnüffel", „Eine neue Seuche ist ausgebrochen, der Fichen-Koller", „Eine

---

gemäss der Version aus der damaligen Pressemappe, abgedruckt in: Die Reden 1990.

848 Hierzu und zum Folgenden: Blum, Souverän, Tages-Anzeiger, 5. März 1990.

849 Hierzu und zum Folgenden: K.A., Grossdemonstration, Neue Zürcher Zeitung, 5. März 1990; UWB, Riesenkundgebung, Berner Zeitung, 5. März 1990; Orwell '90, Solothurner AZ, 5. März 1990; Däpp/Knuchel, Schnüffelei, Bund, 5. März 1990; Blum, Souverän, Tages-Anzeiger, 5. März 1990.

Regierung, die verdächtigt, ist verdächtig", „Entsorgung des Staatssch(m)utzes", „Mached Schnitzel us de Spitzel", „Mehr Freiheit – weniger Staat im Staat", beziehungsweise radikaler: „Ramm, ramm, ramm, wir klopfen bei der Stasi an", „Hinter dem Geschnüffel steht das Kapital, zerschlagen wir es hier und international" oder „Schnüfflerbullen, Staatsschutzschmier, stürmen wir ihr Hauptquartier".

Im Hinblick auf den Schöpfungsreichtum der Leute sei es für Catherine Weber „eine der besten Demos überhaupt" gewesen.[850] Doch nicht nur die kreative Umsetzung der Entrüstung in humorvolle und theatralische Protestinszenierungen habe Peter Bodenmann bewegt, auch dass anhand der imposanten Anzahl angereister Menschen – von der Polizei auf über 20 000, von den Veranstaltenden auf bis zu 35 000 geschätzt – manifest wurde, wie erfolgreich die Mobilisierung verlaufen sei.[851]

Abgesehen davon, dass verschiedene Musikgruppen während der Veranstaltung für Unterhaltung sorgten,[852] stimmte der Liedermacher Tinu Heiniger „eine riesige und gut gelaunte, aber zugleich politisch empörte und entschlossene Menschenmenge" auf den offiziellen Teil der Kundgebung mit seinem neunstrophigen „Schwitzerlied" ein.[853] Darin zeichnet er in Mundart ein antagonistisches Bild der Schweiz: einerseits als stark konsumorientiertes, biederes „subers Poppyschoppyland", „vougstopft mit Schwitzerfranke", während er andererseits betont: „üser Ränze vou u d'Seele läär", „mit läärem Blick gsehsch se binangersitze au am inelääre, inesprütze, chrank, kaput! Ja, Schwitz, o das sy

---

850 Hierzu und zum Folgenden: Weber im Gespräch mit Liehr, 18. März 2008, Transkript, S. 13f. Das hing womöglich auch mit zur gleichen Zeit stattfindenden Fastnachtsveranstaltungen in Bern zusammen. Gemäss der Erinnerung Catharine Webers seien die verkleideten Leute bevor es los ging zum Teil bereits durch die Stadt gelaufen „und haben gespitzelt und geschnüffelt".

851 Bodenmann im Gespräch mit Liehr, 16. Mai 2008, Transkript, S. 9, 21.

852 Hierzu und zum Folgenden: Blum, Souverän, Tages-Anzeiger, 5. März 1990.

853 Hierzu und zum Folgenden: Heiniger 1990.

Diner Kids". Am Ende rahmt Heiniger sein Nationalbild, indem er es in den aktuellen innen- und aussenpolitischen Kontext setzt, etwa auf das Ergebnis der GSoA-Abstimmung bezogen: „E Drittu vo däm Vouk hie dänkt". Und schliesslich in Anerkennung des radikalen Wandels, der teilweise in Ländern des Osten möglich erschien:

> „Schwitz, he Schwitz, hesch's ghört i der Tschechei
> Schwitz, dert geit jetz ds Vouk uf d'Strass – ne, nei:
> Sogar d'Dichter, d'Dänker dert im Parlamänt!
> Läck doch mir, versteisch: das wäre e Tag!
> Prag wär plötzlech Bärn u Bärn wär Prag!
> U der Frisch wär när hie Bundespresidänt!"

In ihrer Ansprache hebt die grüne Nationalrätin Susanne Leutenegger Oberholzer angesichts der im PUK-Bericht amtlich belegten Spaltung der Schweizer Bevölkerung in staatliche „BeschützerInnen und BedroherInnen" die Abwesenheit der „nationalen Einheit" hervor, die imaginär lediglich „als Vergoldung über die Gräben gekleistert", mittlerweile jedoch „alterschwach, dünn und dünner" geworden sei.[854] Sie kritisiert die „real existierende Demokratie" in der Schweiz, in der alles real sei – „bloss nicht die lebendige Demokratie". Leutenegger Oberholzer stellt eine Demokratie in Frage, in der nur frei und unbehelligt bleibe, wer auf Rechte der freien Meinungsäusserung und des politischen Engagements verzichte, in der „auf Konfliktlagen mit der Ausgrenzung der unterliegenden Minderheit" reagiert werde, in der Ausbeutung der Dritten Welt sowie die Unterstützung des Apartheid-Regimes üblich seien, in der „alles, was die Profitinteressen" störe – vom Umweltschutz, über den kritischen Umgang mit Gentechnologie bis zur Frauenemanzipation, als Sicherheitsrisiko degradiert werde und die letztlich „das Bankgeheimnis schützt, nicht aber die freie Ausübung der demokratischen Rechte". Es seien die staatlichen Mandatstragenden einer solchen Demokratie, mahnt die Nationalrätin, die sich ändern müssten,

---

854 Hierzu und zum Folgenden: Leutenegger Oberholzer 1990; Wortmarkierung laut Quelle.

„nicht w i r", worauf sie, das Krisenmanagement der betreffenden Minister brandmarkend, sowohl das Demokratie- als auch das Staatsschutzverständnis jener Bundesräte anzweifelt, die den Bürgerinnen und Bürgern nicht offen deren Fichen und Dossiers präsentierten. Die Parlamentarierin zuspitzend:

> „Zum Schutz welcher demokratischen Rechte wurden wir in den letzten Tagen und Wochen angelogen? Wo war der omnipräsente Staatsschutz, als es um die Abwehr von Fluchtgeldern ging? Wo war er bei der Bekämpfung der Drogenmafia und des Waffenhandels? Wo war er, als in diesem Land Asylsuchende hingemordet wurden? Zum Schutz genau dieser realen Angriffe auf die Demokratie brauchen wir aber keine politische Polizei und keine Gesinnungsschnüffelei. Wir brauchen eine Polizei, die ihre Aufgaben wahrnimmt."

Françoise Pitteloud, SP-Nationalrätin aus der französischen Schweiz, beklagt in ihrer Stellungnahme eine politische Polizei einer Demokratie unwürdig, und fordert von den Machthabenden: „Cessez de vouloir protéger l'Etat contre ses citoyens actifs [...]. Cessez d'avoir peur de nous! Nous sommes le peuple!"[855] Schriftsteller Gerold Späth proklamiert, er habe genug

> „von den machtbesoffenen Machenschaften jener Dunkelmänner, die eine Demokratie zu schützen vorgeben, die sie nie gemeint und nie begriffen haben. Ich habe genug von den beamteten Bundesspitzeln und ihrem Rudel frei wildernder Zuträger und Denunzianten. Ich habe genug von diesen unsäglichen Zauberlehrlingen und ihren hysterischen Bedrohungsfantasien".[856]

Er frage sich mittlerweile, „ob die derzeit Regierenden und ihre Macher und Mitmacher überhaupt fähig sind zu begreifen, was angerichtet wurde und was jetzt los ist im Land" und ob es „noch irgendeine läppische Unbedarftheit oder zynische Un-

---

855 Pitteloud 1990.
856 Hierzu und zum Folgenden: Späth 1990.

geheuerlichkeit" gebe, die ihnen noch nicht eingefallen sei. Die Machthabenden würden versuchen, „Schweizer Demokraten mit fadenscheinigen Billigangeboten für Schweizer Dummköpfe" zu verkaufen. Indes, nuanciert Späth: „Wir sind nicht nur das Volk. Wir sind, so tönt es immer wieder, wir sind hier der Souverän", der über „staatlich inszenierte, mit seinen Steuergeldern finanzierte Schweinereien gestolpert", der „darob so wach geworden" sei wie lange nicht mehr. Dieser Souverän frage sich, „nach dem fundamentalen Unterschied im Staatsverständnis der jederzeit und überall einflussnehmenden Klasse und der einflussarmen sogenannten breiten Masse".

SP-Präsident Helmut Hubacher stellt klar heraus, dass die „Operation Schnüffelstaat" im Justiz- und Militärdepartement inszeniert worden sei, wobei beide Ministerien „ausnahmslos und immer in den Händen der FDP, CVP und SVP" gewesen seien, weshalb diese Parteien „für die Staatskrise die alleinige Verantwortung" trügen.[857] Hubacher:

> „Das Bürgertum hat nicht nur einen Kalten Krieg geführt, es hat Hunderttausende zum inneren Feind erklärt. Das Szenario dafür ist ein gigantisches Täuschungsmanöver. Die Kampfparole der Freisinnigen Partei ‹weniger Staat und mehr Freiheit› bedeutet in Tat und Wahrheit ‹weniger Demokratie und mehr Polizeistaat›, bedeutet ‹weniger Rechtsstaat und mehr bundespolizeiliche Willkür›".

Schriftsteller und Hauptredner Adolf Muschg brandmarkt in seinem auf der Kundgebung gehaltenem Referat eine „unerträgliche Demokratie-Verspätung", die durch den Fichen-Skandal aufgedeckt worden sei.[858] Der „famose Staatsschutz" habe es fertig gebracht, die Politik „fast bis zum Stillstand zu lähmen". Abgesehen davon, dass die „Fichen-Wesen" nichts mit real existierenden Menschen zu tun hätten, habe die „Spitzel-Pest" ein

---

857 Hierzu und zum Folgenden: Hubacher 1990.

858 Hierzu und zum Folgenden: Muschg 1990.

„Klima des Verdachts, der Enge, der Ausgrenzung [...] der vorsorglichen Duckmäuserei und des Phantasieverzichts genährt. Sie hat die Intoleranz verstärkt, die Nachbarschaftskontrolle begünstigt, die Zivilcourage bestraft." Muschg rhetorisch fragend: „Hat es in den letzten Jahrzehnten eine subversivere Organisation gegeben als die Bundespolizei? Sie hat aus dem europäischen Wunder von 1848 eine Bananenrepublik gemacht."

Darüber hinaus habe sie jahrzehntelang „ein bißchen Landesverrat und ein bißchen Hochverrat" betrieben:

„Hochverrat an ihrem Souverän, der Bürgerin und dem Bürger und ihren verfassungsmässigen Grundrechten, Landesverrat an ihrem Staat, dessen Ressourcen und Energien sie verschwendet hat. Man muss sich das vorstellen: Hunderte von Beamten, im Kopf ein Weltbild aus der Steinzeit des Kalten Kriegs, schnüffeln mündige Bürger danach ab, ob sie ins Muster des Vor-Urteils passen, ohne sie zu informieren, ohne ihnen eine Berufungsmöglichkeit zu lassen. [...] Die Verantwortlichen müssen sich bei den Bürgerinnen und Bürgern, deren Vertrauen sie mit chronischem Misstrauen belohnt haben, entschuldigen. Sie müssen den Schaden, den ein verrückt spielendes Staatsorgan in zahllosen Existenzen angerichtet hat, nach Möglichkeit ersetzen. Der immaterielle Schaden an der Substanz der Demokratie bleibt auch so unermesslich. Er ist nur durch eine tiefgreifende Änderung der politischen Sitten allmählich wieder gutzumachen".[859]

---

859 Aus einer Fernsehquelle wird ersichtlich, dass Muschg auf der Kundgebung etwas von der angegebenen Textversion abwich. Vor den Demonstrierenden auf der Bühne hatte er radikalisierend gefordert, die Schweiz müsse „ausstinken, bevor man darin wieder atmen kann! Die Verantwortlichen müssen Verantwortung übernehmen und das Undenkbare denken: Rücktritt!" Vgl.: Adolf Muschg im Gespräch mit Moderatorin Annet Gosztonyi, Tagesschau, SF DRS, 3. März 1990 (Sendung um 22:10 Uhr), Sequenzprotokoll, S. 8. Vgl.: Liehr 2006, S. 250.

Im Sinne einer Quintessenz der dargebotenen Ansprachen wurde während der von Jürg Frischknecht moderierten Veranstaltung eine Resolution mit grossem Beifall verabschiedet,[860] die pointiert wesentliche Kritikpunkte der Protestierenden, vor allem aber entschlossen deren Ansprüche an die staatlichen Mandatstragenden in einfachen, teils metaphorischen Worten vereinigt. Demgemäss habe man zusammengefunden,

> „um Regierung und Parlament den Tarif zu erklären. Wenn wir uns nicht bewegen, bewegt sich nichts. […] Wir lassen uns nicht mit präparierten Fichen abspeisen. Wir lassen nicht locker bis alle Registrierten unaufgefordert ihre Fichen und anschliessend volle Akteneinsicht erhalten. Die Abwicklung darf nicht Sache der Täter sein, sondern ist einer unabhängigen Verwaltungskommission zu übertragen, in die auch wir Einsitz nehmen. Ueber das Schicksal der Schnüffelakten entscheiden wir und nicht der Staat. Eine Vernichtung durch den Staat hiesse, ein Stück Geschichte dieses Landes aus dem historischen Gedächtnis zu tilgen. […]
>
> Eine Schnüffelpolizei verhindert nur eines: Demokratie. Wir wollen in Zukunft keine besser kontrollierte computerisierte Schnüffelpolizei. Wir wollen keine mehr. Sollte der Nationalrat nächste Woche den Mut nicht haben, die politische Polizei auf den Misthaufen der Geschichte zu befördern, so werden wir eine Volksinitiative Schweiz ohne Schnüffelpolizei S.o.S. lancieren: 1. Bund und Kantone unterhalten keine politische Polizei. 2. Wer seine demokratischen Rechte wahrnimmt, darf nicht registriert werden.
>
> Wir verlangen eine PUK-2, die alle Dunkelkammern und Keller des EMD schonungslos ausleuchtet, die sich nicht naiv mit halben Antworten zufrieden gibt, die hartnäckig weiterfragt, bis wir alles wissen.
>
> Dieser Staat will im Dezember unsere Volkszählungsdaten und ab Januar unsere Festfreude für 700 Jahre Eidgenos-

---

860 Blum, Souverän, Tages-Anzeiger, 5. März 1990.

senschaft. Bei beidem sind wir nicht dabei, solange die unnötigsten Archive der Schweiz nicht geleert und die Opfer des Schnüffelstaates Schweiz nicht entschädigt sind. [...]"[861]

Das einleitende Wortspiel – „wenn wir uns nicht bewegen, bewegt sich nichts", in dem „bewegen" einerseits als „aktiv werden", andererseits als "verändern" verstanden wird, illustriert prägnant den Sinn und Zweck einer Protestbewegung: das Potenzial, soziopolitischen Wandel durch kollektives oppositionelles Handeln zu erreichen. Die damit gemeinte Wirkungsmächtigkeit des aufbegehrenden Gruppenakteurs, bestehend aus Bürgerinnen und Bürgern und im Resolutionstext mit dem Personalpronomen „wir" gekennzeichnet, wird anschliessend anhand konkreter Forderungen zur Verteidigung der proklamierten Anliegen expliziert. So dürfe etwa die Abwicklung der Einsichtsnahmen „nicht Sache der Täter" sein, sondern müsse vielmehr „einer unabhängigen Verwaltungskommission [übertragen werden], in die auch wir Einsitz" nähmen. Darüber hinaus „entscheiden wir und nicht der Staat" darüber, was mit den Akten geschehe. Zudem „werden wir eine Volksinitiative" lancieren, sofern der Nationalrat die politische Polizei in der kommenden Woche nicht „auf den Misthaufen der Geschichte" befördere. Schliesslich gelte es, eine PUK-EMD zu installieren, die alles bedingungslos ausleuchte, „bis wir alles wissen".

Der so konstruierte Resolutionstext bringt zum Ausdruck, dass die im Protest vereinten Bürgerinnen und Bürger jedwede von den staatlichen Mandatstragenden zur Bewältigung der Krise ergriffene Massnahme anzuzweifeln und eigeninitiativ zu kontrollieren beziehungsweise umzugestalten haben, um ihren Status als eigentlicher Souverän im Staat zu verteidigen. Damit beinhaltete die offizielle Kundgebungsdeklaration eine gegenüber der Regierungspolitik geäusserte fundamentale Kritik. Indes, einer Gruppe Demonstrierender genügte weder deren Aussage, noch deren argumentative Form. Sie griff zu anderen Mitteln des Protests: zur militanten Aktion.

---

861 Resolution, Nationale Kundgebung, 1990.

Wenngleich es sich, gemäss Roger Blum, gelohnt hätte, Adolf Muschgs Worten ohne Ablenkung zu folgen, waren während dessen Rede die „Blicke der Menge" zunächst auf das naheliegende Dach eines Geldinstitutes gelenkt gewesen, auf dem ein Demonstrant versuchte, die dortige Kamera mit Farbe zu übersprühen.[862] Folgt man den Pressedarstellungen, dann stürmten währenddessen zunächst rund 40 militante maskierte Demonstrierende mit Eisenstangen und Steinen die Bundesanwaltschaft, worauf sich die Polizisten, die dort eine Sperre errichtet hatten, zunächst zurückzogen.[863] Sonnenstoren und Fensterscheiben einschlagend, erzwangen sich die Militanten den Zugang zum Gebäude und drangen in die Büros des Flüchtlingsdelegierten im Untergeschoss ein, wo sie Akten entwendeten. In der Zwischenzeit mit Wasserwerfern und Tränengas ausgerüstet, vertrieb die Polizei die radikalen, teilweise vermummten Demonstrierenden, deren Anzahl inzwischen auf geschätzte 200 angestiegen war, von der Bundesanwaltschaft beziehungsweise aus der Taubenstrasse, so dass sie in die Bundesgasse und Christoffelgasse Richtung Bundeshaus drängten. Auf ihrem Weg warfen sie, in Gruppen vorgehend, Farbbeutel und Steine, schlugen zahlreiche Scheiben ein, zerstachen Reifen und errichteten Barrikaden. Autos wurden beschädigt, teilweise Brandsätze gelegt. Insbesondere bei der städtischen Finanzdirektion, der Volksbank und im Westflügel des Bundeshauses kam es zu grösseren Sachschäden durch zerschlagene Fensterscheiben und Brandsätze. Die Polizei war mehrere Stunden im Einsatz und hatte auch die Feuerwehr zu schützen, die ebenfalls attackiert wurde.

Als gegen kurz nach 15 Uhr von der Bundesgasse her massive Rauchwolken aufstiegen, nachdem ein PKW angezündet worden war, stand Franz Hohler auf der Bühne der Kundgebung. Er ver-

---

862 Blum, Souverän, Tages-Anzeiger, 5. März 1990.

863 Hierzu und zum Folgenden vgl. etwa: Däpp/Knuchel, Vermummte, Bund, 5. März 1990; VB, Ausschreitungen, Berner Zeitung, 5. März 1990; Friedliche Demo, Berner Tagwacht, 5. März 1990; K.A., Grossdemonstration, Neue Zürcher Zeitung, 5. März 1990, Orwell '90, Solothurner Zeitung, 5. März 1990.

zichte jedoch, erklärte er, „angesichts der Strassenschlacht ein paar hundert Meter von hier" auf seinen geplanten Satirebeitrag, weil ihm die Szene drastisch vor Augen führe, inwiefern Feindbilder, die jahrzehntelang aufgebaut worden seien, funktionierten. Das stimme ihn wiederum traurig. Hohler an die Demonstrierenden gerichtet:

> „Es ist nicht das erste Mal in der Schweiz, dass der Geruch von Tränengas durch eingeschlagene Schaufensterscheiben strömt und das Menschen mit Taschentüchern vor dem Gesicht vor Wasserwerfern flüchten. Ich zähle weder das Tränengas noch die eingeschlagenen Schaufensterscheiben zu meinen Mitteln. Und zum Zeichen dieser Trauer bleibt meine Satire in der Mappe und mein Cello im Kasten".[864]

Hohlers bestürzte Reaktion lässt sich durch eine Audioquelle von Radio DRS eindrücklich nachvollziehen, die zahlreiche Hintergrundgeräusche durch Mitschnitte von verschiedenen Schauplätzen der Demonstration enthält. Es handelt sich um ein ausführliches Tondokument, durch das, so der Anspruch der Redaktion, die komplexe Kundgebungssituation inklusive der Ausschreitungen so umfassend wie möglich dargestellt und analysiert werden sollte.[865] Einige Demonstrierende, passive wie militante, Geschäftsbetreibende, ein Polizist sowie Demoorganisator Peter Sigerist nehmen im nachhinein Stellung, schildern ihre persönliche Wahrnehmung und Einschätzung der Umstände. Grundsätzlich transportiert das Radiodokument vor allem Gefühle der Beklemmung. Eine Demonstrantin etwa schildert, beim Anblick der Rauchschwaden seien zahllose Menschen unruhig

---

864 Franz Hohler auf der Kundgebung in: Kultur aktuell, SF DRS, 4. März 1990, Sequenzprotokoll, S. 5f; vgl.: Doppelpunkt, DRS 1, 25. März 1990, Transkript, S. 1.

865 Hierzu und zum Folgenden: Doppelpunkt, DRS 1, 25. März 1990, Transkript, S. 1–20, hier: S. 2, 4, 6, 9. 20. Die Sendung besteht aus zwei Teilen: dem ersten, dokumentarischen Teil folgt ein zweiter, in dem die Ausschreitungen von einer Anwältin, einem Politologen und einem Kinder- und Jugendpsychologen in einem Gespräch analysiert werden (Transkript S. 21–29).

geworden, weil niemand wusste, was „dort hinten abging". Die Spannung habe sich sukzessive verstärkt, da unklar gewesen sei, ob die Polizei womöglich mit Tränengas auf dem Bundesplatz einfahre. Die Situation als unerträglich empfindend, habe sie sich von der Bühne und aus der Menschenmenge entfernen müssen.

Hinzu kommt, dass die zumeist retrospektiven Akteursdarstellungen in der Quelle akustisch unterlegt sind von spannungsgeladenen, alarmierenden Tonaufnahmen der originalen Geräuschkulisse während der Demonstration, die im Transkript von der Verfasserin wie folgt beschrieben sind:

„Lärm, Scherbenklirren von der Krawallszenerie, Feuerwehrsirene, Knallgeräusch; anonyme Anweisungen: ‚Gehen Sie zurück, gehen Sie, gehen Sie!', andere Stimme: ‚Es ist nicht gegen Euch, es ist nicht gegen Euch!', Lautsprecherdurchsagen: ‚Gehen Sie Richtung Bundesplatz! Die Polizei bereitet ihren Einsatz vor, sonst sind auch noch die 30.000 Leute auf dem Bundesplatz gefährdet!'"

Dementsprechend beschreiben nicht nur einzelne Medienschaffende, sondern auch andere Akteure und Akteurinnen die Ausschreitungen in einer Kriegsmetaphorik.

Eine Gewerbetreibende beklagt, es habe absolut „furchtbar ausgesehen, furchtbar! Es ist wie Krieg gewesen!" Ein Demonstrant führt zu den umstrittenen Ereignissen vor der Bundesanwaltschaft aus, plötzlich sei eine Gruppe von Leuten dort gewesen, die "ziemlich hektisch, ziemlich aufgeregt […] irgendwie organisiert" gewirkt hätten. Teilweise vermummt, seien sie rasch dabei gewesen, Türen und Fenster aufzubrechen. Er habe das als eine „kritische Situation" empfunden, zu der ihm „militärische Vergleiche in den Sinn" kämen. Man habe offensichtlich den bedrohlichen Eindruck vermitteln wollen: „Das ist eine Kompagnie, die sich jetzt aufmacht; jetzt passiert hier gleich etwas."

Abb. 11: Eindrücke von der Grossdemonstration gegen den „Schnüffelstaat" am
3. März 1990 in Bern, aus der Fernsehsendung „Kultur aktuell", SF DRS, gesendet
am 4. März 1990.

Ähnlich schildert KSS-Aktivist Sigerist, das Radioteam im Nach-
hinein kommentierend an die Schauplätze führend, eine weitere
Szene, die während des Aufräumens ihren Lauf genommen hatte.
Als die Organisatoren den Bundesplatz fegten und die Bühne
abbauten, illustriert Sigerist, „haben sie sich formiert in einer
Zweierkolonne. Es ist nicht gerade dazu gekommen, dass sie uns

437

den Stechschritt vordemonstriert haben, aber es hat sehr reale Aspekte von einer organisierten militärischen Truppe gehabt."

Die Bezeichnung „Der Schwarze Block", erläutert der Aktivist weiter, treffe zu, weil das Erscheinungsbild jener Militanten entsprechend wirke, sie sich uniform als Einheit inszenieren würden, „Anlehnungen an militärische Bilder real vorhanden" seien. Angesichts dessen, dass es die GSoA geschafft habe, zahlreichen Jugendlichen klarzumachen, inwiefern „militärische Auseinandersetzungen, militärische Formen in der heutigen Gesellschaft wirklich keinen Platz mehr haben", würden die entsprechend auftretenden Militanten absurde, „karikaturhafte Aspekte" aufweisen.

Bestrebt Feindbilder aufzuweichen, habe die „Doppelpunkt"-Redaktion intendiert, mit Vertreterinnen und Vertretern jener radikalen Demonstrierenden ins Gespräch zu kommen. Wenngleich die Medienschaffenden kein „kriminalistisches Interesse" an der Identität der Leute gehabt hätten, sei es für sie nahezu unmöglich gewesen, an diese Gruppen heranzukommen. Einem Journalisten des Berner Lokalradios „Förderband" gelang es jedoch, während der Ausschreitungen einen militanten Aktivisten zu befragen, was Radio DRS in seinem Beitrag sendete. Auf die Frage des Journalisten, warum sich der Befragte an den Ausschreitungen beteilige, antwortete dieser, es gebe

> „verschiedene Wege seine Meinung kundzutun, und ich finde, nachdem, was alles passiert ist, gibt es auch ganz klare Gründe, mal zu zeigen, dass man damit jetzt fertig ist. [...] Tatsache ist, dass wir seit einigen Jahren eine politische Opposition haben, die auf parlamentarischem Weg versucht, etwas zu erreichen. Es ist nichts passiert! Wir haben grössere Sauereien als wahrscheinlich im Zweiten Weltkrieg oder am Ende des Zweiten Weltkriegs. Und was heisst das? Das heisst, dass der Weg zumindest verschlossen bleibt! Wir müssen einen anderen Weg finden! Es geht darum auf verschiedensten Ebenen zu versuchen, dem Staat zu zeigen, dass man mit dem Volk nicht alles machen kann!"

Die Krawalle haben die Veranstaltungsverantwortlichen „Nerven gekostet".[866] Andauernd mit der Polizei in Kontakt stehend, hielt Moderator Jürg Frischknecht die tausenden Menschen vor der Bühne entlang den jeweils vorliegenden Informationen auf dem Laufenden. Frischknecht:[867]

> „Ihr habt es gesehen, es ist auch noch eine zweite Kundgebung im Gang. Einige Leute haben ein oder zwei Autos angezündet. (Buhrufe, Pfeifkonzert aus der Menge) Es ist nicht unsere Kundgebung, was dort passiert, aber wir versuchen, mit der Polizei zu verhandeln, damit wir hier oben auf dem Bundesplatz weiter unsere Kundgebung abhalten können."

Die Tränengaseinsätze beanstandend, hob Frischknecht weiter hervor, es möge anderen Leuten in Bern „Tränen in die Augen" treiben. Der Bundesrat solle sich endlich schämen. Man erwarte, dass er sich „entschuldigt bei uns, bei den Bespitzelten!"

Doch für seine bewusst vorgenommene Zweiteilung der Veranstaltung erntete Frischknecht Kritik. Eine Demonstrantin etwa beklagt in der besagten „Doppelpunkt"-Sendung, viele hätten das als ebenso lächerliche wie unfaire Abgrenzung empfunden, da „alle mit dem gleichen Anliegen dahin gekommen" seien und es möglich sein müsse, seiner Empörung „auch einen anderen Ausdruck" zu verleihen.

Frischknecht stellte sich in einer eineinhalbstündigen Sendung des links-alternativen Radio LoRa in Zürich der Kritik seitens der radikalen Linken.[868] Einleitend legt der Moderator des

---

866 Rechsteiner im Gespräch mit Liehr, 13. März 1990, Transkript, S. 9.

867 Hierzu und zum Folgenden: Doppelpunkt, DRS 1, 25. März 1990, Transkript, S. 6.

868 Hierzu und zum Folgenden: „Weg mit dem Schnüffelstaat", Radio LoRa, 6. März 1990, Transkript, S. 1–12. Ähnlich wie die WoZ ging auch das Radio LoRa aus der Protestbewegung Anfang der 1980er-Jahre hervor. Ab 1982 wurde für das Radio eine legale Sendefrequenz erwirkt. Das Programm wird seither von einem Kollektiv aus rund 300 Sendungsmachenden gestaltet. Zur Geschichte des Radios LoRa, vgl:

Streitgesprächs dar, auf der Demonstration seien die Differenzen zwischen radikaler Denkenden und reformistisch Eingestellten „massiv aufgebrochen". Jene, welche die Bundesanwaltschaft haben stürmen wollen, seien „recht isoliert" worden, es habe teilweise am Rande Schlägereien gegeben zwischen Teilnehmenden der Kundgebung und Vermummten. Das KSS habe immer wieder dazu aufgerufen, friedlich zu bleiben. Es habe jedoch eine umstrittene Rolle bei der Ausgrenzung der Radikalen gespielt.

Daniel Stern, Vertreter aus dem Kreis der radikalen Linken, argumentiert, viele hätten ein „anderes Konzept für die Demo" gehabt als zum Beispiel linksliberalen Stimmen auf dem Bundesplatz zu zuhören; stattdessen sei es darum gegangen an den Ort zu gehen, wo die „Schnüffler organisiert" und die Akten zugegen seien. Das KSS aber habe die polizeiliche Absperrung unterstützt, so dass kaum jemand vom Bundesplatz zur Taubenstrasse durchgekommen sei. Im Nachhinein habe er von vielen gehört, sie wären „extrem gern vor die Bupo gegangen", sie seien jedoch „wie Schäfchen auf dem Bundesplatz eingesperrt" gewesen. Frischknecht entgegnet, der Demonstrationszug sei wie vorgesehen auch vor die Bundesanwaltschaft gezogen, erst als die Konfrontation mit der Polizei begann, sei umgeleitet und abgesperrt worden. Das KSS habe bereits im Vorfeld offen erklärt, keine Auseinandersetzung mit der Polizei zu suchen, so dass klar gewesen sei, wenn es zu Ausschreitungen komme, werde versucht, die vom KSS organisierte Demonstration friedlich auf dem Bundesplatz weiterzuführen. Dies habe „jeder wissen können, der es hat wissen wollen". Schliesslich vertrete er die Ansicht, die Akten seien in der Schweiz nur über friedlichen politischen Druck von unten zugänglich zu machen: weder durch parlamentarische Massnahmen noch durch juristische Musterprozesse, am wenigsten jedoch über militante Aktionen. Zudem sei niemand, Frischknechts Wahrnehmung nach, auf dem Bundesplatz „einge-

---

Radio LoRa – Wikipedia. Zur Überwachung des Radios LoRa durch den Zürcher Staatsschutz vgl.: Bericht der Untersuchungskommission Zürich 1991, S. 217.

sperrt" gewesen, er wiederum wisse von vielen, die „zirkuliert" seien.

Daniel Stern beanstandet darüber hinaus Formulierungen sowohl der Kundgebungsresolution als auch der Kulturboykott-Drohung als zu „verwässert". Frischknecht widerspricht, weder die Forderung nach einer PUK-EMD noch diejenige nach Abschaffung der politischen Polizei seien „schwammig". Darüber hinaus hätten Resolutionstexte bündnisfähig zu sein. Im Bezug etwa auf den von der radikalen Linken angestrebten Volkszählungsboykott werde es unter den Mitgliedern des KSS höchst wahrscheinlich keine Mehrheit geben, was in der aktuellen Situation zugunsten des politischen Drucks bei der Formulierung von Erklärungen berücksichtigt werden müsse, um so viele unterstützende Stimmen wie möglich vereinen zu können. Im übrigen stellt Frischknecht kritisch fest, dass er in den drei Monaten seit Veröffentlichung des PUK-Berichtes bis zur Resolutionskritik am Samstag über das Vorhaben eines Volkszählungsboykotts in der Presse nichts habe lesen können, was er als „eine völlig verpasste Chance" erachte, weil der Bezug „ja wirklich nahe liegend" sei.[869] In diesem Sinn fordert Frischknecht mehrfach, die radikale Linke möge auf die angebrachten Kritikpunkte am Vorgehen des KSS mit alternativen Konzepten reagieren, die man dann diskutieren könne.

Stern wiederum hebt hervor, für Veränderungen genüge Empörung nicht, es brauche Widerstand. Ebenso wie er beanstanden Zuhörende am Telefon darüber hinaus, das KSS habe zugunsten der Anliegen von Ausländerinnen und Ausländern, welche quantitativ die Mehrheit der Bespitzelten darstellten, zu wenig erreicht. Frischknecht erklärt sich damit als „völlig einverstanden", wenngleich man auch versucht habe, Unterstützung anzubieten, indem entsprechende Organisationen und Medien über die Einspruchsmöglichkeiten ihrer ausländischen Mitglieder oder Leserschaft informiert worden seien. Allerdings habe

---

869 Unter dem Titel „Boykott" setzt sich eine zwölfseitige Beilage der WoZ im November 1990 kritisch mit der Volkszählung auseinander: Boykott, WoZ, 9. November 1990; vgl. Blum, zählen lassen, Tages-Anzeiger, 28. Mai 1990.

das KSS die Erfahrung gemacht, dass es seitens der betroffenen Ausländerinnen und Ausländer offenbar grosse Hemmschwellen gebe, diese zu nutzen, weil sie einmal mehr staatliche Sanktionen befürchteten.[870]

Auch bezüglich des im Ausländerkontext geäusserten Einwands, die Kundgebung habe eine zu „patriotische" Tendenz gehabt, gesteht Frischknecht ein Manko ein. Lediglich durch den Tessiner Vasco Pedrina sei die Position der Ausländerinnen und Ausländer auf der Veranstaltung vertreten worden, „es wäre sicher richtig gewesen, wenn die AusländerInnen auch mit einer Rede zu Wort gekommen wären".[871]

Wie exemplarisch anhand einzelner im Radio-LoRa-Streitgespräch thematisierter Aspekte aufgezeigt, kam es auch etwa innerhalb der Deutschschweizer Linken zu Deutungskämpfen im Hinblick auf den politischen Umgang mit der Skandalkonstellation. Die während der Demonstration praktizierten gewalttätigen Handlungen zur bewussten Schaffung von Sachschäden wurden von den Befürwortenden als Widerstandsmassnahme zur Verstärkung des öffentlichen Drucks sowie als angemessene expressive Reaktion auf die aufgedeckten staatlichen Verfehlungen gerechtfertigt. Doch insbesondere so kurz vor der infolge einer SP-Motion anberaumten entsprechenden parlamentarischen Abstimmung lieferten die Ausschreitungen der ideologischen Gegenseite, welche die institutionelle Relevanz der politischen Polizei zu manifestieren

---

870 Frischknecht ergänzend: Es werde nun versucht, den Leuten die Möglichkeit zu bieten, dass sie per Vollmacht „eine Vertretung für die Einsicht verlangen können. Und das kann man dann auch gruppenweise machen, also, wenn sie das Gefühl haben: ‚Allein exponiere ich mich zu stark', dass dann vielleicht 10 oder 20 ihrem Gewerkschaftssekretär oder ihrer Ausländerorganisation quasi die Vollmacht erteilen, und die stellt dann das Einsichtsbegehren. Ich denke, dass wir jetzt quasi an der Schwelle sind, an der das langsam anläuft." Jürg Frischknecht in: „Weg mit dem Schnüffelstaat", Radio LoRa, 6. März 1990.

871 Zu den Einstellungen und Forderungen von Vertretenden der radikaleren Linken in Zürich vgl. auch: „Schnüffelstaat: was will die radikale Linke?", Radio LoRa, 25. März 1990.

suchte, vermeintlichen Belegstoff. Insofern, kommentiert Beat von Burg, sei es nur folgerichtig, explizit eine Zweiteilung der Demonstration zu kommunizieren, als eine friedliche einerseits und eine gewalttätige andererseits.[872] Von Burg argumentierend:

> „Wer diese Unterscheidung nicht macht, gibt dem Überwachungsstaat wieder Auftrieb; der legt genau jene Mentalität an den Tag, die friedliche Demonstranten mit Gewalt gleichsetzt – und deshalb gleich alle überwacht. Dieses Denken war Grundlage für den Fichen-Skandal – und dieses Denken muss aufhören."

Tatsächlich nutzte die FDP Schweiz die Situation umgehend zugunsten ihres Anliegens einer Beibehaltung der politischen Polizei aus. In ihrer durch die Neue Zürcher Zeitung publizierten Mitteilung spitzt sie zu: „Die Zerstörungen von Samstag gediehen *wider den Willen der Organisatoren zu einer Demonstration für die Notwendigkeit des Staatsschutzes".*[873] Als Begründung wird angeführt, dass „die Täter weitgehend in der demonstrierenden Menge untertauchen" hätten können, weswegen präventive polizeiliche Massnahmen, wenngleich entlang „klarer rechtlicher Regelungen sowie demokratischer Kontrollen", zu ihrer Ergreifung auch künftig möglich sein müssten. Die Gegenthese dazu war der Berner Tagwacht zu entnehmen, die rhetorisch fragt: „Hat der Staatsschutz bislang ein einziges Mal ‹Ausschreitungen› an einer Demo verhindert? Hat die FDP denn immer noch nicht begriffen, was mit der Abschaffung der politischen, nicht der gerichtlichen Polizei gemeint ist?"[874] Gemäss Messerli mutmasst die linke Zeitung weiter, die Krawalle könnten eventuell sogar von Provokateuren der Bundespolizei bewusst geschürt worden seien. Angesichts der „immer neuen Enthüllungen" handele es

---

872 Hierzu und zum Folgenden: Burg, Zwei Demos, Berner Zeitung, 5. März 1990.

873 Hierzu und zum Folgenden: Demonstration, Neue Zürcher Zeitung, 5. März 1990; Kursivsetzung gemäss Quelle.

874 Hierzu und zum Folgenden: Berner Tagwacht vom 6. März 1990 zit. n.: Messerli 2001, S. 85f.

sich „um eine ganz realistische Vermutung, die sich – es würde niemanden erstaunen – bald schon bewahrheiten" könne.[875]

In der erhitzten parlamentarischen Debatte vor der Abstimmung über das umstrittene Staatsschutzorgan und unmittelbar nach dem besagten Wochenende setzte der Berner FDP-Nationalrat Jean-Pierre Bonny „im Nationalratssaal zur politischen Aufräumarbeit" an.[876] Wie im Bund expliziert, stellte er es als „Ironie des Schicksals" dar, dass ausgerechnet auf einer Demonstration zur Abschaffung der politischen Polizei mit „letzter Deutlichkeit die Notwendigkeit eines modernen Staatsschutzes und des Schutzes der Staatsbürger vor Augen geführt" worden sei.[877] Gemäss Bund machte Bonny die Organisatoren für die Ausschreitungen zumindest mitverantwortlich.[878] Leutenegger Oberholzer warf

---

875 Ähnlich wurde über eine vermeintliche politische Taktik hinter dem Polizeieinsatz spekuliert. Die Berner Polizei hatte im Nachhinein ihr zurückhaltendes Vorgehen beim Einsatz von Wasserwerfern und dem ohnehin umstrittenen Tränengas damit begründet, dass man, auch um den Preis massiverer Sachschäden, eine Eskalation im Sinne einer Massenpanik auf dem Bundesplatz habe vermeiden wollen. Demgegenüber erklärte etwa Peter Sigerist, wenngleich er harte Polizeieinsätze grundsätzlich ablehne, habe die Zögerlichkeit der Berner Ordnungskräfte seiner Vermutung nach vor allem politische Motive gehabt. Es habe bezüglich der Ausschreitungen von Anfang an durchaus eine „Deckungsgleichheit der Interessen" gegeben. Für Sigerist sei das der Hauptgrund, weswegen Beobachter hätten feststellen können, dass die Randalierenden bis zu einer Viertelstunde „haben tun und lassen können, was sie wollten", ohne dass die Polizei eingeschritten wäre. Peter Sigerist in: Doppelpunkt, DRS 1, 25. März 1990, Transkript, S. 8f.

876 Sen., Anschauungsmaterial, Bund, 7. März 1990.

877 Jean-Pierre Bonny zit. n.: Sen., Anschauungsmaterial, Bund, 7. März 1990.

878 Auch der Delegierte für das Flüchtlingswesen im EJPD, dessen Büros von Militanten verwüstet worden waren, zog das KSS in einem Brief hinsichtlich einer finanziellen Entschädigung für die entstandenen Sachschäden in die Verantwortung. Gemäss Auflistung waren persönliche Gegenstände seiner Mitarbeitenden, vom Batik-Bild über Topfpflanzen bis zu einem „Thermo-Heizgerät für die Füsse", zerstört worden, weswegen das KSS angehalten wurde, einen Betrag von 987,50

dem FDP-Nationalrat anschliessend vor, „wider besseres Wissen und unter übelster Verdrehung der Tatsachen alle, die an der Demo waren, zu kriminalisieren". Insofern frage auch sie sich, „wer überhaupt ein Interesse an den Ausschreitungen haben konnte".[879]

Helmut Hubachers Kundgebungsäusserung, wonach die „Operation Schnüffelstaat" im EJPD und im EMD, mithin von Bürgerlichen inszeniert worden sei, wurde wiederum vom grünen Nationalrat Hanspeter Thür beanstandet, der daran erinnerte, dass auch sozialdemokratische Bundesräte Kenntnis von den Quartalsberichten der Bundesanwaltschaft gehabt, jedoch auch nicht darauf reagiert hätten.[880] Die turbulente Diskussion endete mit einer Niederlage der Abschaffungsbefürwortenden: Drei Tage nach den Ereignissen in Bern sprach sich der Nationalrat in der Schlussabstimmung mit 123 gegen 60 Stimmen deutlich für die weitere Existenz der politischen Polizei aus.[881]

Der ideologischen Instrumentalisierung der Ausschreitungen durch die Verfechter des präventiven Staatsschutzorgans hatte zuvor ein Fernsehbeitrag Vorschub geleistet, der am Abend direkt nach der Demonstration ausgestrahlt worden war. Hatte die Deutschschweizer Presse ab dem 5. März 1990 offenbar vorwiegend versucht, einen möglichst differenzierten Eindruck von den Ereignissen in Bern zu vermitteln,[882] habe es sich, pointiert

---

Franken zu überweisen. KSS, Dokumentation, Brief des Delegierten für das Flüchtlingswesen an André Daquet, 8. Mai 1990.

879 Susanne Leutenegger Oberholzer zit. n.: Sen., Anschauungsmaterial, Bund, 7. März 1990.

880 Hanspeter Thür wiedergegeben in: Sen. Anschauungsmaterial, Bund, 7. März 1990.

881 Vgl. die Wortprotokolle in: Amtliches Bulletin, Nationalrat, Frühjahrssession 1990: 89.833 SP-Motion „Abschaffung der politischen Polizei", (Wortlaut, schriftliche Stellungnahme des Bundesrats, Diskussion 5. März 1990) S. 213–224, (Namentliches Abstimmungsergebnis 6. März 1990) 238–240; vgl. auch: Brügger 2006, S. 69–78.

882 Auf einer Ausschusssitzung des KSS wurde diesbezüglich festgestellt, man habe „eine durchwegs gute Presse in der deutschen Schweiz

Jürg Frischknecht retrospektiv, bei dem „Tagesschau"-Beitrag von SF DRS um „eine krasse journalistische Fehlleistung" gehandelt.[883] Bereits in der Hauptausgabe um 19:30 Uhr wurden die Ausschreitungen, „telegene Actionbilder" liefernd, ins Zentrum der Berichterstattung gerückt.[884] Doch nicht nur über zahlreiche Einstellungen brennender Autos und Rauchwolken, sondern auch durch den Textbeitrag wurden fälschlicherweise dramatische Vorstellungen über die Gesamtveranstaltung evoziert, wobei von der friedlichen Kundgebung der bis zu 35 000 Menschen nur am Rande die Rede war. Es habe sich, kritisiert Richard Aschinger im Tages-Anzeiger, um eine eindeutige „Verdrehung der Proportionen" gehandelt, zumal die Wortbeiträge der Kundgebung

[gehabt], was von der welschen Schweiz nicht behauptet werden" könne. KSS, Dokumentation, Protokoll der Ausschusssitzung vom 7. März 1990 im Bundeshaus. In den betrachteten Presseartikeln wird sowohl anerkennend über die friedliche Kundgebung als auch, wenngleich teilweise in drastischer Sprache, über die Ausschreitungen berichtet, wobei die Abbildungen jeweils beide Sachverhalte illustrieren. Erwartungsgemäss dramatisierte der Blick einmal mehr am stärksten die Ausschreitungen. Eine grosse Aufnahme davon prangt direkt auf der Titelseite, emotionalisierend überschrieben mit: „So wüteten die Chaoten in Bern". Der Text darunter fokussiert dementsprechend auf die verletzten Polizisten sowie auf den geschätzten Wert der Sachschäden. Einen solchen Anblick von Verwüstungen kenne man „sonst nur aus Kriegsreportagen". Der Artikel im Blick schliesslich titelt übertreibend: „Chaoten wüteten: Schnüffeldemo wurde zur Strassenschlacht". Das „Durcheinander" sei zugunsten von „Plünderungen" ausgenutzt worden und die Ausrüstung der „Chaoten" habe aus „Tränengaspetarden, Eisenstangen, Messern, Helmen, Gasmasken und zugespitzten Schraubenziehern" bestanden. Heldstab/Mosimann, Chaoten, Blick, 5. März 1990; Heldstab, Schnüffeldemo, Blick, 5. März 1990. Zur Presseberichterstattung über die Demonstration vgl.: Messerli 2001, S. 84–86; Brügger 2006, S. 64–68.

883 Frischknecht im Gespräch mit Liehr, 5. März 2008, Transkript, S. 7.

884 Hierzu und zum Folgenden: Aschinger, Beirut, Tages-Anzeiger, 5. März 1990. Der Verfasserin liegt kein audiovisuelles Material von der Hauptausgabe besagter „Tagesschau" vor, lediglich ein fragmentarisches Textprotokoll aus der Dokumentation von SF DRS.

den Medienschaffenden der „Tagesschau"-Redaktion „nicht erwähnenswert" erschienen seien. Darüber hinaus waren die Zustände in Bern mit jenen in Beirut gleichgesetzt worden. Das jedoch habe „eine zynische Beleidigung der leidenden libanesischen Zivilbevölkerung" dargestellt. Wer einen solchen Vergleich mache, sei weder mit offenen Augen durch die Bundeshauptstadt gezogen – in der sich abgesehen von den friedlich Demonstrierenden auf der Grosskundgebung noch tausende Fastnachtsfeiernde aufgehalten hatten –, der habe darüber hinaus „keinen blassen Schimmer von den Schrecken eines Kriegs oder Bürgerkriegs, wie dem im Libanon".

Zur Sendung um 22:10 Uhr war, womöglich als Zeichen der Bereitschaft einer Kurskorrektur, Adolf Muschg ins Studio eingeladen worden. Doch auch der vor dem Gespräch zwischen Moderatorin Annet Gosztonyi und dem Schriftsteller ausgestrahlte Beitrag war, wenngleich ohne die Parallelisierung mit Beirut, noch immer recht tendenziös. Im Nachrichtenstudio sah sich Muschg mithin veranlasst, auf die Frage, wie er die Demonstration erlebt habe, zu antworten: „Ganz anders als Ihre Berichterstattung", die ein „marginales Ereignis ins Zentrum" gerückt habe, so dass von der „Substanz der Demonstration" kaum die Rede gewesen sei.[885] Fernsehschaffende jedoch, kritisierte Muschg, wüssten nur allzu genau, „dass Bilder brennender Autos länger haften als der volle Bundesplatz voller friedlicher Menschen, die ein sehr wichtiges Anliegen vorzubringen hatten". Damit spielte er auf die besondere manipulative Wirkungsmacht der Fernsehberichterstattung an, die in den Medien- und Sozialwissenschaften als „Realitätseffekt" bezeichnet wird. Demnach erzeugten Bilder als „sinnliche Unterfütterung des Wortes" Assoziationen und Stimmungen, die wiederum durch Sprache präzisiert würden.[886]

---

885 Adolf Muschg im Gespräch mit Annet Gosztonyi, Tagesschau, SF DRS, 3. März 1990 (22:10 Uhr), Sequenzprotokoll, S. 7f. Das Sequenzprotokoll offenbart, dass die Krawalle zeitlich nahezu die zweite Hälfte des Beitrages ausfüllen und in rund acht von achtzehn Einstellungen entsprechendes Bildmaterial liefern.

886 Hickethier 2001³, S. 106f.

Es entstehe, illustriert der Soziologe Pierre Bourdieu, dieser „effet du réel", der bewirke, „dass man glaubt, was man sieht" und der insofern „sozial mobilisierende (oder demobilisierende) Folgen haben kann".[887]

Viele Zuschauende entrüsteten sich über die „Tagesschau"-Berichterstattung der Hauptausgabe. Abgesehen von einer Vielzahl von Leserbriefen richteten sie Beschwerdeschreiben etwa an die Direktion von SF DRS.[888] Im Tages-Anzeiger fragt eine Zuschauerin, ob im dargestellten Sachverhalt „von der gleichen Kundgebung die Rede" gewesen sei, von der sie mit ihrer Tochter gerade zuvor heimgekehrt war.[889] Jenes „unsägliche Elaborat" sei für beide „schlimmer als eine Ohrfeige" gewesen. „Genüsslich und sensationslüstern", so eine andere Zuschauerin, habe sich das Fernsehen „in bester ‹Blick›-Manier über die ‹Schlacht in Bern› ausgelassen". Und eine dritte Kritikerin bilanziert, die „Tagesschau"-Schaffenden hätten, während sie „an spannendere Orte geschickt [worden seien], wo kleinere Gruppen von Rowdies die Gelegenheit missbrauchten, Kriegerlis zu spielen", den „politischen Gehalt dieses Anlasses" auf dem Bundesplatz offenbar verpasst.

---

887 Bourdieu 1998a, S. 27f. Die Deutungsmacht Fernsehschaffender offenbart sich exemplarisch bei einem Vergleich unterschiedlicher Darstellungen über die Grosskundgebung. Die Gegenüberstellung der Sequenzprotokolle – einerseits des „Tagesschau"-Beitrags (Ausstrahlung um 22:10 Uhr) und andererseits eines „Kultur aktuell"-Beitrags – manifestiert, inwiefern über einen andersartigen Einsatz fernsehästhetischer Ausdrucksmittel (etwa Szenenauswahl, Einstellungen, Montage, Verhältnis Text-Bild, Wortwahl, Handlungsplot etc.) ungleiche Eindrücke und Ansichten über das besagte Geschehen vermittelt worden sind. Vgl.: Tagesschau, SF DRS, 3. März 1990 (22:10 Uhr), Sequenzprotokoll; Kultur aktuell, SF DRS, 4. März 1990, Sequenzprotokoll.

888 Teilweise sind diese Briefe zwecks Kenntnisnahme auch an das KSS gesendet worden, vgl.: KSS, Dokumentation.

889 Hierzu und zum Folgenden: Die Ausschreitungen, Tages-Anzeiger, 9. März 1990.

Das KSS richtete sich am 8. März 1990 schliesslich mit der Bitte „um eine erklärende Stellungnahme und um das Ueberlassen einer Aufzeichnung von Haupt- und Spätausgabe" an den Chefredakteur des deutschschweizerischen Fernsehens.[890] Es gehe darum, einen fundierten Entscheid bezüglich einer Konzessionsbeschwerde fassen zu können. Die „Tagesschau" habe „von der zeitlichen Gegebenheit her eine Schlüsselrolle bei der Berichterstattung" über die Grosskundgebung gespielt, jedoch, „journalistischen Ansprüchen in keiner Weise" genügend, ein „verzerrtes Bild" darüber vermittelt. So seien „die gewalttätigen Aktionen einer Minderheit" unverhältnismässig breit ausgeführt worden, während man etwa die Reden auf dem Bundesplatz „mit keinem einzigen Ausschnitt" dargestellt beziehungsweise die „zentralen Aussagen der Kundgebung" übergangen habe. Der Beitrag erwecke den Eindruck, die Veranstaltung habe aufgrund der „Gewalttätigkeiten" abgebrochen werden müssen, was „in keiner Weise" der Fall gewesen sei.

Der Vorstand der Radio- und Fernsehgesellschaft der deutschen und rätoromanischen Schweiz reagierte am 24. April 1990 mit einem Pressecommuniqué.[891] Insbesondere politische Mandatstragende und SRG-kritische Organisationen aus dem bürgerlichen Lager hatten in der Öffentlichkeit teilweise harte Vorwürfe zur Radio- und Fernsehberichterstattung über den Staatsschutz-Skandal geäussert, wie:

> „tendenziöse Berichterstattung, Machtanmassung, Macht-
> missbrauch, Schnüffel-, Anklage-, Vorverurteilungs-,

---

890 Hierzu und zum Folgenden: KSS, Dokumentation, Jürg Frischknecht an Peter Studer, Chefredakteur Fernsehen DRS, Brief vom 8. März 1990.

891 Hierzu und zum Folgenden: KSS, Dokumentation, Stellungnahmen des Vorstandes DRS zur Berichterstattung über den Staatsschutz und die Armeeabschaffungsinitiative, Information an den Bundesrat, 25. April 1990, S. 1–6. Die schriftliche Anfrage des KSS wurde offenbar vom Deutschschweizer Fernsehen nicht explizit beantwortet. Vgl. KSS, Dokumentation, Jürg Frischknecht an Peter Studer, Chefredakteur Fernsehen DRS, Brief vom 28. August 1990.

Exekutions- und Kampagnen-Journalismus, bewusster Versuch, ‹unseren Staat herabzuwürdigen›, ‹Tendenzen zu staatszersetzendem Journalismus›."

Daraufhin habe der Vorstand DRS, ein „pluralistisch zusammengesetztes Gremium", die Quantität und Qualität der Beiträge einer Beurteilung unterzogen, die er „gesamthaft als sachgerecht und angemessen" bewerte, wobei „vorgekommene Mängel und Fehler [...] erkannt und besprochen" worden seien. Die Häufung der Information in den Monaten Februar und März sei „aktualitäts- und ereignisbedingt" gewesen. Man weise den Vorwurf zurück, Radio und Fernsehen hätten die „Staatskrise" nahezu „heraufbeschworen". Die „Darstellung politischer Fakten" gehöre ins Aufgabenspektrum der öffentlich-rechtlichen elektronischen Massenmedien, zudem wäre „jede Verharmlosung der Angelegenheit [...] unverantwortlich" gewesen. Eine Vielfalt von Ansichten sei darüber hinaus regelmässig zum Ausdruck gebracht worden. Nichtsdestotrotz seien „bei einzelnen Themen und Beiträgen Mängel" festzustellen, etwa im Bezug auf geschichtliche Kontextuierungen, Analysen und Hintergrundinformationen. Zudem habe der „Tagesschau"-Bericht über die Demonstration in Bern „einseitig die Ausschreitungen in den Vordergrund" geschoben. Auch hätten teilweise „Moderationen und Gesprächsführung [...] nicht auf dem wünschbaren Niveau" gelegen, was entgegen dem gemachten Vorwurf, nicht einem Willen zur Manipulation, sondern vielmehr einer „Unbeholfenheit" geschuldet gewesen sei.

Wie aus der Quelle ersichtlich, wurde der Berichterstattung der elektronischen Medien, insbesondere des Fernsehens, generell eine hohe Wirkungsmächtigkeit im Hinblick auf die Konstruktion von Wahrnehmungs-, Einstellungs- und Deutungsmustern zur Staatsschutzmisere zugesprochen. Die Kritik aus bürgerlichen Kreisen, die eine Androhung des Konzessionsentzugs enthielt, unterstellte den Medienschaffenden von Radio und Fernsehen

eine Forcierung der Staatsschutz-Skandalisierung.[892] Davon
jedoch konnte im besagten „Tagesschau"-Beitrag allerdings
nicht die Rede sein. Im Gegenteil, indem das Redaktionsteam
dem Nachrichtenfaktor Gewalt eine höhere Bedeutung zumass
als etwa den Kriterien Massenhaftigkeit oder Kreativität und es
zugleich versäumte, den gesellschaftsrelevanten Protestinhalten
Geltung zu verleihen, bekräftigte es die Anschauungen jener,
welche die politische Polizei als Staatsschutzorgan weiterhin für
unumgänglich hielten. Davon ausgehend, dass die „Tagesschau"
als anerkannte Informationssendung mit einem Millionenpub-
likum eine besonders hohe Deutungsmacht aufwies, kann besagten Berichten über die Grossdemonstration im Hinblick auf
das unmittelbar zur parlamentarischen Entscheidung stehende
Protestanliegen, die Abschaffung der politischen Polizei, ein
demobilisierender Effekt zugeschrieben werden.

4. Das Ringen um die soziopolitischen Folgen des Skandals

a) Die politischen Auseinandersetzungen von März bis Dezember 1990

Der eklatante politische Disput über die Praktiken der politischen
Polizei, der mit der Veröffentlichung und der Skandalisierung der
PUK-Ermittlungsresultate Ende November 1989 seinen Anfang
genommen hatte, kulminierte in der Grossdemonstration in Bern
Anfang März 1990. Der enorme Zulauf, den diese Veranstaltung
verzeichnete, belegt die gelungene Überführung des Skandals in
kollektiven Protest.

---

892 Beispielhaft gilt es in diesem Zusammenhang die Auseinandersetzung
über das Fernsehmagazin „Rundschau" vom 20. Februar 1990 zu
erwähnen, in dem der Offizier und Journalist Andreas Kohlschütter
ausgesagt hatte, von einem UNA-Beamten angehalten worden zu sein,
Informationen über die SFB und SJU einzuholen. Aus dem FDP-Lager
verlautete, bei der Sendung habe es sich um einen schwerwiegenden
Eingriff in die Kontroverse um die Einsetzung einer PUK-EMD
gehandelt. Vgl. Messerli 2001, S. 84.

War es über die PUK-EJPD zunächst geglückt, die umstrittenen Staatsschutzmethoden überhaupt aufzudecken, sie sodann mit Hilfe unterschiedlicher Akteure – von Parlamentsangehörenden über Kulturschaffende bishin zu den für eine Skandalisierung unabdingbaren Medienschaffenden – als massive Verletzung demokratischer und rechtsstaatlicher Prinzipien öffentlich zu brandmarken und damit eine grosse Welle öffentlicher Empörung zu evozieren, intensivierte sich der Eklat ab Mitte Februar. Wie dargelegt, drehte sich die Skandalspirale in den Wochen bis zu Beginn der parlamentarischen Frühjahrssession immer schneller; zum einen, weil betroffene staatliche Mandatstragende und Behörden, unter enormen Druck stehend, aus Perspektive der kritischen Öffentlichkeit die geforderte Aufklärung zu zögerlich vorantrieben, zum anderen, weil zugleich immer mehr brisante Sachverhalte offenbar wurden.

Doch auch eine breit getragene vehemente Entrüstung über Verfehlungen staatlicher Akteure läuft Gefahr, sich rasch im Nichts zu verflüchtigen. Zugunsten einer Veränderung der angeprangerten Missstände gilt es darum, das der Empörung inhärente gestalterische Potenzial strategisch nutzbar zu machen. Die gelungene Skandalisierung der Staatsschutzpraktiken war mithin lediglich die Voraussetzung beziehungsweise der erste Schritt, um in dem problematischen soziopolitischen Geheimbereich der inneren Sicherheit einen institutionellen Wandel forcieren zu können. Genau zu diesem Zweck war das Komitee „Schluss mit dem Schnüffelstaat" Mitte Januar 1990 gegründet worden. Das Ziel einer Demokratisierung des Staatsschutzes verfolgend, richtete die heterogene Gruppe der im KSS Engagierten im Hinblick auf die parlamentarische Frühjahrssession von Anfang an konkrete Forderungen an die zuständigen Bundesräte und an die Parlamente. Andauernd auf die tagespolitischen Geschehnisse reagierend, leistete sie anhand unterschiedlicher kommunikativer Mittel nicht nur Aufklärungs-, sondern auch Kampagnenarbeit. Es ging darum Aufmerksamkeit zu erzeugen, die eigene Glaubwürdigkeit zu untermauern, politisches Anschlusshandeln zu provozieren und schliesslich die Bürgerinnen und Bürger zugunsten der eigenen proklamierten Anliegen im Sinne einer ausserparlamentarischen

Opposition zu mobilisieren. Das Engagement des KSS sowie der Verlauf der Grossdemonstration in Bern belegen, was gemäss Dieter Rucht für das komplexe soziologische Phänomen des kollektiven Protests, samt dem damit einhergehenden Anspruch, soziopolitischen Wandel durchzusetzen, kennzeichnend ist: er ist voraussetzungsvoll und interaktiv. Inwiefern?

Unter kollektiven Protesten in westlichen Demokratien werden in der Sozialen-Bewegungsforschung öffentlich vollzogene kommunikative Akte verstanden, an denen sich eine uneinheitliche Gemeinschaft nicht staatlicher Akteure beteiligt, um Kritik an Elementen des etablierten verfahrensgeregelten Politikbetriebs zu üben und, demgegenüber, ihre Anliegen beziehungsweise Forderungen an politische Entscheidungsträger zu richten.[893] Damit stellen Proteste „nie blanke Abwehr" dar, vielmehr verweisen sie „zumindest implizit auf die Möglichkeit und Wünschbarkeit anderer und besserer Zustände".[894] Symptomatisch für sie sei mithin, pointiert Rucht, eine „doppelte Signatur": einerseits der Widerspruch *gegen* etwas und zugleich andererseits das Bekenntnis *für* etwas. Genau das mache kollektiven Protest in zweierlei Hinsicht voraussetzungsvoll. Denn wer protestiere, ziehe die Aufmerksamkeit auf sich und gerate hinsichtlich bestimmter Erwartungen in Zugzwang. Auf einer inhaltlichen Ebene gelte es, die dem Einspruch eigene Abwehr bestimmter Umstände, soll sie auf breite Zustimmung stossen, zu plausibilisieren. Rucht: „Das Problem muss als dringlich, die Kritik als gerechtfertigt, der Angeklagte als schuldig, die Lösung als realistisch erscheinen [...] Fragen, Zweifel, Widerspruch, Forderungen nach Alternativen" würden den Protestierenden entgegengehalten, weswegen sie sich, wollen sie glaubwürdig sein, um „konstruktive Angebote" zu bemühen hätten. Auf einer organisatorischen Ebene erfordere kollektiver Protest eine logistisch aufwändige „Produktionsstruktur" im Sinne von „Ressourcen, Organisation, strategische[n] Entscheidungen, Mobilisierung", die der Öffentlichkeit verborgen bleibe, und für die teilweise ein „auf Protest spezialisiertes

---

893 Vgl. etwa: Rucht 2002a, S. 712; Neidhardt/Rucht 2001, S. 28.

894 Hierzu und zum Folgenden: Rucht 2001a, S. 8f.

Personal samt Infrastruktur auf Abruf" zur Verfügung stehe. Der damit angesprochene relativ grosse Aufwand mache kollektiven Protest, wenngleich täglich zahlreiche potenzielle Gründe dafür vorlägen, „eher unwahrscheinlich".

Die aufgedeckten Verfehlungen im Bereich des inneren Staatsschutzes, die fundamentale Prinzipien der Schweizer Verfassung betrafen, galten den im KSS vereinten politisch Engagierten jedoch als so gravierend, dass sie während des Skandaljahres (und teilweise darüber hinaus) keine Mühen scheuten, um mit zahlreichen Aktionen zu versuchen, kollektiven Protest zu organisieren.[895] Die von ihnen erfolgreich veranstaltete Massenkundgebung Anfang März 1990 offenbarte mustergültig, was Dieter Rucht als zweites Komplexitätsmerkmal kollektiven Protests beschreibt: dessen Interaktivität.[896] Wie oben dargelegt, zeugte bereits die vielschichtige Vorbereitung der Grossdemonstration hinter den Kulissen der Öffentlichkeit zwecks Koordinierung verschiedener Faktoren wie Zeit, Ort, Rednerschaft oder Selbstinszenierung von Austauschprozessen zwischen diversen Akteurinnen und Akteuren innerhalb des KSS sowie zwischen den Ausrichtenden und Aussenstehenden, beispielsweise den Beamten der Ordnungsbehörden oder Medienschaffenden. Auf der Veranstaltung selber vollzogen sich wiederum wechselseitige Verhaltensreaktionen zwischen den vielen Tausend Protestierenden, aber auch zwi-

---

895 Aufbegehrenden steht ein Repertoire an Protestformen zur Verfügung. Diesbezüglich werden verfahrensgeregelte Einsprüche – etwa Petitionen, gerichtliche Klagen, Volksbegehren und Volksentscheide – unterschieden von nicht-normierten Widerstandsaktionen. Dazu zählen: von harmloseren, überwiegend legalen Varianten wie Leserbriefen, Flugblättern, Plakaten, Unterschriftensammlungen, Anzeigen, Mahnwachen, Kundgebungen, Märschen und Streiks über begrenzte Regelverletzungen wie Pfeifkonzerten, Störungen von Versammlungen, Blockaden, Boykotten oder wilden Streiks bis hin zu Gewaltakten wie Sachbeschädigungen, Brandanschlägen, Sabotagen, Verletzungen von Personen oder politischem Mord. Rucht 2002a, S. 713. Zur Praxis und Häufigkeit verschiedener Protestformen in der Geschichte der Bundesrepublik Deutschland von 1950–1994 vgl.: Neidhardt/Rucht 2001, S. 53–58.

896 Vgl. Rucht 2001a, S. 9f.

schen Demonstrierenden und Polizeikräften, Feuerwehrleuten, Zuschauenden, Vortragenden oder Medienschaffenden. Kurzum: Während dem sich vollziehenden Protestereignis ergaben sich komplexe „Interaktions- und Kausalketten", die zu Folgehandlungen führten, welche für die Veranstaltenden nur begrenzt absehbar und im Hinblick auf die Durchsetzung ihres unmittelbar anvisierten Protestanliegens teilweise kontraproduktiv waren. Beispielhaft sind hier die Ausschreitungen zu nennen, die unter anderem den gewaltfixierten „Tagesschau"-Beitrag provozierten, dessen Aussage offensichtlich einen Effekt auf die öffentliche Meinungsbildung im direkten Vorfeld der Parlamentsabstimmung über die Abschaffung der politischen Polizei hatte. So gesehen liegt die Vermutung nahe, dass die Ausschreitungen im Hinblick auf das Ziel, das umstrittene Staatsschutzinstrument auszuschalten, zu einer Entschleunigung der Protestwirkung beigetragen haben.

Angetreten, um den routinierten Politikbetrieb der Schweiz von aussen zu irritieren beziehungsweise „von unten" unter Druck zu setzen, war den im KSS Engagierten und den sie Unterstützenden eine kollektive Basismobilisierung gelungen, die aufgrund ihrer Massenhaftigkeit einen durchaus imponierenden Eindruck hinterliess.[897] Die 20–35 000 friedlich Demonstrierenden signalisierten Geschlossenheit, sowohl inhaltlich, indem sie den Resolutionstext mit Beifallsbekundungen unterstützten, als auch bezüglich der kommunikativen Mittel, ihren Unmut gegenüber den verantwortlichen staatlichen Behörden und Mandatstragenden zu artikulieren. Die zugunsten der Schlagkräftigkeit einer so heterogenen Grossgruppe unabdingbare kollektive Identität (im Sinne einer einenden Übereinstimmung im oppositionellen Umgang mit dem Staatsschutzeklat), manifestierte sich während der Veranstaltung in den zahlreich praktizierten (humorvollen) Selbstinszenierungen und kreativen Spruchbannern, die gesamthaft einen ernsthaft-satirischen Tenor zum Ausdruck brachten. Die Massenkundgebung der friedlich Demonstrieren-

---

897   Hierzu und zum Folgenden vgl.: Neidhardt/Rucht 2001, S. 28f; Rucht 2002a, S. 713; Rucht 2003, S. 3, 8f, 11f.

den war ein Gemeinschaftserlebnis, das in der unabsehbaren Skandalkonstellation die Funktion einer Selbstvergewisserung als kollektiver Protestakteur erfüllte. Dies mochte die Hoffnung auf eine Durchsetzung elementaren institutionellen Wandels im Staatsschutzbereich während des Verlaufs der Demonstration vielfach genährt haben.

Das verbindende Element, das die ebenfalls heterogene Gruppe der geschätzten 200 Militanten während der Veranstaltung einte, war ihre Bereitschaft zu Gewalt gegen Sachen als expressives Protestmittel.[898] Wenngleich vielfach hervorgehoben wurde, dass auch die radikalen Demonstrierenden aus dem gleichen Beweggrund, das heisst aus Erbitterung über die staatlichen Verfehlungen nach Bern gekommen waren, – durch die rabiaten Praktiken, ihre Wut auszudrücken, durch die von ihnen ausgeübte „Radikalität in Wort und Tat" (Rucht) sonderten sie sich von den friedlich Demonstrierenden auf dem Bundesplatz als eigene Protestgemeinschaft ab. Darüber hinaus wirkten einige der militanten Akteure nicht nur eigens organisiert, auch über ihre militaristische Selbstinszenierung markierten sie optisch Grenzziehungen zwischen sich und den anderen, was die Auffassung, es habe sich um zwei verschiedene Demonstrationen gehandelt, ebenfalls plausibel erscheinen lässt.[899] Die Aufspaltung der Gesamtveranstaltung in zwei ungleiche Protestkollektive

---

898 In einem „Demorückblick" des KSS werden die militanten Demonstrierenden als „Autonome" subsumiert, die sich, eine Spaltung der Linken forcierend, „gegen das Komitee empören und [ihm] Reformismus vorwerfen". KSS, Dokumentation, Protokoll der Ausschussitzung vom 7. März 1990 im Bundeshaus. Zur Terminologie, Konzeption und Geschichte autonomer Gruppierungen (in der Bundesrepublik Deutschland) vgl. etwa: Haunss 2008.

899 Zum Abgrenzungsphänomen gewaltbereiter Protestierender schreibt Dieter Rucht (bezogen auf die 1. Mai-Demonstrationen in Deutschland): „Der Gestus der Radikalität und des in Szene gesetzten ‚abweichenden Verhaltens', die Massierung von sub- und gegenkulturellen Symbolen, nicht zuletzt die unübersehbare Polizeipräsenz schaffen zumindest phasen- und streckenweise, und vor allem mit fortschreitender Stunde, einen sozialen Raum, der durch Differenz, Spannung und teilweise auch aggressive Symbolik markiert ist. Damit entstehen

unterminierte den für die Geltungsmacht des Protests essentiellen Eindruck der Geschlossenheit.

Mit anderen Worten: So erfolgreich die Mobilisierung bis zu jenem spektakulären Höhepunkt des Protestverlaufs gewesen ist, das ebenso vielschichtige wie unkalkulierbare Grossereignis evozierte zugleich Umstände, die den im Protest grundsätzlich Vereinten bezüglich des Ziels einer Forcierung grundsätzlichen institutionellen Wandels im Staatsschutzbereich eine erste Niederlage bescherten. Wie ging es weiter? Wie entwickelte sich die Staatsschutzmisere bis Ende 1990? Und wie reagierten die verschiedenen Protestakteure auf die politischen Umstände?

Am 7. März 1990, zwei Tage nachdem im National- sowie im Ständerat die Frühjahrssession begonnen hatte, während der zahlreiche Vorstösse zum Fichen-Skandal zu behandeln waren, wurde im KSS bilanzierend festgehalten, dass zwei der anvisierten Protestziele – eine PUK-2 zur Inspizierung des EMDs sowie eine generelle Ficheneinsicht – durchgesetzt werden konnten. Als weitere zentrale, jedoch noch unerfüllte Forderungen würden ganz oben auf dem Programm die Verschiebung des 31. März 1990 als Fristende zur Gesuchstellung für die Einsichtnahme und die Abschaffung der politischen Polizei stehen.[900] Was Letztere anbelangte, nutzte das KSS nach dem parlamentarischen Nein ein direkt-demokratisches Instrument, indem es am 24. April 1990 im Bundesblatt die bereits erwähnte Volksinitiative „S.o.S. – Schweiz ohne Schnüffelpolizei" lancierte,[901] die verlautete:

---

soziale Anziehungs- und Abstossungskräfte, die das Terrain wie ein Magnetfeld strukturieren". Rucht 2003, S. 9.

900 KSS, Dokumentation, Protokoll der Ausschussitzung vom 7. März 1990 im Bundeshaus.

901 Durch Volksinitiativen besteht für stimmberechtigte Schweizer Bürgerinnen und Bürger die Möglichkeit, Verfassungsartikel zu verändern, zu ergänzen oder aufzuheben. Dazu müssen in einer Frist von 18 Monaten zugunsten des Initiativtextes bis zu 100 000 gültige Unterschriften Stimmberechtigter eingereicht werden. Doch gelangen nicht alle erfolgreich ins Verfahren geschickte Initiativen zur Abstimmung, da sie, nicht selten aufgrund einer jahrelangen

Die Bundesverfassung wird wie folgt ergänzt:

Art. 65 bis (neu) – 1. Die politische Polizei ist abgeschafft; 2. Niemand darf bei der Wahrnehmung ideeller und politischer Rechte überwacht werden. 3. Die Verfolgung strafbarer Handlungen bleibt vorbehalten.[902]

Wenngleich das entsprechende politische Verfahren aufwändig und teuer war, weil die 100 000 Unterschriften nicht nur gesammelt, sondern auch einzeln von den jeweiligen Gemeinden auf ihre Gültigkeit hin überprüft werden mussten, bot es dem KSS zugleich eine Möglichkeit, die Protestaktivierung in jenem Moment fortzuführen, in dem die massenmediale Aufmerksamkeit nach der Grossdemonstration und der parlamentarischen Abstimmung abzuflauen drohte. Mit den Informationsständen, an denen die Unterschriftenbögen auslagen, hatte man in den kommenden Monaten wieder ein Mittel, an verschiedenen Orten der Schweiz mit tausenden von Leuten in Kontakt zu treten, um mit ihnen über den Sachverhalt zu diskutieren. Darüber hinaus konnte das Projekt, die politische Polizei abzuschaffen, auf politischer Ebene weitergeführt werden.[903] Nach monatelanger Mobilisierung, die von den im KSS Engagierten auf zahlreichen regionalen Veranstaltungen, aber auch durch Pressearbeit sowie

---

Verschleppungstaktik der Behörden, bis zum Tag des Urnengangs überholt oder gegenstandslos geworden sind. Wie bereits erwähnt, habe man auch die S.o.S.-Initiative „in der Warteschublade auskühlen lassen" (Linder). Als sie erst am 7. Juni 1998 zur Abstimmung stand, hatte sich das politische Klima verändert, so dass das Anliegen der stimmberechtigten Bevölkerung offensichtlich nicht mehr als dringlich erschien und lediglich 24,9% der Votierenden die Abschaffung der politischen Polizei befürworteten. Seit 1997 ist der administrative Prozess von der Einreichung bis zur Abstimmung per Gesetz jedoch zeitlich befristet worden. Vgl.: Linder 2005[2], S. 253f.

902 Der Initiativtext sowie die Daten des administrativen Prozesses sind abrufbar unter: Eidgenössische Volksinitiative "S.o.S.-Schweiz ohne Schnüffelpolizei", online.

903 Sigerist im Gespräch mit Liehr, 22. Februar 2008, Transkript, S. 7, 13f. Zu den Vor- und Nachteilen von Volksinitiativen bei der Protestmobilisierung vgl.: Linder 2005[2], S. 134.

über den Vertrieb des „Fichen-Fritz" und des Buchs „Schnüffelstaat Schweiz" geleistet worden war, konnte die Volksinitiative
schliesslich fristgemäss am 14. Oktober 1991 mit 105 664 gültigen
Stimmen eingereicht werden.[904]

Das zweite grosse Protestanliegen, für das sich das KSS von Beginn
an eingesetzt hatte, ist am 12. März 1990 sowohl im National- als
auch im Ständerat beschlossen worden: eine Parlamentarische
Untersuchungskommission für das Eidgenössische Militärdepartement (PUK-EMD, PUK-2). Am 23. Februar 1990 hatte sich
bereits der Bundesrat für den Einsatz eines entsprechenden
mit weitgehenden Kompetenzen ausgestatteten Kontrollorgans
ausgesprochen. Allerdings war den Gremien die Entscheidung
offensichtlich nicht leicht gefallen. Wie oben geschildert, hatten
Skeptiker aus dem linken Lager schon rasch nach Aufdeckung
der Staatsschutzpraktiken im EJPD die Vermutung geäussert,
aufgrund personeller Verflechtungen seien solche umstrittenen
Registraturen auch im EMD wahrscheinlich. Damals jedoch
vermochten sie für die daraus resultierende Forderung nach
einer PUK-2 in der Öffentlichkeit keine Mehrheit zufinden.
Verstärkt öffentliches Misstrauen verbreitete sich schliesslich,
nachdem der Berner SP-Grossrat Rudolf Strahm Mitte Februar
seine Fiche eingesehen und der Journalist Andreas Kohlschütter
im Fernsehmagazin „Rundschau" ausgesagt hatte, von der UNA
für Spitzeldienste angeworben worden zu sein. Nicht so sehr aus
Überzeugung, so der in der Presse verbreitete Tenor, sondern
vor allem, um auf die generelle Empörung beschwichtigend
zu reagieren, hätten sich viele der bürgerlichen Abgeordneten
schliesslich für eine entsprechende Inspektion des Verteidigungsministeriums entschlossen.[905]

---

904 Chronik des KSS (vermutlich aus: Fichen-Fritz, 1994) in: Dokumentation
     des Sozialarchivs Zürich.

905 Zur PUK-EMD, ihrer personellen Zusammensetzung und ihrem Auftrag,
     siehe weiter unten. Zu den öffentlichen Auseinandersetzungen um den
     Einsatz einer PUK-EMD vgl.: Messerli 2001, S. 52, 81–84; Brügger 2006,
     S. 70. Vgl. etwa: Amtliches Bulletin, Ständerat, Frühjahrssession 1990:
     90.022 Abstimmung des Ständerats vom 8. März 1990, Vorkommnisse

Doch die Ernennung des Appenzell-Innerrhoder Ständerats Carlo Schmid zum Präsidenten der Kommission stiess in linken Kreisen auf Abwehr. Denn der CVP-Politiker war Mitglied der Offiziers-gesellschaft und galt für das Leitungsamt desjenigen Ausschus-ses, der eine für das EMD brisante Untersuchung durchzuführen hatte, als zu konservativ und zu unkritisch. Schmid selbst hatte den entsprechenden Argwohn gegen seine besagte Ernennung durch ein Statement bekräftigt, das einige Tage vor seiner Wahl publiziert worden war und in dem er die Krise abfällig als von Medienschaffenden und Linken konstruiert beziehungsweise als deren Agitation herunterspielte. Schmid:

„Als erstes müsste man alle massgebenden Redaktoren von Radio und Fernsehen DRS – und dazu ein paar gleichge-sinnte Presseleute – abhalftern. Weiter bin ich dafür, dass man Leuten, wie etwa Herrn Kohlschütter, die sich im Moment über jedes Mass hinaus mit Selbstdarstellungen zu profilieren versuchen, auf die Finger hauen sollte [...] Die gegenwärtige Aktion ist zum Teil Schaumschlägerei, zum Teil böser Wille und zum Teil ist das Peter Bodenmann, Paul Rechsteiner und Gleichgesinnte: Leute also, die die ‚Krise' ganz bewusst in Szene setzen. Dass das halbe Schweizervolk diesen nachläuft, ist wirklich zum Heulen."[906]

Ohne Zweifel: die Protestakteure nutzten die aufgedeckten Ver-fehlungen der politischen Polizei strategisch zum Zwecke ihres anspruchsvollen politischen Ziels, zugunsten einer Demokratisie-rung des Staatsschutzes institutionellen Wandel einzuleiten. Der enorme Anklang, welchen die ausserparlamentarische Opposition hervorrief, manifestiert jedoch, dass die verfassungsmässige Logik

---

im EMD. Parlamentarische Untersuchungskommissionen (Diskussion über Beschlussentwurf der Büros vom 7. März 1990), S. 89–99; Amtliches Bulletin, Nationalrat, Frühjahrssession 1990: 90.022 Vorkommnisse im EMD. Parlamentarische Untersuchungskommissionen (Beschluss des Ständerats, Diskussion Motionen 8. März 1990), S. 303–313, (Fortsetzung, persönliche Vorstösse 12. März 1990) S. 324–339.

906 CVP-Ständerat Carlo Schmid in: Ostschweiz, 3. März 1990, zit. n.: Künzli 1990, S. 84.

der vielschichtigen Protestkommunikation einem beträchtlichen Bevölkerungsanteil plausibel erschien und damit keineswegs als inhaltslose Hetze abzuqualifizieren war. Die Äusserung Schmids vermittelt einen Eindruck von der damaligen politischen Streitkultur, vom kommunikativen Umgang zwischen ideologischen Gegnerinnen und Gegnern. Sie signalisiert die Verhärtung der politischen Fronten zwischen dem rechtsbürgerlichen und dem links-alternativen Lager und ist zugleich ein Beispiel für die Fundamentalkritik Konservativer an der Skandalberichterstattung, insbesondere an jener der elektronischen Massenmedien.

Tatsächlich war es den Skandalisierenden und Protestakteuren gelungen, wochenlang eine allgemeine Stimmung zu intensivieren, in der möglich wurde, was noch wenige Monate zuvor unmöglich schien: eine ernsthafte öffentliche Auseinandersetzung über die Abschaffung der politischen Polizei sowie über die Einsetzung einer PUK-EMD. Nachdem das umstrittene Kontrollgremium politisch regelrecht erkämpft worden war, erscheint nachvollziehbar, warum der konservative Ständerat in der einflussreichen Rolle des Vorsitzenden bei zahlreichen Linken Argwohn hervorgerufen hat. Doch wurde Schmid mit dem Tessiner SP-Nationalrat Werner Carrobio in der Funktion des Vizepräsidenten ein politischer Kontrahent und ideologisches Gegengewicht an die Seite gestellt, womit insgesamt eine vermutlich nicht immer spannungsfreie, zugleich jedoch differenzierte Kommissionsleitung in Aussicht stand.

Eine weitere Personaldiskussion, die im Rahmen des Deutungskampfes um die Aufarbeitung der Staatsschutzmisere zum Politikum wurde, entbrannte um die Ernennung des so genannten Sonderbeauftragten (SOBE) für die Staatsschutzakten des Bundes. SP-Nationalrat Moritz Leuenberger war am 12. März 1990 vom Bundesrat in das neu geschaffene Amt berufen worden, weil er aufgrund seiner Tätigkeit als PUK-EJPD-Präsident Ansehen und Vertrauen unter Registrierten und Empörten gewonnen hatte. Doch bereits einen Tag später argwöhnte etwa die Inlandsredakteurin der Neuen Zürcher Zeitung, Claudia Schoch, die Landesregierung habe mit Leuenbergers Wahl einen strategischen Schachzug vollzogen, um linke Skeptiker zu besänftigen. Dabei habe sie allerdings ausser Acht gelassen, dass die für diese Aufgabe unabdingbare sachliche Unabhängigkeit angesichts der parteipolitischen Eingebundenheit des Nationalrats und seiner Aufgabe als PUK-EJPD-Präsident nicht gewährt sei.[907] Ähnlich äusserten sich rechtskonservative Parlamentarier, so dass das Büro des Nationalrats in den Tagen darauf ein Gutachten erstellen liess, demnach rechtliche Bedenken an der Vereinbarkeit der besagten Mandate Leuenbergers vorhanden seien. Dieser entschied sich daraufhin, die Funktion des Fichen-Delegierten nach einer Woche wieder abzugeben.[908] Davon ausgehend, dass es schwierig werde, einen geeigneten Nachfolger zu finden, der ähnlich grosses Vertrauen unter Fichierten genösse, reagierten linke und unabhängige Zeitungen teilweise überrascht und enttäuscht auf den Rücktritt Leuenbergers.

Dementsprechend zeigte sich das KSS über die Ernennung des „rechtslastigen" Luzerner CVP-Alt Regierungsrats Walter Gut am 11. April 1990 entsetzt.[909] „Absolut inakzeptabel" sei dieser

---

907 Kommentar der NZZ-Inlandsredakteurin Claudia Schoch vom 13. März 1990, wiedergegeben in: Messerli 2001, S. 74. Nachdem Mitte Februar bekannt geworden war, dass abgesehen von der Hauptregistratur zahlreiche Nebenregistraturen in der Bundesanwaltschaft geführt wurden, von denen weder der gegenwärtige Vorsteher noch der Bundesrat noch die PUK Kenntnis besessen hatten, machte sich die Kommission nochmals an die Arbeit, so dass Leuenberger zum Zeitpunkt seiner Wahl zum Fichen-Delegierten noch die Funktion des PUK-EJPD-Präsidenten ausführte. Vgl. PUK-EJPD-Ergänzungsbericht, S. 1f. Der Bericht wurde am 29. Mai 1990 verabschiedet.

908 Messerli 2001, S. 53; vgl. Künzli 1990, S. 85. Zur Auseinandersetzung um die Ernennung und den Rücktritt Leuenbergers in der Presse vgl.: Messerli 2001, S. 74–77.

909 Hierzu und zum Folgenden: KSS, Dokumentation, Pressemitteilung zur Wahl vom Fichen-Delegierten Walter Gut, CVP Luzern, vom 11. April 1990. Gemäss dem KSS sei Gut „als längjähriger Militärrichter, der Dienstverweigerer und kritische Armeeangehörige verurteilte, sowie als Erziehungsdirektor [...] eine Berufsverbotspolitik verkörperte" gegen jene vorgegangen, die er „für zu wenig staatstreu" gehalten habe. Diese Personen, pointiert das KSS, „sollen jetzt bei genau diesem

Personalentscheid des Bundesrates, der damit einmal mehr bewiesen habe, „die Dimension der Krise um den Schnüffelstaat nicht begriffen" zu haben. Denn, so die Erklärung,

> „statt die Einsichtsgewährung in die Fichen und Dossiers einer Person zu übertragen, die das Vertrauen von Hunderttausenden von Bespitzelten und Registrierten geniesst, setzt er auf einen Mann, der bestenfalls den ‚Tätern' – den Bundespolizisten und den Verantwortlichen in den Behörden – gefallen kann."

Abgesehen davon, dass das KSS an Walter Gut appellierte, „die Grösse zu haben, seine fehlende Eignung für dieses anspruchsvolle Amt einzusehen", forderte es die Landesregierung auf, die „Wahl unverzüglich rückgängig zu machen". Letztendlich müsse die Legitimität eines Bundesrates angezweifelt werden, „welcher der Bevölkerung nach so gravierenden Machtmissbräuchen seines Polizeiapparates, derartige Fehlentscheide zumutet".

Der vehemente Widerspruch des KSS gegen die Ernennung Guts offenbart, inwiefern im Deutungskampf um die Ausgestaltung des inneren Staatsschutzes bei der Besetzung von politisch relevanten Positionen gerungen worden ist. Die infolge des PUK-EJPD-Berichtes geschaffene Funktion des Fichen-Sonderbeauftragten war als Scharnierstelle verortet zwischen dem staatsschützerischen Anliegen der Landesregierung einerseits und der Ermöglichung einer Wahrnehmung von Persönlichkeitsrechten Fichierter andererseits. Wer sie innehatte, oblag der verantwortungsvollen Aufgabe, die am 5. März 1990 vom Bundesrat erlassene Verordnung zur Behandlung der Staatsschutzakten des Bundes (VBS) konzeptionell umzusetzen.[910] Gemäss dem SOBE-Schlussbericht

---

Mann um ihre Akten betteln gehen. Eine Zumutung". Komitee Schluss mit dem Schnüffelstaat 1990, S. 202 (Informationskasten, vgl. darin auch den Auszug aus einem NZZ-Artikel Guts von 1976).

910 Die Verordnung ist abgedruckt in: Komitee Schluss mit dem Schnüffelstaat 1990, S. 250–254. Nachdem Anfang Februar 1990 die Fichen-Einsichtsgesuche bereits auf 50 000 angestiegen waren und eine mengenmässige Überforderung des bundesanwaltschaftlichen

waren die „Schwierigkeiten der Anfangszeit" beträchtlich, weil der Dienst zur Organisation und Durchführung der Fichen- und Akteneinsicht „aus dem Nichts" aufgebaut werden musste, während zugleich die Anzahl allein der Fichen-Einsichtsgesuche insgesamt mit rund 300 000 „das Zehnfache des Erwarteten" übertraf und eine rasche Abwicklung verlangt wurde.[911] Aussergewöhnlich an dieser „ad hoc-Behörde" war, dass sie im Hinblick auf polizeiliche Dokumente, die normalerweise strengster Geheimhaltung obliegen, eine „Art Aktenvormundschaft" besass, um sie zur Einsichtsnahme betroffener Personen vorzubereiten und sie ihnen als Kopie nach Hause zu senden. Bei der konzeptionellen Umsetzung der Offenlegung aber gab es im Hinblick auf die Abdeckpraxis, beispielsweise von Informantennamen,

---

Personals bei der Durchführung offenbar wurde, beauftragte EJPD-Chef Arnold Koller die bereits eingesetzte Arbeitsgruppe, die schon die „Wegleitung des EJPD für die Behandlung von Einsichtsgesuchen" erarbeitet hatte, einen „besonderen Dienst unter Leitung eines Sonderbeauftragten vorzusehen und die Offenlegung in einer Verordnung zu verankern". Diese betraf abgesehen von der Fichen- auch die Dossiereinsicht und trat am 12. März 1990 in Kraft. Von diesem Tag an bis Ende April 1996 bestand der Dienst des Sonderbeauftragten für Staatsschutzakten, danach wurde er aufgelöst, weil die meisten Gesuchstellenden mittlerweile in Besitz von Kopien der sie betreffenden Staatsschutzakten gelangt waren. Angesichts der enormen Anzahl von Fichen-Einsichtsgesuchen wurde die Akteneinsicht bereits im ersten Quartal 1990 aufgeschoben. Diesbezüglich erfolgte eine Nachfolgeregelung, die als Bundesbeschluss über die Einsicht in Akten der Bundesanwaltschaft (BBAB) am 15. Februar 1993 in Kraft trat und gemäss der am 20. Januar 1993 erlassenen Verordnung über die Einsicht in die Akten der Bundesanwaltschaft (VAB) vollzogen wurde. Schlussbericht SOBE, S. 1–4, (explizit zum Dossiereinsichtsverfahren S. 8–18). Zu den Parlamentsverhandlungen hinsichtlich des Einsichtsrechts insbesondere in die Dossiers vgl.: Friemel 2007, S. 49–53.

911 Hierzu und zum Folgenden: Schlussbericht SOBE, S. 2, 5. Gemäss KSS waren bei Meldeschluss am 31. März 1990 350 000 Einsichtsgesuche bei der Bundesanwaltschaft eingegangen. Chronik des KSS, Dokumentation des Sozialarchivs Zürich.

offenbar durchaus Handlungsspielräume.[912] Gemäss KSS habe etwa der interimistische Fichen-Delegierte François Couchepin das bereits von Leuenberger erarbeitete liberalere Vorgehen zur Fichen-Einsichtsbewältigung umgekehrt: „Wenig Rechte für die Bespitzelten, dafür vollständiger Spitzelschutz".[913]

Demgegenüber stand die Forderung des KSS, das tausende von der politischen Polizei zu unrecht Registrierte vertrat, nach transparenter Einsicht in Fichen und Akten. Eine solche galt seitens der Empörten als Voraussetzung einer profunden Aufklärung und ernsthaften Aufarbeitung der angeprangerten staatlichen Verfehlungen zur Wiedererlangung von Vertrauen sowohl in die umstrittenen Behörden als auch in das Rechtsempfinden der verantwortlichen Mandatstragenden. So gesehen widerspiegelte nur ein offenes, unbürokratisches, vornehmlich auf die Interessen der Fichierten hin ausgerichtetes Einsichtsverfahren angemessen das gegenüber dem Souverän vom Staat verübte verfassungsmässige Unrecht samt dem Willen, dieses zu korrigieren. Ein solches stellte darum ein weiteres elementares Protestanliegen dar. Entsprechend warnte SP-Präsident Helmut Hubacher in der Presse, man werde nach dem Fichen-Skandal keinen „Vollzugsskandal" akzeptieren.[914]

Wie erwartet betrieb Walter Gut eine gemessen an den Vorstellungen des KSS restriktive Einsichtspraxis, weshalb er sich während seiner zweijährigen Amtszeit massiven Vorwürfen der

---

912 Vgl.: VBS, Art. 12. 3, wo zur Entscheidungsbefugnis des SOBE beschrieben wird: „Er entscheidet im Namen des EJPD und nach den Bestimmungen dieser Verordnung über die Einsicht in die Staatsschutzakten und ist für zusätzliche Erklärungen im Sinne von Artikel 6 zuständig." Komitee Schluss mit dem Schnüffelstaat 1990, S. 253.

913 Chronik des KSS, Dokumentation des Sozialarchivs Zürich; auch: Künzli 1990, S. 85. Vgl. die von François Couchepin verabschiedeten „Weisungen für die Abdeckungen der Fichen vom 27. März 1990" in: Komitee Schluss mit dem Schnüffelstaat 1990, S. 254.

914 Helmut Hubacher in: Berner Tagwacht vom 11. April 1990, wiedergegeben in: Messerli 2001, S. 73.

Protestierenden ausgesetzt sah. Bereits Ende Mai 1990 wurde in einem Wortspiel spekuliert, dass die „Aera Gut bös enden" werde, weil dem „Konkursverwalter des Schnüffelstaates" die Interessen der Informanten wichtiger seien als jene der Registrierten.[915] Solange er jedoch an dieser Haltung festhalte, verlautet in der Pressemitteilung,

> „ist der Skandal nicht ausgestanden. Würden die Namen der Denunzianten tatsächlich abgedeckt, provozierte das Zehntausende von Beschwerden an den Ombudsmann und Hunderte von gerichtlichen Klagen gegen Unbekannt. Falls nötig, wird das Komitee alles unternehmen, um den Spitzelschutz zu Fall zu bringen."[916]

Während des Skandaljahres monierte das Komitee in zahlreichen Pressemitteilungen diverse Praktiken der Einsichtsgewährung durch den SOBE, der einen „Kleinkrieg gegen die Fichierten" führe.[917]

Die Fichen-Kopien der Bundesanwaltschaft wurden lediglich auf Eigeninitiative potenzieller Registrierter, das heisst auf ein fristgemäss eingegangenes Gesuch hin verschickt. Demgegenüber

---

915 Hierzu und zum Folgenden: KSS, Dokumentation, Pressemitteilung vom 31. Mai 1990.

916 Zur Vermittlungs- und Beschwerdefunktion des Ombudsmannes vgl. VBS, Art. 13 in: Komitee Schluss mit dem Schnüffelstaat 1990, S. 253. Zur von der Linken bekämpften Abschaffung der Ombudsstelle vgl.: Friemel 2007, S. 52f.

917 KSS, Dokumentation: Pressemitteilung vom 7. August 1990; vgl.: diverse Pressemitteilungen vom 29. Juni 1990, 7. August 1990, 16. August 1990, 1. November 1990, 5. November 1990, 19. November 1990. Pressestimmen zur Einsichtspraxis sind wiedergegeben in: Messerli 2001, S. 105–107. Am 6. August 1990 reagierte der SOBE mit einem Brief, in dem er dem KSS vorwarf, gegenüber der Presse im Bezug auf eine Sonderbehandlung von Parlamentsangehörenden Falschauskünfte gegeben zu haben. Er forderte es dazu auf, künftig „davon abzusehen, durch ungesicherte Publikationen das Vertrauen der Bürger in unseren Dienst zu untergraben". KSS, Dokumentation, Walter Gut an das KSS, 6. August 1990.

hatte EMD-Chef Villiger am 8. März 1990 hinsichtlich des Einsichtsprozederes in seinem Departement bekannt gegeben, den Registrierten „unaufgefordert ein Avis" zuzustellen, um auf das Vorhandensein einer Fiche aufmerksam zu machen. Von dieser könne dann „auf Wunsch" eine Fotokopie versandt werden, auf der „so wenig wie möglich abgedeckt" werden solle. Geschwärzt werden müssten allerdings „Angaben über Sachbearbeiter und ausländische Informationsquellen".[918] Zum Sonderbeauftragten im EMD wurde am 5. April 1990 Alt-FDP-Nationalrat Franz Eng berufen.

Das KSS anerkannte zwar die von Villiger zum Ausdruck gebrachte Erkenntnis, wonach das von ihm geführte Amt den Registrierten gegenüber hinsichtlich der Information über etwaig vorhandene Fichen eine Bringschuld habe. Dennoch beargwöhnte es die „jetzt vom EMD inszenierte Fichen-‚Bewältigung'", weil sich diese lediglich auf „eine von zahlreichen" vorhandenen Registraturen beziehe.[919] Wenn jemand keinen Eintrag in der besagten UNA-Kartei aufweise, könne das, was „aktenkundig" belegt sei, durchaus in einer anderen EMD-Registratur der Fall sein. Deswegen forderte das KSS „die PUK-2 eindringlich auf, mit der notwendigen Hartnäckigkeit allen Karteien und Karteileichen im EMD-Labyrinth nachzuspüren".[920]

---

918 Aus der Rede des EMD-Vorstehers Kaspar Villiger vor der Nationalratsdebatte über die Einsetzung einer PUK-EMD, gekürzt abgedruckt in: Villiger, Missständen, Luzerner Tagblatt, 9. März 1990.

919 Hierzu und zum Folgenden: KSS, Dokumentation, Pressemitteilung vom 31. Mai 1990, Unterstreichung gemäss Quelle.

920 Das KSS erwähnt einen Fall, der wenngleich nicht in besagter UNA-Kartei, so doch im Militärischen Dokument-Nachweis-System (MIDONAS) des EMDs vermerkt war. MIDONAS geriet 1978 in die Schlagzeilen, als publik wurde, dass darin Dokumente aus dem privaten Cincera-Archiv der „Informationsgruppe Schweiz" aufgenommen worden waren. Zur MIDONAS-Problematik im Kontext des Fichen-Skandals siehe: PUK-EMD-Bericht, S. 169–174.

Bereits in jenen Wochen entwickelte sich der Staatsschutzskandal zu einem „Kampf um die Fichen".[921] Denn abgesehen von der Auseinandersetzung über die Einsichts- beziehungsweise Abdeckpraxis ging es nun darum, die in der VBS festgeschriebene Vernichtung der Dokumente sowohl beim Bund als auch in den Kantonen zu verhindern.[922] Historische, rechtliche und politische Argumente anführend, plädierten ab Mitte März vermehrt Historiker und Historikerinnen für einen sofortigen Beseitigungsstopp und stattdessen für die Archivierung inklusive einer wissenschaftsfreundlichen Zugänglichkeit der umstrittenen Unterlagen.[923] Abgesehen davon, so eine Begründung, dass die künftige Konzeption des inneren Staatsschutzes von einer fundierten Aufarbeitung der Vergangenheit profitiere, indem Rückschlüsse aus verfehlten Arbeitsmethoden der politischen Polizei gezogen werden könnten, gelte es, die umstrittenen Zusammenhänge rückhaltlos aufzudecken, um weitere Spekulationen über deren Inhalte und daraus einhergehende Mythenbildung zu verhindern. Selbst die NZZ titelte am 17. März 1990 gar zweifelnd: „Nach dem Fichen- ein Vernichtungsskandal?"

Links-alternative Haltungen metaphorisch verdichtend, übte der Historiker Jakob Tanner in einem halbseitigen WoZ-Artikel vehemente Kritik am in der VBS niedergelegten Beseitigungsvorhaben des Bundesrates.[924] Nicht nur aufgrund des juristischen Problems der Vernichtung allfälliger Beweismittel, die zugunsten

---

921 KSS, Dokumentation, Pressemitteilung vom 5. November 1990.

922 Laut VBS entscheidet der SOBE entlang bestimmter Richtlinien, welche Dokumente „nicht mehr benötigt werden" (Art. 4.2.). Er wird aufgefordert, „die nicht mehr benötigten Akten [zu vernichten], es sei denn, diese bilden Gegenstand eines Einsichtsgesuchs oder eines Rechtsprechungsverfahrens" (Art. 10). Komitee Schluss mit dem Schnüffelstaat 1990, S. 251f.

923 Hierzu und zum Folgenden: Messerli 2001, S. 80f; Brügger 2006, S. 72f. Messerli fasst Pressestimmen von Alfred Cattani, Klaus Urner sowie Albert Wirz zusammen, Brügger darüber hinaus jene von Niklaus Flüeler und Jakob Tanner.

924 Hierzu und zum Folgenden: Tanner, Panoptikum, WoZ, 16. März 1990.

etwaiger Schadensersatzklagen relevant würden, handele es sich für den Historiker um einen „flagrante[n] Fall vorsätzlicher Spurenverwischung". Vielmehr gehe es der Regierung mit der „innenpolitische[n] Abrüstungsmassnahme" auch um eine herrschaftspolitische Imagebereinigung, indem sie „neben der Gegenwart auch bereits die Zukunft und damit ihre eigene Vergangenheit im Auge" habe. Denn, illustriert Tanner, bliebe die Substanz der zu verschrottenden „Fichen-Bombe" einer kritischen Geschichtsforschung erhalten, würde sie entarnt als ein von Beamten der politischen Polizei angelegtes „fiktiv-phantasmogorisches Panoptikum von Ängsten und Phobien".

Obgleich es schwierig werde zu differenzieren, inwiefern die Bedrohungsphantasien agitatorisch zur „Schaffung eines Klimas von Verdächtigung und Verunsicherung gegen die Linke" ersonnen und wo demgegenüber Verantwortliche „sozusagen ehrliche Opfer ihrer eigenen Einbildung" geworden seien, müsse die in der umstrittenen Dokumentsammlung enthaltende „Staatsschutz-Geisterbahn" offen gelegt werden. Falls dies nicht geschehe, werde die von oberster Stelle geplante „Liquidation des Corpus delicti" als Anmassung staatlicher Mandatstragender beargwöhnt, wie in autoritären Systemen manipulativ zu bestimmen, „was von der Gegenwart Vergangenheit werden darf". Könnten sich doch die „jetzt ramponierten Politiker von gestern und heute [...] nach einer solchen Begradigung der historischen Überlieferung schon morgen wieder mit einer weissen Weste brüsten".[925]

Kurzum: Eine entsprechende staatliche „Tabula rasa" bilde keinen Schlussstrich im Sinne eines Vertrauen erweckenden Neuanfangs. Im Gegenteil, die in der VBS erwähnte künftig geplante Computerisierung der Daten, die auf keiner Gesetzesgrundlage basiere, stelle eine undemokratische „Politik der vollendeten Tatsachen" dar, durch die darüber hinaus, im Unterschied zu den wuchtigen

---

925 Vgl. auch: Komitee Schluss mit dem Schnüffelstaat 1990, S. 205.

raumfüllenden Karteischränken, „geräuschlosere, unsichtbarere, effizientere Methoden der Überwachung" installiert würden.[926]

Der Terminus „Panoptikum", im Zentrum der obigen Argumentation stehend, stammt etymologisch aus dem Griechischen und ist zusammengesetzt aus dem Ausdruck „optikós" („zum Sehen gehörig") und dem Bestimmungswort „pan" („all, gesamt, völlig"), wobei sich beide seit dem ausgehenden 18. Jahrhundert in England und Deutschland entwickelte Begriffsbedeutungen auf den von Tanner angeprangerten Sachverhalt beziehen lassen. Zum einen versteht man unter einem Panoptikum eine Sammlung von Sehenswürdigkeiten oder auch eine Gesamtschau von Sonderbarkeiten (etwa Wachsfiguren). Die umstrittene Fichen- und Aktendokumentation stelle gemäss dem Historiker nichts anderes dar als ein solches von Beamten der politischen Polizei entwickeltes, trügerisches Kuriositätenkabinett aus Wahngebilden, dessen Inhalte nichts mit den darin namentlich registrierten Personen und ihren realen Existenzen zu tun hätten. Deren entsprechend ungerechtfertigt-ungerechte Stigmatisierung zu Staatsfeinden gelte es aus Gründen der Rechtsstaatlichkeit zu entlarven, weswegen die Registraturen nicht vernichtet, sondern archiviert und der Forschung zugänglich gemacht werden müssten.

Doch Tanners Kritik am Vorhaben des Bundesrates verweist auch auf die zweite Bedeutung des Wortes Panoptikum. Dernach stellt dieses ein architektonisches Überwachungssystem dar, wie es 1787 vom britischen Rechtsphilosophen Jeremy Bentham als kreisförmig angelegtes, aus unverbundenen Einzelzellen bestehendes Gefängnis entworfen worden ist, in dem ein Wärter vom Turm in der Mitte aus alle von einander isolierten Insassen andauernd beobachten kann, ohne dabei selbst gesehen zu werden.[927] Dabei wird der „Kollektiv-Effekt" althergebrachter grossräumiger An-

---

926   Vgl. VBS, Art. 9: Zum Zeitplan für die Einsichtsgewährung: „Gesuche um Einsicht in die Staatsschutzakten des Bundes, die nach dem 31. März 1990 gestellt werden, werden erst behandelt, wenn die Daten bereinigt und auf ein elektronisches Informationssystem übertragen worden sind."

927   Vgl. Sarasin 2006², S. 138.

staltsgebilde, der diverse „Formen horizontaler Verbindung" wie spontane Zusammenschlüsse von Inhaftierten ermöglicht, ersetzt „durch eine Sammlung von getrennten Individuen [...]. Vom Standpunkt des Aufsehers aus handelt es sich um eine abzählbare und kontrollierbare Vielfalt; vom Standpunkt der Gefangenen aus um eine erzwungene und beobachtete Einsamkeit".[928]

Darauf aufbauend entwickelte der französische Philosoph und Soziologe Michel Foucault das Konzept des Panoptismus, mit dem er Mitte der 1970er-Jahre die historische Entwicklung moderner demokratischer, spätkapitalistischer Gesellschaften als hochkomplexe Geflechte perfider Kontrollsysteme beschrieb. In diesem Kontext ist das Panoptikum als eine „politische Technologie" beziehungsweise als „ein verallgemeinerungsfähiges Funktionsmodell zu verstehen, das die Beziehungen der Macht zum Alltagsleben der Menschen definiert". Foucault beschreibt die disziplinatorische Wirung des Panoptikums wie folgt:

„Derjenige, welcher der Sichtbarkeit unterworfen ist und dies weiß, übernimmt die Zwangsmittel der Macht und spielt sie gegen sich selber aus; er internalisiert das Machtverhältnis, in welchem er gleichzeitig beide Rollen spielt; er wird zum Prinzip seiner eigenen Unterwerfung. Aus diesem Grunde kann ihn die äußere Macht von physischen Beschwerden befreien. Die Macht wird tendenziell unkörperlich [...]"[929]

Als herrschaftspolitisches Unterdrückungsinstrument entfaltet das „panoptische Schema" mithin seine unterwerfende Wirkung aufgrund seiner drei Bestimmungsmerkmale: 1. Der Aspekt *allgegenwärtiger Beobachtung* manipuliert individuelles Verhalten; 2. Jener der *Isolation* neutralisiert potenzielle sich gemeinschaftlich formierende Triebkräfte, „die der beherrschenden Macht Widerstand entgegensetzen" könnten; 3. Die Repression wird generiert

---

928 Hierzu und zum Folgenden: Foucault 1976, S. 251–292, hier: S. 258, 260f, 263f, 282f. Siehe dazu erläuternd: Sarasin 2006², S. 132–142.

929 Foucault 1976, S. 260. Wie Philipp Sarasin darlegt, entstand aus dem ideellen Entwurf des Panoptismus, den Foucault ein paar Jahre später verwarf, sein Konzept der „Gouvernementalität". Sarasin 2006², S. 140.

„durch die Maschinerie einer sich *verheimlichenden Macht"*, wobei diese „ein Wissen von den unterworfenen Subjekten" formiert.[930]

Bezogen auf den Funktionsmechanismus der politischen Polizei bedeutet dies, sie stellt einen staatlichen Apparat heimlich vollzogener Observation zur Einschüchterung politisch Andersdenkender dar, mit dem Ziel diese im Bewusstsein repressiver Beschattung von oppositionellen Zusammenschlüssen abzuhalten. Aus der über Kontrolle erzeugten Informationsansammlung legitimiert sich in diesem System die potenzielle Sanktionierung einer Person, die sich darüber im Klaren ist und sich entsprechend verhält beziehungsweise nicht verhält. Die Fichen und Akten bilden mithin die Essenz dieses Machtmechanismus, der je latenter, je heimtückischer wirkt. Eben diese Zusammenhänge greift Jakob Tanner in seiner Kritik an dem in der VBS beschriebenen bundesrätlichen Vorhaben zur Aufarbeitung des Staatsschutzskandals implizit auf, indem er die bevorstehende elektronische Speicherung der akkumulierten Daten als „geräuschlosere, unsichtbarere, effizientere Methoden der Überwachung" anprangert. Wird doch dadurch der panoptische Effekt einer ungleichgewichtigen Trennung von Sehen und Gesehenwerden einmal mehr verstärkt und das staatliche Machterhaltungsinstrument zugleich perfektioniert.[931]

Fazit: Mit seiner metaphorischen Beschreibung der Fichen und Akten als „Panoptikum rechtsbürgerlicher Bedrohungsängste" offenbarte der Historiker im Kontext der Protestkommunikation die perfiden repressiven Wirkungsmechanismen der politischen Polizei als staatlicher Institution. Zugleich illustrierte er, inwiefern das vom Bundesrat laut VBS geplante Vorhaben (Vernichtung vermeintlich nicht mehr benötigter Dokumente sowie Computerisierung aller als relevant eingestufter Informationen) aus Perspektive tausender zu unrecht fichierter Bürgerinnen und

---

930 Kursivsetzung durch die Verfasserin.

931 Vgl.: Foucault 1976, S. 259.

Bürger als Provokation, nicht jedoch als demokratieförderlicher Beitrag zur Skandalbewältigung aufzufassen war.[932] Die Landesregierung ihrerseits signalisierte die Bereitschaft zur wissenschaftlichen Aufarbeitung der Misere. Sie betraute am 1. Mai 1990 eine Expertengruppe mit der historischen, politologischen und juristischen Untersuchung der Entwicklung des schweizerischen Staatsschutzes von 1935 bis zur Gegenwart.[933] Darin sollten vor dem Hintergrund eines im steten Wandel befindlichen politischen Kontextes folgende Aspekte Berücksichtigung finden: Begriff und rechtliche Grundlagen des Staatsschutzes,

---

932 Der Streit über die Fichen- und Aktenvernichtungspläne der Landesregierung zog sich bis in die Frühjahrssession 1992 hinein, als in den Parlamenten entgegen dem Bundesratsentscheid zugunsten einer vollständigen, vorschriftsgemässen Archivierung mit einer Sperrfrist von 50 Jahren votiert worden ist. Chronik des KSS, Dokumentation des Sozialarchivs Zürich; Friemel 2007, S. 50f. Vgl.: SOBE-Schlussbericht, S. 24, wo der Personal- und Arbeitsaufwand zugunsten einer historisch fachgerechten Aufbewahrung gemäss dem Standard des Bundesarchivs erwähnt wird. Ebenfalls bereits im Frühjahr 1990 begann sich das KSS konzeptionell mit dem Projekt der schon erwähnten Stiftung „Archiv Schnüffelstaat Schweiz" (ASS) zu befassen. Die in den Fichen und Akten hunderttausendfach angeführte Andere Schweiz, so die Erläuterung des KSS, verfolge das Anliegen einer umgehenden Materialauswertung. Hierzu und zur geplanten Umsetzung des ASS: Komitee Schluss mit dem Schnüffelstaat 1990a, S. 205–207.

933 Hierzu und zum Folgenden: Kreis 1993, S. 15, 18f. In ihrer Einleitung beschreiben die Wissenschaftler ihr methodisches Vorgehen. Der 670 Seiten umfassende Forschungsbericht wurde Mitte Juni 1993 der Öffentlichkeit vorgestellt. Zentrale Resultate sind zusammengefasst etwa in: Georg Kreis im Interview: Knechtli, Polizeidienste, Luzerner Neueste Nachrichten, 12. Juni 1993; Kreis, Neugierde, Basler Zeitung, 12. Juni 1993; Amstutz, Kontrolle, Basler Zeitung, 12. Juni 1993; A.C., Fichenaffäre, Neue Zürcher Zeitung, 12./13. Juni 1993. Die „intensive Auseinandersetzung mit dem historischen Material" lässt die Autoren für dessen fachgerechte Archivierung plädieren, sie betonen: „Der vorliegende Bericht erübrigt die Aufbewahrung der Akten keineswegs", vielmehr bedinge er diese. Schliesslich sollten sich „spätere Generationen [...] ein eigenes Urteil bilden können". Die Einleitung ist bereits datiert von Oktober 1991/Februar 1992.

seine konkrete Funktionsweise (Informationsbeschaffung, Dokumentenanlage, Wissensnutzung), Einbindung verschiedener Behörden und Abteilungen sowie die jeweiligen Bedrohungs-, Persönlichkeits- und Staatsschutzbilder. Mit der Analyse betraut wurden der Historiker Georg Kreis (Untersuchungsleiter), der Jurist und Alt Bundesrichter Otto Konstantin Kaufmann und der Staatsrechtler Jean-Daniel Delley, wobei ihnen „uneingeschränkte Einsicht in sämtliche auffindbaren Akten" gewährt wurde.

Zudem veranlasste der Bundesrat die durch die PUK-EJPD geforderte Reorganisation der Bundesanwaltschaft, wobei er für eine Übergangszeit von drei Jahren den Bündner Juristen Willy Padrutt zum neuen Bundesanwalt ernannte.[934] Eine weitere personelle Konsequenz, die Beurlaubung des UNA-Chefs Hans Schlup, resultierte aus der Administrativuntersuchung, die durch den Lausanner Rechtsprofessor und ehemaligen Direktor des Bundesamtes für Justiz, Joseph Voyame im EMD durchgeführt worden war. Sie hatte zu ergründen, warum Bundesrat Villiger unzureichend informiert worden war, als er die Öffentlichkeit Mitte Februar 1990 in Kenntnis zu setzen hatte, ob im Verteidigungsministerium ebenfalls Registraturen mit umstrittenen Personaldaten vorhanden seien.

Folgt man der Zeitungsanalyse Philippe Messerlis, dann handelte es sich in den oben beschriebenen Wochen vom 12. Februar bis zum 31. Mai 1990 um die ereignisreichste und „damit auch medial intensivste Periode" des Staatsschutzskandals, die geprägt gewesen sei „von einer stark engagierten und positionierten Berichterstattung".[935] Im Unterschied zu den linken und unabhängigen Printmedien, seien die bürgerlichen Blätter ihrem beschwichtigenden Kurs treu geblieben. Sie hätten etwa weiterhin betont, es müssten die „Proportionen gewahrt" werden,

---

934 Messerli 2001, S. 53. Vgl. die Forderungen in: PUK-EJPD-Bericht, S. 225. In der WoZ wurde die Wahl Padrutts zum Bundesanwalt kritisiert, der, kurz vor der Pensionierung stehend, jener Generation angehöre, „die die flächendeckende Schnüffelei ideologisch mitgetragen" habe. WoZ, 23. Mai 1990, wiedergegeben in: Brügger 2006, S. 77.

935 Hierzu und zum Folgenden: Messerli 2001, S. 88–90.

wobei sie auf „das Paradox [verwiesen], dass es zum Schutz des liberal-demokratischen Staates gleichzeitig eine Einschränkung des Freiheitsbereichs der Bürgerinnen und Bürger in Kauf zu nehmen" gelte. Entsprechend seien sie für den Erhalt der politischen Polizei eingetreten, hätten auf (emotionalisierende) Darstellungen konkreter Fichen-Inhalte verzichtet und den Sozialdemokraten angesichts ihrer jahrelangen Mitverantwortung bei den Regierungsgeschäften im Hinblick auf deren Skandalisierungen „ein falsches Doppelspiel" vorgeworfen. Schliesslich jedoch sei auch in ihren Redaktionen mit Bekanntwerden der umstrittenen EMD-Registratur sowie neuer Karteien-Funde im EJPD „eine gewisse Toleranzgrenze" überschritten gewesen, so dass sie von da an weniger zurückhaltend, teilweise auch „offen von einer Krise" gesprochen und dem Bundesrat ein zu zögerliches Führungsverhalten vorgehalten hätten.

Über die Definition aber, um welche Art einer nationalen Krise es sich handelte, wurde in jenen Wochen und Monaten im Fernsehen, im Radio und in den Printmedien gerungen. Selbst im Lager der bürgerlichen Zeitungen gab es diesbezüglich Meinungsverschiedenheiten. In der NZZ, immerhin eine „Identitäts- und Bewusstseinskrise" konstatierend,[936] sei, gemäss Messerli, die Funktionstüchtigkeit des politischen Systems hervorgehoben und, abgesehen von den PUK-Forderungen, kein weiterer Reformbedarf beklagt worden.[937] Demgegenüber hätten sich das Vaterland und das Journal de Genève „ausdrücklich für tiefergehende institutionelle Reformen" zur Überwindung der Misere ausgesprochen. Im Vaterland etwa hätten die Redakteure Martin Merki und Rudolf Hagmann kritisiert, die aufgedeckten Verfehlungen seien auf Eigenheiten des Regierungssystems zurückzuführen, da das Kollegialitätsprinzip und die Konkordanz gegenseitige Blockierung, Immobilismus sowie unklare Zuständigkeiten begünstigen würden. Im Journal de Genève habe etwa José Bessard eine Entlastung der Bundesräte gefordert, um diesen

---

936 Die Neue Zürcher Zeitung vom 10. März 1990, wiedergegeben in: Messerli 2001, S. 57.

937 Hierzu und zum Folgenden: Messerli 2001, S. 68f.

unter anderen mehr Freiräume zur verstärkten Kontrolle der Verwaltung zu ermöglichen.[938] Schliesslich hätten die verschiedenen Eklats die „Grenzen des Milizsystems" offenbar werden lassen.[939]

Noch radikaler wurde eine „Systemkrise" jedoch in verschiedenen linken und unabhängigen Zeitungen festgestellt. Wie Messerli ausführt, seien sich Kommentatoren in der Berner Tagwacht und im Tages-Anzeiger einig darüber gewesen, dass „aufgrund einer derart massiven und unkontrollierten Bespitzelung kritischer und oppositioneller Bevölkerungsteile in der Schweiz kaum mehr von einer Demokratie gesprochen" werden könne.[940] Dabei seien die gebrandmarkten Praktiken der politischen Polizei als „ein gezieltes Machterhaltungsinstrument einer bürgerlichen Elite [verstanden worden], die den Staat und seine Organe um der Verteidigung ihrer Privilegien willen unterwandert" habe. Die Verwaltung habe mithin „fernab der politischen Kontrolle ein Eigenleben als eigentlicher ‚Staat im Staat'" führen können.

Diese Ansicht zuspitzend, bezeichnete der linke politische Philosoph Arnold Künzli den „‚Staatsschutz', wie er bisher in der Schweiz praktiziert wurde, [...][als] das Instrument eines *larvierten Klassenkampfes von oben* in Form einer bürokratisierten Inquisition", wobei die Fichen Dokumente „säkularisierter und demokratisch gemilderter Hexenprozesse" darstellten.[941] Durch

---

938 Messerli 2001, S. 69f.

939 Vgl. hierzu: Messerli 2001, S. 69, Anmerkung 206, wo der Autor darlegt, dass die PUK-EJPD-Mitglieder Nationalrat Gilles Petitpierre (FDP) und Ständerat René Rhinow (FDP) im März 1990 parlamentarische Vorstösse für eine Regierungsreform lanciert hatten.

940 Hierzu und zum Folgenden: Messerli 2001, S. 66–68.

941 Hierzu und zum Folgenden: Künzli 1990, S. 83, 86, 89; Kursivsetzungen laut Quelle. Arnold Künzli (1919–2008) vertrat die Ideen des Demokratischen Sozialismus und gehörte ab den ausgehenden 1950er-Jahren zu jenen als „Nonkonformisten" gebrandmarkten kritischen Intellektuellen der Schweiz. Die zitierte Stellungnahme entstammt einem Text, den er im Juni 1990 in der links-oppositionellen Zeitschrift „Widerspruch" publiziert hatte, die sich dem „Kampf für eine breite Widerstandskultur, Aktivierung einer linken Öffentlichkeit und

einen „Identifikations-Trick", durch den die Bourgeoisie ihre Anliegen mit denen des Staates gleichsetze, gelinge es ihr,

> „den Schutz ihrer materiellen Interessen als Staatsschutz zu deklarieren und zu praktizieren. Wer ihre Interessen tangiert, wird so automatisch zum ‚Staatsfeind', der die innere und äussere Sicherheit des Landes gefährdet. Legitimiert wird dies durch die Projektion überdimensionierter Feindbilder, das Hochspielen von dem Lande angeblich drohenden Kriegsgefahren – der Zusammenhang von ‚Staatsschutz' und Kaltem Krieg wartet noch auf eine gründliche Analyse – und die künstliche Erzeugung einer nationalen Paranoia. So kann dann jede Kritik an der bestehenden bourgeoisen Gesellschaft und ihrem kapitalistischen Wirtschaftssystem verfälscht werden zu einer Sympathie für den ‚Feind' und damit zu Landesverrat."

Dementsprechend könne, entlang der von Künzli entworfenen Krisen-Typologie, in der vorliegenden Situation keineswegs nur von einer „Vertrauenskrise" gesprochen werden, die letztlich auf Verfehlungen einzelner den Staat repräsentierender Personen zurückzuführen und beispielsweise durch das Auswechseln besagten Personals relativ einfach zu beheben sei. Auch handele es sich nicht lediglich um eine komplexere „Staatskrise". Eine solche liege vor, „wenn in einem an sich intakten System, meist infolge menschlichen Versagens, bedrohlicher innerer Entwicklung oder auf Grund äusserer Einwirkungen, ein schwerwiegender Konflikt ausgebrochen ist, der die staatlichen Aktivitäten lähmt" und in den meistens grössere politische Gruppierungen involviert seien. In diesem Fall, expliziert Künzli, handele es sich vielmehr „eindeutig um eine *strukturell und politisch bedingte Systemkrise*", weil das parlamentarische System „krass versagt" habe, indem „sowohl die Exekutive wie die Legislative [...] ihre Kontrollpflichten sträflich vernachlässigt" hätten. Darüber

---

einer engagierten politischen Kultur" verschrieben hat. Impressum, Widerspruch 19, 1990. Zum politischen Wirken Künzlis vgl. umfangreich: Sidler 2006.

hinaus „entartet die parlamentarische Demokratie zum autoritär-totalitären Verwaltungsstaat im Dienste der Bourgeoisie", solange der Bundesrat die „Spitzel vor den Bürgern" schütze. Weil sich damit das politische System teilweise als nicht mehr befriedigend funktionsfähig hinsichtlich jener Aufgaben erweise, „um deren Erfüllung willen" es einst geschaffen worden sei, gelte es die höchste Alarmstufe zu diagnostizieren. Denn in der vorliegenden Konstellation seien nicht mehr nur einzelne Personen, wie im Falle einer Vertrauenskrise, selbst nicht mehr nur Parteien und Organisationen, wie im Falle einer Staatskrise, sondern vielmehr „die tragenden Strukturen von Staat und Gesellschaft in Frage gestellt" worden. Dabei impliziere eine „Systemkrise immer zugleich eine Staatskrise und eine Vertrauenskrise".

Ähnlich den von Künzli im Anschluss an seine Diagnose aufgestellten Forderungen, verlangten auch zahlreiche Journalistinnen und Journalisten aus dem linken und unabhängigen Lager systemische Reformen inklusive verbesserter parlamentarischer Kontrollen zur mittelfristigen Wiedererlangung staatsbürgerlichen Vertrauens in die staatlichen Institutionen und ihre Akteure. Darüber hinaus proklamierten sie einen „Mentalitätswandel" und, damit einhergehend, eine „Überprüfung überholter Geisteshaltungen", insbesondere zur Überwindung von linken Feindbildern.[942] In diesem Zusammenhang plädierte beispielsweise Viktor Schlumpf im Tages-Anzeiger dafür, in einer öffentlichen Grundsatzdiskussion herauszuarbeiten, welche Gestalt der Staatsschutz der Gegenwart einschließlich der damit einhergehenden Risiken haben sollte. Dabei gelte es, sich zunächst „wieder auf die geistigen Wurzeln des liberalen Staates" zu besinnen, „auf Menschenrechte und bürgerliche Freiheiten", die offenbar schmählich in Vergessenheit geraten seien. Erst im Anschluss an einen entsprechenden Bewusstwerdungsprozess könne eine staatsschützerische Gesetzesgrundlage erarbeitet werden.[943]

---

942 Hierzu und zum Folgenden: Messerli 2001, S. 69f.

943 Viktor Schlumpf im Tages-Anzeiger vom 28. Februar 1990, wiedergegeben in: Messerli 2001, S. 70.

Die dritte von Messerli beschriebene Skandalphase, vom 1. Juni 1990 bis zum 22. November 1990 verlaufend, wies gemessen an den von dem Historiker betrachteten quantitativen Indikatoren (Beiträge pro Erscheinungstag, meinungsbetonte Artikel, Anteil an Agenturmeldungen, Zahl der Gastbeiträge) „die geringste Intensität aller vier Perioden auf", wobei sich diese Tendenz an der Berichterstattung des Boulevardmediums Blick, „auf publikumswirksame Ereignisse und Enthüllungen" fokussierend, exemplarisch offenbare.[944] Lediglich unmittelbar nach der Veröffentlichung des Ergänzungsberichtes der PUK-EJPD am 1. Juni 1990 sei insgesamt eine „etwas stärkere mediale Prioritätensetzung feststellbar", während die Restphase „deutlich unter den Durchschnittswerten" verbleibe. Das habe, bilanziert Messerli, einerseits daran gelegen, dass die PUK-EMD noch am Ermitteln gewesen sei, und sich andererseits die bereits zuvor verbreiteten skandalierenden Stellungnahmen und Argumentationen „nicht endlos wiederholen" lassen hätten.

Zunächst jedoch erregten die zusätzlichen Untersuchungsresultate der PUK-1 öffentliche Aufmerksamkeit. Die Kommission hatte ihre Ermittlungstätigkeit wieder aufgenommen, um „abzuklären, weshalb sie in den verschiedenen schriftlichen Berichten der Bundesanwaltschaft und bei zahlreichen Befragungen [...] während des vergangenen Jahres nicht über die Existenz" der Mitte Februar 1990 neu aufgefundenen Nebenregistraturen in Kenntnis gesetzt worden war, von denen ebenfalls weder der gegenwärtige EJPD-Vorsteher noch der Gesamtbundesrat wussten.[945] Zudem galt es, diese entlang des offiziellen PUK-EJPD-Mandates „auf ihre Berechtigung und grundsätzliche Mängel hin zu untersuchen, institutionelle Schwachstellen aufzudecken und Verantwortlichkeiten festzustellen".

Im 39-seitigen Untersuchungsbericht wird schliesslich als Ursache für die nicht erfolgte Benachrichtigung der Kommission über

---

944 Hierzu und zum Folgenden: Messerli 2001, S. 97, 115f.

945 Hierzu und zum Folgenden: PUK-EJPD-Ergänzungsbericht, S. 1f; zu Organisation und Verfahren vgl.: S. 3f.

besagte Spezialregistraturen angegeben, dass die von der PUK befragte Amtsleitung („Bundesanwalt, sein Substitut, der Chef der Bundespolizei sowie dessen beide Stellvertreter") über die Tätigkeit der unterstellten Sachbearbeiter aufgrund unzureichender Kontrolle einen mangelnden Überblick besessen habe.[946] Zudem verwies das Schriftstück auf zweierlei Problemfelder, die öffentliche Kritik erregten. Eine dezidierte Beschreibung der zusätzlichen Karteien, unterteilt nach „noch in Gebrauch" stehende und „nicht mehr systematisch" geführte Registraturen, vergegenwärtigte einmal mehr die von der PUK-EJPD bereits in ihrer ersten Gesamtwürdigung angemahnten Verfehlungen der politischen Polizei: unzulässige Eingriffe in Persönlichkeitsrechte, Konzept- und Führungslosigkeit, autonomes und unkoordiniertes Vorgehen einzelner Beamter, unsachgemässe, teils willkürliche Informationsbeschaffung und -verarbeitung.[947] Insbesondere die nicht mehr systematisch ergänzten Registraturen hätten

> „äusserst sensitive Personendaten enthalten und unter Umständen – wie beispielsweise die Verdächtigenliste – für die Betroffenen weitreichende Konsequenzen hätten haben können. Der Begriff Dilettantismus", betont die PUK, „wird diesem Phänomen nicht mehr gerecht."

Nach Darstellung der Kommission manifestiere sich in diesen Karteien eklatant, inwiefern Sachbearbeiter der politischen Polizei „nach eigenem Gutdünken" nicht nur über die „politische Gesinnung und Zuverlässigkeit ihrer Mitbürgerinnen und Mitbürger" befunden, sondern diese darüber hinaus „in Kategorien unterschiedlicher Gefährlichkeit" eingeordnet hätten, was die Betroffenen in ihren Persönlichkeitsrechten massiv beeinträchtigt habe.

Der zweite brisante von der PUK-EJPD geschilderte Umstand bezog sich auf den Bereich der Informationsbeschaffung, konkret

---

946 PUK-EJPD-Ergänzungsbericht, S. 8.

947 Hierzu und zum Folgendem: PUK-EJPD-Ergänzungsbericht, S. 9–25, hier: S. 13f, 23–25. Zur „Verdächtigenkartei", „Verdächtigenliste" und „Extremistenkartei" vgl.: S. 18–20.

auf die Zusammenarbeit der schweizerischen Post-, Telefon- und Telegrafenbetriebe (PTT) beziehungsweise der eidgenössischen Zollverwaltung mit der Bundesanwaltschaft, wobei während zwei von der Kommission betrachteter Vorgänge die Vorschriften des Post- und Zollgeheimnisses nicht eingehalten worden sind.[948] Beispielsweise war eine systematische Erfassung und Auswertung von Telegrammen an einen „bestimmten ausländischen Staat" zwischen 1969 und März 1986 unter Mitwirkung des Chefs Rechtsdienst der Generaldirektion der PTT und des Telegrafenchefs in Zürich und Winterthur „in Zusammenarbeit mit einem ausländischen Nachrichtendienst" erfolgt.[949] Zudem hatte die PUK festgestellt, dass Postsendungen von einem konkreten Zollamt zwischen 1984 und 1988 auf Basis stichprobenartiger Zollkontrollen nachrichtendienstlich ausgewertet worden sind. Der betreffende Zollbeamte hatte der Bundesanwaltschaft eigeninitiativ Dokumentkopien – etwa von Glückwunsch- oder Grusskarten, Briefcouverts mit Empfängeradresse und Absender, vereinzelten Briefen, Werbe- und Propagandamaterial sowie Zolldeklarationen mit Inhaltsangaben – zugestellt, die ihm staatsschützerisch bedeutsam erschienen waren. Jene aus dieser Kontrolle des Postverkehrs gewonnenen und systematisch mit

---

948 Hierzu und zum Folgenden: PUK-EJPD-Ergänzungsbericht, S. 30–37; vgl.: Messerli 2001, S. 92f. Anhand aufgefundener Personalakten, wie Kopien von Bewerbungsunterlagen oder Abschlusszeugnissen, hatte die PUK-EJPD zudem festgestellt, dass die politische Polizei „bei verschiedenen Unternehmen der Privatindustrie über Kontaktpersonen verfügen musste" (S. 34f).

949 Gemäss Messerli habe es sich um in die DDR aufgegebene Telegramme und bei dem „ausländischen Nachrichtendienst" um jenen der BRD gehandelt. Messerli 2001, S. 93. Vgl.: Pressekonferenz zum PUK-EJPD-Ergänzungsbericht, DRS 1, 1. Juni 1990, Transkript S. 5. Auf die Frage eines Journalisten nach der Identität des „bestimmten ausländischen Staat[es]", antwortete Moritz Leuenberger: „Dort, wo wir anonymisiert haben, halten wir uns an das Amtsgeheimnis [...], und nennen keine konkreten Namen, nicht einmal die von Staaten, selbst wenn es die vielleicht einmal nicht mehr gibt." Auf die damit implizit erfolgte Preisgabe der DDR als der besagte Staat reagierten die Anwesenden mit spontanem Gelächter.

kantonalen Nachrichtendiensten abgeglichenen Erkenntnisse über Absender oder Empfänger von Postsendungen ins Ausland hat die Bundesanwaltschaft „in aller Regel" in der Hauptregistratur festgehalten. Darüber hinaus erlangte die PUK aus den betrachteten Karteien Hinweise darüber, dass nicht nur öffentliche Register nachrichtendienstlich ausgewertet, sondern auf Anfrage bei einzelnen Kreispostdirektionen auch formlos Auskünfte, etwa über Inhaber von Postfächern oder Einzahlungen auf Postscheckkonti, ohne „Verfügung auf Kontrolle des Postverkehrs" erteilt worden waren. Dementsprechend betonte die PUK in ihrer Würdigung unter anderem die Notwendigkeit, dergemäss die zuständigen Departemente eingehend klären müssten, inwiefern diesbezüglich weitere Rechtsverletzungen vorgekommen seien und ob die Ermittlungen auf Beamte weiterer staatlicher Dienststellen ausgeweitet werden müssten. Die unbedingte Einhaltung des Post- und Zollgeheimnisses proklamierend, bilanziert die Kommission kritisch, die Bundesanwaltschaft habe mehrfach rechtsstaatliche Grundsätze verletzt, indem sie wahllos Informationen erfasst und ohne Rechenschaftslegung verarbeitet habe. Darüber hinaus habe sie ausländischen Geheimdiensten Erkenntnisse mitgeteilt und Dokumente übergeben, „in deren Besitz sie unter Verletzung verfahrensrechtlicher Vorschriften und damit rechtswidrig gelangt" sei.

Folgt man den Presseanalysen Messerlis und Brüggers, dann fielen die öffentlichen Reaktionen auf den Zusatzbericht der PUK-EJPD erwartungsgemäss aus.[950] Die betrachteten bürgerlichen Zeitungen blieben grundsätzlich ihrem Beschwichtigungskurs treu. Über die aufgedeckten Verletzungen des Post- und Zollgeheimnisses zeigten sich jedoch einzelne Redakteurinnen und Redakteure besorgt. So monierte etwa Claudia Schoch in der Neuen Zürcher Zeitung, „ein zentraler Nerv einer modernen Kommunikationsgesellschaft" werde getroffen, wenn Bürgerinnen und Bürger nicht mehr auf die Einhaltung des Postgeheimnisses vertrauen

---

950   Messerli 2001, S. 92–94, 98–102; Brügger 2006, S. 79–82.

könnten.[951] Die Kritik der linken und unabhängigen Blätter fiel drastischer aus. Auch Thomas Suremann, der Bundeshauskorrespondent des Blicks, entrüstete sich darüber, dass die Informanten der politischen Polizei bei der Post, dem Zoll und in Privatunternehmen sässen. Für ihn bedeute die entsprechende PUK-Kritik, wonach die politischen und rechtlichen Kontrollmechanismen versagt hätten, eine „Bankrotterklärung der Demokratie".[952] Der Bundeshauskorrespondent des Tages-Anzeigers, Rolf Wespe, übertrug die Ermittlungsresultate der PUK schliesslich einmal mehr metaphorisch in den Sinnkontext der Krankheiten. In seinem Artikel spricht er von einem „Staatsschutz-Krebs", der „Metastasen in der Privatindustrie, bei der PTT und beim Zoll" gebildet habe, der „bösartig sein und zum Tode führen" könne. Er sei aber zugleich auch „heilbar", wenn „die gesunden Kräfte unterstützt", dass heisst die betroffenen Departemente (von Otto Stich und Adolf Ogi) „von diesem gesetzlosen Überwachungsgeschwür befreit" würden.[953]

Viel Beachtung fand eine in der NZZ publizierte Rechtfertigung des ehemaligen Bundesanwaltes Hans Walder, der seine den Telegrammverkehr zwischen der Schweiz und der DDR betreffende Überwachungsanordnung von 1969 verteidigte. Es habe sich damals um eine legale Massnahme gehandelt, dank der 1973 das Spionage-Ehepaar Wolf habe verhaftet werden können.[954] Wie Brügger ausführt, habe Walder der PUK vorgeworfen, zugunsten einer politischen Stellungnahme und unter Vernachlässigung des

---

951 Claudia Schoch in der NZZ vom 2. Juni 1990, wiedergegeben in: Messerli 2001, S. 98.

952 Thomas Suremann im Blick vom 2. Juni 1990, wiedergegeben in: Messerli 2001, S. 101.

953 Rolf Wespe im Tages-Anzeiger vom 2. Juni 1990, wiedergegeben in: Messerli 2001, S. 101; Brügger 2006, S. 82.

954 Hierzu und zum Folgenden: Messerli 2001, S. 93f, 98f; Brügger 2006, S. 81; (die Ausführungen beziehen sich auf folgende Artikel: Hans Walder, „Eine ahnungslose PUK", Neue Zürcher Zeitung, 11. Juni 1990; Sda., „Nationalrat Leuenberger zu den Vorwürfen von Ex-Bundesanwalt Walder", Neue Zürcher Zeitung, 12. Juni 1990).

konkreten Falls eine lückenhafte, teils inkorrekte Darstellung der Vorgänge geliefert zu haben. Die Vorwürfe zurückweisend, habe PUK-Präsident Leuenberger daraufhin klargestellt, dass die Kommission nicht alle bundesanwaltschaftlichen Akten, etwa über den Fall einer Telegrammüberwachung des Ehepaars Wolf, erhalten habe. Gemäss Messerli habe Leuenberger auch die Ansicht vertreten, die von der PUK angemahnte Methode sei trotz alledem unverhältnismässig gewesen, weil damit zugunsten der Aufdeckung eines Falls, die hundertfache Verletzung des Postgeheimnisses in Kauf genommen worden sei. Zudem sei die Aufgabe der Telegrammüberwachung 1986 zu spät erfolgt.

Wie Messerli ausführt, habe die Stellungnahme Walders insofern einen öffentlichen Effekt gehabt, als dass sie in bürgerlichen Zeitungen „kritiklos als Argument für die Relativierung gewisser Aussagen der PUK verwendet" worden sei.[955] Im Vaterland beispielsweise hob Martin Merki hervor, „die jüngsten Nachrichten aus der DDR über die Beziehungen von SED und Terrorszene [müssten] Anlass sein, etwas vorsichtiger zu urteilen", schliesslich habe „was zur Spionageabwehr gegen die DDR vorgenommen wurde, [...] seine guten Gründe".[956] Die Dauer der von Walder anberaumten Telegrammüberwachung anzweifelnd, fragte dagegen Thomas Suremann im Blick rhetorisch: „Waren weitere Erfolge zu verbuchen? Wohl kaum. Das hätte Herr Walder mit seinen immer noch intakten Beziehungen zur Bundesanwaltschaft verkündet."[957]

Nachdem linke und grüne Abgeordnete im Nationalrat vergeblich für eine Fortsetzung der PUK-Ermittlungen im EJPD plädiert hatten, wurde die Kommission am 21. Juni 1990 nach einem ablehnenden Abstimmungsentscheid von 98 zu 44 Stimmen auf-

---

955 Messerli 2001, S. 99.

956 Martin Merki im Vaterland vom 16. Juni 1990, zit. n.: Messerli 2001, S. 99.

957 Thomas Suremann im Blick vom 12. Juni 1990, zit. n.: Messerli 2001, S. 101.

gelöst.[958] Seit Veröffentlichung des Ergänzungsberichtes liessen bürgerliche Abgeordnete und Medienvertretende der entsprechenden Organe vermehrt verlauten, es müsse ein Schlussstrich unter die Angelegenheit gezogen werden, wobei die Auflösung der PUK-1 „der letzte Akt dieses Theaters"[959] darstelle. Akteuren der links-alternativen Gesinnungsseite warfen sie vor, zugunsten der eigenen politischen Ziele „mit einer allzu ausufernden Kritik unnötig Öl ins Feuer" zu giessen.[960] Insgesamt, bilanziert Messerli, habe die Presseberichterstattung in jener dritten Skandalphase, abgesehen weniger Ausnahmen, kaum noch Ursachenanalysen der Staatsschutzmisere, historische Bezüge oder Reformvorschläge enthalten.[961]

Während die „grosse nationale Debatte" ab Juni 1990 sukzessive verebbte, setzte sich der Streit um die Fichen und Akten auf kantonaler Ebene fort.[962] Abgesehen davon, dass in verschiedenen Kantonen parlamentarische Untersuchungen zu den Staatsschutzaktivitäten zum Abschluss kamen, entbrannte zwischen Bund und Ständen beziehungsweise Städten ein teilweise gerichtlich ausgetragener Streit um die Verfügungsgewalt über Kopien jener umstrittenen Registraturen und Dossiers, die von kantonalen und kommunalen Polizeiorganen angefertigt und an die Bundespolizei weitergeleitet worden waren.[963] Wie Messerli schildert, hätten alle von ihm untersuchten Zeitungen, mit Ausnahme des Blick, jene kompetenzrechtlichen Auseinandersetzungen zwischen der Landesregierung einerseits und den Kantonen und Städten andererseits behandelt, wobei die Darstellungen hinsichtlich „dieser komplizierten juristischen Zuständigkeitsfrage [...] mehrheitlich auf Agenturleistungen" basiert hätten.

---

958   Hierzu und zum Folgenden: Brügger 2006, S. 83f; Messerli 2001, S. 100.

959   Martin A. Senn im Bund vom 22. Juni 1990, zit. n.: Brügger 2006, S. 83.

960   Messerli 2001, S. 99f, 116.

961   Messerli 2001, S. 102–105.

962   Brügger 2006, S. 84.

963   Hierzu und zum Folgenden vgl. ausführlicher: Messerli 2001, S. 95f, 107–109, 115.

Ab Mitte August erregte die durch die WoZ erfolgte Aufdeckung von bis zu 10 000 neuen Registrierkarten bei der Bundesanwaltschaft öffentliches Misstrauen auf links-alternativer Seite.[964] Das KSS protestierte in einer Pressemitteilung „energisch gegen die neue Fichenkartei der politischen Polizei", die offenbare, dass „ungeachtet der grossen Betroffenheit in der Bevölkerung [...] in rasantem Tempo [...] wiederum ohne jegliche Rechtsgrundlage" weiterhin präventiv registriert werde, so dass die Fichen und Akten in wenigen Jahren erneut in die Hunderttausende gehen würden. Auf die entsprechende Berichterstattung, etwa des Tages-Anzeigers, reagierend, entgegnete der Fichen-Sonderbeauftragte Walter Gut, es handele sich um einen „Medienflop". So würden besagte Karteikarten eine „Nebenregistratur zur Hauptregistratur" darstellen, wobei er letztere am 15. Mai 1990 „eingefroren" habe. Schliesslich müsse der Staatsschutz weiterhin in den Bereichen Terrorismus und organisiertes Verbrechen tätig sein.[965]

In jener dritten Skandalphase erregte schliesslich der von kleineren links-alternativen Gruppierungen angekündigte Boykott der im Dezember 1990 anberaumten Volkszählung vermehrt öffentliche Aufmerksamkeit.[966] Herrschte unter Linksgesinnten insgesamt Uneinigkeit gegenüber dem Protestvorhaben, bekundete das Grüne Bündnis Sympathie, und einzelne Zeitungen, wie die Berner Tagwacht, informierten ausführlich, etwa über

---

964 Hierzu und zum Folgenden vgl.: Chronik des KSS, Dokumentation des Sozialarchivs Zürich; KSS, Dokumentation, Pressemitteilung vom 16. August 1990.

965 Fichen-Sonderbeauftragter Walter Gut in den Neuen Zürcher Nachrichten vom 8. September 1990, wiedergegeben in: Brügger 2006, S. 84.

966 Hierzu und zum Folgenden: Messerli 2001, S. 96, 111–114. Der Autor führt zahlreiche Artikel an, die sich ab August 1990 mit der Protestaktion beziehungsweise mit dem Für und Wider der Volkszählung auseinandersetzen. Vgl. auch die Extrabeilage der WoZ, die sich auf zwölf Seiten kritisch mit dem staatlichen Datenerhebungsprojekt befasst: Boykott, WoZ, 9. November 1990. Darüber hinaus befindet sich im Berner Büro von Catherine Weber eine Pressedokumentation über den Volkszählungsboykott.

Aktionen des Berner Boykottbüros der „Aktion gegen Daten-erfassung" (ADE). Unter dem Titel „Persönlichkeitsschutz und Datenschutz in der Volkszählung 1990" hatte beispielsweise die Berner Juristin Christiane Schaad in ihrer Lizentiatsarbeit datenschützerische Defizite entfaltet, die von Peter Hug im Tages-Anzeiger beschrieben wurden. Gegenüber diesen und anderen kritischen Stellungnahmen zur Volkszählung reagierten wieder-um unterschiedliche Behörden dadurch, dass sie versuchten, dem insbesondere aufgrund des Staatsschutzskandals gewachsenen Misstrauen hinsichtlich staatlicher Datensammlungen durch Informationskampagnen zu begegnen.

Als weitere Massnahme zur Bereinigung begangener Fehler und zur Wiedererlangung von Vertrauen, stellte der Bundesrat am 24. Oktober 1990 auf einer Pressekonferenz den Entwurf für eine Staatsschutzverordnung vor, die als „Übergangslösung" zur Überbrückung des (teils jahrelangen) Zeitraums zur Erarbeitung und Verabschiedung eines solchen Gesetzes bezeichnet wurde.[967] In die Vernehmlassung sollten 18 Artikel geschickt werden, in denen die staatsschützerischen Aufgaben der Bundesanwalt-schaft, ihre Zusammenarbeit mit den Kantonen, die Regelung der Anlage von Personendaten und die Kontrollpflichten der Departementvorsteher beschrieben werden. Demnach solle die präventiv-polizeiliche Tätigkeit auf die Bekämpfung des Ter-rorismus, des gewalttätigen Extremismus, der Spionage sowie des organisierten Verbrechens beschränkt werden.[968] Ein jährlich zu aktualisierender Anhang enthält Vorgaben zur Beobachtung von Personen und Organisationen, wobei lediglich bei konkre-tem Verdacht auf das Begehen oder die Vorbereitung strafbarer Handlungen registriert werden dürfe. Falls keine besonderen öffentlichen Interessen oder Geheimhaltungsverpflichtungen vorliegen, versichert der Verordnungsentwurf, dass jede Per-son Auskünfte über die durch ein Staatsschutzorgan über sie dokumentierten Daten einholen könne. Darüber hinaus hätten

---

967 Hierzu und zum Folgenden: Brügger 2006, S. 85.

968 Hierzu und zum Folgenden: Messerli 2001, S. 94.

Departementleitung und Parlament eine verstärkte Oberaufsicht über die staatsschützerischen Vorgänge wahrzunehmen.

Auf das Verordnungsvorhaben einmal mehr kritisch reagierend, hebt das KSS in seiner Pressemitteilung hervor, die Landesregierung glaube

> „offensichtlich nicht mehr an die schnelle Realisierung eines Gesetzes, das die Hürde einer Referendumsabstimmung nehme müsste. Schon dreimal hat das Volk in diesem Jahrhundert Staatsschutzgesetze an der Urne abgelehnt. Die Regierung schliesst deshalb Parlament und Volk ‚vorsichtshalber' aus! Sie bevorzugt die obrigkeitliche Lösung einer Verordnung, die uns als Übergangslösung präsentiert, aber länger dauern wird."[969]

Obgleich er „wortreich Mässigung" verspreche, intendiere der Bundesrat zudem, „das staatliche Schnüffeln ohne jede gesetzliche Grundlage [zu] computerisieren" und die Kantone zu disziplinieren, um „allein und zentralistisch den Staatsschutz kontrollieren" zu können. Letzteres jedoch stehe entgegen allen bisher getätigten substantiellen Stellungnahmen und Gutachten von Juristen, auch solchen, die, linken Ansprüchen unverdächtig, der gleichen Partei des Bundesjustizministers (CVP) angehörten.[970]

Hätten jene Kritikpunkte in der Phase davor vermutlich eine breitere massenmediale Rezeption erfahren, seien sie, gemäss Brügger, zu jenem Zeitpunkt in der Presse „nicht mehr neu aufgegriffen" worden, auch wenn der Streit um die Verfügungsgewalt der kantonalen und städtischen Registraturen fortgesetzt wur-

---

969 Hierzu und zum Folgenden: KSS, Dokumentation, Pressemitteilung vom 24. Oktober 1990.

970 Das KSS bezieht sich auf das Gutachten des ehemaligen St. Galler Obergerichtspräsidenten Georg Morger und es verweist auf die Erkenntnisse der Walliser Datenschutzkommission. Der Freiburger Staatsrechtsprofessor Thomas Fleiner habe in einem Gutachten zuhanden der welschen Polizeidirektoren den zentralistischen Aktenanspruch des Bundes für verfassungswidrig erklärt. KSS, Dokumentation, Pressemitteilung vom 24. Oktober 1990.

de.[971] Indes, am 25. Oktober 1990 ins Vernehmlassungsverfahren gegeben, wurde der Entwurf zur Staatsschutzverordnung von den meisten Kantonen und Parteien abgelehnt, so dass sich der Bundesrat im April 1991 veranlasst sah, ihn zurückzuziehen.[972] Die nach Messerlis Printmedienanalyse gesetzte vierte Phase des Fichen-Skandals, die der Historiker vom 23. November bis zum 31. Dezember 1990 datiert, sei eine „kurze, jedoch sehr intensive Periode der Berichterstattung" gewesen, die einen hohen Prozentanteil an meinungsbetonten Beiträgen, insbesondere in linken und unabhängigen Zeitungen aufweise.[973] Im Mittelpunkt dieses chronologischen Abschnittes steht der am 23. November 1990 publizierte Bericht der PUK-EMD, wobei darin beschriebene Verfehlungen genau genommen zu einer thematischen Verlagerung des Eklats führten. Wie Messerli betont, hätten die in der PUK-Dokumentation durchaus ausführlich behandelten

---

971 Brügger 2006, S. 86. In diesem Zusammenhang konstatiert auch Messerli, die von ihm betrachteten Zeitungen hätten „selber kaum noch Vorschläge für eine Umgestaltung des Staatsschutzes geschweige denn für umfassendere institutionelle Neuerungen" entworfen. Messerli 2001, S. 103, (Pressestimmen zur Staatsschutzverordnung siehe S. 103–105).

972 Chronik des KSS, Dokumentation des Sozialarchivs Zürich. Die Vernehmlassung ist ein vorparlamentarisches Entscheidungsverfahren, in dem Kantonen, Parteien, Verbänden und anderen gesellschaftlichen Organisationen die Möglichkeit gegeben wird, die entsprechende Vorlage schriftlich zu kommentieren. Das für den Entwurf zuständige Departement wertet die Stellungnahmen mit dem Ziel aus, anhand des Resultats ein potenzielles „Referendumsrisiko zu minimieren". Zieht der Bundesrat die Vorlage angesichts des Vernehmlassungsergebnisses nicht zurück, verabschiedet er sie in einer Botschaft an das Parlament. Linder 2005², S. 305f. Zu den parlamentarischen Debatten über das vom Bundesrat schliesslich 1994 in einer Botschaft vorgestellte Staatsschutzgesetz vgl.: Friemel 2007, S. 53–61. Nachdem die Abstimmung zur Abschaffung der politischen Polizei im Juni 1998 gescheitert war, trat das „Bundesgesetz über Massnahmen zur Wahrung der inneren Sicherheit (BWIS)" am 1. Juli 1998 in Kraft. Kritisch dazu vgl.: Grundrechte 2010.

973 Hierzu und zum Folgenden: Messerli 2001, S. 120f, 132f.

Registraturen im EMD in den Pressekommentaren nur noch eine „untergeordnete Rolle" gespielt, während vornehmlich die „geheimen Dienste P-26 und P-27" öffentliche Auseinandersetzungen ausgelöst hätten.[974] Worin konkret bestand die Brisanz jener PUK-Ermittlungsresultate? Und wie wurde darauf in der Öffentlichkeit reagiert?

Mitte März 1990 sowohl vom Stände- als auch vom Nationalrat beschlossen, war die PUK-EMD vom 23. März bis zum 17. November 1990 ermittelnd tätig.[975] Grundsätzlich lautete ihr Auftrag, die parlamentarische Untersuchung der

> „Tätigkeit jener Gruppen, Untergruppen und Aemter des Eidgenössischen Militärdepartements, die sich mit dem Nachrichtendienst, mit der Abwehr, mit der Vorbereitung

---

974 Messerli 2001, S. 117. Wie Messerli diesbezüglich erläutert, habe die auch im EMD von der PUK bemängelte uneinheitliche, einseitige, diskriminierende, teils rechtswidrige Registrierpraxis nach den umfangreichen, monatelangen öffentlichen Diskussionen im Anschluss an den PUK-EJPD-Bericht keine „Überraschung" mehr dargestellt. Auch im unabhängigen und linken Zeitungsspektrum seien sowohl Einsichtspraxis als auch Fichen-Inhalte, im EMD „meist nach ähnlichen Grundmustern abgefasst", nur noch wenig besprochen worden. Ebenso sei der Streit um die vom Bund beanspruchten kantonalen und städtischen Fichen und Akten in jenen Wochen kaum thematisiert worden, weil ein entsprechendes Urteil des Bundesgerichtes abgewartet wurde (132).

975 Wie zuvor die PUK-EJPD, trat auch die PUK-EMD als Gesamtkommission auf, nachdem sich jeweils das ständerätliche und das nationalrätliche Gremium zusammengeschlossen hatten. Als Präsident amtierte Ständerat Carlo Schmid (CVP), als sein Vize Nationalrat Werner Carobbio (SPS). Als weitere Mitglieder aus dem Ständerat waren berufen worden: Esther Bührer (SPS), Robert Ducret (PRD), André Gautier (LPS), Bernhard Seiler (SVP); den Nationalrat repräsentierten: Max Dünki (EVP), Anton Keller (CVP), Willy Loretan (FDP), Hanspeter Thür (Grüne). Das Gesamtplenum traf 58 Mal, die drei Einzelsektionen zusätzlich 78 Mal zusammen. Hierzu und zum Folgenden: PUK-EMD-Bericht, S. 1, 6, 8; (zur Einschränkung des Auftrags und zur Untersuchungseinschränkung, S. 2–5; zum weiteren Personal, zur Organisation, zum Verfahren sowie zum Verlauf der Arbeiten, siehe ausführlich: S. 6–29).

von Notstandsmassnahmen und mit der Führung von Personaldateien befassen oder befasst haben".[976]
Der detailliert gegliederte Bericht umfasst 277 Seiten und beinhaltet, abgesehen von einer ausführlichen Einleitung (I) und der von der PUK zum Schluss angeführten „Anträge" (V), drei Inhaltskomplexe. Zunächst beschreibt und kommentiert die Kommission auf rund 90 Seiten die EMD-Abteilung „Untergruppe Nachrichtendienst und Abwehr" (II). Sodann folgen 55 Seiten, auf denen sie sich kritisch mit dem Gegenstandsbereich „Personendaten im Eidgenössischen Militärdepartement", das heisst mit entsprechend umstrittenen Registraturen befasst. Schliesslich enthalten knapp 100 Seiten jene Darstellung und Beurteilung über „die Geheimen Dienste" (IV), die in der Öffentlichkeit besondere Aufmerksamkeit evoziert haben. Im Folgenden gilt es exemplarisch, aus der ausführlichen Dokumentation der PUK-EMD einzelne Aspekte anzuführen, um einen Eindruck vom konfliktträchtigen Potenzial des Berichtes zu vermitteln.

---

976 PUK-EMD-Bericht, S. 1. Darüber hinaus eruierte die PUK-EMD, in Ergänzung zur Administrativuntersuchung von Joseph Voyame, warum Verteidigungsminister Kaspar Villiger von Mitarbeitenden seines Departements „unzureichend informiert" worden war, als er auf Journalistenanfragen hin öffentlich Auskünfte über potenzielle Personendaten in der Abteilung „Abwehr" zu geben hatte. Wie die Kommission in diesem Kontext betont, seien die eigenen „umfassend durchgeführten Ermittlungen im Bereich der Personendaten des EMD" als Chance betrachtet worden, „noch mehr Licht in die umstrittene Angelegenheit" bringen zu können. Zu den besagten Nachforschungen und den entsprechenden Schlussfolgerungen durch die Kommission vgl.: PUK-EMD-Bericht, S. 121–127, hier: S. 121. In Abgrenzung zur Administrativuntersuchung Voyames, spricht die PUK den suspendierten Chef der Bundespolizei, Peter Huber, von einer Verantwortung im betreffenden Zusammenhang frei. Demgegenüber bezichtigt sie den damaligen UNA-Chef, Hans Schlup, sowie den damaligen Direktor der eidgenössischen Militärverwaltung, Hans-Ulrich Ernst, dem sie bezüglich seines betreffenden Verhaltens angesichts der politischen Stimmung nach der Publikation des PUK-EJPD-Berichts „eine erstaunlich geringe Sensibilisierung" vorwirft. Vgl.: Messerli 2001, S. 118f.

Wie die Kommission unter Gliederungspunkt II etwa darlegt, geschah die im EMD, konkret von der UNA, vorgenommene „Überwachung innenpolitischer Aktivitäten" von Schweizern ausserhalb des Kompetenzbereichs jener Abteilung, die für die Beschaffung und Auswertung ausländischer Nachrichten zur Beurteilung der sicherheitspolitischen Lage zuständigen ist.[977] Einmal mehr an den Feindbildern des Kalten Krieges orientiert, wurden vor allem diverse linke und alternative soziopolitische Gruppierungen und Parteien als subversiv beargwöhnt und entsprechend rubriziert unter Kategorien wie „Frontorganisationen". Diese wurden verstanden als „von Moskau ferngesteuerte" Gruppierungen zur Realisierung sowjetischer Interessen, „östliche Geheimdienste" oder „Tarnorganisationen". Hierzu zählten unter anderem die Schweizerische Friedensbewegung, die „Physicians for Social Responsibility", die „Ärzte für den Frieden", die „Organisation für die Sache der Frau" (Ofra), die POCH, die „Demokratischen Juristinnen und Juristen der Schweiz" und viele mehr. Noch im Februar 1987 war in einem „Nachrichtenbulletin" über vermeintliche von den Sowjets getroffene so genannte „aktive Massnahmen" eine akute Unterwanderungsgefahr durch besagte „Frontorganisationen" beziehungsweise durch Zuhilfenahme so genannter „nützlicher Idioten" proklamiert worden. Gemäss PUK-EMD habe es sich um „einen Eingriff in die verfassungsmässig garantierten politischen und persönlichen Grundrechte" gehandelt, der mangels einer Gesetzesgrundlage unzulässig war.

Darüber hinaus befasst sich die PUK-EMD im III. Teil ihrer Dokumentation unter anderem mit den seit Beginn der 1950er-Jahren erstellten Verdächtigenlisten „Extremisten in der Armee", die angelegt worden waren, um Spionage- und Sabotageakten in der Truppe entgegenzuwirken.[978] Die Erstellung solcher Listen, hebt die Kommission hervor, sei vor dem Hintergrund des Kalten Krieges zu verstehen. Doch würden die Registraturen aus gegenwärtiger Perspektive „einen massiven Eingriff in die

---

977 Hierzu und zum Folgenden: PUK-EMD-Bericht, S. 71–93.

978 Hierzu ausführlich: PUK-EMD-Bericht, S. 144–154.

Persönlichkeit der Betroffenen" darstellen, dessen Schwere darin liege, dass

„für den Krisenfall einschneidende Massnahmen wie die Verhaftung oder die Internierung der Registrierten bis ins Detail vorbereitet waren. Genügende Rechtsgrundlagen bestanden – mit einer nicht einmal in Kraft gesetzten geheimen Verordnung – weder für diese Präventivmassnamen noch für die Registrierung an sich. Aus heutiger Sicht", hebt die Kommission hervor, „müsste die Schaffung solcher Rechtsgrundlagen aus rechtsstaatlichen Gründen allerdings als nicht vertretbar bezeichnet werden."[979]

Wenngleich die militärischen Verdächtigenlisten entlang von der PUK-EMD getätigter Recherchen seit 1976/77 vernichtet und nicht neu angefertigt wurden, gelte es darauf hinzuweisen, dass aufgrund der verschiedenen, vor allem elektronischen Datenerfassungssysteme im EMD „jederzeit eine aktuelle militärische Verdächtigenliste erstellt" werden könne.

Nachdem sich ab Ende der 1960er-Jahre eine gesellschaftspolitische Opposition gegen die Armee konstituiert hatte, die sich, wie die PUK erläutert, „in der Gründung der sogenannten ‚Soldatenkomitees' [manifestierte], die offen gegen die Armee, für Dienstverweigerung und für die Störung des Militärdienstes durch Wehrmänner eintrat", leitete die Armeeleitung Massnahmen zur Abwehr „armeefeindliche[r] Aktionen" oder „armeefeindliche[r] Umtriebe" ein.[980] Das in diesem Zusammenhang noch während der Ermittlungen benutzte Meldeformular habe, gemäss Kommission, eine „geradezu groteske Aufzählung der möglichen Täterschaften", wie etwa „Frustrierter", „Geistesgestörter", „Rächer" oder „Oeko-Militante" enthalten, die unakzeptabel, unsachlich und beleidigend seien. Abgesehen davon, dass der Vordruck umgehend neu gestaltet werden müsse, betont die PUK, dass „Meldungen über armeefeindliche Aktionen von Zivilpersonen

---

979 Hierzu und zum Folgenden: PUK-EMD-Bericht, S. 153f.

980 Hierzu und zum Folgenden: PUK-EMD-Bericht, S. 154, 158.

ausserhalb des Truppenbereichs [...] als unzulässig" zu gelten hätten.

Nachdem sie bestimmten in der Öffentlichkeit kursierenden Gerüchten während ihrer Ermittlungen im EMD nachgegangen war, musste die Kommission im IV. Teil ihres Berichts „sowohl die Existenz eines ‚ausserordentlichen Nachrichtendienstes' als auch das Bestehen einer ‚Kaderorganisation für den Widerstand im feindbesetzten Gebiet' offiziell" bestätigen.[981] Bei letzterer handele es sich jedoch, anders als den Medien zu entnehmen, nicht um eine „Geheimarmee". Vielmehr sei in den betreffenden Unterlagen präzisierend von zwei verschiedenen Funktionsverbänden die Rede, wobei die 1990 bestehende personelle Formation eine Kerngruppe oder „Kaderorganisation" darstelle, die im Notstandsfall zu einer „Widerstandsorganisation" ausgebaut werden sollte.[982] Im diesbezüglichen Grundlagendokument von 1981 hatte der Generalstabchef formuliert: „Endziel des Widerstandes ist die Wiederherstellung der schweizerischen Souveränität in rechtsstaatlicher Freiheit in den heutigen Grenzen", wozu er, erläutert die PUK, unter der Bezeichnung „Projekt 26" (P-26) die Konstituierung einer Planungsgruppe angewiesen habe.[983] Wie gegenüber der PUK vermehrt versichert, vermöge „die bestehende Organisation nicht [...], den Widerstand zu führen".[984] In einem der Kommission im August 1990 vorgelegten Bericht heisst es, bei der P-26 handele es sich um „eine auf Friedensverhältnisse ausgerichtete Ausbildungsorganisation", die „erst im Zuge eines von der politischen Behörde angeordneten mehrstufigen, langdauernden Aktivierungsprozesses zu einer einsatzbereiten Widerstandsorganisation ausgebaut" werden könne. Diesbezüg-

---

981 Hierzu und zum Folgenden: PUK-EMD-Bericht, S. 175, 189f.

982 PUK-EMD-Bericht, S. 189f.

983 Zum Thema „Widerstandsorganisation" inklusive ihrer historischen Entwicklung bis zu den Ermittlungsarbeiten der Kommission 1990 vgl.: PUK-EMD-Bericht, S. 175–233; zur ab 1981 erfolgten Konzeption der P-26 vgl.: S. 189–197; zur damals „bestehenden" P-26 vgl.: S. 197–233.

984 Hierzu und zum Folgenden: PUK-EMD-Bericht, S. 197f.

lich bringt die Kommission allerdings fundamentale Zweifel zum Ausdruck.

Prinzipiell konstatiert die PUK-EMD das Fehlen einer unabdingbaren Gesetzesgrundlage zur „Uebertragung des ‚Widerstands' auf eine ausserhalb von Bundesverwaltung und Armee stehende Organisation".[985] Überdies impliziere die bestehende Kerngruppe bereits ein erhebliches „Zerstörungspotenzial". Indem sie über einen „Effektivbestand" von rund 400 Personen sowie ein umfangreiches Waffen- und Sprengstoffarsenal verfüge, erscheine sie bereits als „Kaderorganisation" fähig, „einem allfälligen Auftrag zum bewaffneten Widerstand in beachtlichem Umfange nachzukommen".

Hinzukomme, dass es sich bei der P-26 um „ein Machtmittel von Personen [handelt], die keiner demokratischen Kontrolle unterstehen". Nicht zuletzt bestehe das Risiko einer „Aktivierung ohne oder sogar gegen den Willen der obersten politischen Landesbehörde", womit die P-26 „eine potentielle Gefahr für die verfassungsmässige Ordnung" darstelle. Darüber hinaus bestehe die „Gefahr eines Missbrauches durch Selbstaktivierung" insbesondere aufgrund des „klandestinen Aufbaus von P-26", wonach jedes Mitglied wegen des Geheimhaltungsprinzips nur einen kleinen Kreis weiterer Mitglieder und direkter Vorsitzender kenne, keinen Gesamtüberblick erhalte und „infolge dieser absoluten Abschottung die Rechtmässigkeit ihm erteilter Befehle" lediglich schwer zu beurteilen vermöge. Eine Kontrolle seitens politischer Behörden erfolge, gemäss PUK-Erkenntnissen, nicht und jene „von militärischer Seite, die allein ohnehin nicht genügen" könne, werde lediglich „sehr zurückhaltend ausgeübt".

Vor allem das mögliche Einsatzszenario „Umsturz durch Unterwanderung" sei, betont die Kommission, „unter demokratischen

---

985 Die PUK-EMD kommentiert jeden einzelnen systematischen Teilabschnitt ihrer Untersuchung. Die folgende Darstellung basiert auf solchen Einzelwürdigungen zur P-26. Hierzu und zum Folgenden: PUK-EMD-Bericht, S. 193, 198, 200, 219.

Gesichtspunkten nicht annehmbar".[986] In einer demokratischen Staatsform habe die Leitung einer Widerstandsorganisation keineswegs die Aufgabe zu beurteilen,

> „ob ein politischer Machtwechsel auf Unterwanderung beruht – und daher mit den Mitteln des Widerstands rückgängig zu machen ist – oder ob ein solcher Machtwechsel das Ergebnis einer freien und durch keine Unterwanderung verfälschten Meinungsbildung der Mehrheit darstellt – und daher zu akzeptieren ist."

Aus der Geheimhaltungsabsicht der P-26, bilanziert die PUK-EMD, habe sich die „unzulässige Finanzierungspraxis" ohne parlamentarische Kontrolle (etwa durch die Finanzkommissionen) ergeben.[987] Die Aktivitäten der „Kadergruppe" wurden jahrelang ausschliesslich über verschiedene „Kreditrubriken des EMD" inklusive „Zinserträgen von Kapitalien" bestritten. Weil die Übertragung von Staatsaufgaben an eine Widerstandsorganisation generell – mithin auch deren Finanzierung – nicht gesetzlich geregelt ist, sei „der Grundsatz der Gesetzmässigkeit der Ausgaben" verletzt worden, so dass die betreffenden pekuniären Leistungen des Bundes nicht hätten erfolgen dürfen.

Bezüglich der Verantwortlichkeiten der diesbezüglichen Verfehlungen konstatiert die PUK-EMD: Wenngleich in einem sicherheitspolitischen Bericht des Bundesrates von 1973 als strategisches Ziel erwähnt, habe das Parlament „den wahren Umfang der Vorbereitung des bewaffneten Widerstandes im feindbesetzten Gebiet" daraus nicht eruieren können.[988] Sowohl die Kammern als auch die Öffentlichkeit hätten darüber jedoch orientiert werden müssen, zumal „die Geheimhaltung dieser Tatsache im Interesse der Landesverteidigung keineswegs geboten war" und „eine geheimgehaltene Widerstandsvorbereitung keine Dissuasionswirkung entfalten kann".

---

986 Hierzu und zum Folgenden: PUK-EMD-Bericht, S. 192.

987 Hierzu und zum Folgenden: PUK-EMD-Bericht, S. 205, 208–210, S. 227.

988 Hierzu und zum Folgenden: PUK-EMD-Bericht, S. 226.

Abgesehen davon, dass die Landesregierung über die P-26 letzt-
malig Anfang September 1979 benachrichtigt worden sei, entfalle
die politische Verantwortung für Zuständigkeiten keineswegs, so
die PUK hervorhebend, „wenn man sich nicht informieren lässt",
wobei der Gesamtbundesrat „nur soviel wissen [konnte], wie ihm
der jeweilige Vorsteher des EMD mitteilte".[989] Letztere hätten sich
als Vorgesetzte der jeweiligen Generalstabschefs zuwenig mit der
umstrittenen Organisation befasst und sich damit begnügt, von
den Generalstabschefs aus so genannten „politischen Gründen",
„nur zurückhaltend" informiert zu werden.

Die direkte Verantwortung für die P-26 und den damit einhergehenden staatlichen Verfehlungen trügen, gemäss PUK-EMD, die
Generalstabschefs von 1981–1989, weil sie „den Erfordernissen
des gesetzmässigen Verwaltungshandelns nicht die notwendige
Beachtung" geschenkt hätten.[990] Die Kommission betont, dass
„Geheimhaltungsbedürfnisse" sie grundsätzlich nicht von
der Einhaltung geltender Kompetenznormen befreiten, die
„ohne Schaden für die Organisation auch in einem öffentlichen
parlamentarischen Rechtssetzungsverfahren hätten geschaffen
werden können". Darüber hinaus hätten es die Generalstabschefs
unterlassen, den ihnen jeweils vorgesetzten Departementleiter
„mit dem notwendigen Nachdruck" über die P-26, ihren Auftrag
und ihre Konzeption zu informieren. Einen ähnlichen Vorwurf
richtet die PUK auch an die obersten Aufsichtsbeamten der
eidgenössischen Finanzbehörden, die sich ebenfalls aus Geheim-
haltungsgründen über die „Beachtung der Finanzhaushalts- und
der Finanzkontrollnormen" hinweggesetzt hätten.

Alle Beanstandungen richteten sich, so die Kommission explizit
betonend, nicht an die Mitglieder der P-26, die „ihrer Tätigkeit im
guten Glauben und im Vertrauen auf höchste Repräsentanten der
Armee" nachgekommen seien, sondern an die „Urheber und die
politischen Verantwortlichen".[991] Diese aber hätten „das gerade

---

989   Hierzu und zum Folgenden: PUK-EMD-Bericht, S. 229f.

990   Hierzu und zum Folgenden: PUK-EMD-Bericht, S. 230f.

991   Hierzu und zum Folgenden: PUK-EMD-Bericht, S. 231–233.

in Fragen der Geheimhaltung besonders notwendige Differenzie-
rungsvermögen vermissen" lassen. Zudem wirft die PUK ihnen
das Versäumnis vor, die für eine entsprechende Organisation
„erforderliche gesetzliche Grundlage zu schaffen", wodurch
sie „dem Parlament die Ausübung seiner verfassungsmässigen
Aufsichtspflichten" verunmöglicht hätten.

Äquivalent fällt die Kritik an dem von der Kommission ebenfalls
untersuchten „ausserordentlichen Nachrichtendienst" (AOND)
aus, dessen Infrastruktur seit Beginn der 1980er-Jahre unter
der Bezeichnung „Projekt 27" (P-27) ebenfalls „ausserhalb von
Verwaltung und Armee" aufgebaut wurde und für den „weder
eine ausdrückliche Verfassungs- noch eine Gesetzesgrundlage"
vorhanden gewesen war.[992] Wie die PUK aus einem Grundlagen-
papier von 1982 erfahren hatte, wurde mit diesem Geheimdienst
intendiert, jene „Informationslücken" zu schliessen, die durch
den ordentlichen Nachrichtendienst aufgrund dessen begrenzter
Möglichkeiten der internationalen Nachrichtenbeschaffung offen
blieben.[993] Insbesondere im Krisenfall, erläutert die PUK-EMD,
sollte er in der Lage sein, „auf operativem Wege, das heisst mit
unkonventionellen Methoden, unter Inkaufnahme eines erhöhten
Risikos und unter Bruch fremder Rechtsordnungen, kurz durch
Spionage", militärische, politische, wirtschaftliche und technische
Nachrichten aus dem Ausland zu beschaffen.

Um „im Falle des Bekanntwerdens einer solchen Aktion die
politische Verantwortung" von Schweizer Regierung und Armee
bestreiten zu können, basierte die P-27 auf dem „Prinzip der
Abstreitbarkeit", so dass die Existenz des speziellen Nachrich-
tenbeschaffungsdienstes formell nie zugegeben werden durfte.[994]
Daraus wiederum folgte, das Geheimhaltungsanliegen und mit-

---

992 PUK-EMD-Bericht, S. 254, 257. Die Kommission behandelt den
     „ausserordentlichen Nachrichtendienst" inklusive seiner historischen
     Entwicklung von S. 233–271.

993 Hierzu und zum Folgenden: PUK-EMD-Bericht, S. 267, vgl. auch:
     S. 239, 242f, 245f, 250.

994 Hierzu und zum Folgenden: PUK-EMD-Bericht, S. 237, 268

hin der Entzug jeglicher parlamentarischen Kontrolle. Personell handelte es sich, laut PUK, um eine „klein dotierte Organisation", deren zwei Chefs vor Amtsübernahme in der Privatwirtschaft tätig gewesen waren und dabei „weitläufige internationale Beziehungen erworben" hatten.[995] Die Identität beider ist lediglich „einem eingeschränkten Personenkreis bekannt und wird geheimgehalten". Nur einige wenige Personen staatlicher Institutionen wussten vom ausserordentlichen Nachrichtendienst, etwa jene des so genannten „Konsultativrats", der keine Entscheidungsbefugnis besass, aber „bei allfälligen Spezialeinsätzen" beratend tätig werden sollte.[996]

---

995 Hierzu und zum Folgenden: PUK-EMD-Bericht, S. 246f, 252f. Die beiden Chefs der P-27 machten der Kommission gegenüber geltend, dass der geheime Nachrichtendienst über keine Agenten oder anderweitig im In- und Ausland operativ tätige Personen verfüge. Auch seien keine Kontakte zu ausländischen Nachrichten- oder Geheimdiensten vorhanden. Die besonderen Nachrichtenbeschaffungsmassnahmen erfolgten hauptsächlich über die internationalen Netzwerke der Leitung des geheimen Dienstes. Die daraus einhergehende Abhängigkeit der Organisation zu ihren Vorgesetzten aber stehe, merkt die PUK kritisch an, „in keinem Verhältnis [...] zur Bedeutung, die verschiedene militärische Spitzen diesem Dienst beimassen".

996 Hierzu und zum Folgenden: PUK-EMD-Bericht, S. 254f. Der „Konsultativrat" bestand aus „vier aktiven und ehemaligen Mitgliedern der Bundesversammlung sowie zwei weiteren unabhängigen Beratern". Darüber hinaus waren an den zweimal im Jahr stattfindenden Sitzungen einzelne Vertreter der Bundespolizei, etwa der Chef der Spionageabwehr, vertreten. Sofern einer der P-27-Chefs an den Besprechungen teilnahm, sei er mit verdeckter Identität unter einem Tarnnahmen anwesend gewesen. Auch im Kontext der P-26 war ein „Beirat" unter der Bezeichnung „Gruppe 426" initiiert worden, der aus bis zu fünf Parlamentariern unterschiedlicher Parteien bestand, wobei diese über Auftrag und Konzeption der „Kaderorganisation" kaum informiert erschienen seien. Die Kommission wies kritisch auf die Problematik eines solchen „geheimen ‚parlamentarischen' Rats" hin, vor allem dahingehend, dass Volks- und Ständevertretende gemäss ihrer Funktion zur öffentlichen Rechenschaftslegung verpflichtet seien, was Transparenz voraussetze und dem Prinzip der Geheimhaltung widerspreche. Vgl.: PUK-EMD-Bericht, S. 210–213.

Finanziert wurde die P-27 „zur Hauptsache aus dem Kredit ‚Abteilungsarbeiten' des Stabs der Gruppe Generalstabsdienste".[997]
Wie die Kommission grundsätzlich kritisiert, „fehlt für die Uebertragung der Aufgabe ‚Nachrichtendienst' an eine private Organisation eine gesetzliche Grundlage", so dass auch die entsprechenden Zahlungen des Bundes widerrechtlich erfolgt seien. Hinsichtlich die staatliche Finanzkontrolle betreffender Verfehlungen ergebe sich eine „analoge Situation wie bei der P-26".

Initiiert durch die UNA, habe der Gesamtbundesrat von der Konzeption des geheimen Nachrichtendienstes am 5. September 1979 mündlich durch ein vom damaligen Generalstabschef gehaltenes Referat erfahren.[998] Dass dieses „ohne Diskussion oder Meinungsäusserung" zur Kenntnis genommen worden sei, hätten sowohl der Generalstabschef als auch andere hochrangige Militärs „der Praxis entsprechend als ‚grünes Licht' interpretiert". Bezüglich der Verantwortung staatlicher Gremien und Mandatstragender äussert sich die PUK-EMD in ähnlicher Weise wie im Kontext der P-26.[999] Wenngleich die Vorsteher des EMDs jeweils „Kenntnis von der Existenz einer geheimen Nachrichtenorganisation" gehabt hätten, so seien sie keineswegs über deren Methoden, Finanzquellen oder potenzielle Kontrollen im Bilde gewesen, was die Kommission beanstandet. Die jeweiligen Generalstabschefs hätten es jeweils unterlassen, „die jeweiligen Vorsteher des EMD ausführlich" über die P-27 zu informieren. Das in diesem Zusammenhang erklärend angeführte „Prinzip der Abstreitbarkeit" und die daraus resultierende „Verstrickungsgefahr" von Mitgliedern der Schweizer Regierung „überzeugen die PUK EMD nicht". Das Parlament schliesslich sei 1981 durch einen Bericht der Geschäftsprüfungskommission des Nationalrates über die Existenz eines ausserordentlichen Nachrichtendienstes informiert worden, wobei während der Diskussion im Nationalrat „mehrheitlich

---

997   Hierzu und zum Folgenden: PUK-EMD-Bericht, S. 253f.

998   Hierzu und zum Folgenden: PUK-EMD-Bericht, S. 239f.

999 Hierzu und zum Folgenden: PUK-EMD-Bericht, S. 265f.

keine grundsätzliche Opposition" erwachsen sei.[1000] Bezüglich des Aufbaus des umstrittenen Dienstes jedoch sei das Parlament „weder konsultiert worden, noch hatte es einschlägige Beschlüsse gefasst".

Den Sinn des betrachteten ausserordentlichen Nachrichtendienstes erörternd, bilanziert die Kommission am Schluss ihres entsprechenden Kapitels, die besagte geheime Organisation erwecke „den Anschein, Selbstzweck geworden zu sein".[1001] Wenngleich nicht ausgeschlossen sei, dass sich ein solcher ausserhalb von Armee und Verwaltung angesiedelter Dienst im Krisenfall „als nützlich erweisen" könne, erachte die PUK-EMD ihn in Friedenszeiten als nicht notwendig.[1002] Diesbezüglich beauftragt sie den Bundesrat

---

1000 Lediglich die linke PdA/PSA/POCH-Fraktion habe eine „Kenntnisnahme des Berichtes in ablehnendem Sinn" beantragt, wobei der Antrag mit 146 zu 6 Stimmen abgewiesen wurde. Hierzu und zum Folgenden: PUK-EMD-Bericht, S. 263.

1001 Hierzu und zum Folgenden: PUK-EMD-Bericht, S. 267–269.

1002 Am Ende führt die PUK-EMD aus, inwiefern sie die „Idee eines strategischen Nachrichtendienstes" unterstütze, der für „die Sicherheit des Landes und die Wohlfahrt der Bevölkerung" von Nutzen sei. Dies etwa, um zu eruieren, „wie sich die innenpolitische Situation in Ländern darstellt, aus denen Migrationsbewegungen entstehen" könnten oder um „potentielle Umweltbedrohungen zuverlässig und frühzeitig" zu realisieren, und dann jeweils rechtzeitig entsprechende institutionelle Vorkehrungen treffen zu können. Weil ein solcher „strategischer Nachrichtendienst", für den grundsätzlich eine „wirksame parlamentarische Kontrolle unabdingbar" sei, über die Zuständigkeit des EMD hinaus gehe, sei er „unter einheitlicher Leitung departementübergreifend zu organisieren, wobei die heute bestehenden verschiedenen nachrichtendienstlichen Bereiche zusammenzuschliessen sind". Darüber hinaus müsse er aus dem Verteidigungsministerium ausgegliedert werden, etwa indem er „einer Delegation des Bundesrates" unterstellt würde. Gelöst aus dem „engen militärischen Kontext" könnten die denkbaren gesellschaftlichen Bedrohungen als ein „Querschnittsproblem" betrachtet werden, deren Lösungsentwürfe in einem künftigen „Sicherheitsdepartement" zu erarbeiten seien, so dass die Führung eines solchen Dienstes „permanent durch die politische Behörde" erfolge. Hierzu und zum Folgenden: PUK-EMD-Bericht, S. 269–271.

in einer Motion am Schluss ihrer Abhandlung, „den ungesetz-
lichen Zustand des ausserordentlichen Nachrichtendienstes zu
beenden, indem er diese Organisation in den Stab der Gruppe für
Generalstabsdienste überführt".[1003] Sofern die Landesregierung
den besagten Dienst ausserhalb der Verwaltung weiterführen
wolle, möge sie dem Parlament, so ein entsprechendes Postulat,
die Vorlage für eine betreffende Gesetzesgrundlage unterbreiten.

Zu ihrem essentiellen Anliegen einer „Oberaufsicht über Tätigkeiten der Verwaltung, die einer besonderen Geheimhaltungspflicht
unterliegen", formuliert die Kommission einen Gesetzesvorschlag
als parlamentarische Initiative, die den Vorteil eines verkürzten
vorparlamentarischen Verfahrens impliziert. Entsprechend
gelte es, „eine besondere Delegation beider Räte" zu schaffen,
die zu gleichen Teilen aus Mitgliedern beider Kammern und
unter Berücksichtigung aller Fraktionen zusammengesetzt sein
solle. Das Kontrollgremium habe das Recht, nach Anhörung des
Bundesrates diverse geheime Akten hinzuzuziehen und unter
jeglicher Geheimhaltungsverpflichtung stehende Beamte als
Auskunftspersonen oder Zeugen zu befragen.

Ein weiteres zentrales Anliegen, ihre Position zur geheimen
„Widerstandsorganisation", beschreibt die PUK-EMD in Form
einer Motion, um den Bundesrat direkt zu einem Gesetzgebungsverfahren in dieser Angelegenheit aufzufordern. Darin
wird die Landesregierung beauftragt, dem Parlament „bis zur
Herbstsession 1991 entweder gesetzliche Grundlagen für eine Widerstandsorganisation vorzulegen oder [...] über den Abschluss
der Auflösung der Organisation P-26 Rechenschaft abzulegen".
Darüber hinaus sei die Rekrutierung und Ausbildung ihrer
Mitglieder

1003 Im fünften Teil ihrer Abhandlung pointiert die Kommission schliesslich
aus ihren Begutachtungen resultierende politische Voten in Form von
einer parlamentarischen Initiative, vier Motionen, acht Postulaten
sowie acht „Empfehlungen an das EMD". Hierzu und zum Folgenden:
PUK-EMD-Bericht, S. 272–277.

„unverzüglich ein[zu]stellen, alle Akten des Führungssta-
bes sowie Material, Waffen, Munition und Sprengstoff der
Organisation umgehend unter parlamentarischer Kontrolle
in wenigen zentralen Depots ein[zu]lagern und den Zutritt
zu den Anlagen der Organisation für Mitglieder derselben
unterbinden zu lassen".

Zu einer Gesetzesvorlage „für Sicherheitsüberprüfungen im militärischen Bereich" wird der Bundesrat in einer weiteren Motion
beauftragt. Auch hält die Kommission die Landesregierung in
zwei Postulaten dazu an, sich darum zu kümmern, dass von den
entsprechenden UNA-Abteilungen „keine Informationen über
Personen, Organisationen und Vorgänge im Inland beschafft"
werden. Insbesondere „Erhebungen über die politische Gesinnung von Angehörigen der Armee und über armeefeindliche
Umtriebe von Zivilpersonen" seien einzustellen, sofern sie nicht
dem „Schutz des militärischen Geheimnisses, von Militärperso-
nen und Militäranlagen" dienten.

Nach der Publikation des PUK-EMD-Berichtes am 23. November
1990 standen vorwiegend die sensationellen Enthüllungen über
die geheimen Dienste P-26 und P-27 im Zentrum der öffentlichen
Aufmerksamkeit und Kritik. Damit war der Staatsschutzskandal gewissermassen von einem Geheimdienstskandal abgelöst
worden.[1004]

Der Bundesrat reagierte sofort mit einer Stellungnahme, in der
er die von der PUK-EMD formulierten Anträge grundsätzlich
annahm und grösstenteils goutierte.[1005] Wenngleich der Verdacht
einer systematischen Bespitzelung von Schweizern durch die
Kommission nicht hätte bestätigt werden können, seien andere im
Bericht behandelte Sujets durchaus als problematisch anzusehen.

1004 Wie Messerli anmerkt, würden sich beide Eklats in seiner
     Pressebetrachtung „analytisch nicht immer sauber auseinanderhalten
     [lassen], da sich die medialen Stellungnahmen nicht selten sowohl auf
     die geheimen Dienste P-26 und P-27 als auch auf die EMD-Fichen und
     die UNA-Inlandsaktiviäten bezogen". Messerli 2001, S. 121.
1005 Hierzu und zum Folgenden: Messerli 2001, S. 119; Brügger 2006, S. 92.

Dennoch, betont der Bundesrat, seien einige der behandelten Vorfälle dramatischer dargestellt worden, „als dies gerechtfertigt wäre".[1006] Auch müsse die Existenz der P-26 im historischen Kontext des Kalten Krieges beurteilt werden. Dennoch löse die Landesregierung sie (ebenso wie die P-27) umgehend auf, da sie ihr angesichts der zeitgenössischen Bedrohungslage als nicht erforderlich erscheine. Insbesondere Departementchef Kaspar Villiger betonte sowohl in Interviews als auch vor den Parlamenten, trotz aller berechtigter Kritik, sei der Kalte Krieg gerade erst beendet worden. Wer dies nicht berücksichtige, „verurteilt, statt, dass er beurteilt". Weil die Dokumentation der PUK-EMD die weltpolitischen Umstände kaum berücksichtige, beanstandet Villiger: „Es ist ein geschichtsloser Bericht."[1007]

Der entsprechende historische Bezug wurde auch von Angehörenden bürgerlicher Parteien und Presseorganen immer wieder hervorgehoben. Kenneth Angst etwa verwies in der NZZ auf den „bis vor wenigen Jahren aggressiven Sowjetimperialismus", weswegen „Gegenwehr" grundsätzlich berechtigt, wenngleich die Art und Weise teilweise auch zweifelhaft gewesen sei. Zugunsten einer „kritischen Rückschau", so auch Angst, gelte es, „das eine [zu] sehen, ohne das andere zu verdrängen".[1008] Inwiefern der Kommissionsbericht auf der Schwelle eines historischen Umbruchs publiziert wurde, illustriert ein anderer Artikel der gleichen Zeitungsausgabe, in dem betont wird, der Schlussbericht lese sich „wie das spannende Kompendium einer zwar noch jungen, aber gleichsam über Nacht entwerteten [...] Vergangenheit, die mit den Ansprüchen und dem Empfinden von heute in Konflikt gerät".[1009]

1006 Stellungnahme des Bundesrates zum PUK-EMD-Bericht, zit. n.: Brügger 2006, S. 92.

1007 EMD-Chef Kaspar Villiger vor dem Nationalrat, zit. n.: Brügger 2006, S. 93.

1008 Kenneth Angst in der Neuen Zürcher Zeitung vom 24. November 1990, zit. n.: Messerli 2001, S. 121.

1009 Lts. in der Neuen Zürcher Zeitung vom 24. November 1990, zit. n.: Brügger 2006, S. 96.

Erwartungsgemäss reagierten Redakteure der linken und unabhängigen Medien mit scharfer Kritik auf die Ermittlungsergebnisse der Kommission. Für Rolf Wespe etwa habe die PUK das „Gruselkabinett im EMD" offengelegt, in dem eine unkontrollierte „Geheimarmee" ihr Unwesen getrieben habe.[1010] Er monierte im Tages-Anzeiger, offiziell proklamierte Attribute Schweizer Identität wie demokratisch, rechtschaffen, zuverlässig seien konterkariert worden durch die Enthüllung eines in der Verwaltung vorhandenen „rechtsfreien Raum[es], in dem undemokratisch, unkontrolliert und ungesetzlich gehandelt wurde". Jene bürgerlichen Abgeordneten, die in der Vergangenheit Anfragen kritischer Parlamentsangehörender zu EMD-Geheimbereichen abwiegelten, seien mitverantwortlich für die unhaltbaren Zustände. Seiner Ansicht nach, würden sich die umstrittenen Inlandsaktivitäten der UNA, von einer „paranoiden Mentalität" zeugend, keineswegs mit dem Verweis auf den Kalten Krieg entschuldigen lassen. Ähnlich argumentierte auch Toya Maissen in der Berner Tagwacht.[1011] Für sie stelle die Ost-West-Konfrontation ein fadenscheiniges Alibi dar, weil der Kalte Krieg bereits vorbei gewesen sei, „als die meisten der sogenannten ‚Frontorganisationen' ins Visier der Staatsschützer kamen". Auf die turbulente Nationalratsdebatte vom 13. Dezember 1990 rekurrierend,[1012] brandmarkt Maissen die uneinsichtige Haltung der bürgerlichen Parlamentsmehrheit, die offenbar nicht verstanden habe, „wie Frauen und Männer, sich für Menschen, für die Umwelt, in den Kirchen engagieren" könnten. Die Überwachung derart politisch und sozial Aktiver zeuge von einer Angst vor Veränderung, was den eigentlichen Kern der Staatskrise beinhalte. Maissen akzentuierend: „Welche Zukunft

---

1010 Hierzu und zum Folgenden: Rolf Wespe im Tages-Anzeiger vom 24. November 1990, zit. n.: Brügger 2006, S. 96; Messerli 2001, S. 122f.

1011 Hierzu und zum Folgenden: Toya Maissen in der Berner Tagwacht vom 14. Dezember 1990, zit. n.: Messerli 2001, S. 123.

1012 Vgl. hierzu: Brügger 2006, S. 91f. Mehrere Dutzend Rednerinnen und Redner hatten im Nationalrat zum PUK-EMD-Bericht Stellung bezogen, was, so Brügger, „insgesamt eine breite Palette an Meinungen" widerspiegelt habe.

aber hat ein Land, das sich neurotisch abschottet gegen jede Art von Umdenken, in einem sich so schnell wandelnden Europa?" Daran anknüpfend, forderte der Historiker Alex Capus in einem Hintergrundartikel der Berner Tagwacht zur Bewältigung der staatlichen Krise abgesehen von einschneidenden institutionellen Korrekturen einen unbedingten Mentalitätswandel bürgerlicher Politiker. Diese müssten sich abkehren von „ihrem Anspruch auf absolute Herrschaft" und sich öffnen für zeitgemässe gesellschaftliche Strömungen zugunsten einer zukunftsträchtigen Ausgestaltung der Schweiz.[1013] Eine diesbezügliche Unfähigkeit, zweifelt Capus, würden sie jedoch „praktisch täglich [beweisen] in der Diskussionsverweigerung gegenüber dem politischen Gegner und in der Taubheit gegenüber drängenden neuen (europa)politischen, sozialen, ökologischen und wirtschaftlichen Fragestellungen". Somit könne die Schweiz lediglich von aussen erneuert werden: ähnlich wie vor 200 Jahren durch Napoleon, werde nun Europa auf das Land modernisierende Einflüsse ausüben. In diesem Zusammenhang warnte der Chefredakteur der Berner Tagwacht, Richard Müller, vor der Auflösung der nationalen Identität.[1014] Diese habe, nachdem der Mythos von Rechtsstaatlichkeit und Gleichheit aufgeflogen sei, ernsthaften Schaden genommen, so dass Schweizerinnen und Schweizer nach einem neuen nationalen Selbstverständnis suchen würden. Um nicht auf eine Alpenlandschaft reduziert zu werden, „deren Geschichte im Lexikon verstauben wird", um mithin das entstandene nationale Vakuum zu füllen und zukunftsfähig zu werden, bleibe der Schweiz nur, sich für Europa zu öffnen.

1013 Hierzu und zum Folgenden: Alex Capus in der Berner Tagwacht vom 1. Dezember 1990, zit. n.: Messerli 2001, S. 125; vgl. auch: S. 123f. Dort verweist Messerli auf Capus radikale Deutung zur P-26, die der Historiker, die Enthüllungen der PUK-1 und der PUK-2 sinnstiftend verknüpfend, als „bewaffnete[n] Arm der Schnüffler" interpretiert habe.

1014 Richard Müller in der Berner Tagwacht vom 31. Dezember 1990, wiedergegeben in: Messerli 2001, S. 125.

Im Kampf um die Deutungshoheit dessen, was die von der PUK-EMD ermittelten Tatbestände für die Schweiz als Staat bedeuteten, argumentierten die Akteure damit sowohl von bürgerlicher als auch von links-alternativer Seite anhand historischer und zukunftsbezogener Sinnbezüge, durch die der konkrete Sachverhalt in abstraktere nationale Interpretationszusammenhänge eingeordnet wurde. Hinsichtlich der unmittelbaren Skandalbewältigung aber wurde um gegenständliche Massnahmen gerungen. In einer Stellungnahme beispielsweise forderte die SP, das „erschreckende Demokratieverständnis" höchster Schweizer Militärs brandmarkend, personelle Konsequenzen, wie etwa den Rücktritt vom Direktor der eidgenössischen Militärverwaltung, Hans-Ulrich Ernst, was wiederum von Stimmen aus dem bürgerlichen Lager, entsprechend einer Formulierung des SVP-Nationalrats Reinhard Müller, als „Kopfjägerei" abgewehrt wurde.[1015] Die Grüne Partei sprach von einem „politisch-moralischen Tiefstand" und verwies darauf, dass in anderen demokratischen Ländern unter ähnlichen Umständen Rücktritte von Ministern erfolgen würden.

Insbesondere der EMD-Chef stand in jenen Wochen unter Beschuss, wobei, hebt Messerli hervor, „in dieser Schärfe" während des gesamten Krisenjahrs kein anderer politischer Akteur in Frage gestellt worden sei. Die damit einhergehende „verstärkte Tendenz zur Personifizierung" stelle mithin eine Besonderheit der vierten Skandalphase dar.[1016] Zunächst wurde Villigers Haltung zu den von der PUK ermittelten Zuständen in bestimmten Bereichen des von ihm geführten Departements teilweise als zu unkritisch aufgefasst. Bezüglich seiner Ansprache vor dem Ständerat Ende November etwa moniert Roger Blum im Tages-Anzeiger, wenngleich der Minister den Schlussfolgerungen der

---

1015 Hierzu und zum Folgenden: Zitate entnommen aus: Brügger 2006, S. 90f. Gemäss Brügger habe Reinhard Müller den Skandalierenden eine „Verdrehung der Tatsachen und versuchte Zerstörung des Staates Schweiz" vorgeworfen, wobei er entsprechende „Machenschaften [...] als viel schlimmer [erachtete] als die Handlungen der angeblichen Geheimarmee".

1016 Messerli 2001, S. 133.

Kommission grundsätzlich beigepflichtet habe, sei er zu sehr in die Defensive gegangen, wobei er sich von den „härtesten kalten Kriegern" nur im Ton, kaum jedoch vom Inhalt her unterschieden habe.[1017] Der Verteidigungsminister habe damit die Gelegenheit verpasst, zugunsten einer Reform des angeschlagenen EMDs in die Offensive zu gehen. Vaterland-Redakteur Martin Merki mahnt darüber hinaus an, zwar habe Villiger mit seiner historischen Beurteilung der Ermittlungsresultate einen willkommenen Kontrapunkt zur legalistischen Betrachtungsweise der PUK gesetzt, doch habe es seinen Ausführungen im Hinblick auf die Empörung der Betroffenen zugleich an Einfühlungsvermögen und Verständnis gefehlt.[1018] Der EMD-Chef habe mithin nicht so sehr „verteidigen", sondern mehr „beklagen" müssen. Merki: „Wer sich aber scheut, Fehler der unmittelbaren Vergangenheit als solche zu benennen, läuft Gefahr, die Glaubwürdigkeit in der Gegenwart zu verlieren."

Hinzu kam, dass Anfang Dezember immer mehr Details und Gerüchte über die umstrittenen Geheimdienste in der Öffentlichkeit kursierten. Unter anderem wurde bekannt, dass der EMD-Informationschef Hans Rudolf Strasser seinen Vorgesetzten Villiger nicht über seine Mitgliedschaft in der P-26, in der er für den Bereich „Nachrichten und psychologische Kriegsführung" zuständig gewesen war, in Kenntnis gesetzt hatte.[1019] Selbst bürgerliche Parlamentsangehörende äusserten sich empört über die entsprechenden Enthüllungen. Das EMD reagierte in einem Pressekommuniqué mit der sofortigen Beurlaubung Strassers. FDP-Präsident Franz Steinegger etwa entrüstete sich, man habe

---

1017 Hierzu und zum Folgenden: Roger Blum im Tages-Anzeiger vom 30. November 1990 in: Messerli 2001, S. 128.

1018 Hierzu und zum Folgenden: Martin Merki im Vaterland vom 30. November 1990 in: Messerli 2001, S. 129.

1019 Hierzu und zum Folgenden: Echo der Zeit, SR DRS 1, 11. Dezember 1990, Transkript, S. 1f. Das Zitat von Franz Steinegger ist der Sendung entnommen. Am Beginn der Sendung wird darauf verwiesen, dass Radio DRS die Aufdeckung der umstrittenen Doppelfunktion Strassers gelungen war.

„ja immer gesagt, dass die Mitgliedschaft in dieser Widerstandsorganisation eine ehrenwerte Angelegenheit" gewesen sei. Dass
aber „der offizielle Sprecher des Verteidigungsministeriums
gleichzeitig im Widerstand eine Informationsfunktion" innegehabt habe, so „als ob der einfach das Gesicht wechseln könnte
im Besetzungsfall", sei ebenso skandalös wie die bewusste
Irreführung des Departementleiters.

Damit gab es noch einen Fall mehr, in dem der Minister von seinen Mitarbeitenden in einer politisch relevanten Angelegenheit
mangelhaft informiert worden war beziehungsweise darüber aus
den Medien erfahren musste. Wie Messerli ausführt, hätten insbesondere Zeitungen aus dem linken und unabhängigen Spektrum
Skepsis geäussert, „ob der FDP-Magistrat wirklich der richtige
Mann am richtigen Platz war", weswegen sie Villiger abverlangt
hätten, anhand konkreter Handlungen, wie personellen Konsequenzen, zu signalisieren, sein Departement unter Kontrolle zu
bringen.[1020] Ansonsten, so die Prophezeiung, müsse er selbst bald
aufgrund von Vertrauensmangel zurücktreten. Auch die NZZ, die
sich hinsichtlich der politischen Krisenstimmung dieses Skandaljahres bis dato gemeinhin eher zurückhaltend artikuliert hatte,
fordert diesbezüglich ungewohnt kritisch:

> „Nachdem Bundesrat Villiger nun schon zweimal von
> Mitarbeitern in politisch delikaten Situationen entweder
> unvollständig oder, wie im vorliegenden Fall, nicht wahr-
> heitsgetreu informiert worden ist, drängen sich eine rigorose
> Durchleuchtung und eine strukturelle Reorganisation der
> EMD-Spitze auf. [...] Not tut ferner der rasche Aufbau eines
> Informationsdienstes, der Sachverhalte gradlinig erklärt,
> Mängel erkennt und Probleme erhellt."[1021]

Villigers Rede vor dem Nationalrat Mitte Dezember galt schliesslich unter Redakteuren des Tages-Anzeigers und des Blicks, die

---

1020 Hierzu und zum Folgenden: Messerli 2001, S. 129; vgl.: Brügger 2006,
S. 96f.

1021 „Kapitän auf die Brücke!", Neue Zürcher Zeitung vom 12. Dezember
1990, zit. n.: Messerli 2001, S. 129.

ihn zuvor kritisiert hatten, vorerst als eine Art Befreiungsschlag, wenngleich etwa Fridolin Luchsinger betonte, der Minister müsse nach den Worten nun Taten folgen lassen.[1022] Villiger selber stellte sich am 15. Dezember 1990 in der Radiosendung „Samstagsrundschau" den kritischen Fragen der Redakteure Peter Bertschi und Ueli Ebneter.[1023] Auf den ausserordentlichen Appell der NZZ – „Kapitän auf die Brücke!" – angesprochen, verteidigt sich Villiger darin, er habe seit seinem Amtsantritt auf der Brücke des „Schiff[s] EMD" gestanden und eine „Kurskorrektur" eingeleitet. Im Bewusstsein des radikalen sicherheitspolitischen Wandels habe er entsprechende gegenwartsorientierte Reformen zuerst „angepackt". Dann sei jedoch

„als Störfaktor plötzlich der Bedarf an Vergangenheitsbewältigung aufgetaucht, der uns jetzt im Moment fast zu fest beschäftigt. Wenn ich die besten Leute des Departements", akzentuiert der Bundesrat, „fürs Aufräumen von Sachen, die vor 30 Jahren entstanden sind, einsetzen muss, statt für die Zukunft, dann ist das ein abnormaler Zustand, den man ändern muss".

Zugunsten der von ihm versprochenen organisatorischen und personellen Neuorientierung des Departements werde das Projekt „EMD 95" initiiert, durch das das gesamte Ministerium mittel- und langfristig „überdacht" werden solle. Zudem gebe es einen „Brain-Trust", der kurzfristige Lösungsmöglichkeiten jener im Zuge der innen- und aussenpolitischen Veränderungen aufgetretenen Probleme erarbeite.

Auf die durch einzelne seiner Mitarbeitenden ausgelöste Informationsmisere angesprochen, entgegnet Villiger, nicht mit einem „riesigen Besen" kehren zu wollen, weil er dies für ungerecht halte. Sein Verständnis von Personalführung basiere auf dem Grundsatz gegenseitigen Vertrauens. Selbst wenn dieses „hier

---

1022 Fridolin Luchsinger im Blick vom 14. Dezember 1990, wiedergegeben in: Messerli 2001, S. 130.

1023 Hierzu und zum Folgenden: Bundesrat Kaspar Villiger in: Samstagsrundschau, SR DRS, 15. Dezember 1990, Transkript, S. 2–7.

und da missbraucht" werde, komme er von seiner „bewerten Politik der menschlichen Zusammenarbeit" nicht ab. Wenngleich er auch „ein paar Enttäuschungen erlebt" habe, handele es sich um „wenige Fälle, die hochgespielt werden". Obgleich er die Aufgabe der Medien, das öffentliche Klima abzubilden, für seine Ministerfunktion als „lebenswichtig" erachte, habe er in letzter Zeit jedoch den Eindruck gehabt, „von einer Meute giftiger Wölfe angefallen" zu werden. „Plötzlich", so Villiger, „wirft man mir sogar noch Menschlichkeit vor". Weil er sich weigere, den „eiserne[n] Besen" einzusetzen, werde er als „unbeweglich", als „Betonkopf" gebrandmarkt.[1024] Er vermöge, illustriert der Minister rechtfertigend, nicht in alle Schränke der 700 Büros seines Departements, geschweige denn in die Köpfe seiner Mitarbeitenden hinein zu schauen. Auch könne er nicht ausschliessen, dass noch Weiteres zum Vorschein komme. Wenn dies aber geschehe, werde es „bereinigt und aufgeräumt". Villiger durchaus selbstironisch mit einem Lachen an den Journalisten Bertschi gerichtet: „Wenn Sie noch etwas wissen, so sagen Sie es mir bitte gerade direkt."

Von Bertschi zum umstrittenen Einsatzszenario „innerer Umsturz" befragt, betont Villiger, er erachte die diesbezüglich allgemein artikulierten Befürchtungen, „auch aus Kenntnis von den Personen, für völlig unberechtigt".[1025] Seinem Eindruck nach handele es sich um „gute Schweizer, die sich im Fall, wenn es vom

---

1024 Villiger erwähnt in diesem Kontext sein Fernsehgespräch mit dem Schriftsteller Adolf Muschg, dessen Buch „Die Schweiz am Ende – Am Ende die Schweiz" die Basis der Diskussion bildete, an deren Schluss sich der Bundesrat positiv zum Ideenaustausch mit Forschenden und Kulturschaffenden geäussert hat. Im Anschluss daran habe Villiger Briefe erhalten, in denen ihm mitgeteilt worden sei, man habe ihm eine öffentliche Auseinandersetzung mit einem kritischen Schriftsteller gar nicht zugetraut, was Villiger verwundert habe. Vgl.: „Ergänzungen zur Zeit", SF DRS, 21. Oktober 1990; Muschg 1991².

1025 In der Zwischenzeit waren die Namen der Chefs von P-26 (Jurist und Oberst Efrem Cattelan) und P-27 (Bauingenieur und Oberst Ferdinand Jakob Knecht) öffentlich geworden. Gemäss Brügger sei es die Weltwoche gewesen, die innerhalb von drei Wochen nach Publikation des PUK-EMD-Berichts die Namen enttarnen konnte. Brügger 2006, S. 88f, 97.

Ausland her wirklich schlecht ergangen wäre, hingestellt hätten, sonst aber nicht". Den Entscheid, die P-26 aufzulösen, habe er vornehmlich gefällt, weil seiner Ansicht nach in Zeiten ohne akute Bedrohung bezüglich einer solchen Organisation „das Misstrauen [...] sehr viel schädlicher als der Nutzen" sei.

Auf seine persönliche Lektion hinsichtlich der PUK-Ermittlungsresultate befragt, gesteht Villiger ein, er habe gelernt, mit „Feindbildern im Hinblick auf Leute mit anderen Meinungen zurückhaltend" umzugehen. Bertschi hat ihn zuvor auf die bemerkenswerte Bekundung des Kommissionspräsidenten Carlo Schmid hingewiesen, die dieser ebenfalls in einer „Samstagsrundschau" artikuliert hatte.[1026]

Während der Ermittlungstätigkeit, erläutert Schmid in der Sendung, seien Angehörende unterschiedlicher Parteien darauf angewiesen gewesen, sich untereinander konstruktiv zu verständigen, was bisher angesichts der Spannungen zwischen dem bürgerlichen und dem links-alternativen Lager keineswegs selbstverständlich gewesen sei.[1027] In den Gesprächen habe er jedoch realisiert, dass es auch bei den ideologischen Kontrahentinnen und Kontrahenten „einen gewissen Grundstock an Überzeugungen" gebe, die man miteinander teile und auf denen man aufbauen könne. Er habe zudem eingesehen, dass jeder auf Basis seines persönlichen historischen Hintergrundes agiere. Positionen dürften nicht von vornihein als unhaltbar eingestuft werden; vielmehr, postuliert der CVP-Ständerat, gelte es, sich damit auseinander zu setzen. Schmid betont, die PUK-Arbeit habe ihn offener gegenüber seinen politischen Widersachern werden lassen, die er anders behandeln wolle, auch um den Kalten Krieg zwischen den Lagern abzubauen. Diese Aussage ist in sofern beachtlich, weil sie von Carlo

---

1026 Hierzu und zum Folgenden: Carlo Schmid in: Samstagsrundschau, SR DRS 1, 24. November 1990, gemäss Zusammenfassung.

1027 Einen exemplarischen Eindruck von den weltanschaulichen Spannungen zwischen den Mitgliedern der PUK-EMD vermittelt eine Radiosendung, in der FDP-Nationalrat Willy Loretan und der Grüne Nationalrat Hanspeter Thür Fragen zur PUK-2 kontrovers beantworten. Rendez-Vous, SR DRS 1, 23. November 1990.

Schmid kam, der in linken Kreisen als bürgerlicher Hardliner angesehen wurde, wobei sich ein solcher Eindruck angesichts seines weiter oben zitierten, umstrittenen Kommentars vom 3. März 1990 aufdrängte. Darin hatte Schmid Medienschaffende, welche die Staatsschutzmisere in ihren Beiträgen skandalisierten und zu weiterer Aufklärung drängten, verurteilt. Darüber hinaus hatte er Andreas Kohlschütter einer Profilierung durch massenmediale Selbstdarstellung bezichtigt und linken Nationalräten wie Peter Bodenmann und Paul Rechsteiner unterstellt, „die ‚Krise' ganz bewusst in Szene" zu setzen, wobei die Skandalisierung „zum Teil böser Wille, zum Teil Schaumschlägerei" gewesen sei.[1028] Auf diese Äusserung im Radio angesprochen hob der PUK-EMD-Präsident hervor, wenngleich er auch immer noch der Meinung sei, dass „innerhalb parteipolitischer Auseinandersetzungen effektive Missstände nicht zu Gunsten von einer bestimmten Partei am Kochen gehalten werden" dürften, würde er ein Statement wie das Betreffende nach den in der Kommission gemachten Erfahrungen „vorsichtiger formulieren".[1029] Grundsätzlich gelte es, die Schwachstellen rasch zu verbessern, zum Wohl keiner Partei, sondern der ganzen Bevölkerung. Die Schweiz müsse wieder „lebbar und freundlich" gemacht werden.

Auch Schmid gehörte zu jenen, die sich gegen Rücktritte, etwa zuständiger Minister, als Massnahmen zur Bewältigung der Misere aussprachen.[1030] In einem Interview des Tages-Anzeigers vom 24. November 1990 betont er zwar die politische Relevanz der Kommission, die Defizite insbesondere hinsichtlich Kontrollpflichten der politischen Führung aufgedeckt habe, doch seien die Fehler nicht „planmässig und bewusst", sondern vielmehr aus „Mangel an Information" geschehen. Es handele sich seiner Ansicht nach um „objektive Fehlbestände ohne persönliche Schuld". Als er am

---

1028 CVP-Ständerat Carlo Schmid in: Ostschweiz, 3. März 1990, zit. n.: Künzli 1990, S. 84.

1029 Hierzu und zum Folgenden: Carlo Schmid in: Samstagsrundschau, SR DRS 1, 24. November 1990, gemäss Zusammenfassung.

1030 Hierzu und zum Folgenden: Carlo Schmid im Interview des Tages-Anzeigers vom 24. November 1990, zit. n.: Brügger 2006, S. 90.

7. Dezember 1990 im Radio um eine telefonische Stellungnahme zur öffentlich artikulierten Kritik an der PUK-Dokumentation befragt wurde, verteidigte er die Ermittlungsresultate allerdings unbeirrt.[1031] Wenngleich er Verständnis dafür signalisieren könne, dass die kritischen Bemerkungen „in subjektiver Hinsicht" teilweise „nur schwer verdaut" werden könnten, sehe er sich „in keiner Weise veranlasst, aufgrund dessen, was ich bis heute gehört habe, irgendeinen Punkt der Kommission zurückzunehmen". Nachdem die P-26-Verantwortlichen öffentlich darauf beharrt hatten, es habe kein Risiko der Selbstaktivierung durch die Organisation bestanden, hebt Schmid hervor, ein Risiko sei schwer abschätzbar, doch hätten die Befragungen „keinen hinreichenden Hinweis" erbracht, dass eine politische Behörde nötig gewesen wäre, um die P-26 zu aktiveren. Wenngleich bestimmte technisch-administrative Checklisten vorhanden waren, sei die Möglichkeit einer Aktivierung ohne Wissen eines Bundesrates gegeben gewesen. Diesbezüglich nehme er darum keine Aussage zurück. Dem ebenfalls an die Kommission gerichteten Vorwurf, „inquisitorische Befragungsmethoden" angewendet zu haben, entgegnet Schmid, bei den von der PUK vornehmlich durchgeführten „Zeugeneinvernahmen" handele es sich um ein „Frage-Antwortverfahren", das eine „bestimmte Förmlichkeit" inklusive der Strafandrohung impliziere, was „für viele Leute in wichtigen Positionen zweifellos eine etwas unangenehme Erfahrung

---

1031 Hierzu und zum Folgenden: Carlo Schmid in: Echo der Zeit, SR DRS 1, 7. Dezember 1990, Transkript. Beispielsweise meldete sich Alt-Bundesrat Georges-André Chevallaz, der von 1980–83 dem EMD vorgestanden hatte, kritisch zu Wort, indem er etwa betonte, seine Verantwortung im Hinblick auf die P-26 durchaus wahrgenommen zu haben. Auch sei sowohl der Bundesrat als auch das Parlament noch 1981 über deren Tätigkeit im Bilde gewesen. Vgl.: Brügger 2006, S. 94. In einem Brief an Carol Schmid moniert er grundsätzlich, der PUK-EMD-Bericht habe „zu einer Vertrauenskrise beigetragen, die das Parlament ebenso wenig verschonen wird wie den früheren und gegenwärtigen Bundesrat sowie die Glaubwürdigkeit der Armee und ihrer Chefs". Georges-André Chevallaz an Carlo Schmid, zit. n.: Tages-Anzeiger vom 30. November 1990, wiedergegeben in: Brügger 2006, S. 95.

gewesen" sei. Anders als eine Geschäftsprüfungskommission, pointiert der PUK-EMD-Präsident, könne eine parlamentarische Untersuchungskommission nicht im „Plauderton" ermitteln, sondern habe „mit den Mitteln des Untersuchungsverfahrens" vorzugehen.

Es war Alt Generalstabschef Hans Senn, der, auf einer mit Efrem Cattelan am 7. Dezember 1990 abgehaltenen Pressekonferenz, den Verhörstil der PUK-2 als inquisitorisch sowie der Wahrheitsfindung abträglich bezeichnet hatte.[1032] Cattelan dementierte die kursierenden „Putschisten"-Vorwürfe. An den folgenden Tagen gab er diverse Interviews, um den Eindrücken, welche die Medien von der umstrittenen Organisation in der Zwischenzeit vermittelt hätten, entgegenzutreten. Im Tages-Anzeiger etwa betont er, die Phantasie sei „im Moment wahnsinnig" angeregt,[1033] so dass ein kundiger „Insider" nach Kenntnisnahme verschiedener Medienberichte „einfach schallend lachen" müsse. Im SonntagsBlick pointiert Cattelan schliesslich, ihm gehe das „Rambo-Züügs", das über die P-26 verbreitet werde, mittlerweile „auf den Wecker". Dementsprechend moniert er, wiederum in einem Radiogespräch, der Begriff „Geheimarmee" „eignet sich vielleicht für

---

1032 Hierzu und zum Folgenden: Diverse Artikel zit. n.: Brügger 2006, S. 93f.

1033 Beispielsweise hatte Niklaus Ramseyer im Tages-Anzeiger vom 8. Dezember 1990 angezweifelt, dass es nur eine einzige „Geheimarmee" gebe. Die Möglichkeit bestehe, dass dahinter „die ‚inner circles' üppig weiterwuchern". Niklaus Ramseyer zit. n.: Brügger 2006, S. 97. Auch Esther Bührer, in beiden PUKs als Mitglied vertreten, hatte geäussert, aufgrund dessen, dass die EMD-Beamten besonders auf Geheimhaltung „programmiert" seien und dementsprechend „nichts preisgegeben haben, was wir nicht aktiv aus ihnen herausgeholt haben", sei man als PUK-Mitglied „nicht sicher, ob nicht hinter dem, das man erfahren hat, schliesslich noch mehr hinter versteckt ist". Im Ständerat hatte Bührer dann auch die Unsicherheit artikuliert, nicht zu wissen, wie weit die PUK den „Bodensatz" durchdrungen habe. Vor allem zur europäischen Verflechtung der Geheimorganisation (Stichwort Gladio) habe man keine Zeit mehr gehabt, zu recherchieren. Esther Bührer in: Rendez-Vous, SR DRS 1, 28. November 1990, Transkript, S. 1.

eine Schlagzeile", doch müsse er „begraben" werden.[1034] Und auch der Terminus „Widerstandsorganisation" sei nicht korrekt, denn bei der besagten Gruppierung habe es sich lediglich um eine „Kaderorganisation" gehandelt, die im Besatzungsfall zu einer „Widerstandsorganisation" hätte ausgebaut werden sollen, wobei auch diese schliesslich allein nicht hätte „wieder herstellen [können], was eine Armee zuvor nicht bewältigen konnte". Darüber hinaus habe es sich bei dem so genannten „Zerstörungspotenzial" der P-26 nach militärischen Massstäben um „Schall und Rauch" gehandelt. Als „Hauptwaffe" zentraler sei die „psychologische Kampfführung" gewesen. Weil man diese jedoch medial schlecht darstellen könne, ergebe sich „ein schräges Bild" von der P-26. Insbesondere Medienschaffende wüssten jedoch, wie eine entsprechende „geistige und moralische und überzeugungsmässige Beeinflussung von der Bevölkerung" erreicht werde, das sei nämlich, so Cattelan an die Radioredakteure gerichtet, „Euer Metier, nur mit einer anderen Zielsetzung". Zudem habe man in den zehn Jahren seiner Tätigkeit nie einen „Unterwanderungsversuch" festgestellt. Auch seien die Friedens- und Anti-AKW-Bewegungen „kein Thema für die P-26" gewesen, da es sich dabei, konstatiert Cattelan, um „demokratisch absolut vertretbare Sachen" gehandelt habe. Die Informationen darüber seien lediglich aus den Massenmedien zusammengetragen worden, nicht jedoch unter Hinzuziehung der UNA, Bundespolizei oder entsprechender Institutionen. Als Chef der P-26 sei er zu deren Aktivierung nicht in der Lage gewesen. Abschliessend beurteilt er den PUK-EMD-Bericht als „gründlich und rechtlich schlüssig", um sogleich einzuschränken, dass andere Fachleute hinsichtlich der Verfassungsmässigkeit der umstrittenen Organisation allerdings zu einer „entgegengesetzten Meinung und anderen Schlüssen" kämen.

Für das Komitee „Schluss mit dem Schnüffelstaat" hat der PUK-EMD-Bericht einmal mehr amtlich belegt, was man seit

---

1034 Hierzu und zum Folgenden: Efrem Cattelan in: Samstagsrundschau, SR DRS 1, 8. Dezember 1990, Transkript.

Jahrzehnten in links-alternativen Kreisen vermutet hatte.[1035] All jene öffentlich artikulierten Beschwichtigungsversuche liess das Komitee nicht gelten. Vielmehr forderte es als kollektiver Repräsentant der Betroffenen in einer Pressemitteilung vom 12. Dezember 1990 eine „Weiterarbeit der PUK-EMD", um „vollständige Transparenz" zu erreichen.[1036] Diesbezüglich bedürfe die Kommission „volle Akteneinsicht in alle im EMD vorhandenen Datensammlungen". Die Bevölkerung habe ein Recht auf die „volle Wahrheit", weswegen auch umgehend die Mitgliederlisten der P-26 sowie der P-27 offenzulegen und die vom EMD telefonisch abgehörten Personen zu informieren seien. Des Weiteren gelte es, alle „499 Personen, die im sogenannten ‚Ernstfall' hätten verhaftet und interniert werden sollen", diesbezüglich sofort in Kenntnis zu setzen. Abschliessend proklamiert das KSS fragend, „wann endlich die Verantwortlichen im Bundesrat die Verantwortung übernehmen und persönlich die Konsequenzen ziehen!"

Am 20. Dezember 1990 schliesslich protestierte das KSS „aufs schärfste gegen die geplante Vernichtung aller UNA-Fichen und -Akten", die laut WoZ-Bericht vom EMD-Fichen-Delegierten Franz Eng beabsichtigt sei, falls keine Einwände Betroffner vorlägen.[1037] „Absolut inakzeptabel" sei diese Art „Vergangenheitsbewältigung à la EMD", die einmal mehr einem „Schlag ins Gesicht der Historiker" gleichkomme und „in krassem Widerspruch zum Versprechen vom BUPO-Fichendelegierten Walter Gut" stehe. Dieser habe einer Historiker-Delegation im Sommer seine Unterstützung zugunsten einer Archivierung der

---

1035 Beispielsweise betont Jürg Frischknecht in einem Brief an die KSS-Mitglieder, in dem er unter anderem das Buch „Schnüffelstaat Schweiz" als potenzielles Weihnachtsgeschenk anpreist, „das historische Kapitel von Jakob Tanner über die Zeit des Kalten Krieges hat nach den Enthüllungen der PUK II an Bedeutung noch gewonnen". KSS, Dokumentation, Frischknecht an die KSS-Mitglieder, im Dezember 1990.

1036 Hierzu und zum Folgenden: KSS, Dokumentation, Pressemitteilung vom 12. Dezember 1990.

1037 Hierzu und zum Folgenden: KSS, Dokumentation, Pressemitteilung vom 20. Dezember 1990.

bundespolizeilichen Unterlagen versprochen. Dementsprechend fordert das KSS, „der Skandal muss rekonstruierbar bleiben". Schliesslich seien auch „Fragen bezüglich Haftung und Schadenersatz nach knapp fünf Monaten kaum überprüfbar". Zudem solle die Archiv-Verordnung derart verändert werden, dass der Aktenzugang nur noch den Betroffenen möglich sei, „nicht aber für aktenproduzierende Verwaltungsstellen und für Dritte". Auch für das EMD gelte die „gesetzlich geregelte Abgabepflicht über die uneingeschränkte Abgabe aller Akten ans Bundesarchiv".[1038]

Der damit implizit angesprochene Kampf um die Hoheit der staatsbürgerlichen Daten manifestierte sich im Dezember 1990 auch im von radikaler denkenden Linken praktizierten Volkszählungsboykott, der, gemäss Messerli, in der vierten Skandalphase das zentrale Protestthema dargestellt habe.[1039] Zählbögen wurden etwa in den Städten Zürich und St. Gallen verschiedentlich unvollständig oder falsch ausgefüllt, weswegen im Blick von einem „Volkszählungsdebakel" gesprochen wurde. Demgegenüber vermittelt der Erfahrungsbericht eines Volkszählers in der NZZ einen anderen Eindruck. Wenngleich das Misstrauen in der Bevölkerung an den Haustüren durchaus wahrnehmbar gewesen sei, etwa indem man ihn auf den Fichen-Skandal angesprochen habe, sei „echtes Unbehagen über die Verwendung der erfragten Auskünfte [...] fast nirgends zu spüren [gewesen]. Das Misstrauen richtete sich gegen das Verhalten des Staates im Allgemeinen, nicht aber gegen die Volkszählung im Besonderen".[1040] Laut Messerli habe vor allem die Berner Tagwacht als „eine Art linkes Forum, in welchem sowohl Befürworter als auch Gegner der Volkszählung ihre Position kundtaten", fungiert.[1041] In einem

---

1038 Wie das KSS in seiner Chronik am 15. Januar 1991 festhält, sollen die knapp 8000 UNA-Akten und -Fichen trotz Protests nach Einsichtnahme vernichtet werden. Chronik des KSS, Dokumentation des Sozialarchivs Zürich.

1039 Hierzu und zum Folgenden: Messerli 2001, S. 130.

1040 Neue Zürcher Zeitung vom 14. Dezember 1990, zit. n.: Messerli 2001, S. 130f.

1041 Hierzu und zum Folgenden: Messerli 2001, S. 131.

Streitgespräch beispielsweise verteidigen Peter Vollmer (SP) und Werner Haug (Bundesamt für Statistik) die Volkszählung, die mit dem Bespitzelungsskandal nichts zu tun habe, sondern durch welche diversen staatlichen Behörden zugunsten umfangreicher soziopolitischer Planungen die notwendigen Daten zur Verfügung gestellt würden. Die Gegner, Luzius Theiler (GP) und Jürg Oppliger („Aktion gegen Datenerfassung"), zweifeln an dem Nutzen der staatlichen Datensammelaktion und betrachten einen Boykott als berechtigte politische Antwort auf den Fichen-Eklat.[1042] Zwei Tage zuvor hatte die ADE in einem ganzseitigen Gastbeitrag sowohl die Einhaltung des Datenschutzes als auch die Gewährleistung einer objektiven und neutralen Datenauswertung infrage gestellt.[1043]

Auch die SP verknüpfte den Ruf nach einem Volkszählungsboykott in einer Stellungnahme inhaltlich mit der Staatsschutzmisere, die offenbart habe, dass die Schweizer Demokratie teilweise Fassade gewesen sei, hinter der sich „Totalitarismus, Repression und Filzokratie" verborgen hätten.[1044] Deswegen kritisierte sie die Bussandrohung für den Fall eines nicht ausgefüllten Volkszählungsbogens, noch bevor alle Registrierten Einsicht in ihre Fichen erhalten hätten. Die Aufgabe der Sozialdemokraten sei es allerdings nicht, zu einer Verweigerung der Volkszählung aufzurufen, sondern „dafür zu sorgen, dass in diesem Staat künftig Bedingungen herrschen, die einen Boykott nicht angebracht erscheinen lassen".

1042 Berner Tagwacht vom 26. November 1990, zit. n.: Messerli 2001, S. 131f.

1043 Berner Tagwacht vom 24. November 1990, wiedergegeben in: Messerli 2001, S. 131. An dieser Stelle gilt es, auf die Entwicklung des Datenschutzgesetzes zu verweisen. Laut Friemel hatte der Bundesrat dem Parlament bereits im März 1988 eine entsprechende Botschaft unterbreitet, die im Oktober 1990 aufgrund des Fichen-Skandals ergänzt wurde. Das „Bundesgesetz über den Datenschutz" (DSG) wurde schliesslich am 19. Juni 1992 nach zweijährigen parlamentarischen Auseinandersetzungen verabschiedet. Zu den Parlamentsdebatten: Friemel 2007, S. 39–45. Zur Geschichte des Datenschutzgesetzes: Vischer 2012.

1044 Berner Tagwacht vom 26. November 1990, zit. n.: Messerli 2001, S. 131.

Die öffentliche Auseinandersetzung über die Ermittlungsresultate der PUK-EMD dauerte, folgt man den Zeitungsanalysen Messerlis und Brüggers, knapp drei Wochen bis ca. Mitte Dezember 1990, wobei die im EJPD und im EMD aufgedeckten angeprangerten Praktiken politischer Überwachung im letzten Monat des besagten Jahres nicht mehr im Fokus öffentlicher Aufmerksamkeit standen. Vertreterinnen und Vertreter links-alternativer Gesinnungen, von sozialdemokratischen und grünen Abgeordneten über Medienschaffende bis hin zu den im KSS Engagierten, übten auch weiterhin öffentlich Kritik an konkreten umstrittenen Aspekten und forderten zusätzliche Aufklärungsmassnahmen, etwa die Fortführung der Ermittlungen durch die PUK-EMD. Doch angesichts der knapp dreizehn Monate dauernden, teils intensiven öffentlichen Deutungskämpfe, die sich ab Ende November 1989 nach der Publikation des PUK-EJPD-Berichts aufgrund der Staatsschutzmisere vollzogen, schien sich die Problematik als Empörung evozierendes Streitthema abgenutzt zu haben.

Die in den ersten drei Monaten bis Anfang März 1990 betriebene Skandalisierung der gebrandmarkten Staatsschutzmethoden, die ab Mitte Februar nochmals an Dynamik gewonnen hatte, ermöglichte nicht nur die aussergewöhnliche Mobilisierung zugunsten des Protestereignisses Grossdemonstration. Aufgrund der durch die Skandalisierung hervorgerufenen weit verbreiteten öffentlichen Entrüstung über staatliche Verfehlungen wurde der Druck auf die staatlichen Mandatstragenden erhöht und damit die Voraussetzung für den Einsatz einer PUK-EMD geschaffen. Mit der kritischen Durchleuchtung militärischer Geheimbereiche beauftragt, stellte sie aus Sicht der Betroffenen einen sensationellen Erfolg dar, der Genugtuung hervorrief. Doch die aufgedeckten Tatbestände vermochten, so brisant sie von der Kommission auch bewertet worden waren, trotz erneut artikulierter Kritik von links-alternativer Seite keine schlagkräftige Empörungswelle mehr auszulösen. Dies mag an einer generellen Skandalmüdigkeit ebenso gelegen haben wie an dem Umstand, dass in den Monaten davor, sowohl in den Massenmedien als auch in den Parlamenten, vielschichtige Debatten im Kontext der Staatsschutzmisere geführt und diesbezüglich verschiedene institutionelle Massnahmen zur Bewältigung der Eklats eingeleitet worden waren.

Indes, wie bereits am Beispiel des „Kulturboykotts" geschildert, wurde die ausserparlamentarische Oppositionsbewegung des Skandaljahres, die sich grundsätzlich aufgrund bestimmter Handlungen staatlicher Mandatstragender im Zusammenhang mit dem Fichen-Skandal konstituierte, nicht nur von politischen Akteuren wie Parlamentsangehörenden oder Medienschaffenden getragen, deren Protestanliegen vornehmlich auf eine institutionelle Demokratisierung des inneren Staatsschutzes abzielte. Ähnlich den im Kollektiv protestierenden Künstlerinnen und Künstlern bezogen etwa Geschichtsinteressierte als eine weitere Akteursgruppe ihren öffentlich artikulierten Widerspruch ab dem letzten Drittel des Skandaljahres explizit auf die für 1991 anberaumte 700-Jahr-Feier der Eidgenossenschaft. Zugunsten der Schaffung eines zeitgemässen nationalen Schweizbildes intendierten sie mit ihren Aktionen auch während des Folgejahres, das von der offiziellen Schweiz vertretene mythologische Geschichtsverständnis zu revidieren. Jener Protest des unter anderem dafür konstituierten Komitees „700 Jahre sind genug!" wird im Folgenden ebenso wie die spektakuläre Laudatio, die Friedrich Dürrenmatt Ende November 1990 zu Ehren des neuen Staatspräsidenten der Tschechoslowakei, Václav Havel, gehalten hat, aus einer Reihe weiterer zeitgenössischer Entmythologisierungsbestrebungen exemplarisch herausgegriffen.[1045]

b) Wider die Staatsmythen! Das Komitee „700 Jahre sind genug" und Dürrenmatts „Gefängnis"-Rede

In ihrer Publikation „Der leergeglaubte Staat", in der sie die öffentliche Auseinandersetzung über den „Kulturboykott" dokumentieren, beschreiben Fredi Lerch und Andreas Simmen die Protestaktion der Kulturschaffenden als „Teil einer anderen,

---

1045 Eine kritische Sammlung die Schweiz betreffender Sachverhalte, die damals als einer Entmythologisierung bedürftig eingeschätzt wurden, bietet: Hetzel 1991.

sich emanzipierenden und deshalb oppositionellen Schweiz, die mittlerweile in einem losen, aber leistungsfähigen Verbund alternativer Institutionen, Bewegungen und Parteien vernetzt ist".[1046] Aus diesem heraus habe sich wiederum mittlerweile „ein neues Komitee unter dem Namen ‚700 Jahre sind genug' gebildet, das den Boykott der 700-Jahr-Feier über die Gruppe der Kulturschaffenden" hinaustragen und eigenständig Aktionen durchführen wolle.

Es waren einzelne Mitglieder der GSoA-Zürich, die „zu einer Koordinationssitzung für alle Bewegten gegen die offiziellen 700 Jahr-Feiern" am 7. Juli 1990 aufgerufen hatten.[1047] In einer „Einladung zur Komiteegründung" von Anfang August 1990 wird weiter erläutert, die Opposition gegen die vom Staat organisierte „monumentale Inszenierung von Gemeinschaft umfasst [abgesehen von den Künstlerinnen und Künstlern] wesentlich mehr Menschen".[1048] Es bestehe mithin die Notwendigkeit, ein „Gefäss" zu schaffen, in dem „diese Leute zusammenfinden und gemeinsame *Aktivitäten* planen können", das zugleich eine „Art von Sprachrohr für alle kritischen Geister" darstelle und den zahlreich geplanten kleineren Aktionen durch eine „gesamtschweizerische *Koordination* zu mehr Medienpräsenz" verhelfe.

Das Motto des am 27. Oktober 1990 schliesslich in Bern konstituierten Komitees – „700 Jahre sind genug!" – sollte jedoch keineswegs missverstanden werden, als das nihilistische Plädoyer einer „Horde wildgewordener, staatsverdrossener Hohlköpfe, die die Schweiz liquidieren wollen".[1049] Vielmehr richte sich der besagte

---

1046 Hierzu und zum Folgenden: Lerch/Simmen 1991, S. 14.

1047 HL-Dokumentation, Einladung zur Koordinationssitzung (angesetzt am 7. Juli 1990).

1048 HL-Dokumentation, Einladung zur Komiteegründung vom 3. August 1990; Kursivsetzung laut Quelle.

1049 Hierzu und zum Folgenden: HL-Dokumentation, Sascha Buchbinder, Komitee „700 Jahre sind genug!" (undatierter und nicht adressierter Text). Aus dem Wortlaut wird ersichtlich, dass der Artikel nach der Eröffnung der Staatsfeierlichkeiten im Januar und vor einer Ende April 1991 anberaumten Pressekonferenz des Komitees verfasst wurde.

Appell, gemäss Komiteemitglied Sascha Buchbinder, an „eine satte, eindimensionale Gesellschaft, die die Politik entpolitisiert und die Zukunft schon in der Vergangenheit abgeschafft hat"; 700 Jahre einer solchen Schweiz seien den im Komitee Vereinten allerdings genug. Vor allem jedoch richte sich der Slogan, laut Gründungsmanifest, gegen den Mythos einer angeblich 700 Jahre währenden demokratischen Eidgenossenschaft.[1050]

So würden durch die geplante „180-Millionen schwere ‚Gedenk-feier'", einer Geschichtsklitterung gleich, all jene „Auseinander-setzungen verschwiegen, die zur Durchsetzung der minimalsten sozialen und politischen Rechte notwendig waren". Dabei werde geleugnet, dass der Bundesstaat erst seit 1848 bestehe, während „die emporstilisierten Ereignisse von 1291 höchstens eine lokale Bedeutung hatten". Das staatlich konstruierte trügerische „Bild von Tradition und Kontinuität" diene jedoch allein der Legiti-mierung einer durch verschiedene Skandale delegitimierten Elite. Durch solche Art „gekünstelte Selbstdarstellung der offiziellen Schweiz" werde „eine 'helvetische Gemeinschaft' beschworen, die es nicht mehr gibt und vielleicht nie gab", weshalb die „Inszenierung von Rütli, Armee und Schweizerkreuz", obgleich „von PR-Managern auf modern getrimmt", sinnlos erscheine. Die entsprechend konzipierte Staatsfeier offenbare, „wie wenig Bundesrat und offizielle Schweiz die wirklichen Probleme dieser Gesellschaft wahrnehmen". Schliesslich könnten „mit dem Bezug ‚Nation' oder dem Zelebrieren von nationaler Geschichte" die „weltweiten Probleme an der Schwelle zum dritten Jahrtausend", in welche die Schweiz – im Hinblick etwa auf Geldwäscherei, atomare Strahlung, europäische Handelsbedingungen oder Ver-armung der Dritten Welt – eingebunden sei, keineswegs gelöst

---

1050 Hierzu und zum Folgenden: HL-Dokumentation, Komitee „700 Jahre sind genug!", Manifest, „Schweiz 1991: Kein Grund zum Feiern!". Das Manifest liegt der Verfasserin in zwei Versionen vor. Die folgenden Ausführungen entstammen der Fassung, die vom Layout her einen offiziellen Eindruck erweckt. Sie wurde wahrscheinlich mit dem ebenfalls vorhandenen Anschreiben vom 14. November 1990 zwecks Bitte um Unterzeichnung (samt eines Personalienformulars) an diverse Organisationen und interessierte Einzelpersonen geschickt.

werden. Darum, proklamierten die im Komitee Vereinten, werde man 1991 „weder Wilhelm Tell noch den Bundesrat feiern, der landauf landab Reden hält und vom Volk bejubelt werden will". Demgegenüber gelte es, auch weiterhin für eine andere Schweiz einzutreten, „die auf demokratische und solidarische Weise mit der Welt verbunden ist", in der Frauen nicht diskriminiert sowie Ausländerinnen und Ausländer nicht ausgegrenzt würden. Zudem werde man für eine Flüchtlingspolitik eintreten, „die keine Schutzsuchenden in den Tod schickt", und eine „echte Friedenspolitik betreib[en], statt Milliarden für die Armee zu verschwenden".

Diverse geplante Aktionen ankündigend, akzentuierten linke und unabhängige Zeitungen dann auch, es gehe der „nicht-etablierte[n] Schweizer Politszene" hinsichtlich der Staatsfeier keineswegs um eine destruktive Miesmacherei, sondern vielmehr darum, konstruktive „Kontrapunkte zu den Jubelfeierlichkeiten" zu setzen.[1051] Als erste grosse Veranstaltung wurde vom 13. bis 19. Januar 1991 unter dem Titel „98 statt 91 – Ein neues Geschichtsbild für eine andere Schweiz in einer veränderten Welt" eine Seminarwoche im Bildungs- und Ferienzentrum Salecina in Maloja abgehalten. Die Tagung, an der sich über 30 geschichtsinteressierte politisch Engagierte beteiligten, habe insgesamt „wichtige Impulse für Aktionen" geliefert.[1052] Acht überarbeitete Vorträge und Diskussionsausschnitte sind, ergänzt durch zahlreiche Abbildungen und ein Autorenverzeichnis, enthalten im 170 Seiten umfassenden

---

1051 Gegen den „Mythos Schweiz", Berner Tagwacht, 29. Oktober 1990; Bs., 700 Jahre, Bund, 29. Oktober 1990.

1052 HL-Dokumentation, Salecina, Medienerklärung, 19. Januar 1991. Jürg Frischknecht, Mitinitiator der Tagung, hebt in einem ersten Veranstaltungsentwurf zum auf der Grenze Oberengadin/Bergell gelegenen Versammlungsort hervor, Salecina sei 1689, mithin 100 Jahre vor der französischen Revolution erbaut worden und aufgrund dieses symbolträchtigen Datums „ein guter Ort für eine solche Woche". HL-Dokumentation, Jürg Frischknecht, Salecina-Seminar, 10. August 1990.

Sammelband „Auf wen schoss Wilhelm Tell? Beiträge zu einer Ideologiegeschichte der Schweiz".[1053]

Wie Silvia Ferrari und Dominik Siegrist in ihrer Einleitung darlegen, habe man sich in Salecina deshalb zusammengefunden, weil „nicht nur mythologisierende Geschichtslegenden [...], sondern umgekehrt auch das Blossstellen solcher Legenden und das Offenlegen verdrängter Sachverhalte" Instrumente politischer Deutungskämpfe seien.[1054] Grundsätzlich wurde die Frage erörtert, inwiefern es habe möglich werden können, „dass im ausgehenden 20. Jahrhundert nochmals eine derart rückwärtsgewandte Ideologie Oberhand gewinnen kann, wie sie uns in diesem Jahr 1991 die magistrale 700-Jahr-Feier präsentiert". Reflektiert

---

1053 Ferrari et al. 1991. Im August 1991 erschienen, gehört das Buch zu jenen Vorhaben, mit denen beabsichtigt wurde, den offiziellen „Trubelmonaten August und September, in denen die Selbstbeweihräucherung ihren Höhepunkt findet, eine unversöhnliche, andere, fröhlichfreche Meinung entgegen[zu]setzen". HL-Dokumentation, Sascha Buchbinder, Komitee „700 Jahre sind genug!" (undatierter und nicht adressierter Text). Mit dieser Bemerkung kündigte Buchbinder das für den 21. September 1991 in St. Gallen anberaumte „Festival der anderen Schweiz" an, mit dem die Protestakteure symbolisch dem Militärdefilee, das während des offiziellen Festprogramms gleichzeitig in Emmen abgehalten werden sollte, antimilitaristischen Widerstand entgegensetzen wollten. Um die Themenvielfalt der „alternativen und bewegten Schweiz" auf der Veranstaltung zu dokumentieren, waren im Vorfeld diverse Gruppen und Kulturschaffende aufgerufen, sich an deren Gestaltung zu beteiligen. Stadelmann, Andere Schweiz, Vorwärts, 1. August 1991. Hinsichtlich des jüngst ausgebrochenen Golf-Kriegs forderte das Komitee den amtierenden Bundespräsidenten, Flavio Cotti, in einem Brief auf, den Entscheid zurückzunehmen, „zur Feier des angeblich 700-jährigen Bestehens der Eidgenossenschaft ein Militärdefilee im Emmen durchzuführen". Der Verzicht auf die Zelebrierung der Schweizer Armee würde „ein blosses Minimum an Anstand" gegenüber der vom Krieg betroffenen Bevölkerung darstellen. HL-Dokumentation, Komitee „700 Jahre sind genug", Brief an Flavio Cotti vom 26. Januar 1991. Letztendlich wurde anstelle eines Militärdefilees ein etwas weniger aufwendiger „Armeetag" für den 1. September 1991 geplant. „Etikettenschwindel", Gägechrütli 700.

1054 Hierzu und zum Folgenden: Ferrari/Siegrist 1991, S. 7f.

wurden nicht nur aktuelle Gründe,[1055] sondern auch historische Voraussetzungen. Die „Geistige Landesverteidigung",[1056] mannigfache Anknüpfungspunkte beinhaltend, wurde als „ideologische Vorgängerin" jener weltanschaulichen Fragmente ausgemacht, die das in den Festanlässen inszenierte Geschichtsbild prägen würden.[1057]

1055 Ferrari/Siegrist heben hervor, dass die Chiffre „1291" „in vielem fast das Gegenteil davon erzählt, was heute über diese Zeit bekannt ist". Dementsprechend werde sie von verschiedenen Unterstützern der offiziellen Feier (vom Festdelegierten Marco Solari über den freisinnigen Historiker Georg Kreis bis zum Leiter des Schwyzer Bundesbrief-Archivs Josef Wiget) offen als Mythos bezeichnet. Sie sei bereits im 18. Jahrhundert kritisch hinterfragt und erstmalig für die primäre Nationalfeier 1891 als staatstragend inszeniert worden. Damit, so das Fazit von Ferrari/Siegrist, seien es „offenbar politische Gründe, welche einem solchen Datum seine Bedeutung verleihen", weswegen es von Dölf Wild „als Herrschaftsmythos zur Legitimation innerer Ordnung entlarvt" werde. Ferrari/Siegrist 1991, S. 10f. Zum Mythos „1291" vgl. ausführlich etwa: Kreis 1991; Meyer 1993; Im Hof 1991.

1056 In seinem Überblicksartikel beschreibt Marco Jorio die „Geistige Landesverteidigung" als „von den 1930er- bis in die 60er-Jahre dauernde polit.-kulturelle Bewegung [...], welche die Stärkung von als schweizerisch deklarierten Werten und die Abwehr der faschist., nationalsozialist. und kommunist. Totalitarismen zum Ziel hatte". Ab Ende der 1960iger Jahre sei sie von der „Jungen Linken als Instrument der ideolog. Indoktrination und gesellschaftl. Disziplinierung scharf kritisiert" worden (vgl. etwa die obigen Ausführungen zum Zivilverteidigungsbüchlein von 1969). Die Historiografie habe sie ab den 1970er-Jahren vermehrt negativ beurteilt, etwa als rechtsbürgerliche „Chiffre für Réduit, Nationalismus, Engstirnigkeit und Heimattümelei", teilweise sei sie gar als „helvetischer Totalitarismus" oder „demokratischer Totalitarismus" bezeichnet worden. Erst in den 1990er-Jahren, so Jorio, habe die Geschichtswissenschaft diese rechtskonservative Reduktion aufgebrochen und eine politisch breitere „antitotalitäre Stossrichtung" herausgearbeitet; wobei eine Gesamtdarstellung noch immer ausstehe. Jorio 2006.

1057 Ferrari/Siegrist 1991, S. 8f, 11–13.

Darüber hinaus galt es, den „Mythos ‚1291' mit etwas Realem – und dennoch Symbolischen – zu knacken", und damit den Chiffren „1798", dem Beginn der als „Helvetik" bezeichneten Epoche, in der „die Menschenrechte von aussen in die Schweiz" getragen worden seien, und „1848", dem Gründungsjahr des Schweizer Bundesstaates, als nationale historische Bezugsgrössen Bedeutung zu verleihen.[1058] Beide für die „reale" Gesamtschweizer Geschichtsschreibung wichtige Jahreszahlen sollten „aus linker und feministischer Sicht" kritisch diskutiert werden.[1059] Dabei galt das Diktum, nicht selbst in die Falle der Mythologisierung zu tappen und vielmehr dem Plädoyer für „ein präzises Aufarbeiten

---

1058 Die République helvétique wurde nach dem „Franzoseneinfall" als französische Tochterrepublik gegründet und löste die alte, feudal strukturierte Eidgenossenschaft als nationaler Einheitsstaat ab. Dieser beruhte auf einem von Frankreich aufoktroyierten Grundgesetz, das eine Adaption der französischen Direktorialverfassung von 1795 darstellte, auf den Prinzipien Rechtsgleichheit, Volkssouveränität und Gewaltenteilung basierte sowie entlang dem Repräsentationssystem funktionierte. Die Helvetik dauerte vom 12. April 1798 bis zum 10. März 1803. Einen ausführlichen Überblick bietet: Frankhauser 2011.

1059 Der Sammelband, im linken Zürcher Rotpunktverlag erschienen, enthält Aufsätze zu folgenden Themen: „Auf wen schoss Wilhelm Tell? Überlegungen zu Entstehung und Gehalt der schweizerischen Staatsmythen" (Dölf Wild); „Die Inszenierung des Sonderfalles Schweiz kurz vor seiner Abschaffung. Das ideologische Konzept der 700-Jahr-Feier" (Heinz Looser); „Ein Blick hinter die Kulissen. Zum schweizerischen Nationalismus am Vorabend des Zweiten Weltkriegs" (Isabelle Meier); „Radikales `98 statt reaktionäres `91. Wie die radikaldemokratischen Werte vom Bürgertum verraten wurden" (Josef Lang, inklusive Diskussion); „Für dieses Erbe sind wir nicht stark genug. Wider-Spruch gegen Josef Langs ‚`98 statt `91'" (Manfred Züfle); „Die ersten Jahre der liberalen Demokratie in Zürich. Oder: Probleme mit dem Volk 1830–1848" (Dölf Wild); „Die Frau ist frei geboren und bleibt dem Manne gleich in allen Rechten… 1798, 1848 oder die Suche nach einem Jubliäum für die Frauen in der Schweiz" (Claudia Wirthlin); „Die Schweiz – ein Land der Bauern und Hirten. Die Ideologisierung des schweizerischen Geschichtsbildes Ende des 19. Jahrhunderts" (Brigitte Rückstuhl, inklusive Diskussion).

historischer Details, für die Verwendung einer historischen Lupe anstelle einer ‚Beerbung' historischer Traditionen" zu folgen.[1060] Zudem wurde in Salecina schliesslich, zur „Aufarbeitung der jüngsten Vergangenheit", die Gründung einer „Geschichtswerkstatt" anvisiert, die sich „zum Beispiel mit den vierzig Jahren Fichenstaat, dem Kalten Krieg gegen die eigene Bevölkerung" beschäftigen werde.[1061] Das Tagungszentrum beherbergte seit Beginn der 1980er-Jahre zahlreiche auch internationale Treffen der „Geschichtswerkstätten-Bewegung", die in der Schweiz vermehrt zu politischen Geschichtsdebatten beigetragen hat.[1062] Wie der Historiker und Archivar Heinz Looser, Mitinitiant des „Geschichtsladens Zürich" schildert, seien jene traditionellen

---

1060 Ferrari/Siegrist 1991, S. 8, 15f. Zur kritischen Auseinandersetzung mit beiden Chiffren vgl. insbesondere den Aufsatz von Claudia Wirtlin, die die Zäsuren von „1798" und „1848" nach dem „emanzipatorischen Gehalt" für Frauen in der Schweiz befragt und zu einer dürftigen Bilanz kommt. Vgl. auch den ausführlichen Leserbrief, den Daniel Stern (damals Angehöriger der radikaleren Linken in Zürich) in der WoZ-Nr. 44 als Kritik vor allem an den Thesen Josef Langs veröffentlichte. Stern mache die „überschwängliche Begeisterung" für die besagten Daten stutzig, weswegen er skeptisch fragt: „War da nicht auch, vor und nach den Revolutionen, Massenarmut, Kinderarbeit, Ausbeutung von Heim- und FabrikarbeiterInnen? Was hatten denn die konkret von diesen glorreichen Zeiten?" Davon ausgehend, dass „den geschichtskundigen Linken" solche und andere Widersprüche im Zusammenhang mit den besagten Chiffren bekannt seien, frage sich Stern weiter, weshalb „dieses Zerrbild in die Welt gesetzt wird. Ist es ein ideologischer Furz? Eine verzweifelte Suche von heimlichen Patrioten nach wenigstens einer guten Schweizer Tradition?" Und abschliessend: „Wie kommen Linke in Zeiten, wo der Nationalismus wieder salonfähig ist, wo der Kapitalismus über den vermeintlichen Sozialismus den Endsieg feiert, dazu, die Gründung des Nationalstaates Schweiz und damit verknüpft die Gründung des modernen Schweizer Kapitalismus feiern zu wollen?" HL-Dokumentation, Daniel Stern, Manuskript Leserbrief WoZ-44; Rechtschreibung und Zeichensetzung teilweise geändert. Auch Georg Kreis mischte sich kritisch in die Mythologisierungs-Debatte ein. Josef Lang geht darauf in seinem Aufsatz ein.

1061 Lerch/Simmen 1991, S. 14.

1062 Ferrari/Siegrist 1991, S. 7f.

Salecina-Treffen von der politischen Polizei stets „relativ gut dokumentiert" gewesen,[1063] ging es doch vor allem darum, die meisten der durch die offizielle Schweiz vertretenen Geschichtsbilder kritisch zu hinterfragen und deren herrschaftspolitischen Impetus jeweils blosszulegen.

Diesbezüglich hart umkämpft war das von der Landesregierung 1989 geplante Projekt „Diamant", hinter dem sich, ebenfalls kostspielig inszeniert, eine Gedenkfeier des Kriegsausbruchs 1939 verbarg, bei der es unter anderem darum gegangen war, die so genannte „Aktivdienstgeneration" zu ehren. Von linksalternativer Seite war die staatlich inszenierte Übung und Mobilmachungsfeier „Diamant" aufgrund ihres Anlasses, dem 50. Jahrestag des Kriegs*ausbruchs*, als taktlos verurteilt worden. Zugleich galt sie als bürgerliche Propaganda im Vorfeld der durch die GSoA erwirkten Abstimmung über die Abschaffung der Schweizer Armee, die am 26. November 1989 stattgefunden hat. Von Frühjahr bis Herbst war mithin massiv um die Rolle der Armee und ihre eigentliche Wehrfähigkeit während des zweiten Weltkriegs gerungen worden.[1064] Vor allem aussenwirtschaftliche Gründe dafür heranführend, dass die Schweiz von einem Einmarsch Nazideutschlands verschont geblieben war, bestritten Vertreter der jüngeren Historikergeneration die von der offiziellen Schweiz proklamierte Vorstellung der Armee als „Retterin

---

1063 Hierzu und zum Folgenden: Looser im Gespräch mit Liehr, 31. März 2008, Transkript, S. 1, 3, 5f. Der „Geschichtsladen" in Zürich bestand von Anfang der 1980er- bis Mitte der 1990er-Jahre. Assoziiert hatte sich darin eine Arbeits- und Diskussionsgruppe von bis zu einem Dutzend Geschichtsforschenden, um sich mit historischen Themen politisch in aktuelle Auseinandersetzungen einzumischen. Abgesehen von Finanzierungsschwierigkeiten seien mit den Jahren die Vorstellungen über das Konzept des Geschichtsladens auseinandergedriftet, wobei einige der darin Engagierten „den akademischen Pfad verfolgten", während andere verstärkt den „politischen Diskurs" favorisierten. Gemäss Looser habe sich dann „die akademische Linie durchgesetzt", indem beispielsweise das Medium „Traverse. Zeitschrift für Geschichte. Revue d'Histoire" entstanden sei.

1064 Vgl.: Liehr 2010, S. 82f.

der Nation".[1065] Diese wurde als nationale „Widerstandslegende" entlarvt, durch die das Militär Jahrzehnte lang zum „besten Tarnsystem für Banken und Industrie" geworden sei, weswegen „nicht mehr von Raubgold und Rüstungsmillionen, sondern von Abwehrbereitschaft" die Rede habe sein können.[1066] In diese Auseinandersetzung hatte der „Geschichtsladen Zürich" mit der Herausgabe einer Zeitung eingegriffen, die über die Distributionskanäle der GSoA vertrieben und in einer Auflage von ca. 170 000 unerwartet erfolgreich abgesetzt wurde.[1067] Weil sich „das Bild von der Schweiz im Zweiten Weltkrieg", so die Erläuterung zum metaphorischen Titel des Blattes, „das uns als hochkarätiger DIAMANT verkauft werden soll, […] bei näherer Betrachtung als billiger KLUNKER" entpuppe, solle das entsprechend negativ konnotierte Synonym als Name des Entmythologisierungsmediums fungieren.[1068]

Nach dem Publikationserfolg von 1989 war für das Frühjahr 1991 die Herausgabe eines weiteren Oppositionsorgans geplant, das, Gegeninformationen zu amtlich proklamierten Einsichten verbreitend, als „GÄGECHRÜTLI[700]" benannt wurde und damit den Sinn eines „inoffiziellen Heilmittels gegen die offizielle

---

1065 Vgl. etwa: Heiniger 1989²; Tanner 1986. Die öffentliche Debatte zur „Übung Diamant" ist nachzulesen in: Chiquet 1998. Die Entwicklung des veränderten Geschichtsbilds zur Rolle der Schweiz und ihrer Armee im Zweiten Weltkrieg ist beschrieben in: Kreis 2002.

1066 Tanner 1989.

1067 Wie Looser darlegt, habe man hinsichtlich des Absatzes zunächst einen Misserfolg der Zeitung befürchtet, dann jedoch noch 60–70 000 Exemplare mehr drucken müssen, weil, ähnlich wie bei der Verbreitung des ersten „Fichen-Fritzes", die Nachfrage an den Kiosken 1989 ebenso wie die Spendenbereitschaft enorm gewesen sei. Looser im Gespräch mit Liehr, 31. März 2008, S. 1.

1068 Grossbuchstaben laut Quelle. Die Diamant-Metaphorik bezog sich auf das Gedicht „Eidgenossenschaft" Gottfried Kellers von 1844, das den Presseunterlagen zum EMD-Projekt am 22. Februar 1989 beigelegt worden war. Josef Lang, „Der missbrauchte Diamant", Klunker, S. 4.

Jubelfeier" innehatte.[1069] Das Layout des achtseitigen Blattes im Din A3-Format ist sowohl grafisch als auch typografisch unkonventionell gestaltet. Abgesehen davon, dass die Überschriften, alle in unregelmässig schwarzgrau-melierten Grossbuchstaben, jeweils im Winkel um das obere rechte Eck eines Artikels arrangiert sind, ist der dreispaltige Textfluss teilweise unterlegt von dunkelgrauen rechtwinkligen Flächen, die sich vom restlichen weissen Seitenuntergrund abgrenzen. Doch nicht nur dadurch entsteht ein ebenso unruhiger wie irritierender Eindruck des Gesamtmedientextes. Hinzu kommt, dass die grossflächig integrierten Schwarz-Weiss-Fotos, die lediglich Motive aus der Gebirgswelt wie Gesteinsgründe, Felsvegetationen oder Serpentinen beinhalten, jeweils fragmentarisch in unterschiedlichen Grautönen zu neuen Abbildern zusammengefügt sind, wobei diese kantig-schroff-straubigen und düsteren Berglandschaftscollagen nichts idyllisch-anheimelndes ausdrücken. Durch die entsprechend ausgefallene Text-Bild-Gestaltung, die ein facettenreiches Interpretationspotenzial impliziert, manifestierte sich die Protestkommunikation der Anderen Schweiz in dieser Zeitung einmal mehr nicht nur über die Textinhalte, sondern auch über eine andersartige Formgebung.

Ebenso wie mit der durch die Bildcollagen vermittelten unüblichen Betrachtungsweise der Schweizer Bergwelt, werde mit „verschiedenen offenen Informationsblöcken" insgesamt bezweckt, „der offiziellen Nabelschau und Engstirnigkeit" entgegenzuwirken. Im als Arzneimittelbeschreibung gestalteten Editorial heisst es

---

1069 HL-Dokumentation, Sascha Buchbinder, Komitee „700 Jahre sind genug!" (undatierter und nicht adressierter Text); Lerch/Simmen 1991, S. 14. Schreibweise laut Originalzeitungstitel. Anhand der in einem Artikel dargestellten besonderen Schreibweise – Gäge CHRütli700 – wird die Doppelbedeutung des Titels besonders augenfällig, der nicht nur (in deutschschweizerischer Mundart) auf ein Gegenkraut im Sinne eines („homöopathische[n]") Heilmittels gegen die Staatsideologie verweist, sondern typografisch explizit den Widerspruch gegen die 700-Jahr-Feier der offiziellen Schweiz auf dem (mythologisch besetzten) Rütli darstellt. GÄGECHRÜTLI, S. 2.

weiter, wenngleich die erste Einverleibung es Heilmittels auch schmerzhaft sei oder zu Aggressionen führe, wirke es dauerhaft „erleichternd und verhilft zu mehr Überblick und Toleranz. Indem auf drängende Probleme hingewiesen wird, die durch die Wirkung staatlich verordneter Tranquilizer verdrängt werden, erhöht Gäge ChRütli700 die Chancen, die Wirklichkeit zu erkennen und sich drängenden Fragen zu stellen."

Ausgehend vom aktuellen Bezug zur Nationalfeier enthält die Zeitung ein thematisch heterogenes Artikelspektrum zu verschiedenen gesellschaftspolitischen Problembereichen – wie Frauenemanzipation, Asylpolitik, Waffenhandel, Bankenhandel mit der Dritten Welt, die Schweiz und Europa – mit denen sich in der ausserparlamentarischen Opposition Engagierte damals intensiv auseinandersetzten.

Doch anders als 1989, als im Kontext der Mobilmachungsfeier im Vorfeld der GSoA-Abstimmung in wenigen Tagen knapp 30 000 Tausend Franken Spenden zur Finanzierung des KLUNKER eingegangen waren, habe, erinnert sich Looser, das GÄGECHRÜTLI im Frühjahr/Sommer 1991 keine grosse Resonanz und „Massenwirksamkeit" mehr entfaltet.[1070] In einem „Hilfe"-Aufruf von Anfang Juli 1991 wurde entsprechend beklagt, „die Spendenmüdigkeit übertraf alle Erwartungen", weswegen bezüglich der Druckkostenfinanzierung „ein ungedecktes Loch von etwa 6000 Franken" verblieben sei und diesbezüglich dringend Zuwendungen erbeten würden.[1071] Für einen „Schlussstrich unter die Feier" sei es, trotz des finanziellen „Fiaskos", allerdings noch zu früh, da die „eigentlichen Trubelmonate August/September"

1070 Looser im Gespräch mit Liehr, 31. März 2008, Transkript, S. 2, 6. In einer Auflage von 80 000 erschienen, war die Zeitung an verschiedenen Orten der Schweiz an diversen Veranstaltungen verteilt sowie der AZ-Presse und der WoZ beigelegt worden. Vgl.: Impressum, GÄGECHRÜTLI, S. 2.

1071 Hierzu und zum Folgenden: HL-Dokumentation, Komitee „700 Jahre sind genug", Hilfe, von Anfang Juli 1990.

noch bevorständen. Entsprechend sei für den Vormittag des 16. Juli 1991 in der Universität Zürich eine Publikumsdiskussion mit den Geschichtswissenschaftlern Georg Kreis und Roger Sablonier anberaumt. Auch werde vom 20. bis 22. September das „Festival der anderen Schweiz" stattfinden, so dass das Komitee vorerst weiterhin aktiv bleibe. Am Ende, so Loosers Bilanz, habe sich die durch die ausserparlamentarische Opposition 1991 lancierte historische Debatte, im Gegensatz zu jener von 1990 über die Rolle Kulturschaffender als nationale Sinnstifter, „auf einem Nebengleis" bewegt.[1072]

Die 1991 durch das Komitee „700 Jahre sind genug!" verwirklichten Aktionen konnte ein bedeutender Schweizer Künstler nicht mehr miterleben, weil er am 14. Dezember 1990 gestorben ist, kurz vor seinem 70sten Geburtstag, den er am 5. Januar 1991 gefeiert hätte. Friedrich Dürrenmatt hatte sich zwar keinem der drei oben betrachteten Protestkomitees angeschlossen, doch teilte er die Empörung der darin Engagierten über die aufgedeckten staatlichen Verfehlungen, so dass auch er sich drei Wochen vor seinem Tod veranlasst sah, auf seine persönliche Art zu protestieren und damit einen Entmythologisierungsbeitrag zu leisten.

Dürrenmatt, Schweizer Schriftsteller, Dramatiker und Maler von Weltrang,[1073] hatte sich zeitlebens „weniger in die Niederungen

---

1072 Looser im Gespräch mit Liehr, 31. März 2008, Transkript, S. 4.

1073 Friedrich Dürrenmatt (*5.1.1921, †14.12.1990) verbrachte seine Kindheit zunächst in Konolfingen, dann in Bern in einem Pfarrhaus und studierte in Bern und Zürich deutsche Literatur und Philosophie, bevor er 1946 das Studium abbrach und hauptberuflich Schriftsteller wurde. Seine Existenz sicherten zunächst Theaterkritiken, Hörspiele und Kriminalromane, bevor er 1956 mit seiner Tragikomödie „Der Besuch der alten Dame" einen ersten Welterfolg erzielte. Seine Theaterstücke inszenierte er teilweise selber. Zahlreiche Auszeichnungen, etwa der Grosse Preis der Schweizer Schillerstiftung (1960), der Österreichische Staatspreis für europäische Literatur (1984) oder der deutsche Georg-Büchner-Preis (1986), wurden ihm zuteil. In seinen „modellhaften, grotesken Komödien", so Ulrich Weber, habe sich Dürrenmatt immer wieder die „Frage nach Freiheit und Schuld des Einzelnen in einer unübersichtl. Welt anonymer Machtsysteme" gestellt. Seine

der Tagespolitik" begeben als vielmehr von seinem Wohnsitz in Neuchâtel aus mit den Mitteln der Kunst das „Tollhaus Welt" kommentiert.[1074] Darum gebeten, im Rahmen einer offiziellen Preisverleihung eine Laudatio zu halten, stand er am Lebensende noch einmal im Rampenlicht. Geehrt wurde ein ebenfalls renommierter Schriftstellerkollege, der im Trubel des weltpolitischen Umbruchs das Feld gewechselt hatte und Staatsmann geworden war, Václav Havel, der Präsident der Tschechoslowakei.[1075] Vor versammelter Schweizer Prominenz aus Politik, Wirtschaft und Kultur hielt der Laudator eine durch und durch Dürrenmattsche Rede, ein Meisterwerk der literarischen Groteske, die allerdings nicht nur den Preisträger würdigte, sondern zugleich eine fundamentale Kritik an dem Staat implizierte, in dem Dürrenmatt lebte. An der „ungeheuer dialektischen und auch bitterbösen"

Kriminalromane erzielten Millionenauflagen und gehören zum „Literaturkanon der deutschsprachigen Mittelschulen". Sein Bildwerk ist ausgestellt im Centre Dürrenmatt in Neuenburg, wo er von 1952 bis zu seinem Tod lebte. Dürrenmatt war zweimal verheiratet, zunächst mit der Schauspielerin Lotti Geissler, später mit der Schauspielerin und Filmregisseurin Charlotte Kerr. Weber 2005.

1074 Literaturredakteur Hans Ulrich Probst in: Reflexe, SR DRS 2, 14. Dezember 1990, Teiltranskript.

1075 Václav Havel (*5.10.1936, †18.12.2011) zählte während der kommunistischen Herrschaft zu den führenden Regimekritikern der Tschechoslowakei und gehörte zu den Initianten der Charta 77, einer 1977 lancierten Petition gegen die Menschenrechtsverletzungen der kommunistischen Regierung und gleichnamigen Bürgerrechtsbewegung. Havel war ein zentraler Vertreter der vor allem von Studenten und Künstlern getragenen „Samtenen Revolution" und des daraus hervorgegangenen Bürgerforums, als dessen Kandidat er am 29. Dezember 1989 von den Vertretern der Föderalversammlung zum Präsidenten der Tschechoslowakei gewählt wurde, um das Land bis zum 5. Juli 1990 zu freien Wahlen zu führen. In deren Folge wurde er vom Parlament im Amt bestätigt, das er vorerst bis zum 3. Juli 1992 innehatte. Nach der Trennung der Tschechischen Republik und der Slowakei wurde Havel am 26. Januar 1993 mit grosser Mehrheit zum Präsidenten der Tschechischen Republik gewählt und am 20. Januar 1998 im Amt bestätigt. Seine zweite Amtszeit endete am 2. Februar 2003. Havel, Václav, gemäss Wikipedia-online.

Ansprache, pointierte Literaturredakteur Hans Ulrich Probst in seinem Radionachruf an Dürrenmatts Todestag, habe die Schweiz noch „länger zu nagen", woran sich jedoch die Kraft eines Denkers offenbare, die weit über das Alltagspolitische hinauswirke.[1076]

Am Donnerstagabend des 22. November 1990, Václav Havel hatte tagsüber einen Gesprächsmarathon im politischen Bern und Zürich absolviert,[1077] sollte der tschechische Schriftsteller, ehemalige Dissident und aktuelle Staatspräsident in Rüschlikon nahe Zürich eine Schweizer Auszeichnung erhalten. Es handelte sich um den mit 100 000 Franken dotierten Preis, den das Gottlieb-Duttweiler-Institut in einem mehrjährigen Turnus an Persönlichkeiten vergibt, die sich durch „hervorragende Leistungen zum Wohle der Allgemeinheit verdient machen und sich durch Mut, Hartnäckigkeit, Engagement und erfolgreiches Einleiten und Umsetzen von nachhaltigen Veränderungen auszeichnen".[1078]

Aufgrund des Schneegestöbers draussen teilweise verspätet, fand sich nach und nach das illustre Publikum zum Festakt am Zürichsee ein. Der zu den Gästen zählende Kabarettist Franz Hohler erinnert sich, dass Friedrich Dürrenmatt im Entre von

---

1076 Literaturredakteur Hans Ulrich Probst in: Reflexe, SR DRS 2, 14. Dezember 1990, Teiltranskript.

1077 Bei seinen Gesprächen etwa mit Vertretern des Bundesrates haben, gemäss Berichterstattung der Neuen Zürcher Zeitung, „Schwierigkeiten des früheren Ostblockstaates im wirtschaftlichen Bereich" im Zentrum gestanden. Es sei eine „Absichtserklärung" unterzeichnet worden, „wonach die Schweiz und die Tschechoslowakei ihre Zusammenarbeit verstärken wollen". Zz., Havel, Neue Zürcher Zeitung, 23. November 1990; mehr zum Programm des Havel-Aufenthalts in weiteren Artikeln der selben Ausgabe.

1078 Gottlieb-Duttweiler-Institut, gemäss Wikipedia-online. Das Gottlieb-Duttweiler-Institut ist ein in Rüschlikon bei Zürich ansässiger unabhängiger Think-Tank, der 1963 aufgrund der Initiative Gottlieb Duttweilers, dem Gründer der Migros und damit des grössten Schweizer Detailhandelsunternehmens, entstanden ist. Das Forschungsinstitut befasst sich nicht nur mit wirtschaftlichen, sondern auch mit gesellschaftlichen Fragestellungen. Vgl.: Gottlieb-Duttweiler-Institute, online.

Alt Bundesrat Kurt Furgler (CVP) überschwänglich mit den Worten „Poeta Laureatus"[1079] begrüsst worden sei.[1080] Damit hatte das ehemalige Mitglied der Landesregierung den für sein Werk international gerühmten Künstler symbolisch vereinnahmt als ruhmvollen Nationaldichter der offiziellen Schweiz – eine Geste, der sich Dürrenmatt indes im Fortgang der Episode eindrücklich zu widersetzen wusste. Denn, so Ludmila Vachtova in der Weltwoche, „wie ein mahnender Herrgott der Nation" habe der Laudator den Abend zu einer „helvetische[n] Katharsis" gedeihen lassen, indem er „die grossartige Architektur seiner Rede" nicht nur dem Schriftstellerkollegen gewidmet habe, sondern einige der dreihundert Prominente, „darunter vierzig verschiedene Schweizer Präsidenten", zu entsetzen vermochte.[1081]

Nachdem das keineswegs homogene Publikum im zahlreich bestuhlten Saal vor der kleinen, mit Blumengestecken ge-

---

1079 Wenngleich dem historisch-regionalem Bedeutungswandel unterworfen, gilt die lateinische Bezeichnung „Poeta Laureatus" beziehungsweise „lorbeergekrönter Dichter" seit der Antike als eine von offizieller Instanz, etwa einem Herrscher, feierlich zugeschriebene höchste und ruhmvolle Auszeichnung eines Dichters oder Gelehrten. Im 12. und 13. Jahrhundert in Westeuropa neu aufgelebt, besteht das Amt beispielsweise noch heute am englischen Königshof. Weniger offiziell wird die Bezeichnung „Nationaldichter" als „ehrendes Attribut ohne feste Definition" verwendet. Gemäss Wikipedia-Eintrag sei in der Schweiz beispielsweise Gottfried Keller 1889 vom Schweizer Bundesrat in den Rang des „Nationaldichters" erhoben worden. Entsprechend Geehrte laufen allerdings Gefahr von politisch Herrschenden zu propagandistischen Zwecken vereinnahmt zu werden. Vgl.: Nationaldichter, gemäss Wikipedia-online; Dichterkrone, gemäss Wikipedia-online. Zur sozialen Position der „Poetae Laureati" im 16. Jahrhundert vgl. etwa: Schirrmeister 2003.

1080 Hohler im Gespräch mit Liehr, 19. Juni 2008, Transkript, S. 14–16. Diese und die folgenden Beobachtungen Hohlers sind zentral für die von der Verfasserin vorgenommene historische Deutung des gesamten Auftritts Dürrenmatts und des weiteren Umgangs der offiziellen Schweiz mit dem grossen Künstler und seinem Werk in der betrachteten zeitgenössischen Konstellation. Es liegen der Verfasserin jedoch keine anderen Quellen zum Vergleich der Aussagen vor.

1081 Vachtova, Václav, Weltwoche, 29. November 1990.

schmückten Bühne Platz genommen hatte – vorne das offizielle Zürich, die offizielle Schweiz, die offizielle Migros, hinten die Kulturschaffenden,[1082] nahm ein „*divergierender Reigen von Reden*" seinen Lauf,[1083] zwischendurch jeweils unterbrochen von musikalischen Einlagen eines fünfköpfigen Kammerorchesters und gekrönt von der Preisübergabe an Havel. Als letzter an der Reihe schritt Dürrenmatt, gekleidet in einem dunkelblauen Anzug und Krawatte, hinter das Rednerpult, wechselte zunächst in Ruhe seine Brille und schlug sein Manuskript auf. Dann las er, im Wissen um die „Inkompatibilität" seiner Ausführungen mit denen der anderen – insbesondere jenen Furglers,[1084] den erwartungsvollen Zuhörenden während knapp 30 Minuten mit nahezu unbewegter, mitunter leicht mokanter Miene bedächtig seine Rede vor.[1085] Worin bestand damals die Provokation der Ansprache?

1082 Hohler im Gespräch mit Liehr, 19. Juni 2008, Transkript, S. 14–16.

1083 Lts., Havel, Neue Zürcher Zeitung, 23. November 1990; Kursivsetzung laut Quelle.

1084 Lts., Havel, Neue Zürcher Zeitung, 23. November 1990. Weitere Redner waren: die Migros-Vertreter Jules Kyburz und Pierre Arnold sowie Alt-Bundesrat Kurt Furgler, schliesslich bedankte sich Havel in einer kleinen Ansprache auf Tschechisch. Dürrenmatt betonte in einem Interview danach, Furgler habe eine „sehr pathetische Rede" gehalten, in der er gelobt habe, die Tschechoslowakei „sei jetzt so geworden wie die Schweiz schon immer gewesen sei". Friedrich Dürrenmatt in: Haller 1990, S. 47. Gemäss Hohlers Erinnerung hätten Furglers Darlegungen den Eindruck erweckt, Havel habe, einer Lichtgestalt gleich, die tschechoslowakische Bevölkerung aus einer Art „Reich des Bösen" geführt. Hohler im Gespräch mit Liehr, 19. Juni 2008, Transkript, S. 14f.

1085 Es liegt ein audiovisuelles Dokument der vollständigen Rede Dürrenmatts inklusive des Beifalls danach vor. Vgl.: Fernsehaufzeichnung über die Preisverleihung an Václav Havel, SF DRS, 22. November1990. Die anderen Reden sind im besagten Dokument teilweise gar nicht, teilweise nur fragmentarisch vorhanden sowie offenbar nicht in der Originalreihenfolge montiert. Zwischendurch wird das Publikum mehrfach eingeblendet. Einige Bildsequenzen sind ohne Ton. Der Verfasserin ist nicht bekannt, wann beziehungsweise in welches Sendegefäss das Material integriert worden ist.

Der Kerngehalt, den Dürrenmatt rhetorisch kunstvoll zur Geltung bringt, besteht in einer Entzauberung der Schweiz, vor allem als demokratischer Musterstaat. Historische und politische Bezüge herstellend, setzt er sein Land in Relation zu jenem ehemals dem Ostblock angehörenden des Gewürdigten – allerdings unter anderen Vorzeichen als gemeinhin üblich. Unter Rückgriff auf drei Havel-Texte, in denen dieser sich kritisch mit den „realen" und wünschbaren Lebensumständen der Tschechoslowakei und Westeuropas auseinandersetzt, kristallisiert Dürrenmatt nicht nur vorhandene gesellschaftspolitische Eigentümlichkeiten der Schweiz heraus, sondern verweist darüber hinaus auf seiner Ansicht nach staatspolitisch problematische Defizite.

Unmittelbar nach seiner Einleitung, durch die er das historische Gewicht des erfolgreichen gewaltlosen Widerstands in der Tschechoslowakei, den Havel repräsentiere, zum Ausdruck bringt, erfolgt die erste, für den rhetorischen Verlauf entscheidende Bezugnahme zur Schweiz.[1086] Denn Dürrenmatt hebt den Umstand hervor, dass Havel die Ehrung des Gottlieb-Duttweiler-Instituts, zweifellos im Einvernehmen zahlreicher Vertreterinnen und Vertreter der offiziellen Schweiz, zuteil werde aufgrund seiner Dissidentenrolle, die, gemäss Begründung der Jury, Zivilcourage, Ehrlichkeit und Toleranz impliziere. Demgegenüber, betont Dürrenmatt, bekämen „die schweizerischen Dissidenten", konkret die „politischen Dienstverweigerer", wie Havel damals in der Tschechoslowakei noch heute „die ganze Strenge des Gerichts" zu spüren, indem sie ins Gefängnis müssten. Der Schriftsteller pointierend: Die Havel zuteil gewordene Ehrung sei ein „schöner Preis, ein schweizerischer Preis, aber irgendwie unumkehrbar". Schliesslich gebe es „für die Schweizer Dissidenten, die Dienstverweigerer, [...] keinen Václav Havel-Preis, obwohl sie für ihre Zivilcourage ins Gefängnis" müssten.[1087] Damit hat Dürrenmatt nicht nur auf eine Gruppe Oppositioneller seines Landes aufmerksam gemacht, deren politische Haltung, in der zeitgenössischen Demokratie Schweiz unter Strafe gestellt, höchsten negativen

---

1086 Hierzu und zum Folgenden: Dürrenmatt 1990, S. 10–12.

1087 Vgl.: Friedrich Dürrenmatt in: Haller 1990, S. 47.

Sanktionen oblag. Er hat auch den Begriff des Gefängnisses eingeführt, der in seiner als groteske Parabel gestalteten literarischen
Staatskritik zentral werden sollte.

Quasi als gesonderte Erzählung in die Mitte seiner facettenreichen, dichten Rede eingebettet, folgt der besagte gleichnishafte
Teil nach dem von Dürrenmatt zitierten Ausschnitt der ersten
Neujahresansprache Havels als tschechoslowakischer Staatspräsident. Er träume, so dessen Schilderung,

> „von einer selbständigen, freien, demokratischen, wirt-
> schaftlich prosperierenden und zugleich sozial gerechten
> Republik, kurz gesagt von einer menschlichen Republik, die
> dem Menschen dient und deshalb die Hoffnung hat, daß der
> Mensch auch ihr dienen wird. Von einer Republik allseitig
> gebildeter Menschen, weil ohne sie keines unserer Probleme
> gelöst werden kann, sei es menschlich, ökonomisch, ökolo-
> gisch, sozial oder politisch".[1088]

Diese Aussage prüfend auf sein Land beziehend, führt Dürrenmatt aus, viele Schweizerinnen und Schweizer träumten, „gewis-
sermaßen im Traum, den Sie, Václav Havel, träumen", sie würden
in einer solchen Republik leben, doch, betont der Künstler, „die
Wirklichkeit, in der die Schweizer träumen, ist anders".[1089] Bevor
er erläutert inwiefern, spielt Dürrenmatt auf die Erzählform einiger von Havels Bühnenstücken an, in denen dieser während des
„politischen Dogmatismus" seine Lebensumstände dargestellt
habe. Anders als von Kritikern oft behauptet, handele es sich
dabei keineswegs um absurdes, mithin sinnloses Theater, sondern
vielmehr um „tragische Grotesken". Schliesslich würden letztere
jene Paradoxien ausdrücken, die entständen, wenn grundsätzlich
vernünftige Ideen von gerechteren Gesellschaftsordnungen wie
dem Kommunismus, „in die Wirklichkeit verpflanzt" würden.
Und weil der „Mensch selber ein Paradoxon [...], eine irrationale

---

1088 Der tschechoslowakische Staatspräsident Václav Havel in seiner
Neujahresansprache 1990, zit. n.: Dürrenmatt 1990, S. 18.

1089 Hierzu und zum Folgenden: Dürrenmatt 1990, S. 18f.

Rationalität" sei,[1090] werde alles durch ihn in Widersinn verwandelt, „Gerechtigkeit in Ungerechtigkeit, Freiheit in Unfreiheit", so dass sich den tragischen Grotesken Havels „auch die Schweiz als Groteske gegenüberstellen" lasse.

Die Eidgenossenschaft stelle, illustriert Dürrenmatt am Handlungsplot seiner grotesken Parabel, ein Gefängnis dar, wenn auch ein „ziemlich anderes, als es die Gefängnisse waren, in die Sie geworfen wurden, lieber Havel".[1091] Es handle sich um ein Gefängnis,

> „wohinein sich die Schweizer geflüchtet haben. Weil alles außerhalb des Gefängnisses übereinander herfiel und weil sie nur im Gefängnis sicher sind, nicht überfallen zu werden, fühlen sich die Schweizer frei, freier als alle anderen Menschen, frei als Gefangene im Gefängnis ihrer Neutralität".

Um aber dem potenziellen externen Eindruck, Schweizer seien unfreie Gefangene, entgegenzuwirken, habe der schwierige Beleg erbracht werden müssen, bei dem Gefängnis handle es sich trotz alledem um einen „Hort der Freiheit". Da jedoch nur die Wärter eines Gefängnisses als frei gelten würden, sei somit für die Insassen die „allgemeine Wärterpflicht" eingeführt worden. Dementsprechend beweise jeder Gefangene, „indem er sein eigener Wärter ist, seine Freiheit", weswegen der Schweizer den „dialektischen Vorteil [habe], dass er gleichzeitig frei, Gefangener und Wärter ist". Deshalb benötige das Gefängnis auch keine Mauern, denn die freien Gefangenen würden sich als Wärter schliesslich selber bewachen, so dass sie von ihrem Neutralitäts-Gefängnis aus nicht nur unter ihresgleichen, sondern „mit der ganzen Welt Geschäfte [machen könnten], und wie".

1090 Dürrenmatt dazu an anderer Stelle erläuternd: „Der Mensch ist mehr irrational als rational, seine Emotionen wirken auf ihn stärker als seine Ratio. Das nützt die Politik aus. Nur so ist der Siegeszug der Ideologien in unserem Jahrhundert zu erklären, das Appellieren an die Vernunft ist wirkungslos, besonders wenn eine totalitäre Ideologie die Maske der Vernunft trägt." Dürrenmatt 1990, S. 30.

1091 Hierzu und zum Folgenden: Dürrenmatt 1990, S. 19f.

Auf diese Art in seinem Handlungsplot fortfahrend, nimmt Dürrenmatt mit feinem Spott auf zahlreiche, seiner Ansicht nach, strittigen politischen Sujets Bezug – etwa auf den bis dato nicht erfolgten UNO-Beitritt der Schweiz, ihre Scherereien hinsichtlich des Europäischen Wirtschaftsraumes, die Frage des Umgangs mit Asylsuchenden und Gastarbeitenden, das Bankgeheimnis, die militärische Aufrüstung sowie den Sinn der Schweizer Armee. Auch die aktuellen innenpolitischen Turbulenzen finden, integriert in den Erzählstrang von Dürrenmatts gleichnishafter Groteske, ihre adäquate Gestalt.

So habe sich mit der Zeit unter den gefangenen Wärtern der Verdacht verbreitet, weder Wärter noch frei, sondern Gefangene zu sein,

> „weshalb die Gefängnisverwaltung Akten von jedem anlegen ließ, von dem sie vermutete, er fühle sich gefangen und nicht frei, und weil sie das bei vielen vermutete, legte sie einen Aktenberg an, der sich je weiter man forschte, als ein ganzes Aktengebirge erwies, hinter jedem Aktenberg tauchte ein neuer auf. Aber weil das Aktengebirge nur im Fall verwendet werden sollte, wenn das Gefängnis angegriffen würde, und da es nie angegriffen wurde, fühlten sich die Wärter, als sie von den Akten erfuhren, die über sie erstellt worden waren, plötzlich als Gefangene und nicht frei, sie fühlten sich so, wie die Gefängnisverwaltung nicht wollte, daß sie sich fühlten. Um sich aber wieder frei fühlen zu können und als Wärter und nicht gefangen, verlangten die Gefangenen von der Gefängnisverwaltung Aufschluß darüber, wer die Akten angelegt hatte. Aber da das Aktengebirge so gewaltig ist, kam die Gefängnisverwaltung zum Entschluß, daß es sich selber angelegt hatte. Wo alle verantwortlich sind, ist niemand verantwortlich. Die Furcht, im Gefängnis nicht sicher zu sein, hat das Aktengebirge hervorgebracht."[1092]

1092 Dürrenmatt 1990, S. 21f.

Damit hat Dürrenmatt die Problematik der Anderen Schweiz –
ihren als staatsfeindlich beargwöhnten nonkonformistisch-
oppositionellen Impetus, die daraus resultierende staatliche
Überwachung, die Aufdeckung dieser als undemokratisch und
rechtsstaatswidrig gebrandmarkten Verfehlung, den Verlauf des
Skandals inklusive seiner nicht erfolgten Bewältigung im Sinne einer Sanktionierung von Verantwortlichen – narrativ komprimiert
beziehungsweise metaphorisch verdichtet. Entsprechend fährt er
fort, indem er die nationale Orientierungskrise im Kontext der
700-Jahr-Feier aufgreift. Dürrenmatt:

> „So ist denn das Gefängnis in Verruf geraten. Es zweifelt an
> sich selber. Die Gefängnisverwaltung, die alles gesetzlich zu
> regeln versucht, behauptet, das Gefängnis befindet sich in
> keiner Krise, die Gefangenen seien frei, insofern sie echte
> gefängnisverwaltungstreue Gefangene seien, während
> viele Gefangene der Meinung sind, das Gefängnis befinde
> sich in einer Krise, weil die Gefangenen nicht frei seien,
> sondern Gefangene, eine interne Gefängnisdiskussion, die
> nur Verwirrung stiftet, weil die Gefängnisverwaltung sich
> anschickt, die angebliche Gefängnisgründung vor sieben-
> hundert Jahren zu feiern, wenn auch damals das Gefängnis
> kein Gefängnis war, sondern ein gefürchtetes Raubnest.
> Nun wissen wir nicht, was wir feiern sollen, das Gefängnis
> oder die Freiheit. Feiern wir das Gefängnis, fühlen sich die
> Gefangenen gefangen, und feiern wir die Freiheit, so wird
> das Gefängnis überflüssig."[1093]

Mochte spätestens das literarische Gleichnis, in dem Dürrenmatt
die Schweiz, ihre Extravaganzen sowie die Ursachen und den
Verlauf des innenpolitischen Aufruhrs, in den Sinnkontext der
Gefängniswelt transferiert, vielen bürgerlichen Anwesenden des
Festaktes als Affront erschienen sein, wirkten auch jene Abschnitte
der Rede, die danach folgten, nicht minder provokativ.

Wieder im anfänglichen Erzählmodus, zieht Dürrenmatt, einmal
mehr in Anlehnung an einen kritischen Havel-Text über politische

---

1093 Dürrenmatt 1990, S. 24f.

und ökonomische Heimtücken traditioneller parlamentarischer Demokratien, eine nahezu apokalyptische Quintessenz nicht nur hinsichtlich der Lebensumstände in der Schweiz, sondern der Welt. Es tue gut, betont Dürrenmatt, sich die Havelschen Sätze „über unsere westliche Freiheit genau einzuprägen, um so mehr, als sie aus dem Kerker des dogmatischen realexistierenden Sozialismus kommen".[1094] Schweizer würden sich zwar der direkten Demokratie samt errungener sozialer Absicherung rühmen, auch, fügt er bissig an, sei „sogar das Frauenstimmrecht zur Verwunderung der Welt doch noch eingeführt worden", doch habe sich die Politik „auch bei uns aus der Ideologie in die Wirtschaft verzogen, ihre Fragen sind wirtschaftliche Fragen". Daraus aber folge, dass „der Friede [...] gefährlicher zu werden [droht] als der Krieg. Ein grausamer, aber kein zynischer Satz". Denn bereits jetzt seien die Strassen „Schlachtfelder, unsere Atmosphäre den Giftgasen ausgesetzt, unsere Ozeane Ölpfützen, unsere Äcker von Pestiziden verseucht, die Dritte Welt geplündert". Dementsprechend entstände der Krieg

> „aus dem nicht bewältigten Frieden. Der Friede ist das Problem, das wir zu lösen haben. Der Friede hat die fatale Eigenschaft, daß er den Krieg integriert. Die Antriebskraft der freien Marktwirtschaft ist der Konkurrenzkampf, der Wirtschaftskrieg, der Krieg um Absatzmärkte. Die Menschheit explodiert wie das Weltall, worin wir leben, wir wissen nicht, wie es sein wird, wenn zehn Milliarden Menschen die Erde bewohnen."

Skeptische Gedanken zu den Chancen auf eine gerechtere, freiere, sozialere Welt beziehungsweise zur Labilität errungener Menschenrechte anführend, schliesst Dürrenmatt seine kritischen Ausführungen mit einem impliziten Appell an Havel. So seien die vom einstigen tschechischslowakischen Dissidenten eingeklagten Menschenrechte – wie „das tägliche Brot für jeden, die Gleichheit vor dem Gesetz, Meinungsfreiheit, Versammlungsfreiheit, Transparenz, die Abschaffung der Folter usw.", die „keine Uto-

---

1094 Dürrenmatt 1990, S. 27–29.

pien, sondern Selbstverständlichkeiten, Attribute des Menschen, Zeichen seiner Würde" darstellen und tolerantes Gemeinschaftsleben reglementieren würden, per se gefährdet.[1095] Denn „jede ideologische Revolution zielt auf deren Abschaffung und fordert einen neuen Menschen". Die Verteidigung der Menschenrechte als andauerndes Erfordernis betrachtend, mahnt Dürrenmatt an den Gewürdigten gerichtet, „Ihre Aufgabe als Staatspräsident fällt mit der Aufgabe Václav Havels als Dissident zusammen".

Seine bis dahin bereits spektakuläre Rede beendet Dürrenmatt, indem er die (historische) Relevanz der Schweiz schmälert. Staatspräsident Havel sei zwar unter Schweizern ehrenvoll empfangen worden, es sei, etwa von Dürrenmatt selber, einiges gesagt worden – man rede eben viel in der Schweiz.[1096] Schliesslich seien Schweizer vom Schicksal verschonte Menschen, was „weder Schande noch Ruhm [darstelle], aber es ist ein Menetekel".[1097] Den damit zum Ausdruck gebrachten Hieb an die Seite jener, die

---

1095 Hierzu und zum Folgenden: Dürrenmatt 1990, S. 30f.

1096 Hierzu und zum Folgenden: Dürrenmatt 1990, S. 31f.

1097 Vgl. die etymologische Bedeutung des Wortes „Menetekel", die auf die alttestamentarische Legende über das Festmahl des Königs Belsazar nach dessen Plünderung des Jerusalemer Tempels zurückgeht, während dem wie von Geisterhand der aramäische Schriftzug „Mene tekel u-pharsin" an der Wand erschienen sein soll, was vom Propheten Daniel beschrieben wurde als: „Er (Gott) hat (Dein Reich) gezählt, gewogen (und für zu leicht befunden)" (Daniel 5, 25). Einem Warnzeichen gleich, kündigte das Menetekel den unheilvollen Sturz des Königs an. Vgl. auch die entsprechende Ballade „Belsazar" von Heinrich Heine. Vgl. auch: Kreis 2002, S. 65f. Dort beschreibt der Autor Dürrenmatts 1981 geäusserte These von der „Schändlichen Unschuld" als einen Meilenstein hinsichtlich der Verbreitung „eines neuen Verständnisses der Rolle der Schweiz im Zweiten Weltkrieg". Es gelte, zitiert Kreis den Text Dürrenmatts, einzugestehen, dass man in einer schändlichen Zeit zu einer „schändlichen Unschuld" gezwungen gewesen sei. Dürrenmatt: „Nicht ohne schlechtes Gewissen, spürte man doch unwillkürlich, dass man für Hitler eher nützlich als bedrohlich war. Man arbeitete für ihn, man stellte ihm unsere Tunnel zur Verfügung", so dass der Zweite Weltkrieg „Abbild unserer Schwäche, nicht unseres Heldentums" sei.

ein blasiertes nationalistisches Sonderfall-Denken samt dessen inhärenter ruinösen Gefahr vertraten, bekräftigt Dürrenmatt mit einer am Ende geäusserten mokanten Annahme. Er sei sich sicher, dass Odysseus, dessen Seele am Ende „das Leben eines zurückgezogenen, geruhsamen Mannes gesucht [habe][…], das die anderen unbeachtet hatten liegen lassen", damit „das Los [gewählt habe], ein Schweizer zu sein".

Der Publikumsbeifall, den der Laudator im Anschluss an seine Ansprache erhielt, wirkt, dokumentiert durch die Fernsehquelle, regelrecht zweigeteilt, wobei in den vorderen Reihen verhalten, in den hinteren enthusiastisch applaudiert wurde. Die zuhinterst platzierten Kulturschaffenden, erinnert sich Franz Hohler, seien alle ebenso amüsiert wie begeistert gewesen, weil Dürrenmatt mit dem Ausspielen der für ihn typischen Gefängnis-Metapher und mit der Frage „Wer sind wir denn eigentlich?" beziehungsweise „Sind wir nun Gefangene oder Gefangenenwärter?" das damalige Gefühl der Identitätskrise perfekt getroffen habe.[1098] Hohler habe später eine Nationalrätin gefragt, wie die Stimmung vorne gewesen sei, worauf diese wiederum geantwortet habe, die meisten seien „wie versteinert" gewesen. Demgemäss schildert Dürrenmatt in einem Interview seinen Eindruck, die Vertreter der Landesregierung hätten seine Rede als skandalös empfunden, seien wütend auf ihn gewesen, denn keiner der Bundesräte habe sich von ihm verabschiedet. Geschimpft worden sei allerdings nicht offiziell, da man sich, vermutet Dürrenmatt, vor dem Gast nicht habe blamieren wollen.[1099]

„Das absolute Gegenteil von dem [aussprechend], was etwa ein Furgler" habe hören wollen,[1100] hat Dürrenmatt im Rahmen des besagten Festaktes einen Aufklärungsbeitrag geleistet.[1101] Am Ende

---

1098 Hierzu und zum Folgenden: Hohler im Gespräch mit Liehr, 19. Juni 2008, Transkript, S. 14f.

1099 Friedrich Dürrenmatt in: Haller 1990, S. 50.

1100 Hohler im Gespräch mit Liehr, 19. Juni 2008, Transkript, S. 14.

1101 Hierzu und zum Folgenden: Friedrich Dürrenmatt in: Haller 1990, S. 55–59.

des erwähnten Interviews erläutert er hinsichtlich der damals
wahrnehmbaren Mythenpopularität, offenbar hätten zahlreiche
Menschen „derzeit große Mühe, ihrem Denken zu vertrauen. Das
Wissen über den Zustand der Welt ist ja auch schwer zu ertragen.
Darum glauben sie lieber: die einen dies, die anderen jenes".
Während sich viele Schweizerinnen und Schweizer anscheinend
„moralisch verantwortlich für den Zustand des Staates" fühlen
würden, unter dem sie leiden, und darum die Verantwortung
übernähmen, „die zu übernehmen die Magistraten sich weigern",
habe er sich aus dem „Gebilde Schweiz nie etwas gemacht", keine
emotionale Bindung zu dem Land entwickelt. Deswegen habe er
etwa die Boykott-Erklärung nicht unterschrieben. Er werde sich
„sowieso an gar nichts beteiligen". Dürrenmatt zur 700-Jahr-Feier:
„Ich will damit nichts zu tun haben, ich bin weder dafür noch dagegen." Früher sei ihm „mangelndes Engagement vorgeworfen"
worden, doch habe er sich, ganz unabhängig von der Nation, der
er angehöre, stets für „die globalen Probleme des Menschseins"
interessiert, folge „einem philosophischen Blickwinkel", weshalb
sein Engagement der Aufklärung gehöre. Dementsprechend habe
er in seiner Rede „zeigen und aufklären" wollen.

Diesbezüglich habe Dürrenmatt, gemäss Hohler, mit den „Mitteln
einer poetischen Sprache" ein Bild entworfen, in dem die umstrittenen Umstände in der Schweiz nicht nur gespiegelt, sondern vielmehr zerspiegelt werden.[1102] Verzerrung von Eigentümlichkeiten
ebenso wie eine Zusammenfügung vermeintlich unvereinbarer
Widersprüche (wie etwa Freiheit und Gefängnis) kennzeichnen
die literarische Form der Groteske, durch welche Phänomene
aufgrund von Übertreibung und Irritation noch augenfälliger
werden. Durch die darstellerische Kombination der Groteske mit
der von Dürrenmatt darüber hinaus angewendeten gleichnishaf-
ten Erzählweise wird der Offenbarungseffekt verstärkt, weil die
Übertragung der abstrakten gesellschaftspolitischen Sachverhalte
in den abwegig-provokativ anmutenden, zugleich jedoch kon-
kretisierenden Vorstellungsbereich der Gefängniswelt illustrativ
und damit veranschaulichend wirkt. Dementsprechend hätten,

1102 Hohler im Gespräch mit Liehr, 19. Juni 2008, Transkript, S. 15.

verdeutlicht Hohler den Effekt, die von der Parabel Entzückten fasziniert gedacht: „Ja, so könnte man das auch darstellen!", während jene davon Entsetzten gemeint hätten: „Nein, so könnte man das doch nicht darstellen!"[1103]

In der damaligen Ereigniskonstellation erzielte der Inhalt von Dürrenmatts Rede in dreierlei Hinsicht eine entmythologisierende Wirkung:

1. Wenngleich die Ansprache anlässlich der Würdigung des Preisträgers durch inhaltliche und stilistische Bezüge zu dessen Lebenswerk strukturiert ist, stellt sie vornehmlich eine vielschichtige Schweiz-Kritik dar. Durch die darin verdichteten zahlreichen, teilweise spöttischen Beanstandungen wird ein Schweizbild konterkariert, wonach das Land das Paradebeispiel eines menschenfreundlichen, friedliebenden, zukunftsfähigen, vor allem aber demokratischen Rechtsstaates darstelle. Dürrenmatt angesichts des Fichen-Skandals:

> „Ausgerechnet in dem Land, das von sich behauptet, die älteste Demokratie zu sein; [...] das die direkte Beteiligung des Volkes an der politischen Macht eingeführt hat; [...] das jede fremde Vormacht frühzeitig abgeschafft und das Milizsystem eingeführt hat: ausgerechnet in der Schweiz hat die politische Polizei während Jahrzehnten ein ungeheures Geheimarchiv angelegt." [1104]

Immerhin hätten viele Schweizerinnen und Schweizer erstmals begriffen, „daß auch ihr Staat seine ganze Macht gegen die eigenen Bürger einsetzen kann, ohne einen äußeren Grund zu haben"; schliesslich, so das Groteske, seien Schweizer ihrem Staat gegenüber „absolut loyal" eingestellt, während, kontrastiert der Künstler, die totalitäre SED, von der Bevölkerung überwiegend abgelehnt, eher ein Motiv zum Überwachen gehabt habe. Dementsprechend gerate auch „die Inszenierung dieser sogenannten

---

1103 Hohler im Gespräch mit Liehr, 19. Juni 2008, Transkript, S. 15.

1104 Hierzu und zum Folgenden: Friedrich Dürrenmatt in: Haller 1990, S. 46f, 49–51.

700-Jahr-Feier" zu einer Groteske. Schliesslich stecke die Schweiz „in einer tiefen Identitätskrise". Sie sei „nicht mehr das, was sie war. Und auch nicht das, für was die Schweizer sie halten".

2. Dürrenmatt kritisiert die vor allem marktwirtschaftlich geprägten Lebensumstände des Westens und mahnt die daraus resultierenden mannigfachen fatalen Folgen an, auch indem er auf Havels Skepsis gegenüber „der technischen Zivilisation, der Industrie- und Konsumgesellschaft" verweist, in der die Manipulation der Menschen „unendlich feiner und raffinierter als [durch] die brutale Art des posttotalitären Systems" geschehe.[1105] Damit relativiert der Schweizer Künstler drastisch das „Gut-Böse-Schema", in dem die komplexe Ost-West-Problematik gemeinhin einen zu simplifizierenden, undifferenzierten, mithin verfälschten Niederschlag findet.

3. Am Ende stellt die Rede insbesondere, was die soziale Stellung renommierter Schriftsteller und ihr Verhältnis zu den Herrschenden anbelangt, ein „Lehrstück für die Politik" dar.[1106] Das Ereignis in Rüschlikon habe manifestiert, pointiert Hohler, dass Regierende ihnen nie trauen könnten, sie einfach zugunsten ihrer Zwecke beanspruchen zu können. Während des besagten Anlasses habe sich Dürrenmatts anarchische Charakterfacette auf bemerkenswerte Weise offenbart.

Am Abend vor der Publikation des PUK-EMD-Berichts vom Künstler dargeboten, bildete Friedrich Dürrenmatts Ansprache „Die Schweiz – ein Gefängnis" einen letzten Höhepunkt des Protestverlaufs während des Skandaljahres 1990.

5. Bilanz

Unter Rückgriff auf Erkenntnisperspektiven der Skandal- sowie der Sozialen Bewegungsforschung wird im vorliegenden III. Kapi-

---

1105 Václav Havel zit. n.: Dürrenmatt 1990, S. 26f.

1106 Hierzu und zum Folgenden vgl.: Hohler im Gespräch mit Liehr, 19. Juni 2008, Transkript, S. 15f.

tel im Rahmen einer Konstellationsanalyse die Genese des Fichen-Skandals und dessen Ausgestaltung zu einer ausserparlamentarischen Protestbewegung entfaltet, die 1990 mit Bezugnahme auf die für 1991 staatlich geplanten Nationalfeierlichkeiten ihren Lauf nahm. Damit fokussiert die Untersuchung jener Deutungskämpfe vornehmlich auf das Protestgeschehen und das kommunikative Handeln entsprechender Akteursgruppen (Parlamentsangehörende, Kulturschaffende, politisch engagierte Bürgerinnen und Bürger, Medienschaffende). Um nicht nur die kommunikativen Inhalte, sondern auch der damaligen oppositionellen Stimmung besser auf die Spur zu kommen, basiert die vorliegende Studie auf einem facettenreichen Materialkorpus. Abgesehen von einer umfangreichen Auswahl an Zeitungsartikeln,[1107] werden Radio- und Fernsehberichte, mündliche Interviews mit zentralen Akteuren, Protokolle und Pressemitteilungen, Karikaturen, Bewegungszeitungen sowie die PUK-Berichte und zeitgenössische Bücher in die Analyse einbezogen.

Der Verlauf des Fichen-Skandals offenbart, inwiefern er ein Akt zielgerichteter Schöpfung gewesen ist, dessen Akteure, von bestimmten Interessen geleitet, strategisch handelten: Vom Ergreifen der Chance auf Enthüllung der erahnten Verfehlung, über deren Entrüstung provozierende Offenlegung sowie einer Kanalisierung der Empörung in Form systematischer Protestmobilisierung hin zu den Forderungen institutioneller Aufarbeitung. Orientiert an den drei eingangs gestellten erkenntnisleitenden Fragestellungen, werden aus der Untersuchung folgende Schlüsse gezogen:

1. Die Offenlegung der umstrittenen Registrierpraxis der politischen Polizei, das heisst die Aufdeckung der durch den schweizerischen Staatsschutz während des Ost-West-Konflikts betriebenen hunderttausendfachen Überwachung politisch und sozial engagierter Schweizerinnen und Schweizer (vor allem aus dem links-alternativen Spektrum) sowie von Ausländerinnen

---

[1107] Wenngleich sich die Verfasserin auf die fundierten Zeitungsanalysen von Messerli und Brügger stützt, hat sie selber zusätzlich eine grosse Anzahl Artikel gesichtet.

und Ausländern erscheint, international betrachtet, ebenso aussergewöhnlich wie die durch die Skandalisierung erwirkten Einsichtnahmen von Gesuchstellenden in jene geheimen Dokumente der Bundespolizei.[1108] Die Voraussetzungen für die exzeptionelle Enthüllung der besagten staatlichen Verfehlung und ihre einjährige Skandalisierung ab Ende November 1989 sind allerdings vielschichtig.

Durch die massive Skandalisierung Elisabeth Kopps inklusive der damit einhergehenden eklatanten Mutmassungen, die das EJPD betrafen (potenzielle Verstrickungen des Justizministeriums mit der internationalen Drogenmafia) und das öffentliche Vertrauen darin erschütterten, hatte sich die innenpolitische Atmosphäre seit Ende 1988 stark aufgeheizt. Schienen sich doch in der kriminalisierten Verbindung Kopp-Sharkarchi „schlagartig strukturelle Verquickungen" zwischen dem Staatsapparat und dem schweizerischen Finanzsystem zu personalisieren, die von der Linken bereits seit Jahren angemahnt worden waren.[1109] Aus der Brisanz der Angelegenheit ergab sich für linke Nationalräte die seltene Chance, den Entscheid zugunsten einer Parlamentarischen Untersuchungskommission für das EJPD erfolgreich zu forcieren, wodurch schliesslich die lang herbeigewünschten Einblicke in angezweifelte Arbeitsmethoden der Bundesanwaltschaft und der politischen Polizei möglich wurden.

Darüber hinaus wurde die öffentliche Missstimmung 1989 weiter gereizt durch das Vorhaben der Landesregierung, im Vorfeld der

---

1108 Susanne Brügger verweist auf einen Weltwoche-Artikel vom 27. April 1995, in dem folgende Zahlen vermerkt sind: von 142 000 bei der Bundespolizei registrierten Schweizerinnen und Schweizern sowie 586 000 Ausländerinnen und Ausländern hätten am Ende insgesamt 39 942 eine Fiche zugestellt bekommen, wovon 38 700 Schweizerinnen und Schweizer betrafen. Von 400 000 in der Schweiz lebenden Personen hätten weniger als 10 Prozent Einsicht verlangt, was, urteilt Brügger, „ein nicht sehr hoher Anteil" gewesen sei. Brügger 2006, S. 103. In Relation zu anderen europäischen Ländern ist jedoch bemerkenswert, so die These, dass eine Einsicht in die staatlichen Geheimdokumente in der Schweiz überhaupt ermöglicht wurde.

1109 Redaktion Widerspruch 1990, S. 101.

GSoA-Abstimmung zur Abschaffung der Schweizer Armee, quasi als Gegenkampagne dazu initiiert, den Kriegsausbruch vor 50 Jahren mit einem kostspieligen Festakt, der so genannten Übung „Diamant", zu gedenken und damit die so genannte damalige „Aktivdienstgeneration" zu würdigen. Eine Provokation für die grösstenteils pazifistisch und antimilitaristisch gesinnte linksalternative Politszene, die jegliche durch die offizielle Schweiz proklamierten Staatsmythen, auch über die Abwehrbedeutung der Schweizer Armee im Zweiten Weltkrieg, anhand kritischer historischer Studien als Herrschaftsinstrumente der bürgerlichen Elite zu demaskieren suchte. Zudem hatte die besagte GSoA-Initiative „Für eine Schweiz ohne Armee" den seit den 1980er-Jahren international vermehrt zirkulierenden Gedanken einer Delegitimation militärischer Streitkräfte sukzessive in die schweizerische Öffentlichkeit getragen, in der das offiziell proklamierte Staatsverständnis von der „Bewaffneten Neutralität" samt dem Konzept des „Bürger-Soldaten" nach wie vor die kulturelle Hegemonie innehatte.[1110] Ein Umstand, der in dem vom Bundesrat noch 1988 artikuliertem Satz „die Schweiz *ist* eine Armee"[1111] augenfällig wurde. Durch die in den Monaten vor der GSoA-Abstimmung in der ganzen Schweiz erfolgten Grundsatzdebatten über die Armee und ihre nationale Bedeutung verschärfte sich die öffentliche Streitkultur zwischen den weltanschaulichen Lagern beträchtlich. Von dieser konfliktgeladenen innenpolitischen Stimmung profitierte die Skandalisierung der Staatsschutzmethoden ab Ende November. Das für die GSoA insgesamt beeindruckende Abstimmungsresultat von 36,6 Prozent (über eine Millionen) Ja-Stimmen zugunsten einer Abschaffung der Schweizer Armee war wiederum auch den sensationellen Ermittlungsresultaten („Fichen-Funde") geschuldet, die die PUK-EJPD zwei Tage zuvor in ihrem Bericht veröffentlicht hatte.

Die relativ unvermittelte totale Implosion des Ostblocks stellte die aussenpolitische Voraussetzung für die Skandalisierung der Staatsschutzmethoden dar. War doch die jahrzehntelang wahrge-

---

1110 Hierzu und zum Folgenden: Redaktion Widerspruch 1990, S. 100f.

1111 Zit. n.: Redaktion Widerspruch 1990, S. 100; Kursivsetzung laut Text.

nommene äussere Gefahr, konkretisiert in antikommunistischen Feindbildern, abrupt abhanden gekommen und mit ihr die Legitimierung der umstrittenen Überwachungspraktiken.

So gerieten 1989 drei elementare Wertkomplexe nationaler Sinnstiftung ins Wanken: 1. das allgemeine Vertrauen in die Funktionstüchtigkeit staatlicher Institutionen und die Rechtschaffenheit ihrer Akteure, 2. die staatstragende Rolle der Schweizer Armee, sowie 3. die ideologische Abgrenzung nach aussen durch den Verlust des „Feindes Moskau".

Durch die staatlich-institutionelle Vertrauens- und die nationale Orientierungskrise, in denen sich dem Staat gegenüber „ein latentes Unbehagen in breiten Bevölkerungsschichten" verdichtete, war mithin der „Resonanzboden" für eine verschärfte Skandalisierung der seit längerem vermuteten Staatsschutzpraktiken vorhanden.[1112] Zudem war aufgrund der offiziell von der PUK-EJPD betriebenen Enthüllung der Ausgangspunkt für eine medienwirksame „Sensationsspirale" gegeben.

2. Betrachtet man den Verlauf des knapp 13 Monate andauernden Skandals und seine parallel sich vollziehende Entwicklung zu einer Protestbewegung, gilt es, ein Augenmerk auf die verschiedenen politischen Widerspruch erzeugenden Trägergruppen zu richten. Den Anfang machten einzelne linke Parlamentarier, indem sie bereits frühzeitig, das heisst unmittelbar nach dem Beginn der Skandalisierung Kopps im Dezember 1988, die Chance gewittert hatten, über eine potenzielle Aufklärungsinstanz im EJPD, Einblicke in die Bundesanwaltschaft zu erlangen, in der sich unter anderem die seit langem in rot-grünen Kreisen beargwöhnten geheimen Karteien politischer Überwachung befanden. Das zielgerichtete Ringen einzelner linker Parlamentarier um den Einsatz einer PUK-EJPD, ihren Auftrag sowie deren personelle Besetzung bis zum Parlamentsbeschluss Ende Januar 1989, stellte mithin die zentrale Voraussetzung für die Aufdeckung der Staatsschutzpraktiken dar. Nachdem die Kommission, die sich zunächst auf anderen Untersuchungspfaden bewegt hatte, im letzten Drit-

---

1112 Hierzu und zum Folgenden: Redaktion Widerspruch 1990, S. 102.

tel ihrer Ermittlungstätigkeit auf die umstrittenen Registraturen gestossen war, begannen wiederum die Auseinandersetzungen um die Art der Offenlegung der im parlamentarischen Gremium offenbar relativ einhellig als staatliche Verfehlung betrachteten „Fichen-Funde". Unter den Kommissionsmitgliedern wurde dann jedoch, im Bewusstsein um die staatspolitische Brisanz des Sachverhalts in Zeiten öffentlicher Krisenstimmung, über dessen Darstellungsweise im Untersuchungsbericht einmal mehr gestritten. Vom PUK-EJPD-Präsidenten auf der medial stark beachteten Bundespressekonferenz wiederum gekonnt in Szene gesetzt, begann im Anschluss an die Aufdeckungsphase jene der öffentlichen Entrüstung.

War die Enthüllung der staatlichen Verfehlung von Parlamentsangehörenden geleistet worden, kamen zunächst insbesondere in der Deutschschweiz Medienschaffende, als zentrale die Skandalisierung vorantreibende Akteursgruppe hinzu. Abgesehen davon, dass die allgemeine öffentliche Empörung grundsätzlich auf die von der politischen Polizei jahrzehntelang betriebene Verletzung verfassungsmässiger Rechte abzielte, bestand ein weiterer Beweggrund, den Eklat voranzutreiben, zweifellos in der Vermutung vieler, selbst von den Observationen betroffen zu sein.

Für den weiteren Verlauf der Skandalisierung entscheidend wurde sodann das Komitee „Schluss mit dem Schnüffelstaat", das im Anschluss an die turbulenten Parlamentsdebatten von Anfang bis Mitte Dezember 1989 von einzelnen rot-grünen Nationalräten Mitte Januar 1990 gegründet und rasch von dutzenden politisch und sozial tätigen Gruppierungen sowie zahlreichen Einzelpersonen unterstützt worden ist. Den dafür in verschiedenen Regionen der Schweiz Engagierten ging es darum, die diffuse Entrüstung in einem Protestgefäss zu kanalisieren und, mit dem Ziel institutionellen Wandel im Staatsschutzbereich zu erreichen, anhand konkreter Forderungen und facettenreicher Aktionen im Sinne einer ausserparlamentarischen Opposition systematisch Druck „von unten" auf die zuständigen staatlichen Mandatstragenden auszuüben.

Ende Januar, Anfang Februar 1990 mischten sich schliesslich einzelne Kulturschaffende, Bezug nehmend auf das staatliche Anliegen, wonach sie sich mit kritischen Beiträgen über die Schweiz an den im Folgejahr stattfindenden Nationalfeierlichkeiten beteiligen sollten, in die öffentliche Debatte ein. Deren Kritik aufgreifend, begannen der damalige Präsident der progressiven Schriftstellervereinigung „Gruppe Olten" und die Kulturredakteure der linken WochenZeitung eine kollektive Protestaktion Kulturschaffender vorzubereiten, die am 23. Februar 1990 als Petition mit einer eindrucksvollen Liste von 400 Unterzeichnenden medienwirksam in der WoZ publiziert worden war: die Kulturboykott-Drohung. Auch deren Aussage implizierte, wie zuvor bereits vom KSS artikuliert, an die verantwortlichen Staatsbeamte gerichtete Forderungen – erstens nach Abschaffung der politischen Überwachung und zweitens nach umfassender Aufklärung, etwa durch Fichen- und Akteneinsicht, deren Erfüllung bis Jahresende befristet wurde.

Wenngleich er sich anhand verschiedener eingeleiteter Massnahmen bemühte, den von der PUK-EJPD aufgestellten Postulaten für eine gesetzliche Reformierung des inneren Staatsschutzes Rechnung zu tragen, geriet der für das betreffende Departement zuständige Bundesrat, von den Skandalierenden als zu zögerlich gebrandmarkt, in jenen Wochen unter Druck. Hinzu kam, dass Mitte Februar die Existenz weiterer umstrittener Personenregistraturen, sowohl im EJPD als auch im EMD, manifest geworden war, was die Skandalspirale auch deshalb vorantrieb, weil das Verhalten der zuständigen Minister, teilweise schlecht von ihren Mitarbeitenden informiert, desorientiert, widersprüchlich und unbeholfen wirkte. Nach einem spektakulären Fernsehabend am 20. Februar 1990 befand sich die Skandalisierung der Staatsschutzpraktiken auf dem Höhepunkt, was sich auf der vom KSS organisierten Grossdemonstration in Bern widerspiegelte, an der am 3. März 1990 bis zu 35 000 Menschen ihre Empörung kundtaten.

Im Anschluss an diesen Mobilisierungserfolg nahm der Skandalisierungsverlauf, das zeigen die Untersuchungen von Messerli und Brügger, gemessen an der Presseberichterstattung bis Anfang März, in den kommenden Wochen und Monaten, trotz weiterer Mobilisierungsversuche des KSS, sukzessive ab. Dennoch fanden zahlreiche Geschehnisse, die für die institutionelle Aufarbeitung der Misere relevant erschienen, bis zum Jahresende einen dezidierten Niederschlag in den meisten Massenmedien. Insbesondere die Ermittlungsresultate der PUK-EMD evozierten ab Ende November nochmals für knapp drei Wochen eine verstärkte Skandalisierung. Der diesbezüglich von rot-grüner Seite ausgelöste erneute Eklat verlagerte sich allerdings thematisch – weg von den Staatsschutzpraktiken, hin zu den „geheimen Diensten" im EMD.

3. Mag auch die Presseberichterstattung in den Monaten ab März 1990 an skandalierender Schlagkraft eingebüsst haben, die Grossdemonstration in Bern hatte der Landesregierung und all jenen, die in der Öffentlichkeit beschwichtigend auf die Misere reagierten, signalisiert, dass die Auseinandersetzungen über die Überwachungsmethoden der politischen Polizei samt der vom Bundesrat anvisierten institutionellen Bewältigung nicht mehr einfach nur Empörung entfachten. Daraus war vielmehr kollektiver Protest hervorgegangen mit konkreten an die etablierte Politik gerichteten Problemlösungsvorschlägen. Dieser entwickelte sich im Laufe des Skandaljahres zu einer Protestbewegung, die getragen wurde von den im Zuge des Fichen-Skandals konstituierten drei verschiedenen Protest-Komitees, in denen zahlreiche Akteure, vornehmlich aus der nicht-etablierten links-alternativen Politszene, weiterhin Aktivierungsarbeit leisteten. Geeint in der Empörung über den als undemokratisch und verfassungswidrig gebrandmarkten institutionalisierten Staatsschutz, durch den sie als politisch und sozial engagierte Bürgerinnen und Bürger jahrzehntelang als Staatsfeinde kriminalisiert worden waren, variierten die von den Komitees jeweils anvisierten Protestanliegen, mit denen sie sich der offiziellen Schweiz auf konstruktive Weise zu widersetzen suchten.

Das in der zweiten Januarhälfte 1990 gegründete Komitee „Schluss mit dem Schnüffelstaat" konzentrierte sich in seinem vielschichtigen Engagement auf das mittelfristige Ziel einer institutionellen

Demokratisierung des inneren Staatsschutzes. Dementsprechend forderte es, beispielsweise über die Initiative „S.o.S – Schweiz ohne Schnüffelpolizei", nicht nur die Abschaffung der durch die politische Polizei betriebenen „Gesinnungsschnüffelei". Es verlangte darüber hinaus von Anfang an den Einsatz einer PUK-EMD, damit die im Eidgenössischen Militärdepartement vermuteten adäquaten Rechtsverletzungen aufgedeckt, geahndet und beseitigt würden. Das KSS organisierte die Demonstration in Bern und mobilisierte die Bevölkerung nicht nur zur Kundgebungsteilnahme, sondern auch in der vom Bundesrat gesetzten Frist, möglichst massenhaft Gesuche um Fichen- und Akteneinsicht an die zuständigen Behörden zu richten. Über sein Organ „Fichen-Fritz" sowie über das im Eilverfahren produzierte Nachschlagewerk „Schnüffelstaat Schweiz" leistete es darüber hinaus umfassende Aufklärung, etwa hinsichtlich der Geschichte der politischen Überwachung in der Schweiz, über den aktuellen Stand der politischen Staatsschutzdebatte oder über juristische Rekursoptionen betroffener Fichierter.

Das Komitee „Kulturboykott 700" war im April 1990 gegründet worden, nachdem im Anschluss an die Märzsession der Parlamente absehbar geworden war, dass die in der „Kulturboykott-Drohung" formulierten Forderungen hunderter Kulturschaffender – trotz wochenlanger sowohl in Künstlerkreisen als auch in den Massenmedien geführten intensiven Debatten – nicht realisiert würden. Die Initianten hatten sich daraufhin bezüglich potenzieller Beiträge progressiver Kulturschaffender an der 700-Jahr-Feier zu einer definitiven Kulturboykott-Erklärung entschlossen, die am 8. Juni 1990, allerdings von wesentlich weniger Unterzeichnenden getragen, publiziert und in der Öffentlichkeit erheblich kritischer beurteilt wurde. Mit der umstrittenen Protestaktion bezweckte man, auf die widersprüchliche Rolle aufmerksam zu machen, die progressiven Kulturschaffenden von der offiziellen Schweiz zugeschrieben wurde. Diese bestand einerseits darin, dass sie als nationale Sinnstifter fungieren und ihr kritisch-kreatives Potenzial zugunsten der Suche nach einer zeitgemässen „Schweizer Identität" nutzbar machen sollten. Andererseits aber liefen sie Gefahr, sofern sie sich ausserhalb eines staatlich vorgegebenen

Rahmens gesellschaftskritisch äusserten, von der politischen Polizei als staatsfeindlich registriert zu werden. Dementsprechend wurde auf dem vom Komitee „Kulturboykott 700" organisierten, Anfang November 1990 anberaumten „Kultursymposium 90" unter dem Titel „Welche Schweiz braucht die Kultur?" vor einer grossen Versammlungsöffentlichkeit entlang verschiedener Problemstellungen das schwierige Verhältnis des Staates zu seinen (kritischen) Kulturschaffenden diskutiert.

Als die öffentliche Aufmerksamkeit sowohl hinsichtlich der Staatsschutzmisere als auch hinsichtlich des Kulturboykotts nachliess, wurde schliesslich, ausgehend von der GSoA-Zürich, im August 1990 das Komitee „700 Jahre sind genug!" initiiert. Dieses bezweckte, den ebenfalls auf die Nationalfeierlichkeiten im Folgejahr ausgerichteten vielschichtigen Protestanliegen diverser oppositioneller Gruppen und Einzelpersonen öffentliche Geltung zu verleihen. Die erste grosse Aktion bestand in der im Januar 1991 in Salecina ausgerichteten Tagung zum Thema „'98 statt '91 – Ein neues Geschichtsbild für eine andere Schweiz in einer veränderten Welt". Die Teilnehmenden hinterfragten die in den offiziellen Staatsfeierlichkeiten reaktivierten Geschichtsmythen und suchten zugleich nach zeitgemässeren nationalen Geschichtsbildern. Die vom Komitee im Frühjahr 1990 publizierte Zeitung „GÄGECHRÜTLI[700]", die allerdings auf nicht mehr allzu grosse Resonanz stiess, offenbarte das breite vom Komitee unterstützte gesellschaftspolitische Themenspektrum.

Ausgehend von der aufgedeckten Verfehlung der Staatsschutzpraktiken wurde mithin während des gesamten Skandaljahres bis weit ins Jahr 1991 hinein von Angehörenden der Anderen Schweiz gegen diverse von der offiziellen Schweiz vertretenen politischen und nationalen Anschauungen agitiert. Seit den 1970er-Jahren war in der ganzen Schweiz ein effizientes oppositionelles Netzwerk von politisch engagierten Personen entstanden, die, unterschiedlichen Parteien und Gruppierungen des überwiegend links-alternativen Spektrums angehörend, häufig in den verschiedenen Sozialen Bewegungen aktiv waren. Sie hatten bezüglich der voraussetzungsvollen Organisation und kommunikativen Ausführung von Protest viel Erfahrung gesammelt. Nachdem die zuvor allseits vermutete, jahrzehntelang staatlich erfolgte Registrierung ihres oppositionellen staatsbürgerlichen Engagements von der PUK-EJPD amtlich belegt worden war, bewirkten nicht nur Gefühle genereller Empörung, sondern auch die Vermutung, selbst von der politischen Überwachung betroffen zu sein, bei vielen die Bereitschaft, sich zugunsten von umfassender Aufklärung, Sanktionierung und institutionellem Wandel einzusetzen – sei es aktiv oder auch passiv als rein zahlendes Komiteemitglied, um ausserparlamentarischen Druck auf die staatlichen Verantwortlichen auszuüben. Da wiederum Personen heterogener Professionen und Organisationen, darunter zahlreiche Parlamentsangehörende, Medien- sowie Kulturschaffende, Anliegen der Anderen Schweiz teilten, profitierte die Protestbewegung nicht nur quantitativ vom Umfang des zur Verfügung stehenden Engagements, sondern auch, das offenbaren die Quellen eindrücklich, qualitativ von den unterschiedlich eingebrachten Kompetenzen und Wissensbeständen.

Des Weiteren ist für die Protestbewegung des Jahres 1990 kennzeichnend, dass ihre staatspolitisch ernsthaft-relevanten Inhalte immer wieder auf humorvoll-spielerische Weise inszeniert wurden. Es handelte sich vielfach um eine bemerkenswert kreative Protestkommunikation, die sich teilweise unkonventionellen Darstellungsformen bediente, womit sich die Akteure auch stilistisch von offiziell praktizierten Kommunikationskonventionen abgrenzten. Gesamt gesehen kam eine Bandbreite verschiedener Aktionsformen zum Einsatz, darunter verfahrensgeregelte (wie die Unterschriftensammlung für die S.o.S.-Initiative) und nichtnormierte, harmlosere (wie das Protest-Pikett vor der Bundesanwaltschaft, die friedliche Grosskundgebung und Petitionen) sowie begrenzte Regelverletzungen (etwa der Kulturboykott) bis hin zu Gewaltakten (die Sachbeschädigungen während der Demonstration).

Die Dauer von Protestbewegungen und den darin organisatorisch lediglich locker mit einander verbundenen Akteuren hängt entscheidend vom Vorhandensein und der Stärke eines gemeinsamen

Problembewusstseins ab. Die im ersten Viertel des Jahres 1990 wahrnehmbare breit getragene Protestbereitschaft war vornehmlich durch die Aufdeckung der gebrandmarkten Staatsschutzpraktiken motiviert, so dass sich das Selbstverständnis und Zusammengehörigkeitsgefühl des entsprechenden oppositionellen Kollektivs, das sich während der Grossdemonstration versammelt hatte, vorwiegend darüber definierte. Allerdings wurde bereits in Bern der äussere Eindruck einer imposanten Einheitlichkeit der bis zu 35 000 gegen die staatlichen Verfehlungen und restriktive Aufklärungsbereitschaft aufbegehrenden Demonstrierenden geschwächt. Denn die Krawalle der radikaleren Protestierenden, welche ihren Unmut mit Gewalt gegen Sachen zum Ausdruck brachten und sich teilweise durch ihre dunkle Kleidung auch optisch von den anderen abgrenzten, teilten die Kundgebung in zwei Lager: das der friedlichen und das, wenngleich auch viel kleinere, der gewaltbereiten Demonstrierenden. Daraus ergab sich, trotz der aussergewöhnlichen Mobilisierungsleistung, der erste Rückschlag für die im KSS Vereinten. Denn die Ausschreitungen ermöglichten letztlich die gewaltfixierte Fernsehberichterstattung der Tagesschau-Redaktion über die Grosskundgebung, die eine destruktive Wirkung im Hinblick auf eine potenziell-speditive Durchsetzung des zentralen, von den meisten der Anwesenden getragenen Protestziels hatte: die Abschaffung der politischen Polizei. Als nur wenige Tage danach im Parlament darüber abgestimmt wurde, waren diejenigen Abgeordneten im Vorteil, die für eine Beibehaltung der umstrittenen Institution plädierten. Denn die dramatisierenden Ängste schürenden Bilder und Töne von eindringlichen Krawallszenen hatten den Anschein erweckt, zur Erfassung solcher „Rowdys" bedürfe es weiterhin der politischen Überwachung. Die parlamentarische Abstimmung fiel dann auch zuungunsten des Anliegens der Protestierenden aus, die sich daraufhin veranlasst sahen, in die zweite Runde zu gehen und eine entsprechende Volksinitiative vorzubereiten.

Wie bereits auf der Grossdemonstration in Bern angekündigt, zeigte sich in den kommenden Wochen und Monaten, dass das zielorientierte Gemeinschaftsbewusstsein der im Protest gegen die Praktiken der politischen Polizei vereinten vielen Tausend

Bürgerinnen und Bürger offenbar nicht tragfähig genug war, um die besagte Opposition zugunsten einer Demokratisierung des inneren Staatsschutzes mittelfristig aufrecht zu erhalten. Nachdem das zweite Protestziel, die Einsetzung einer PUK-EMD, erreicht war, hatte das nicht nur auf die öffentliche Auseinandersetzung einen entschärfenden Effekt.[1113] Auch die im KSS Aktiven nahmen wahr, dass immer weniger Personen an den Sitzungen teilnahmen und darüber hinaus das Geld knapp wurde, so dass bald vermehrt Spendenaufrufe lanciert werden mussten. Der Niedergang der besagten Protestbewegung beschleunigte sich zudem, als immer mehr Personen erfuhren, nicht fichiert worden zu sein. Entsprechend manifestierte sich eine „De-Solidarisierung" zwischen Registrierten und Nicht-Registrierten, die sich bald wieder anderen Themen zuwandten. Für den „harten Kern" der im KSS Engagierten begann bezüglich ihres Anliegens, den institutionellen Wandel des Staatsschutzes auch weiterhin zu forcieren, die „Phase der Knochenarbeit", für die kennzeichnend war, dass die öffentliche Aufmerksamkeit immer rascher abnahm.

4. Die historische Bedeutung der oben beschriebenen vielschichtigen ausserparlamentarischen Oppositionsbewegung von 1990/91 besteht vor allem darin, dass – obgleich nur kurzfristig, aber umso eindrücklicher – ein genereller gesellschaftspolitischer Erkenntnisprozess ausgelöst worden ist. Wie bereits erwähnt, stellte die Offenlegung der Staatsschutzpraktiken ebenso wie die Einsicht in die betreffenden geheimen Dokumente, die Schweizerinnen und Schweizern gelungen ist, im europäischen Vergleich offensichtlich einen aussergewöhnlichen Umstand dar.[1114] Auch die Aufdeckung der „geheimen Dienste" (heimliche Kadergruppe zur Organisation des Widerstandes und spezieller Nachrichtendienst) durch die PUK-EMD war, bezogen auf das demokratische Postulat herrschaftspolitischer Transparenz, eine bemerkenswerte

---

1113 Hierzu und zum Folgenden: Weber im Gespräch mit Liehr, 18. März 2008, Transkript, S. 5, 8, 15; Sigerist im Gespräch mit Liehr, 22. Februar 2008, Transkript, S. 19.

1114 Vgl.: Bodenmann im Gespräch mit Liehr, 16. Mai 2008, Transkript, S. 5.

Folge der Skandalisierung und Protestmobilisierung, von der die staatsbürgerliche Aufklärung profitierte. So gesehen trugen die Resultate beider Parlamentarischen Untersuchungskommissionen, die jeweils von politischen Strategen erkämpft worden waren, bezüglich vorhandener demokratischer und rechtsstaatlicher Strukturen und dem damit einhergehenden Akteurshandeln in staatlichen Institutionen, zu einer Entmythologisierung bei. Sie implizierte zumindest die Chance auf vermehrt angestellte staatsbürgerlich-kritische Reflektionen. Für zahlreiche von der politischen Polizei zu unrecht Registrierte mochte der durch die beiden PUKs erfolgte amtliche Beleg über ihre jahrelange staatliche Diskriminierung am Ende der Epoche des Ost-West-Konfliktes zudem eine Genugtuung dargestellt haben.

Davon abgesehen, dass auch den wochenlangen öffentlichen Diskussionen über die „Kulturboykott-Drohung", an der sich wiederum eine Vielzahl unterschiedlicher Akteure beteiligte, eine Protest mobilisierende Relevanz zugesprochen werden kann, vermittelten sie den Zeitgenossen mannigfache Aufschlüsse über die schweizerische Gesellschaft. Die Stellungnahmen der Kulturschaffenden, in denen sie, oft entlang ihrer eigenen in der Eidgenossenschaft erlebten Vita, für oder gegen den Boykott an der 700-Jahr-Feier argumentierten, ergeben ein komplexes Schweizbild. Bezogen auf die nationale Orientierungskrise war die inhaltsreiche Auseinandersetzung über den Kulturboykott im Gegensatz zu dem damit bezweckten Ziel, sich einer staatlich aufoktroyierten nationalen Sinnstiftung zu verweigern, durchaus von sinnstiftender Bedeutung; nicht zuletzt dadurch, dass insbesondere während des Symposiums, explizit die soziopolitische Stellung von Kulturschaffenden sowie ihr Verhältnis zum Staat (und umgekehrt) problematisiert worden ist. In Hinsicht auf die politische Dissidenz Kulturschaffender in der Schweiz stellt die umstrittene Protestaktion, retrospektiv betrachtet, allerdings „kein Zeichen des Aufbruchs, sondern [...] das Ende einer Epoche" dar, das mit dem Tode Dürrenmatts und Frischs besiegelt worden ist.[1115]

1115 Krebs, gelacht, WoZ, 16. März 2006.

Das Komitee „700 Jahre sind genug" war nach dem Kulminationspunkt der Skandalisierung und der Protestmobilisierung in der zweiten Jahreshälfte gegründet worden. Als Versuch gedacht, die politische Oppositionsstimmung ins Jahr der nationalen Festivitäten weiterzutragen, organisierten die darin Engagierten unterschiedliche Aktionen, durch die, bezogen auf diverse gesellschaftliche Streitthemen, Aufklärungsarbeit geleistet wurde, wenngleich auch mit weniger öffentlicher Breitenwirkung. Im Kontext der nationalen Orientierungskrise stiftete vor allem die Salecina-Tagung bezüglich der in den Staatsfeierlichkeiten repräsentierten Geschichtsbildern Entmythologisierungsimpulse, die durchaus öffentlichen Niederschlag erzielten.

Eine Art krönenden Abschluss fand das aufbruchstarke, staatspolitisch lehrreiche Protestjahr 1990 mit der aufsehenerregenden Rede, mit der Friedrich Dürrenmatt, der keine der oppositionellen Petitionen unterzeichnet hatte, dem vielseitigen Widerspruch der Protestierenden kraft seiner hohen Reputation schliesslich Nachdruck verlieh. Kurz vor Beginn des Jahres, in dem die offizielle Schweiz die Nation, wenngleich durchaus prüfend, aber dennoch umfänglich, zu feiern gedachte, präsentierte er rhetorisch brillant seine facettenreiche Schweiz-Kritik. Damit hatte er einmal mehr offenbar werden lassen, sich einer herrschaftspolitischen Vereinnahmung zu verweigern.

IV. Herkules am Ende. Schluss

Dann jedoch starb Friedrich Dürrenmatt knapp drei Wochen nach seinem bemerkenswerten Auftritt. So konnte er am Ende nicht mehr dazu Stellung beziehen, dass sein kritisches Bühnenstück „Herkules und der Stall des Augias" an einem für die nationale Zelebrierung des Staates Schweiz besonders symbolischen Ort, dem Nationalratssaal des Bundeshauses, im Rahmen des parlamentarischen Festaktes am 2. Mai 1991 aufgeführt wurde. Der Diogenes-Verlag, die Rechte für Dürrenmatts Werk besitzend, hatte dem Vorhaben zugestimmt. Das jedoch evozierte im Frühjahr 1991 noch einmal öffentliche Empörung. Nicht nur Dürrenmatts Ehefrau, die Schauspielerin und Filmemacherin Charlotte Kerr, protestierte im Fernsehen gegen diese Entscheidung, die sich gegen den vor wenigen Wochen explizt und öffentlich geäusserten Willen ihres Gatten richtete, mit der 700-Jahr-Feier „nichts zu tun" haben zu wollen. Auch das Komitee „Kulturboykott 700" legte Widerspruch ein. Den allgemeinen Respekt vor der Verbindlichkeit der Worte des jüngst verstorbenen Schriftstellers einklagend, organisierte das Komitee eine parallel zum Festakt im Bundeshaus sich vollziehende Gegenveranstaltung, auf der knapp 150 Menschen in Bern der von Lautsprechern übertragenen „Gefängnis"-Rede lauschten.

Auch der Verbindlichkeit von Max Frischs Worten widersetzten sich Repräsentanten der offiziellen Schweiz. Noch 1989 hatte Frisch mit seinem Aufsehen erregenden Armee-kritischen Werk „Schweiz ohne Armee? Ein Palaver" für ein zentrales Anliegen der Anderen Schweiz geworben, die Abschaffung der Schweizer Armee, und damit im rechtsbürgerlichen Lager vehemente Kritik evoziert.[1116] Zudem hatte Frisch, der wie Dürrenmatt jahrzehntelang fichiert worden war, die Kulturboykott-Drohung unterzeichnet. Das aber hatte das Team des Delegierten der 700-Jahr-Feier trotzdem nicht daran gehindert, ihn zu einem Festakt am 7. September 1991 in Bellinzona einzuladen. Bereits

---

1116 Die komplexe letzte politische Intervention von Max Frisch wird analysiert in: Liehr 2010.

schwer von seiner Krebserkrankung gezeichnet, widersetzte sich Frisch jedoch noch einmal. Am 15. März 1991 publizierte die WoZ einen Brief von ihm an Marco Solari, in dem er sich eindringlich von der offiziellen Schweiz distanzierte:

> „Obschon kein Eintrag in meiner Fiche hinweist auf ein verfassungswidriges Verhalten – und wäre es auch nur ein Hinweis auf Beziehungen zur Geldwäscherei, zum Waffenschmuggel, zum Drogenhandel etc. –, bin ich also über 43 Jahre lang observiert worden. Warum eigentlich? Wie aus allen anderen Fichen hervorgeht, observiert wird ein Schweizer, wenn er nicht die Meinung der Neuen Zürcher Zeitung und ihrer ländlichen Verwandten teilt. Das heisst: Was sich als Staats-Schutz gebärdet, ist eine Bürgerblock-Polizei, also eine Partei-Polizei. Und hiermit ist der Staatsschutz, so wie er eingesetzt wird, eine verfassungswidrige Institution. Und kein Bundesrat, der im Lauf der Jahrzehnte diesen Verfassungsverrat betrieben oder im Kollegialprinzip geduldet hat, wird zur Rechenschaft gezogen. Es geht weiter: Verfassungs-Verrat als eidgenössischer Alltag. Warum soll ich mich mit dieser Regierung freiwillig an einen Tisch setzen?
>
> Herr Marco Solari –
>
> Wenn ich mit Ihnen von der Schweiz rede, so rede ich nicht von den Landschaften, die ich wohl kenne, nicht von unseren Seen, nicht von Freunden, so verschiedener Art, nicht von Kultur-Denkmälern, inbegriffen die römischen und die deutschen, nicht von unserer Mundart, sondern ich meine den Staat, 1848 eine grosse Gründung des FREISINNS, heute unter der jahrhundertlangen Dominanz des Bürgerblocks ein verluderter Staat – und was mich mit diesem Staat heute noch verbindet: ein Reisepass (den ich nicht mehr brauchen werde)."[1117]

1117 Ausschnitt aus dem Brief von Max Frisch an Marco Solari vom 12. März 1991 in: Verfassungs-Verrat, WoZ, 15. März 1991; Grossletter und Texteinzug laut Quelle.

Es war der letzte Text Max Frischs, den er vom Sterbebett aus dem WoZ-Redaktor Patrick Landolt in die Schreibmaschine diktiert hatte,[1118] und es war zugleich sein letzter vielbeachteter Eingriff in die politische Debatte. Damit hatten die beiden beliebten Schweizer Schriftsteller am Ende ihres Lebens ein pessimistisches Urteil über den ihrer Wahrnehmung nach desolaten Zustand ihres Staates in jeweils eingängigen Metaphern verdichtet: der eine, indem er die Schweiz als einen „verluderten Staat" bezeichnete, der andere, indem er die Schweiz als „Gefängnis" beschrieb. Beide Interventionen durchkreuzten als öffentlichkeitswirksame Protestaktionen den Beschwichtigungskurs der Regierung und des bürgerlichen Lagers. Dementsprechend verliehen Frisch und Dürrenmatt der breit geteilten Einschätzung zahlreicher Angehörender der Anderen Schweiz bezüglich der Brisanz der staatspolitischen Defizite kraft ihrer hohen (internationalen) Reputation als Künstler Geltungsmacht.

Die 1990 in breiten Bevölkerungsteilen wahrgenommene vielschichtige staatliche Vertrauens- und nationale Orientierungskrise wurde durch das zeitgleiche Zusammentreffen und die Überschneidung der verschiedenen öffentlichen Streitthemen forciert. Der Fichen-Skandal allerdings war dabei von besonderer Explosivität für die Bürgerinnen und Bürger, weil sich durch ihn bestätigte, was jahrzehntelang vermutet worden war, aber nicht belegt werden konnte: die staatspolitische Diskriminierung Andersdenkender im schweizerischen System der direkten Demokratie.

Das erkenntnisleitende Ziel der vorliegenden historischen Abhandlung bestand darin, zwei aufsehenerregende Skandalkonstellationen der schweizerischen Zeitgeschichte, das heisst den „Fall Kopp" und den Fichen-Skandal, differenziert als soziopolitische Deutungskämpfe zu analysieren. Kennzeichnend für den Untersuchungszeitraum 1988 bis 1991 sind die exzeptionellen aussenpolitischen Ereignisse im Kontext des weltpolitischen Umbruchs,

---

1118 Landolt/Keller im Gespräch mit Liehr, 10. September 2008, Transkript, S. 15f.

den das Ende des Ost-West-Konfliktes markierte, sowie heftige innenpolitische Auseinandersetzungen zwischen den politischen Lagern über verschiedene gesellschaftliche Gegenstandsbereiche und eine damit einhergehende aufgeheizte öffentliche Streitkultur. Das staatspolitische Zusammengehörigkeitsbewusstsein, konkretisiert in weitläufig geteilten imaginierten Schweizbildern, stand damals für viele Schweizerinnen und Schweizer auf dem Prüfstand, weswegen die beiden betrachteten Eklats nicht nur bezüglich ihrer spezifischen kommunikativen Ausgestaltung, sondern auch im Hinblick auf Elemente nationaler Sinnstiftung ergründet wurden.

Die Darstellung der im Fokus stehenden beiden Deutungskämpfe erfolgte aufgrund ihrer jeweils eigenen Komplexität analytisch getrennt in je einem umfangreichen Kapitel des Hauptteils. Dabei wurden immer wieder Bezüge zwischen den Eklats, aber auch zwischen ihnen und anderen innenpolitischen Auseinandersetzungen des Untersuchungszeitraums hergestellt – etwa zur staatlich anberaumten „Übung Diamant" und zur GSoA-Abstimmung über die Schweizer Armee oder, ausführlich, zum Kulturboykott als Protestaktion gegen die offiziellen Nationalfeierlichkeiten der Eidgenossenschaft. Deutlich wurde, in welchem Zusammenhang die unterschiedlichen Streitthemen sowohl chronologisch als auch substanziell zueinander standen.

Angeregt durch die Entwürfe einer „Soziologie der Kritik", wie sie in Frankreich um Luc Boltanski entfaltet wurden, galt es, die empirischen Verläufe der beiden betrachteten Deutungskämpfe entlang der idealtypischen Kategorien „Skandal", „Affäre", „Protest" und „Protestbewegung" zu analysieren, um ihre spezifische kommunikative Dynamik und gesellschaftspolitische Bedeutung im zeitgenössischen Kontext ergründen zu können. Ausgehend von den jeweiligen Skandalisierungen bildeten sich die öffentlichen Auseinandersetzungen darüber zu verschiedenartigen kommunikativen Phänomenen aus. Wie in Kapitel II ausführlich entfaltet, wurde dem Skandalnarrativ über das Elisabeth Kopp vorgeworfene Verhalten im Laufe der Monate eine grundverschiedene Auslegung des Sachverhalts gegenübergestellt und eine Umkehrung der „Täter"-„Opfer"-Rollen proklamiert. Es wurde mithin versucht, den Skandal in eine Affäre zu überführen, dies allerdings aufgrund mangelnder öffentlicher Resonanz erfolglos. Die Auseinandersetzung über die umstrittenen Registraturen der Bundesanwaltschaft gestaltete sich anders. Gemäss den Ausführungen in Kapitel III trafen die Kernpunkte der Staatsschutz-Kritik – wie die durch die politische Polizei erfolgte Sanktionierung verfassungskonformen staatsbürgerlichen Verhaltens, die administrative Ineffizienz und Konzeptionslosigkeit, die Verkennung von eigentlichen Bedrohungslagen sowie diverse Missachtungen der Privatsphäre – im zeitgenössischen Kontext grundsätzlich auf generellen Widerhall. Zwar gab es Divergenzen hinsichtlich der Beurteilung der politischen Signifikanz und Rechtfertigung der gebrandmarkten staatlich-administrativen Praxis. Eine fundamentale Umdeutung des Skandalierungsgegenstandes, durch welche Mandatstragende und Beamte der entsprechenden Behörden vom Vorwurf gravierender Verfehlungen entlastet worden wären, erfolgte jedoch nicht. Analytisch gefasst: Während der Deutungskämpfe um die angeprangerten Staatsschutzmethoden wurde, anders als im „Fall Kopp", nicht versucht, den Skandal in eine Affäre zu überführen und damit das Skandalisierungsnarrativ zu revidieren.[1119] Vielmehr gelang es bestimmten Akteuren, die über die aufgedeckten administrativen Verfehlungen aufgeflammte diffuse Empörung in kollektiven Protest zu überführen und damit konkrete interessengeleitete Forderungen für einen institutionellen Wandel an die betroffenen staatlichen Mandatsträger zu richten.

Ausgehend von dieser spezifischen Ausgestaltung beider Deutungskämpfe lässt sich in vierfacher Hinsicht konstatieren, dass der Fichen-Skandal gesellschaftspolitisch eine gewichtigere Dimension hatte als die Skandalisierung des Elisabeth Kopp

---

1119 Dies in analytischer Abgrenzung zu quellenimmanenten Benennungen. In den zeitgenössischen Auseinandersetzungen über den Staatsschutz-Eklat, aber auch während jener im „Fall Kopp" wurde der Begriff „Skandal" synonym mit demjenigen der „Affäre" verwendet, so dass immer wieder von der „Fichen-Affäre" die Rede war.

vorgeworfenen Verhaltens. Erstens basierte die Inkriminierung der ersten Schweizer Bundesrätin letztendlich auf unbewiesenen Gerüchten, während die verfassungswidrigen Observationsmethoden der politischen Polizei durch die Ergebnisse der Parlamentarischen Untersuchungskommission eine amtliche Beglaubigung erfahren hatten. Zweitens barg die Empörung über die Registraturen in der Bundesanwaltschaft ein unvergleichbar höheres Mobilisierungspotenzial in der Bevölkerung, weil sich zahlreiche Menschen selbst von den angeprangerten Staatsschutzmassnahmen betroffen sahen. Drittens entwickelten sich die öffentlichen Debatten zwischen der heterogenen Gruppe der Skandalierenden und den skandalierten Repräsentanten der betroffenen Behörden substanzieller. Auch wurde, anders als im „Fall Kopp", den Entgegnungen beider Konfliktparteien nahezu gleichermassen massenmediale Aufmerksamkeit zuteil. Viertens waren bei der Skandalisierung der Justizministerin vornehmlich persönliche Versäumnisse gegeisselt worden, während im Skandal um die angeprangerten Methoden der politischen Polizei vor allem machtpolitisch institutionalisierte Strukturen – Denkhaltungen ebenso wie Praktiken – im Fokus der Kritik standen, die dem nationalen Selbstverständnis inhärenten Prinzipien vieler zuwiderliefen.

Fazit: Indem er zur Aufklärung verfassungswidriger administrativer Zustände im Bereich des inneren Staatsschutzes beigetragen hat, erfüllte der Fichen-Eklat mustergültig den konstruktiven gesellschaftspolitischen Zweck, der Skandalen in der funktionalistischen Skandaltheorie zugesprochen wird: die öffentliche Kontrolle der Einhaltung bestimmter sozial anerkannter Normen.[1120] Der Staatsschutzskandal löste während einiger Monate einen soziopolitischen Lernprozess aus.[1121] Anders gilt es, den so genannten „Kopp-Skandal" zu beurteilen. Keiner der drastischen Vorwürfe, die zur Demission von Justizministerin Kopp geführt hatten – wie Amtsmissbrauch, vorsätzliche Amtsgeheimnisverletzung, Kollusion, Handeln aus berechnendem

---

1120 Vgl.: Kepplinger 2001, S. 145ff.

1121 Vgl. ausführlich: Hondrich 2002, S. 55–73.

Eigennutz, Vermengung von amtlichen und privaten Interessen – wurde durch die drei verschiedenen offiziell zur Aufklärung des Sachverhalts eingesetzten Untersuchungsgremien erhärtet. Doch die Alt Bundesrätin blieb, ebenso wie ihr Gatte, moralisch diskreditiert und wurde über Jahre hinweg in vielen Massenmedien zur Persona non grata erklärt. Dies obwohl sie bereits im Januar 1989 die beiden umstrittenen Telefonate mit ihrem Ehemann als Fehler bezeichnet sowie im selben Monat die politische Konsequenz daraus durch ihren sofortigen Rücktritt gezogen und spätestens im Dezember 1989 eine öffentliche Entschuldigung für ihr angeprangertes Verhalten lanciert hatte. Auch die damals erfolgte nuancierte Verteidigung Kopps durch die Intellektuelle Jeanne Hersch und einzelne andere Persönlichkeiten vermochte trotz plausibler Argumente keine Abmilderung der öffentlichen Anklage hervorzurufen.

Hinzu kam, dass die in der Öffentlichkeit vielfach vorgenommene undifferenzierte thematische Verknüpfung der bundesanwaltschaftlichen Ermittlungsdefizite in Sachen organisiertes Verbrechen mit den Verhaltensfehlern der umstrittenen Bundesrätin die diffuse und zugleich explosive Vorstellung begünstigte, Elisabeth Kopp habe als Justizministerin kein Interesse an einer Bekämpfung der organisierten Kriminalität signalisiert, diese sogar zum Schutze ihres anscheinend zwielichtigen Ehemanns behindert. Als die PUK-1 diese Gerüchte Ende November 1989 dementierte, fand dies in den betrachteten Presseartikeln keinen der Brisanz der Angelegenheit angemessenen Niederschlag. Es blieb der fatale Eindruck weiterhin bestehen, dass die Verfehlungen, welche die Leitung der Bundesanwaltschaft in dieser heiklen Sache gemäss PUK zu verantworten hatte, auch der Alt Bundesrätin angelastet werden müssten, obwohl diese sich bereits seit einigen Jahren für eine beschleunigte Strafgesetzgebung hinsichtlich der Geldwäscherei eingesetzt hatte.

So gesehen ging die Skandalisierung der EJPD-Chefin „weit über das sachlich begründete Maß hinaus",[1122] insgesamt kam sie vielmehr einer ebenso unrechtmässigen wie gnadenlosen Ehrverletzung gleich. Tragisch mutet dabei an, dass die zugunsten von Transparenz und Kontrolle unabdingbaren Einblicke in die geheimen Registraturen der politischen Polizei und deren öffentliche Verurteilung letztlich aufgrund der Skandalisierung Elisabeth Kopps und den dadurch erfolgten Einsatz der PUK-EJPD hatte möglich werden können.

Die Kommission der Volksvertretenden war eingesetzt worden, um zahlreiche gravierende Verdachtsmomente im Zusammenhang mit dem Sturz des ersten weiblichen Mitglieds der Landesregierung aufzuklären und das dadurch evozierte Misstrauen in die Funktionstüchtigkeit zentraler Abteilungen des Justizministeriums auszuräumen. Aufgrund ihrer Recherchen vermochte die PUK-EJPD dann auch bezüglich des schwerwiegendsten öffentlich kursierenden Argwohns beschwichtigend zu konstatieren, dass die von ihr kontrollierten Behörden nicht vom organisierten Verbrechen unterwandert seien. Zudem betrafen die von der Kommission aufgedeckten Missetaten weniger das skandalisierte Verhalten der Alt Bundesrätin, als vielmehr die Leitung der Bundesanwaltschaft, die hinsichtlich ihrer zu erfüllenden staatsschützerischen Ermittlungstätigkeiten jahrelang einem inadäquaten, überholten Bedrohungsbild gefolgt sei. Gemäss Darstellung der PUK-EJPD war sie, aufgrund der ihr vorgeworfenen mangelnden Nachforschungen bezüglich Geldwäscherei, sowohl in den „Fall Kopp" als auch, aufgrund der verfassungswidrigen Registraturen der politischen Polizei, in den Staatsschutzskandal involviert. Mit der Enthüllung der umstrittenen Fichen-Karteien aber hatte die Kommission, die zum Zweck einer Wiederherstellung öffentlichen Vertrauens in die betroffenen staatlichen Institutionen angetreten war, neue Missstände offenbar werden lassen, welche den allgemeinen Glauben an die Korrektheit administrativer Abläufe einer gewichtigen Behörde, der Bundesanwaltschaft, erst recht erschütterten. Die

---

1122 Kepplinger 2001, S. 150.

1989 konstatierte staatliche Vertrauenskrise war mit der Publikation des PUK-EJPD-Berichts keineswegs ausgeräumt, vielmehr
vollzog sich Ende November jenen Jahres eine Schwerpunktverlagerung der institutionellen Missstände, die in den Massenmedien
umgehend als Fichen-Skandal gebrandmarkt wurde.

Doch hängt das öffentliche Vertrauen in die Korrektheit behördlicher Vorgänge nicht allein vom Verhalten der darin tätigen
Akteure ab, sondern insbesondere von der massenmedialen
Berichterstattung darüber. Wie gezeigt werden konnte, traten
Medienschaffende in den besagten Skandalkonstellationen
nicht lediglich als neutrale Informationsvermittler auf. Vielmehr
konstruierten sie aufgrund inhaltlicher Attributierungen sowie
medienästhetischer Inszenierungen Deutungsmuster über die
jeweiligen Sachverhalte. Damit steuerten sie, was als politische
„Wirklichkeit" angenommen wurde. Auf Basis der dieser Untersuchung zugrunde gelegten Quellenanalyse gilt es, die Rolle
Medienschaffender in beiden Skandalen verschiedenartig zu
beurteilen. Wie in Kapitel II ausführlich dargelegt, lässt sich
zumindest für die deutschschweizerische Presseberichterstattung
zum „Fall Kopp" eine grundsätzliche Konformität in der Interpretation der umstrittenen Vorgänge im EJPD, wennschon nicht im
Grad der Dramatisierung, so doch im Bezug auf die Verurteilung
der Hauptbeschuldigten, Alt Bundesrätin Elisabeth Kopp, feststellen. Die alternierende Version der Kopp-Verteidigenden fand
so gut wie keinen Niederschlag in den Zeitungen. Die öffentlich
proklamierte Einstimmigkeit in der Auslegung der Angelegenheit
evozierte jedoch die Illusion einer eindeutigen „Realität", was
das generelle Misstrauen in die Justizministerin und das von ihr
geleitete Departement untermauerte. Im Vergleich dazu gestaltete
sich die in Kapitel III entfaltete öffentliche Auseinandersetzung
über den Staatsschutzskandal pluralistischer. Wie von Philippe
Messerli herausgearbeitet, offenbarte sich bereits unmittelbar
nach der Publikation des PUK-EJPD-Berichts eine bipolare
Haltung wichtiger Schweizer Presseorgane zu den aufgedeckten
Verfehlungen der Bundesanwaltschaft. Während die einen mit
ihren Darstellungen beschwichtigend wirkten, reagierten die
anderen skandalisierend auf die Missstände. Ingesamt enthiel-

ten die während des Skandaljahres 1990 zahlreich betrachteten Presseartikel ebenso wie die Erzeugnisse elektronischer Massenmedien ein differenziertes Spektrum an Argumenten, dargeboten von unterschiedlichsten Akteuren jedweder Interessensgruppen. Anders als im „Fall Kopp" wurde die für eine demokratische Staatsform unabdingbare massenmediale Meinungsvielfalt im Deutungskampf um den Staatsschutzskandal praktiziert.

In jenem Jahr, in dem noch weitere administrative Missstände aufgedeckt wurden, hat die relative Ausgewogenheit der Berichterstattung über den Fichen-Skandal einen konstruktiven Effekt auf die politische Kultur der Schweiz gehabt. So erzielten die skandalierenden Stimmen eine staatsbürgerliche Aufklärung über unzulängliche administrative Zustände, die bezüglich der Chance auf eine Durchsetzung institutionellen Wandels des inneren Staatsschutzes am Ende des Ost-West-Konflikts zeitlich optimal erfolgt war. Die besänftigenden Haltungen zu den Missständen aber schwächten etwaige Dramatisierungen ab, was hinsichtlich eines drohenden weiteren Glaubwürdigkeitsverlustes in die Funktionstüchtigkeit der betroffenen staatlichen Institutionen ausgleichend gewirkt haben mochte. Letztlich haben sowohl die Massenmedien als auch beide Parlamentarischen Untersuchungskommissionen in der durch den Fichen-Skandal ausgelösten staatlichen Vertrauenskrise gesellschaftspolitisch essenzielle Kontrollfunktionen erfüllt.

Wie in der vorliegenden Abhandlung expliziert, forcierten beide Skandale darüber hinaus eine nationale Orientierungskrise, weil in den durch sie ausgelösten Deutungskämpfen um Normen und Leitkonzepte gerungen wurde, die für den Staat Schweiz konstitutiv waren und sind. Im „Fall Kopp" wurden die der ehemaligen Justizministerin unterstellten Vergehen teilweise auf ökonomische, juristische und politische Strukturbedingungen (Bankgeheimnis, fehlendes Geldwäschereigesetz, Milizsystem) zurückgeführt, welche die Skandalierenden infrage stellten. Die Verteidigenden der Alt Bundesrätin sahen in der Skandalisierung der Eheleute grundlegende Prinzipien des demokratischen Rechtsstaates ausser Kraft gesetzt (öffentlicher Meinungspluralismus, Schutz vor Willkür oder die Prinzipien der Unschuldsvermutung und der Verhältnismässigkeit), deren Einhaltung in der soziopolitischen Praxis sie einklagten. Aufgrund der durch die PUK-EJPD aufgedeckten Registrierpraxis der politischen Polizei hatte sich für viele das System der direkten Demokratie, deren Maximen von den Staatsschützern jahrzehntelang unterminiert worden waren, als Mythos entlarvt. Schliesslich hatten diese, rechtsstaatlich fragwürdig, die Wahrnehmung in der Verfassung verankerter Bürgerrechte hunderttausendfach als staatsfeindlich verdächtigt und zahlreich sanktioniert. In der Empörung über diese enthüllten, an den Grundfesten des direktdemokratischen Verfassungsstaates Schweiz rüttelnden Verfehlungen mochten sich bei vielen Betroffenen über Jahre angestaute Gefühle staatlicher Diskriminierung entladen haben. War doch das dem Nationenkonzept implizite Gleichheitspostulat durch die Offenlegung der angeprangerten Staatsschutzmethoden ebenfalls als Illusion blossgelegt worden.

Auch die 1989 in den Monaten vor der GSoA-Abstimmung öffentlich ausgefochtenen Deutungskämpfe um die historische und soziale Bedeutung des Nationalsymbols Schweizer Armee hatten ebenso wie die Implosion des „Ostblocks" 1989/90 samt dem Wegfall des Feindbilds „Moskau" die nationale Krisensituation verschärft. Insofern kam den Vertretern der offiziellen Schweiz die 1991 anstehende 700-Jahr-Feier der Eidgenossenschaft zugunsten einer Förderung des staatspolitisch relevanten Nationalbewusstseins gelegen. Wie schwer es aber generell ist, „Gleichheit herzustellen, wo erhebliche Differenzen herrschen",[1123] manifestierten hunderte Kulturschaffende, jahrelang vom Staatsschutz zu „inneren Feinden" degradiert, zunächst mit ihrer Drohung, schliesslich mit dem Entschluss, sich nicht als Sinnstifter an den umfänglich geplanten nationalen Festivitäten zu beteiligen. In den öffentlichen Diskussionen über den Kulturboykott setzen sich die Akteure kritisch mit ihrem Leben und Werken in der Eidgenossenschaft auseinander. Eine detaillierte Analyse dieser

---

1123 Jureit 2001, S. 12.

Beiträge verspräche, facettenreiche Ansichten über das Land und damit ein Konglomerat nationaler Schweizbilder zu offenbaren.[1124]

Nicht nur Kulturschaffende, auch andere Bürgerinnen und Bürger widersetzten sich dem nationalen Homogenisierungsanliegen des Staates, etwa indem sie gegen die in den offiziellen Feierlichkeiten vertretenen mythologischen Vorstellungen über eine gemeinsame Herkunft, die das Jahr 1291 symbolisierte, aufbegehrten. Stattdessen plädierten sie für ein zeitgemässeres nationales Geschichtsbild, in dem beispielsweise die Republikgründung von 1848 als zentrales Ereignis einer staatlichen Memorierung würdig erachtet wurde.

Viele der an den Protesten von 1990/91 Beteiligten hatten in den Jahren zuvor mit den Zielen unterschiedlichster Sozialer Bewegungen sympathisiert beziehungsweise waren sowohl in den Kantonen als auch auf Bundesebene in der ausserparlamentarischen Opposition aktiv gewesen. Die jahrelangen Grabenkämpfe zwischen den rechtsbürgerlichen und den links-alternativen politischen Lagern der Schweiz kulminierten in der Aufdeckung der politischen Überwachung letzterer. Von einer einflussreichen Behörde als staatsfeindlich oder „unschweizerisch" betrachtet, waren sie, das hatte durch den PUK-EJPD-Bericht eine amtliche Beglaubigung erhalten, bis Ende der 1980er-Jahre aus der offiziell proklamierten nationalen Gemeinschaft ausgeschlossen worden. Die entsprechenden teilweise „massiven Ungleichheitserfahrungen" lassen die emotionale Abwehr der Betroffenen gegenüber dem staatlichen Vorhaben, eine imaginierte nationale Einheit zu feiern, begreiflich erscheinen.[1125] Das von ihnen in diesem Zusammenhang auf sich selbst bezogene Begriffskonzept der „Anderen Schweiz" verdichtete die teilweise diametralen Einstellungen über diverse gesellschaftspolitische Problemstellungen und die damit einhergehende Abgrenzung von den Werthaltungen und Interessen jener, welche etablierte, vielfach konservative Sichtweisen vertraten, die gemeinhin unter dem Ausdruck der „bür-

---

1124 Vgl.: Furrer 2010.

1125 Vgl.: Jureit 2001, S. 12.

gerlichen" oder „offiziellen Schweiz" subsumiert wurden. Mit dieser antagonistischen, eine Spaltung des Landes markierenden Selbstbezeichnung sowie in den mannigfaltigen Aussagen ihrer kritisch auf die 700-Jahr-Feier ausgerichteten Aktionen haben die Protestierenden das staatliche Homogenisierungsbestreben konterkariert. Stattdessen demonstrierten sie, dass nationales Gemeinschaftsbewusstsein nur in der staatlichen Akzeptanz und Realisierung von Vielstimmigkeit und Heterogenität zu erreichen ist.

Bleibt die Frage nach den gesellschaftspolitischen Folgen der beiden im Zentrum stehenden Deutungskämpfe. Beim Abschluss eines idealtypischen Skandalverlaufs, von Karl Otto Hondrich als „Genugtuung" bezeichnet, geht es gemeinhin um eine Entschädigung oder Wiedergutmachung der im Kollektiv der Empörten aufgrund der Verfehlung hervorgerufenen verletzten Gefühle.[1126] Durch die geteilte Entrüstung wird die soziopolitische Geltung der durch das angeprangerte Fehlverhalten als gefährdet betrachteten Werte bestätigt. Infolge dessen fordern Skandalierende zumeist eine Verschärfung und Kontrolle von Regeln oder den Sturz zur Verantwortung gezogener Personen, wobei, so Hondrich, manches nur versucht, angedeutet, schliesslich abgebrochen oder vom nächsten Eklat eingeholt werde, so dass ein Skandal oft „versandet, bevor ein Ergebnis vorzeigbar ist".

Im „Fall Kopp" mag der Rücktritt der skandalisierten Bundesrätin sowie der Einsatz der drei Untersuchungsgremien zunächst beschwichtigend auf viele Empörte gewirkt haben. Doch manifestierten die auf den Bundesgerichtsfreispruch Kopps Ende Februar 1990 zahlreich erfolgten ablehnend-emotionalen Reaktionen, dass die Wogen im Lager der Skandalierenden, trotz der systematisch gewonnenen Ermittlungsergebnisse, welche die Justizministerin zumeist entlasteten, noch immer nicht geglättet waren. Die Quellen vermitteln den Eindruck, dass vielen der Gedanke Genugtuung bereitete, die Alt Bundesrätin solle, wenn schon nicht durch

---

1126 Hierzu und zum Folgenden: Hondrich 2002, S. 16f.

eine strafrechtliche, so doch durch eine andauernde moralische Verurteilung Busse tun.

Entgegen zahlreicher Forderungen zog der Fichen-Skandal keine Rücktritte nach sich.[1127] Dafür allerdings wurden in den kommenden Jahren die meisten der von der PUK-EJPD proklamierten Reformen durchgeführt. Abgesehen davon, dass die Bundesanwaltschaft umorganisiert und ein Staatsschutz- sowie ein Datenschutzgesetz erlassen wurden, trat als Konsequenz auf die Ergebnisse beider Parlamentarischen Untersuchungskommissionen am 4. März 1992 erstmalig ein Gremium aus Volksvertretenden aller Parteien zusammen, das den Staatsschutz und die Nachrichtendienste explizit und dauerhaft zu kontrollieren hat: die Geschäftsprüfungsdelegation (GPDel). Sie ist mit dem weitreichenden Recht ausgestattet, „geheime Akten einzusehen und Beamte einzuvernehmen, die der Amtsverschwiegenheit oder der militärischen Geheimhaltungspflicht unterliegen".[1128]

Den Protestierenden aber ging eine Reformierung des inneren Staatsschutzes nicht weit genug. Abgesehen davon, dass es ihnen im Laufe des Jahres 1990 gelungen war, eine zweite PUK zur Überprüfung des Eidgenössischen Militärdepartements durchzusetzen, hatten sie bereits im zeitgenössischen Kontext eine über das Reformanliegen der PUK-EJPD hinausgehende radikalere Forderung aufgestellt: die Abschaffung der politischen Polizei. Wie weiter oben entfaltet, konnte dieses Ziel allerdings

---

1127 Der damalige Bundesanwalt Rudolf Gerber war bereits Anfang März 1989 infolge der Administrativuntersuchung Arthur Haefligers im Kontext der mangelhaften Ermittlungen gegen die der Geldwäscherei verdächtigten Finanzinstitute bis zur Auflösung seines Dienstverhältnisses Anfang September 1989 beurlaubt worden.

1128 Jahresbericht 2012 der GPK und GPDel, Auszug, S. 2. Der Bericht enthält interessante Auskünfte über die spannungsreiche Entstehungsgeschichte der GPDel. Vgl. auch: Handlungsgrundsätze der Geschäftsprüfungsdelegation vom 16. November 2005. Beide Texte befinden sich als PDF in: Die Geschäftsprüfungsdelegation online.

nicht erreicht werden.[1129] Zwei weitere der Anliegen, die bei der Konstituierung des KSS formuliert worden waren, aber gelang es, zu erkämpfen: Die Behörden konnten soweit unter Druck gesetzt werden, dass die Registrierten Einsicht in die umstrittenen geheimen Unterlagen erhielten, wenngleich diese auch nicht, wie angestrebt, unabgedeckt präsentiert wurden. Zudem nahmen auch in zahlreichen Kantonen Untersuchungskommissionen Überprüfungen entsprechender Behörden vor.

Die heutige Bilanz zahlreicher Protestakteure fällt entsprechend ambivalent aus: So habe man damals eine „Aufbruchstimmung, in der vieles möglich schien", eine „generelle Offenheit der Gesellschaft" wahrgenommen.[1130] Auch sei man im Hinblick auf eine vorübergehende Forcierung eines Aufklärungs- und Demokratisierungsprozesses weiter gekommen, als es einige der Polit-Strategen je erwartet hätten.[1131] Doch habe der Fichen-Skandal letztlich, entgegen dem Ziel der Protestierenden, einen „System stabilisierenden" Effekt gehabt, indem der „Apparat [...] die Chance genutzt [hat], sich zu transformieren".[1132] Auf eine Gesetzesgrundlage gestellt und technisch vor allem durch die Computervernetzung hochgradig ausgereift, sei der präventive Staatsschutz offiziell legitimiert und seine Praktiken optimiert worden, weswegen die damals angeprangerten Zustände,

---

1129 In der Abstimmung des Nationalrats im März 1990 war dagegen votiert worden und auch die daraufhin im Oktober 1991 eingereichte Volksinitiative „S.o.S. – Schweiz ohne Schnüffelpolizei" wurde, behördlich viele Jahre „auf Eis" gelegt, im Juni 1998 abgelehnt.

1130 Oberholzer im Gespräch mit Liehr, 9. Juni 2008, Transkript, S. 21; Günter im Gespräch mit Liehr, 18. Februar 2008, Transkript, S. 17.

1131 Rechsteiner im Gespräch mit Liehr, 13. März 2008, Transkript, S. 11f; Bodenmann im Gespräch mit Liehr, 16. Mai 2008, S. 11.

1132 Bodenmann im Gespräch mit Liehr, 16. Mai 2008, Transkript S. 10; Frischknecht im Gespräch mit Liehr, 5. März 2008, Transkript, S. 12.

Abb. 12: "Files statt Fichen". (Karikatur von Ernst Feurer, 1991)

insbesondere die Archivierung in Form der „Handkarteien" verglichen mit den heutigen automatisierten Möglichkeiten fast „harmlos" wirken würden.[1133] Insbesondere aufgrund der Beibehaltung der politischen Polizei sei die institutionelle Bewältigung des Staatsschutzskandals „sehr zwiespältig und fragwürdig".[1134] Schliesslich müsse dem der Rechtfertigung des umstrittenen präventiven Staatsschutzinstruments dienenden Argument der Terrorismusbekämpfung entgegengehalten werden, dass die verschiedenen Anschläge „alles schreckliche Beispiele dafür [sind], dass die Prävention nicht geklappt hat". Bei den Attentaten handele es sich um schwerwiegende Delikte, die über gerichtspolizeiliche Ermittlungen zu verhindern seien, nicht jedoch über das Organ der politischen Polizei. Darüber hinaus impliziere die computergesteuerte Überwachung ein

---

1133 Oberholzer im Gespräch mit Liehr, 9. Juni 2008, Transkript, S. 21.

1134 Hierzu und zum Folgenden: Rechsteiner im Gespräch mit Liehr, 13. März 2008, Transkript, S. 11; Frischknecht im Gespräch mit Liehr, 5. März 2008, Transkript, S. 12.

noch perfideres Missbrauchspotenzial. Doch sei in den letzten Jahren ein entsprechendes Bewusstsein in der Bevölkerung dafür, dass die persönliche Freiheit ein schützenswertes Gut darstelle, kaum wahrnehmbar, weswegen sich „ausser ein paar Linker und Grüner" niemand mehr über die modernisierten Praktiken des inneren Staatsschutzes aufrege.[1135]

Die Analyse der gesellschaftspolitischen Folgen, die der Fichen-Skandal samt der durch ihn evozierten Protestbewegung nach sich zog, vermochte die vorliegende zeitgeschichtliche Untersuchung nicht zu leisten. Um zu eruieren, inwiefern der Eklat damals einen sozialen Wandel auszulösen vermochte, besteht ein ebenso komplexer wie sozialrelevanter Forschungsgegenstand darin, die spannungsvolle Entwicklung des inneren Staatsschutzes in der Schweiz differenziert zu ergründen. Diesbezüglich interessant muten nicht nur die parlamentarischen und massenmedialen Auseinandersetzungen an, die im Anschluss an den Skandal über Jahre hinweg hinsichtlich der Ausgestaltung verschiedener institutioneller Instrumente geführt wurden.[1136] Wissenswert wären zudem Aufschlüsse über die konkrete Veränderung der Staatsschutzmethoden im Zeitenlauf von damals bis heute, was allerdings forschungstechnisch aufgrund des staatspolitischen Geheimhaltungsanliegens und dem damit einhergehenden problematischen Quellenzugang wohl schwierig umzusetzen ist. Einen weiteren Erkenntniswert über die historische Bedeutung des Fichen-Skandals brächte zudem eine international vergleichende Studie, die danach fragen würde, ob in anderen demokratischen Verfassungsstaaten ähnliche während des Ost-West-Konfliktes praktizierte Staatsschutzmethoden aufgedeckt und angeprangert werden konnten.

1135 Günter im Gespräch mit Liehr, 18. Februar 2008, Transkript, S. 17f; Bär im Gespräch mit Liehr, 28. März 2008, Transkript, S. 17f.

1136 Vgl.: Friemel 2007.

Abkürzungsverzeichnis

ADE	Aktion gegen Datenerfassung
AdS	Autorinnen und Autoren der Schweiz
AOND	Ausserordentlicher Nachrichtendienst
BBAB	Beschluss über die Einsicht in Akten der Bundesanwaltschaft
BDP	Bürgerlich-Demokratische Partei der Schweiz
BStP	Bundesstrafprozessordnung
CH91	Ursprünglich geplante Landesausstellung mit integrierter Feier zum 700-jährigen Bestehen der Eidgenossenschaft
CVP	Christlichdemokratische Volkspartei der Schweiz
DEA	Drug Enforcement Administration
DJS	Demokratische Juristinnen und Juristen der Schweiz
DM	Demokratisches Manifest
DSG	Bundesgesetz über den Datenschutz
EDI	Eidgenössisches Departement des Inneren
EJPD	Eidgenössisches Justiz- und Polizeidepartement
EMD	Eidgenössisches Militärdepartement
EVD	Eidgenössisches Volkswirtschaftsdepartement
EVP	Evangelische Volkspartei

EWR	Europäischer Wirtschaftsraum
FDP	Freisinnig-demokratische Partei
GB	Grünes Bündnis
GEMM	Groupe d'Etudes des Mass-Media
GO	Gruppe Olten
GPDel	Parlamentarische Geschäftsprüfungsdelegation
GPK	Parlamentarische Geschäftsprüfungskommission
GPS	Grüne Partei der Schweiz
GSoA	Gruppe für eine Schweiz ohne Armee
KKB	Komitee „Kulturboykott 700"
KSS	Komitee „Schluss mit dem Schnüffelstaat"
LdU	Landesring der Unabhängigen
LPS	Liberale Partei der Schweiz
MIDONAS	Militärisches Dokument-Nachweis-System
NSB	Neue Soziale Bewegung
OFRA	Organisation für die Sache der Frauen
POCH	Progressive Organisationen der Schweiz
PRD	Parti radical-démocratique (liberale Partei in der Romandie: siehe FDP)
PTT	Post-, Telefon- und Telegrafenbetriebe (seit 1998 in zwei Betriebe aufgeteilt: Die Schweizerische Post und Swisscom)
PUK	Parlamentarische Untersuchungskommission

PUK-EJPD PUK-1	Parlamentarische Untersuchungskommission des Eidgenössischen Justiz- und Polizeidepartements
PUK-EMD PUK-2	Parlamentarische Untersuchungskommission des Eidgenössischen Militärdepartements
P-26	Projekt 26: geheime „Kaderorganisation" zur Vorbereitung einer „Widerstandsorganisation"
P-27	Projekt 27: geheimer „ausserordentlicher Nachrichtendienst", (vgl. AOND)
RSH	Revue Suisse d'Histoire
RSS	Rivista Storica Svizzera
SFB	Schweizerische Friedensbewegung; Schweizerischer Freiheitsbund
SF DRS	Schweizerisches Fernsehen Deutsche und Rätoromanische Schweiz
SGB	Schweizerischer Gewerkschaftsbund
SJU	Schweizerische Journalistenunion
SOBE	Sonderbeauftragter (für Staatsschutzakten)
SPS	Sozialdemokratische Partei der Schweiz
SR DRS	Schweizerisches Radio Deutsche und Rätoromanische Schweiz
SRG	Heute: Schweizerische Radio- und Fernsehgesellschaft, damals: Schweizerische Rundspruchgesellschaft

SSV	Schweizersicher Schriftstellerinnen- und Schriftstellerverband; ehemals: Schweizerischer Schriftsteller-Verein
SVP	Schweizerische Volkspartei
SZG	Schweizerische Zeitschrift für Geschichte
UNA	Untergruppe Nachrichtendienst und Abwehr, dem EMD unterstellt
VAB	Verordnung über die Einsicht in die Akten der Bundesanwaltschaft
VBS	Verordnung über die Behandlung von Staatsschutzakten des Bundes
WoZ	Die WochenZeitung

Quellen- und Literaturverzeichnis

Quellenverzeichnis

Gedruckte Quellen

A.C.: „Die Fichenaffäre historisch durchleuchtet". In: Neue Zürcher Zeitung, 12./13. Juni 1993.

Allenbach, Beat/Utz, Hansjörg/Wespe, Rolf: „Drogenmilliarden gewaschen: Bisher grösster Schweizer Fall". In: Tages-Anzeiger, 4. November 1988.

Amstutz, Peter: „Elisabeth Kopp, das Mass ist voll!" In: Basler Zeitung, 10. Dezember 1988.

Amstutz, Peter: „Einsichtslos bis zum Ende". In: Basler Zeitung, 13. Januar 1989.

Amstutz, Peter: „Erst das Gerangel, dann die Arbeit?" In: Basler Zeitung, 1. Februar 1989.

Amstutz, Peter: „Die Plädoyers: So argumentierten Staatsanwalt und Verteidigung". In: Basler Zeitung, 22. Februar 1990.

Amstutz, Peter: „Professor Stratenwerth: ‚Keine Amtsgeheimnisverletzung'". In: Basler Zeitung, 22. Februar 1990.

Amstutz, Peter: „Sternstunde eines Auftritts: Elisabeth Kopps Freispruch". In: Basler Zeitung, 24. Februar 1990.

Amstutz, Peter: „Parlament hat Kontrolle des Staatsschutzes verschlafen". In: Basler Zeitung, 12. Juni 1993.

Amtliches Bulletin der Bundesversammlung, Bulletin officiel de l'Assemblée fédérale, Nationalrat – Conseil national, 1990 Frühjahrssession – Session de printemps.

Amtliches Bulletin der Bundesversammlung, Bulletin officiel de l'Assemblée fédérale, Ständerat – Conseil des États, 1990 Frühjahrssession – Session de printemps.

Ap.: „Mit Rosen in die Endphase." In: Ostschweizer AZ, 14. November 1983.

Ap.: „Urheber der Anschuldigungen". In: Neue Zürcher Zeitung, 24. September 1984.

Ap.: „Frau Kopps Telefontip bleibt ohne strafrechtliche Folgen". In: Der Bund, 24. Februar 1990.

Ap.: „Niemand glaubt an ein politisches ‚Comeback' von Elisabeth Kopp". In: Berner Zeitung, 24. Februar 1990.

Aschinger, Richard: „‚Hinterbänkler' agieren gegen Elisabeth Kopp". In: Tages-Anzeiger, 22. September 1984.

Aschinger, Richard: „‚Beirut'?". In: Tages-Anzeiger, 5. März 1990.

Aschinger, Richard: „Die verlorene Ehre der Elisabeth Kopp". In: Tages-Anzeiger, 13. Februar 1991.

Attenhofer, Elsie (1991): Die Zeit der Unverhältnismässigkeit. In: Hersch, Jeanne (Hg)(1991): Rechtsstaat im Zwielicht. Elisabeth Kopps Rücktritt, Schaffhausen, S. 34–36.

Auf der Maur, Jost: „Die schattierte Welt der Staatsschützer". In: Die Weltwoche, 1. Februar 1990.

BA/HC/UH/RA: „Schützende Hände über Hans W. Kopp". In: Beobachter, 18. November 1988.

Bachmann, Albert/Grosjean, Georges (1969): Zivilverteidigung. Hrsg. vom Eidgenössischen Justiz- und Polizeidepartement im Auftrag des Bundesrates, Aarau.

Balmer, Andreas: „Gesinnungsterror? Nicht doch!" In: Der Bund, 19. Mai 1990.

Balmer, Andreas: „Kulturboykott 700: Die Staatskrise ist da". Antwort an Reinhardt Stumm. In: Basler Zeitung, 22. Mai 1990.

Bär, Rosmarie: „Angeklagt ist die Arroganz der Macht". In: Tages-Anzeiger, 7. Dezember 1989.

Barmettler, Stefan: „Hat Cincera auch die Bupo bedient?" Streitgespräch zwischen Ernst Cincera und Peter Bodenmann. In: Luzerner Neuste Nachrichten, 7. Dezember 1989.

„Bei Interessenskollision würde ich in den Ausstand treten." Interview mit Elisabeth Kopp. In: Der Bund, 26. November 1988.

Bericht der Untersuchungskommission Politische Polizei des Gemeinderates von Zürich (1991): Staatsschutz der Stadt Zürich, Zürich.

Bernhard, Roberto (1991): Vor-Urteil und nachträgliche Unterschiebung – eine Warnung. In: Hersch, Jeanne (Hg.)(1991): Rechtsstaat im Zwielicht. Elisabeth Kopps Rücktritt, Schaffhausen, S. 187–204.

„Bewältigung der Vergangenheit". In: Berner Tagwacht, 20. Januar 1990.

Bircher, Silvio, „Der Fall der ersten Bundesrätin". In: St. Galler Tagblatt, 26. Januar 2007.

Blanc, Jean-Daniel (1990): Fürst Bismarck verhalf uns zur Bundesanwaltschaft. Seit hundert Jahren im Kampf gegen AusländerInnen und Linke. In: Komitee Schluss mit dem Schnüffelstaat (1990). Hundert Jahre sind genug, Zürich, S. 19–27.

Blau, Gisela/Suremann, Thomas: Blick-Interview mit PUK-Präsident Moritz Leuenberger: „Ich bin wahnsinnig erschrocken!" In: Der Blick, 25. November 1989.

Blau, Gisela/Suremann, Thomas: „Kopp-Bericht: Die Wahrheit – ein Schock!" In: Der Blick, 25. November 1989.

Blo.: „Total bekoppt…". In: Walliser Bote, 29. Oktober 1991.

Bloch, Edgar: „Rudolf Gerber se déchaîne". In: Tribune de Genève, 19. Januar 1989.

Bloch, Edgar: „Méchants journalistes!" In: Tribune de Genève, 13. Februar 1991.

Blum, Roger: „Sturz eines Symbols". In: Tages-Anzeiger, 13. Dezember 1988.

Blum, Roger: „Richtige Reaktionen". In: Tages-Anzeiger, 13. Januar 1989.

Blum, Roger: „Die Enttäuschung nach dem Lüften des Schleiers". In: Tages-Anzeiger, 7. Dezember 1989.

Blum, Roger/Buess, Urs: „Alles ausmisten oder masshalten?" In: Tages-Anzeiger, 8. Dezember 1989.

Blum, Roger: „'Wir sind nicht nur das Volk, sondern der Souverän'". In: Tages-Anzeiger, 5. März 1990.

Blum, Roger: „Wird sich das Volk zählen lassen?" In: Tages-Anzeiger, 28. Mai 1990.

„Boykott". In: Die WochenZeitung, 9.November 1990, Beilage, S. 1–12.

Brändle, Rea: „'Vielleicht ist die 700-Jahr-Feier schon lange im Gang'". In: Tages-Anzeiger, 24. Februar 1990.

Braunschweig, Hansjörg (1991): Die Fichen und Frau Kopp. In: Hetzel, Harald (Hg.)(1991): Löcher im Käse. 700 Jahre Eidgenossenschaft, Essen, S. 123–131.

Bremi, Ulrich: „Vertrauen in Bundesrätin Kopp." In: Neue Zürcher Zeitung, 3. Dezember 1988.

Brügger, Helen: „Die ‚Andere Schweiz'?" In: Vorwärts, 17. Mai 1990.

Bs., „700 Jahre sind genug". In: Der Bund, 29. Oktober 1990.

Bü.: „Dramatische Konsequenz". In: Neue Zürcher Zeitung, 13. Dezember 1988.

Bü.: „Nach dem Rücktritt von Bundesrätin Kopp". In: Neue Zürcher Zeitung, 17. Dezember 1988.

Burckhardt, Lucius/Frisch, Max/Kutter, Markus (1955): Achtung: die Schweiz. Ein Gespräch über unsere Lage und ein Vorschlag zur Tat, Basel. (Basler politische Schriften 2)

Büren, Walo von/Peyer, Hanspeter/Strübin, Christian J.: „Bundesratswahl: Schlammschlacht um Elisabeth Kopp erreicht Höhepunkt". In: SonntagsBlick, 23. September 1984.

Burg, Beat von, „Zwei Demos". In: Berner Zeitung, 5. März 1990.

Buhrer, Jean-Claude: „Mme Elisabeth Kopp réclame son acquittement et celui de ses collaboratrices". In: Le Monde, 23. Februar 1990.

„Bundesanwaltschaft: ‚Gegen Hans W. Kopp wird nicht ermittelt.'" In: Schweizer Illustrierte, 14. November 1988.

Cb.: „Grünes Bündnis verlangt Versiegelung der Akten". In: Luzerner Neuste Nachrichten, 25. Januar 1990.

Cincera, Ernst (1977): Unser Widerstand gegen die Subversion in der Schweiz, Zürich.

Clb.: „Kulturschaffende für rechtliche Schritte". In: Der Bund, 30. Januar 1990.

Cornu, Daniel: „Une femme, vraiment". In: Tribune de Genève, 3. Oktober 1984.

Cs.: „Dezentrale Einsicht in die Karteikarten der Bundesanwaltschaft". In: Neue Zürcher Zeitung, 20. Januar 1990.

Cs.: „Der Bundesanwalt beantragt 8000 Franken Busse gegen Frau Kopp". In: Neue Zürcher Zeitung, 22. Februar 1990.

Cs.: „Der Freispruch von Frau Kopp". In: Neue Zürcher Zeitung, 24. Februar 1990.

Däpp, Walter/Knuchel, Lars: „30.000, die friedlich gegen Schnüffelei demonstrierten..." In: Der Bund, 5. März 1990.

Däpp, Walter/Knuchel, Lars: „...während daneben 200 Vermummte brutal randalierten". In: Der Bund, 5. März 1990.

„Das Fichereiwesen in Stadt und Land". In: Fichen-Fritz 2, April 1990.

„Demonstration für den Staatsschutz". In: Neue Zürcher Zeitung, 5. März 1990.

„Der Freispruch von Frau Kopp im Spiegel der Presse". In: Neue Zürcher Zeitung, 26. Februar 1990.

„Der Skandal wächst – unsere Arbeit auch". In: Fichen-Fritz 1, 21. Februar 1990.

„Die Ausschreitungen gerieten in den Vordergrund". Briefe von Leserinnen und Lesern. In: Tages-Anzeiger, 9. März 1990.

Die Reden. Nationale Kundgebung Schluss mit dem Schnüffelstaat vom 3. März 1990. Sonderdruck hrsg. von Die WochenZeitung/Komitee Schluss mit dem Schnüffelstaat (1990), Zürich.

„Diesen Staat kann man nicht feiern." Tagesgespräch zwischen Linus Reichlin und Manfred Züfle. In: Berner Zeitung, 25. Mai 1990.

Diethelm, Richard/Wespe, Rolf: „Bundesrätin Kopp selbst hat ihren Mann gewarnt." In: Tages-Anzeiger, 10. Dezember 1988.

Dokumentationsdienst der Bundesversammlung (Hg.), Die Affäre Kopp und ihre Folgen. Presseschau 509.1, Stand: 12.1. bis 3.2.1989.

Dufour, Gabrielle/Dufour, Alfred (1986): Schwierige Freiheit. Gespräche mit Jeanne Hersch, Zürich-Köln.

Dürrenmatt, Friedrich (1990): Die Schweiz – ein Gefängnis. Rede auf Václav Havel. In: Dürrenmatt, Friedrich (1997): Die Schweiz – ein Gefängnis. Die Havel-Rede, Zürich, S. 9–32.

Duttweiler, Catherine: „Vor dem Bundesgericht wird perfekt Theater gespielt". In: Die Weltwoche, 22. Februar 1990.

Eichenberger, Peter: „'Die Hexenjagd hat nicht stattgefunden'". Interview mit Linus Reichlin. In: Berner Tagwacht, 30. Dezember 1991.

„Ein Thriller namens PUK-Bericht: Rundgang in der Dunkelkammer". In: Die WochenZeitung, 1. Dezember 1989.

Ekl.: „PUK: Diagnose und Medizin". In: Der Bund, 25. November 1989.

Engeler, Urs Paul: „Bisweilen hiess der Departementschef Hans W. Kopp". In: Die Weltwoche, 19. Januar 1989.

Engeler, Urs Paul: „Weitere lohnende Ziele hätten die Höhlenforscher". In: Die Weltwoche, 30. November 1989.

Engeler, Urs Paul/Auf der Maur, Jost: „Vergleiche mit der DDR-Stasi beleidigen meine Leute". Interview mit Arnold Koller. In: Die Weltwoche, 8. Februar 1990.

Engeler, Urs Paul: „Eigene Interessen schamlos vorangestellt". In: Die Weltwoche, 22. Februar 1990.

Ernst, Synes: „Die Stunde der Elisabeth Kopp". In: Schweizer Illustrierte, 15. Dezember 1986.

FDP des Kantons Zürich: „Vertrauen in Elisabeth Kopp". In: Neue Zürcher Zeitung, 24. September 1984.

Felber, Markus: „Kommt Elisabeth Kopp mit Busse oder gar Freispruch davon?" In: Basler Zeitung, 22. Februar 1990.

Felber, Markus: „Nach Recht und Gesetz." In: Basler Zeitung, 24. Februar 1990.

Felber, Markus: „Im Zweifel für die Angeklagten." In: Berner Zeitung, 24. Februar 1990.

Ferrari, Silvia et al. (1991): Auf wen schoss Wilhelm Tell? Beiträge zu einer Ideologiegeschichte der Schweiz, Zürich.

Ferrari, Silvia/Siegrist, Dominik (1991): Unterwegs zu einer Ideologiegeschichte der Schweiz. Einleitung. In: Ferrari, Silvia et al. (Hg.)(1991): Auf wen schoss Wilhelm Tell? Beiträge zu einer Ideologiegeschichte der Schweiz, Zürich, S. 7–19.

„Ficherman. Unser bester Mann". Kommentar zum Comic. In: Die WochenZeitung, 17. August 1990.

Fingal, Victor: „Une enquête au Palais." In: Le Matin, 9. Dezember 1988.

Forster, Peter: „Die Umkehr aller Dinge." In: Thurgauer Zeitung, 13. Februar 1991.

Frieden, Urs: „Bupo-Chef Peter Hubers Doppelrolle". In: Die WochenZeitung, 12. Januar 1990.

„Friedliche Demo, 200 'Chaoten'". In: Berner Tagwacht, 5. März 1990.

Friedrich, Rudolf (1991): Die Monopolmedien – ein Problem für die Demokratie. In: Hersch, Jeanne (Hg.)(1991): Rechtsstaat im Zwielicht. Elisabeth Kopps Rücktritt, Schaffhausen, S. 74–89.

Frischknecht, Jürg: „CH-Stasi abschaffen. Holen wir uns unsere Akten!" In: Die WochenZeitung, 1. Dezember 1989.

Frischknecht, Jürg: „Werden Kollers Keller vorsorglich gesäubert?" In: Die WochenZeitung, 12. Januar 1990.

Frischknecht, Jürg: „Staatsschützer vernichten Akten". In: Die WochenZeitung, 20. Januar 1990.

Frischknecht, Jürg: „Für eine Schweiz ohne Schnüffelei". In: Vorwärts, 1. Februar 1990.

Frischknecht, Jürg (1990): Vorwort. In: Komitee Schluss mit dem Schnüffelstaat (Hg.)(1990): Schnüffelstaat Schweiz. Hundert Jahre sind genug, Zürich, S. 9–13.

Furrer, Martin: „Die ‚Wahrheit' über den Fall Kopp". In: Basler Zeitung, 13. Februar 1991.

Furrer, Werner (1991): Die Affäre-Kopp/Schweizer Presse, Basel.

Gantenbein, Heinz/Kähr, Thomas/Schanne, Michael (1989): Die Medienschelte im Fall Kopp. Eine Untersuchung des Schweizerischen Verbandes der Zeitungs- und Zeitschriftenverleger (SZV) zur Berichterstattung in der schweizerischen Meinungspresse zum Rücktritt von Bundesrätin Elisabeth Kopp im Dezember 1988, Zürich.

„Gegen den ‚Mythos Schweiz'". In: Berner Tagwacht, 29. Oktober 1990.

Garbely, Frank: „Vertraulicher Bericht: Druck auf Bundesanwaltschaft". In: SonntagsZeitung, 15. Januar 1989.

Geschäftsverkehrsgesetz vom 23. März 1962: 6. Parlamentarische Untersuchungskommissionen, Art. 55–65, S. 124–129. (Ergänzung vom 1. Juli 1966, in Kraft seit 1. Januar 1967)

Gilgen, Rolf: „Die Bundesrätin handelte egoistisch, stur und verlogen". In: Tages-Anzeiger, 22. Februar 1990.

Gilgen, Rolf: „Der Fall Kopp oder Ein Prozess der verpassten Chance". In: Tages-Anzeiger, 23. Februar 1990.

Gilgen, Rolf: „Die Urteilsbegründung ist absolut nicht plausibel". Interview mit Strafrechtsprofessor Jörg Rehberg. In: Tages-Anzeiger, 24. Februar 1990.

Go.: „Neue Fragen und Fragwürdigkeiten". In: Volksrecht, 1. November 1988.

Go.: „Fichen-Einsicht: Bundesanwaltschaft ist immer dabei". In: Der Bund, 20. Januar 1990.

Goldberger, Liliane: „Kopp-Urteil hat die Staatskrise noch verschärft". In: Volksrecht, 26. Februar 1990.

Grivat, Olivier: „Lingots suisses pour la Turquie". In: 24 Heures, 1. September 1988.

Gross, Andi/Crain, Fitzgerald/Erne, Roland/Furrer, Stefan (Hg.)(1989): Denkanstösse zu einer anstössigen Initiative. Sozialdemokratinnen und Sozialdemokraten für eine Schweiz ohne Armee, Zürich.

Gross, Andreas/Spescha, Marc (Hg.)(1990): Demokratischer Ungehorsam für den Frieden. Zum Recht auf Widerstand in der Schweizerischen Demokratie nach der GSoA Abstimmung vom 26. November 1989, Zürich.

„Grosser Rat kritisiert Führungsstil von Anton Widmer". In: Luzerner Neuste Nachrichten, 25. Januar 1990.

Gruppe für eine Schweiz ohne Armee (Hg.)(1990²): Die Chance der Schweiz ohne Armee ist ihre umfassende Friedenspolitik, Zürich.

Gubler, Thomas: „Schützt das Datenschutzgesetz vor Schnüfflern?" In: Basler Zeitung, 9. Dezember 1989.

Gubler, Thomas: „Hungerbühler: ,Das Urteil hat mich ehrlich überrascht'". In: Basler Zeitung, 24. Februar 1990.

Gubler, Thomas: „Nur ein rechtlicher Freispruch". In: Basler Zeitung, 24. Februar 1990.

Gut, Theodor: „Sternstunde unserer Demokratie". In: Zürichsee-Zeitung, 3. Oktober 1989.

Hagmann, Ruedi: „Schlicht und einfach gelogen". In: Vaterland, 12. Januar 1989.

Hagmann, Ruedi: „Neues Buch zum ‚Fall Kopp' – Medien auf der Anklagebank". In: Vaterland, 13. Februar 1991.

Haller, Michael (1990): „In der Schweiz bewacht jeder sich selbst". Ein Gespräch mit Friedrich Dürrenmatt. In: Dürrenmatt, Friedrich (1997): Die Schweiz – ein Gefängnis, Zürich, S. 33–58; vgl.: Haller, Michael: „Man stirbt und plötzlich blickt man zum Mond". ZEIT-Gespräch mit Friedrich Dürrenmatt. In: Die ZEIT, 21. Dezember 1990.

Halpérin, Michel (1991): Ein Sturmwind über der Schweiz. In: Hersch, Jeanne (Hg.)(1991): Rechtsstaat im Zwielicht. Der Rücktritt von Elisabeth Kopp, Schaffhausen, S. 121–142.

Hartmeier, Peter: „Der Ruf meines Mannes macht mich nicht erpressbar". In: Luzerner Neueste Nachrichten, 20. September 1984.

Hartmeier, Peter: „Elisabeth Kopp ist als Bundesrätin untragbar". In: Luzerner Neuste Nachrichten, 22. September 1984.

Heiniger, Markus (1989²): Dreizehn Gründe. Warum die Schweiz im Zweiten Weltkrieg nicht erobert wurde, Zürich.

Heiniger Tinu (1990): Schwitzerlied. In: Die Reden. Nationale Kundgebung Schluss mit dem Schnüffelstaat vom 3. März 1990. Sonderdruck hrsg. von Die WochenZeitung/Komitee Schluss mit dem Schnüffelstaat (1990), Zürich, S. 5–7.

Heldstab, Hans/Mosimann, Jürg: „So wüteten die Chaoten in Bern". In: Der Blick, 5. März 1990.

Heldstab, Hans: „Chaoten wüteten: Schnüffeldemo wurde zur Strassenschlacht". In: Der Blick, 5. März 1990.

Heller, Andreas: „Über Humor spricht man an der Taubenstrasse nicht". In: Die Weltwoche, 22. Februar 1990.

Hersch, Jeanne (1953): Tragweite und Grenzen des politischen Handelns. In: Hersch, Jeanne (2010): Erlebte Zeit. Menschsein im Hier und Jetzt. Hrsg. von Weber, Monika/Pieper, Annemarie, Zürich, S. 136–151.

Hersch, Jeanne (1969): Das Recht, ein Mensch zu sein. In: Hersch, Jeanne (2010): Erlebte Zeit. Menschsein im Hier und Jetzt. Hrsg. von Weber, Monika/Pieper, Annemarie, Zürich, S. 153–165.

Hersch, Jeanne (1982): Antithesen zu den „Thesen zu den Jugendunruhen 1980", Schaffhausen.

Hersch, Jeanne (1985): Erziehung zu verantwortlicher Freiheit innerhalb menschlicher Grenzen. In: Hersch, Jeanne (2010): Erlebte Zeit. Menschsein im Hier und Jetzt. Hrsg. von Weber, Monika/Pieper, Annemarie, Zürich, S. 73–77.

Hersch, Jeanne (1989): Warum hat gerade 'der Mensch' besondere Rechte? Und warum verletzt er sie immer wieder? In: Hersch, Jeanne (2010): Erlebte Zeit. Menschsein im Hier und Jetzt. Hrsg. von Weber, Monika/Pieper, Annemarie, Zürich, S. 166–172.

Hersch, Jeanne: „Fall Kopp: ‚Hoffen auf Unabhängigkeit der Bundesrichter'". In: Der Bund, 12. Februar 1990.

Hersch, Jeanne (1991)(Hg.): Rechtsstaat im Zwielicht. Elisabeth Kopps Rücktritt, Schaffhausen. (französischer Titel: La Suisse état de droit? Le retrait d'Elisabeth Kopp, Lausanne.)

Hersch, Jeanne (1991a): Verworrenheit gegen Wahrheit oder wo ist die nackte Wahrheit hingekommen? In: Hersch, Jeanne (Hg.)(1990): Rechtsstaat im Zwielicht. Elisabeth Kopps Rücktritt, Schaffhausen, S. 51–63.

Hetzel, Harald (Hg.)(1991): Löcher im Käse. 700 Jahre Eidgenossenschaft, Essen.

Hetzel, Harald (1991a): Der lange Weg vom Mythos bis zur Wirklichkeit. In: Hetzel, Harald (Hg.)(1991): Löcher im Käse. 700 Jahre Eidgenossenschaft, Essen, S. 7–12.

Ho: „Urteil juristisch nicht haltbar". In: Basler Zeitung, 24. Februar 1990.

H.P.: „Zieht Frau Kopp nicht mit in die Steueraffäre!" In: Der Blick, 23. September 1988.

Hubacher, Helmut (1990): Wir sind das Volk. In: Die Reden. Nationale Kundgebung Schluss mit dem Schnüffelstaat vom 3. März 1990. Sonderdruck hrsg. von Die WochenZeitung/Komitee Schluss mit dem Schnüffelstaat (1990), Zürich, S. 33f.

Hunn, Elisabeth: „Nach dem Kopp-Theater: Verwirrung und Fragen." In: Sonntagsblick, 25. Februar 1990.

„Ich erlebe eine Schlammschlacht". In: Luzerner Neuste Nachrichten, 20. September 1984.

Imboden, Max (1964): Helvetisches Malaise, Zürich.

Israel, Stephan: „Ein gewisses Nachlassen des Mutes". In: Berner Zeitung, 13. Februar 1991.

Jost, Hans Ulrich (1989): Die trojanischen Pferde der Schweizer Armee. Kleine Geschichte der Armeepropaganda. In: Kulturmagazin 75, 1989, S. 8–11.

K.A.: „Ein Jahr danach. Auf dem Weg zur Bewältigung der Affäre Kopp". In: Neue Zürcher Zeitung, 16. Dezember 1989.

K.A.: „Grossdemonstration gegen den 'Schnüffelstaat'." In: Neue Zürcher Zeitung, 5. März 1990.

Knechtli, Peter: „Die kantonalen Polizeidienste gaben beim Schnüffeln den Ton an". Interview mit Georg Kreis. In: Luzerner Neuste Nachrichten, 12. Juni 1993.

Knöpfli, Adrian: „Frau, hellgrün – und was noch?" In: Volksrecht, 21. September 1984.

Kobelt, Evelyn: „Das sieht alles so richtig nach Show aus…" In: Der Bund, 24. Februar 1990.

Komitee Schluss mit dem Schnüffelstaat (Hg.)(1990): Schnüffelstaat Schweiz. Hundert Jahre sind genug, Zürich.

Komitee Schluss mit dem Schnüffelstaat (1990a): Wir wollen alles sehen. In: Komitee Schluss mit dem Schnüffelstaat (1990), Zürich, S. 201–215.

„Kompetenz ist gefragt, nicht Prestigesucht." In: Sonntagszeitung, 29. Januar 1989.

Kopp, Elisabeth (1988): Medien zwischen Macht und Markt. Festansprache von Frau Bundesrätin Elisabeth Kopp, Vorsteherin des Eidg. Justiz- und Polizeidepartements, anlässlich des Festaktes zum Jubiläum „100 Jahre ofa Orell Füssli Werbe AG" im Dolder Grand Hotel, Zürich.

Kopp, Elisabeth: „Schwächen und Fehler". In: Neue Zürcher Zeitung, 15. Dezember 1989.

Kopp, Elisabeth (1991): Briefe, Bern.

Krebs, Peter/Walther, Ueli: „Frau Kopp erhielt alle Rechte, die ihr zustanden" Interview mit Moritz Leuenberger. In: Berner Zeitung, 7. Dezember 1989.

Krebs, Peter: „Höchste Zeit, ein Zeichen zu setzen". In: Berner Zeitung, 9. Dezember 1989.

Kreis, Georg: „Zuviel und zuwenig Neugierde". In: Basler Zeitung, 12. Juni 1993.

Ks./Sda.: „Frau Kopp wurde ‚grosses Unrecht' angetan". In: Der Bund, 13. Februar 1991.

„Kulturboykott 700". In: Die WochenZeitung, 8. Juni 1990, inklusive Editorial.

Kulturmagazin (Hg.)(1989): Lebensversicherung oder Bedrohung der Demokratie. Ein Streitgespräch am runden Tisch (zwischen Maja Dubach Pulfer, Frauen für den Frieden; Fitzgerald Crain, Psychologe; Rolf Furter, Schweizerische Offiziersgesellschaft; Peter Buri, Schweizerische Offiziersgesellschaft; Jakob Tanner, Historiker; sowie Jürg Moser, Rosemarie Heilmann, Dani Schönmann vom Kulturmagazin). In: Kulturmagazin 75, 1989, S. 12–21.

Kulturmagazin (Hg.)(1990): Schlechte Zeiten für scharfe Satire? (Diskussion vom 27.2.1990 zwischen Jürg Bingler, Satire-Redaktor bei SR DRS; Werner Meier, Chefredaktor Nebelspalter; Joachim Rittmeyer, Kabarettist; Ulrich Weber, Satire-Verantwortlicher bei SF DRS). In: Kulturmagazin 80, 1990, S. 6–14.

Künzli, Arnold: „So verführt die Macht dazu, die Wahrheit zu erschlagen". In: Luzerner Neuste Nachrichten, 14. Januar 1989.

Künzli, Arnold: „Zwei Schweizen". In: Öffentlicher Dienst, 23. März 1990.

Künzli, Arnold (1990): Staatsschutz als Klassenkampf. In: Widerspruch 19, Juni 1990, S. 83–92.

Lämmler, Ruedi: „Wurde Elisabeth Kopp den Göttern geopfert?" In: Bündner Zeitung, 13. Februar 1991.

Lang, Josef (1989): „Der Missbrauchte Diamant". In: KLUNKER, S. 4.

Lang, Josef (1989a): Die Seele der Nation. Die Bedeutung einer Schweiz ohne Armee. Mit Beiträgen von Petra Kelly und Jean Ziegler, Frankfurt/Main.

Lassueur, Yves/Auchlin, Pascal: „Noyautage du pouvoir: Qui soutient la mafia?" In: L'Hebdo, 19. Januar 1989.

Lehmann, Jürg: „Kopp-Kommission: Vorsitz doch für SP-Nationalrat?" In: Sonntagszeitung, 29. Januar 1989.

Lerch, Fredi: „Aufruf zum Schweigen". In: Die WochenZeitung, 16. Februar 1990.

Lerch, Fredi: „Ch-700? Kulturboykott!" In: Die WochenZeitung, 15/1990.

Lerch, Fredi: „Hofnarren an die Front". In: Die WochenZeitung, 6. April 1990.

Lerch, Fredi/Simmen, Andreas (Hg.)(1991): Der leergeglaubte Staat. Kulturboykott: Gegen die 700-Jahr-Feier der Schweiz. Dokumentation einer Debatte, Zürich.

Leutenegger Oberholzer, Susanne: Eine offene, lebenswerte Schweiz. In: Die Reden. Nationale Kundgebung Schluss mit dem Schnüffelstaat vom 3. März 1990. Sonderdruck hrsg. von Die WochenZeitung/Komitee Schluss mit dem Schnüffelstaat (1990), Zürich, S. 11–13.

Lienhard, Toni: „Skandalbewältigung nach Schema F?" In: Tages-Anzeiger, 5. Dezember 1989.

Linder, Wolf: „Der Fall Kopp ist mehr als ein Betriebsunfall". In: Die Weltwoche, 19. Januar 1989.

Löpfe, Philipp: „Der ‚Mut' der Lausanner Richter und die ‚Staatskrise'". In: SonntagsBlick, 25. Februar 1990.

Lts.: „Die Zürcherin Elisabeth Kopp wird erste Bundesrätin". In: Neue Zürcher Zeitung, 3. Oktober 1984.

Lts.: „Bundesrätin Kopp scheidet sofort aus dem Amt aus". In: Neue Zürcher Zeitung, 13. Januar 1989.

Lts.: „Die Administrativuntersuchung im EJPD". In: Neue Zürcher Zeitung, 19. Januar 1989.

Lts.: „Der PUK-Bericht über die Affäre Kopp: Probleme in ihren richtigen Proportionen". In: Neue Zürcher Zeitung, 25. November 1989.

Lts.: „Präsident Havel bei Bundesrat, Parlament und Presse". In: Neue Zürcher Zeitung, 23. November 1990.

Luchsinger, Fridolin: „Einige haben noch immer nichts gelernt." In: Der Blick, 25. November 1989.

Lukesch, Barbara: „Ich bin als Bundesrätin und nicht als Mannequin gewählt". Interview mit Elisabeth Kopp. In: Gelbes Heft, 17. Juni 1985.

Lüchinger, Hans Georg (1991): Wer kontrolliert die vierte Gewalt? In: Hersch, Jeanne (Hg.)(1991): Rechtsstaat im Zwielicht. Elisabeth Kopps Rücktritt, Schaffhausen, S. 91–106.

Lüönd, Karl: „Wenn schon, denn schon: Klartext zum ‚Fall Kopp'". In: Züri Woche, 27. September 1984.

Masüger, Andrea: „Was ist falsch an Frau Uchtenhagen?" In: Bündner Zeitung, 6. Dezember 1983.

Mehr, Mariella: „Ohne offene Hintertüre". Antwort an Peter Bichsel. In: Die WochenZeitung, 16. März 1990.

Meienberg, Niklaus: „Anmerkungen zum Flagellantenbüro Kopp: Das Unwahrscheinliche ist das Wahre". In: Die WochenZeitung, 28. September 1984.

Meienberg, Niklaus: „Anmerkungen zur politischen Kultur der Lüge". In: Die WochenZeitung, 5. Oktober 1984.

Meienberg, Niklaus (1989): „Anmerkungen zur politischen Kultur der Lüge (betr. Kopp-Kopp, 1984). Kuschen Ducken Drucksen Schweigen Murksen Zischeln Mischeln oder: Les glissements progressifs de la vérité. In: Meienberg, Niklaus (1989): Vielleicht sind wir morgen schon bleich u. tot. Chronik der fortlaufenden Ereignisse, aber auch der fortgelaufenen, Zürich, S. 181–192; ohne Vortext ursprünglich abgedruckt in: Die WochenZeitung, 5. Oktober 1984.

Meienberg, Niklaus: „Die Schweiz als Schnickschnack & Mummenschanz". In: Tages-Anzeiger, 27. April 1990.

Mettler, Marcel/Graenicher, Pierre A.: „Bundesrätin Kopp: Rücktritt? Kein Thema für mich!" In: Der Blick, 7. November 1988.

Mettler, Marcel/Minder, Edgar R.: „Offene Fragen ans Departement Kopp". In: Der Blick, 17. Dezember 1988.

Meyer, Frank A: „Komplott im Flüsterton". In: SonntagsBlick, 23. September 1984.

Meyer, Frank A.: „Frauenqualitäten im Bundesrat". In: Luzerner Neuste Nachrichten, 3. Oktober 1984.

Meyer, Frank A.: „Arroganz der Macht." In: SonntagsBlick, 11. Dezember 1988.

Meyer, Frank A.: „Wir brauchen einen runden Tisch." In: SonntagsBlick, 25. Februar 1990.

„Millionen von Steuerfranken weggezaubert?" In: Beobachter, 26. August 1988.

Minder, Edgar R./Suremann, Thomas: „Wie wird Bundesrätin Kopp damit fertig?" In: Der Blick, 23. September 1988.

Minder, Edgar R./Suremann, Thomas: „Frau Kopp, jetzt müssen Sie zurücktreten!" In: Der Blick, 10. Dezember 1988.

Minder, Edgar R.: „Neue Enthüllungen in der Affäre Kopp". In: Der Blick: 16. Dezember 1988.

Minder, Edgar R.: „Aus". In: Der Blick, 13. Januar 1989.

Mk.: „Zu Uebertreibungen im Zusammenhang mit dem ‚Fall Kopp'". In: Badener Tagblatt, 28. Januar 1989.

Mm: „Gegen die Frau oder einen bestimmten Mann?" In: Der Bund, 8. Dezember 1983.

Moor, Franz: „Keine Kultur für den Schnüffelstaat!" In: Die WochenZeitung, 2. Februar 1990.

Moor, Franz: „Wer's glaubt, wird selig". In: Die WochenZeitung, 23. Februar 1990.

Moser, Jürg (1989): „Verteidigung der Demokratie jenseits einer demokratischen Diskussion?" In: Kulturmagazin 75, 1989, S. 6f.

Moser, Jürg (1990): „Schlechte Zeiten für scharfe Satire?" In: Kulturmagazin 80, April/Mai 1990, S. 6–14.

Mrusek, Konrad: „Der höchstrichterliche Kopp-Kompromiß". In: Frankfurter Allgemeine Zeitung, 26. Februar 1990.

Müller, Christian (Hg.)(1989): „Mich trifft keine Schuld". Elisabeth Kopp, erste Bundesrätin. Eine Dokumentation, Zürich.

Müller, Kurt: „Empörung über die Diskreditierung von Frau Kopp". In: Neue Zürcher Zeitung, 29. September 1984.

Muschg, Adolf (1990): Kaputtgeschützt. In: Die Reden. Nationale Kundgebung Schluss mit dem Schnüffelstaat, vom 3. März 1990. Sonderdruck hrsg. von Die WochenZeitung/Komitee Schluss mit dem Schnüffelstaat (1990), Zürich, S. 19–24.

Muschg, Adolf (1991²): Die Schweiz am Ende – Am Ende die Schweiz. Erinnerungen an mein Land vor 1991, Frankfurt/Main.

Musy, Gilbert: „Radau wegen dieser lausigen Affäre?" In: Die WochenZeitung, 12. Oktober 1990.

Naef, Robert: „Frau Uchtenhagen, werfen Sie wirklich mit Aschenbechern um sich?" Interview mit der Bundesratskandidatin Lilian Uchtenhagen. In: Sonntagsblick, 13. November 1983.

Naef, Robert: „Professor Rehberg, haben wir eine Klassenjustiz?" Interview mit dem Staatsrechtler Jörg Rehberg. In: Sonntagsblick, 25. Februar 1990.

„Namentlich: Elisabeth Kopp". In: Die Weltwoche, 7. Februar 1991.

Neff, Franz: „Die Drohung". In: Info 700. Monatsbulletin des Büros des Delegierten für die 700-Jahr-Feier, 3/1990.

Netzle, Andreas: „Rehabilitationsschrift einer Professorin". In: Schaffhauser Nachrichten, 13. Februar 1991.

Nizon, Paul (1970): Diskurs in der Enge. In: Nizon, Paul (1990): Diskurs in der Enge. Verweigerers Steckbrief, Frankfurt/Main, S. 137–226.

Nizon, Paul (1970a): Die Schweiz verscherzt ihre Söhne. In: Obermüller, Klara (Hg.)(2003): Wir sind eigenartig, ohne Zweifel. Die kritischen Texte von Schweizer Schriftstellern über ihr Land, München-Wien, S. 140–151.

Oberson, Fred/Petit, Jean-Claude (1990): Elisabeth Kopp au Tribunal fédéral. Le Blanchissage du Siècle, Genève.

„'Orwell '90: Der grosse Bruder sitzt in Bern'." In: Solothurner AZ, 5. März 1990.

Parma, Viktor: „Am Liebsten Frau Kopp". In: Bilanz, Oktober 1988.

„Parlamentarische Untersuchungskommission". In: Neue Zürcher Zeitung, 1. Februar 1989.

Perrin, Michel: „Le doute profite à Mme Kopp". In: 24 Heures, 24. Februar 1990.

Pitteloud, Françoise: Police politique: Indigne d'une démocratie! In: Die Reden. Nationale Kundgebung Schluss mit dem Schnüffelstaat vom 3. März 1990. Sonderdruck hrsg. von Die WochenZeitung/Komitee Schluss mit dem Schnüffelstaat (1990), Zürich, S. 15f.

Plomb, Georges (1989): Les Sept Sages et la Chute D'Elisabeth Kopp, Lausanne.

Pk.: „Elisabeth Kopp: Der Bericht sei zurückzuziehen". In: Berner Zeitung, 7. Dezember 1989.

Pk.: „Von Hubacher über Fehr bis Seiler sind alle registriert". In: Berner Zeitung, 7. Dezember 1989.

Portmann, Peter: „Nachrichtendienst hat jedes Jahr Akten vernichtet". In: Luzerner Neuste Nachrichten, 25. Januar 1990.

„PUK: Diagnose und Medizin". In: Der Bund, 25. November 1989.

„PUK-Debatte". In: Berner Zeitung, 8. Dezember 1989.

PUK-EJPD (1989): 89.006 Vorkommnisse im EJPD, Bericht der Parlamentarischen Untersuchungskommission (PUK), vom 22. November 1989, Bern.

PUK-EJPD (1990): 89.006 Vorkommnisse im EJPD, Ergänzungsbericht der Parlamentarischen Untersuchungskommission, vom 29. Mai 1990, Bern.

PUK-EMD (1990): 90.022 Vorkommnisse im EMD, Bericht der Parlamentarischen Untersuchungskommission zur besonderen Klärung von Vorkommnissen von grosser Tragweite im Eidgenössischen Militärdepartement, vom 17. November 1990, Bern.

„PUK-Forderungen zum Staatsschutz: Ein bisschen Kontrolle, viel Effzienz". In: Die WochenZeitung, 1. Dezember 1989.

Redaktion Widerspruch (1990): „Zur Krise der Demokratie. Einige Thesen zum Staatsschutz". In: Widerspruch 19/1990, S. 100–104.

Regennass, René (1990): „Luftakrobat ohne Netz". In: Kulturmagazin 80, 1990, S. 22–23.

Reichlin, Linus: „Die Würde des Bankrotteurs". In: Die WochenZeitung, 27. April 1990.

Reichlin, Linus: „CH 91: Sendepause." Eine Provokation. In: SSM-Gazette (Zeitung des Schweizer Syndikats Medienschaffender), 2/1990.

Resolution, nationale Kundgebung. In: Die Reden. Nationale Kundgebung Schluss mit dem Schnüffelstaat vom 3. März 1990. Sonderdruck hrsg. von Die WochenZeitung/Komitee Schluss mit dem Schnüffelstaat (1990), Zürich, S. 39f.

Rfr.: „Elisabeth Kopps heitere und dunkle Tage". In: Neue Zürcher Zeitung, 29. Oktober 1991.

Rm., M.: „Eclaboussure pour la Suisse". In: 24 Heures, 24. Feburar 1990.

Ro.: „Verteidigung fordert Freisprüche". In: Neue Zürcher Zeitung, 22. Februar 1990.

Ro: „Freispruch für Elisabeth Kopp". In: Neue Zürcher Zeitung, 24. Februar 1990.

Roggen, Rosalie: „'Bei Stress lebe ich erst auf!'". In: Berner Zeitung, 14. November 1983.

Ruf, Christine: „'Kriminalisierung'. Otto F. Walter zur BuPo-Affäre". In: Solothurner Zeitung, 30. Januar 1990.

Rwe./Ubu./Pfä./Rbl.: „PUK deckt gravierende Missstände im Staatsschutz auf". In: Tages-Anzeiger, 25. November 1989.

Saner, Hans: „Welche Schweiz feiern wir?" In: Berner Tagwacht, 1. August 1990.

Sb.: „Bupo ist ein bürgerliches Machtinstrument". In: Ostschweizer AZ, 29. Januar 1990.

Schenker, Hansjörg: „'Die Affäre ist zur eigentlichen Staatskrise geworden'". Interview mit Urs Altermatt. In: Berner Zeitung, 21. Januar 1989.

Scherrer, Monika (1991): Ein PUK-Bericht mit politischen und rechtlichen Angeln. In: Hersch (Hg.)(1991): Rechtsstaat im Zwielicht. Elisabeth Kopps Rücktritt, Schaffhausen, S. 108–119.

Scherrer, Monika/Steinacher, Jürg L.: „Der Buchtipp: Jeanne Hersch über Elisabeth Kopp." In: Zeitbild 4/1991, S. 15f.

Schibli, Peter: „Noch immer nicht die volle Wahrheit". In: Basler Zeitung, 12. Januar 1989.

Schindler, Bernard: „Unwürdiges Ritual". In: Zofinger Tagblatt, 1. Februar 1989.

Schittenhelm, Hugo: „Misstrauisch". In: Der Bund, 20. Januar 1990.

Schlumpf, Viktor: „Kredit verspielt." In: Tages-Anzeiger, 10. Dezember 1988.

Schlussbericht über die Tätigkeit des Sonderbeauftragten für Staatsschutzakten des Bundes (SOBE), Bacher, René/Keller, Martin, 2. Mai 1996, online-PDF, S. 01–51.

„Schluss mit dem Schnüffelstaat". In: Tagwacht, 16. Dezember 1989.

„Schluss mit dem Schnüffelstaat". In: Tagwacht, 20. Januar 1990.

Schneider, Hansjörg: „Wir Selbstzerfleischer". In: Die Weltwoche, 3. Mai 1990.

Schnieper, Walter: „Ausgespielt". In: Luzerner Neuste Nachrichten, 12. Januar 1989.

Schnieper, Walter: „Keine Sternstunde". In: Luzerner Neuste Nachrichten, 1. Februar 1989.

Schoch, Jürg: „Lilian Uchtenhagen nahm ihre Niederlage mit Fassung hin". In: Tages-Anzeiger, 8. Dezember 1983.

Schoch, Jürg/Aschinger, Richard: „Nicht mehr viel Hoffnung auf die Zauberformel". Interview mit SP-Parteipräsident Helmut Hubacher. In: Tages-Anzeiger, 8. Dezember 1983.

Schoch, Jürg: „Historischer Schritt in die Gegenwart". In: Tages-Anzeiger, 3. Oktober 1984.

„Schwächen und Fehler". Elisabeth Kopp nach der PUK-Debatte. In: Neue Zürcher Zeitung, 15. Dezember 1989.

Sda.: „Lilian Uchtenhagen persönlich." In: Berner Zeitung, 14. November 1983.

Sda.: „Reaktionen von Parteien, Kantonen und Verbänden". In: Neue Zürcher Zeitung, 3. Oktober 1984.

Sda.: „Bundesanwaltschaft kontert". In: Der Bund, 19. Januar 1989.

Sda.: „Die Bundesanwaltschaft muss Auskunft geben". In: Der Bund, 1. Dezember 1989.

Sda/Ap.: „Ex-Bundesrätin Kopp verlangt Rückzug des PUK-Berichts". In: Tages-Anzeiger, 7. Dezember 1989.

Sda.: „Parteivorsitzende zum Freispruch von Frau Kopp". In: Neue Zürcher Zeitung, 24. Februar 1990.

Sda.: „Rechtsstaat im Zwielicht?" In: Neue Zürcher Zeitung, 13. Februar 1991.

Seiler, Christian: „'Ich bin froh über diese Ratlosigkeit.'" In: Die Weltwoche, 8. November 1990.

Seiler, Alexander J.: „Konformitätsdruck". In: Vorwärts, 14. Juni 1990.

Sen.: „Glasnost anstatt Schnüffelstaat". In: Der Bund, 29. November 1989.

Sen.: „Des Musterknaben grün-rot befleckte Weste". In: Der Bund, 8. Dezember 1989.

Sen.: „Chaoten als umstrittenes Anschauungsmaterial". In: Der Bund, 7. März 1990.

Senn, Martin A.: „Die verstaubte Bundesanwaltschaft soll entrümpelt werden". In: Der Bund, 25. November 1989.

Senn, Martin A.: „Wo bleibt die Einsicht?" In: Der Bund, 24. Februar 1990.

Simmen, Andreas: „Boykott? Jetzt erst recht!" In: Die WochenZeitung, 1. Februar 1990.

Simmen, Andreas: „Fest der Knallfrösche". In: Die WochenZeitung, 6. Februar 1990.

Simmen, Andreas: „Den Schnüffelstaat abfeiern? Ohne uns!" In: Die WochenZeitung, 23. Februar 1990.

Späth, Gerold: Der Souverän ist so wach wie schon lange nicht mehr. In: Die Reden. Nationale Kundgebung Schluss mit dem Schnüffelstaat vom 3. März 1990. Sonderdruck hrsg. von Die WochenZeitung/Komitee Schluss mit dem Schnüffelstaat (1990), Zürich, S. 17f.

Spk.: „Fichen-Affäre vor Gericht". In: Berner Zeitung, 30. Januar 1990.

Spk.: „Nachdenken über Kopp-Rücktritt". In: Thurgauer Zeitung, 13. Februar 1991.

Spk.: „Doppelte Zielrichtung". In: Schaffhauser Nachrichten, 13. Februar 1991.

Stadelmann, Jules: „Andere Schweiz feiert doch". In: Vorwärts, 1. August 1991.

Stamm, Konrad: „Bewährung oder Bankrott". In: Der Bund, 1. Februar 1989.

Stamm, Konrad: „Reinigende Wirkung". In: Der Bund, 25. November 1989.

Stamm, Konrad: „Ein Plädoyer". In: Der Bund, 13. Februar 1991.

Stauffer, Pierre-André: „Le dos au mur". In: L'Hebdo, 19. Januar 1989.

Steger, Hans U. (1989): Die Unschlachtbaren. Eine Festschrift zum Jahr der unzähligen Hornvieh-Jubiläen, ein wichtiger Beitrag zur Geschichte des alpgenossenschaftlichen Wehrwillens und eine Hommage an unser Allerheiligstes Nationalsymbol, Zürich.

Steinacher, Jürg L. (1991): Chronologie eines Falls. In: Hersch, Jeanne (Hg.)(1991): Rechtsstaat im Zwielicht. Elisabeth Kopps Rücktritt, Schaffhausen, S. 18–32.

„Stellungnahme von alt Bundesrätin Kopp". In: Neue Zürcher Zeitung, 25. November 1989.

„Stimmen". In: St. Galler Tagblatt, 29. Oktober 1991.

Straub, Franz: „Psychologisch geschickt". In: Aargauer Tagblatt, 1. Dezember 1989.

Strech, Marlies: „Sie fühlt sich als Opfer eines Hexenprozesses". In: Tages-Anzeiger, 25. Oktober 1991.

Studer, Clemens: „Die Lügnerin als Opfer". In: Solothurner AZ, 13. Februar 1991.

Suremann, Thomas: „Politiker fordern Bundesanwalt soll zurücktreten". In: Der Blick, 16. Januar 1989.

Suremann, Thomas: „Hans W. Kopp war der 8. Bundesrat!" In: Der Blick, 18. Januar 1989.

Suremann, Thomas: „Dreimal Bravo für Elisabeth Kopp!" In: Der Blick, 13. Februar 1991.

Tanner, Jakob (1989): „Diamantschwindel und Aufrüstung der nationalen Identität". In: Bresche 9, 1989, S. 6.

Tanner, Jakob: „Panoptikum rechtsbürgerlicher Bedrohungsängste". In: Die WochenZeitung, 16. März 1990.

TH: „Öffentliche Vorverurteilung". In: Neue Zürcher Zeitung, 25. Oktober 1988.

TH: „Missbrauchtes Vertrauen." In: Neue Zürcher Zeitung, 12. Dezember 1988.

Tobler, Jürg: „Verfehlte Adressaten". In: St. Galler Tagblatt, 29. Oktober 1991.

Ulmer, Brigitte: „'Kritische Kultur ist an der Feier nicht vorhanden'". Interview mit Andreas Balmer. In: Die WochenZeitung, 6. Januar 1991.

U.M.: „Erstmals eine Frau in der Landesregierung". In: Neue Zürcher Zeitung, 3. Oktober 1984.

U.M.: „Antrag auf Aufhebung der Immunität von Bundesrätin Kopp". In: Neue
Zürcher Zeitung, 12. Januar 1989.

U.M.: „Einsetzung einer Untersuchungskommission". In: Neue Zürcher
Zeitung, 31. Januar 1989.

U.M., „Keine schwerwiegenden Vorwürfe der PUK – aber Hinweis auf Fehler
und Schwachstellen". In: Neue Zürcher Zeitung, 25. November 1989.

U.M.: „Einsicht in die Registraturen der Bundespolizei". In: Neue Zürcher
Zeitung, 1. Dezember 1989.

Usb.: „Elisabeth Kopp: ‚Ich halte durch!'" In: Der Bund, 26. September 1984.

Utz, Hansjörg: „Fall Kopp: ‚Gefälligkeitsgutachten' unter Beschuss". In: Tages-
Anzeiger, 26. Oktober 1988.

Utz, Hansjörg: „Warum kein dringender Verdacht auf Anstiftung?" In: Tages-
Anzeiger, 12. Januar 1989.

Utz, Hansjörg: „Wir sind halt keine Supermänner". In: Tages-Anzeiger,
25. Januar 1989.

UWB: „Riesenkundgebung als Zeichen der Empörung." In: Berner Zeitung,
5. März 1990.

Vachtova, Ludmila: „Einfach Václav!" In: Die Weltwoche, 29. November 1990.

Vanoni, Bruno: „Die Strafjustiz arbeitet lückenhaft". Stefan Trechsel über den
Prozess gegen Elisabeth Kopp. In: St. Galler Tagblatt, 19. Februar 1990.

V.B.: „Schwerste Ausschreitungen seit Jahren". In: Berner Zeitung, 5. März
1990.

Verband Schweizerischer Werbegesellschaften (Hg.)(1990): Katalog der
Schweizer Presse. Zeitungen, Amtsblätter, Anzeiger, Publikums-
Zeitschriften, Zürich.

„Verfassungs-Verrat als eidgenössischer Alltag. Briefwechsel Max Frisch –
Marco Solari". In: Die WochenZeitung, 15. März 1991.

„Verwandlungs-Komödie beim Schweizer Staatsschutz". Filmregisseur Hans
Stürm auf der Pressekonferenz der „Aktion BUPO". In: Tages-Anzeiger,
30. Januar 1990.

Villiger, Kaspar: „‚An den Missständen gibt es nichts zu beschönigen'".
In: Luzerner Tagblatt, 9. März 1990.

Volken, Marco: „Der Bundesrat bleibt ein Männergremium." In: Vaterland,
9. Dezember 1983.

Volken, Marco: „Durchbruch!" In: Vaterland, 3. Oktober 1984.

Volken, Marco: „Bundespräsident Arnold Koller: ‚Fehlleistungen und
Missstände müssen rasch behoben werden!'" In: Neue Zürcher
Nachrichten, 6. Februar 1990.

Walter, Otto F. (1989): Brief an einen Aktivdienst-Veteranen. In: Obermüller, Klara (Hg.)(2003): Wir sind eigenartig, ohne Zweifel. Die kritischen Texte von Schweizer Schriftstellern über ihr Land, München-Wien, S. 219–229; sowie In: Walter, Otto F. (1991): Auf der Suche nach der Anderen Schweiz, Zürich, S. 20–30.

Walter, Otto F. (1990): Welche Schweiz? Und wir? Rede an uns, die Kulturschaffenden. In: Walter, Otto F. (1991): Auf der Suche nach der Anderen Schweiz, Zürich, S. 7–19.

Walter Otto F. (1990a): Vom Nationalgefühl, mit kurzem Ausflug nach Europa. In: Walter, Otto F. (1991): Auf der Suche nach der Anderen Schweiz, Zürich, S. 60–79.

Walter, Otto F. (1991): Auf der Suche nach der Anderen Schweiz, Zürich.

Walther, Ueli: „Ich liebte mein Land und wollte ihm mein Bestes geben". In: Berner Zeitung, 25. November 1991.

Wespe, Rolf: „Rudolf Gerber". In: Tages-Anzeiger, 25. Januar 1989.

Wespe, Rolf: „Gerangel der Parteien um den Vorsitz". In: Tages-Anzeiger, 26. Januar 1989

Wespe, Rolf: „Startschwierigkeiten der Kopp-Kommission". In: Tages-Anzeiger, 1. Februar 1989.

Wespe, Rolf: „Staatsschutz ausser Kontrolle". In: Tages-Anzeiger, 25. November 1989.

Wespe, Rolf: „Die Wut der Parlamentarier über die Bundesspitzel". In: Tages-Anzeiger, 29. November 1989.

Wespe, Rolf: „Spitzel- und Jagdszenen aus der freien Schweiz". In: Tages-Anzeiger, 20. Dezember 1989.

Wespe, Rolf: „Unbewältigte Staatsschutz-Vergangenheit". In: Tages-Anzeiger, 20. Januar 1990.

Wespe, Rolf: „Wen die Bundespolizei nicht mehr bespitzeln darf". In: Tages-Anzeiger, 20. Januar 1990.

Wespe, Rolf: „'Schnüffelskandal' soll vor den Richter kommen". In: Tages-Anzeiger, 30. Januar 1990.

Wespe, Rolf: „Wie der Kopp-Verteidiger versuchte, Shakarchi weisszuwaschen". In: Tages-Anzeiger, 21. Februar 1990.

Wespe, Rolf/Rentsch, Christian: „Die Schweiz in der Krise. Wie jetzt weiter?"(Gespräch zwischen den Redakteuren sowie Anne Cuneo, Adolf Muschg und Flavio Cotti). In: Tages-Anzeiger, 4. April 1990.

Wigdorovits, Sacha: „'Denke über Rücktritt nach.'" Interview mit Elisabeth Kopp. In: Sonntagsbilck, 11. Dezember 1988.

Zbinden, Jürg: „Kopp-Gatte dementiert Gerüchte über sein Privatleben".
In: Der Blick, 21. September 1984.

Zbinden, Jürg/Nacht, Eduard: „Hans Werner Kopp setzt sich zur Wehr: ‚Ich
fühle mich verleumdet.'" In: Schweizer Illustrierte, 14. November 1988.

Zbinden, Jürg: „‚Nach meiner festen Überzeugung war bei Shakarchi alles in
Ordnung.'" Interview mit Hans Werner Kopp. In: Schweizer Illustrierte,
14. November 1988.

Zbinden, Jürg: „Abschied im Zwielicht". In: Schweizer Illustrierte, 16. Januar
1989.

Zumstein, Hansjürg, „Kopp: ‚Meine Frau fragte mich, ob etwas zutreffe.'"
Interview mit Hans Werner Kopp. In: Berner Zeitung, 18. November
1988.

Zz., „Präsident Havel in der Schweiz". In: Neue Zürcher Zeitung,
23. November 1990.

Quellendokumentationen

Dokumentation des **Komitees „Schluss mit dem Schnüffelstaat" (KSS)**:
Diverse Materialien archiviert im Berner Büro von Catherine Weber,
Grundrechte.ch; nicht indexiert.

Dokumentation des **Kulturboykotts, Sammlung von Fredi Lerch**, diverse
Materialien archiviert im Schweizerischen Sozialarchiv Zürich, Bestand
Ar 475.

Dokumentation des **Schweizerischen Sozialarchivs Zürich zum Fichen-
Skandal** in: „Staatsschutz, Verfassungsschutz; Berufsverbote: Schweiz:
Allg." (1989–90), 23.1: QS (Broschüren und Flugschriften); „Staatsschutz,
Verfassungsschutz: Schweiz: Allg." (1989–90), 23.1*2: ZA (Presseartikel).

Dokumentation des **Schweizerischen Sozialarchivs Zürich zum „Fall Kopp"**
in: „Schweizerischer Bundesrat" (1988–91), 31.2: QS (Broschüren und
Flugschriften); ZA (Presseartikel).

Dokumentation des **Schauspielhauses Zürich zum Kultur-Symposium**:
Diverse Materialien archiviert im Stadtarchiv Zürich: VII.200. Neue
Schauspiel AG, diverse Materialien 1990/91–1993/94.

HL-Dokumentation (privat von Heinz Looser) **zum Komitee „700 Jahre sind
genug!"**.

SP-Dokumentation zur **Nichtwahl von Bundesratskandidatin Lilian
Uchtenhagen** im Schweizerischen Sozialarchiv Zürich: SPS Ar 1.230.10
Bundesratswahlen 1983; „Schweizerischer Bundesrat" (1983), 31.2: ZA
(Presseartikel).

Pressedokumentation über **Jeanne Hersch** im Archiv für Zeitgeschichte der Eidgenössisch Technischen Hochschule Zürich.

Abbildungen

Abbildung 1: „Zürcher Steueraffäre", Illustration von Christophe Vorlet, publiziert in: BA et al., „Schützende Hände über Hans W. Kopp", Beobachter, 18. November 1988.

Abbildung 2: „Le film des événements", Illustrationen von Julian Willis, publiziert in: Lassueur, Yves/Auchlin, Pascal: „Noyautage du pouvoir: Qui soutient la mafia?", L'Hebdo, 19. Januar 1989.

Abbildung 3: „Pressing", Illustration von Raymond Burki, datiert vom 24. Februar 1990 (keine Publikationsangaben).

Abbildung 4: Jeanne Hersch-Briefmarke, Illustration von Tessa Gerster, Copyright Post CH AG.

Abbildung 5: Das Logo des Komitees „Schluss mit dem Schnüffelstaat", Illustration von Felix Kuhn (Luzern), publiziert in: Fichen-Fritz (alle Titelblätter) sowie Titelseite Komitee Schluss mit dem Schnüffelstaat (Hg.)(1990): Schnüffelstaat Schweiz. Hundert Jahre sind genug, Zürich.

Abbildung 6: „Ficherman is watching YOU", Illustration von Roger Hiltbrunner, Motiv verschiedener Werbeartikel des Komitees „Schluss mit dem Schnüffelstaat", hier als Aufkleber.

Abbildung 7: „Ficherman – unser bester Mann", Comic von André Hiltbrunner, publiziert in: Die WochenZeitung, 17. August 1990.

Abbildung 8: „Fertig geschnüffelt?", Illustration von Ernst Feurer, publiziert in: Fichen-Fritz 1, 21. Februar 1990.

Abbildung 9: Kabarettist Franz Hohler in der Fernsehsatire „Übrigens...", SF DRS, gesendet am 31. Januar 1990 (Bildschirmfotos).

Abbildung 10: Ein Untersuchungsrichter der PUK-EJPD, Alexander Tschäppät (links), gewährt dem Fernsehteam der „Rundschau" Zutritt zur Lagerung einiger Spezialregistraturen im EJPD, SF DRS, gesendet am 27. Februar 1990 (Bildschirmfotos).

Abbildung 11: Eindrücke von der Grossdemonstration gegen den „Schnüffelstaat" am 3. März 1990, entnommen der Fernsehsendung „Kultur aktuell", SF DRS, gesendet am 4. März 1990 (Bildschirmfotos).

Abbildung 12: „Files statt Fichen", Illustration von Ernst Feurer, 1991 (keine Publikationsangaben).

Ungedruckte Quellen

Interviews, Emails, Telefonate

Gespräch zwischen Rosmarie **Bär**, ehemalige Nationalrätin der Grünen und PUK-EJPD-Mitglied, und Dorothee Liehr über die Arbeit der PUK-EJPD, geführt am Freitagvormittag, den 28. März 2008 in ihrer Berner Wohnung. Gesprächstranskript, S. 1–20.

Gespräch zwischen Peter **Bodenmann**, ehemaliger Nationalrat und SP-Präsident, und Dorothee Liehr über seine Rolle als „Skandaltheoretiker" und aktives Mitglied im Komitee „Schluss mit dem Schnüffelstaat", geführt am Freitagvormittag, den 16. Mai 2008 in einem Hotelrestaurant in Brig. Gesprächstranskript, S. 1–27.

Gespräch zwischen Jürg **Frischknecht**, Journalist, Publizist und aktives Mitglied des Komitees „Schluss mit dem Schnüffelstaat", und Dorothee Liehr, geführt am Mittwochvormittag, 5. März 2008 in seiner Zürcher Wohnung. Gesprächstranskript, S. 1–14.

Gespräch zwischen Werner **Furrer**, Publizist und Mathematiker, und Dorothee Liehr, telefonisch geführt, am Donnerstag, den 14. Oktober 2010. Stichworte.

Gespräch zwischen Paul **Günter**, ehemaliges PUK-EJPD-Mitglied aus der LdU, später SP-Nationalrat, und Dorothee Liehr über seine Erinnerungen an die PUK-Arbeit, den „Fall Kopp" und den Fichenskandal, am Montagvormittag, den 18. Februar 2008, in einem Restaurant in Interlaken, Gesprächstranskript, S. 1–21.

Gespräch zwischen Franz **Hohler**, Kabarettist und Schriftsteller, und Dorothee Liehr geführt am Donnerstagnachmittag, den 19. Juni 2008 in seinem Haus in Zürich- Oerlikon, Gesprächstranskript, S. 1–18.

Gespräch zwischen Elisabeth **Kopp**, Alt Bundesrätin im Eidgenössischen Polizei- und Justizdepartement, und Dorothee Liehr geführt am Donnerstagnachmittag, den 7. Oktober 2010 in ihrer Zumikoner Wohnung. Digitale Aufnahme.

Gespräch zwischen Felix **Kuhn**, Künstler und ehemaliger Werbe-Redakteur der WochenZeitung, und Dorothee Liehr, telefonisch geführt, am Montag, den 7. November 2011. Stichworte.

Email von Felix **Kuhn** an Dorothee Liehr, 7. November 2011.

Gespräch zwischen den Publizisten Patrik **Landolt** und Stefan **Keller** und Dorothee Liehr über die Geschichte der WochenZeitung, für die sie als Redakteure jahrelang tätig sind, geführt im Zürcher Büro von Landolts Musikverlag intakt-records, am Mittwochnachmittag, 10. September 2008. Gesprächstranskript, S. 1–18.

Gespräch zwischen Christoph **Lanz**, wissenschaftlicher Sekretär der PUK-EJPD und späterer Chef der Parlamentsdienste im Bundeshaus, und Dorothee Liehr geführt am Dienstagvormittag, 6. Mai 2008. Gesprächstranskript, S. 1–13.

Schriftliche Antworten von Moritz **Leuenberger**, SP-Nationalrat, PUK-EJPD-Präsident, späterer Bundesrat, auf zuvor gesandte Fragen von Dorothee Liehr, vom 30. Mai 2008, S. 1–3.

Gespräch zwischen Heinz **Looser**, Historiker und Radio-/Fernseharchivar, und Dorothee Liehr über politische Aktionen kritischer Geschichtsforschender in den 1980er-Jahren, geführt am Montagvormittag, 31. März 2008 in seinem Büro bei SR DRS in Zürich. Gesprächstranskript, S. 1–7.

Email von Ludwig A. **Minelli** an Dorothee Liehr, 26. November 2011; Email von Ludwig A. Minelli an Dorothee Liehr, 28. November 2011.

Gespräch zwischen Niklaus **Oberholzer**, Präsident des Amtsgerichts in St. Gallen, und Dorothee Liehr über seine Rolle als Untersuchungsrichter in der PUK-EJPD, geführt am Montagvormittag, den 9. Juli 2008 in seinem Büro in St. Gallen. Gesprächstranskript, S. 1–21.

Schriftliche Antwort von Françoise **Pitteloud**, SP-Nationalrätin aus der französischen Schweiz, Aktiv im Comité „En Finir avec l'État Fouineur", auf zuvor gesandte Fragen von Dorothee Liehr, vom 8. Juli 2008, S. 1–3.

Gespräch zwischen Paul **Rechsteiner**, SP-Nationalrat und späterer SP-Ständerat, und Dorothee Liehr über seine Rolle an der Skandalisierung der Fichen und als aktives Mitglied des KSS, am Donnerstagvormittag, den 13. März 2008 im Foyer des Berner Bundeshauses. Gesprächstranskript, S. 1–12.

Gespräch zwischen René **Rhinow**, Staatsrechtler und FDP-Ständerat, und Dorothee Liehr über seine Arbeit in der PUK-EJPD, am Dienstagnachmittag, den 10. Juni 2008 in seinem Berner Büro beim Rotenkreuz. Gesprächstranskript, S. 1–13.

Gespräch zwischen Peter **Sigerist**, ehemaliger Zentralsekretär des Schweizer Gewerkschaftsbundes und Berner Stadtrat des Grünen Bündnisses, und Dorothee Liehr über seine Rolle beim KSS, insbesondere als Organisator der Grossdemonstration, in seinem Berner Büro am Freitagvormittag, 22. Februar 2008. Gesprächstranskript, S. 1–23.

Email von Peter **Sigerist** an Dorothee Liehr, 6. Dezember 2011.

Gespräch zwischen Andreas **Simmen**, Publizist und ehemaliger WoZ-
Kulturredakteur, und Dorothee Liehr über den Kulturboykott,
geführt in den Räumlichkeiten des Rotpunkt-Verlags in Zürich am
Mittwochnachmittag, 5. März 2008. Gesprächstranskript, S. 1–15.

Gespräch zwischen Catherine **Weber**, Berner Stadträtin des Grünen Bündnisses
und Geschäftsführerin des Vereins Grundrechte.ch, damals Sekretärin
des Komitees „Schluss mit dem Schnüffelstaat", und Dorothee Liehr
über die Organisation und Entwicklung des KSS am Dienstagvormittag,
18. März 2008 in ihrem Berner Büro. Gesprächstranskript, S. 1–22.

Email von Catherine **Weber** an Dorothee Liehr, 15. November 2011.

Fernsehbeiträge

Ergänzungen zur Zeit, Bundesrat Kaspar Villiger und Adolf Muschg im
Gespräch, Moderation Erwin Koller, SF DRS, 21. Oktober 1990,
Transkript, S. 1–37.

Jeanne Hersch, Interview auf der Pressekonferenz von „Rechtsstaat im
Zwielicht", SF DRS, 12. Februar 1991, Transkript.

Kultur aktuell, Beitrag über den Kulturboykott. Adolf Muschg, Franz
Hohler, Peter Bichsel auf der Demonstration, SF DRS, 4. März 1990,
Sequenzprotokoll, S. 1–8.

Preisverleihung an Václav Havel im Gottlieb-Duttweiler-Institut, mit
vollständig enthaltener Rede Friedrich Dürrenmatts „Die Schweiz – ein
Gefängnis", 22. November 1990.

Rundschau, (Einzelbeiträge über den „Fall Rauber", den „Fall Kohlschütter/
Murten", „Salami-Taktik" Arnold Kollers), 20. Februar 1990, SF DRS.

Tagesschau, mit integriertem Gespräch zwischen Adolf Muschg und
Moderatorin Annet Gosztonyi, SF DRS, 3. März 1990, (Sendung um 22:10
Uhr), Sequenzprotokoll, S. 1–11.

Übrigens, von und mit Franz Hohler, SF DRS, 31. Januar 1990,
Sequenzprotokoll, S. 1–7.

Zischtigsclub, „Fichen, Schnüffler und Spione…", mit Jürg Kachelmann
(Moderator), Hans Walder, ehemaliger Bundesanwalt und
Staatsrechtprofessor, Ernst Cincera, FDP-Nationalrat und Chef der
„Informationsgruppe Schweiz", Rosmarie Bär, Grüne Nationalrätin und
PUK-EJPD-Mitglied, Staatsrechtprofessor Thomas Fleiner, Publizist und
KSS-Aktivist Jürg Frischknecht, SP-Grossrat aus Bern Rudolf Strahm, SF
DRS, 20. Februar 1990, Sequenzprotokoll, S. 1–98.

Zischtigsclub, (über den Fichen-Skandal, den Kulturboykott und die 700-Jahr-Feier), mit Pierre Freimüller (Moderator), Rudolf Friedrich (ehemaliger Bundesrat, und Vorsteher des EJPDs, FDP), Ulrich Kägi (Journalist), Hans Rapold (ehemaliger Divisionär), Marco Solari (Bundesdelegierter der 700-Jahr-Feier), Andreas Balmer (Präsident der Gruppe Olten), Hans Saner (Philosoph), Wolf Linder (Politikwissenschaftler), SF DRS, 27. Februar 1990, Transkript, S. 1–62.

Radiobeiträge

Doppelpunkt: Thema des Monats: „Hau weg den Staat". Nachfragen zur Demonstration „Schluss mit dem Schnüffelstaat", Teil I+II, SR DRS 1, 25. März 1990, 20 Uhr, Transkript, S. 1–29.

Doppelpunkt: „Jubeln ist schwer. Gespräche und Dokumente zur schweizerischen Festfreude", SR DRS 1, 3. März 1991, 20 Uhr; SR DRS 2, 12. März 1991, 21 Uhr; SR DRS 3, 27. Juli 1991, 20 Uhr, der Fribourger Historiker Urs Altermatt im Gespräch über die Geschichte des Nationalfeiertages und die 700-Jahr-Feier, zusammenfassendes Transkript, S. 1–4.

Echo der Zeit: „700-Jahr-Feier der Eidgenossenschaft: Kulturboykott. Kulturschaffende boykottieren als Antwort auf die Fichen-Affäre das Jubeljahr", Streitgespräch zwischen Monique Laederach und Arnold Künzli, SR DRS 1, 7. Juni 1990, Teiltranskript, S. 1–2.

Echo der Zeit: „Stellungnahme von PUK-2-Präsident Carlo Schmid zur Verteidigung des P-26-Chefs durch das EMD", SR DRS 1, 7. Dezember 1990, 18:50 Uhr, Transkript, eine Seite.

Echo der Zeit: „Bundesrat Kaspar Villiger gerät in Verruf nach Enttarnung von EMD-Informationschef Hans-Rudolf Strasser als führendes Mitglied der P-26", SR DRS 1, 11. Dezember 1990, 18:44 Uhr, Transkript, S. 1–2.

Focus: „Niklaus Meienberg, Journalist", SR DRS 3, 3. Juni 1989; zusammenfassendes Teiltranskript, S. 1–3.

Pressekonferenz zum PUK-EJPD-Ergänzungsbericht, SR DRS 1, 1. Juni 1990, Transkript, S. 1–8.

Reflexe: Literatur – zum Tod von Friedrich Dürrenmatt, SR DRS 2, 14. Dezember 1990, 12:40 Uhr und 19:15 Uhr, zusammenfassendes Transkript, eine Seite.

Rendez-Vous: „PUK-2-Bericht über Geheimarmee P-26 heute veröffentlicht. Streitgespräch zwischen Willy Loretan und Hanspeter Thür", SR DRS 1, 23. November 1990, 13 Uhr, Teiltranskript, S. 1–2.

Rendez-Vous: „Gespräch mit Esther Bührer, Mitglied PUK-1 und PUK-2, über ihren Einsatz, Gladio, Efrem Cattelan", SR DRS 1, 28. November 1990, 12:54 Uhr, Transkript, S. 1–2.

Samstagsrundschau: „Kopf der Woche: Moritz Leuenberger, Präsident der Parlamentarischen Untersuchungskommission PUK-EJPD", SR DRS 1, 28. Januar 1989, 11:30 Uhr, zusammenfassendes Teiltranskript, eine Seite.

Samstagsrundschau: „Kopf der Woche: Peter Bodenmann, SP-Nationalrat", SR DRS 1, 2. Dezember 1989, 11:30 Uhr, Transkript, S. 1–9.

Samstagsrundschau: „Kopf der Woche: Arnold Koller, Vorsteher des Eidgenössischen Justiz- und Polizeidepartements EJPD", SR DRS 1, 9. Dezember 1989, 11:30 Uhr, ausführliches Teiltranskript, S. 1–6.

Samstagsrundschau: „Kopf der Woche: Carlo Schmid, Präsident der Parlamentarischen Untersuchungskommission PUK-EMD", SR DRS 1, 24. November 1990, 11:30 Uhr, zusammenfassendes Teiltranskript, eine Seite.

Samstagsrundschau: „Kopf der Woche: Efrem Cattelan, Chef der geheimen Widerstandsorganisation P-26", SR DRS 1, 8. Dezember 1990, zusammenfassendes Teiltranskript, S. 1–2.

Samstagsrundschau: „Kopf der Woche: Kaspar Villiger, Vorsteher des Eidgenössischen Militärdepartements EMD", SR DRS 1, 15. Dezember 1990, 11:30 Uhr, Transkript, S. 1–9.

„Schnüffelstaat: was will die radikale Linke?", 1.+2. Teil: Studiodiskussion mit verschiedenen Teilnehmenden aus dem linken Spektrum in Zürich, Radio LoRa, 25. März 1990, THE-C135-1+2 (Kompaktkassetten), Transkript, S. 1–13.

„Weg mit dem Schnüffelstaat", 1.+2. Teil: Studiodiskussion mit Peter Streuli, SP-Kantonsrat; Jürg Frischknecht, Journalist und Mitglied vom Komitee „Schluss mit dem Schnüffelstaat"; Daniel Stern, Lora-Aktivist, Radio LoRa, 6. März 1990, THE-C-117-1+2 (Kompaktkassetten), Transkript, S. 1–20.

Literaturverzeichnis

Albrecht, Peter/Gross, Andreas/Hohler, August E. et al. (1988): Schutzraum Schweiz. Mit dem Zivilschutz zur Notstandsgesellschaft, Bern.

Altermatt, Urs (Hg.)(1991): Die Schweizer Bundesräte. Ein biographisches Lexikon, Zürich-München.

Altermatt, Urs (1991a): Elisabeth Kopp. In: Altermatt, Urs (Hg.)(1991): Die Schweizer Bundesräte. Ein biographisches Lexikon, Zürich-München, S. 595–600.

Altermatt, Urs (1991b): Von der CH91 zur Festtrilogie. In: Autorenkollektiv (1991): 1991. Das Jahr der Schweiz. Die Chronik des Jubiläums, Basel-Kassel, S. 11–18.

Altermatt, Urs (1994): Ausbruchsversuche aus dem Korsett der Konkordanz. Essay zur Schweizer Politik am Ende des 20. Jahrhunderts. In: Altermatt, Urs et al. (Hg.)(1994a): Rechte und linke Fundamentalopposition: Studien zur Schweizer Politik 1965–1990, Basel/Frankfurt am Main, S. 3–29.

Altermatt, Urs et al. (Hg.)(1994a): Rechte und linke Fundamentalopposition: Studien zur Schweizer Politik 1965–1990, Basel/Frankfurt am Main.

Altermatt, Urs/Kriesi, Hanspeter (Hg.)(1995): Rechtsextremismus in der Schweiz. Organisationen und Radikalisierung in den 1980er und 1990er Jahren, Zürich.

Altermatt, Urs (2007): Kopp, Elisabeth. In: Historisches Lexikon der Schweiz, online: http://www.hls-dhs.dss.ch/textes/d/D4737.php.

Anderson, Benedict (2005[2]): Die Erfindung der Nation. Zur Karriere eines folgenreichen Konzepts, Frankfurt/Main.

Ap.: „Kämpferin für die Menschenrechte". In: Aargauer Zeitung, 6. Juni 2000.

Arbeitsgemeinschaft Demokratisches Manifest (1976[3]): Dossier Cincera. Dokumente und Materialien, Zürich.

Argast, Regula (2007): Staatsbürgerschaft und Nation. Ausschließung und Integration in der Schweiz 1848–1933, Göttingen.

Argyle, Michael (2005[9]): Körpersprache & Kommunikation. Das Handbuch zur nonverbalen Kommunikation, Paderborn.

Arnold, Martin (2001): Von der Landi zur Arteplage. Schweizer Landes- und Weltausstellungen (19.–20. Jahrhundert). Hintergründe und Erinnerungen, Zürich.

Arnold, Sabine/Fuhrmeister, Christian/Schiller, Dietmar (Hg.)(1998): Politische Inszenierung im 20. Jahrhundert: zur Sinnlichkeit der Macht, Wien-Köln-Weimar.

Arnold, Sabine/Fuhrmeister, Christian/Schiller, Dietmar (1998a): Hüllen und Masken der Politik. Ein Aufriss. In: Arnold, Sabine/Fuhrmeister, Christian/Schiller, Dietmar (Hg.)(1998): Politische Inszenierung im 20. Jahrhundert: zur Sinnlichkeit der Macht, Wien-Köln-Weimar, S. 7–24.

Assmann, Aleida (2001): Kollektives Gedächtnis. In: Pethes, Nicolas/Ruchatz, Jens (Hg.)(2001): Gedächtnis und Erinnerung. Ein interdisziplinäres Lexikon, Reinbek, S. 308–310.

Assmann, Aleida (2004): Die (De-)Konstruktion nationaler Mythen und die Rolle der Literatur. In: Caduff, Corina/Sorg, Reto (Hg.)(2004): Nationale Literaturen heute – Ein Fantom? Die Imagination und Tradition des Schweizerischen als Problem, München, S. 75–83.

Auchlin, Pascal/Garbely, Frank (1990): Das Umfeld eines Skandals. Ein Raport über das organisierte Verbrechen und die Rolle der Schweizer Behörden, Zürich.

Autorenkollektiv (1991): 1991. Das Jahr der Schweiz. Die Chronik des Jubiläums, Basel-Kassel.

Autorenkollektiv (2003), 50 Jahre Schweizer Fernsehen. Zum Fernseh'n drängt, am Fernseh'n hängt doch alles..., Zürich.

Baeriswyl, Bruno, et al. (Hg.)(2009): Staatsschutz. In: Digma – Zeitschrift für Datenrecht und Informationssicherheit 9, 2009, 2, Themenheft.

Baertschi, Christian (2011): Uchtenhagen, Lilian. In: Historisches Lexikon der Schweiz, online: http://hls-dhs-dss.ch/texte/d/D3318.php.

Barthes, Roland (1964): Mythen des Alltags, Frankfurt/Main.

Baumann, Eva/Scherer, Helmut/Schlütz, Daniela (2003): „Berichterstattenswerte Berichte": Die medial erschaffene Wirklichkeit. In: Scherer, Helmut/ Schlütz, Daniela: Das inszenierte Medienereignis. Die verschiedenen Wirklichkeiten der Vorausscheidung zum Eurovision Song Contest in Hannover 2001, Köln, S. 11–25.

Baur, Alex: „Wenn der Wind dreht." In: www.weltwoche.ch/ausgaben/ 2007-04/artikel-2007-04-wenn-der-wind-dreht.html.

Belser, Urs et al. (Hg.)(2012): Von der Lochkarte zum Mobile Computing. 20 Jahre Datenschutz in der Schweiz, hrsg. v. Datenschutz-Forum-Schweiz, Zürich.

Benda, Ernst (2005[3]): Rechtsstaat. In: Nohlen, Dieter/Schultze, Rainer-Olaf (Hg.): Lexikon der Politikwissenschaft. Theorien, Methoden, Begriffe, 2 Bde., München, S. 833–835.

Bendix, John/Bendix, Regina (1992): Politics and gender in humor and satire. The cases of Elisabeth Kopp and Geraldine Ferraro. In: Schweizerische Zeitschrift für Soziologie, 18, 1992, 2, S. 441–460.

Bentele, Günter (2002²): Vertrauen. In: Jarren, Otfried/Sarcinelli, Ulrich/Saxer, Ulrich (Hg.)(2002²): Politische Kommunikation in der demokratischen Gesellschaft. Ein Handbuch mit Lexikonteil, Opladen, Wiesbaden, S. 734.

Bernasconi, Paolo (1989³): Finanzunterwelt. Gegen Wirtschaftskriminalität und organisiertes Verbrechen, Zürich/Wiesbaden.

Bircher, Silvio (2007): „Aufstieg und Fall der ersten Bundesrätin". In: Aargauer Zeitung, 20. Januar 2007.

Bircher, Silvio (2007a): „Der Fall der ersten Bundesrätin". In: St. Galler Tagblatt, 26. Januar 2007.

Bircher, Urs (2008): Das Theater von Hansjörg Schneider, Frankfurt am Main.

Birrer, Peter et al. (1990): Die Affäre Kopp in Wort und Bild. Eine medienwissenschaftliche Seminararbeit über Bild-, Kommentar- und Leserbriefveröffentlichungen in ausgewählten Schweizer Tages- und Wochenzeitungen, eingereicht am Institut für Medienwissenschaft Bern (109 Seiten).

Birrer, Sibylle et al. (2000): Nachfragen und Vordenken. Intellektuelles Engagement bei Jean Rudolf von Salis, Golo Mann, Arnold Künzli und Niklaus Meienberg, Zürich.

Blänkner, Reinhard (1994): Überlegungen zum Verhältnis von Geschichtswissenschaft und Theorie politischer Institutionen. In: Göhler, Gerhard (Hg.)(1994): Die Eigenart der Institutionen: zum Profil politischer Institutionentheorie, Baden-Baden, S. 85–122.

Blum, Roger (2003): Politik als permanentes Bilderbuch. In: Autorenkollektiv (2003), 50 Jahre Schweizer Fernsehen. Zum Fernseh'n drängt, am Fernseh'n hängt doch alles…, Zürich, S. 122–134.

Boldt, Hans (1990), Staat und Souveränität. In: Geschichtliche Grundbegriffe. Historisches Lexikon zur politisch-sozialen Sprache in Deutschland, Bd. 6, hrsg. von Brunner, Otto/Conze, Werner/Koselleck, Reinhart, Stuttgart, S. 1–153.

Boltanski, Luc/Claverie, Élisabeth/Offenstadt, Nicolas/Van Damme, Stéphane (Hg.)(2007): Affaires, scandales et grandes causes. De Socrate à Pinochet, Paris.

Boltanski, Luc/Claverie, Élisabeth (2007): Du monde social en tant que scène d'un procès. In: Boltanski, Luc/Claverie, Élisabeth/Offenstadt, Nicolas/ Van Damme, Stéphane (Hg.)(2007): Affaires, scandales et grandes causes. De Socate à Pinochet, Paris, S. 395–452.

Bourdieu, Pierre (1991): Die Intellektuellen und die Macht, Hamburg.

Bourdieu, Pierre (1998): Staatsgeist. Genese und Struktur des bürokratischen Feldes. In: Bourdieu, Pierre (1998): Praktische Vernunft. Zur Theorie des Handelns, Frankfurt/Main, S. 96–136.

Bourdieu, Pierre (1998a): Über das Fernsehen, Frankfurt/Main.

Brassel-Moser, Ruedi (2007): Grüne Parteien. In: Historisches Lexikon der Schweiz, online: http://hls-dhs-dss.ch/texte/d/D17413.php.

Braunschweig, Hansjörg (1990): Freiheit kleingeschrieben. Fichen und Folgen, Basel.

Brinker, Klaus/Antos, Gerd/Heinemann, Wolfgang/Sager, Sven F. (Hg.): Text- und Gesprächslinguistik – Linguistics of Text and Conversation: Ein internationales Handbuch zeitgenössischer Forschung – An International Handbook of Contemporary Research, Bd. 2, Berlin-New York (Handbücher zur Sprach- und Kommunikationswissenschaft – Handbooks of Linguistics and Communication Science 16.2).

Brügger, Susanne (2006): Interdisziplinäre Skandalforschung: Eine Analyse des Fichenskandals in der Schweiz 1989/90 anhand Deutschschweizer Tages- und WochenZeitungen, unveröffentlichte Lizentiatsarbeit, eingereicht bei Privatdozent Dr. Christian Koller am Historischen Seminar der Universität Zürich.

Brütsch, Andres (2007): Elisabeth Kopp – Eine Winterreise. Dokumentarfilm, Zürich.

Bucheli, Roman (2009): „Die seltsamen Hinterlassenschaften des helvetischen Staatsschutzes. Vor zwanzig Jahren erschütterte die Fichen-Affäre die Schweizer Öffentlichkeit – Streifzüge durch ein kurioses Archiv". In: Neue Zürcher Zeitung, 13. Juli 2009.

Bumbacher, Claudine/Künzi, Renate/Rauch, Gabi (1990): „Das Übertriebene ist das Wahre". Der Fall Kopp: Zur Kultur der politischen Karikatur in der Schweiz. Seminararbeit am Forschungszentrum für schweizerische Politik, Bern, (116 Seiten).

Burger, Harald (1995): Verbale Gewalt in Radio- und Fernsehdialogen. In: Hugger, Paul/Stadler, Ulrich (Hg.)(1995): Gewalt. Kulturelle Formen in Geschichte und Gegenwart, Zürich, S. 100–124.

Burger, Harald (1997): Sprechende Köpfe im Fernseh-Raum. In: Michel, Paul (Hg.)(1997): Symbolik von Ort und Raum, Bern-Frankfurt/Main-New York-Paris (Schriften zur Symbolforschung 11), S. 137–157.

Burger, Harald (2001): Gespräche in den Massenmedien. In: Brinker, Klaus/Antos, Gerd/Heinemann, Wolfgang/Sager, Sven F. (Hg.)(2001): Text- und Gesprächslinguistik – Linguistics of Text and Conversation: Ein internationales Handbuch zeitgenössischer Forschung – An International Handbook of Contemporary Research, Bd. 2, Berlin-New York (Handbücher zur Sprach- und Kommunikationswissenschaft – Handbooks of Linguistics and Communication Science 16.2), S. 1492–1505.

Burger, Harald (2005³): Mediensprache. Eine Einführung in Sprache und Kommunikationsformen der Massenmedien, Berlin-New York.

Büschi, Markus (1998): Fichiert und archiviert. Die Staatsschutz-Akten des Bundes 1960–1990. In: Zeitschrift des Schweizerischen Bundesarchivs (Hg.)(1998): Jubiläen der Schweizer Geschichte. Commémorations de l'histoire suisse 1798-1848-1998, Bern, S. 319–377. (Studien und Quellen, 24)

Caduff, Corina/Sorg, Reto (Hg.)(2004): Nationale Literaturen heute – Ein Fantom? Die Imagination und Tradition des Schweizerischen als Problem, München.

Capus, Nadja (2006): Der Kriminalisierungsprozess ausserhalb nationalstaatlicher Strafgewalt. In: Opitz; Claudia/Studer, Brigitte/Tanner, Jakob (Hg.) (2006): Kriminalisierung – Entkriminalisieren – Normalisierien, Zürich, S. 211–223.

Chiquet, Simone (1998): Der Anfang einer Auseinandersetzung: Zu den Fakten, Zusammenhängen und Interpretationen in der Debatte um die „Übung Diamant" 1989. In: Zeitschrift des Schweizerischen Bundesarchivs (Hg.)(1998): Jubiläen der Schweizer Geschichte 1798-1848-1998, Bern, S. 193–226. (Studien und Quellen 24)

Ciompi, Luc (2005): Die emotionalen Grundlagen des Denkens. Entwurf einer fraktalen Affektlogik, Göttingen 2005.

Clauβ, Dieter (1991): (Tagungsbeitrag zum Thema „Brauchen wir Feindbilder"). In: Wallraff, Günter/ Kast, Verena et al. (1991): Brauchen wir Feindbilder, (Protokoll einer interdisziplinären Tagung) mit Beiträgen von Claus, Dieter/Kast, Verena/Peterle, Lojze/Rüssli, Fred/Wallraff, Günter, Diskussionsleitung: Gysling, Erich, Nachwort: Altwegg, Jürg, Münsingen-Bern, S. 32–39.

Dahinden, Martin (Hg) (1987): Neue soziale Bewegungen – und ihre gesellschaftlichen Wirkungen, Zürich.

D'Anna-Huber, Christine: „Eine Zeugin des 20. Jahrhunderts". In: Tages-Anzeiger, 6. Juni 2000.

Danuser, Hanspeter/Treichler, Hans Peter (1993): Show – Information – Kultur. Schweizer Fernsehen: Von der Pionierzeit ins moderne Medienzeitalter, Aarau.

Dayan, Daniel/Katz, Elihu (1992): Media Events. The Live Broadcasting of History, Cambridge/Massachusetts-London.

Degen, Bernhard (2009): Nonkonformismus. In: Historisches Lexikon der Schweiz, online: http://hls-dhs-dss.ch/textes/d/D48028.php.

Dejung, Christof: „Die Freidenkerin". In: Coopzeitung, 19. Mai 1999; auch in: Dejung, Christof/Gull, Thomas/Kupper, Patrick/Unternährer, Pascal (2000): Jahrhundert-Schweizer. 50 bedeutende Schweizerinnen und Schweizer, Basel, S. 147–150.

Duttweiler, Catherine (1990): Kopp & Kopp. Aufstieg und Fall der ersten Bundesrätin, Zürich.

Eberle, Thomas S./Imhof, Kurt (Hg.)(2007): Sonderfall Schweiz, Zürich.

Edelman, Murray (1990): Vorwort zur Ausgabe von 1990. In: Edelman, Murray (2005³): Politik als Ritual. Die symbolische Funktion staatlicher Institutionen und politischen Handelns, Frankfurt/Main, S. XI-XVIII.

Edelman, Murray (2005³): Politik als Ritual. Die symbolische Funktion staatlicher Institutionen und politischen Handelns, Frankfurt/Main. (Textsymbiose aus: The symbolic Uses of Politics, 1964 und Politics as Symbolic Action, Mass Arousal and Quiescence, 1971)

Engeler, Urs Paul (1990): Grosser Bruder Schweiz. Wie aus wilden Demokraten überwachte Bürger wurden. Die Geschichte der Politischen Polizei, Zürich.

Esser, Hartmut (1996): Die Definition der Situation. In: Kölner Zeitschrift für Soziologie und Sozialpsychologie 1/48, S. 1–34.

Esser, Hartmut (2000): Soziologie. Spezielle Grundlagen, Bd. 5: Institutionen, Frankfurt/Main-New York.

Esser, Hartmut (2006): Affektuelles Handeln: Emotionen und das Modell der Frame-Selektion. In: Schützeichel, Rainer (Hg.)(2006): Emotionen und Sozialtheorie. Disziplinäre Ansätze, Frankfurt/Main, S. 143–174.

Fahlenbrach, Kathrin (2002): Protestinszenierungen. Visuelle Kommunikation und kollektive Identitäten in Protestbewegungen, Wiesbaden.

Fehr, Marianne (1999³): Meienberg. Lebensgeschichte des Schweizer Journalisten und Schriftstellers, Zürich.

Fischer, Jürg/Baier, Lothar (Hg.)(1991): Kamele auf dem Matterhorn und andere Ereignisse. Ein Lesebuch, Zürich.

Fleig, Hans (1968): Über den schweizerischen Nonkonformismus. In: Sieber, Marc (Hg.)(1968): Discordia Concors: Festgabe für Edgar Bonjour zu seinem siebzigsten Geburtstag am 21. August 1968, Basel, S. 659–673.

Flury-Dasen, Eric (2008): Kalter Krieg. In: Historisches Lexikon der Schweiz, online: http://www.hls-dhs.dss.ch/textes/d/D17344.php.

Forster-Zigerli, Jacqueline: „Was macht eigentlich Jeanne Hersch?" In: Schweizer Illustrierte, 10. März 1997.

Foucault, Michel (1976): Überwachen und Strafen. Die Geburt des Gefängnisses, Frankfurt/Main. (suhrkamp taschenbuch 2271, erste Auflage 1994)

François, Etienne/ Siegrist, Hannes/ Vogel, Jakob (1995): Die Nation. Vorstellungen, Inszenierungen, Emotionen. In: François, Etienne/ Siegrist, Hannes/ Vogel, Jakob (Hg.)(1995): Nation und Emotion. Deutschland und Frankreich im Vergleich, 19. und 20. Jahrhundert, Göttingen, S. 13–35.

Frankhauser, Andreas (2011): Helvetische Republik. In: Historisches Lexikon der Schweiz, online: http://www.hls-dhs.dss.ch/textes/d/D9797.php.

Frei, Daniel (1985): Feindbilder und Abrüstung. Die gegenseitige Einschätzung der UdSSR und der USA, hrsg. v. Institut der Vereinten Nationen für Abrüstungsforschung (UNIDIR), München.

Frei-Borer, Ursula (1991): Das Clubgespräch im Fernsehen. Eine gesprächslinguistische Untersuchung zu den Regeln des Gelingens, Bern-Frankfurt/Main-New York-Paris.

Frevert, Ute (2003²): Nation, Nationalismus. In: Fischer Lexikon Geschichte, hrsg. von Dülmen, Richard van, S. 260–280.

Frevert, Ute (2004): Politische Kommunikation und ihre Medien. In: Frevert, Ute/Braungart, Wolfgang (Hg.)(2004a): Sprache des Politischen. Medien und Medialität in der Geschichte, Göttingen, S. 7–19.

Frevert, Ute/Braungart, Wolfgang (Hg.)(2004a): Sprache des Politischen. Medien und Medialität in der Geschichte, Göttingen.

Friemel, Michaela (2007): Von „Fichen" und „Fischen": Der politische Verarbeitungsprozess der Staatsschutzaffäre von 1989 bis 1997. Eine Analyse der Wortprotokolle des eidgenössischen Parlaments, unveröffentlichte Lizentiatsarbeit, eingereicht bei Prof. Dr. Georg Kreis am Historischen Seminar der Universität Basel.

Frischknecht, Jürg/Haffner, Peter/Haldimann, Ueli/Niggli, Peter (1979⁴): Die unheimlichen Patrioten. Politische Reaktion in der Schweiz. Ein aktuelles Handbuch, Zürich.

Frischknecht, Jürg (1991): „Schweiz wir kommen". Die neuen Fröntler und Rassisten, Zürich.

Furrer, Simone (2010): Verweigerte Kritik. Die Debatte um den Kulturboykott anlässlich der 700-Jahr-Feier. Eine Innenansicht der Kulturschaffenden, unveröffentlichte Lizentiatsarbeit, eingereicht bei Prof. Dr. Béatrice Ziegler-Witschi am Historischen Seminar der Universität Zürich.

Gantenbein, Heinz/Kähr, Thomas/Schanne, Michael (1989): Die Medienschelte im Fall Kopp. Eine Untersuchung des Schweizerischen Verbandes der Zeitungs- und Zeitschriftenverleger (SZV) zur Berichterstattung in der schweizerischen Meinungspresse zum Rücktritt von Bundesrätin Elisabeth Kopp im Dezember 1988, Stand April, Zürich.

Gilcher-Holtey, Ingrid (1996): Kulturelle und symbolische Praktiken: das Unternehmen Pierre Bourdieu. In: Hardtwig, Wolfgang/Wehler, Hans-Ulrich (Hg.)(1996): Kulturgeschichte Heute, Göttingen, S. 111–130.

Gilcher-Holtey, Ingrid (2001): Die Nacht des 4. August 1789 im Schnittpunkt von Aufklärung und Revolution. Zur Sozialrelevanz von Ideen. In: Geschichte und Gesellschaft 27/1, Neue Ideengeschichte, hrsg. von Hardtwig, Wolfgang, S. 68–86.

Gilcher-Holtey, Ingrid (Hg.)(2006): Zwischen den Fronten. Positionskämpfe europäischer Intellektueller im 20. Jahrhundert, Berlin.

Gilcher-Holtey, Ingrid (2006a): Prolog. In: Gilcher-Holtey, Ingrid (Hg.)(2006): Zwischen den Fronten. Positionskämpfe europäischer Intellektueller im 20. Jahrhundert, Berlin, S. 9–21.

Gilcher-Holtey, Ingrid (2007): Eingreifendes Denken. Die Wirkungschancen von Intellektuellen, Weilerswist-Göttingen.

Gilcher-Holtey, Ingrid (2007a): „Don Quichotte des Malheureux": Voltaire und die Affäre Calas. In: Gilcher-Holtey, Ingrid (2007): Eingreifendes Denken. Die Wirkungschancen von Intellektuellen, Weilerswist-Göttingen, S. 15–38.

Gilcher-Holtey, Ingrid (2007b): Menschenrechte oder Vaterland: Émile Zola und die Affäre Dreyfus. In: Gilcher-Holtey, Ingrid (2007): Eingreifendes Denken. Die Wirkungschancen von Intellektuellen, Weilerswist-Göttingen, S. 73–85.

Gilg, Peter/Hablützel, Peter (1983): Beschleunigter Wandel und neue Krisen (seit 1945). In: Jost, Hans Ulrich/Gilg, Peter/ Hablützel, Peter/Ruffieux, Roland (1983): Geschichte der Schweiz – und der Schweizer, Bd. III, Basel, S. 191–306.

Gimmler, Antje (1996): Institution und Individuum. Die implizite Institutionentheorie von Max Weber und Jürgen Habermas. Inaugural-Dissertation zur Erlangung der Doktorwürde an der Fakultät Pädagogik, Philosophie, Psychologie der Otto-Friedrich-Universität Bamberg.

Girsberger, Esther (2004²): Elisabeth Kopp. Bundesrätin von 1984–1989. Interview mit Elisabeth Kopp. In: Girsberger, Esther (2004²): Abgewählt. Frauen an der Macht leben gefährlich, mit Porträts von Sabina Bobst, Zürich, S. 14–30.

Girsberger, Esther (2004²): Abgewählt. Frauen an der Macht leben gefährlich, mit Porträts von Sabina Bobst, Zürich.

Giugni, Marco/Passy, Florence (1997): Histoires de mobilisation politique en Suisse. De la contestation à l'integration, Paris.

Göhler, Gerhard/Lenk, Kurt/Münkler, Herfried/Walther, Manfred (Hg.) (1990): Politische Institutionen im gesellschaftlichen Umbruch. Ideengeschichtliche Beiträge zur Theorie politischer Institutionen, Opladen.

Göhler, Gerhard (1990a): Einleitung: Politische Ideengeschichte – institutionentheoretisch gelesen. In: Göhler, Gerhard/Lenk, Kurt/Münkler, Herfried/Walther, Manfred (Hg.)(1990): Politische Institutionen im gesellschaftlichen Umbruch. Ideengeschichtliche Beiträge zur Theorie politischer Institutionen, Opladen, S. 7–19.

Göhler, Gerhard (Hg.)(1994): Die Eigenart der Institutionen: zum Profil politischer Institutionentheorie, Baden-Baden.

Göhler, Gerhard (1994a): Politische Institutionen und ihr Kontext. Begriffliche und konzeptionelle Überlegungen zur Theorie politischer Institutionen. In: Göhler, Gerhard (Hg.)(1994): Die Eigenart der Institutionen: zum Profil politischer Institutionentheorie, Baden-Baden, S. 19–46.

Greiffenhagen, Martin/ Greifenhagen, Sylvia (Hg.)(2002): Handbuch der politischen Kultur der Bundesrepublik Deutschland, Wiesbaden.

Grisard, Dominique (2011): Gendering Terror. Eine Geschlechtergeschichte des Linksextremismus in der Schweiz, Frankfurt/Main.

Gross, Andreas (1988): Isoliert und im Abseits. Zur politischen Kultur des Zivilschutzes. In: Albrecht, Peter/Gross, Andreas/Hohler, August E./ et al. (1988): Schutzraum Schweiz. Mit dem Zivilschutz zur Notstandsgesellschaft, Bern, S. 236–247.

Grundrechte.ch (2010): Am Anfang war ein Telefon – 20 Jahre 1989–2009 vom Fichenskandal zum Überwachungsstaat, Bern.

Gukenbiehl, Hermann L. (1995[4]a): Handeln, soziales. In: Schäfers, Bernhard (Hg.)(1995[4]): Grundbegriffe der Soziologie, Opladen, S. 108–112.

Gukenbiehl, Hermann L. (1995[4]b): Herrschaft. In: Schäfers, Bernhard (Hg.) (1995[4]): Grundbegriffe der Soziologie, Opladen, S. 113–115.

Guttmann, Aviva (2013): Ernst Cinceras nichtstaatlicher Staatsschutz im Zeichen von Antisubversion, Gesamtverteidigung und Kaltem Krieg. In: Schweizerische Zeitschrift für Geschichte, 63, 2013, 1, S. 65–86.

Handlungsgrundsätze der Geschäftsprüfungsdelegation, 16. November 2005, PDF. In: Die Geschäftsprüfungsdelegation GPDel. In: Die Bundesversammlung – das Schweizer Parlament online: http://www.parlament.ch/d/organe-mitglieder/delegationen/geschaeftspruef ungsdelegation/Seiten/default.aspx, Zugriffsdatum: 2.3.2013.

Hartmann, Michael (2004): Elitesoziologie. Eine Einführung, Frankfurt/Main.

Haunss, Sebastian (2008): Antiimperialismus und Autonomie –
Linksradikalismus seit der Studentenbewegung. In: Roth, Roland/Rucht,
Dieter (Hg.)(2008): Die Sozialen Bewegungen in Deutschland seit 1945.
Ein Handbuch, Frankfurt am Main, S. 447–473.

Hauser, Lucie (2010): Skandal – Von der Problematisierungsfunktion zur
Probleminszenierung? Skandale in der öffentlichen Kommunikation
als Indikatoren des sozialen Wandels. Eine Langzeitanalyse und ein
vertiefender Vergleich anhand der Fälle Mirage, Kopp und Nef/Schmid,
unveröffentlichte Lizentiatsarbeit, eingereicht bei Prof. Dr. Kurt Imhof
am Institut für Publizistikwissenschaft und Medienforschung der
Universität Zürich.

Henseler, Guido (2010): „Heimelig und heimlichfeiss". 20 Jahre Protest gegen
den Schnüffelstaat, Film, Zürich.

Hersch, Jeanne (2010): Erste Liebe, Zürich. (Das französische Original mit dem
Titel „Temps alternés" erschien 1942, Fribourg)

Hettling, Manfred (1998): Geschichtlichkeit. Zwerge auf den Schultern von
Riesen. In: Hettling, Manfred/König, Mario/Schaffner, Martin/ Suter,
Andreas/ Tanner, Jakob (Hg.)(1998): Eine kleine Geschichte der Schweiz.
Der Bundesstaat und seine Traditionen, Frankfurt/Main, S. 91–132.

Hettling, Manfred/König, Mario/Schaffner, Martin/ Suter, Andreas/ Tanner,
Jakob (Hg.)(1998): Eine kleine Geschichte der Schweiz. Der Bundesstaat
und seine Traditionen, Frankfurt/Main.

Hickethier, Knut (2001[3]): Film- und Fernsehanalyse, Stuttgart-Weimar.

Hickethier, Knut (2003): Einführung in die Medienwissenschaft, Stuttgart.

Höllerer, Walter (Hg.)(1967): Der Zürcher Literaturstreit. Eine Dokumentation.
In: Sprache im Technischen Zeitalter, 22/1967, Stuttgart.

Hoffmann-Lang, Ursula (2002): Eliten. In: Greiffenhagen, Martin/
Greiffenhagen, Sylvia (Hg.): Handwörterbuch zur politischen Kultur in
der Bundesrepublik Deutschland, Wiesbaden, S. 96–102.

Hoffmann-Lange/König, Thomas (2002[2]): Politische Eliten. In: Jarren, Otfried/
Sarcinelli, Ulrich/Saxer, Ulrich (Hg.)(2002[2]): Politische Kommunikation
in der demokratischen Gesellschaft. Ein Handbuch mit Lexikonteil,
Opladen, Wiesbaden, S. 450–455.

Holly, Werner/Kühn, Peter/Püschel, Ulrich (Hg.)(1989): Redeshows:
Fernsehdiskussionen in der Diskussion, Tübingen.

Holly, Werner/Kühn, Peter/Püschel, Ulrich (1989a): Fernsehdiskussionen in
der Diskussion. Zur Einführung. In: Holly, Werner/Kühn, Peter/Püschel,
Ulrich (Hg.)(1989): Redeshows: Fernsehdiskussionen in der Diskussion,
Tübingen, S. 1–10.

Hon.: „Ein Mann mit vielen Facetten. Zum Hinschied von Hans W. Kopp." In: Neue Zürcher Zeitung, 29. Januar 2009.

Hondrich, Karl Otto (2002): Enthüllung und Entrüstung. Eine Phänomenologie des politischen Skandals, Frankfurt/Main.

Hubacher, Simon: „Es gibt immer weniger Schweizer Visionäre und Vordenker". In: SonntagsZeitung, 21. Juli 1996.

Hugger, Paul (Hg.)(1992): Handbuch der schweizerischen Volkskultur, Bd. 2, Zürich-Basel.

Hugger, Paul/Stadler, Ulrich (Hg.)(1995): Gewalt. Kulturelle Formen in Geschichte und Gegenwart, Zürich.

Hülst, Dirk (1999): Symbol und soziologische Symboltheorie. Untersuchungen zum Symbolbegriff in Geschichte, Sprachphilosophie, Psychologie und Soziologie, Opladen.

Hunziker, Thomas: Elisabeth Kopp – Eine Winterreise. Rezension. In: Cinema, online: http://www.cinemabuch.ch/selection-cinema/elisabeth-kopp -eine-winterreise-andres-bruetsch.html.

Hürlimann, Gisela/Aratnam, Ganga Jey (2004): Die Aporien der Demokratie. Politische Partizipation, Integration und die „Ausländerfrage", 1960 bis heute. In: Zeitschrift des Schweizerischen Bundesarchivs (Hg.)(2004): Die Erfindung der Demokratie in der Schweiz. L'invention de la démocratie en Suisse, Zürich, S. 109–142. (Studien und Quellen)

Hutter, Swen/Giugni, Marco (2009): Protest politics in a changing political context. Switzerland 1975–2005. In: Swiss political science review 15, 2009, 3, S. 427–461.

Imhof, Kurt/Kleger, Heinz/Romano, Gaetano (Hg.)(1996): Krise und sozialer Wandel, Bd. 2: Konkordanz und Kalter Krieg: Analyse von Medienereignissen in der Schweiz der Zwischen- und Nachkriegszeit, Zürich.

Imhof, Kurt (1996): Wiedergeburt der geistigen Landesverteidigung: Kalter Krieg in der Schweiz. In: Imhof, Kurt/Kleger, Heinz/Romano, Gaetano (Hg.)(1996): Krise und sozialer Wandel, Bd. 2: Konkordanz und Kalter Krieg: Analyse von Medienereignissen in der Schweiz der Zwischen- und Nachkriegszeit, Zürich, S. 148–173.

Imhof, Kurt/Jost, Hans-Ulrich (1998): Geistige Landesverteidigung: helvetischer Totalitarismus oder antitotalitärer Basiskompromiss? Ein Streitgespräch. In: Die Erfindung der Schweiz 1849–1948. Bildentwürfe einer Nation, hrsg. v. Schweizerisches Landesmuseum Zürich, Zürich, S. 364–380.

Imhof, Kurt (2000): Öffentlichkeit und Skandal. In: Neumann-Braun, Klaus/Müller-Dohm, Stefan (Hg.)(2000): Medien- und Kommunikationssoziologie. Eine Einführung in zentrale Begriffe und Theorien, München, S. 55–68.

Im Hof, Ulrich (1991): Mythos Schweiz. Identität–Nation-Geschichte 1291–1991, Zürich.

Iten, Andreas/Kappeler, Anna-Marie (1988): Vorbei am Landesstolz. Ergründung des Neins zum Projekt CH 91, Luzern.

Jahnel, Andrea (2000): Argumentation in internationalen Fernsehdiskussionen, München.

Jahresbericht 2012 der GPK und GPDel, Auszug, PDF. In: Die Geschäftsprüfungsdelegation GPDel. In: Die Bundesversammlung – das Schweizer Parlament online: http://www.parlament.ch/d/organe-mitglieder/delegationen/geschaeftspruefungsdelegation/Seiten/default.aspx, Zugriffsdatum: 2.3.2013.

Jarren, Otfried/Sarcinelli, Ulrich/Saxer, Ulrich (Hg.)(2002²): Politische Kommunikation in der demokratischen Gesellschaft. Ein Handbuch, Wiesbaden.

Jorio, Marco (2006): Geistige Landesverteidigung. In: Historisches Lexikon der Schweiz, online: http://hls-dhs-dss.ch/texte/d/D17426.php.

Jost, Hans Ulrich (1998): Der helvetische Nationalismus. Nationale Identität, Patriotismus, Rassismus und Ausgrenzungen in der Schweiz des 20. Jahrhunderts. In: Wicker, Hans-Rudolf (Hg.)(1998): Nationalismus, Multikulturalismus und Ethnizität. Beiträge zur Deutung von sozialer und politischer Einbindung und Ausgrenzung, Bern/Stuttgart/Wien, S. 65–78.

Jost, Hans Ulrich (2001): Helvetischer Nationalismus. Missverständnisse um den Begriff „Nation". In: Widerspruch 41, S. 39–45.

Jureit, Ulrike (2001): Imagination und Kollektiv. Die „Erfindung" politischer Gemeinschaften. In: Jureit, Ulrike (Hg.)(2001): Politische Kollektive. Die Konstruktion nationaler, rassischer und ethnischer Gemeinschaften, Münster, S. 7–20.

Kaestli, Tobias (2005): Selbstbezogenheit und Offenheit – Die Schweiz in der Welt des 20. Jahrhunderts. Zur politischen Geschichte eines neutralen Staates, Zürich.

Kast, Verena (1991): (Tagungsbeitrag zum Thema „Brauchen wir Feindbilder?"). In: Wallraff, Günter/Kast, Vera et al. (1991): Brauchen wir Feindbilder, (Protokoll einer interdisziplinären Tagung) mit Beiträgen von Clauß, Dieter/Kast, Verena/Peterle, Lojze/Rüssli, Fred/Wallraff, Günter, Diskussionsleitung: Gysling, Erich, Nachwort: Altwegg, Jürg, Münsingen-Bern, S. 21–31.

Keen, Sam (1993²): Gesichter des Bösen. Über die Entstehung unserer Feindbilder, München.

Keller, Andreas (1996): Die Politische Polizei im Rahmen des schweizerischen Staatsschutzes. Dargestellt am Beispiel des Kantons Basel-Stadt. Historische Entwicklung, Rechtsgrundlagen, Handlungsformen, Rechtsfortbildung mit rechtsvergleichenden Hinweisen auf Deutschland, Basel/Franfurt am Main. (Basler Studien zur Rechtswissenschaft, Bd. 50)

Kepplinger, Hans Mathias (1992): Ereignismanagement. Wirklichkeit und Massenmedien, Zürich-Osnabrück.

Kepplinger, Hans Mathias (2002²): Skandal. In: Jarren, Otfried/Sarcinelli, Ulrich/Saxer, Ulrich (Hg.)(2002²): Politische Kommunikation in der demokratischen Gesellschaft. Ein Handbuch, Wiesbaden, S. 723.

Kepplinger, Hans Mathias (2002⁴): Nonverbale Kommunikation und Darstellungseffekte. In: Noelle-Neumann, Elisabeth/Schulz, Winfried/ Wilke, Jürgen (Hg.)(2002⁴): Das Fischer Lexikon. Publizistik Massenkommunikation, Frankfurt/Main, S. 363–391.

Kepplinger, Hans Mathias (2001): Die Kunst der Skandalierung und die Illusion der Wahrheit, München. Vgl. die zweite, aktualisierte Auflage mit verändertem Titel: Ders. (2005): Die Mechanismen der Skandalierung. Die Macht der Medien und die Möglichkeiten der Betroffenen, München.

Kley, Andreas (2011): Bundesverfassung (BV). In: Historisches Lexikon der Schweiz, online: http://www.hls-dhs-dss.ch/textes/d/D9811.php.

Klimke, Martin/Scharloth, Joachim (Hg.)(2007): Handbuch 1968. Zur Kultur- und Mediengeschichte der Studentenbewegung, Stuttgart.

Klöti, Ulrich et al. (2006⁴): Handbuch der Schweizer Politik. Manuel de la politique Suisse, Zürich.

Knieper, Thomas (2002): Die politische Karikatur. Eine Journalistische Darstellungsform und deren Produzenten, Köln.

Köchli, Yvonne-Denise: „War da was?" In: www.weltwoche.ch/ausgaben/ 2003-27/artikel-2003-27-war-da-was.html.

Kohler, Georg/Von Moos, Stanislas (Hg.)(2002): Expo-Syndrom? Materialien zur Landesausstellung: 1883–2002, Zürich.

Kohler, Georg: „Mutter Courage als Philosophin". In: Neue Zürcher Zeitung, 10. Juli 2010.

Köhler, Gabriele (1995): Symbol. In: Schäfers, Bernhard (Hg.)(1995⁴): Grundbegriffe der Soziologie, Opladen, S. 356–358.

Kolbe, Christian (1995): Ein „Wunderbastard" für die Obersten. Der Mirageskandal. In: Looser, Heinz/Kolbe, Christian/Schaller, Roland et al. (Hg.)(1995): Die Schweiz und ihre Skandale, Zürich, S. 61–75.

König, Mario/Kreis, Georg/Meister, Franziska/Romano, Gaetano (Hg.)(1998): Dynamisierung und Umbau. Die Schweiz in den 60er und 70er Jahren, Zürich.

König, Mario et al. (1998a): Einleitung. Reformprojekte, soziale Bewegungen und neue Öffentlichkeit. In: König, Mario/Kreis, Georg/Meister, Franziska/Romano, Gaetano (Hg.)(1998): Dynamisierung und Umbau. Die Schweiz in den 60er und 70er Jahren, Zürich, S. 11–20.

König, Mario (1998a): Politik und Gesellschaft im 20. Jahrhundert. Krisen, Konflikte, Reformen. In: Hettling, Manfred/ König, Mario/Schaffner, Martin/ Suter, Andreas/ Tanner, Jakob (Hg.)(1998): Eine kleine Geschichte der Schweiz. Der Bundesstaat und seine Traditionen, Frankfurt/Main, S. 21–90.

Kopp, Elisabeth (2004[2]): Elisabeth Kopp – Bundesrätin von 1984–1989 (Interview). In: Girsberger, Esther (2004[2]): Abgewählt. Frauen an der Macht leben gefährlich, mit Porträts von Sabina Bobst, Zürich, S. 14–30.

Krebs, Edith: „Hat da jemand gelacht?" In: Die WochenZeitung, 16. März 2006.

Kreis, Georg (1991): Der Mythos von 1291. Zur Entstehung des schweizerischen Nationalfeiertages, Basel.

Kreis, Georg (1992): Der Frage der nationalen Identität. In: Hugger, Paul (Hg.) (1992): Handbuch der schweizerischen Volkskultur, Bd. 2, Zürich-Basel, S. 781–799.

Kreis, Georg (1992a): Politische Kultur. In: Hugger, Paul (Hg.)(1992): Handbuch der schweizerischen Volkskultur, Bd. 2, Zürich-Basel, S. 901–923.

Kreis, Georg/Wigger, Otmar (1993): Der Wandel des Staatsschutzverständnisses (Kap. 8). In: Kreis, Georg (Hg.): Staatsschutz in der Schweiz, S. 613–651.

Kreis, Georg (Hg.)(1993), Staatsschutz in der Schweiz: die Entwicklung 1935–1990; eine multidisziplinäre Untersuchung von Georg Kreis, Jean-Daniel Delley und Otto K. Kaufmann im Auftrag des Bundesrates, Bern-Stuttgart-Wien.

Kreis, Georg (2002): Zurück in den Zweiten Weltkrieg. Zur schweizerischen Zeitgeschichte in den 80er Jahren. In: Schweizerische Zeitschrift für Geschichte, 52, 2002, S. 60–68.

Kreis, Georg (2009): Staatsschutz im Laufe der Zeit. Von der Skandalisierung zur Gleichgültigkeit. Ein Blick zurück auf die Fichenaffäre vor 20 Jahren. In: Digma. Zeitschrift für Datenrecht und Informationssicherheit, Vol. 9, H.2 (2009), S. 54–59.

Kreis, Georg (2010): Landesausstellungen. In: Historisches Lexikon der Schweiz, online: http://www.hls-dhs-dss.ch/textes/d/D13796.php.

Kriesi, Hanspeter (1984): Die Zürcher Bewegung. Bilder, Interaktionen, Zusammenhänge, Frankfurt/Main.

Kriesi, Hanspeter (1987): Neue soziale Bewegungen – der Protest einer Generation? In: Dahinden, Martin (Hg.)(1987): Neue soziale Bewegungen – und ihre gesellschaftlichen Wirkungen, Zürich, S. 25–42.

Kury, Patrick (2003): Über Fremde reden. Überfremdungsdiskurs und Ausgrenzung in der Schweiz 1900–1945, Zürich.

Lepsius, Mario Rainer (1990): Interessen, Ideen und Institutionen, Opladen.

Lepsius, Mario Rainer (1990a): Interessen und Ideen. Die Zurechnungsproblematik bei Max Weber. In: Lepsius, Mario Rainer (1990): Interessen, Ideen und Institutionen, Opladen, S. 31–43.

Lepsius, Mario Rainer (1990b): Über die Institutionalisierung von Kriterien der Rationalität und die Rolle der Intellektuellen. In: Lepsius, Mario Rainer (1990): Interessen, Ideen und Institutionen, Opladen, S. 44–52.

Lepsius, Mario Rainer (1990c): Die Prägung der politischen Kultur der Bundesrepublik durch institutionelle Ordnungen. In: Lepsius, Mario Rainer (1990): Interessen, Ideen und Institutionen, Opladen, S. 63–84.

Lepsius, Mario Rainer (1990d): Kritik als Beruf. Zur Soziologie der Intellektuellen. In: Lepsius, Mario Rainer (1990): Interessen, Ideen und Institutionen, Opladen, S. 270–285.

Lepsius, Mario Rainer (1995): Institutionenanalyse und Institutionenpolitik. In: Nedelmann, Birgitta (Hg.): Politische Institutionen im Wandel, Sonderheft 35/1995 der Kölner Zeitschrift für Soziologie und Sozialpsychologie, S. 392–403.

Lerch, Fredi (2003): Das Staunen der Dichter am Ende des Traums. Die jüngste Geschichte der Schweizer Autorinnen und Autoren der Gruppe Olten. In: Schmid, Peter A./Roth-Hunkeler, Theres (Hg.)(2003): Abschied von der Spaltung. Fin d'une division. Die letzten Jahre der Schweizer Autorinnen und Autoren Gruppe Olten und des Schweizerischen Schriftstellerinnen und Schriftsteller-Verbandes. Les dernières années du Groupe d'Olten, Ecrivaines et Ecrivains suisses et da la Société Suisse des Ecrivaines et Ecrivains, Zürich, S. 37–93.

Leutwyler, Christina (2008): „Warum Kopp ging. Warum Schmid bleibt". In: Tages-Anzeiger, 26. Juli 2008.

Levy, René/Duvanel, Laurent (1984): Politik von unten. Bürgerprotest in der Nachkriegsschweiz, Basel.

Levy, René (1992): Bürger in Bewegung. In: Hugger, Paul (Hg.)(1992): Handbuch der schweizerischen Volkskultur, Bd. 2, Zürich-Basel, S. 925–952.

Liehr, Dorothee (2002): Von der Aktion gegen den SPIEGEL zur SPIEGEL-Affäre. Zur gesellschaftspolitischen Rolle der Intellektuellen, Frankfurt/Main-Berlin-New York.

Liehr, Dorothee (2006): Skandal und Intervention. Adolf Muschg und seine Eingriffe in die Fichen-Affäre 1989/90 – zur Rolle der Intellektuellen seit den 1990er Jahren. In: Gilcher-Holtey, Ingrid (Hg.)(2006): Zwischen den Fronten. Positionskämpfe europäischer Intellektueller im 20. Jahrhundert, Berlin, S. 231–253.

Liehr, Dorothee (2007): Ereignisinszenierung im Medienformat. Proteststrategien und Öffentlichkeit – eine Typologie. In: Klimke, Martin/Scharloth, Joachim (Hg.)(2007): Handbuch 1968. Zur Kultur- und Mediengeschichte der Studentenbewegung, Stuttgart, S. 23–36.

Liehr, Dorothee: „Etwas mehr Fragemut in diesem bangen Land". In: Die WochenZeitung, 19. November 2009.

Liehr, Dorothee (2010): Plädoyer für das Denken. Der resonanzstarke Abtritt des Intellektuellen Max Frisch von der (politischen) Bühne 1989. In: Traverse, 2/2010, Les intellecutels en Suisse au 20e siècle – Intellektuelle in der Schweiz im 20. Jahrhundert, Zürich, S. 81–96.

Linder, Wolf (2005[2]): Schweizerische Demokratie. Institutionen, Prozesse, Perspektiven, Bern-Stuttgart-Wien.

Linke, Angelika (1985): Gespräche im Fernsehen. Eine diskursanalytische Untersuchung, Bern-Frankfurt/Main-New York-Paris. (Zürcher Germanistische Studien 1)

Linsmayer, Charles (2010): À contre-sens de l'époque. Jeanne Hersch, ihr Roman „Temps alternés" und ihr einsames Leben als berühmteste Schweizer Philosophin ihrer Zeit. Biographisches Nachwort. In: Hersch, Jeanne (2010): Erste Liebe, Zürich, S. 147–239. (Das französische Original mit dem Titel „Temps alternés" erschien 1942, Fribourg)

Lipp, Wolfgang (1995): Institutionen. In: Schäfers, Bernhard (Hg.)(1995[4]): Grundbegriffe der Soziologie, Opladen, S. 134–137.

Löffler, Heiner (1983): Zur Natürlichkeit künstlicher Studio-Gespräche. Beobachtungen an moderierten Gesprächen im Fernsehen. In: Sprache und Pragmatik. Lunder Symposium 1982, hrsg. v. Rosengren, Inger (1983), Stockholm, S. 359–372. (Lunder Germanistische Forschungen 52)

Löffler, Heinrich (1989): Fernsehgespräche im Vergleich: Gibt es kultur- oder programmspezifische Gesprächsstile? In: Holly, Werner/Kühn, Peter/ Püschel, Ulrich (Hg.)(1989): Redeshows. Fernsehdiskussionen in der Diskussion, Tübingen, S. 92–115.

Löffler, Rolf (2004): „Zivilverteidigung" – die Entstehungsgeschichte des „roten Büchleins". In: SZG/RSH/RSS 54/2004, 2, S. 173–187.

Looser, Heinz/Kolbe, Christian/Schaller, Roland et al. (Hg.)(1995): Die Schweiz und ihre Skandale, Zürich.

Looser, Heinz/Kolbe, Christian/Gambini, Simona/ Schaller, Roland (1995): Die vollständige Skandalchronik 1945–1994. In: Looser, Heinz/Kolbe, Christian/Schaller, Roland et al. (Hg.)(1995): Die Schweiz und ihre Skandale, Zürich, S. 259–308.

Macho, Thomas (1998): Das prominente Gesicht. Notizen zur Politisierung der Sinnlichkeit. In: Arnold, Sabine/Fuhrmeister, Christian/Schiller, Dietmar (Hg.)(1998): Politische Inszenierung im 20. Jahrhundert: zur Sinnlichkeit der Macht, Wien-Köln-Weimar, S. 171–184.

Marchal, Guy P. (2007²): Schweizer Gebrauchsgeschichte. Geschichtsbilder, Mythenbildung und nationale Identität, Basel.

McNair, Brian (1988): Images of the enemy: reporting the new Cold War, London.

Mergel, Thomas (2005): Benedict Andersons Imagined Communities: Zur Karriere eines erfolgreichen Konzepts. Nachwort zur Neuauflage 2005. In: Anderson, Benedict (2005²): Die Erfinung der Nation. Zur Karriere eines folgenreichen Konzepts, Frankfurt/Main, S. 281–306.

Messerli, Philippe (2001): „Wie viel Staatsschutz braucht die Schweiz?" Der Fichenskandal 1989/90 im Spiegel ausgewählter Schweizer Tageszeitungen, unveröffentlichte Lizentiatsarbeit, eingereicht bei Prof. Dr. Brigitte Studer, Historisches Seminar der Universität Bern.

Meyer, Frank A. (1989): Vorwort. In: Müller, Christian (Hg.)(1989): „Mich trifft keine Schuld". Elisabeth Kopp, erste Bundesrätin. Eine Dokumentation, Zürich, S. 7.

Meyer, Thomas/Ontrup, Rüdiger/Schicha, Christian (2000): Die Inszenierung des Politischen. Zur Theatralität von Mediendiskursen, Wiesbaden.

Meyer, Werner (1993): 700 Jahre Schweiz im Wandel. Bemerkungen zu den Anfängen der Eidgenossenschaft, Basel.

Michel, Paul (Hg.)(2005): Symbolik von Ort und Raum, Bern-Frankfurt/Main-New York-Paris. (Schriften zur Symbolforschung 11)

Mooser, Josef (1997): Die „Geistige Landesverteidigung" in den 1930er Jahren. In: Schweizerische Zeitschrift für Geschichte 47, 1997,4, S. 685–708.

Moser, Jürg (1990): Die Kunst der satirischen Zeichnung. In: Kulturmagazin 80, 1990, S. 24–27.

Mühlethaler, Hans (1989): Die Gruppe Olten. Das Erbe einer rebellierenden Schriftstellergeneration, Aarau/Frankfurt am Main/Salzburg.

Müller, Christian (Hg.)(1989): „Mich trifft keine Schuld". Elisabeth Kopp, erste Bundesrätin. Eine Dokumentation, Zürich.

Müller, Felix (2010): Grütliverein. In: Historisches Lexikon der Schweiz, online: http://www.hls-dhs-dss.ch/textes/d/D17397.php.

Müller, Leo (2006³): Tatort Zürich. Einblicke in die Schattenwelt der internationalen Finanzkriminalität, Berlin.

Münkler, Herfried (1994): Politische Bilder, Politik der Metaphern, Frankfurt/Main.

Munzinger-Archiv, Internationales Biographisches Archiv für publizistische Arbeit, Ravensburg, (Zugriff über die Datenbank der Zentralbibliothek Zürich im Jahr 2009).

Munzinger-Archiv: Kopp, Elisabeth. In: Munzinger-Archiv, Internationales Biographisches Archiv für publizistische Arbeit, Ravensburg, (Zugriff über die Datenbank der Zentralbibliothek Zürich im Januar 2009), ausgedruckt S. 1–2.

Munzinger-Archiv: Leuenberger, Moritz. In: Munzinger-Archiv, Internationales Biographisches Archiv für publizistische Arbeit, Ravensburg, (Zugriff über die Datenbank der Zentralbibliothek Zürich im Januar 2009), ausgedruckt S. 1–3.

Neidhardt, Friedhelm (Hg.)(1994): Öffentlichkeit, öffentliche Meinung, soziale Bewegungen. Kölner Zeitschrift für Soziologie und Sozialpsychologie, Sonderband 34.

Neidhardt, Friedhelm/Rucht, Dieter (2001): Protestgeschichte der Bundesrepublik Deutschland 1950–1994: Ereignisse, Themen, Akteure. In: Rucht, Dieter (Hg.)(2001): Protest in der Bundesrepublik Deutschland. Strukturen und Entwicklungen, Franfurt/Main, S. 27–70.

Nigg, Heinz (Hg.)(2001): Wir wollen alles, und zwar subito! Die Achtziger Jugendunruhen in der Schweiz und ihre Folgen, Zürich.

Niggli, Peter/Frischknecht, Jürg (1998): Rechte Seilschaften. Wie die „unheimlichen Patrioten" den Zusammenbruch des Kommunismus meisterten, Zürich.

Nohlen, Dieter/Schultze, Rainer-Olaf (Hg.)(2005³): Lexikon der Politikwissenschaft: Theorien, Methoden, Begriffe, 2 Bde., München.

Nullmeier, Frank (2005): Nachwort. In: Edelman, Murray (2005³): Politik als Ritual. Die Symbolische Funktion staatlicher Institutionen und politischen Handelns, Frankfurt/Main, S. 199–216.

Nullmeier, Frank (2006): Politik und Emotion. In: Schützeichel, Rainer (Hg.) (2006): Emotionen und Sozialtheorie. Disziplinäre Ansätze, Frankfurt/Main, S. 84–103.

Obermüller, Klara (Hg.)(2003): Wir sind eigenartig, ohne Zweifel. Die kritischen Texte von Schweizer Schriftstellern über ihr Land, Müchen-Wien.

Obermüller, Klara (2003a): Literatur der Zeitgenossenschaft. In: Obermüller, Klara (Hg.)(2003): Wir sind eigenartig, ohne Zweifel. Die kritischen Texte von Schweizer Schriftstellern über ihr Land, Müchen-Wien, S. 7–22.

Obermüller, Klarer (2003b): Kultur zwischen Bildung und Boulevard – Geschichte einer Schwierigen Beziehung. In: Autorenkollektiv (2003), 50 Jahre Schweizer Fernsehen. Zum Fernseh'n drängt, am Fernseh'n hängt doch alles…, Zürich, S. 172–186.

Offenstadt, Nicolas/Van Damme, Stéphane (2007): Introduction. Une longue histoire. In: Boltanski, Luc/Claverie, Élisabeth/Offenstadt, Nicolas/Van Damme, Stéphane (Hg.)(2007): Affaires, scandales et grandes causes. De Socate à Pinochet, Paris, S. 7–18.

Ontrup, Rüdiger (1999): Text-Bilder. Theatralität und Visualisierungsstrategien in politischen Fernsehsendungen. In: Schicha, Christian/Ontrup, Rüdiger (Hg.)(1999): Medieninszenierungen im Wandel: Interdisziplinäre Zugänge, Münster, S. 103–130.

Ontrup, Rüdiger/Schicha, Christian (1999): Die Transformation des Theatralischen – Eine Einführung. In: Schicha, Christian/ Ontrup, Rüdiger (Hg.)(1999): Medieninszenierungen im Wandel: Interdisziplinäre Zugänge, Münster, S. 7–18.

Perrig, Igor (1993): Geistige Landesverteidigung im Kalten Krieg. Der Schweizerische Aufklärungsdienst (SAD) und Heer und Haus 1945–1963, Brig.

Peter, Nicole (2008): Halbstarke, Kellerpoeten, Studentinnen und Lehrlinge. „1968" in der Schweiz. In: Linke, Angelika/Scharloth, Joachim (Hg.) (2008): Der Zürcher Sommer 1968. Zwischen Krawall, Utopie und Bürgersinn. Zeitdokumente auf DVD, Zürich, S. 23–32.

Pethes, Nicolas/Ruchatz, Jens (Hg.)(2001): Gedächtnis und Erinnerung. Ein interdisziplinäres Lexikon, Reinbek.

Petter-Zimmer, Yvonne (1990): Politische Fernsehdiskussionen und ihre Adressaten, Tübingen.

Pfeifer, Wolfgang (Hg.)(2005[8]): Etymologisches Wörterbuch des Deutschen, München.

Pfetsch, Barbara (1996): Politik und Fernsehen. Strukturen und Bedingungen politischer Kommunikation. In: Zeitschrift für Parlamentsfragen 2/1996, S. 331–347.

Pieper, Annemarie (2000): „Also entschloss ich mich…" Eine Würdigung der verstorbenen Genfer Philosophin Jeanne Hersch. In: SchlagLicht, 7. Juni 2000.

Pieper, Annemarie: „Gegenwart des Menschlichen". In: Neue Zürcher Zeitung, 6. Juni 2000.

Pieper, Annemarie (2010): „Jeanne Hersch: ein weiblicher Sokrates. Nachwort". In: Hersch, Jeanne (2010): Erlebte Zeit. Menschsein im Hier und Jetzt. Hrsg. von Weber, Monika/Pieper, Annemarie, Zürich, S. 223–240.

Plomb, Georges (1989): Elisabeth Kopp. L'Ange foudroye. In: Plomb, Georges (1989a): Les Sept Sages et la Chute d'Elisabeth Kopp, Lausanne, S. 44–75.

Plomb, Georges (1989a): Les Sept Sages et la Chute d'Elisabeth Kopp, Lausanne.

Pulver, Elsbeth (1974): Die deutschsprachige Literatur der Schweiz seit 1945. In: Kindlers Literaturgeschichte der Gegenwart. Autoren. Werke. Themen. Tendenzen seit 1945. Die zeitgenössischen Literaturen der Schweiz, hrsg. v. Manfred Gsteiger, Zürich/München, S. 143–406.

Pünter, Otto (1971): Schweizerische Radio- und Fernsehgesellschaft 1931–1970, Bern.

Raschke, Joachim (1988²): Soziale Bewegungen. Ein historisch-systematischer Grundriß, Frankfurt/Main.

Rba.: „Bei eisigem Wind im engsten Kreis der Familie beigesetzt". In: Tages-Anzeiger, 29. Januar 2009.

Rehberg, Karl-Siegbert (1994): Institutionen als symbolische Ordnungen. Leitfragen und Grundkategorien zur Theorie und Analyse institutioneller Mechanismen. In: Göhler, Gerhard (Hg.)(1994): Die Eigenart der Institutionen: zum Profil politischer Institutionentheorie, Baden-Baden, S. 47–85.

Reichlin, Rebekka (1991): „Oft ist es Pflicht, boshaft zu sein" – Friedrich Dürrenmatt. Eine medienethische Arbeit zum Fall Elisabeth Kopp, Diplomarbeit eingereicht am Institut für Journalistik der Universität Fribourg.

Rohe, Karl (1990): Politische Kultur und ihre Analyse. Probleme und Perspektiven der Politischen Kulturforschung. In: Historische Zeitschrift 1990/250, S. 321–346.

Rom., „Der Fall Kopp oder die Vergangenheit im Präsens". In: Neue Zürcher Zeitung, 13. Februar 2007.

Roth, Hansjörg (2010): Jenische. In: Historisches Lexikon der Schweiz, online: http://hls-dhs-dss.ch/textes/d/D8247.php.

Roth, Roland/Rucht, Dieter (Hg.)(2008): Die Sozialen Bewegungen in Deutschland seit 1945. Ein Handbuch, Frankfurt am Main.

Roth, Roland/Rucht, Dieter (2008a): Einleitung. In: Roth, Roland/Rucht, Dieter (2008)(Hg.): Die Sozialen Bewegungen in Deutschland seit 1945. Ein Handbuch, Frankfurt am Main, S. 10–36.

Röthlisberger, Peter (1995): Der jähe Abgang der ersten Bundesrätin. Ein Skandal in 5 Akten. In: Looser, Heinz/Kolbe, Christian/Schaller, Roland et al. (Hg.)(1995): Die Schweiz und ihre Skandale, Zürich, S. 197–208.

Rucht, Dieter (Hg.)(2001): Protest in der Bundesrepublik Deutschland. Strukturen und Entwicklungen, Franfurt/Main.

Rucht, Dieter (2001a): Protest und Protestereignisanalyse. Einleitende
Bemerkungen. In: Rucht, Dieter (Hg.)(2001): Protest in der
Bundesrepublik Deutschland. Strukturen und Entwicklungen, Franfurt/
Main, S. 7–25.

Rucht, Dieter (2002): Neue Soziale Bewegungen. In: Jarren, Otfried/Sarcinelli,
Ulrich/Saxer, Ulrich (Hg.)(2002²): Politische Kommunikation in der
demokratischen Gesellschaft. Ein Handbuch, Wiesbaden, S. 692.

Rucht, Dieter (2003): Die medienorientierte Inszenierung von Protest. Das
Beispiel 1. Mai in Berlin. In: Aus Politik und Zeitgeschichte, B 53/2003,
Bundeszentrale für politische Bildung online: http://www.bpb.de/
popub_druckversion.html?guid=XHVH5V, Zugriffsdatum: 3.3.2004,
18:33 Uhr, S. 1–16.

Rudin, Beat (2009): Staatsschutz unter Kontrolle? In: Digma. Zeitschrift für
Datenrecht und Informationssicherheit, Vol. 9, H. 2(2009), S. 52–53.

Sablonier, Roger (2008³): Gründungszeit ohne Eidgenossen. Politik und
Gesellschaft in der Innerschweiz um 1300, Baden.

Salis, Jean Rudolf von (1961): Die Schweiz im Kalten Krieg. Referat an einer
Tagung des Philipp-Albert-Stapfer-Hauses in Lenzburg. In: Salis,
Jean Rudolf von (1968): Schwierige Schweiz. Beiträge zu einigen
Gegenwartsfragen, Zürich, S. 187–205.

Sandor, Julia (2012): „Ein Aktengebirge so gewaltig…" Die kommunikativen
Aufgaben der Fichen der schweizerischen Bundespolizei, unveröffent-
lichte Lizentiatsarbeit, eingereicht bei Prof. Dr. Heiko Hausendorf am
Deutschen Seminar der Universität Zürich.

Saner, Hans (2000): „Von der Widersprüchlichkeit der Freiheit". In: Tages-
Anzeiger, 7. Juni 2000.

Santschi, Catherine (1991): Schweizer Nationalfeste im Spiegel der Geschichte,
Zürich.

Sarasin, Philipp/Ernst, Andreas/Kübler, Christof/Lang, Paul (1998):
ImagiNation. Eine Einleitung. In: Schweizerisches Landesmuseum
Zürich (Hg.)(1998): Die Erfindung der Schweiz 1848–1948. Bildentwürfe
einer Nation, Zürich, S. 18–31.

Sarasin, Philipp (2001): Die Wirklichkeit der Fiktion. Zum Konzept der ima-
gined communities. In: Jureit, Ulrike (Hg.)(2001): Politische Kollektive.
Die Konstruktion nationaler, rassischer und ethnischer Gemeinschaften,
Münster, S. 22–45.

Sarasin, Philipp (2006²): Michel Foucault zur Einführung, Dresden.

Sacrinelli, Ulrich (1987): Symbolische Politik: zur Bedeutung symbolischen
Handelns in der Wahlkampfkommunikation der Bundesrepublik
Deutschland, Opladen.

Sarcinelli, Ulrich (1995): Aufklärung und Verschleierung. Anmerkungen zur Symbolischen Politik. In: Kulturbox (1993–1999). Das Archiv. Zentral- und Landesbibliothek Berlin, http://www.zlb.de/projekte/kulturbox-archiv/buch/sarcinel.htm, (Zugriffsdatum: 20.9.2005), ausgedruckt S. 1–11.

Sarcinelli, Ulrich (1998): Politische Inszenierung im Kontext des aktuellen Politikvermittlungsgeschäfts. In: Arnold, Sabine/Fuhrmeister, Christian/Schiller, Dietmar (Hg.)(1998): Politische Inszenierung im 20. Jahrhundert: zur Sinnlichkeit der Macht, Wien-Köln-Weimar, S. 146–157.

Sarcinelli, Ulrich (2002): Politische Inszenierung/Symbolische Politik. In: Greiffenhagen, Martin/Greiffenhagen, Silvia (Hg.)(2002): Handbuch der politischen Kultur der Bundesrepublik Deutschland, Wiesbaden, S. 370–379.

Sarcinelli, Ulrich (2002a): Symbolische Politik. In: Jarren, Otfried/Sarcinelli, Ulrich/Saxer, Ulrich (Hg.)(2002): Politische Kommunikation in der demokratischen Gesellschaft. Ein Handbuch mit Lexikonteil, Opladen-Wiesbaden, S. 729–730.

Sauer, Juliane (2007): Höhenweg und Monolith. Der „Sonderfall" auf Schweizer Landesausstellungen. In: Eberle, Thomas/Imhof, Kurt (Hg.)(2007): Sonderfall Schweiz, Zürich, S. 128–139.

Saxer, Ulrich/Märki-Koepp, Martina (1992): Medien-Gefühlskultur. Zielgruppenspezifische Gefühlsdramaturgie als journalistische Produktionsroutine, München.

Saxer, Ulrich/Ganz-Blättler, Ursula (1998): Fernsehen DRS: Werden und Wandel einer Institution. Ein Beitrag zur Medienhistoriographie als Institutionengeschichte. (Diskussionspunkt 35)

Schader, Basil (1992): Eidgenössische Festkultur. In: Hugger, Paul (Hg.) (1992): Handbuch der schweizerischen Volkskultur, Bd. 2, Zürich-Basel, S. 811–832.

Schäfers, Bernhard (Hg.)(1995[4]): Grundbegriffe der Soziologie, Opladen.

Schaub, Fritz: „Intellektuelle ‚Proletarierin'". In: Neue Luzerner Zeitung, 6. Juni 2000.

Scherer, Helmut/Schlütz, Daniela (2003): Das inszenierte Medienereignis. Die verschiedenen Wirklichkeiten der Vorausscheidung zum Eurovision Song Contest in Hannover 2001, Köln.

Scherrer, Adrian (2009): Hans Werner Kopp. In: Historisches Lexikon der Schweiz, online: http://hls-dhs-dss.ch/textes/d/D46504.php.

Schicha, Christian/Ontrup, Rüdiger (Hg.)(1999): Medieninszenierungen im Wandel: Interdisziplinäre Zugänge, Münster.

Schicha, Christian (1999): Politik auf der „Medienbühne". Zur Rhetorik politischer Informationsprogramme. In: Schicha, Christian/Ontrup, Rüdiger (Hg.)(1999): Medieninszenierungen im Wandel: Interdisziplinäre Zugänge, Münster, S. 138–167.

Schicha, Christian (2003): Die Theatralität der politischen Kommunikation. Medieninszenierungen am Beispiel des Bundestagswahlkampfes 2002, Münster-Hamburg-London.

Schiller, Dietmar (1998): „Westminster – Live on Screen!" Zur televisuellen Inszenierung von Politik an der Schwelle zum 21. Jahrhundert. In: Arnold, Sabine/Fuhrmeister, Christian/Schiller, Dietmar (Hg.)(1998): Politische Inszenierung im 20. Jahrhundert: zur Sinnlichkeit der Macht, Wien-Köln-Weimar, S. 203–215.

Schirrmeister, Albert (2003): Triumph des Dichters. Gekrönte Intellektuelle im 16. Jahrhundert, Köln.

Schmid, Karl (1963): Unbehagen im Kleinstaat. Untersuchungen über Conrad Ferdinand Meyer, Henri-Frédéric Amiel, Jakob Schaffner, Max Frisch, Jacob Burckhardt, Zürich/Stuttgart.

Schmid, Karl (1969): Engagement und Opposition. In: Obermüller, Klara (Hg.) (2003): Wir sind eigenartig, ohne Zweifel. Die kritischen Texte von Schweizer Schriftstellern über ihr Land, München-Wien, S. 27–42.

Schmid, Max (1976): Demokratie von Fall zu Fall. Repression in der Schweiz, Zürich.

Schmid, Peter A./Roth-Hunkeler, Theres (Hg.)(2003): Abschied von der Spaltung. Fin d'une division. Die letzten Jahre der Schweizer Autorinnen und Autoren Gruppe Olten und des Schweizerischen Schriftstellerinnen und Schriftsteller-Verbandes. Les dernières années du Groupe d'Olten, Ecrivaines et Ecrivains suisses et da la Société Suisse des Ecrivaines et Ecrivains, Zürich.

Schmitt-Beck, Rüdiger/Pfetsch, Barbara (1994): Politische Akteure und die Medien der Massenkommunikation. Zur Generierung von Öffentlichkeit in Wahlkämpfen. In: Neidhardt, Friedhelm (Hg.)(1994): Öffentlichkeit, öffentliche Meinung, soziale Bewegungen. Kölner Zeitschrift für Soziologie und Sozialpsychologie. Sonderband 34, S. 106–138.

Schneider, Peter (1982): Unrecht für Ruhe und Ordnung. Ein Lehrbuch, Zürich.

Schulz, Kristina (2011): Tendenzen der historischen Erforschung sozialer Bewegungen in der Schweiz. In: Traverse 18/2011, S. 173–192.

Schüttemeyer, Suzanne S. (2005[3]): Checks and balances. In: Nohlen, Dieter/ Schultze, Rainer-Olaf (Hg.)(2005[3]): Lexikon der Politikwissenschaft: Theorien, Methoden, Begriffe 1, 2 Bde., München, S. 101.

Schüttemeyer, Suzanne S. (2005³a): Gewaltenteilung. In: Nohlen, Dieter/ Schultze, Rainer-Olaf (Hg.)(2005³): Lexikon der Politikwissenschaft: Theorien, Methoden, Begriffe 1, 2 Bde., München, S. 305–307.

Schützeichel, Rainer (Hg.)(2006): Emotionen und Sozialtheorie. Disziplinäre Ansätze, Frankfurt/Main.

Schwander, Marcel (1998): Schweizer Literaten: vom Diskurs in der Enge zur Schweiz als Gefängnis. In: Schweizerisches Landesmuseum Zürich (Hg.) (1998): Die Erfindung der Schweiz 1848–1948. Bildentwürfe einer Nation, Zürich, S. 486–494.

Schweizer Fernsehen DRS, Programmdirektion (Hg.)(1988): Fernsehen DRS: Tausend Menschen – ein Programm.

Schweizer Fernsehen DRS, Pressedienst (Hg.)(2003): 50 Jahre Schweizer Fernsehen. Zum Fernseh'n Drängt, am Fernseh'n hängt doch alles…, Baden.

Schweizerisches Landesmuseum Zürich (Hg.)(1998): Die Erfindung der Schweiz 1848–1948. Bildentwürfe einer Nation, Zürich.

Sidler, Roger (2006): Arnold Künzli. Kalter Krieg und „geistige Landesverteidigung" – eine Fallstudie, Zürich.

Simmen, Rosemarie 1991: „Die Frauen feiern drei Jubiläen". In: Autorenkollektiv (1991): 1991. Das Jahr der Schweiz. Die Chronik des Jubiläums, Basel-Kassel, S. 70–80.

Siska, Josef (2007²): Die Geldwäsche und ihre Bekämpfung in Österreich, Deutschland, der Schweiz und Liechtenstein, Wien.

Skipper, Anne Mette (2001): La Suisse, les banques and l'argent sale, Lausanne.

Sonдеregger, Gregor/Dütschler, Christian (1995): Ein PUK-Bericht erschüttert die Schweiz. Der Fichenskandal. In: Looser, Heinz/Kolbe, Christian/ Schaller, Roland et al. (Hg.)(1995): Die Schweiz und ihre Skandale, Zürich, S. 209–218.

Spillmann, Kurt R./Spillmann, Kati (1989): Feindbilder: Entstehung, Funktion und Möglichkeit ihres Abbaus, Zürich. (Zürcher Beiträge zur Sicherheitspolitik und Konfliktforschung 12)

Stäuble, Eduard (1990): Die Satire hat viele Gesichter. In: Kulturmagazin 80, 1990, S. 16–21.

Steinbrecher, Michael/Weiske, Martin (1992): Die Talkshow. 20 Jahre zwischen Klatsch und News. Tips und Hintergründe, München.

Stettler, Bernhard (2010): Bundesbriefe. In: Historisches Lexikon der Schweiz, online: http://hls-dhs-dss.ch/textes/d/D9600.php.

Strohmeier, Gerd (2004): Politik und Massenmedien. Eine Einführung, Baden-Baden.

Stoffel, Talin (2001): Zwischen Konflikt und Konsens: Die schweizerischen Jubiläumsfeiern von 1991 und 1998 in der schweizerischen Politik, unveröffentlichte Lizentiatsarbeit, eingereicht bei Prof. Dr. Jakob Tanner an der Forschungsstelle für schweizerische Sozial- und Wirtschaftsgeschichte der Universität Zürich.

Studer, Brigitte (2009): Antikommunismus. In: Historisches Lexikon der Schweiz, online: http://hls-dhs-dss.ch/textes/d/D27836.php.

Studer, Peter (2009): „Hans W. Kopp, hochbegabter Grenzgänger". In: Tages-Anzeiger 29. Januar 2009.

Tanner, Jakob (1986): Bundeshaushalt und Kriegswirtschaft. Eine finanzsoziologische Analyse der Schweiz zwischen 1938 und 1953, Zürich.

Tanner, Jakob (1986a): Blockiert zwischen Vorgestern und Übermorgen. Die Schweiz in den fünfziger Jahren. In: Kulturmagazin 57, 1986, S. 8–15.

Tanner, Jakob (1987): Teure Armee – billige Feindbilder. Von der militärischen Verteidigung gegen Feinde zu einer kooperativen Friedenspolitik mit Partnern. In: Frauen für den Frieden (Hg.)(1987): Nicht nur Waffen bedrohen den Frieden. Ansätze zu einer neuen schweizerischen Innen-, Aussen- und Sicherheitspolitik, Basel, S. 79–107.

Tanner, Jakob (1988): Totale Verteidigung im bedrohten Kleinstaat. Vom Luftschutz der Zwischenkriegszeit bis zur Zivilschutz-Konzeption 1971. In: Albrecht, Peter/Gross, Andreas/Hohler, August E./ et al. (1988): Schutzraum Schweiz. Mit dem Zivilschutz zur Notstandsgesellschaft, Bern, S. 59–109.

Tanner, Jakob (1990): Staatsschutz im Kalten Krieg. Mit dem Feindbild Moskau den politischen Burgfrieden zementieren. In: Komitee Schluss mit dem Schnüffelstaat (Hg.)(1990): Schnüffelstaat Schweiz. Hundert Jahre sind genug, Zürich, S. 36–46.

Tanner, Jakob (1998): Nationale Identität und kollektives Gedächtnis. Die Schweiz im internationalen Kontext. In: Universitätsbibliothek Basel (Hg.)(1998): Die Schweiz und die Fremden 1798-1848-1998. Begleitheft zur Ausstellung, Basel, S. 22–36.

Tanner, Jakob (1998a): Epilog: Die Schweiz liegt in Europa. In: Hettling, Manfred/ König, Mario/Schaffner, Martin/ Suter, Andreas/ Tanner, Jakob (Hg.)(1998): Eine kleine Geschichte der Schweiz. Der Bundesstaat und seine Traditionen, Frankfurt/Main, S. 291–313.

Tanner, Jakob (2001): Nation, Kommunikation und Gedächtnis. Die Produktivkraft des Imaginären und die Aktualität Ernest Renans. In: Jureit, Ulrike (Hg.)(2001): Politische Kollektive. Die Konstruktion nationaler, rassischer und ethnischer Gemeinschaften, Münster, S. 46–67.

Tucholsky, Kurt (1919): Was darf die Satire? In: Kulturmagazin 80, 1990, S. 15.

Uhlmann, Matthias/Vital, Marleina (2008): Ernst Cincera (1928–2004). Antikommunist und privater Staatsschützer – das „cinceristische" Weltbild, unveröffentlichte Lizentiatsarbeit, eingereicht bei Prof. Dr. Albert Tanner am Historischen Seminar der Universität Bern.

Ulbricht, Axel/Wintsch, Dani (2000): Die kommunikative Konstruktion der Affäre Kopp. Analyse der Berichterstattung in Tages-Anzeiger, Neuer Zürcher Zeitung und Blick auf stilistischer und inhaltlich-thematischer Ebene verbunden mit Elementen einer Theorie des politischen Skandals, unveröffentlichte Lizentiatsarbeit, eingereicht bei Prof. Dr. Kurt Imhof am Institut für Publizistikwissenschaft und Medienforschung der Universität Zürich.

Vischer, Daniel (2012): Zwanzig Jahre Datenschutz. Staatsschutz und Datenschutz. In: Belser, Urs et al. (Hg.)(2012): Von der Lochkarte zum Mobile Computing. 20 Jahre Datenschutz in der Schweiz, hrsg. v. Datenschutz-Forum-Schweiz, Zürich, S. 109–116.

Voegeli, Yvonne (2011): Frauenstimmrecht. In: Historisches Lexikon der Schweiz, online: http://hls-dhs-dss.ch/textes/d/D10380.php.

Von Matt, Peter (2001): Die Inszenierung des politisch Unbewussten in der Literatur. In: Von Matt, Peter (2001a): Die tintenblauen Eidgenossen. Über die literarische und politische Schweiz, München/Wien, S. 96–103.

Von Matt, Peter (2001a): Die tintenblauen Eidgenossen. Über die literarische und politische Schweiz, München/Wien.

Von Matt, Peter (2001b): Kritischer Patriotismus. Die Auseinandersetzung der Schweizer Schriftsteller mit der guten und der bösen Schweiz. In: Von Matt, Peter (2001a): Die tintenblauen Eidgenossen. Über die literarische und politische Schweiz, München/Wien, S. 131–143.

Wallraff, Günter/Kast, Vera et al. (1991): Brauchen wir Feindbilder, (Protokoll einer interdisziplinären Tagung) mit Beiträge von Claus, Dieter/Kast, Verena/Peterle, Lojze/Rüssli, Fred/Wallraff, Günter, Diskussionsleitung: Gysling, Erich, Nachwort: Altwegg, Jürg, Münsingen-Bern.

Weber, Max (1911–13): Soziologische Grundbegriffe. In: Weber, Max (1980⁵): Wirtschaft und Gesellschaft. Grundrisse der verstehenden Soziologie. Hrsg. von Winckelmann, Johannes, Tübingen, S. 1–121.

Weber, Max (1904): Die „Objektivität" sozialwissenschaftlicher und sozialpolitischer Erkenntnis. In: Weber, Max (1991): Schriften zur Wissenschaftslehre. Hrsg. von Sukale, Michael, Stuttgart, S. 21–101.

Weber, Max (1980⁵): Wirtschaft und Gesellschaft. Grundrisse der verstehenden Soziologie. Hrsg. von Johannes Winckelmann, Tübingen.

Weber, Max (1991): Schriften zur Wissenschaftslehre. Hrsg. von Sukale, Michael, Stuttgart.

Weber, Monika (2010): Faszination Jeanne Hersch. Einleitung. In: Hersch, Jeanne (2010): Erlebte Zeit. Menschsein im Hier und Jetzt. Hrsg. von Weber, Monika/Pieper, Annemarie, Zürich, S. 9–19.

Weber, Ulrich (2005): Dürrenmatt, Friedrich. In: Historisches Lexikon der Schweiz, online: http://www.hls-dhs-dss.ch/textes/d/D11759.php.

Weigelt, Peter (Hg.)(1998): Staatsschutz im freiheitlichen Staat: Auftrag oder Widerspruch? Nein zur Initiative „S.o.S. – Schweiz ohne Schnüffelpolizei", Aktion für freie Meinungsbildung, Zürich.

Wegmann, Jutta (1995): Netzwerk, soziales. In: Schäfers, Bernhard (Hg.)(1995[4]), Grundbegriffe der Soziologie, Opladen, S. 225–228.

Weibel, Andrea (2007): Cincera, Ernst. In: Historisches Lexikon der Schweiz, online: http://hls-dhs-dss.ch/textes/d/D33671.php.

Weninger, Robert (2004): „Kloaken und Psychopathen". Der Zürcher Literaturstreit um eine Rede Emil Staigers. In: Weninger, Robert (2004a): Streitbare Literaten. Kontroversen und Eklats in der deutschen Literatur von Adorno bis Walser, München, S. 68–83.

Weninger, Robert (2004a): Streitbare Literaten. Kontroversen und Eklats in der deutschen Literatur von Adorno bis Walser, München.

Wenger, Andreas (2006[4]): Sicherheitspolitik. In: Klöti, Ulrich et al. (2006[4]): Handbuch der Schweizer Politik. Manuel de la politique suisse, Zürich, S. 625–651.

Wettstein, Wolfgang (1995): Die Enttarnung einer privaten Guerillatruppe. Der Geheimarmeeskandal. In: Looser, Heinz/Kolbe, Christian/Schaller, Roland et al. (Hg.)(1995): Die Schweiz und ihre Skandale, Zürich, S. 219–236.

Wettstein, Wolfgang (1995a): Risse in den Kulissen? Ein Kommentar. In: Looser, Heinz/Kolbe, Christian/Schaller, Roland et al. (Hg.)(1995): Die Schweiz und ihre Skandale, Zürich, S. 237–257.

Ziegler, Jean: „Sie war präsent". In: Der Blick, 7. Juni 2000.

Internet-Darstellungen

Brunohofer.org, Schweizer Volksinitiativen, online: http://www.schweizer
volksinitiativen.ch/details.php?sEintragId=172&chronik=true,
Zugriffsdatum: 5. Februar 2013, 19:32 Uhr.

Dichterkrone. In: Wikipedia, die freie Enzyklopädie: http://de.wikipedia.org/
wiki/Dichterkrone, Zugriffsdatum: 16.5.2012, 14:20 Uhr.

Die Geschäftsprüfungsdelegation GPDel. In: Die Bundesversammlung – das
Schweizer Parlament online: http://www.parlament.ch/d/organe-
mitglieder/delegationen/geschaeftspruefungsdelegation/Seiten/default.
aspx, Zugriffsdatum: 2.3.2013.

DJS, Demokratische Juristinnen und Juristen der Schweiz, Homepage, online:
http://www.djs-jds.ch/index.php?option=com_content&task=blogcategor
y&id=13&Itemid=43, Zugriffsdatum: 1.4.2011, 16:06 Uhr.

Eidgenössische Volksinitiative gegen den Missbrauch des Bankgeheimnisses
und der Bankenmacht. In: Schweizerische Bundesverwaltung, online:
http://www.admin.ch/ch/d/pore/vi/vis133.html, Zugriffsdatum:
5. Februar 2013.

Eidgenössische Volksinitiative 'S.o.S.-Schweiz ohne Schnüffelpolizei'. In:
Schweizerische Bundesverwaltung, online: http://www.admin.ch/ch/d/
pore/vi/vis216.html, Zugriffsdatum: 17. Mai 2012.

European Court of Human Rights, Case of Kopp v. Switzerland, Judgment,
Strasbourg, 25. März 1998, pdf-Datei abrufbar über „Kopp gegen die
Schweiz": http://www.menschenrechte.ac.at/docs/98_2/98_2_11.htm,
Zugriffsdatum: 28. November 2011.

European Court of Human Rights, Case of Amann v. Switzerland, Judgment,
Strasbourg, 16. February 2000: http://www.cmiskp.echr.coe.int/tkp197/
view.asp?item=1&portal=hbkm&action=html&highlight=Amann&sessio
nid=82522418&skin=hudoc-en, Zugriffsdatum: 28. November 2011.

Furrer, Werner, Homepage, online: http://www.werner-furrer.com; siehe auch:
http://www.klima-schwindel.com, Zugriffsdatum jeweils: 31. Mai 2011.

Geldwäsche. In: Wikipedia, die freie Enzyklopädie: http://de.wikipedia.org/
wiki/Geldw%C3%A4sche, S. 1–16, Zugriffsdatum: 19.1.2009, 13:50 Uhr.

Geldwäschereigesetz vom 10. Oktober 1997 – Chronologie der Entstehung:
http://www.admin.ch/ch/d/gg/cr/1997/19970427.html, Zugriffsdatum:
26.4.2010, 14:42 Uhr.

Gottlieb-Duttweiler-Institut. In: Wikipedia, die freie Enzyklopädie: http://
de.wikipedia.org/wiki/Gottlieb_Duttweiler_Institut, Zugriffsdatum:
9.8.2012, 20:26 Uhr; sowie: https://www.gdi.ch, Zugriffsdatum: 9.8.2012,
20:43 Uhr.

Havel, Václav. In: Wikipedia, die freie Enzyklopädie: http://de.wikipedia.org/
wiki/Václav_Havel, S. 1–7, Zugriffsdatum: 9.8.2012, 15:21 Uhr.

Institution. In: Wikipedia, die freie Enzyklopädie: http://de.wikipedia.org/wiki/
Institution, S. 1–4, Zugriffsdatum: 14.1.2008, 15:57 Uhr.

Jeanne Hersch. In: Wikipedia, die freie Enzyklopädie: http://de.wikipedia.org/
wiki/Jeanne_Hersch, S. 1–4, Zugriffsdatum: 19.1.2009, 14:13 Uhr.

Jeanne Hersch-Gesellschaft, Lebenslauf: http://www.jeanne-hersch-gesellschaft.
ch/index.php?option=com_content&view=article&id=4, Zugriffsdatum:
18.7.2010, 21:04 Uhr.

Kopp, Elisabeth. In: Wikipedia, die freie Enzyklopädie: http://de.wikipedia.org/
wiki/Elisabeth_Kopp, S. 1–18, Zugriffsdatum: 21.1.2009, 14:56h.

Kopp, Hans Werner. In: Wikipedia, die freie Enzyklopädie: http://de.wikipedia.
org/wiki/Hans_W._Kopp, S. 1–3, Zugriffsdatum: 22.3.2010, 14:29 Uhr.

Nationaldichter. In: Wikipedia, die freie Enzyklopädie: http://de.wikipedia.org/
wiki/Nationaldichter, Zugriffsdatum: 16.5.2012, 14:24 Uhr.

Parlamentarische Kommissionen: http://www.parlament.ch/d/kommissio
nen/ko-kommissionen/ko-au-aufsichtskommissionen/kom_3_16/Seiten/
index.aspx.

Radio LoRa. In: Wikipedia, die freie Enzyklopädie: http://de.wikipedia.org/
wiki/radio_LoRa; Zugriffsdatum: 25.1.2012, 14:04 Uhr.

Rote Anneliese. Die kritische Stimme des Oberwallis: http://www.roteanne
liese.ch/uber-die-rote-anneliese/, Zugriffsdatum: 10.11.2011.

Rundschau, Sendungsporträt, Schweizer Fernsehen online: http://www.sendun-
gen.sf.tv/rundschau/Nachrichten/Archiv/2007/12/05/rundsch
aumanual/Sendungsportraet, Zugriffsdatum: 17.1.2011.

Schweizer Verfassungen, online: http://www.verfassungen.de.ch//.

Statistisches Lexikon der Schweiz, Historische Kollektion, Homepage, online:
http://www.bfs.admin.ch/bfs/portal/de/index/infothek/lexikon/lex/2.
topic.3.html, Zugriffsdatum: 9.11.2011.